거룩한 구원
HOLY SALVATION

복음주의 대각성 운동과 청교도의 조직신학
구원론 · 성령론

한국신학총서 15
거룩한 구원

지은이 | 노병기
펴낸이 | 원성삼
펴낸곳 | 예영커뮤니케이션
초판 1쇄 발행 | 2007년 5월 15일
초판 6쇄 발행 | 2024년 3월 15일
등록일 | 1992년 3월 1일 제2-1349호
주소 | 03128 서울시 종로구 대학로3길 29, 313호 (연지동, 한국교회100주년기념관)
전화 | (02) 766-8931
팩스 | (02) 766-8934
이메일 | jeyoung@chol.com
ISBN 978-89-8350-429-6 (03230)

본 저작물은 저작권법에 의하여 한국 내에서 보호를 받는 저작물이므로
무단 전재와 무단 복제를 금합니다.

값 38,000원

모든 인간은 하나님의 형상을 닮은 존귀한 존재입니다. 사람은 인종, 민족, 피부색, 문화, 언어에 관계없이 모두 다 존귀합니다. 예영커뮤니케이션은 이러한 정신에 근거해 모든 인간이 존귀한 삶을 사는 데 필요한 지식과 문화를 예수 그리스도의 사랑으로 보급함으로써 우리가 속한 사회에 기여하고자 합니다.

거룩한 구원
HOLY SALVATION

복음주의 대각성 운동과 청교도의 조직신학
구원론 · 성령론

노병기 지음

예영 커뮤니케이션

거룩한 구원이란 자기를 완전히 부인하고 성령님의 거룩하게 하심으로 얻는 구원이다. 그 결과 철저히 이타적인 사람으로 바뀐다. 이것이 성경적 구원이다.

세속적 구원이란 자기중심적, 세속적 동기에서 믿어 스스로 구원받았다고 생각하는 구원이다. 이기적 본성이 그대로 남아 있다. 이것은 미혹된 구원이다.

너희는 너희의 지극히 거룩한 믿음 위에 자기를 건축하며……(유 1:20).

머리말

1. 하나님께서 보내신 조지 윗필드, 조나단 에드워즈가 중심이 되어 일어난 미국의 제1차 대각성 운동과 조지 윗필드, 존 웨슬리가 일으킨 영국 복음주의 부흥 운동은 정통 개신교에 크나큰 영향을 미쳤지만, 우리나라를 비롯하여 세계적으로 복음주의 대각성 운동의 신학을 '조직신학적으로' 정리한 책은 거의 없다. 이것은 우리나라 1907년 평양 대부흥운동도 마찬가지이다. 평양 대부흥운동을 일으킨 그 신학적 토대와 핵심은 무엇인가에 대해서 조직신학적으로 접근하여 해석한 책을 찾아보기는 쉽지 않다.

또한 거룩한 성도들이었던 청교도들에 대한 관심이 한국 교회 목회자, 신학자들과 성도들 사이에 최근에 서서히 많아지고 있으나, 청교도의 구원론을 '조직신학적으로' 일목요연하게 정리한 책은 드물다. 이러한 현실에서 진정한 부흥 운동에 진지한 관심을 가진 주님의 택하신 성도들을 위하여 대각성 운동 사역자들과 청교도들의 구원론을 조직신학적으로 정리하게 되었다.

2. 이 책 『거룩한 구원』은 구원론에 대한 성경적 고찰과 교회사적 고찰, 이렇게 두 부분으로 나누어 저술했다. 먼저, 성경적 고찰 부분은 복음주의 대각성 운동 사역자들과 청교도들의 신학에 공감하면서, 필자가 구원론(성령론)을 성경을 근거로 제시했다. 성경적 고찰 부분은 교회사에서 가장 뛰어난 신앙 위인들로 존경받고 있는 18세기 복음주의 대각성 운동의 사역자들인 조지 윗필드, 조나단 에드워즈, 존 웨슬리[1]의 구원론이 그 기반이 된다.

---

[1] 이 책에서 말하는 '복음주의 대각성 운동'(the Evangelical Great Awakening)이란 일차적으로 이 세 사람이 일으킨 위대한 부흥과 각성 운동을 지칭한다.

그리고 이 세 사람 외에 19세기 미국에서 큰 영적 각성을 일으킨 찰스 피니, 그리고 16세기 종교 개혁가 장 칼뱅, 17세기 대표적 청교도 리처드 백스터, 존 오웬의 구원론의 공통점이 함께 녹아져 있다. (이들 일곱 명은 다양한 교파를 배경으로 하고 있으나 이들의 신학 구조는 놀랍도록 일치하는 면이 있다. 독자는 이것을 이 책 제2부 교회사적 고찰에서 확인하게 될 것이다.) 제1부에서는 이 모든 사람들의 가르침이 집약되고 있으나 전체적인 내용은 저자의 입장에서 가장 성경적이라고 생각되는 내용으로 기술했다.

필자가 성경적 고찰 부분을 저술할 때에 가장 심혈을 기울인 점은 어떤 신앙의 교리를 설명할 때에 될 수 있는 한 어떤 교파적 편견에도 사로잡히지 않고, 성경의 어떤 구절이라도 소홀히 하지 않고, 조직적으로 논리적으로 배열하는 것이었다. 좌로나 우로나 치우치지 않고(수 1:7), 말씀을 더하거나 빼지도 않고(계 22:18-19) 저술하려고 최선의 노력을 다했다. 즉, 가장 논리적이면서 편견을 배제한 공평한 조직신학을 저술하려고 노력했다.

3. 이 책에서 사용한 주 자료들은 거의 모두 신앙 위인들이 직접 저술한 1차 자료들이다. 가능한 각 신앙 위인들의 가장 권위 있는 영어 원서(서양 교회사인 경우)를 텍스트로 하였다. 이 책을 저술하기 위하여 신앙 위인들의 주요한 모든 저서들을 총망라하여 연구했으며, 이 책에는 그들의 사상이 포괄적으로 압축되어 소개되고 있다. 1차 자료를 인용한 각주만 700개가 넘기 때문에, 2차 자료도 많이 참고했으나 주로 1차 자료만 올렸다.

4. 이 책은 필자가 1994년에 저술한 『핵심 조직신학』 상권을 증보한 것이다. 그 책에서 진술한 핵심 교리가 10여 년이 지난 지금도 바뀌지 않았음을 하나님께 감사드린다. 하나님께서 이 글을 읽는 독자들을 축복하셔서 많은 영혼이 구원받게 되기를 기도하며, 독자들 중에 이 책에서 언급한 신앙 위인들보다 더 뛰어난 하나님의 종들이 많이 나오기를 기도한다.

5. 독자들에게 당부드리고 싶은 말씀이 있다. 이 책에는 거듭나지 못한 자들에게 대하여 다소 강하게 표현한 내용이 있다. 독자에 따라서 표현과 내용이 너무 강하다는 느낌을 받을 수 있을 것이다. 그러나 필자의 의도는

오직 죄인을 죄에서 구원하고, 성도들을 미혹된 데서 보호하며, 인간을 죄 가운데 가두려 하는 사탄의 세력을 격퇴하고, 우리나라에 하나님께서 기뻐하시는 거룩한 교회를 세우는 데 조금이라도 기여하고자 함에 있다는 사실을 기억해 주기 바란다. 지금은 자다가 깰 때가 되었다. 주님께서 재림하시기 전에 온 세상이 배도하는 때가 오리라고 주님께서 말씀하셨다(살후 2:3). 이 말씀을 가슴 깊이 새겨야 할 때가 바로 지금이라고 생각한다. 지금은 결코 평안을 외칠 때가 아니다. 1700년대 조지 윗필드와 조나단 에즈워즈가 잠자는 영국과 미국에 각성의 말씀을 외쳤다면 지금은 더욱 분명하고 예리한 각성의 말씀을 외쳐야 될 때다. 택함 받은 성도들은 필자의 말씀 사역을 위해 기도해 주시기 바랄 뿐이다.

6. 마지막으로, 이 책을 읽는 독자 모두에게 경계의 말씀을 드리고자 한다. 스스로 사탄이 좋아하는 비판의 영에 빠지지 말라는 것이다. 비판과 분별은 다르다. 성도는 분별은 해야겠지만, 비판과 참소의 영에 빠져서는 안 된다. 자신이 거룩한 사랑으로 채워져 있지 않으면서 남의 허물을 지적하는 것은 비판의 영이요, 참소의 영이다. 그러나 영혼에 대한 사랑 때문에 다른 사람의 허물을 깨닫게 하는 것은 용기 있는 행동이요, 진정한 사랑의 행동이다.

그러므로 이 책은 먼저 자신의 영적 상태를 점검하는 데 사용해야지, 그런 과정은 생략하고 오직 남을 비판하는 데 적용한다면, 그는 사탄의 일을 하는 것이다. 이 책을 먼저 자신의 들보를 빼는 데 도움 되는 책으로 사용하라. 그리고 하나님의 사랑이 당신 마음에 가득해지면 다른 사람의 티를 뽑아 주라(마 7:1-5).

거룩하신 주님, 이 책을 주님께서 기뻐하시는 택하신 영혼의 손에 들어가게 하옵소서!

2007년 부활절을 앞두고
택하신 성도들에 대한 주님의 사랑을 생각하며
노 병 기

차례

머리말 · 7
들어가는 말 _ 거룩한 거듭남을 위하여 · 19

제1부 성경적 고찰
― 구원론 * 성령론 ―

제1장 위대한 거듭남의 필요성 · · · · · · · · · · · · 31
1. 거듭남의 정의 2. 거듭남의 필요성 3. 거듭남의 방법 4. 거듭남의 결과

제2장 구원 얻는 길은 좁은 문이다: 구원 얻기 위해서 당신이 해야 할 일 · 50
1. 구원 얻기를 바라는 자들에게 요구되는 자세: 왜 천국으로 가는 문이 좁은 문인가? 2. 예수님을 확실히 믿으라 3. 과거의 모든 죄를 철저히 회개하고 죄에서 떠나라 4. 성령 주시기를 간구하라

제3장 신약 성도들에게 약속하신 최대의 선물인 성령님 · · · · · · · · 72
1. 성령님께서는 신약 성도들에게 약속된 최대의 선물이다 2. 신약 성도들에게 보내 주실 성령은 구약에서부터 약속되었다 3. 구약과 신약에 있어서 성령님의 사역의 차이

제4장 성령님께서는 누구신가? · · · · · · · · · · · · 83
1. 성령님께서는 인격을 가지신 하나님이시다 2. 성령님의 오심은 예수님께서 영으로 오시는 것이다 3. 보혜사 성령을 받아야 할 이유 4. 성령님의 명칭 5. 성령님의 비유

제5장 우리를 부르시는 은혜 · · · · · · · · · · · · · · 100

1. 외적 부르심과 내적 부르심 2. 택자는 삶의 어느 순간에 하나님께서 거룩한 부름으로 불러 주신다 3. 택자는 복음을 들을 때 부르심을 받는다 4. 하나님께서는 자기 양을 개별적으로 만나주신다

제6장 죄를 깨닫게 하시는 은혜 · · · · · · · · · · · · · · 104

1. 구원을 이루시는 성령님의 사역 세 단계 2. 죄를 깨닫게 하시는 성령님의 사역 3. 죄의 각성을 일으키는 수단과 방편: 하나님의 말씀과 양심 4. 죄를 깨달음으로 충분한가? — 성령의 일반 은혜와 구원 은혜의 구별 5. 사탄은 양심의 각성을 무마시키려고 최대한 노력한다. 그러므로 말씀을 들을 때 양심을 강퍅케 하지 마라

제7장 침노하는 믿음과 철저한 자기 부인 · · · · · · · · · · · 118

1. 천국은 침노하는 자가 들어간다 2. 철저히 자기를 부인하고, 자아를 철저히 십자가에 못 박는 자만이 하나님 나라에 들어간다 3. 최선을 다해 할 수 있는 은혜의 방편을 모두 사용해야 한다

제8장 신적 조명의 은혜: 칭의와 죄 사함 · · · · · · · · · · 129

1. 성령님이 오셔서 조명해 주실 때 영적인 지각을 갖게 되고 영적인 믿음을 갖게 된다 2. 사변적 지식과 영적인 지식 3. 성령님의 조명이 주어지면 예수님의 의를 깨닫게 되고, 그 의를 붙들게 된다 4. 구원에 이르는 믿음과 복음적 회개, 그리고 불세례 5. 칭의의 경험 6. 칭의와 죄 사함의 관계는 어떠한가? 7. 성령의 조명은 구하는 자에게 주신다

제9장 위대한 거듭남의 은혜 (1) · · · · · · · · · · · · · 142

1. 성령의 조명 이후에(혹은 동시에) 성령 내주와 거듭남의 역사가 있다 2. 보혜사 성령님께서 내주하심으로 거듭남, 즉 새로운 출생의 은혜를 받게 된다 3. 성령 내주의 역사는 체험적(체질적, 능력적) 역사이다 4. 성령님은 주권적으로 하나님의 때에 홀연히 임하신다

제10장 위대한 거듭남의 은혜 (2) · · · · · · · · · · · · · 159

1. 거듭남은 영혼의 부활이다 2. 거듭남은 하나님께서 주시는 것이다 3. 우리의 거듭남은 지극히 큰 능력으로 된다 4. 성령님께서는 생명을 주시는 원리가 되신다 5. 새로운 생명을 얻는 비결: 당신의 옛 사람은 죽었는가? 6. 개인 심령의 부흥(부활)과 교회의 참된 부흥은 성령의 강력한 부으심, 즉 성령 세례로 오는 것이다

제11장 내적 거룩함(성화)의 은혜 · · · · · · · · · · · · · 169

1. 거룩함(성화, Sanctification) 2. 어떻게 죄악된 인간이 거룩해질 수 있는가? 3. 구원의 양면성에 대하여: 칭의와 성화

제12장 성령 세례와 충만 · · · · · · · · · · · · · · · · · · 180
1. 성령 세례 2. 성령 충만

제13장 거듭난 사람의 표징 · · · · · · · · · · · · · · · · · 186
1. 예수님에 대한 확실한 신적인 믿음을 갖게 된다 2. 성령의 내적 증거를 갖게 된다 3. 생수의 강 같은 기쁨이 나타난다 4. 놀라운 평안을 체험하게 된다 5. 기쁨으로 하나님을 찬미하게 된다 6. 신의 성품을 갖게 된다 7. 성령이 임한 사람은 내가 주님 안에 있고, 주님께서 내 안에 계신 것을 자각하게 된다 8. 하나님의 사랑이 부어짐으로 하나님과 성도들을 사랑하는 사람이 된다 9. 거듭난 사람은 원수까지 사랑한다 10. 복음적 겸손을 가지게 된다 11. 의를 행하고 범죄하지 않는 삶을 살게 된다 12. 세상을 이긴다 13. 영적 세계를 보게 되며, 성령님의 가르침을 듣게 된다. 즉 영 분별을 하게 된다 14. 복음을 증거하게 된다 15. 거룩한 순종과 실천이 따르게 된다 16. 조나단 에드워즈의 『성령의 역사 분별 방법』에 나오는 영 분별 17. 조나단 에드워즈의 『참된 미덕의 본질』에 나오는 영 분별

제14장 구원의 확신: 성령의 내적 증거 · · · · · · · · · · 203
1. 가장 크고 확실한 증거는 성령의 내적 증거이다 2. 하나님께서는 우리를 그의 소유로 삼으셨다는 표시로 우리 심령에 성령으로 인을 쳐 주신다 3. 하나님께서는 구원의 보증으로서 성령을 주신다

제15장 범죄하지 않는 삶 · · · · · · · · · · · · · · · · · · 212
1. 신앙 위인들의 가르침 2. 죄를 짓지 않는 삶을 살 수 있는 근거 3. 죄를 짓지 않는 삶을 살아야 하는 이유 4. 우리가 범죄하지 않는 삶을 살 수 있는 방법: 성령을 따라 살아야 한다 5. 로마서 7장 해석 6. 구약 시대에도 고범죄는 용서받지 못했다 7. 구약 시대에도 의롭게 산 사람이 있었다 8. 사도 바울은 회심 후 범사에 양심에 따라 살았다 9. 중생과 완전의 구별

제16장 성령 받은 증거가 아닌 것 · · · · · · · · · · · · · 227
1. 스스로 성령 받았다고 말한다고 해서 다 참으로 거듭난 것은 아니다 2. 어느 정도 외적인 변화와 개혁을 보여 준다고 해서 성령 받은 것은 아니다 3. 거룩함이 아니라 이기심이 동기가 된 믿음도 많다 4. 외적으로 종교적 일을 열심히 한다고 성령 받은 것은 아니다 5. 예언하는 능이 있고, 귀신을 쫓아내는 능이 있고, 기타 여러 가지 능력을 발휘한다고 해서 성령 받은 것은 아니다 6. 거듭남이 의심스러운 경우에 대처하는 법

제17장 새 언약과 옛 언약의 차이 · · · · · · · · · · · · · 239
1. 예수님의 오심으로 주어진 새 언약은 옛 언약보다 훨씬 위대하다 2. 새 언약의 성도들에게 주시기로 한 은혜는 구약의 선지자들이 예언하고 사모했으나 그들은 참여하지 못한 은혜이다 3. 새 언약의 위대한 축복

제18장 우리를 선택하신 은혜 · · · · · · · · · · · · · · · · · · 246

1. 택자는 창세 전부터 은혜로우신 택하심을 받았다 2. 택자는 하나님의 특별한 주권적 사랑을 받고 있다 3. 하나님의 일꾼 되는 것도 은혜로 말미암아 되는 것이다 4. 누가 택함을 받았는지 어떻게 알 수 있는가? 5. 복음을 받아들이는 데는 영적, 도덕적 기초 소양이 중요하다 6. 하나님의 주권적 은혜와 인간의 자유 의지를 어떻게 조화시킬 수 있는가?

제19장 그리스도와 성도의 신비적 연합 · · · · · · · · · · · · · · 259

1. 성령님의 내주로 우리는 그리스도와 신비한 연합을 하게 된다 2. 성도가 누리는 그리스도와 신비한 연합의 비밀 3. 그리스도와 연합에 대한 비유 4. 우리는 언제 그리스도의 몸의 지체가 되는가? 5. 그리스도의 몸된 교회는 하나가 되는 것이 중요하다: 교회론

제20장 그리스도의 몸을 파괴하는 사탄의 전술전략: 영 분별의 중요성 · 269

1. 사탄 공격의 전술전략 2. 사탄은 거짓 영을 심음으로 그리스도의 몸된 교회를 공격한다 3. 유형별 영 분별 4. 교회에 여러 가지 직분을 주신 것은 '그리스도의 몸'을 '세우기' 위함이다 5. 교회의 권세와 의무: 출교권 6. 사역자들의 주된 임무: 택한 양들을 보호하고 먹이는 것

제21장 구원의 순서 · 291

1. 선택 2. 부르심 3. 믿음과 회개 4. 칭의와 죄 사함 5. 성령의 선물(내주: 중생과 거룩함(성화) 6. 양자와 연합 7. 발전적 성화 8. 완전

제22장 견인의 은혜: 하나님께서는 우리를 끝까지 지키신다 · · · · 300

1. 견인의 은혜를 믿을 수 있는 근거 2. 선 줄로 생각하는 자는 넘어질까 조심하라: 성도의 견인론에 따르는 경고 3. 심각한 경고도 있지만 견인의 약속이 훨씬 강하다

제2부 교회사적 고찰
― 신앙 위인 10인의 거듭남 체험과 중생론 ―

2부를 열며 _ 구름같이 둘러싼 허다한 증인들의 증언을 들으라 · 311

2-1 복음주의 대각성 운동의 중생론

제23장 조지 윗필드의 거듭남 체험 · · · · · · · · · · · 315

제24장 조지 윗필드의 중생론 · · · · · · · · · · · · · · · 330
   1. 거듭남의 정의 2. 거듭남의 필요성 3. 성령 세례와 거듭남 4. 거듭남은 느낄 수 있어야 한다 5. 칭의에 대한 강조 6. 칭의와 거듭남(성화)의 동시성 7. 거듭남과 그리스도와 연합 8. 하나님의 주권과 은혜에 대한 강조 9. 인간의 자유 의지와 믿음에 대한 강조 10. 거듭남의 표징 11. 철저한 거듭남에 대한 강조 12. 구원 얻는 길

제25장 조나단 에드워즈의 거듭남 체험 · · · · · · · · 344

제26장 조나단 에드워즈의 중생론 · · · · · · · · · · · 358
   1. 거듭남의 정약 하나님의 성령의 부으심 2. 하나님의 절대 주권으로 주어지는 거듭남 3. 성령의 내주: 생명의 원리 4. 주입된 경향성 5. 주입의 첫 역사인 성령의 조명 6. 거듭남과 믿음과 칭의의 관계 ― 거듭남의 선행성(先行性) 7. 중생 체험의 성잘 초자연적으로, 총체적으로, 즉시에 주어지는 중생 8. 중생의 표자: 에드워즈의 『신앙감정론』에 나오는 진정한 거듭남의 표지 9. 구원 얻는 길

제27장 존 웨슬리의 거듭남 체험 · · · · · · · · · · · · 382

제28장 존 웨슬리의 중생론 · · · · · · · · · · · · · · · · 402
   1. 구원의 순서 2. 선행 은혜 3. 죄를 깨닫게 하시는 은혜: 회개 4. 믿음에 의한 칭의 5. 신생 6. 신생의 표적들 7. 그리스도인의 완전 8. 구원 얻는 길

차례 15

제29장 찰스 피니의 거듭남 체험 · · · · · · · · · · · · · · · · 416

제30장 찰스 피니의 중생론 · · · · · · · · · · · · · · · · · · 426
    1. 자발적 회개와 믿음의 중요성 2. 피니의 거듭남 개념 3. 성령의 조명의 절대 필요성 4. 칭의와 성화 5. 우리의 거룩함이 되시는 그리스도 6. 성령이 없으면 지옥 간다 7. 참으로 회심한 자의 특징 8. 구원 얻는 길

제31장 복음주의 각성 운동 설교자들의 회심 체험과 구원론의 특징 · 441
    1. 복음주의 각성 운동 설교자들의 회심 체험의 특징 2. 복음주의 각성 운동 설교자들이 설교한 공통된 구원론의 특징 3. 구원의 순서에 대한 신앙 위인들의 견해

2-2 칼뱅과 청교도의 중생론

제32장 장 칼뱅의 거듭남 체험 · · · · · · · · · · · · · · · · 457

제33장 장 칼뱅의 중생론 · · · · · · · · · · · · · · · · · · · 466
    1. 성령에 의한 그리스도와 연합 2. 성령의 조명과 믿음을 통한 그리스도와의 연합 3. 그리스도의 실체(substance)에 참여 4. 칭의와 성화를 가져다주는 그리스도와의 연합 5. 거듭남의 정의 6. 참으로 구원 받은 성도의 표지

제34장 개혁주의 신조에 나타난 중생론 · · · · · · · · · · · · 480
    1. 도르트 신조 2. 웨스트민스터 신앙 고백서

제35장 리처드 백스터의 거듭남 체험 · · · · · · · · · · · · · 494

제36장 리처드 백스터의 중생론 · · · · · · · · · · · · · · · · 502
1. 거듭남의 정의 2. 회심의 내용: 죄 사함 이후에 주어지는 성화 3. 성령의 역사 방식 4. 회심의 증거 5. 구체적 구원 초청: 믿음과 회개 등 은혜의 방편을 사용하면서 변화가 임할 때까지 간구하라 6. 거듭나지 못한 설교자에 대한 경고

제37장 존 오웬의 거듭남 체험 · · · · · · · · · · · · · · · · · 515

제38장 존 오웬의 중생론 · · · · · · · · · · · · · · · · · · · 522
1. 그리스도의 영광을 보는 것 2. 거듭남의 정의 3. 거듭남은 새로운 원리의 주입 4. 거듭남의 성질 5. 성령의 일반 은혜와 특별 은혜의 구별 6. 거듭남과 회심은 하나님께서 주시는 것이다 7. 거듭남과 회심을 위한 기도의 필요성: 은혜의 방편 8. 거듭남을 준비시키는 성령의 사역 9. 믿음을 주시고 거룩함을 낳는 성령의 역사 10. 거룩하게 하시는 영과 '내주하시는' 보혜사로서의 성령 11. 거듭남을 체험한 자의 모습 12. 역사적 계승 13. 어거스틴의 예를 통하여 본 회심의 방법, 순서

2-3 한국 초대 교회 지도자들의 거듭남에 대한 가르침

부록 한국 초대 교회 지도자들의 거듭남에 대한 가르침 · · · · · · 545
1. 길선주 목사(1869-1935)
2. 김익두 목사(1874-1950)
3. 주기철 목사(1897-1944)

맺는 말 _ 다시 오시는 주님을 맞이하자 · 579
참고 문헌 · 589
찾아보기 · 598

□ 일러두기

1. 본서의 모든 성경 구절들은 『개역판 성경』에서 인용했으나, 현행 맞춤법에 많이 어긋난 경우에는 『개역개정판 성경』을 참고하여 수정하였다.
2. 인명과 지명은 가능한 원음대로 표기했다. 예를 들어, 프랑스인 Calvin은 칼뱅으로, 독일인 Peter는 페터로, 영국인 Joseph은 조지프로 표기했다.
3. 단, 교회사에서 이미 익숙하게 통용되는 약간의 용어는 그대로 사용했다.
　　Owen → 오웬, Augustine → 어거스틴
4. 이 책에 나오는 모든 굵은 글씨체는 저자가 강조하기 위하여 임의로 표시한 것임을 밝혀 둔다. 그리고 [ ] 안의 내용은 필자가 보충 설명한 것이다.

들어가는 말

거룩한 거듭남을 위하여

"사랑하는 독자들이여, 현대에는 **거룩한 복음이 참으로 불명예스럽게 남용되고 있습니다**. 그것은 입으로만 그리스도와 그의 말씀을 찬양하면서, 생활은 비그리스도인처럼 불신자들의 생활 방식으로 살아가는 경건치 못한 사람들의 회개할 줄 모르는 삶을 통해서 완전히 입증되었습니다."[2] 이 글은 약 사백 년 전 요한 아른트(Johann Arndt, 1555-1621)가 쓴 유명한 『참된 기독교』 서문 첫째 줄에 나오는 말이다.

사도 바울 이후 최고의 복음 전도자로 평가받는 조지 윗필드(George Whitefield, 1714-1770)는 약 삼백 년 전에 다음과 같이 말했다. "기독교인으로서 마땅히 살아야 할 우리의 의무보다 더 잘 알려진 것은 없습니다. 그런데도 그것처럼 실천이 잘 안되는 것도 없다는 사실은 놀랍지 않습니까? 물론 명목상으로는 다들 실천한다고 하지만 마음과 생활양식으로 실천하는 사람은 거의 없습니다."[3]

주님을 사랑하는 독자들이여, 거룩함이 그리스도인에게서 사라진 것이 그때뿐이겠는가! 세상의 마지막 때가 가까워지고 있는 지금은 그 상황이

---

2) Johann Arndt, *True Christianity*, trans. Peter Erb (Mahwah, New Jersey: Paulist Press, 1979), 21.

3) George Whitefield, "Christ the only Rest for the Weary and Heavy-Laden," *The Works of the Reverend George Whitefield*, published by E. and C. Dilly (London, 1771-1772) in *The Library of Christian Classics*, CD-ROM (Institute for the Christian Information & Data, 2001), 95. 이하 WGW로 표기함.

더 나빠져 가고 있지는 않은가! 당신은 지금 우리 기독교인의 영적 수준에 대해서 어떻게 생각하는가?

타락한 삶과 신학이 거룩한 삶과 신학으로 바뀌어야 한다

필자가 볼 때에 현대 많은 기독교인들의 문제점은 다음과 같다.

첫째, 현대 기독교인은 성도라면 본질적으로 가져야 할 거룩함을 상실했다(살전 4:3; 요일 2:15-16). 한마디로, 심각하게 세속화되었다. **현대는 기독교인이라고 해도 믿지 않는 자들과 별로 다를 것이 없이 살아간다.** 많은 교인이 단지 믿고 천국 가려고 교회 출석하는 것 외에 일상생활은 세상 사람들과 별로 다른 것이 없다. 실로, 많은 교인들이 현세적인, 기복적인 목적으로 교회를 출석한다. 세상적인 행복을 얻기 위한 한 방편으로 교회를 출석한다. 그들은 복음이 그 이상의 무엇을 말씀한다는 사실에 거의 관심이 없다. 그들은 거룩한 복음이나, 거룩한 구원에 관심이 없다.

속물들은 천국에 들어가지 못한다고 성경은 분명히 말씀한다. "무엇이든지 속된 것이나 가증한 일 또는 거짓말하는 자는 결코 그리로 들어오지 못하되 오직 어린 양의 생명책에 기록된 자들뿐이라"(계 21:27). 하지만 오늘날 대부분의 기독교인들은 속물적으로 산다는 것이 무엇인지조차 모른다. 그들은 성령의 거룩하게 하심으로 구원을 받는 것(살후 2:13; 딛 3:5)을 체험해 본 적이 없기 때문에 세상을 본받지 않고 산다는 것(롬 12:1-2)이 무엇인지 그 개념조차 정확히 알지 못한다. 성경은 옛 사람을 그 정과 욕심과 함께 십자가에 온전히 못 박은 자라야 진정한 그리스도인이라고 말씀하신다(갈 5:24; 롬 6:6). 그러나 현대 기독교인들은 이런 말씀을 잘 모른다.

누가 속물인가? 그 마음에 성령의 거룩하게 하심(살후 2:13; 고전 6:11)을 체험하지 못했기 때문에 영적인 가치보다 세상적인 탐욕에 따라 사는 자이다. 그 마음이 현세적인 출세와 물질에 대한 탐심과 세상적인 허영으로 차 있는 자가 속물이다. 황금만능주의가 지배하게 된 지금 온 세상은 이러한 속물들로 넘쳐난다. 문제는 교회 안에도 거듭나지 못한 속물들이 넘쳐난다는 사실이다. 이것이 종말의 가장 큰 전조이다(눅 17:26-30). 이들은 모두 영적인 음행자로서(약 4:4), 하나님의 심판을 피하지 못할 것이다(계 17:1-18).

우리나라 교계에서 한국 교회에 개혁이 일어나야 한다고 말하는 사람은 많다. 그러나 진정한 개혁이 어디서부터 와야 하는지 정확하게 지적해 주는 사람은 드물다. 우리는 무엇부터 개혁해야 하는가? 참으로 통탄할 만한 것은 스스로 세속적인 삶의 방식에 따라 살고, 거룩한 복음을 세속화시켜 가르치면서 말로만 개혁을 외치는 위선자들이 너무나 많다는 것이다.

둘째, 현대 기독교인들의 거룩하지 못한 삶의 현실 뒤에는 부패한 신학이 있다. 이것이 오늘날같이 부패한 교회 현실을 낳은 근본 원인이다. 현대 기독교의 가르침은 정통적인 교회의 가르침으로부터 멀리 벗어나 상당히 변질되었고 세속화되었다. 신학은 타락했고 설교는 군중들의 이기적인 입맛에 맞추기에 급급하다.

하나님께서는 분명히 "사람이 물과 성령으로 나지 아니하면 하나님 나라에 들어갈 수 없느니라."(요 3:5)라고 말씀하셨고, 또 "거룩함을 좇으라. 이것이 없이는 아무도 주를 보지 못하리라."(히 12:14)라고 말씀하셨다. 그러나 **현대 교인들은 자기가 얼마나 거룩하게 변화되어야 진정으로 거듭난 것인지, 또 얼마나 거룩하게 살아야 장차 재림하실 주님을 맞이할 수 있을지에 대해서는 거의 알지 못하며, 별로 고민하지 않는다.** 그 대신 온통 세상적인 성공과 행복을 추구하는 속물적인 욕망에 지배당하고 있다.

살아 있을 때에도 이 시대의 선지자라는 평판을 들은 토저(Aiden Wilson Tozer, 1897-1963)는 현시대 설교자들이 가르치는 간단한 인스턴트식 구원에 대해서 이렇게 말했다. "나의 솔직한 판단으로는 결신자(決信者)를 만들겠다는 열망에 사로잡힌 나머지 최근에 우리는 현대의 세일즈맨들이 쓰는 기법을 사용하는 죄를 범하고 있습니다. 세일즈맨들은 상품의 좋은 점들만 이야기하고 다른 점들에 대해서는 언급하지 않습니다. …… 솜사탕처럼 달콤하고 기분 좋은 복음을 제시하면서 언덕의 양지바른 곳을 약속하는 것은 사람들을 잔인하게 속이는 것입니다."⁴⁾ 오늘날은 솜사탕 같은 복음을 전하는 설교자들과 솜사탕 같은 복음이 좋아서 교회에 출석하는 교인들로 하나님의 거룩한 교회당이 붐비고 있다.

현대 교회 설교자들과 달리 복음주의 대각성 운동을 일으킨 신앙 위인들과 청교도들은 구원에 대해 그렇게 가볍게, 간단히 가르치지 않았다. 윗필드는 참된 신앙에 대해서 다음과 같이 말했다. "참된 신앙이 무엇인지 아는 사람이 극히 드뭅니다. 그것은 **본성이 철저하게 내면적으로 변화되는 것**이요, 신적인 생명을 가지는 것이요, 예수 그리스도께 생명의 참여를 하며, 영혼이 하나님과 연합하는 것입니다."⁵⁾ 오늘날에는 이런 식으로 거듭남을 가르치는 자가 드물다. 왜 그런가? 윗필드처럼 '거룩한 거듭남'을 경험적으로 체험한 사람이 극히 드물기 때문이다.

청교도 신학을 완성한 자요 미국 역사상 가장 위대한 신학자로 인정받고 있는 조나단 에드워즈는 "거듭남은 사람이 죄로부터 하나님께로 회심할 때 하나님의 강력한 능력에 의하여 사람 속에 일어나는 **위대한**(great) **변화**이며, 사악한 자로부터 거룩한 사람으로 바뀌는 것"⁶⁾이라고 했다. 오늘날은 이런 가르침을 더는 들어 보기가 어렵다. 당신은 거듭날 때 이러한 위대한 변화가 일어났는가?

에드워즈는 그의 가장 유명한, 아니 교회사에서 가장 유명한 설교라고 할 수 있는 "분노하시는 하나님의 손 안에 든 죄인들"이라는 설교에서 다음과 같이 외쳤다. "그러하기에 여러분의 영혼에 역사하시는 하나님의 성령의 강력한 능력으로 말미암아 마음에 큰 변화를 결코 체험해 보지 않은 여

---

4) A. W. Tozer, *That Incredible Christian* (Harrisburg, Pennsylvania: Christian Publications, 1964), 116-117.

5) Whitefield, "The Almost Christian," in WGW, 370.

6) Jonathan Edwards, "Born Again," in *The Works of Jonathan Edwards, 17, Sermons and Discourses, 1730-1733*, ed. Mark Valeri (New Haven: Yale University Press, 1999), 186. 이하 WJE로 표기함.

러분 모두, 다시 태어나서 새로운 피조물이 된 일이 결코 없는 여러분, 죄 가운데 죽어 있는 상태에서 살리심을 받아 새로운 상태가 되어 보지 못한 여러분, 곧 전에는 전혀 경험하지 못했던 빛과 생명의 상태로 옮겨지지 않은 여러분 모두가 분노하시는 하나님의 손 안에 있는 것입니다."[7]

감리교회의 창시자인 존 웨슬리는 "신생은 하나님께서 영혼을 살리실 때 하나님께서 영혼 속에 일으키시는 **위대한**(great) **변화**"이며, "한마디로 말해서 신생은 '세상적이고, 정욕적이며, 마귀적인' 마음이 '예수 그리스도 안에 있는 마음'으로 바뀌는 변화"[8]라고 가르쳤다.

이와 같이 거듭남이란 성령의 강력한 역사로 말미암아 우리 영혼 속에 일어나는 **내면의 철저한 변화**를 말한다. 이것이 복음주의 각성 운동 설교자들과 청교도들이 공통적으로 강조한 내용이었다. 그러나 오늘날은 이렇게 가르치는 자가 거의 없다. 이것이 오늘날같이 부패하고 세속적인 기독교를 낳은 근본 원인이다. 타락한 삶 뒤에는 타락한 신학이 있다.

필자는 복음주의 각성 운동과 청교도 신학을 깊이 연구한 결과 그들의 구원에 대한 가르침에서 현대 교회에는 거의 찾아볼 수 없는 너무나 중요한 공통점 하나를 발견했다. 그것은 우리의 내적 성품을 철저히 거룩하게 하시는 성령님의 위대한 역사 없이는 아무도 구원에 이를 수 없다는 것이다. 우리가 구원을 얻기 위해서는 성령님께서 먼저 우리 본성의 부패함을 철저히 깨닫게 하시고, 그리스도의 영광을 아는 빛을 우리 마음에 비추어 주시고, 그리고 우리 심령 속에 내주하셔서 영혼의 본질을 거룩하게 하시는 위대한 역사가 필수적이다. 이것은 복음주의 각성 운동 사역자들과 청교도들이 공통적으로 강조한 내용이었다.

---

7) Jonathan Edwards, "Sinners in the Hands of an angry God," in *The Works of Jonathan Edwards*, 2 vols. (London, 1834 and currently reprinted by the Banner of Truth Trust, Edinburgh, 1974), 2: 9.

8) John Wesley, "The New Birth," in *The Works of John Wesley, 2, Sermons II 34-70*, ed. Albert C. Outler (Nashville: Abingdon Press, 1985), 193-194. 이하 WJW로 표기함.

성경은 우리의 구원은 거룩한 구원이 되어야 하고, 우리의 삶도 거룩한 삶이 되어야 한다고 강조한다. 실제적 거룩함이 없이는 아무도 다시 오시는 주님을 영접할 수 없을 것이다(히 12:14). 이것은 구원의 말씀 중 핵심이 되는 말씀이다. 그러나 누가 이것에 귀를 기울이고 있는가?

말세에 천국에 들어갈 사람이 얼마나 될 것인가?

하나님께서 노아 시대에는 물로 죄 많은 세상을 심판하셨지만, 주님께서 재림하실 때에는 불로 온 세상을 심판하실 것이다(벧후 3:6-7). 왜 그토록 인자하신 주님께서 이 세상을 완전히 심판하러 오시는가? 이는 '사람의 죄악이 세상에 관영' 하고 '그 마음의 생각의 모든 계획이 항상 악하기' 때문이다(창 6:5).

노아 홍수 심판 때에 전 인류 중에서 몇 명이 구원받았는가? 의인인 노아 식구 여덟 명만 남고 나머지는 다 심판을 받아 죽었다. "옛 세상을 용서치 아니하시고 오직 의를 전파하는 노아와 그 일곱 식구를 보존하시고 경건치 아니한 자들의 세상에 홍수를 내리셨으며"(벧후 2:5). 당시에 인구가 수억에서 수십억 정도 되었을 것이다. (창세기에 나오는 연대와 그 당시 엄청나게 길었던 인간의 수명을 잘 계산해 보면 그렇다.) 그중에 겨우 여덟 명만 구원받았다. 하나님의 심판에서 구원받은 사람은 온 인류 중 극소수라는 것을 알 수 있다.

소돔 고모라가 멸망할 때 몇 명이 구원을 받았는가? 의로운 롯(벧후 2:8)과 두 딸 외에는 모두 심판을 받아 죽었다. 롯이 소돔 고모라를 나올 때 사위 두 명에게 하나님의 심판에 대해서 말하자 그들은 농담으로 여겼다. "롯이 나가서 그 딸들과 정혼한 사위들에게 고하여 이르되 여호와께서 이 성을 멸하실 터이니 너희는 일어나 이곳에서 떠나라 하되 그 사위들이 농담으로 여겼더라"(창 19:14). 롯의 처는 소돔 고모라에 미련을 갖고 뒤돌아보다가 소금 기둥이 되었다. 소돔 고모라가 멸망할 때 큰 성 전체에서 단 세 사람만 구원을 받았다는 사실을 기억해야 한다.

그렇다면 마지막 불 심판 때는 얼마나 구원받겠는가? 인자의 때, 즉 주님의 재림은 노아의 때와 같고 롯의 때와 같을 것이라고 예수님께서 분명히 말씀하셨음을 기억하라(눅 17:26-30).

이상 성경을 통해서 **우리는 하나님의 본격적 심판 때는 소수의 의인 외에는 거의 전부가 죽었음을 알 수 있다.** 하나님의 심판 때는 언제나 극소수 중 극소수만이 구원받았다는 것을 잊지 말라. 그것이 성경이 주시는 분명한 경고의 말씀이다.

주전 587년 구약 이스라엘이 바벨론에게 멸망할 때는 예루살렘 거리에서 공의를 구하는 사람이 한 명도 없었다. "너희는 예루살렘 거리로 빨리 왕래하며 그 넓은 거리에서 찾아보고 알라. 너희가 만일 공의를 행하며 진리를 구하는 자를 한 사람이라도 찾으면 내가 이 성을 사하리라"(렘 5:1). 그곳에 제사장도 많았고 선지자도 많았으며 각양 종교적 활동은 많았지만, 강퍅하여 하나님의 음성을 아무도 안 들었다. 의인이 한 명도 없었다. 그래서 예루살렘은 멸망했다. 하나님께서 전멸시키는 심판이 다가올 때는 그 땅에 의인이 없어지고, 모두가 타락한 상태임을 알아야 한다(창 15:12-16; 18:20-33). 그러므로 말세는 고통하는 때인 것이다(딤후 3:1).

혹자는 마지막 심판을 앞둔 때가 그렇게 의인이 없는 시대라면, 믿는 사람이 이렇게 많은 현대는 종말이 아니지 않는가 하고 반문할 것이다. 그러나 이 책에 나오는 신앙 위인들의 가르침을 가지고 이 시대 교인들을 점검해 보라. 현재 기독교인의 영적 상태라면 구원 받을 자가 극히 드물다는 사실을 확연히 깨닫게 될 것이다. 하나님의 구원은 쉽게 얻을 수 있는 것이 아니다. 주여, 저들의 닫힌 눈을 열어 이 사실을 분명히 보게 하소서!

모세의 인도로 애굽을 나온 이스라엘 장년 중에 젖과 꿀이 흐르는 약속의 땅 가나안에 들어간 자는 여호수아와 갈렙 두 사람뿐이었다. 나머지는 하나님을 불신하고 원망하다가 광야에서 다 죽었다(이것이 12 정탐꾼 사건이다. 민수기 13-14장을 보라). 우리는 성경을 통해서 극소수만이 하나님의 기준을 통과한 예를 많이 볼 수 있다. 안일한 인간의 생각과 하나님의 표준은 완전히 다를 수 있다. 성경을 보면, 하나님의 판단은 우리가 평소에 생각하는 것보다 비교할 수 없이 엄중함을 알 수 있다. "저희에게 당한 이런 일이 거울이 되고 또한 말세를 당한 우리의 경계로 기록하였느니라. 그런즉 선 줄로 생각하는 자는 넘어질까 조심하라"(고전 10:11-12).

주님의 재림을 기다리며 살아가는 성도들은 근신하고 진지해야 한다

이 시대는 자다가 깰 때가 되었다. 주님께서 온 세상을 불로 심판하러 오실 날이 점점 가까워지고 있다. 그러나 오늘날 그리스도인들의 표정에는 주님의 오심을 기다리는 자의 진지함과 비장함이 없다. 청교도 리처드 백스터는 다음과 같이 말했다. "만일 그대가 진지하지 않다면 그리스도인이 아니다. 진지함은 기독교의 높은 수준일 뿐만 아니라 기독교의 생명이며 정수다. 목숨을 걸고 싸우는 군사와 연극 속에 나오는 검객이 다르듯이, 진지한 그리스도인과 위선자는 다르다."[9]

이 시대의 풍조에서 가장 위험한 것 중 하나는 진지함이 없다는 것이다. 당신에게 묻겠다. 당신은 다시 오실 주님을 맞이할 준비가 얼마나 되었는가?(마 25:1-13) 당신은 자기 목숨까지 미워할 정도로 옛 사람을 십자가에 못 박았는가?(눅 14:26) 당신은 구원하시는 성령의 조명을 받았는가?(고후 3:18) 당신은 참으로 성령으로 새롭게 출생했는가?(요 3:5) 당신은 날마다 영으로써 몸의 행실을 죽이고 사는가?(롬 8:13) 그리스도의 정결한 신부로서 정절을 지키면서 흠 없이 살아가고 있는가?(계 14:4) 우는 사자처럼 삼킬 자를 찾는 마귀를 대적하기 위해 근신하고 깨어 있는가?(벧전 5:8-9)

이 책은 진지하고 진실한 독자들을 위한 책이다. 자기 영혼의 문제에, 영생의 문제에 진지하지 않은 사람은 이 책을 좋아하지 않을 것이다. 그러나

---

9) Richard Baxter, *Saints' Everlasting Rest* (Fearn, Ross-shire: Christian Focus Publications, 1998), 279.

하나님을 진심으로 경외하는 진지한 독자들은 이 책을 만나게 된 것을 기뻐할 것이라고 믿는다. 필자는 이 글을 읽는 모든 사람의 피에 대하여 깨끗하다. 그것은 필자가 받은 하나님의 말씀을 꺼림이 없이 전하고자 최선을 다했기 때문이다. 나는 사람의 평가나 비평을 두려워하기보다 오직 이 글을 읽게 될 영혼의 영원한 유익을 구하고자 하였다. "그러므로 오늘 너희에게 증거하노니 모든 사람의 피에 대하여 내가 깨끗하니 이는 내가 꺼리지 않고 하나님의 뜻을 다 너희에게 전하였음이라"(행 20:26-27).

가장 거룩하시고 사랑이 많으신 주님, 이 글을 읽는 모든 주님의 택자들에게 성령의 조명을 주시고, 성령의 불세례를 주셔서 주님께서 그들을 위해 예비하신 구원을 속히 얻게 하옵소서!

제1부 성경적 고찰

구원론 * 성령론

제1장

위대한 거듭남의 필요성

> 진실로 진실로 네게 이르노니 사람이 물과 성령으로 나지 아니하면 하나님 나라에 들어갈 수 없느니라(요 3:5).

에이든 토저는 현대에 유행하는 구원의 가르침을 인스턴트식 구원이라고 했다. 토저의 말을 들어 보자. "오늘날 구원 얻는 방식에는 치명적인 (deadly) 자동적 특성이 있는데, 바로 그것이 나를 크게 괴롭히고 있습니다. 내가 말하는 것은 '자동적 특성'입니다. '슬롯머신에 100원어치의 믿음을 넣고 손잡이를 당겨 작은 구원의 카드를 꺼내라. 그것을 지갑에 넣고 떠나라!' 그렇게 하고 나서 그 사람은 '그래. 나는 구원을 받았어.'라고 말합니다. 그 사람은 어떻게 자신이 구원받았다는 것을 압니까? '나는 100원을 넣었다. 예수를 영접하고 카드에 서명했다.'"[10]

이것이 오늘날 유행하는 구원받는 길이 아닌가! 이것이 진정 바람직한 현상인가? 놀랍게도 지금은 토저 때보다 이런 식의 구원이 훨씬 많이 유행하고 있다. 이런 식 외의 다른 식의 구원에 대한 이야기는 잘 들어 볼 수 없다. 아니면, 아예 교회만 다니면 구원받았다고 말해 주는 곳도 많다. 당신은

---

10) A. W. Tozer, *Whatever Happened to Worship*, ed. Gerald B. Smith (Camp Hill, PA: Christian Publications, 1985), 13-14.

어떤 식으로 구원에 이르게 되었나? 토저가 말한 것처럼 인스턴트식으로 구원받았는가? 아니면, 성경에서 말하는 참된 회심을 체험했는가?

사랑하는 그리스도인이여, 예수님께서는 우리가 성령으로 거듭나지 않으면 하나님 나라에 들어가지 못한다고 분명히 말씀하셨음을 기억하라. 요한복음 3장 3절에서 예수님께서는 "진실로 진실로 네게 이르노니 사람이 거듭나지 아니하면 하나님 나라를 볼 수 없느니라."라고 말씀하셨다. 그리고 요한복음 3장 5절에서는 "진실로 진실로 네게 이르노니 사람이 물과 성령으로 나지 아니하면 하나님 나라에 들어갈 수 없느니라."라고 말씀하셨다. **한마디로 예수님께서는 우리가 성령으로 거듭나야 하나님 나라에 들어갈 수 있다고 말씀하셨다.** 성령에 의한 거듭남이란 이처럼 중요한 것이다. 당신은 성령으로 거듭났는가? 성령으로 거듭난 징표가 무엇인가? 당신은 지금 성령님의 음성을 듣고, 성령님의 인도를 받아 매순간 살아가는가? 당신이 그리스도를 믿는다고 하지만 당신 속에 성령님께서 실제로 내주하시지 않는다면 당신은 아직 구원받은 것이 아니며(롬 8:9), 계속 그 상태로 산다면 나중에 지옥에 가고 말 것이다(롬 8:13).

현대는 거듭남에 대한 가르침이 희미하고 빈약하다. 그러나 청교도들은 거듭남의 복음을 가장 중요하게 생각했다. 청교도 스티븐 차녹의 말을 들어 보자. 차녹은 요한복음 3장 3-5절 말씀을 예수님께서 주신 말씀 중 가장 중요한 말씀으로 보았다. "예수님께서 주신 요한복음 3장 3-5절 말씀은 현세에 있어서의 모든 실천적인 경건과 내세에 있어서의 모든 행복의 기초를 담고 있습니다. 이 말씀은 그리스도께서 우리를 가르치시는 선지자로서, 그리고 우리 마음속에서 역사해 주시는 왕으로서 주신 말씀 중에 가장 중요한 것입니다."[11]

---

11) Stephen Charnock, *The Works of Stephen Charnock, 3, The New Birth* (Edinburgh: The Banner of Truth Trust, 1987), 7.

1. 거듭남의 정의

거듭남이 무엇인가? 거듭남이란 죄와 허물로 죽어 있던 우리 영혼이(엡 2:1) 살리시는 하나님의 성령의 위대한(great) 역사로 다시 태어나는 것을 말한다. 우리가 거듭나게 되면 그리스도의 형상이 내 안에 이루어지고(고후 3:18; 골 3:10; 갈 4:19), 죄악에 물든 부패한 마귀의 성품을 지닌 이기적이었던 사람이 하나님의 거룩하신 신적인 성품을 지닌 이타적인 사람으로 바뀌게 된다(벧후 1:4). 그리고 예수님께서 내 속에, 내가 예수님 속에 있음을, 즉 그리스도와의 신비한 연합이 이루어졌음을 깨닫게 된다(요 14:20). 당신은 이와 같이 거듭났는가?

오늘날은 이와 같은 거듭남에 대한 성경적 가르침을 모르는 교인이 많다. 거듭났느냐고 물으면 거듭남이 무엇인지도 잘 모르면서 거듭났다고 말하는 사람이 많다. 신앙 위인들이 말하는 거듭남의 정의를 들어 보자.

조지 윗필드는 "거듭남"이라는 그의 유명한 설교에서 거듭남이란 "**성령의 강력한 역사로 내적 변화를 체험**하고, 우리의 도덕적 행동들이 변화된 새로운 본성의 원리에서 나오는 것"[12]이라고 설명했다. 다시 말하면, 윗필드에 있어서 거듭남은 성령님의 강력한 역사로 "부패한 본성이 깨끗하게 되고, 정결케 되고, 전적으로 변화"되고, "우리가 전적으로 새로운 피조물이 되는 것"[13]이다.

윗필드는 우리가 장차 하나님의 구원을 받으려면 "거의(almost) 새로운 피조물이 되는 것으로는 부족하고, **철저한**(altogether) **새로운 피조물**이 되어야 한다. 그렇지 않고 그리스도 안에서 구원 얻기를 기대한다면 헛된 일

---

12) George Whitefield, "The Nature and the Necessity of Our Regeneration or New Birth in Christ Jesus," in Timothy L. Smith, *Whitefield & Wesley on the New Birth* (Grand Rapids. Michigan: Francis Asbury Press, 1986), 75. 이하 "Regeneration"으로 줄임.

13) Whitefield, "Regeneration," in Smith, *Whitefield & Wesley on the New Birth*, 73, 75.

이다."[14]라고 하였다. 그는 거듭남이란 기이하고 놀라운 변화라고 했다. 그는 우리가 거듭나게 되면 다음과 같이 된다고 했다. "그리스도 안에서의 우리의 기질이나 습관, 행동의 변화가 너무 큰 나머지 우리가 그리스도를 알기 전에 죄 가운데 지냈던 생활을 잘 알던 자들은 그리스도 안에서 달라진 모습에 깜짝 놀라게 됩니다. 우리가 어떤 사람을 유년기 이후 한 번도 보지 못하다가 20년 만에 만나보고 그 변한 것에 놀라듯이 말입니다."[15]

거듭남은 체험적인가? 윗필드는 거듭남을 경험적으로 체험해야 할 것을 강하게 주장했다. 그는 "거듭남"이라는 그의 설교에서 성령에 의한 신생을 경험적으로 체험하는 것에 대해서 회중 가운데서 너무나 적은 사람들만이 이해하고 있다고 했다. "그리스도 예수 안에 있는 거듭남 혹은 신생의 교리는 대다수의 신앙 고백자들 가운데 좀처럼 고려되지 않고 있으며, 너무나 적은 사람만이 경험적으로 알고 있습니다."[16]

조나단 에드워즈는 거듭남이란 은혜[성령][17]가 "하나님에 의해서 주권적이고, 효과적인 작용에 의하여 주입되고(infused)," "하나님께서 사람의 마음에 변화를 일으키셔서 그것으로 말미암아 사람이 **은혜롭고 거룩하게 되는 것**"[18]이라고 했다. 그는 거듭남의 변화는 '놀라운 변화'라고 했다. "이렇게 회심할 때 영안이 열리므로 일어나는 변화는, 맹인으로 태어나 오랫동안 살다가 갑자기 눈이 떠져 밝은 대낮에 사물들을 보게 된 사람이 겪은 변화보다도 모든 면에서 훨씬 더 크고 놀라울 것입니다."[19]

에드워즈는 "회심 또는 중생의 교리는 기독교의 가장 위대하고 기본적인 교리 가운데 하나"라고 했다. "이것은 사람들이 반드시 알고 믿어야만 하

---

14) Whitefield, "Regeneration," in Smith, *Whitefield & Wesley on the New Birth*, 75.
15) Whitefield, "Marks of a true Conversion," in WGW, 194.
16) Whitefield, "Regeneration," in Smith, *Whitefield & Wesley on the New Birth*, 65.
17) 에드워즈에게 있어서 은혜는 곧 성령을 의미한다. Edwards, *Treatise on Grace*, in WJE, 21, 192, 196; *Charity and Its Fruits*, in WJE, 8, 332 등을 참조하라.
18) Edwards, "Miscellanies," no. 1029, in WJE, 20, 366.
19) Edwards, *Religious Affections*, in WJE, 2, 275.

는 무한히 중요한 교리입니다. 왜냐하면 인간의 회심 또는 거듭남은 그리스도의 분명한 가르침에 따르면 인간의 구원에 절대적으로 필요한 것이기 때문입니다. 그러나 이 교리는 많은 헐뜯음과 반대를 받아 왔으며, 거듭나지 못한 자들이 의심하기 쉬운 교리입니다. 왜냐하면 그들은 결코 그와 같은 체험을 한 적이 없기 때문입니다."[20]

존 웨슬리도 거듭남은 매우 큰 내적인 변화라고 말했다. "그것은 **매우 큰 내적인 변화**, 성령의 역사로써 영혼 속에 이루어지는 변화, 우리의 존재 양식 전체의 변화를 의미합니다. 왜냐하면 '하나님으로부터 나는' 순간부터 우리는 전에 살던 방식과는 전혀 다른 방식으로 살기 때문입니다. 이를테면 우리는 다른 세계에 있는 것처럼 살게 됩니다."[21]

찰스 피니에 의하면, "거듭남이란 도덕적 성품의 전적인 현재적 변화"를 말한다. 즉 "전적인 이기심에서 **전적인 거룩함으로 변화**하는 것"을 말한다.[22]

청교도의 왕자라 불리는 존 오웬은 이렇게 말했다. "거듭남이란 하나님의 은혜의 능력에 의해서 우리 마음속에 비추어진 구원하는 영적인 빛에 의하여 우리 마음속의 타고난 무지와 어둠과 소경됨이 제거되고, 영적인 생명과 의의 새로운 원리가 우리에게 주어짐으로 말미암아 **우리 의지의 부패와 완고함이 제거되는 것**입니다. 그리고 하나님의 사랑이 우리 영혼 속에 부어짐으로 말미암아 우리 정서의 무질서함과 반역이 치유되는 것입니다."[23]

---

20) Jonathan Edwards, "The Reality of Conversion," in *The Sermons of Jonathan Edwards: A Reader*, ed. Wilson H. Kimnach, Kenneth P. Minkema and Douglas A. Sweeney (New Haven: Yale University Press, 1999), 83.

21) Wesley, "The Great Privilege of those that are Born of God," in WJW, 1, 432.

22) Charles Finney, *Finney's Systematic Theology* (Minneapolis, Minnesota: Bethany House Publishers, 1976), 227.

23) John Owen, *The Works of John Owen, 3, A Discourse Concerning the Holy Spirit*, ed. William H. Goold (Edinburgh: The Banner of Truth Trust, 2000), 224. 이하 WJO로 표기함.

위대한 청교도 리처드 백스터는 회심은 "한두 가지의 변화, 혹은 스무 가지의 변화가 아니라 **영혼 전체의 변화**이며, 삶의 목표와 대화의 성향의 변화"라고 하였다.[24]

윗필드를 회개시킨 유명한 책 『인간의 영혼 안에 있는 하나님의 생명』을 저술한 헨리 스쿠걸은 그 책에서 다음과 같이 말했다. "참된 신앙이란 하나님과 영혼의 연합이며, **하나님의 성품에 실제적으로 참여하는 것**이고, 영혼에 하나님의 그 형상이 새겨지는 것입니다. 사도 바울의 표현을 사용하자면, 신앙이란 '우리 안에 그리스도의 형상을 이루는 것' 입니다. 간단하게 말해서 신앙의 본질, 그것을 하나님의 생명이라고 부르는 것보다 더 충분하게 표현할 수 있는 방법을 나는 모르겠습니다."[25]

이상의 말을 종합해 보면 거듭남이란 '성령의 강력한 역사로 말미암아 우리 속에 하나님의 생명이 주어짐으로 우리 영혼 속에 일어나는 내면의 철저한 변화' 를 말한다. 거듭날 때 '우리의 이해력과 정서와 의지 전부가 놀랍게 변화' 된다. 이것은 복음주의 각성운동 설교자들과 청교도들이 공통적으로 강조한 내용이었다.

2. 거듭남의 필요성

왜 인간은 모두 거듭나지 않으면 안 되는가?

(1) **인간의 영이 죽어 있기 때문이다.** 성경은 모든 인간이 '허물과 죄로 죽어 있다' (엡 2:1)고 말씀한다. 왜 지금 인간의 영혼이 죽어 있는가? 그것은 인류의 조상 아담과 하와의 타락 때문이다(창 2:16-17; 3:1-24). 인간은 본래 하나님의 도덕적 형상을 따라 의와 거룩함으로 창조되었다. 그러나 아담과

---

24) Richard Baxter, *A Call to the Unconverted* (Lafayette, Ind.: Sovereign Grace Publishers, 2000), 18.
25) Henry Scougal, *The Life of God in the Soul of Man* (Harrisonburg, Virginia: Sprinkle Publications, 1986), 34.

하와가 하나님께 범죄했을 때, 선악과를 따 먹는 날에는 정녕 죽으리라는 말씀에 따라 그 영이 죽어 버렸다.

웨슬리의 말을 들어 보자. "하나님의 명령을 어긴 그날 인간은 죽었습니다. 하나님께 대하여 죽었습니다. 모든 죽음 가운데서도 가장 두려운 죽음을 당한 것입니다. 인간은 하나님의 생명을 잃어버리게 되었습니다. 하나님과 연합해야만 그의 영적인 생명이 지속됨에도 불구하고, 인간은 하나님으로부터 분리되었습니다. 육신이 영혼과 분리되는 순간 그 육신은 죽게 되는 것처럼, 영혼은 하나님과 분리되는 순간 죽게 됩니다. …… 그는 하나님에 대한 지식과 사랑 둘 다 잃어버렸습니다. 그 둘이 없이는 하나님의 형상이 존재할 수 없습니다. 하나님의 형상이 상실되었기 때문에 인간은 불행하게 되었을 뿐 아니라 거룩하지 못하게 되었습니다. 이로써, 그는 마귀의 형상인 교만과 아집에 빠지게 되었고, 멸망할 짐승의 형상인 관능적 욕구와 정욕에 빠지게 되었습니다."26)

이와 같이 아담 이후로 출생하는 모든 인간은 영이 죽은 채로 죄악 중에 출생하게 되었다. 그러므로 오직 하나님의 성령님께서 오셔서 살려 주셔야 인간의 영이 다시 살아날 수 있다. "살리는 것은 영이니 육은 무익하니라"(요 6:63).

오웬은 인간의 영혼은 죽어 있기 때문에 외부에서 생명이 들어가야 한다고 했다. "영적으로 죽은 상태에 있는 사람은 영적인 생명이 있는 방향으로 향하고자 하는 그 어떤 활동적인 성향도 없습니다. 그것은 죽은 시체가 자연적 생명을 향한 어떤 활동적인 성향이 없는 것과 마찬가지입니다. **이러한 사람에게는 영원한 능력에 의하여 생명의 원리가 밖에서부터 그 속으로 들어가야 합니다.** 이것은 나사로의 죽은 몸속에 그의 영이 들어갈 때 살아난 것과 마찬가지입니다. 그 자체로는 생명을 향한 최소한의 활동적인 성향이나 경향성을 갖고 있지 못했습니다. 허물과 죄로 죽은 영혼도 그와 마

---

26) Wesley, "The New Birth," in WJW, 2, 189~190.

찬가지입니다."27)

(2) **인간은 모두 부패한 본성을 가지고 태어나기 때문이다**(롬 3:10~12; 시 51:5). 영이 죽은 인간은 모두 타락한 본성을 가지고 태어난다. 하나님을 향한 지식도 사랑도 의지도 다 죽어 있다. 지, 정, 의가 심히 부패해서 죄악에 종 노릇 하게 되었다. 거듭나지 못한 인간의 생각은 허망한 것을 쫓아가고, 마음은 탐욕과 시기와 미움의 지배를 받으며, 의지는 선을 행하기에는 더디며 악을 행하기에 빠른 자가 되었다.

로마서 1장 28-32절에서는 거듭나기 전의 사람들의 모습을 잘 묘사하고 있다. "또한 저희가 마음에 하나님 두기를 싫어하매 하나님께서 저희를 그 상실한 마음대로 내어 버려 두사 합당치 못한 일을 하게 하셨으니, 곧 모든 불의, 추악, 탐욕, 악의가 가득한 자요, 시기, 살인, 분쟁, 사기, 악독이 가득한 자요, 수군수군하는 자요, 비방하는 자요, 하나님의 미워하시는 자요, 능욕하는 자요, 교만한 자요, 자랑하는 자요, 악을 도모하는 자요, 부모를 거역하는 자요, 우매한 자요, 배약(背約)하는 자요, 무자비한 자라. 저희가 이같은 일을 행하는 자는 사형에 해당하다고 하나님의 정하심을 알고도 자기들만 행할 뿐 아니라 또한 그 일을 행하는 자를 옳다 하느니라." 구원받지 못한 모든 사람은 이와 같이 온갖 죄악 속에 살아간다. 이것은 그 본성이 부패했다는 증거다.

부패한 본성을 따라 불의하게 사는 죄인은 장차 임할 영원한 하나님 나라에 들어갈 수 없다고 성경은 분명히 말씀한다. 고린도전서 6장 9-10절을 보라. "**불의한 자가 하나님의 나라를 유업으로 받지 못할 줄을 알지 못하느냐?** 미혹을 받지 말라. 음란하는 자나 우상 숭배하는 자나 간음하는 자나 탐색하는 자나 남색하는 자나 도적이나 탐람하는 자나 술 취하는 자나 후욕하는 자나 토색하는 자들은 하나님의 나라를 유업으로 받지 못하리라." 음란 죄, 우상 숭배 죄, 도적질, 탐람하는 죄, 술 취하는 죄 등을 짓는 사람은

---

27) Owen, *A Discourse Concerning the Holy Spirit*, in WJO, 3, 295.

지옥에 갈 것이라고 분명히 성경은 말씀한다. 여기서 '탐람하는 자' 란 어떤 자를 가리키는가? 그것은 세상의 탐심에 따라 사는 것을 말한다(요일 2:15-16).

누구든지 세상적인 탐욕, 즉 속물근성을 버리지 못하고 속물로 살면 장차 임할 하나님 나라에 들어가지 못할 것이다. 에베소서 5장 3-6절을 보라. "음행과 온갖 더러운 것과 탐욕은 너희 중에서 그 이름이라도 부르지 말라. 이는 성도의 마땅한 바니라. 누추함과 어리석은 말이나 희롱의 말이 마땅치 아니하니 돌이켜 감사하는 말을 하라. 너희도 이것을 정녕히 알거니와 음행하는 자나 **탐하는 자 곧 우상 숭배자는 다 그리스도와 하나님 나라에서 기업을 얻지 못하리니**, 누구든지 헛된 말로 너희를 속이지 못하게 하라. 이를 인하여 하나님의 진노가 불순종의 아들들에게 임하나니……." 이 구절을 보면, 탐하는 자는 곧 우상 숭배자라고 하셨다. 또 골로새서 3장 5절에도 보면, 탐심은 우상 숭배라고 하셨다. "그러므로 땅에 있는 지체를 죽이라. 곧 음란과 부정과 사욕과 악한 정욕과 탐심이니 탐심은 우상 숭배니라. 이것들을 인하여 하나님의 진노가 임하느니라"(골 3:5-6). 왜 탐심이 우상 숭배인가? 그것은 하나님보다 피조물을 더 사랑하는 것이기 때문이다. 이 세상의 그 어떤 것을 하나님보다 더 사랑하는 것은 우상 숭배요, 영적인 간음이다(약 4:4). 누구든지 이러한 세상적인 탐심을 가진 자는 하나님 나라를 유업으로 받지 못하고, 하나님의 진노를 받게 될 것이다.

이와 같이 부패한 본성에 따라 불의하게 사는 인간은 반드시 지옥에 간다. 그러므로 성령으로 거듭나야 하는 것이다. 차녹은 다음과 같이 말했다. "그러므로 모든 사람은 타락한 아담으로부터 물려받은 부패한 본성과는 전혀 다른 새로운 본성을 반드시 구비해야 하는 것입니다."[28]

오웬은 좋은 열매를 맺으려면 먼저 우리의 부패한 본성이 변화되어야 한다고 했다. "하나님의 방법은 먼저 우리들의 본성을 씻고 깨끗하게 하시는

---

28) Charnock, *The New Birth*, 21.

것입니다. 돌 같은 마음을 제하여 버리시고 살 같은 마음을 주시는 것입니다. 그리고 그의 법을 우리들의 마음에 새기시는 것이고, 우리들 속에 그의 영을 주시는 것입니다. 이것이 거듭남의 은혜입니다. 그 결과 우리는 그의 율례를 행하게 되고 하나님의 법을 지키고 준수하게 되는 것입니다. 즉 우리의 삶을 개혁하게 되고 하나님께 대한 모든 거룩한 순종을 낳게 되는 것입니다."[29]

(3) **거룩함이 없다면, 누구도 장차 임할 영원한 천국에 들어가지 못하기 때문이다.** "모든 사람으로 더불어 화평함과 거룩함을 좇으라. 이것이 없이는 아무도 주를 보지 못하리라"(히 12:14). 장차 이 땅에 임할 영원한 천국은 죄인들이 가는 곳이 아니고, 이 땅에서 죄에서 구속받고 거룩하게 산 자들만 들어가게 될 것이다(계 14:4-5; 7:13-14). 그러므로 성령으로 철저히 거룩하게 거듭나야 하는 것이다. 웨슬리의 말을 들어보자. "'거룩함이 없이는 아무도 주를 보지 못할' 것이며, 영광 속에 나타나시는 하나님의 얼굴을 보지 못할 것입니다. 결과적으로 신생은 영원한 구원을 얻기 위하여 절대적으로 필요한 것입니다. …… 왜냐하면 다시 태어남이 없이는 아무도 거룩해질 수 없기 때문입니다."[30]

어느 정도 변화된 삶을 살아야 거룩한 것인가? 예수님께서 우리들에게 요구하시는 거룩한 삶의 수준은 어느 정도인가? 마태복음 5장에서 7장까지 나오는 산상수훈에 그 대답이 있다. 예수님께서는 산상수훈에서 천국 백성들이라면 마땅히 살아야 할 삶의 수준을 말씀해 주셨다. 예수님께서는 마태복음 5장 20절에서 다음과 같이 말씀하셨다. "내가 너희에게 이르노니 **너희 의가 서기관과 바리새인보다 더 낫지 못하면 결단코 천국에 들어가지 못하리라**"(마 5:20). 예수님께서 신약 성도들에게 요구하시는 삶의 수준은 매우 높다. 이것을 명심해야 한다.

---

29) Owen, *A Discourse Concerning the Holy Spirit*, in WJO, 3, 223.
30) Wesley, "The New Birth," in WJW, 2, 195.

그러면 서기관과 바리새인들보다 나은 의는 어떤 수준인가? 서기관들은 구약 율법을 전문적으로 연구하고 가르쳤던 사람들로서 당시 율법 해석의 권위자들이었다. 성경에서는 다른 말로 율법사, 교법사로도 호칭되어 나온다. 오늘날로 보면 신학자들에 해당된다. 바리새인들은 구약의 율법을 외형적으로 지키는 데 남다른 열심을 가졌던 종교 집단으로서 예수님 당시 약 6천 명가량 있었다. 바리새 운동은 말하자면 하나의 중산층 평신도들의 경건 운동으로서, 모세 율법, 특히 레위기의 거룩과 정결의 법들을 철저히 지켰다. 그들은 자신의 몸을 깨끗하게 관리하고 음식을 가리며, 불결한 죄인으로부터 분리하는 것을 주된 소임이라고 생각했다.

서기관과 바리새인들은 적어도 오늘날 주일 예배만 드리고 신자라고 자처하는 소위 주일 신자들(Sunday Christian)보다는 훨씬 나았다는 것을 알아야 한다. 비록 형식적이고 외식적인 신앙생활로 말미암아 예수님께로부터 심한 질책을 받았지만 그들 나름대로 상당한 열심이 있었다. 특히 바리새인들은 열심이 대단하여 철저한 안식일 준수, 온전한 십일조는 물론이요, 일주일에 두 번씩 금식하고 전도도 많이 했다. 서기관과 바리새인들은 그들의 종교적 전문성과 열심으로 인해 백성들은 그들을 인정하고 그들의 가르침에 의존했다. 그러나 예수님께서는 가장 신랄하게 그들을 질책하셨다. 외적 행위와 달리 그들의 마음은 온갖 '불법과 외식'이 가득했기 때문이다(마 23:28). 서기관과 바리새인들에 대한 예수님의 "첫 번째, 근본적인 비난은 그들의 종교가 마음의 종교가 아니라 전적으로 외적이요, 형식적이라는 것"이었다.³¹⁾ 오늘날도 외적인 종교적 활동과 열심은 많지만 마음이 거룩하지 못한 신자들이 많다.

예수님께서는 우리가 이러한 서기관과 바리새인들보다 낫지 못하면 결단코 천국에 들어갈 수 없음을 분명히 말씀하셨다. 그러면 그들보다 더 나

---

31) D. M. Lloyd-Jones, *Studies in the Sermon on the Mount* (Grand Rapids, Mich.: Wm. B. Eerdmans Publishing Co., 1976), 178.

은 의는 어떤 것인가? 그것은 그 마음속에 하나님의 거룩함을 가지고 살아가는 삶을 말한다. 예수님께서는 그것을 마태복음 5장 21-48절에서 다섯 가지로 나누어 상세히 말씀해 주셨다.

첫째, 장차 천국에 들어가려면 거짓 없는 순수한 형제 사랑을 가진 삶을 살아야 한다. 마태복음 5장 21-22절을 보라. "옛 사람에게 말한 바 살인치 말라 누구든지 살인하면 심판을 받게 되리라 하였다는 것을 너희가 들었으나, 나는 너희에게 이르노니 형제에게 노하는 자마다 심판을 받게 되고 형제를 대하여 라가라 하는 자는 공회에 잡히게 되고 미련한 놈이라 하는 자는 지옥 불에 들어가게 되리라." 신약 성도는 그리스도 안에서 형제에 대하여 거짓 없는, 순수한 사랑을 가지고 살아야 한다. 그리스도 안의 형제들을 나보다 낫게 여기고, 존중하고 살아야 한다. 율법은 살인하면 안 된다고 가르쳤으나, 예수님께서는 형제에게 노하여도 안 되고 욕하여도 안 된다고 하셨다. 형제를 미워하는 것은 영적인 살인이다. 이러한 거짓 없는 사랑은 오직 성령님만이 주실 수 있다. 당신이 참으로 성령으로 거듭나게 되면 진심으로 형제를 사랑할 수 있게 될 것이다(요일 3:14).

둘째, 장차 천국에 들어가려면 이성에 대하여 부정한 마음을 버리고, 순결한 마음을 가지고 살아야 한다. 마태복음 5장 27-28절을 보라. "또 간음치 말라 하였다는 것을 너희가 들었으나 나는 너희에게 이르노니 여자를 보고 음욕을 품는 자마다 마음에 이미 간음하였느니라." 이성에 대한 관심은 인간의 본능에 속한다. 그러나 복음의 능력은 그것조차 뛰어넘게 하신다. 인간의 결심과 노력으로는 이것이 어렵지만, 성령님의 지배 아래 살면 이것이 쉽다(약 3:17). 그러므로 거룩한 성령을 받아야 하는 것이다.

셋째, 장차 천국에 들어가려면 항상 진실하고 정직하게 말해야 한다. 마태복음 5장 33-37절을 보라. "옛 사람에게 말한 바 헛맹세를 하지 말고 네 맹세한 것을 주께 지키라 하였다는 것을 너희가 들었으나 나는 너희에게 이르노니 도무지 맹세하지 말지니 하늘로도 말라. 이는 하나님의 보좌임이요, 땅으로도 말라. 이는 하나님의 발등상임이요, 예루살렘으로도 말라. 이는 큰 임금의 성임이요, 네 머리로도 말라. 이는 네가 한 터럭도 희고 검게 할 수 없음이라. 오직 너희 말은 옳다 옳다, 아니라 아니라 하라. 이에서 지나는 것은 악으로 좇아 나느니라." 율법에는 헛맹세를 하지 말라고 하였으나, 예수님께서는 아예 맹세를 하지 말라고 하셨다. 할 수 있으면 할 수 있다고 말하고, 할 수 없으면 할 수 없다고 말하라는 것이다. 예면 예, 아니면 아니라고 말하라는 것이다. 이것은 거짓을 버리고 항상 마음속에 있는 진실을 말하라는 뜻이다. 당신이 천국에 들어가려면 매사에 생각하는 것에 있어서나, 말하는 것에 있어서나, 행동하는 것에 있어서 진실하게 살아야 한다. 이렇게 살지 않는 자는 아무도 천국에 들어갈 수 없다. 진실의 영이신 성령으로 거룩하게 거듭나야 이렇게 살 수 있다(엡 5:9).

넷째, 장차 천국에 들어가려면 내게 악을 행하는 자를 대적하지 말아야 한다. 즉 복수심을 갖지 말아야 한다. 마태복음 5장 38-42절을 보라. "또 눈은 눈으로, 이는 이로 갚으라 하였다는 것을 너희가 들었으나, 나는 너희에게 이르노니 악한 자를 대적지 말라. 누구든지 오른편 뺨을 치거든 왼편도 돌려 대며, 또 너를 송사하여 속옷을 가지고자 하는 자에게 겉옷까지도 가지게 하며, 또 누구든지 너로 억지로 오 리를 가게 하거든 그 사람과 십 리를 동행하고, 네게 구하는 자에게 주며 네게 꾸고자 하는 자에게 거절하지 말라." 율법은 동일 보복률이지만, 예수님께서는 우리는 그보다 나은 마음을 가지고 살아야 한다고 하셨다. 우리는 절대 누구에게든 복수심을 갖지 말아야 한다. 우리를 괴롭히는 자일지라도 복수심을 갖지 말아야 한다. 당신이 성령으로 거듭나게 되면 복수심 대신에 긍휼히 여기는 마음을 가지게 될 것이다(마 5:7; 약 3:17).

다섯째, 장차 천국에 들어가려면 원수까지 사랑해야 한다. 마태복음 5장 43-44절을 보라. "또 네 이웃을 사랑하고 네 원수를 미워하라 하였다는 것을 너희가 들었으나, 나는 너희에게 이르노니 너희 원수를 사랑하며 너희를 핍박하는 자를 위하여 기도하라." 예수님께서는 우리의 상식적 수준으로는 이해가 안 되며, 헤아릴 수 없이 높은 수준의 말씀을 가르치셨다. 그러나 사랑의 영이신 성령을 받으면 이것이 저절로 된다. 이것이 은혜의 능력이다.

우리가 할 수 없는 일을 예수님께서 요구하셨다면 예수님은 자기는 실천하지도 않는 무거운 짐을 지우는 서기관과 바리새인들(마 23:3-4)처럼 무자비한 사람이었을 것이다. 그러나 예수님께서는 친히 몸소 원수들을 용서하시고, 자기를 십자가에 못 박은 자들을 위해 기도하셨다(눅 23:34). 우리 자신의 힘만으로는 이러한 삶을 살기가 불가능하지만 예수님의 영이 우리 마음에 임하시면 그렇게 살 수 있게 하실 것이다. 그러므로 당신은 성령으로 거룩하게 거듭나야 한다.

질문: 어떤 사람은 서기관과 바리새인보다 나은 의라는 것을 단순히 예수님을 믿음으로 얻게 되는 의를 지칭한다고 주장하는 사람이 있다. 그러므로 자신들은 예수님을 믿음으로 의롭다 하심을 받았기 때문에, 이 말씀들을 지키는 것과 구원은 상관이 없다고 주장한다. 또 어떤 사람은 이 말씀들은 단지 우리의 부족을 깨닫게 하시기 위해서 주신 것이라고 한다. 이런 주장들을 어떻게 보아야 하는가?

답변: 예수님께서 마태복음 5장 17절부터 48절까지 말씀하신 의도가 바로 그러한 자들을 반박하시기 위함이셨다. 예수님께서는 바로 앞 17절에서 "내가 율법이나 선지자나 폐하러 온 줄로 생각지 말라. 폐하러 온 것이 아니요 완전케 하려 함이로다."(마 5:17)라고 분명히 말씀하셨다.

예수님께서는 우리로 하여금 더 나은 율법적 성취를 할 수 있도록 하시기 위하여 오신 것이지, 더 안일한 삶의 방식을 허용하시러 오신 것이 아니다. 이것을 더욱 분명히 확정하시기 위해서 예수님께서는 산상수훈을 마치면서 다음과 같이 말씀하셨다. "그러므로 누구든지 나의 이 말을 듣고 행하는 자는 그 집을 반석 위에 지은 지혜로운 사람 같으리니 비가 내리고 창수가 나고 바람이 불어 그 집에 부딪히되 무너지지 아니하나니 이는 주초를 반석 위에 놓은 연고요, 나의 이 말을 듣고 행치 아니하는 자는 그 집을 모래 위에 지은 어리석은 사람 같으리니 비가 내리고 창수가 나고 바람이 불어 그 집에 부딪히매 그 무너짐이 심하리라"(마 7:24-27). "나더러 주여 주여 하는 자마다 천국에 들어갈 것이 아니라 다만 하늘에 계신 내 아버지의 뜻대로 행하는 자라야 들어가리라"(마 7:21). 산상수훈은 지키라고 주신 것이지, 감상하라고 주신 것이 아니다. 우리 힘으로는 할 수 없으나 예수님의 보혈로 죄 사함을 받고 성령으로 거듭나면 능히 할 수 있다. 이것이 예수님께서 이 세상에 오신 목적이다.

로이드 존스(Martyn Lloyd-Jones, 1899-1981)는 거짓 선지자에 대해서 이렇게 말했다. "거짓 선지자는 산상설교를 실천해야 한다고 말해 주지 않습니다. 만일 우리가 산상설교를 실천하지 않고 이 설교를 듣기만 한다면 우리는 저주를 받을 것입니다."[32] 윗필드는 성령을 받으면 원수까지 사랑하게 된다고 가르쳤다. "성령을 받았다는 다섯 번째 성경적 표지는 원수까지도 사랑하는 것입니다. '나는 너희에게 이르노니, 너희 원수를 사랑하며 너희를 핍박하는 자를 위하여 기도하라'(마 5:44). 원수를 사랑하라는 이 의무는 너무도 필요합니다. 이것이 없다면 우리의 의가 서기관과 바리새인의 의보다 더 낫지 못합니다. 심지어 세리와 죄인들의 의보다 더 나은 것이 없습니다. '너희가 너희를 사랑하는 자를 사랑하면 남보다 더 하는 것이 무엇이냐?' 남과 다른 특별한 것이 무엇입니까? '세리도 이같이 아니하느냐?'(마 5:46) …… 그것은 거듭나지 않은 자연인에게는 어려운 의무입니다. 그러나 성령의 약속에 참여하게 된 자는 누구든지 그것이 실천할 수 있는 일이며 쉽다는 것을 발견할 것입니다."[33]

(4) 우리는 성령으로 거듭날 때 비로소 이 땅에 임한 하나님 나라에 들어가며 하나님 나라의 참 백성이 되기 때문이다(요 1:12-13). 예수님께서 이 세상에 오신 목적은 이 땅에 하나님 나라를 건설하시는 것이었다(눅 4:43-44; 마 12:28). 이 하나님 나라는 오순절 날 성령님의 강림으로 시작되었다(행 2:1-

---

32) Lloyd-Jones, *Studies in the Sermon on the Mount*, 504.
33) Whitefield, "Marks of having Received the Holy Ghost," in WGW, 365.

36). 우리가 성령을 받음으로 지금 하나님 나라에 들어가며(요 3:3-5) 우리 심령 속에 천국이 시작되는 것이다(롬 14:17). "그가 우리를 흑암의 권세에서 건져내사 그의 사랑의 아들의 나라로 옮기셨으니"(골 1:13). "오직 너희는 택하신 족속이요 왕 같은 제사장들이요 거룩한 나라요 그의 소유된 백성이니 이는 너희를 어두운 데서 불러내어 그의 기이한 빛에 들어가게 하신 자의 아름다운 덕을 선전하게 하려 하심이라"(벧전 2:9). 지금 성령님께서 그 마음에 내주하셔서 하나님 나라가 그 마음에 임한 사람만이(심령 천국) 장차 임할 영원한 천국에 들어가게 될 것이다(영원 천국).

3. 거듭남의 방법

그러면 우리는 어떻게 거듭나는가? 우리는 물과 성령으로 거듭난다. "예수께서 대답하시되 진실로 진실로 네게 이르노니 사람이 물과 성령으로 나지 아니하면 하나님 나라에 들어갈 수 없느니라"(요 3:5).

(1) 물로 거듭난다는 것은 무엇인가? 물로 거듭난다는 것은 십자가를 통해 나타난 구원의 말씀을 '믿고 회개함'으로 죄 사함을 받고 **죄로부터 정결케 됨**을 말한다. 우리가 예수님의 십자가의 은혜의 복음을 믿고, 우리 죄를 뉘우치고 철저히 회개하면 예수님의 보혈이 우리의 모든 죄를 깨끗이 씻어 주신다. "만일 우리가 우리 죄를 자백하면 저는 미쁘시고 의로우사 우리 죄를 사하시며 모든 불의에서 우리를 깨끗게 하실 것이요"(요일 1:9).

성경 여러 곳에 보면, 물은 '말씀'을 상징한다. 그러므로 물로 거듭난다는 것은 구원의 '말씀'을 믿고 순종하여 회개함으로 깨끗하게 되는 것을 말한다. 다음 여러 구절들이 그것을 뒷받침한다. "이는 곧 물로 씻어 말씀으로 깨끗하게 하사 거룩하게 하시고 자기 앞에 영광스러운 교회로 세우사 티나 주름 잡힌 것이나 이런 것들이 없이 거룩하고 흠이 없게 하려 하심이니라"(엡 5:26-27). "너희가 진리를 순종함으로 너희 영혼을 깨끗하게 하여 거짓이 없이 형제를 사랑하기에 이르렀으니 마음으로 뜨겁게 피차 사랑하

라. 너희가 거듭난 것이 썩어질 씨로 된 것이 아니요 썩지 아니할 씨로 된 것이니 하나님의 살아 있고 항상 있는 말씀으로 되었느니라"(벧전 1:22-23).

웨슬리 듀웰(Wesley Duewel)은 다음과 같이 말했다. "요한복음 3장 5절이나 디도서 3장 5절은 물세례를 말하는 것이 아니라, 하나님의 말씀의 깨끗케 하시는 능력을 말하는 것입니다. 영적으로 깨끗하게 되고 변화되는 것은 성령님께서 그 마음에 말씀을 적용하심으로만 일어납니다(요 15:3; 17:17; 엡 5:26)."[34]

예수님께서는 십자가에 달리시기 전날 밤 제자들에게 다음과 같이 말씀하셨다. "너희는 내가 일러준 말로 이미 깨끗하였으니 내 안에 거하라. 나도 너희 안에 거하리라. 가지가 포도나무에 붙어 있지 아니하면 절로 과실을 맺을 수 없음 같이 너희도 내 안에 있지 아니하면 그러하리라"(요 15:3-4). 예수님의 제자들은 그리스도의 말씀을 듣고 믿고 순종하여 따랐다. 이것으로 그들은 깨끗함을 받았던 것이다. 즉 물로 거듭난 것이다. 제자들은 물로 씻음은 받았으나, 성령의 약속을 받지 못한 상태였다. 그들은 예수님을 사랑하였으나, 신적인 능력이 없었다. 그래서 예수님께서 부활하신 후 제자들에게 숨을 내쉬면서 "성령을 받으라."라고 하신 것이다(요 20:22).

(2) 성령으로 거듭난다는 것은 무엇인가? 그리스도를 믿고 철저히 회개하여 **죄 사함을 받은 자에게 하나님께서 성령을 선물로 주신다**. 즉, 성령 내주의 은혜를 주신다. 이때 우리 영혼이 성령으로 거듭나게 되고, 거룩하게 되고, 새롭게 된다. 이것이 성령으로 거듭나는 것이다. 이것이 성령 세례요, 은혜의 주입이다.

하나님께서는 믿고 회개하는 자에게 성령을 주시기로 약속하셨다(엡 1:13; 갈 3:13-14). 요한복음 7장 37-39절을 보라. "명절 끝날 곧 큰 날에 예수께서 서서 외쳐 가라사대 누구든지 목마르거든 내게로 와서 마시라. 나를 믿는

---

[34] Wesley L. Duewel, *God's Great Salvation* (Greenwood, IN: OMS International, Inc., 1991), 126.

자는 성경에 이름과 같이 그 배에서 생수의 강이 흘러나리라 하시니, 이는 그를 믿는 자의 받을 성령을 가리켜 말씀하신 것이라." 또, 사도행전 2장 38-39절을 보라. 믿고 회개하여 '죄 사함 받은 자'에게 성령의 선물을 약속하셨다. "베드로가 가로되 너희가 회개하여 각각 예수 그리스도의 이름으로 세례를 받고 죄 사함을 얻으라. 그리하면 성령을 선물로 받으리니, 이 약속은 너희와 너희 자녀와 모든 먼 데 사람 곧 주 우리 하나님이 얼마든지 부르시는 자들에게 하신 것이라." 성령님께서 우리 심령 속에 내주하실 때, 우리는 성령으로 진실로 거듭나게 된다.

4. 거듭남의 결과

우리가 성령으로 거듭나게 되면, 성령의 내주하심을 깨닫게 된다(요 7:37-39; 14:20 등). 윗필드는 모든 신자가 성령의 내주하심을 느껴야 한다고 강조했다. 그는 성령의 내적 증거를 부인하는 설교자에 대해서 다음과 같이 말했다. "맹인을 인도하는 맹인 된 인도자들에게는 화가 있을 것입니다! 어떻게 그런 사람들이 지옥의 저주를 피할 수 있겠습니까? (소위 여러분이 갖고 있다고 하는) 모든 학식이 여러분을 하나님의 공의의 심판에서 피하게 해 줄 수 없습니다. 또한 여러분의 고위 성직이 하나님의 공의의 심판을 면케 해 줄 수 없습니다. 잠시 후면 우리는 모두 다 그리스도의 심판대 앞에 서게 될 것입니다. 거기서 저와 여러분은 만날 것입니다. 거기서 위대한 목자요, 영혼의 감독 되신 예수 그리스도께서 누가 거짓 선지자인지를 확정하실 것입니다. 또 누가 양의 옷을 입은 이리인지를 밝히실 것입니다. 지금 **성령을 받고 느껴야 한다**고 말하는 자들이 주님으로부터 칭찬을 들을 것인지, 아니면 그러한 가르침을 마귀의 교리라고 소리치며 대적하는 자들이 주님의 인정을 받을 것인지는 그날에 판결이 날 것입니다."[35]

거듭난 사람은 성령님의 내주를 느낄 뿐만 아니라, 본성이 거룩하게 되는 근본적 변화를 경험하게 된다(벧후 1:4; 고전 6:11; 살후 2:13; 딛 3:3-5 등). "이로써 그 보배롭고 지극히 큰 약속을 우리에게 주사 이 약속으로 말미암아 너희로 정욕을 인하여 세상에서 썩어질 것을 피하여 **신의 성품에 참예하는 자**가 되게 하려 하셨으니"(벧후 1:4). 거듭나게 되면 죄악을 즐기고 세상 것을 즐기던 육적이던 본성이 하나님의 의와 거룩을 좋아하는 영적인 성품으로 바뀐다. 그리고 거듭난 사람은 그 속에 사랑이신 성령님께서 내주하시기 때문에 더는 이기적인 마음 상태로 살지 않게 된다. 그 대신 이타적인 사랑의 영을 갖게 됨으로 말미암아(갈 5:22-23; 요일 3:10) 온 힘을 다하여 하나님의 영광과 이웃의 영혼의 유익을 위하여 살게 된다.

사랑하는 독자여, 당신은 이렇게 거듭났는가?

---

35) Whitefield, "Indwelling of the Spirit, the Common Privilege of All Believers," in Smith, *Whitefield & Wesley on the New Birth*, 98. 이하 "Indwelling of the Spirit"로 줄임.

제2장

구원 얻는 길은 좁은 문이다
: 구원 얻기 위해서 당신이 해야 할 일

> 좁은 문으로 들어가라. 멸망으로 인도하는 문은 크고 그 길이 넓어 그리로 들어가는 자가 많고 생명으로 인도하는 문은 좁고 길이 협착하여 찾는 이가 적음이니라(마 7:13-14).

우리가 구원을 얻는 것이 쉬운 것인가? 현대 설교자들 중 많은 사람이 구원은 아주 쉽게 얻을 수 있는 것처럼 가르친다. 그들은 철저한 회개와 철저한 자기 부인이 있어야 그리스도의 제자가 될 수 있다는 것은 가르치지 않는다. 달콤한 솜사탕 같은 이야기로 사람들을 끌어모은다. 사람들에게 듣기 좋고 부드러운 이야기만 하는 교회 지도자들의 책임에 대해서 토저는 다음과 같이 말했다.

"오늘날의 도덕적 풍토는 우리 주님과 사도들이 가르친 강하고 질긴 신앙을 별로 좋아하지 않습니다. 현재 종교적 온실(溫室)에서 만들어지는 연약하고 부서지기 쉬운 성도들은 과거에 목숨을 아끼지 않고 복음을 증거하다가 죽어간 신자들에 비교하면 참으로 한심하다고 할 수 있습니다. 이 모든 잘못은 오늘날 교회 지도자들에게 있습니다. 그들은 사람들에게 진리의 전부를 이야기할 용기가 없습니다. 그들은 사람들에게 희생 없이도 하나님을 섬길 수 있다고 말할 뿐입니다.

오늘날의 교회는 유약한 그리스도인들로 가득합니다. 그들은 무엇인가 재미있는 것들로 즐겁게 해 주어야만 교회에 나옵니다. 그들은 신학에 대하여 거의 알지 못하며, 위대한 기독교 고전을 한 권이라도 읽은 사람은 거의 없습니다. 그러면서도 그들은 종교 소설이나 흥미로운 영화를 아주 잘 알고 있습니다. 그러므로 그들은 도덕적으로나 영적으로 연약한 수준에 머물 수밖에 없습니다. 그들은 자기들도 결코 이해하지 못하는 신앙을 힘 빠진 손으로 겨우 붙들고 있습니다."36)

구원 얻는 길이 쉽기만 한가? 구원은 우리의 타락한 성품이 성령의 강력한 역사로 말미암아 하늘 아버지의 성품을 본받아 거룩하고 선한 성품으로 바뀌는 것이다. 과거 청교도들이나 대각성 운동의 사역자들은 오늘날과 달리 구원받는 것이 결코 쉬운 것이 아니라고 가르쳤다. 청교도 조지프 얼라인(Joseph Alleine, 1634-1668)은 "**협착한 길인 거듭나는 과정을 밟지 않고는 결코 천국에 들어갈 수 없습니다.** 거룩함이 없이는 주를 보지 못할 것입니다(히 12:14). 그러므로 지금 그대 자신을 하나님께 드리십시오."37)라고 강권하였다.

에드워즈는 다음과 같이 말했다. "많은 사람이 쉽게 천국에 들어갈 수 있는 길 또는 구원받을 수 있는 길을 찾으려고 엄청나게 공부합니다. 그러나 이러한 새로운 고안을 짜내는 일에 우리의 노력을 너무 많이 쏟아부어서는 안 됩니다. 왜냐하면 우리는 결코 그 길을 발견할 수 없기 때문입니다. 사람들을 영생으로 인도하는 문은 여전히 좁은 문일 것입니다. 넓은 문을 찾으려고 노력하는 데 보낸 시간은 아주 무익하게 보낸 시간입니다. …… 구원을 얻는 데 필요한 것들은 여러 면에서 어려워 보입니다. 어떤 의무들은 인간의 자연적인 욕구와 성향과는 정반대되는 것으로서 매우 지키기가 어렵습니다. 자신에게 달콤하게 보이는 것과 자신이 몹시 즐기는 것을 부

---

36) Tozer, *That Incredible Christian*, 76.
37) Joseph Alleine, *An Alarm to the Unconverted* (Lafayette, Ind.: Sovereign Grace Publishers, 2002), 2.

인해야 합니다."[38]

예수님께서는 무엇이라고 말씀하셨는가? 예수님은 생명으로 인도하는 길은 협착하여 찾는 사람이 적을 것이라고 하셨다. "좁은 문으로 들어가라. 멸망으로 인도하는 문은 크고 그 길이 넓어 그리로 들어가는 자가 많고, 생명으로 인도하는 문은 좁고 길이 협착하여 찾는 이가 적음이니라"(마 7:13-14). 생명으로 인도하는 문은 쉬운 길이 아님을 말씀하신 것이다.

왜 이렇게 예수님께서는 구원 얻는 길이 어렵다고 하셨는데도 쉽다고 가르치는 사람이 있는가? 오늘날 많은 설교자들은 믿는다는 신앙 고백만 하면 내적 성품의 변화와 별 관계 없이 구원받은 것이라고 가르치니 그들의 가르침대로라면 천국 가는 길은 쉽다. 그러나 앞에서 살펴본 대로 **대각성 운동 설교자들과 청교도들에게 있어서 거듭남은 성령의 위대한 역사로 마음과 기질, 본성이 철저히 거룩하게 변화되는 것을 의미**하기 때문에 구원의 길이 좁고도 어려운 것이다.

백스터의 말을 들어 보자. "하나님께서는 구원의 길을 정하실 때 사람들이 구원을 얻기 위해서 침노하고 애쓰게 하셨습니다. 하늘의 하나님보다 하늘로 가는 길을 더 잘 알 수 있는 사람이 누구겠습니까? 당신이 우리더러 너무 엄격하고 엄밀하다고 말할 때, 당신은 누구를 비난하고 있는 것입니까? 하나님입니까? 아니면 우리입니까? 우리는 명령받은 대로 할 수밖에 없습니다(눅 17:10). 만일 잘못이 있다면 명령하신 하나님께 있지 순종하는 우리에게 있지 않을 것입니다. …… 구원의 은혜를 주신 그분이 아니면 누가 구원의 방도를 정하겠습니까? …… 참으로 그 길은 지금 모든 곳에서 반대와 미움을 당하는 길입니다."[39]

백스터는 또 이렇게 말했다. "성경을 읽으면서 나뿐만 아니라 많은 사람

---

[38] Edwards, "The Reality of Conversion," in *The Sermons of Jonathan Edwards: A Reader*, 93.

[39] Baxter, *Saints' Everlasting Rest*, 276–277.

들이 깜짝 놀라게 되는 것은 아주 소수의 사람들만 구원을 받게 될 것이라는 것과 **심지어 부름 받은 사람들 가운데서도 거의 대부분의 사람들이 하나님의 나라에 영원히 들어가지 못하고** 영원한 불못에서 마귀와 함께 고통을 받게 되리라는 것입니다."[40] 예수님께서 말씀하셨다. "청함을 받은 자는 많되 택함을 입은 자는 적으니라"(마 22:14). 교회당까지 왔다고 다 천국에 가는 것이 아니다. 좁은 문을 통과하는 자가 천국에 들어가는 것이다.

로이드 존스는 다음과 같이 말했다. "우리가 주목해야 할 첫 번째 사항은 기독교인의 삶은 시작부터 좁고 협착한 삶이라는 것입니다. 즉시 좁은 길에 들어섭니다. 처음에는 제법 넓다가 계속 감에 따라 점점 좁아지는 삶이 아닙니다. 그렇습니다. 그 문 자체, 곧 이 삶에 들어가는 입구부터가 좁은 길입니다. 이 점을 강조하고 명심하는 것은 중요합니다. …… 기독교인의 생활은 어렵습니다. 이 생활은 쉬운 생활이 아닙니다. **너무 영광스럽고 놀라우므로 쉬울 수가 없는 것입니다.** 이 생활은 그리스도 자신과 같은 생활을 의미합니다. 그러므로 이것은 쉽지가 않습니다. …… 이 삶은 지금까지 인류에게 알려진 가장 숭고한 삶입니다. 이 때문에 어렵고, 좁고 협착합니다. …… 어떤 분야든 최고 수준에 이를수록 그 무리의 수는 항상 적어집니다. 평범한 일은 누구나 따라 할 수 있지만 여러분이 비범한 어떤 일을 하려고 하는 순간, 정상에 도달하기를 원하는 순간, 같은 일을 시도하는 사람이 많지 않음을 발견하게 될 것입니다. 기독교인의 삶도 꼭 같습니다. 이 삶은 그토록 고상하고 놀라운 삶이므로 찾는 사람과 들어가는 사람은 극소수입니다. 그 이유는 간단합니다. 어렵기 때문입니다."[41]

천국 가는 길은 좁다. 그것은 예수님의 말씀이다. 천국 가는 길이 넓은 것처럼 가르치는 거짓 선지자들의 가르침을 주의하라!

---

40) Baxter, *A Call to the Unconverted*, 10. 7
41) Lloyd-Jones, *Studies in the Sermon on the Mount*, 479, 483-484.

1. 구원 얻기를 바라는 자들에게 요구되는 자세: 왜 천국으로 가는 문이 좁은 문인가?

왜 생명으로 가는 문이 좁은 문인가? 하나님께서는 아무나 구원하시는 것이 아니고 다음과 같은 사람을 구원하시니 천국은 좁은 문인 것이다.

첫째로, 성경은 분명히 하나님을 두려워하고 경외하는 자만이 구원을 얻을 수 있다고 말씀한다. 구약 성경 마지막 장인 말라기 4장에는 다음과 같이 말씀하고 있다. "**내 이름을 경외하는 너희**에게는 의로운 해가 떠올라서 치료하는 광선을 발하리니 너희가 나가서 외양간에서 나온 송아지 같이 뛰리라"(말 4:2).

둘째로, 성경에 의하면, 하나님의 말씀을 인하여 두려워 떠는 자만이 구원을 받는다고 하셨다. "무릇 **마음이 가난하고 심령에 통회하며 나의 말을 인하여 떠는 자** 그 사람은 내가 권고하려니와"(사 66:1-2).

셋째로, 예수님께서는 심령이 가난한 자만이 천국을 얻게 된다고 하셨다. "심령이 가난한 자는 복이 있나니 천국이 저희 것임이요"(마 5:3). '심령이 가난한' 사람이 복이 있다는 것이 무슨 말씀인가? 내가 얼마나 영적으로 죽어 있고 불쌍한 존재인가를 깨닫는 사람이 복이 있다는 말씀이다. 또, 예수님께서는 자신의 죄와 허물 때문에 애통하는 사람만이 하나님의 영적인 위로를 받는다고 하셨다. "애통하는 자는 복이 있나니 저희가 위로를 받을 것임이요"(마 5:4). 자기가 행한 죄악 때문에 마음이 상하고 애통하는 자가 복이 있다는 말씀이다. 또, 예수님께서는 "의에 주리고 목마른 자는 복이 있나니 저희가 배부를 것임이요."(마 5:6)라고 하셨다. 의에 주리고 목마르다는 것은 자신의 의가 형편없다는 것을 깨닫고 하나님께서 주시는 의를 얻고자 애쓰는 사람을 말한다.

넷째로, 하나님께서는 겸손한 자를 구원하신다. 하나님의 말씀 앞에서 교만한 자는 구원을 얻지 못한다(벧전 5:5). "그러나 더욱 큰 은혜를 주시나니, 그러므로 일렀으되 하나님이 교만한 자를 물리치시고 겸손한 자에게 은혜를 주신다 하였느니라"(약 4:6).

다섯째로, 하나님께서는 온 마음으로 주님을 향하는 자를 구원하신다고 하셨다(대하 16:9). "너희는 내게 부르짖으며 와서 내게 기도하면 내가 너희를 들을 것이요, 너희가 **전심으로 나를 찾고 찾으면** 나를 만나리라"(렘 29:12-13).

여섯째로, 천국은 어린아이처럼 하나님 나라를 받드는 자만이 들어간다. "내가 진실로 너희에게 이르노니 누구든지 하나님의 나라를 어린 아이와 같이 받들지 않는 자는 결단코 들어가지 못하리라"(눅 18:17). 하나님 나라는 이렇게 극진히 받드는 자만이 들어간다. 그렇지 못한 자는 '결단코' 들어가지 못할 것이다. 여기서 '결단코'라고 하신 것에 주의하라.

일곱째로, 천국은 다른 모든 일을 포기하고서라도 구원 얻기를 소망하고 하나님 나라를 사모하는 자가 얻을 것이다(마 13:45-46). 예수님께서는 천국 비유에서 "천국은 마치 밭에 감추인 보화와 같으니 사람이 이를 발견한 후 숨겨 두고 기뻐하여 돌아가서 **자기의 소유를 다 팔아 그 밭을 샀느니라.**"(마 13:44)라고 말씀하셨다. 천국을 얻기 위해 자기의 소유를 다 팔아서라도 그것을 얻고자 하는 사람만 천국을 얻을 것이라는 말씀이다.

왜 천국 가는 문이 좁은 문인가? 위와 같이 하나님을 경외하고, 하나님의 말씀을 인하여 두려워 떨고, 심령이 가난하고, 애통하고, 의에 주리고 목마르며, 겸손하고, 전심으로 하나님을 찾으며, 어린아이처럼 하나님 나라를 받들며, 다른 모든 일을 포기하고서라도 천국 얻기를 소망하는 자라야 구원을 얻을 수 있기에 천국 가는 길이 좁은 길인 것이다.

그러면 구체적으로 하나님 나라에 들어가려면 무엇을 해야 하는지 알아보자.

2. 예수님을 확실히 믿으라

어떻게 하여야 우리가 구원을 받을 것인가? 당신이 구원받는 길은 무엇보다 예수님을 철저히 믿는 것이다. 우리 영혼의 구원은 무엇보다 예수님께 대한 믿음에 달려 있다. 다음 구절은 성경에서 가장 널리 애송되고 있는 유명한 구절이다. "하나님이 세상을 이처럼 사랑하사 독생자를 주셨으니 이는 저를 믿는 자마다 멸망치 않고 영생을 얻게 하려 하심이니라"(요 3:16).

(1) 그러면, 구체적으로 예수님에 대해 무엇을 믿어야 하는지 알아보자.

첫째, **예수님께서 그리스도시요, 살아 계신 하나님의 아들이심을 믿으라**(요 1:12-13; 3:16, 36; 5:24; 6:28-29, 40, 47; 11:25-26; 마 16:13-18 등). 예수님은 당신의 죄를 대신 지시려고 육신의 몸을 입고 이 세상에 오신 하나님이시다(요 1:1, 14). 하나님께서 당신의 죄를 대신 지시려고 이 세상에 오셨다.

둘째, 무엇보다 예수님께서 당신이 받아야 할 죄의 형벌을 대신 받으셨음을 믿으라. 즉 **예수님의 십자가의 은혜를 믿으라**(요 1:29; 요일 2:2; 사 53:5-6; 벧전 2:24 등). "이튿날 요한이 예수께서 자기에게 나아오심을 보고 가로되 보라 세상 죄를 지고 가는 하나님의 어린 양이로다"(요 1:29).

예수님께서 바로 당신이 지은 죄 하나하나를 대신 지시고 십자가에서 피 흘려 죽으셨음을 믿으라. "그가 찔림은 우리의 허물을 인함이요 그가 상함은 우리의 죄악을 인함이라. 그가 징계를 받으므로 우리가 평화를 누리고 그가 채찍에 맞으므로 우리가 나음을 입었도다. 우리는 다 양 같아서 그릇 행하여 각기 제 길로 갔거늘 여호와께서는 우리 무리의 죄악을 그에게 담당시키셨도다"(사 53:5-6). 당신이 받아야 할 모든 저주와 극심한 죄의 형벌은 예수님께서 대신 다 받으셨다.

셋째, **그리스도를 믿는 자를 값없이 의롭다 하신다는 약속을 믿으라**(롬 3:21-24). 칭의란 우리가 그리스도를 믿음으로 하나님께로부터 값없이 의롭다 하심을 받는 것을 말한다. 칭의는 우리가 누리게 되는 하나님의 은혜 중에서 중생과 더불어 가장 중요한 것이다. 루터는 칭의의 교리를 가르쳐 "교회가 서고 넘어지는 조항"이라고 하였으며, 칼뱅은 "종교 생활의 중심점"이라고 했다.[42]

---

42) Calvin, *Institutes*, Ⅲ. xi. 1.

성경은 율법의 행위로는 하나님 앞에 의롭다 하심을 얻을 육체가 없다고 말씀하신다. 로마서 3장 19-20절을 보라. "우리가 알거니와 무릇 율법이 말하는 바는 율법 아래 있는 자들에게 말하는 것이니 이는 모든 입을 막고 온 세상으로 하나님의 심판 아래 있게 하려 함이니라. 그러므로 율법의 행위로 그의 앞에 의롭다 하심을 얻을 육체가 없나니 율법으로는 죄를 깨달음이니라." 율법적 행위로는 하나님 앞에 의롭다 하심을 얻을 수 있는 사람이 없다. 왜냐하면 인간은 모두 하나님 앞에 크고 작은 죄를 지은 죄인이기 때문이다.

예수님께서는 우리를 의롭다 하시기 위해서 십자가에 달려 죄 없으신 몸으로서 우리 죄를 담당하셨다. "하나님이 죄를 알지도 못하신 자로 우리를 대신하여 죄를 삼으신 것은 우리로 하여금 저의 안에서 하나님의 의가 되게 하려 하심이니라"(고후 5:21).

이 예수님을 믿는 사람은 값없이 의롭다 하심을 받는다. 이것이 칭의의 은혜이다. "이제는 율법 외에 하나님의 한 의가 나타났으니 율법과 선지자들에게 증거를 받은 것이라. 곧 예수 그리스도를 믿음으로 말미암아 모든 믿는 자에게 미치는 하나님의 의니 차별이 없느니라. 모든 사람이 죄를 범하였으매 하나님의 영광에 이르지 못하더니 그리스도 예수 안에 있는 구속으로 말미암아 하나님의 은혜로 값없이 의롭다 하심을 얻은 자 되었느니라"(롬 3:21-24). 사도행전 13장 38-39절을 보라. "그러므로 형제들아 너희가 알 것은 이 사람을 힘입어 죄 사함을 너희에게 전하는 이것이며 또 모세의 율법으로 너희가 의롭다 하심을 얻지 못하던 모든 일에도 이 사람을 힘입어 믿는 자마다 의롭다 하심을 얻는 이것이라." 로마서 5장 1절은 칭의의 감격을 말한다. "그러므로 우리가 믿음으로 의롭다 하심을 얻었은즉 우리 주 예수 그리스도로 말미암아 하나님으로 더불어 화평을 누리자."

구약의 칭의의 예: 구약에서도 아브라함은 하나님을 믿음으로 의롭다 하심을 받았다. "아브람이 여호와를 믿으니 여호와께서 이를 그의 의로 여기시고"(창 15:6). 이는 신약 시대 성도들이 그리스도를 믿음으로 본격적으로 얻

게 될 칭의의 역사를 예표한 사건이었다.

(2) 당신은 예수님을 믿을 뿐 아니라(롬 10:10) **전심으로 예수님을 사랑해야 한다.** 우리가 예수님을 믿는다는 것은 곧 예수님을 사랑한다는 말과도 같다. 우리가 예수님을 세상 다른 어떤 것보다 더욱 소중하신 분인 줄 알고 그를 사랑하고 그에게 마음을 드리고 따르고자 할 때 주님께서 우리 심령 속에 찾아와 주신다. "나의 계명을 가지고 지키는 자라야 나를 사랑하는 자니, 나를 사랑하는 자는 내 아버지께 사랑을 받을 것이요 나도 그를 사랑하여 그에게 나를 나타내리라"(요 14:21). "예수께서 대답하여 가라사대 사람이 나를 사랑하면 내 말을 지키리니, 내 아버지께서 저를 사랑하실 것이요 우리가 저에게 와서 거처를 저와 함께 하리라"(요 14:23).

사랑한다는 것은 우리 마음 전체를 주님께 드리는 것이다. 윗필드는 다음과 같이 말했다. "하나님께서는 우리에게 '마음을 다하고, 목숨을 다하고, 뜻을 다하고, 힘을 다하여 주 너의 하나님을 사랑하라'(막 12:30)고 요구하십니다. …… '내 아들아, 네 마음을 내게 주며'(잠 23:26). 네 마음 전체를 내게 달라는 것이 우리 모두를 향하신 하나님의 요구입니다. 만일 그렇게 하지 않으면 우리는 결코 하나님의 긍휼을 기대할 수 없습니다. 어떤 사람은 외식적인 모습을 연출할 수 있을 것입니다. 그러나 하나님께서는 심판의 날에 그들을 멸하실 것입니다. (하나님께서 그의 종 베드로의 입을 통해서 아나니아와 삽비라에게 하신 것처럼 말입니다.) 그것은 그들이 마음의 큰 부분을 드리지 않으면서도 마치 온 마음을 다 드린 척 위장하였기 때문입니다."[43]

예수님에 대한 '순수한 사랑'이 우리의 믿음의 기초가 되어야 한다. 이기적 욕심 때문에 믿어서는 안 된다. 피니의 말을 들어 보자. "그 어떤 것도 이기적인 것은 신앙이 아니라는 것을 알아야 합니다. 그들에게 어떠한 욕망이 있든지, 그리고 그들이 어떠한 선택과 행동을 취하든지 결국에 있어 그 바탕에 있는 동기가 이기적이라면, 그것은 영적으로 아무런 가치가 없

---

43) Whitefield, "The Almost Christian," in WGW, 372.

는 것입니다. 동기가 불순하면, 기도를 하거나 성경을 읽거나 모임에 출석하면서도 죄를 짓고 있는 것입니다. 가령 어떤 사람이 자신의 행복을 추구하고자 하는 목적만으로 기도한다고 합시다. 그것이 신앙입니까? 그것은 하나님을 자기의 전능한 종으로 삼고자 하는 시도가 아니겠습니까? 그것은 큰 투자를 하는 것에 불과합니다. 그 사람은 우주와 하나님과 모든 것을 자기를 행복하게 하기 위한 수단으로 보는 것입니다. 이것은 지극히 악한 행위입니다. 이것은 경건과는 정반대되는 것이며, 사실상 최고의 사악함입니다."[44)]

이기적 동기에서 믿는 신앙은 결코 순수한 신앙이라고 할 수 없다. 우리는 오직 그리스도의 은혜와 사랑에 감동하여 순수하게 주님을 사랑하는 마음을 가지게 되었을 때에야 거짓 없는 믿음(딤전 1:5)을 가지게 되었다고 할 수 있다.

(3) **예수님을 구주와 주님으로 영접하라.** 당신은 예수님을 구주와 주님으로 영접해야 한다. 예수님을 믿는다는 것은 곧 예수님을 영접한다는 것과 같은 말이다. "영접하는 자 곧 그 이름을 믿는 자들에게는 하나님의 자녀가 되는 권세를 주셨으니"(요 1:12). 구원을 받기 원한다면 예수님을 당신의 개인적인 구세주(Savior)와 주님(왕, Lord)으로 영접해야 한다(롬 10:9).

피니는 "믿음이라는 것은 예수 그리스도를 우리 마음 가운데 왕으로 영접하여 내 안에서 사시며 통치하시도록 하는 것이다."[45)]라고 하였다. 당신이 예수님을 영접할 때 중요한 것은 예수님을 나에게 죄 사함과 의를 가져다주시는 구세주로 영접할 뿐 아니라, 또한 주님, 즉 왕으로 모셔 들여야 한다는 것이다. 성경은 예수님께서 우리의 구세주이실 뿐 아니라 우리의 왕이시라고 말한다. "그런즉 이스라엘 온 집이 정녕 알지니 너희가 십자가에

---

44) Charles G. Finney, *Lectures on Revivals of Religion* (New York: Fleming H. Revell Company, 1868), 395.
45) Charles G. Finney, *Sanctification*, ed. William Ernest Allen (Fort Washington,

못 박은 이 예수를 하나님이 주와 그리스도가 되게 하셨느니라"(행 2:36). "이스라엘로 회개케 하사 죄 사함을 얻게 하시려고 그를 오른손으로 높이 사 임금과 구주로 삼으셨느니라"(행 5:31).

예수님을 왕으로 영접한다는 것은 당신 삶의 전적인 주권을 왕이신 예수님께 드리는 것을 말한다. 이러한 전적인 삶의 의탁을 하지 않았다면 아직 예수님을 제대로 믿는 것도 아니고, 예수님을 영접한 것도 아니다.

백스터는 이렇게 말했다. "믿음은 온 영혼으로 그리스도를 받아들이는 것입니다. '아버지나 어머니를 그리스도보다 더 사랑하는 자'는 그리스도께 합당치 못하고, 따라서 그리스도에 의해 의롭다 하심을 얻지 못합니다. …… 믿음은 그리스도를 구주(Savior)와 주님(Lord)으로 받아들입니다. 왜냐하면 이 두 관계로 그리스도를 받아들이게 되든지 그렇지 않으면 그리스도를 전혀 받아들이지 않는 것이 되기 때문입니다. 믿음은 그의 고난을 인정하고 용서와 영광을 받아들일 뿐만 아니라 그의 주권을 인정하고 그의 다스림과 구원의 방식에 굴복하는 것입니다."[46]

오웬은 이렇게 말했다. "주 예수를 남편과 주님과 구주로 자유롭고 기쁘게 받아들이고 복종하겠다고 동의하십시오. 주 예수와 함께 살며 자신의 영혼을 주님께 맡기고 영원히 그의 다스림을 받겠다고 기꺼이 동의하십시오. …… 우리는 그리스도께서 우리에게 자신을 주신 바와 같이 그의 모든 탁월하심으로 그를 영접해야 합니다. 믿음에 대해 자주 생각하고, 다른 사랑하는 것들, 죄, 세상, 율법적 의보다 먼저 그리스도를 택하고, 그것들을 그리스도와 비교할 때 다 배설물로 여기십시오. …… 그러면 우리는 그리스도와 함께하는 달콤한 휴식을 얻는 데 실패하지 않을 것입니다."[47]

에드워즈는 다음과 같이 말했다. "그리스도를 구원하는 믿음으로 영접하는 사람은 그리스도를 주님과 왕으로 친밀한 관계를 맺는 것입니다. 그

Pennsylvania: Christian Literature Crusade, 1994), 19.
46) Baxter, *Saints' Everlasting Rest*, 119.
47) Owen, *On Communion with God the Father, Son, and Holy Ghost*, in WJO, 2, 58-59.

는 결코 그리스도를 단순히 자기를 위하여 속죄를 이루신 제사장으로 영접하는 자가 아닙니다. 그리스도를 왕으로 섬기는 것은 그리스도의 법에 복종하는 것이요, 그의 계명에 순종하는 것과 같은 것입니다. 그의 계명을 따르는 자는 거룩한 생활을 합니다."[48]

얼라인은 예수님을 그의 모든 직책으로 영접해야 된다고 했다. "그대에게 주어진 그리스도를 지금 영접하십시오. 그러면 그대는 영원히 살 수 있습니다. 지금 그대의 마음을 여십시오. 그럼 혼인이 성립될 것이며, 이를 막을 자는 세상에 아무도 없을 것입니다. 그대에게 자격이 없다고 방관하지 마십시오. 그대를 파멸로 이끌 수 있는 것은 그대 자신의 원치 않는 마음 이외에 아무것도 없습니다. 자, 어서 말하십시오. 그대는 마음을 열겠습니까? 그대는 그리스도를 전적으로 영접하겠습니까? 그대의 왕으로서, 그대의 선지자로서, 그대의 제사장으로서 영접하겠습니까? 그대는 주님을 영접하고 그의 십자가를 지겠습니까? 별생각 없이 그리스도를 받아들여서는 안 됩니다. 먼저 앉아서 그 대가를 생각해 보십시오."[49]

우리의 삶의 모든 영역에서 주님이 왕 노릇 하시도록 해야 한다. 주님께서 나의 실제적인 삶 속에서 왕이 되셔야 한다. 당신이 진심으로 그리스도를 주님으로 영접하고자 한다면, 이전의 삶에서 변화되어야 할 것이 몇 가지 있다.

첫째, 당신 삶의 '목적'이 달라져야 한다. 이전에는 자신을 위해서 살았다고 한다면 이제부터는 오직 주님의 뜻을 이루기 위해 살아야 한다. 어떤 사람이 예수님을 따르겠다고 말하면서 "나로 먼저 가서 내 부친을 장사하게 하옵소서."(눅 9:59)라고 부탁했다. 이때 예수님께서는 다음과 같이 말씀하셨다. "죽은 자들로 자기의 죽은 자들을 장사하게 하고 너는 가서 하나님의 나라를 전파하라"(눅 9:60). 예수님께서는 자기를 따르고자 하는 사람들

---

48) Edwards, *Charity and Its Fruits*, in WJE, 8, 301.
49) Alleine, *An Alarm to the Unconverted*, 80-81.

에게 삶의 '목적'과 '우선순위'를 분명히 할 것을 가르치셨다. 이렇게 주님의 주권(Lordship)을 인정하는 것이 제자도의 첫걸음이다. 예수님께서 이 땅에 오신 목적이 무엇인가? 잃어버린 영혼을 구원하시고 하나님 나라를 확장하시는 것이었다. 당신이 예수님을 주님으로 모신다면 당신도 예수님의 이 목적에 따라야 한다. 당신이 하는 나머지 모든 일은 이 목적을 이루기 위한 보조 수단으로 여겨야 한다. 이렇게 주님을 영접한 사람이 제대로 영접한 것이다.

둘째, '다른 사람'이 예수님보다 우선순위에 있어서는 안 된다. 예수님께서는 "주여 내가 주를 좇겠나이다마는 나로 먼저 내 가족을 작별케 허락하옵소서."라고 청하는 사람에게 "손에 쟁기를 잡고 뒤를 돌아보는 자는 하나님의 나라에 합당하지 아니하니라."(눅 9:62)라고 말씀하셨다. 가족이나 다른 사람을 핑계 대면서 예수님을 따르는 일을 후순위로 돌리는 사람은 예수님의 제자가 될 자격이 없다.

예수님께서는 "무릇 내게 오는 자가 자기 부모와 처자와 형제와 자매와 및 자기 목숨까지 미워하지 아니하면" 능히 나의 제자가 되지 못한다고 말씀하셨다(눅 14:26). 우선순위를 분명히 하라고 말씀하시는 것이다. 우선순위가 불분명한 사람이 많다. 그는 제자도 아니고 성도도 아니다. 가족이나 친구, 다른 사람의 눈치를 보고 그들의 비위를 맞추느라 예수님을 실망시키는 사람이 많다.

셋째, 우리의 '모든 소유'가 주님의 것임을 인정하고 살아야 한다. "이와 같이 너희 중에 누구든지 자기의 모든 소유를 버리지 아니하면 능히 내 제자가 되지 못하리라"(눅 14:33). 여기서 모든 소유란 물질만 이야기하는 것이 아니고 자기의 시간, 재능, 출세, 인생 전부를 말하며, 목숨까지도 포함한다. "자기 목숨까지 미워하지 아니하면 능히 나의 제자가 되지 못하고"(눅 14:26).

우리가 예수님을 주님으로 모실 때, 내 삶의 모든 것이 주님의 것임을 인정하고 주님을 따라야 함을 가르쳐 주신 것이다. 사실 나의 모든 것, 심지어

나의 목숨도 본래 주님께서 주신 것이 아닌가! 내 영혼과 나의 모든 것을 만드신 창조주께 나의 모든 것을 드리는 것은 너무나 당연하다. 이것을 인정하는 것이 제자도의 첫걸음이다.

그리스도를 영접하는 것이 무엇인지는 토저가 잘 설명했다. "그러므로 오늘 그분이 '구주' 이심을 인정하면서도, 그분이 '주'(主, Lord)이심을 인정하는 것을 내일까지 미루는 비겁한 행위는 용납될 수 없습니다. 진짜 그리스도인은 그리스도의 일부분만 받아들이지 않고 그분의 모든 것을 받아들입니다. 또한 그는 그리스도를 영접하는 혁명적 거래(revolutionary transaction)에서 자신의 일부가 아닌 모든 것을 드립니다. 그리스도를 영접하는 것은 그리스도 이외의 다른 모든 것들을 거부하는 것을 의미합니다. 주님께서는 신자에게 있어서 단지 여러 관심 대상들 중 하나가 아니라, 영원히 유일한 대상이십니다."[50]

당신이 예수님을 진실로 믿고자 한다면, 마음 문을 열고 예수님을 기꺼이 구세주와 주님으로 영접해야 한다. 그리하면 당신은 예수님께서 성령으로 임재하시는 것을 곧 체험하게 될 것이다(계 3:20). 윗필드는 다음과 같이 말했다. "오, 죄책을 가지고 있는 형제들이여, 나오십시오. 나오십시오. 그리스도를 위해서 여러분에게 간청합니다. 여러분의 불멸의 영혼을 위해서 간청하오니 그리스도께로 나오십시오. 제가 여러분의 마음 문을 헛되게 두드리지 말게 하십시오. 여러분의 마음 문을 열어 영광의 왕이 들어가게 하십시오. 그리하면 그분이 여러분과 함께 거하실 것입니다. 그리고 그분은 오늘 밤 여러분에게 오셔서 함께 잡수실 것입니다. 바로 이 시간, 이 순간에도 주님께서는 여러분을 기꺼이 영접하고자 하십니다. 그러니 그리스도께로 나오십시오."[51]

---

50) Tozer, *That Incredible Christian*, 18-19.
51) Whitefield, "Christ the only Preservative against a Reprobate Spirit," in WGW, 430.

3. 과거의 모든 죄를 철저히 회개하고 죄에서 떠나라

당신이 그리스도를 영접할 때 반드시 해야 할 일은 회개하는 것이다. 현대 복음 전도에서 빠져 있거나, 언급된다 하더라도 가볍게만 언급되는 내용이 이 부분이다. 오늘날 교인들은 철저한 회개의 복음을 듣지 못하고 있다. 믿기만 하면 된다고 생각하는 사람들이 많다. 그러나 성경은 그렇게 말씀하시지 않는다.

(1) 복음을 믿고 그리스도를 구주와 왕으로 영접하는 자는 반드시 철저히 회개해야 한다. 성경에는 '믿음과 회개'를 구원의 조건으로 말씀하셨다(행 20:21; 2:38-39; 3:19; 17:30; 26:19-20; 마 4:17; 눅 13:3). 회개란 자기가 자기 인생의 주인인 줄 알고 하나님 없이 자기만족을 위해 이기적으로 죄악 가운데 살던 것을 버리고 하나님께로 삶의 방향을 돌리는 것을 말한다. 그리하여 하나님과 이웃을 위해 살기로 결단하는 것을 말한다. 성령님께서는 이와 같이 철저히 회개하여 죄 없이 함을 받은 영혼 속에 임하셔서 그를 거룩하고 새롭게 하신다.

회개는 진실한 믿음의 표이다. 하나님의 아들이신 그리스도께서 나를 죄에서 구원하시기 위하여 대신 피를 흘리셨다는 것을 진실로 믿고 그리스도를 영접하는 자는 반드시 과거의 죄를 버리고 회개해야 한다. 그렇지 않으면 그 믿음이 진실한 믿음이 아니다.

어느 정도 회개해야 하는가? 예수님께서는 다음과 같이 말씀하셨다. "만일 네 오른 눈이 너로 실족케 하거든 빼어 내버리라. 네 백체 중 하나가 없어지고 온 몸이 지옥에 던져지지 않는 것이 유익하며, 또한 만일 네 오른손이 너로 실족케 하거든 찍어 내버리라. 네 백체 중 하나가 없어지고 온 몸이 지옥에 던져지지 않는 것이 유익하니라"(마 5:29-30). 이 정도로 회개해야 한다. 영국의 개혁가 크랜머(Thomas Cranmer, 1489-1556) 주교는 피의 메리(Bloody Mary)에 의해 순교를 당할 때 교황제도에 서명한 것 때문에 자기 손을 불태웠다.[52] 우리가 회개하려면 이 정도의 각오가 되어야 한다. 위의 예수님 말씀이 바로 그런 뜻이다. 크랜머는 살 때는 나약하게 행동하다가 죽음에 임박해서 그렇게 했지만 우리는 살아 있을 때 그런 정신으로 살아야 한다는 말씀이다.

진정한 회개를 하려면 그동안 행해 온 악한 행위를 지금 당장 버려야 한다. **단지 죄를 뉘우치는 것과 참된 회개는 다르다.** 당신은 과거의 잘못을 뉘우칠 뿐 아니라, 죄를 증오하고 모든 죄에서 떠나기로 결심해야 한다. 이것이 진정한 회개다. 진정한 회개에는 죄에 대한 깨달음이 포함되지만, 실제로 죄를 증오하고 버리지 않는다면 회개가 이루어진 것은 아니다. 많은 사람들이 죄에 대해 뉘우치지만 돌이키지 않는다. 그런 상태에 계속 산다면 그들은 여전히 진노의 자식인 것이다(엡 2:3; 롬 1:18).

피니의 말을 들어 보자. "많은 사람들이 양심의 가책이나 죄의식을 회개라고 생각합니다. 그렇다면 지옥은 회개로 가득 차 있을 것입니다. 왜냐하면 거기에는 이루 말할 수 없는 영원한 양심의 가책으로 가득 차 있기 때문입니다. …… 회개란 하나님과 죄 자체에 대하여 마음을 바꾸는 것입니다. 죄에 대한 견해를 바꿀 뿐만 아니라 영혼의 궁극적 선택을 자발적으로 바꾸는 것입니다. 그리고 하나님과 죄에 대한 감정과 행동을 바꾸는 것입니다. …… 회개는 언제나 죄에 대한 증오를 내포합니다. 회개는 하나님께서 죄를 대하시는 것과 같이 우리가 똑같이 느끼고 대하는 것입니다. 회개란 하나님에 대한 사랑과 죄에 대한 증오를 포함합니다. 회개는 언제나 죄를 버리는 것을 내포합니다."[53] 죄에 대해 뉘우치지만 거기서 돌이켜 떠나지 않으면 회개한 것이 아니다. 죄를 자백할 뿐만 아니라 모든 죄에서 당장 돌이켜 영원히 떠나야 한다.

피니는 회개를 하되 철저한 회개를 해야 한다고 가르쳤다. "만일 당신이 구원을 받고자 한다면 이미 준비되어 있는 구원을 받아들이십시오. 당신을

---

52) Baxter, *A Call to the Unconverted*, 38.
53) Finney, *Lectures on Revivals of Religion*, 349.

위한 구원은 이미 완전하게 현재 준비되어 있습니다. 당신이 해야 할 일은 당신의 모든 죄를 기꺼이 버리며 지금 당장, 그리고 지금부터 계속 그 모든 죄로부터 구원되어야 합니다. 이것을 승낙하기까지 당신은 구원을 받을 수 없습니다. …… **모든 죄를 영원히 버리겠다고 맹세하는 것이 처음이요 마지막 조건입니다.**"[54] 피니는 "아무리 작은 죄라 할지라도 그것을 버리기까지는, 그는 결단코 하나님의 나라에 들어가지 못할 것"[55]이라고 가르쳤다.

윗필드도 똑같이 강조했다. "우리는 신령과 진정으로 가장 작은 부분이라도 비밀리에 숨겨 두지 말고 우리 자신과 세상을 버려야 합니다. 그런 다음에야 진정한 그리스도인이 될 것입니다."[56] "자, 그러니 바로 오늘 여러분의 죄와 영원히 작별을 고할 결심을 하십시오. 여러분의 옛 방식과 분리되십시오. 옛 방식들을 단호한 자세로 대적해야 합니다. 그것을 버릴 결심을 하지 않는다면 결코 참된 회개를 할 수 없습니다. 그리스도를 위해 결심하시고, 마귀와 마귀의 일을 대항하여 단호하게 결심하십시오."[57]

요약하면, 회개한다는 것은 앞으로는 어떤 죄도 짓지 않고 살겠다고 굳게 결단하는 것을 말한다. 어떠한 죄의 길에도 가지 않겠다고 하나님 앞에 고백하는 것이다. 오른손을 자르는 일이 있어도, 자기 목숨을 부인하는 일이 있어도(눅 14:26) 주님을 따르겠다고 굳게 진심으로 결단하는 것을 말한다. 이것이 참으로 이루어질 때 진실한 회개가 이루어진 것이다.

당신이 진심으로 죄를 자백하고 돌이킬 때 하나님의 용서와 구원이 임할 것이다. "만일 우리가 우리 죄를 자백하면 저는 미쁘시고 의로우사 우리 죄를 사하시며 모든 불의에서 우리를 깨끗하게 하실 것이요"(요일 1:9).

---

54) Charles G. Finney, "Conditions of Being Saved," in *God's Love for a Sinning World* (Grand Rapids, Michigan: Kregel Publications, 1982), 122.
55) Finney, *Lectures on Revivals of Religion*, 157.
56) Whitefield, "The Power of Christ's Resurrection," in WGW, 444.
57) Whitefield, "Penitent Heart, the best New Year's Gift," in WGW, 274.

주님께서는 주님의 은혜를 믿고 진심으로 회개하는 자에게 죄 사함을 주시고 성령의 선물을 주실 것이다. "베드로가 가로되 너희가 회개하여 각각 예수 그리스도의 이름으로 세례를 받고 죄 사함을 얻으라. 그리하면 성령을 선물로 받으리니"(행 2:38). "그러므로 너희가 회개하고 돌이켜 너희 죄 없이 함을 받으라. 이같이 하면 유쾌하게 되는 날이 주 앞으로부터 이를 것이요."(행 3:19).

회개 없이 구원받기를 바라는 자들에 대해서 요한 아른트는 다음과 같이 경고했다. "삶을 통해서 진정한 회개를 하지는 않으면서, 죄 사함 받기를 원하는 사람들이 참으로 많이 있습니다. 그들은 탐욕, 교만, 분노, 미움, 시기, 거짓, 불의를 떠나지 않고, 그러한 죄들을 계속 범하면서도 그리스도의 공로가 그들에게 돌려지기를 바랍니다. 그들은 그리스도께서 죄를 위하여 죽으셨다는 것을 알고 믿기 때문에 자기들은 좋은 그리스도인들이라고 스스로 확신합니다. 그래서 그들은 모든 것이 다 거룩해진 줄로 생각합니다. 아! 망상에 사로잡힌 거짓된 그리스도인들이여! 하나님의 말씀은 당신이 그런 식으로 거룩해질 것이라고 가르치고 있지 않습니다. 사도나 선지자 중 아무도 그렇게 설교한 적이 없습니다. 그러나 그들은 그렇게 설교하고 있습니다. 만약 죄 사함 받기를 원한다면 먼저 회개하고 죄를 떠나야 하며, 죄로 인해 애통해 하고, 그리스도를 믿어야 합니다."[58]

(2) 회개와 믿음 중 어느 것이 먼저 오는가? 믿음이 먼저 온다고 할 수도 있고, 회개가 먼저 온다고 할 수도 있다. 그리스도께서 자기를 위해 죽으셨음을 진실로 믿는 자는 진심으로 회개할 것이기 때문에 믿음이 회개보다 앞선다고 할 수 있다. 한편으로는, 자신의 죄악된 모습을 철저히 깨닫고 뉘우치는 자라야 그리스도의 십자가의 공로를 의지하고자 그리스도께 기꺼이 나아갈 것이기 때문에 회개가 앞선다고 할 수도 있다. 폴 헬름(Paul Helm)은 다음과 같이 말했다. "실상 회개는 믿음과 분리할 수 없을 정도로

---

58) Arndt, *True Christianity*, 57.

함께 오는 것이기 때문에 누구든지 참으로 믿는 순간에 회개하게 되고, 참으로 회개하면 동시적으로 믿음을 가지게 되는 것입니다."[59] 존 머리(John Murray)도 다음과 같이 말했다. "어느 쪽도 앞서는 것이 아닙니다. 구원에 이르는 믿음은 회개하는 믿음이며, 생명에 이르는 회개는 믿음의 회개입니다."

구원에 이르는 믿음과 구원에 이르는 회개는 동전의 양면과 같이 동시적인 것이다. 에드워즈는 다음과 같이 말했다. "우리를 죄로부터 건지시는 구주로서 그리스도를 영접하는 것은 당연히 그것과 반대되는 행동, 곧 죄를 버리는 행동을 포함하기 마련입니다."[60] 에드워즈는 마가복음 1장 15절 "회개하고 복음을 믿으라."라는 구절을 설명하면서, 이 말씀을 읽고 믿음과 회개가 구원에 있어서 서로 다른 두 개의 조건이라고 생각할 필요가 전혀 없다고 했다. 이 말씀 안에서 믿음과 회개는 서로의 뜻을 해석해 주는 역할을 할 뿐이라고 했다. 그의 말을 들어 보자. "그렇다면 이런 말씀을 보건대 우리는 어떤 방식으로 회개해야 합니까? 복음을 믿음으로 회개해야 하는 것입니다. 또 우리는 어떤 방식으로 믿어야 합니까? 회개함으로 믿어야 하는 것입니다."[61]

당신은 복음적 회개를 했는가? 당신이 진실로 그리스도를 믿고 회개했다면, 성령님께서 당신에게 오셔서 당신이 의롭다 하심과 죄 사함을 얻었음을 깨닫게 해 주실 것이다. 그리고 성령을 선물로 주셔서 거룩하게 거듭나게 하실 것이다(행 2:38-39).

---

59) Paul Helm, *The Beginnings: Word & Spirit in Conversion* (Edinburgh: The Banner of Truth Trust, 2000), 79.
60) Edwards, "Justification by Faith Alone," in WJE, 19, 227.
61) Edwards, "Justification by Faith Alone," in WJE, 19, 229.

4. 성령을 주시기를 간구하라

지금까지 이 글을 읽으면서 당신이 예수님을 믿고 구주와 왕으로 영접하고 진실로 철저히 회개했다면, 거듭남을 체험하게 되었을 것이다. 아직도 성령을 체험하지 못했다면, 자신의 부족이 무엇인지 살피면서 하나님께 성령을 부어 주시기를 구하라. 성경은 "누구든지 주의 이름을 부르는 자는 구원을 얻으리라."(행 2:21)라고 말씀하셨다.

(1) 당신은 거듭남을 확신할 수 있을 때까지 주님의 은혜를 간구해야 한다. 거룩하게 하시는 성령의 은혜를 부어 주실 때까지 기도하라. 얼라인은 다음과 같이 말했다. "회심에 있어서 제일 첫 번째 표시는 기도로 나타납니다. 그러므로 기도하는 일에 힘쓰십시오. 하루도 빼놓지 말고 아침저녁으로 시간을 내어 은밀한 가운데 엄숙히 기도하십시오. …… 냉랭하고 생명이 없는 헌신으로는 하늘로 가는 길 중간에도 다다르지 못할 것입니다. 그것은 뜨겁고도 끈질긴 것이어야 합니다. 끈질김이 있는 사람은 계속할 수 있지만, 침노함이 없이는 천국에 들어갈 수 없습니다. 그대가 축복을 받으려 한다면, 천국에 들어가기를 애쓰고 야곱과 같이 눈물과 간구로 씨름해야 합니다. 은혜를 받지 못하면 그대는 영원히 죽을 수밖에 없습니다. 따라서 절대로 거절당하지 않도록 해야 합니다. 이러한 결심이 있는 자는 이렇게 말할 것입니다. '나는 은혜를 꼭 받아야 한다. 나는 은혜를 받기 전까지는 결코 단념하지 않겠다. **하나님께서 은혜의 능력으로 나를 새롭게 하시기 전에는 절대로 간절히 기도하는 것을 쉬지 않을 것이며** 하나님과 내 심령 사이의 싸움도 그치지 않을 것이다.'"[62]

윗필드는 거듭남의 은혜를 얻기 위하여 모든 은혜의 수단을 사용하여 하나님께 나아가라고 권면했다. "지금 현재 새로운 피조물이 아니라면 적어도 새로운 피조물이 되기 위해 매일 노력하고 있습니까? 새로운 피조물이

---

62) Alleine, *An Alarm to the Unconverted*, 88.

되는 데 필요한 모든 은혜의 수단들을 쉬지 않고 양심적으로 활용하고 있습니까? 금식하고 깨어 기도합니까? 좁은 문으로 들어가기 위해 게을리 하지 않고 수고하여 애써 노력하고 있습니까? 간단하게 말해서 우리 자신의 의를 부인하고 우리의 십자가를 지고 그리스도를 따릅니까? 그렇다면 우리는 생명으로 인도하는 좁은 길에 들어서 있습니다. 조만간(in time) 우리는 그리스도 안에 새로운 피조물이 될 것입니다. …… 자기의 귀하고 불멸하는 영혼의 구원에 최소한의 관심이라도 가지고 있으며, 하나님께서 자기 앞에 주신 약속과 소망과 영원한 행복을 소유하기 원하는 사람은 누구나 자기 마음속에 참되고 내적인 **구원에 이르는 변화가 이루어지기까지 쉬지 않고 깨어 기도하고 애를 써야 합니다**. 그리하여 자기가 그리스도 안에 있고 그리스도께서 자기 안에 계심을 깨달을 때까지 그렇게 해야 합니다. 자기가 그리스도 안에 새로운 피조물이요, 하나님의 자녀가 되었다는 것을 알게 되기까지 그렇게 해야 합니다."[63]

(2) 당신은 기도하되, 맹인 바디매오처럼 "다윗의 자손 예수여, 나를 불쌍히 여기소서." 하면서 겸손하게 주님의 은혜를 간구해야 한다(막 10:47). 도움은 위로부터 오는 것이기에(요 3:3) 오직 주님의 긍휼만을 의지하고 간구하라. 바디매오는 자신의 구원이 오직 예수님의 긍휼과 자비에 달려 있음을 알았다. 그래서 그렇게 부르짖은 것이다.

우리의 구원은 전적으로 하나님의 능력과 은혜와 긍휼과 자비에 달려있다. 그러므로 하나님께 은혜 주시기를 겸비하게 구하라. 당신이 이렇게 부르짖는다면 예수님께서 바디매오에게 "네 믿음이 너를 구원하였다."라고 하시면서 즉시 다시 보게 되는 기적을 베풀어 주신 것처럼, 당신에게도 곧 거듭나는 은혜의 기적을 주실 것이다.

하나님께서는 겸손한 자를 구원하신다. 하나님의 말씀 앞에서 교만한 자는 구원을 얻지 못한다(벧전 5:5). "그러나 더욱 큰 은혜를 주시나니 그러므로

---

[63] Whitefield, "Regeneration," in Smith, Whitefield & Wesley on the New Birth, 76, 78

일렀으되 하나님이 교만한 자를 물리치시고 겸손한 자에게 은혜를 주신다 하였느니라"(약 4:6). 윗필드는 하나님의 긍휼을 얻기 위하여 겸손히 기도하라고 하였다. "여러분이 진지해질 수 있도록 기도하십시오. (하나님만이 여러분을 진지하게 하실 수 있기 때문입니다.) 진실로 본문[요 16:8]의 약속이 여러분의 영혼 속에 성취되기를 참으로 간절히 바랄 수 있도록 하나님께 기도하십시오. 주님 외에 누가 은혜를 베푸실 수 있습니까? 주권적인 긍휼 외에는 어떠한 자격도 여러분이 갖고 있지 않음을 기억하십시오."[64]

---

64) Whitefield, "The Holy Spirit Convincing the World of Sin, Righteousness, and Judgement," in WGW, 349.

제3장

신약 성도들에게 약속하신 최대의 선물인 성령님

누구든지 목마르거든 내게로 와서 마시라. 나를 믿는 자는 성경에 이름과 같이 그 배에서 생수의 강이 흘러나리라 하시니 이는 그를 믿는 자의 받을 성령을 가리켜 말씀하신 것이라(요 7:37-39).

성령님께서는 예수님께서 신약 성도들에게 약속하신 '하나님의 최대의 선물'이시다. 형제여, 당신은 믿을 때에 성령을 받았는가? 성령께서 배에서 생수의 강같이 흘러내리는 것을 체험하였는가? 에드워즈의 말을 들어 보라. "그리스도께서 우리를 위해 값 주고 사신 총체(sum)는 요한복음 4장 14절에서 말하는 샘물이며, 요한복음 7장 38절에서 말하는 생수의 강입니다. …… **성령님은 그리스도께서 죽으심으로 획득하신 복의 총체이며 복음이 약속하는 주제입니다.**"[65]

윗필드는 "모든 신자의 보편적인 특권, 성령의 내주하심"이라는 설교에서 다음과 같이 말했다. "만일, 주 예수 그리스도께서 보배 피를 흘려 사신 그 영혼들로 하여금 멸망하지 않게 하려면, '성령님께서는 모든 시대, 모든 신자들의 공통된 특권과 몫'이라고 가장 담대하게 선언해야 할 것입니다. 최초의 그리스도인들뿐만 아니라 우리도 성령을 받아야 합니다. 그래야만

---

65) Edwards, "God Glorified in Man's Dependence," in WJE, 17, 209.

우리도 하나님의 자녀라는 진정한 호칭을 얻을 수 있습니다."[66]

우리가 구원을 받기 위해서는 성령을 받아야 한다. 하나님께서 우리의 구원을 예정하시고, 예수님께서 그 크신 은혜로 우리의 죄의 값을 대신 지불하셨지만, 성령님께서 직접 우리 영혼을 찾아오셔서 거룩하게 거듭나게 하시지 않는다면 결코 아무도 구원을 얻을 수 없을 것이다(딛 3:5). 그러므로 성령님께서 누구시며, 어떻게 역사하시는지 아는 것은 우리의 구원에 결정적으로 중요하다.

1. 성령님께서는 신약 성도들에게 약속된 최대의 선물이다

현대 교인들은 말로는 성령에 대해 이야기 하지만, 성령님에 대해 너무나 무지하다. 죄를 깨닫게 하시고, 그리스도의 영광을 보여 주시고, 불로 세례를 주시는 성령님에 대한 인격적인 체험이 없는 자가 많다.

신약 성경을 보면, 예수님께서 자주 제자들에게 성령을 주실 것을 약속하신 것을 볼 수 있다. 예수님께서는 3년 동안 공생애를 사시는 중에 성령님에 대해 매우 강조하여 말씀하셨다. 예수님께서는 '불을 땅에 던지러 오셨다'(눅 12:49-50)고 말씀하셨고, 사람이 '물과 성령으로 거듭나야 하나님 나라에 들어갈 수 있다'(요 3:5)고 말씀하셨다. 그리고 성령님을 마음속에 모시는 자는 '영원히 목마르지 아니할 것'(요 4:13-14)이며, '그 배에서 생수의 강이 흘러나올 것'(요 7:37-39)을 말씀하셨다. 사랑하는 그리스도인들이여, 당신은 이러한 성령을 받았는가?

예수님께서는 특별히 십자가에 달리시기 전날 밤(목요일 밤)에 제자들과 함께 유월절을 지키면서 자신이 하늘로 올라가면 제자들에게 성령님을 보내 주실 것에 대해 많이 말씀하셨다. 요한복음 13장에서 16장에 걸쳐 하신 이 말씀을 '유월절 강화'라고 한다. 이 말씀의 핵심이 성령님을 보내 주실 것

---

66) Whitefield, "Indwelling of the Spirit," in Smith, *Whitefield & Wesley on the New Birth*, 93.

에 대한 약속이었다. 그 내용을 살펴보면, 예수님의 마음속에 성령에 대한 생각이 얼마나 많이 있었는지를 알 수 있다. 예수님께서는 승천하시면 또 다른 보혜사 성령을 보내 주어 '영원토록 우리와 함께 있게 하실 것'을 약속해 주셨다(요 14:16). 예수님께서는 성령님께서 오시면 제자들에게 '모든 것을 가르치시고' 예수님께서 제자들에게 말씀하신 '모든 것을 생각나게 하실 것'(요 14:26)이며, 우리를 '모든 진리 가운데로 인도하실 것'(요 16:13)이며, '예수님의 영광을 나타낼 것'(요 16:14)이라고 말씀하셨다.

예수님께서는 부활하신 후 제자들을 만나셨을 때도 성령을 받으라고 말씀하셨다. 이 말씀이 부활하신 예수님의 주된 말씀이셨다. "이 말씀을 하시고 저희를 향하사 숨을 내쉬며 가라사대 성령을 받으라"(요 20:22). 예수님께서는 승천하시기 직전에도 마지막 유언으로 제자들에게 성령을 기다리라고 분부하시고 하늘로 올라가셨다. "오직 성령이 너희에게 임하시면 너희가 권능을 받고 예루살렘과 온 유대와 사마리아와 땅끝까지 이르러 내 증인이 되리라"(행 1:8). 이것이 예수님의 마지막 말씀이다. 이 말씀을 남기시고 하늘로 올라가신 것이다.

이상 살펴본 바와 같이 예수님께서는 성령에 대해서 이처럼 많이 약속하시고 승천하셨다. 에드워즈는 성령님께서는 "그리스도께서 사람을 위해 얻으신 모든 선의 총체"라고 하였다.[67] 성령 안에는 "복음이 약속하고 있는 모든 좋은 것들이 다 내포" 되어 있다. 성도들의 마음 안에 있는 은혜는 다른 것이 아니라 "성도들의 마음 안에 거하시고 행하시는 성령 자신"이다.[68] "성도들에게 있는 모든 미덕과 거룩은 그들의 기질 안에서 전적으로 하나님의 영이 내주하시고 활동하시기 때문에 있을 수 있다."[69] 에드워즈는 "영혼 안에 부어 주시는 거룩하고 신적인 성품을 일으키는 구원하는 은혜는

---

67) Edwards, *Treatise on Grace*, in WJE, 21, 188.
68) Edwards, *Treatise on Grace*, in WJE, 21, 192.
69) Edwards, *Treatise on Grace*, in WJE, 21, 197.

사람이 이 세상에서 받을 수 있는 축복 중에서 가장 위대한 축복임에 틀림 없다."[70]라고 하였다. 그렇기 때문에, "모든 피조물의 거룩과 행복은 바로 그 성령님의 교통하심에 달려 있다."[71]고 그는 강조했다.

2. 신약 성도들에게 보내 주실 성령은 구약에서부터 약속되었다

신약 시대 성도들에게 성령을 보내 주실 것은 구약에서부터 많이 예언되었다. 예수님께서 요한복음 7장 37-39절에서 "누구든지 목마르거든 내게로 와서 마시라. 나를 믿는 자는 성경에 이름과 같이 그 배에서 생수의 강이 흘러나리라." 하셨을 때, 여기서 '성경' 이란 바로 '구약 성경' 을 가리켜 말씀하신 것이다. **신약 시대 성도들에게 성령을 부어 주시겠다는 약속은 메시야의 약속과 더불어 구약의 가장 큰 약속 가운데 하나다.**

(1) 이사야 선지자(B.C. 745-680년 사이에 예언)는 하나님께서 "심판하는 영과 소멸하는 영"을 주실 것이라고 예언했다(사 4:4). 그리고 생수 같은 성령을 주실 것이라고 예언했다. "나의 종 야곱, 나의 택한 여수룬아, 두려워 말라. 대저 내가 갈한 자에게 물을 주며 마른 땅에 시내가 흐르게 하며 나의 신을 네 자손에게, 나의 복을 네 후손에게 내리리니 그들이 풀 가운데서 솟아나기를 시냇가의 버들 같이 할 것이라"(사 44:2-4). 성령님께서는 갈한 우리 마음속에 거룩함과 사랑과 기쁨의 샘물처럼 흘러 우리 영혼을 말할 수 없이 윤택하게 하실 것이 예언되었다. 당신은 이러한 성령을 받았는가?

(2) 에스겔 선지자(B.C. 592-570년 사이에 예언)는 하나님께서 하나님의 신을 '우리 속에' 두어 우리가 새 마음을 얻게 될 것을 예언했다. "맑은 물로 너희에게 뿌려서 너희로 정결케 하되 곧 너희 모든 더러운 것에서와 모든 우상을 섬김에서 너희를 정결케 할 것이며, 또 **새 영을 너희 속에 두고** 새 마

---

70) Edwards, *Charity and Its Fruits*, in WJE, 8, 167.
71) Edwards, *Treatise on Grace*, in WJE, 21, 197.

음을 너희에게 주되 너희 육신에서 굳은 마음을 제하고 부드러운 마음을 줄 것이며, 또 **내 신을 너희 속에 두어** 너희로 내 율례를 행하게 하리니 너희가 내 규례를 지켜 행할지라"(겔 36:25-27). 하나님의 성령께서 '우리 속에' 거하실 것이 예언되었다. 이 얼마나 놀라운 말씀인가! 우리 속에 임하신 성령님께서 새로운 마음을 주시기 때문에 우리는 기꺼이 주의 계명을 지키게 될 것이 예언되었다. 당신은 이러한 성령을 받았는가?

(3) 요엘 선지자(B.C. 835-796년 사이에 예언)는 하나님께서 만민에게 성령을 부어 주실 것을 예언했다. "그 후에 내가 **내 신을 만민에게 부어 주리니** 너희 자녀들이 장래 일을 말할 것이며 너희 늙은이는 꿈을 꾸며 너희 젊은이는 이상을 볼 것이며, 그 때에 내가 또 내 신으로 남종과 여종에게 부어 줄 것이며"(욜 2:28-29). 이와 같이 성령께서는 주의 이름을 부르는 '모든 사람에게' 부어질 것이 예언되었다.

3. 구약과 신약에 있어서 성령님의 사역의 차이

구약과 신약의 성령님의 역사의 차이를 아는 것은 굉장히 중요하다. 그러나 이것을 정확히 구별할 줄 아는 사람은 많지 않다. 성령님께서는 구약 시대에도 활동하셨다. 그러나 신약 시대 때는 놀라울 정도로 풍성하게 더 높고 깊은 차원으로 성령님께서 역사하신다.

(1) 먼저, 구약 시대의 성령님의 사역을 알아보자. 성령님께서는 구약에서도 활동하셨다. 구약에서의 성령님의 사역의 핵심은 메시아의 오심을 준비하고, 선민 이스라엘을 지도하시는 것이었다.

1) 창조의 사역에 성령님께서 함께 하셨다. 천지 창조 때 '하나님의 신은 수면에 운행하셨다' (창 1:2). 성경은 하나님께서 '그 신으로 하늘을 단장하셨다' (욥 26:13)고 한다.

2) 여호와께서는 구약에서도 이스라엘 백성들 중에 성령을 두시고(사 63:11), 그들을 성령으로 가르치셨다. "또 주의 선한 신(神)을 주사 저희를 가

르치시며 주의 만나로 저희 입에 끊어지지 않게 하시고"(느 9:20). 구약에서도 성령님께서는 하나님의 성도들에게 정한 마음과 정직한 영을 주시고(시 51:10-13), 인도하심을 주셨다(시 143:10).

3) 구약 시대 성령의 사역 중 가장 중요하다고 할 수 있는 것은 선지자들을 통하여 메시아에 대한 예언을 계속적으로 주셨다는 것이다. "이 구원에 대하여는 너희에게 임할 은혜를 예언하던 선지자들이 연구하고 부지런히 살펴서 자기 속에 계신 그리스도의 영이 그 받으실 고난과 후에 얻으실 영광을 미리 증거하여 어느 시, 어떠한 때를 지시하시는지 상고하니라"(벧전 1:10-11). 하나님께서는 메시아의 구원에 대해서 "예로부터 거룩한 선지자의 입으로 말씀"(눅 1:70)하셨다.

4) 성령님께서는 구약 시대에 그의 백성을 돌보시고 이끄시기 위하여 특정한 사람들에게 임하시사 놀라운 일들을 행하게 하셨다.

첫째로, 잘 다스릴 수 있는 지혜와 영도력(즉, 정치적, 영적 리더쉽)을 주셨다. 모세와 이스라엘의 70장로에게 여호와의 신을 주셔서 백성들을 다스릴 수 있게 하셨다(민 11:17). 여호수아에게는 지혜의 신을 충만히 주셨다(신 34:9). 다윗에게 사무엘 선지자가 기름을 부었더니 그날부터 여호와의 신이 크게 임하였다. 그리하여 왕의 사명을 감당할 자질을 갖게 되었다(삼상 16:13). 여호와의 신이 기드온, 입다 등에게 임함으로 여호와의 백성을 적들로부터 구출해 내는 데 필요한, 정신적 자질을 갖게 되었다(삿 6:34; 11:29). 성경은 두 사람을 가리켜 '큰 용사'였다고 기록하고 있다(삿 6:12; 11:1).

둘째로, 막강한 육체적 힘을 주셨다(삿 14:6, 19; 15:14-15). "삼손이 여호와의 신에게 크게 감동되어 손에 아무것도 없어도 그 사자를 염소 새끼를 찢음 같이 찢었으나 그는 그 행한 일을 부모에게도 고하지 아니하였다"(삿 14:6). 이스라엘 사사인 삼손에게는 초인적인 힘을 주셨다.

셋째로, 놀라운 기사와 권능을 행할 수 있게 하셨다. 엘리야 선지자는 많은 기사와 능력을 행한 선지자로 유명하다. 엘리야는 여호와의 신이 함께 한 사람이었다(왕상 18:12). 예를 들어, 엘리야는 간절히 기도하여 삼 년 육 개월 동안 비가 오지 않게 하였다가 다시 비가 오게 하였다(왕상 17:1; 왕상 18:41-45; 약 5:17-18). 사르밧 과부의 죽은 아이를 살렸다(왕상 17:17-24). 갈멜산에서 바알과 아세라 선지자 850인과 능력대결을 한 결과 완전히 승리하고 그들을 다 죽였다(왕상 18:16-40). 엘리야의 영감이 제자 엘리사 위에 머물렀다(왕하 2:15). 스승 엘리야의 갑절의 영감을 구한 엘리사는 실제로 엘리야의 두 배의 기적을 행하였다.

넷째로, 탁월한 미술적 재능을 주셨다. 성막을 지을 때 하나님께서는 브살렐과 오홀리압에게 하나님의 신으로 충만케 하셔서 지혜와 총명과 지식으로 여러 가지 공교로운 일을 할 수 있게 하셨다(출 35:34-35).

다섯째로, 탁월한 음악적 재능을 주셨다. 다윗이 성령의 감동을 받은 후 신비로운 음악적 재능을 받았다. 다윗이 수금을 타면 악신이 떠나갔다(삼상 16:23).

여섯째로, 성령님께서는 선지자들에게 임하여 도덕적, 영적 용기를 갖고 예언케 하셨다. 에스겔 선지자(구약 예루살렘 멸망 5년 전에 시작하여 예루살렘 멸망 후 17년까지 예언, B.C. 592-570)는 이스라엘의 멸망이 그들의 죄로 말미암은 것임을 지적하고 그들이 살 길은 오직 하나님께로 돌아가는 길밖에 없음을 선포하였다(겔 33:10-16).

(2) 구약에서 위와 같이 성령님께서 활동하신 것은 분명하나 본격적으로 활동하신 것이 아니었다. 성령님께서는 오순절 날 본격적으로 이 땅에 임하셔서 성령의 시대를 여셨다.

1) 예수님께서 세상에 계실 때에는 성령님께서 아직 성도들에게 본격적으로 계시지 아니하셨다(눅 12:49-50; 요 7:37-39; 16:7). 예수님께서 승천하실 때에도 아직 성령이 내리지 아니하셨다(행 1:4-5; 1:8). 예수님께서 승천하신 후 약 10일 지난 오순절 날 약속의 성령이 처음 강림하셨다(행 2:1-4). 이날을 교회의 탄생일이라 부른다.

2) 지금은 보혜사 성령님의 시대이다. 하나님의 역사 경륜을 아는 것이 하나님을 제대로 섬기는 데 있어서 매우 중요하다. a. 구약 시대 때는 성부

하나님께서 전면에서 활동하셨다. b. 예수님께서 지상에 계실 때는 성자께서 전면에서 활동하셨다. c. 예수님 승천 이후에는 보혜사 성령님께서 전면에서 활동하신다. 아니 더 정확히 표현하면, 성령님께서 우리 안에서 거하시면서 역사하시고 인도하신다(롬 8:13). 이것은 아무리 강조해도 지나치지 않다. 내주하시는 성령님이 없는 사람은 그리스도인이 아니다(롬 8:9).

성령님의 내주가 이토록 중요함으로 이제는 성령님에 대해서 잘 알고 있어야 한다. 제임스 뷰캐넌(James Buchanan, 1804-1870)은 다음과 같이 말했다. "우리는 현재 소위 '성령 사역의 시대'라고 불리는 시대에 살고 있습니다. 그것은 바로 부활하신 주님께서 승천하신 이후, 모든 나라와 모든 시대의 하나님의 백성들이 성령님의 가르침을 받는 시대를 가리킵니다. 이 시대는 그야말로 마지막을 영화롭게 장식하는 더없이 영광스럽고 완전한 은혜의 계획 속에 있는 마지막 시대입니다."[72] 오웬은 다음과 같이 말했다. "구약 시대의 죄는 여호와 하나님을 거부한 것이고, 신약 시대의 죄는 하나님의 아들을 거부한 것이고, 교회 시대의 죄는 성령을 거부하는 것입니다."

(3) 그러면, 구약과 신약에 있어서 성령님의 사역의 차이는 무엇인가? 중요한 것은 예수님께서 이 세상에 오심으로 우리에게 가져다주신 은혜, 즉 새 언약의 축복은 구약보다 훨씬 위대하다는 것이다(히 8:6-13).

1) 구약 시대에는 성령님께서 사람들에게 외적으로 역사하였으나 **신약 시대에는 모든 성도들의 심령 속에 내주하신다.** 이것이 가장 중요한 점이다. 예수님께서 십자가에 달리시기 전날 밤에 제자들에게 성령을 보내 주실 것을 약속하시면서 다음과 같이 말씀하셨다. "저는 진리의 영이라. 세상은 능히 저를 받지 못하나니 이는 저를 보지도 못하고 알지도 못함이라. 그러나 너희는 저를 아나니 저는 너희와 함께 거하심이요 또 **너희 속에 계시**

---

72) James Buchanan, *The Office and Work of the Holy Spirit* (London: The Banner of Truth Trust, 1966), 30-31.

겠음이라"(요 14:17). 성령님께서는 그 당시 예수님의 말씀을 듣는 제자들과 '함께' 거하셨음은 분명하다. 그러나 '속에' 내주하시는 은혜는 그때까지 받지 못한 것이다. 성령님의 내주는 그리스도의 죽으심과 승천 이후에야 가능한 것이다.

성령님의 내주는 신약 성도들이 받는 모든 은혜의 핵심이다. 에드워즈는 단언한다. "영혼 안에 있는 은혜의 원리는 결코 다른 것이 아닙니다. 그것은 영혼 안에 내주하시며 매우 중대한 원리로서 역사하는 성령 바로 그분 자신이십니다."[73] 에드워즈는 "성도들의 영혼 속에 생명의 원리로 내주하시는 하나님의 성령이, 자신의 고유한 본성으로 역사하시고 자신을 전달하시는 것"을 우리의 영적 생명에 가장 중요한 것이라고 지적했다.[74] 그는 이것보다 더 고상하고 탁월한 사역은 없다고 하였다. "왜냐하면 다른 어떤 사역에서도 하나님께서는 그만큼 자신을 전달하시지 않으며, 미약한 피조물이 아주 고결한 하나님의 본성에 참여하지 못하기 때문입니다."[75] 그래서 성경은 이 사역에 대해 다음과 같이 묘사한다고 에드워즈는 열거했다. "성도들이 '신의 성품에 참여하는 자'가 된다고 묘사하고(벧후 1:4), 하나님이 그들 안에 거하시고 그들이 하나님 안에 거한다고 묘사하며(요일 4:12, 15-16; 3:24), 그리스도가 성도 안에 있고(요 17:21; 롬 8:10), 성도는 살아 계신 하나님의 성전이 되며(고후 6:16), 그리스도의 생명으로 살며(갈 2:20), 하나님의 거룩하심에 참여하고(히 12:10), 그리스도의 사랑이 그들 안에 거하며(요 17:26), 그의 기쁨을 충만히 가지며(요 17:13), 하나님의 광명 중에 광명을 보며, 하나님의 복락의 강수를 마시게 되며(시 36:8-9), 하나님과 사귐이 있고, 또는 하나님과 교통하며, 함께 하는 것으로 묘사합니다(요일 1:3)."[76]

---

73) Edwards, *Treatise on Grace*, in WJE, 21, 196.
74) Edwards, *Religious Affections*, in WJE, 2, 201.
75) Edwards, *Religious Affections*, in WJE, 2, 203.
76) Edwards, *Religious Affections*, in WJE, 2, 203.

사랑하는 그리스도인이여, 이 사실을 명심하라! 성령님께서는 실제로 우리 속에 거하시기 위해 오신다. 거룩하신 성령께서 내주하심으로 우리는 거룩한 성도가 된다. 이것이 새 언약의 백성들에게 주시는 하나님의 위대한 약속이다(엡 1:13).

2) 구약 시대에는 소수의 특정한 사람들에게만 성령님께서 임하셨으나 **신약 시대에는 예수님을 믿는 모든 사람에게 임하신다**(요 7:37-39). "베드로가 가로되 너희가 회개하여 각각 예수 그리스도의 이름으로 세례를 받고 죄 사함을 얻으라. 그리하면 성령을 선물로 받으리니, 이 약속은 너희와 너희 자녀와 모든 먼 데 사람 곧 주 우리 하나님이 얼마든지 부르시는 자들에게 하신 것이라"(행 2:38-39). 구약 선지자 요엘은 이 일을 내다보며 "그 후에 내가 내 신을 만민에게 부어 주리니"(욜 2:28)라고 예언하였다. 성령님께서는 믿는 모든 자에게 약속된 선물이다. 이 선물은 그리스도의 구속의 피로 말미암아 우리에게 주신 것이다(갈 3:13-14). 성령의 선물을 받지 못하면 그리스도의 구속의 은혜를 무효화하는 것이다.

3) 구약 시대에는 한 번 임하신 성령께서 떠나기도 하셨지만 **신약에서는 영원히 함께 하신다**. "내가 아버지께 구하겠으니 그가 또 다른 보혜사를 너희에게 주사 영원토록 너희와 함께 있게 하시리니"(요 14:16). 영원히 우리와 함께 하시려고 성령님께서 우리 속에 오셨다. 이 얼마나 놀라운 은혜인가! 우리 영혼 속에 좌정하신 성령님은 영생하도록 솟아나는 샘물이 되신다(요 4:13-14). 당신이 구원받은 백성이 되었다면, 그것은 영원한 구원이다. 주님께서는 결코 당신을 떠나지 않으신다.

에드워즈는 다음과 같이 말했다. "성령의 위대한 열매는 사랑입니다. 그런데 성령님께서는 그 사랑 안에서 그리스도의 교회와 잠시 동안만이 아니고 영원히 교통하고 계십니다. …… 그리스도의 성령께서 그의 교회와 백성들에게 영구히 주어졌습니다. 그것은 영원히 그들에게 영향을 주고 그들 안에 거하시기 위한 것입니다. 성령님께서는 그리스도께서 비싼 대가를 치르고 사신(purchase) 선물입니다. …… 그리스도께서 성령을 약속하실 때 그 성령님께서 영원히 떠나지 아니하고 계실 것이라고 약속하셨습니다."[77]

4) 구약 시대에는 성령을 조금 주셨지만 **신약에서는 성령을 풍성히 부어 주신다.** 구약에 보면, 때가 되면 하나님께서 그의 백성들에게 성령을 풍성히 부어 주실 것이라는 예언이 많이 나온다. 요엘 2장 28절을 보면 하나님께서는 "그 후에 내가 내 신을 만민에게 부어 줄 것"이라고 예언하셨다. 복음 시대 이전에는 하나님께서 성령을 조금 주셨지만, 복음 시대에는 풍성히 부어 주시겠다는 말씀이다. 또 이사야 32장 15절을 보면 "필경은 위에서부터 성신을 우리에게 부어 주시리니 광야가 아름다운 밭이 되며 아름다운 밭을 삼림으로 여기게 되리라."라고 예언되었다. 광야 같은 심령도 성령을 받으면 아름다운 밭이 될 것이다. 오웬은 구약에 나오는 '성령을 부어 주실 것이다'(잠 1:23; 사 32:15)라는 표현이 복음 시대와 관련되어 있다고 했다. "왜냐하면 복음 시대 이전에는 하나님께서 성령을 조금 주셨지만, 복음 시대에는 성령을 부어 주셨기 때문이다."[78]

사랑하는 독자여, 하나님께서는 당신에게 엄청난 선물을 약속하셨다. 바로 그의 성령을 선물로 주시기로 약속하신 것이다. 이것은 주를 믿는 모든 자에게 굳게 약속하신 것이다(요 7:37-39). 당신은 지금 이 선물을 받았는가?

거룩하신 주님, 독자들로 하여금 주님께서 성도들에게 약속하신 이 선물의 위대함을 알게 하옵소서!

---

77) Edwards, *Charity and Its Fruits*, in WJE, 8, 353-354.
78) Owen, *A Discourse Concerning the Holy Spirit*, in WJO, 3, 114.

제4장

성령님께서는 누구신가?

내가 너희를 고아와 같이 버려두지 아니하고 너희에게로 오리라(요 14:18).

성령님께서 누구신지 아는 것은 구원을 얻기 위해 절대적으로 중요하다. 왜냐하면 구원은 다름 아닌 성령님의 내주로 주어지기 때문이다(딛 3:5). 얼마나 많은 사람들이 성령님을 인격적인 실재로 알지 못하고 막연하게 알고 있는가! 그들은 결코 인격적이고 살아 계신 성령님을 모시지 못한 것이다. 성령님께서는 인격적인 실재이시기에 결코 모호하거나 막연할 수가 없다. 성령님께서 속에 계시든지, 안 계시든지 둘 중 하나다. 사도 바울은 그래서 에베소 제자들을 만나자마자 '너희가 믿을 때에 성령을 받았느냐? (행 19:2) 물은 것이다. 그것이 모호하다면 그렇게 물었을 리가 없다.

1. 성령님께서는 인격을 가지신 하나님이시다

사랑하는 성도여, 당신은 성령님께서 하나님이신 것을 반드시 알아야 한다. 어떤 사람은 성령을 불, 바람 등으로 비유한다고 해서 '힘', '에너지', '능력'으로만 보고 '인격'으로 생각하지 못하는 사람이 있다. 그런 사람은 삼위일체를 잘 모르는 사람이다. 성령님께서는 인격을 가지신 하나님이시다. 성령님께서는 지성과 감정과 의지를 가지고 계신다. 그분은 지성을 가지셨기에 말씀하시고 가르치신다. 그분은 감정을 가지셨기에 동정심을 느끼시고 탄식하고 슬퍼하시고 기뻐하신다. 또한 의지를 가지셨기에 뜻을 가지고 지도하신다. 이것이 성령론의 가장 중요한 점이다. 성령님께서 인격을 지니신 하나님이심을 말해 주는 성경적 증거가 많이 있다.

(1) 성경에는 '성령님'을 직접 '하나님'으로 지칭한 경우가 많다(고전 3:16-17; 고후 6:16 등). 성령님께서 곧 하나님이심을 알기 위해 사도행전 5장 3절에 나오는 말씀을 보라. 베드로는 아나니아와 삽비라가 땅 값 얼마를 감추고 속인 채로 나아온 것을 보고 다음과 같이 말했다. "베드로가 가로되 아나니아야 어찌하여 사탄이 네 마음에 가득하여 네가 성령을 속이고 땅 값 얼마를 감추었느냐?" 사도행전 5장 4절을 보면 베드로는 아나니아에게 이어서 다음과 같이 말했다. "땅이 그대로 있을 때에는 네 땅이 아니며 판 후에도 네 임의로 할 수가 없더냐? 어찌하여 이 일을 네 마음에 두었느냐? 사람에게 거짓말한 것이 아니요 하나님께로다."

베드로는 아나니아가 성령님을 속인 것은 하나님을 속인 것이라고 하였다. 성령님께서는 곧 하나님이신 것이다. 성령님께서는 기만을 당할 때 모욕을 느끼시는 하나님이시다. 성령님은 어떤 능력이나 영향력이 아니다. 그래서 성령님을 훼방해서도 안 되며, 근심시켜서도 안 된다. 성령님을 훼방하는 죄는 이 세상이나 오는 세상에서 결코 사함 받지 못한다(마 12:31-32). 이는 성령님께서 곧 하나님이신 것을 분명히 말해 주는 증거이다.

(2) 성경은 성령님을 보혜사(요 14:16, 25; 15:26; 16:7)라고 부른다. 보혜사란 말은 헬라어로 '파라클레토스($\pi\alpha\rho\acute{\alpha}\kappa\lambda\eta\tau o\varsigma$)'인데, 그 단어는 문법적으로 중성이 아니라 남성 명사로 되어 있다. 보혜사란 '위로자'(Comforter), '상담자'(Counselor), '도움을 주는 자'(Helper), '중재를 해 주는 자'(Intercessor), '변호를 해 주는 자'(Advocate), '강하게 해 주는 자'(Strengthener), '원조자'(Standby) 등의 의미가 있다. 이런 의미를 살펴볼 때, 이런 일은 인격체만이 할 수 있는 일이다.

(3) 성경을 보면 성령을 지칭할 때 남성명사 '그' 라는 인칭 대명사를 계속

쓰고 있다(요 14:26; 15:26; 16:8, 13-14). 요한복음 15장 26절을 보라. "내가 아버지께로서 너희에게 보낼 보혜사 곧 아버지께로서 나오시는 진리의 성령이 오실 때에 **그가** 나를 증거하실 것이요." 여기서 '그가' 라는 표현이 나오는데, 성령님께서 인격이시기 때문에 이렇게 표현한 것이다. 물질이라면 '그가' 라는 표현을 쓰지 않았을 것이다. "그러하나 진리의 성령이 오시면 **그가** 너희를 모든 진리 가운데로 인도하시리니 **그가** 자의로 말하지 않고 오직 듣는 것을 말하시며 장래 일을 너희에게 알리시리라. **그가** 내 영광을 나타내리니 내 것을 가지고 너희에게 알리겠음이라"(요 16:13-14). 여기서 헬라어 문법으로 보면, '영' 이라는 선행사에는 중성명사 '그것' 으로 받아야 정확하다. 그럼에도 불구하고 문법적 관행을 뛰어넘어 남성 지시 대명사로 계속 받은 것은 성령님께서 인격체인 '그' 이지 '그것' 이 아님을 명백하게 알리시기 위함이다.

(4) 성경을 보면, 성령님께서는 지성을 갖고 계시고, 감정을 갖고 계시고, 의지를 갖고 계신다. 보통 지, 정, 의를 인격의 삼 요소라고 한다. 인격체만이 지, 정, 의를 가진다. 인격체가 아닌 것은 그것을 가질 수가 없다. 성령님께서는 이렇게 지, 정, 의를 갖고 계심으로 어떤 영향력이 아니라 인격체이심을 분명히 알 수 있다.

첫째로, 성령님께서는 지성을 갖고 계신다. "보혜사 곧 아버지께서 내 이름으로 보내실 **성령 그가 너희에게 모든 것을 가르치시고** 내가 너희에게 말한 모든 것을 생각나게 하시리라"(요 14:26). 이와 같이 성령님께서는 성도들에게 모든 것을 가르쳐 주신다(요 15:26; 16:13; 계 2:7). 이것은 성령님께서 인격체라는 분명한 증거이다. 인격체가 아니라면 어떻게 가르침을 줄 수 있겠는가? 당신은 성령님의 가르치심을 받고 사는가? 성령님께서 모든 것을 가르쳐 주심을 체험해 보았는가? 그렇지 않다면, 아직 인격적 성령님의 내주가 없는 것이다.

둘째로, 성령님께서는 감정을 갖고 계신다. 로마서 8장 26절을 보라. "이와 같이 성령도 우리 연약함을 도우시나니 우리가 마땅히 빌 바를 알지 못

하나 오직 성령이 말할 수 없는 탄식으로 우리를 위하여 친히 간구하시느니라". 그분은 지성을 가졌을 뿐만 아니라, 감정을 가지고 말할 수 없는 탄식으로 우리를 위해서 기도하신다. 성령님께서는 "근심"하시기도 하고(엡 4:30), "시기"하시기도 한다(약 4:5). 성령님께서는 우리 속에서 종종 강한 감정으로 역사하신다. 성령의 기쁨으로 함께 하시기도 하시고, 말할 수 없는 탄식으로 함께 하시기도 하신다. 당신은 성령님께서 말할 수 없는 탄식으로 당신의 영 안에서 당신을 위해 기도하시는 것을 느껴 보았는가?

셋째로, 성령님께서는 의지를 갖고 계신다. 성령님께서는 지성과 감정뿐만 아니라 '의지'도 가지고 계신다. 사도행전 16장 7절을 보라. "무시아 앞에 이르러 비두니아로 가고자 애쓰되 예수의 영이 허락지 아니하시는지라." 성령님께서는 인격이시기에 우리가 무슨 일을 하려고 할 때 성령님께서 기뻐하지 않으시는 일은 막으시고, 성령님께서 기뻐하시는 일은 지지해 주신다. 마음속에서 성령님께서 매일의 삶, 매순간을 구체적으로 지도해 주시고 이끌어 주시는 사람은 행복한 사람이다. 사도행전 13장 2절을 보라. "주를 섬겨 금식할 때에 성령이 가라사대 내가 불러 시키는 일을 위하여 바나바와 사울을 따로 세우라 하시니." 이와 같이 성령님께서는 기도하는 주님의 일꾼들에게 자신의 뜻을 구체적으로 나타내 보이신다.

성령님께서는 이와 같이 지, 정, 의를 가지시고 가르치시고, 기뻐하시고, 강권하신다. 이러한 성령님께서 당신 안에 거하시는가?

2. 성령님의 오심은 예수님께서 영으로 오시는 것이다

너무나 중요한 부분에 이르렀다. 성경에 너무나 명백하게 말씀되어 있으나 현대의 많은 교인들이 무지한 것이 바로 이 부분이다. 성령님께서는 단순한 능력이나 영향력이 아니라 예수님께서 우리와 영원히 함께 하시기 위해서 그의 영으로 찾아오신 것이다. 아, 이 얼마나 황송한 일인가! 예수님께서는 제자들을 떠나 하늘나라로 가시기 전에 다음과 같은 약속을 주시고 떠나가셨다. "내가 아버지께 구하겠으니 그가 또 다른 보혜사를 너희에게 주사 영원토록 너희와 함께 있게 하시리니 저는 진리의 영이라. 세상은 능히 저를 받지 못하나니 이는 저를 보지도 못하고 알지도 못함이라. 그러나 너희는 저를 아나니 저는 너희와 함께 거하심이요 또 너희 속에 계시겠음이라. 내가 너희를 고아와 같이 버려두지 아니하고 너희에게로 오리라. 조금 있으면 세상은 다시 나를 보지 못할 터이로되 너희는 나를 보리니 이는 내가 살았고 너희도 살겠음이라. 그 날에는 내가 아버지 안에, 너희가 내 안에, **내가 너희 안에 있는 것을 너희가 알리라**"(요 14:16-20). 이 말씀은 예수님께서 십자가에 달려 죽으시기 전날 밤 제자들에게 주신 말씀이다. 예수님께서는 제자들을 '고아와 같이 버려두지 아니하고' 다시 제자들을 찾아오실 것을 약속하셨다. 어떻게 다시 찾아오셨는가? 성령으로 다시 찾아오신 것이다. 그리고 우리 안에 거하시는 것이다.

3. 보혜사 성령을 받아야 할 이유

당신은 성령을 반드시 받아야 한다. 왜 반드시 성령을 받아야 하는가?

(1) 위에서 살펴본 것처럼 성령님께서 오시는 것은 예수님께서 그의 영으로 우리를 찾아오시는 것이다. 이 보혜사 성령이 오셔야 우리의 죽었던 영혼이 살아난다(요 14:19). 우리 속에 성령님께서 내주하심으로 우리가 거듭나게 되고(요 3:5), 신의 성품에 참여하게 되고, 하나님 나라에 합당한 사람이 된다. 이것은 이 책 전체에서 강조하는 주제이니 여기서는 이 정도로 설명하고 예수님의 제자들의 변화를 통해서 보혜사 성령을 받는 것이 왜 중요한지 그 구체적 모습을 살펴보자.

(2) 오순절 성령강림 이전에도 성령님께서는 제자들과 '함께' 하셨다(요 14:17). 그럼에도 불구하고 제자들은 오순절 날 '약속의 성령'을 받기 전까지는 아무런 영적인 힘이 없었다. 예수님의 제자들을 보면 성령 받기 전과 성령 받은 후의 삶이 너무 다르다는 것을 알 수 있다. 오순절 날 성령을 받

기 전 제자들은 3년 동안이나 주님을 가까이 따라다니며 듣고 보고 배웠고 후에는 심지어 부활하신 예수님을 직접 뵙고 그 음성을 들었으나, 영적으로 상당히 무능했다. 쉽게 말하면 영적인 지각도 없고, 마음의 거룩함도 없고, 의지의 새롭게 함도 없었다. 이들은 부활하신 주님의 놀라운 현현을 봤지만 이들 내면에는 아무런 초자연적인 역사가 일어나지 않았다.

그러나 주님께서 승천하신 후 약 10일 만에 강림하신 성령을 받은 후에는 전혀 다른 사람들이 되었다. 이것이 중요하다. 이것이 '함께' 하시는 성령과 '속에' 내주하시는 성령과의 차이다. 이것이 새 언약의 축복 바깥에 있는 사람과 속에 들어온 사람의 차이다. 이것이 하나님 나라 바깥에 있는 사람과 하나님 나라에 들어온 사람의 차이다. 성령님께서 내주하심으로 우리는 참된 하나님 나라의 백성이 된다(벧전 2:9; 롬 2:28).

첫째로, **제자들은 내주하시는 성령을 받았을 때 비로소 영적이고, 거룩한 지각이 생겼다.** 성령 받기 전의 제자들은 영적으로 매우 어두웠다. 마태복음 16장 5-8절을 보라. "제자들이 건너편으로 갈새 떡 가져가기를 잊었더니, 예수께서 이르시되 삼가 바리새인과 사두개인들의 누룩을 주의하라 하신대, 제자들이 서로 의논하여 가로되 우리가 떡을 가져오지 아니하였도다 하거늘, 예수께서 아시고 가라사대 믿음이 적은 자들아 어찌 떡이 없으므로 서로 의논하느냐?" 위의 내용은 참 재미있는 이야기다. 예수님께서 제자들에게 "바리새인과 사두개인들의 누룩을 주의하라."라고 말씀하시니까 제자들은 '누룩'이라는 말씀을 듣고 자기들이 떡 가져오기를 잊었다는 것을 예수님께서 말씀하신다고 생각했다.

예수님께서 이들이 서로 말하는 것을 아시고 이렇게 말씀하셨다. "믿음이 적은 자들아, 어찌 떡이 없으므로 서로 의논하느냐? 너희가 아직도 깨닫지 못하느냐? 떡 다섯 개로 오천 명을 먹이고 주운 것이 몇 바구니며, 떡 일곱 개로 사천 명을 먹이고 주운 것이 몇 광주리이던 것을 기억지 못하느냐? 어찌 내 말한 것이 떡에 관함이 아닌 줄을 깨닫지 못하느냐? 오직 바리새인과 사두개인들의 누룩을 주의하라"(마 16:8-11). 떡은 예수님께서 원하시면 얼마든지 만들 수가 있었다. 얼마 전 예수님께서는 제자들 앞에서 오병이 어의 기적을 보여 주시지 않으셨는가! 그런 예수님이신데 이 예수님께서 떡을 안 가져왔다고 말씀하셨겠는가?

육적인 사람, 영안이 닫힌 사람들은 영적인 세계를 잘 모른다. 예수님께서는 영적으로 매우 중요한 교훈을 말씀하셨지만, 제자들은 온통 육적인 안목밖에 없으니까 그 이상을 볼 줄을 몰랐던 것이다. 예수님께서 얼마나 답답하셨을까? 그래서 예수님께서 말씀하셨다. "어찌 내 말한 것이 떡에 관함이 아닌 줄을 깨닫지 못하느냐? 오직 바리새인과 사두개인들의 누룩을 주의하라." 이 말씀을 듣고야 제자들이 떡의 누룩이 아니요 바리새인과 사두개인들의 '교훈' 을 삼가라고 말씀하신 줄을 깨달았다(마 16:12). 성령 받기 전의 제자들은 이와 같이 영적인 지각, 영적인 생각이 깊지 못했다.

이렇게 무지했던 제자들에게도 성령님께서 오시니까 거룩한 영적 지각이 순간적으로 생겨서 영적인 일들을 분별할 수 있게 되었다. 성령님께서 오셨을 때야 제자들은 그리스도의 죽으심과 부활의 의미를 확실히 깨달았다(요 15:26). 예수님께서 승천하실 때, "이스라엘을 회복하심이 이때니이까?"라고 하면서 아직도 육신적 메시아사상을 벗어 버리지 못하였으나, 성령님께서 오시자 메시아께서 가져오시는 하나님 나라의 비밀을 깨닫게 되었다. 성령을 받고 나서 제자들은 구약을 자유자재로 인용하며 설교했고, 즉시 사두개인과 바리새인을 굴복시킬 수 있었다. 보혜사만이 그리스도의 영광을 증거하시고(요 16:14), 하나님의 깊은 것을 알게 하신다(고전 2:10). 그러므로 보혜사 성령을 받아야 한다. 당신은 이러한 성령을 받았는가?

둘째로, 제자들은 성령을 받았을 때에야 거룩한 마음, 신적 성품이 생겼다. 보혜사 성령을 받으면 인간의 내면이 조금 바뀌는 것이 아니라 마음이 근본적으로 바뀌게 된다. 시기와 악의 가운데 행하던 사람이 사랑 가운데 행하게 된다. 교만 가운데 행하던 사람이 겸손 가운데 행하게 된다.

성령 받기 전의 제자들은 교만과 허영심을 이길 수가 없었다. 누가복음 9장 46-47절을 보라. "제자 중에서 누가 크냐 하는 변론이 일어나니, 예수께서 그 마음에 변론하는 것을 아시고 어린 아이 하나를 데려다가 자기 곁에 세우시고." 이 말씀은 성령 받기 전의 제자들 모습을 간단하지만 매우 잘 나타내고 있다. 제자들의 관심은 온통 누가 잘났는지, 누가 큰지, 누가 높은지에 대한 것으로만 가득 차 있었다. 제자들은 3년 동안 예수님을 따라다녔지만 이와 같이 속물적인 인간의 모습을 버리지 못했다.

누가복음 9장 51-56절을 보면, 사마리아 사람들이 예루살렘으로 가고자 하는 예수님과 제자들 일행을 받아들이지 않았다. 그러자 야고보와 요한이 예수님 앞에 나서서 한마디 했다. "주여 우리가 불을 명하여 하늘로 좇아 내려 저희를 멸하라 하기를 원하시나이까?" 야고보와 요한은 별명이 '우뢰의 아들' 이었다. 그렇게 다혈질적인 야고보와 요한이 나서서 한마디 한 것이다. 누가복음 9장 55절의 난외주에 보면, 예수님께서 이 말을 듣고 다음과 같이 말씀하셨다고 나와 있다. "너희는 무슨 정신으로 말하는지 모르는구나. 인자는 사람의 생명을 멸하러 온 것이 아니요 구하러 왔노라 하시고." 제자들은 겸손하고 온유하신 예수님의 정신과는 정반대의 정신만 계속 갖고 있었다. 이런 모습이 성령을 받기 전의 열두 제자들의 모습이었다. 이 열두 제자들은 예수님을 3년이나 따라다니고 있었지만 마음이 그 정도밖에 되지 않았다.

그런데 이 제자들이 오순절에 성령을 받자 180° 바뀌게 되었다. 자기 자신보다 남을 사랑하는 거룩한 사람들이 되었다. 자기 자신만 알고 교만하고 혈기를 부리던 제자들이 성령님께서 오시니까 온유하고 겸손한 어린양 예수님처럼 변했다. 한순간에 겸손하고 이타적인 사람이 되었다. 거룩하신 주님의 영이신 성령님께서 내주하시니 그렇게 될 수밖에 없는 것이다. 주님의 영이 내주하시는 사람은 주님과 같이 온유하고 겸손할 것이요, 마귀가 지배하는 사람은 이기적이고 교만할 것이다.

셋째로, **성령을 받자 거룩한 담대함이 생겼다.** 보혜사 성령을 받기 전의 제자들은 심약하고 비겁했다. 예수님의 제자들은 예수님께서 십자가에 못박히실 때에 다 도망가고 말았다. "제자들이 다 예수를 버리고 도망하니라"(막 14:50). 죽음의 두려움을 이겨낼 용기가 없었던 것이다.

이 땅에 계시면서 기적을 행하시며 인기를 한 몸에 받으시던 예수님께서 힘없이 십자가를 지고 로마 병정에게 끌려갈 때, 겁이 나서 도망갔던 제자들이었다. 그러나 오순절 날에 핵폭탄처럼 성령님이 그들에게 임하시니(행 2:1-4) 그들은 모두 담대하게 되었다. 그리고 그 사도들은 예수님을 십자가에 못 박게 했던 그 사람들 앞에서 담대히 복음을 증거하게 되었다. 사도들은 그 후 전승에 의하면 유배 생활 후에 죽은 사도 요한 외에는 한 분도 남김없이 복음을 전하다 순교했다고 한다. 예수님께서 돌아가실 때는 두려워 도망쳤던 제자들이, 부활하신 주님을 보았을 때도 연약하였던 제자들이, 오순절 날 성령님께서 임하시니 딴 사람이 되었다. 그들은 그리스도를 위해 당하는 고난을 오히려 기뻐하며 담대히 말씀을 증거했다. 그들은 죽음도 두려워하지 않았다. 이것이 내주하시는 보혜사 성령님께서 하시는 일이다. 그 힘과 그 담대함은 주님의 담대함인 것이다.

그래서 예수님께서는 자신이 떠나가시고 보혜사 성령님께서 오시는 것이 제자들에게 더욱 유익할 것이라고 말씀하셨다. 요한복음 16장 7절을 보라. "그러하나 내가 실상을 말하노니 내가 떠나가는 것이 너희에게 유익이라. 내가 떠나가지 아니하면 보혜사가 너희에게로 오시지 아니할 것이요, 가면 내가 그를 너희에게로 보내리니……."

4. 성령님의 명칭

우리는 여러 가지 성령님의 명칭과 비유를 통해 성령님의 성품과 존재에 대해서 더 잘 알 수가 있다.

(1) **성령**(마 3:11; 28:19; 막 3:29; 눅 11:13; 요 3:5; 14:26; 20:22; 행 1:8; 2:38; 롬 8:16; 고전 2:4; 6:19; 12:3; 12:4; 고후 13:13; 갈 5:16; 5:22; 엡 5:18; 살후 2:13; 벧전 1:2 등)이라는 호칭이 신약에서 가장 많이 나온다. "너희가 악할지라도 자식에게 좋은 것을 줄 줄 알거든 하물며 너희 천부께서 구하는 자에게 성령을 주시지 않겠

느냐"(눅 11:13). 특별히 성령(Holy Sprit)이라는 명칭이 시사하는 바는 성령님께서 지극히 거룩하신 영이심을 말해준다. 성령님께서는 하나님의 지극히 거룩하신 영으로서, 거듭나게 하시고, 거룩하게 하시는 사역을 하신다(요 3:5; 살후 2:13; 벧전 1:2).

오늘날 주변에 보면 소위 성령을 받았다 하면서 교만하고, 과격하고, 비이성적인 행동을 하는 사람들이 가끔씩 있는데, 그것은 성령 받은 증거가 아니라 그가 악령을 받았음을 말해 준다. 성령님께서는 지극히 거룩한 영이시다. 성령을 받은 사람은 하나님처럼 거룩해진다. 성령을 충만히 받을수록 더욱 양심적이 되고, 더욱 의롭게 되고, 더욱 거룩하게 되어야 정상이다.

(2) 성령님은 **하나님의 성령, 하나님의 영**(마 12:28; 롬 8:9, 14; 고전 2:10-11, 14; 3:16; 6:11; 7:40; 12:3; 고후 3:3; 6:16; 엡 4:30; 빌 3:3; 벧전 4:14; 요일 4:2)이라고 불린다. "그러나 내가 하나님의 성령을 힘입어 귀신을 쫓아내는 것이면 하나님의 나라가 이미 너희에게 임하였느니라"(마 12:28). 성령님께서는 하나님께로부터 보내심을 받기 때문에 하나님의 성령이라, 하나님의 영이라 불린다(요 14:16, 26). 우리는 하나님께로부터 온 영을 받아야만 하나님을 깊이 알 수가 있다(고전 2:11-12).

(3) 성령님은 **그리스도의 영**(롬 8:9; 벧전 1:11), **예수의 영**(행 16:7), **주의 영**(고후 3:17-18)이라고 불린다. "만일 너희 속에 하나님의 영이 거하시면 너희가 육신에 있지 아니하고 영에 있나니 누구든지 그리스도의 영이 없으면 그리스도의 사람이 아니라"(롬 8:9). 승천하신 예수님께서 아버지께 받아서 성령을 우리들에게 부어 주셨는데(행 2:33; 요 15:26; 16:7), 성령님의 내주는 예수님의 내주와 같다(요 14:20). 그러므로 성령님을 가리켜 그리스도의 영, 예수의 영, 주의 영이라 하는 것이다.

(4) 성령님은 **진리의 성령**(요 16:13)이라고 불린다. "그러하나 진리의 성령이 오시면 그가 너희를 모든 진리 가운데로 인도하시리니 그가 자의로 말하지 않고 오직 듣는 것을 말하시며 장래 일을 너희에게 알리시리라"(요

16:13). 성령님을 진리의 성령이라고 하는 것은 성령님만이 하나님의 참된 '진리'를 우리에게 가르쳐 주시기 때문이다. 우리에게 성령님께서 오셔야 우리의 죄를 깨달을 수 있으며(요 16:8), 예수님이 우리의 구주이심을 깨닫게 된다(고전 12:3). 또한 성령님께서 오셔야 예수님과 하나님의 하나 되심을 알 수 있게 되며(요 14:20), 성령님만이 우리를 모든 진리로 인도하실 수 있으시다(요 16:13).

(5) 성령님은 **은혜의 성령**(히 10:29)이라고 불린다. "하물며 하나님의 아들을 밟고 자기를 거룩하게 한 언약의 피를 부정한 것으로 여기고 은혜의 성령을 욕되게 하는 자의 당연히 받을 형벌이 얼마나 더 중하겠느냐 너희는 생각하라"(히 10:29). 성령을 은혜의 성령이라고 부르는 것은 다음과 같은 이유 때문이다. 첫째, 성령님께서 죽었던 우리의 영혼을 거듭나게 하시기 때문이다(요 3:5). 둘째, 하나님의 은혜와 사랑을 우리 가슴 깊숙이 전달하시기 때문이다. "소망이 부끄럽게 아니함은 우리에게 주신 성령으로 말미암아 하나님의 사랑이 우리 마음에 부은 바 됨이니, 우리가 아직 연약할 때에 기약대로 그리스도께서 경건치 않은 자를 위하여 죽으셨도다"(롬 5:5-6).

(6) 성령님은 **영광의 영**(벧전 4:14)이라고 불린다. "너희가 그리스도의 이름으로 욕을 받으면 복 있는 자로다. 영광의 영 곧 하나님의 영이 너희 위에 계심이라"(벧전 4:14). 성령을 영광의 영이라 하는 이유는 다음과 같다. 첫째, 성령님께서는 삼위일체 하나님으로서 지극히 거룩하시고 영광스러운 영이시기 때문이다. 둘째, 성령님께서는 예수 그리스도의 얼굴에 있는 하나님의 영광을 알게 하시는 빛을 주시기 때문이다. "어두운 데서 빛이 비취리라 하시던 그 하나님께서 예수 그리스도의 얼굴에 있는 하나님의 영광을 아는 빛을 우리 마음에 비취셨느니라"(고후 4:6). 셋째, 성령님께서는 율법보다 더욱 영광스러운 영의 직분을 주시기 때문이다. "돌에 써서 새긴 죽게 하는 의문의 직분도 영광이 있어 이스라엘 자손들이 모세의 얼굴의 없어질 영광을 인하여 그 얼굴을 주목하지 못하였거든 하물며 영의 직분이 더욱 영광이 있지 아니하겠느냐"(고후 3:7-8).

(7) 성령님은 **영원하신 성령**(히 9:14)이라고 불린다. "하물며 영원하신 성령으로 말미암아 흠 없는 자기를 하나님께 드린 그리스도의 피가 어찌 너희 양심으로 죽은 행실에서 깨끗하게 하고 살아 계신 하나님을 섬기게 못하겠느뇨?"(히 9:14) 성령님께서는 영원하신 성령으로 일컬어지는데, 이는 참 삼위 하나님으로서 영원하시기 때문이다. 지존자가 아니고서는 그 어떤 존재도 영원하다고 부를 수 없다.

(8) 성령을 다른 말로 **보혜사**(요 14:16, 25; 15:26; 16:7)라고 한다. "내가 아버지께 구하겠으니 그가 또 다른 보혜사를 너희에게 주사 영원토록 너희와 함께 있게 하시리니"(요 14:16). 보혜사는 헬라어로 '파라클레토스'라고 하는데, 그 뜻은 옆에서 변호해 주시는 분, 격려해 주시는 분, 도와주시는 분이라는 뜻이다. 이는 성령님께서 영원토록 우리와 함께 계셔서 우리를 위로하시고 변호하시며 도와주시기 때문이다.

5. 성령님의 비유

성경에는 성령에 대한 여러 가지 비유가 나온다. 성령님께서는 우리에게 임하실 때에 불같이, 비같이, 바람같이 역사하신다.

(1) 성령을 **불**로 비유한 것은 성령님이 우리 영혼에 임하실 때 불과 같이 조명과 정화의 사역 등을 하실 것을 상징한다.

첫째로, 불은 빛을 비추어 밝게 한다. 즉 조명의 일을 한다. 성령님께서는 우리의 죄를 확실히 깨닫게 하신다(요 16:8). 그리고 예수님의 영광을 보여주신다. "어두운 데서 빛이 비취리라 하시던 그 하나님께서 예수 그리스도의 얼굴에 있는 하나님의 영광을 아는 빛을 우리 마음에 비취셨느니라"(고후 4:6). 이것을 성령의 조명, 혹은 계시라고 한다(마 11:27). 성령님께서 임하시면 영안이 열려서 주님을 갑자기 볼 수 있게 된다. 이것은 입으로 단순히 "내가 주님을 믿습니다."라고 하는 것과 차원이 다르다.

둘째로, 성령님께서는 불같이 오셔서 영혼 속에 내주하시면서 우리 영혼의 죄악을 불태우시며, 우리 영혼을 정결케 하신다. 불은 태우는 일을 한다. 이와 같이 성령님께서도 우리 심령 속에 불같이 역사하셔서 우리의 모든 죄악들과 죄성을 태우시고, 정결케 하는 일을 하신다. 그렇기 때문에 성령세례를 다른 말로 '불세례'라고 하는 것이다(마 3:11). 구약 성경 이사야 4장 4절을 보라. "이는 주께서 그 심판하는 영과 소멸하는 영으로 시온의 딸들의 더러움을 씻으시며 예루살렘의 피를 그 중에서 청결케 하실 때가 됨이라." 성령님께서는 이와 같이 '소멸하는', 즉 '태우는 영'(the spirit of burning)으로 역사하신다.

250년 전 찰스 웨슬리는 이런 노래를 불렀다.

> 저 거룩한 불이
> 이제 내 안에서 타오르게 하소서.
> 내 천한 욕망의 찌꺼기들을 다 태우소서.
> 내 안의 자아의 산(山)이 다 녹아 없어지게 하소서.

셋째로, 불은 뜨거움을 준다. 그와 같이 성령님께서 우리에게 임하시면 하나님의 사랑을 우리 심령 속에 뜨겁게 부어주신다. 그리하여 신적인 사랑으로 하나님을 사랑하고, 그 사랑으로 성도와 이웃을 사랑하게 된다. 레너드 레이븐힐(Leonard Ravenhill, 1907-1994)이 이렇게 말한 것처럼 된다. "성령불은 멸(滅)하고 정결하게 하고 따뜻하게 하고 끌어당기며 능력을 부어 줍니다. …… 성령 충만한 사람은 웨슬리처럼 하나님을 위하여 세상을 흔들어 놓습니다."[79]

프랑스의 철학자 및 수학자였던 파스칼(1623-1662)이 죽은 다음 사람들이 그의 코트 옷 속에서 구겨지고 닳은 종이 한 장을 발견했다. 파스칼이 1654년 11월 23일에 겪었던 유명한 체험을 기록한 것인데, 종이에는 이렇게 적

---

79) Leonard Ravenhill, *Why Revival Tarries* (Minneapolis, Minnesota: Bethany House Publishers, 1986), 112.

혀 있었다.

"밤 10시 30분부터 12시 30분까지 있었던 일 — 불! 오! 아브라함의 하나님, 이삭의 하나님, 야곱의 하나님 — 철학자들과 지혜로운 자들의 하나님이 아니시다. 오직 복음을 통해서만 알 수 있는 예수 그리스도의 하나님. 확실함-느낌(feeling)-평화-기쁨-기쁨의 눈물. 아멘"[80]

(2) 성령님께서는 **물**로 비유된다(요 3:5; 딛 3:5). 물은 생명체에 없어서는 안 되는 절대 필요한 것으로서 우리에게 생명력과 시원함과 상쾌함을 준다. 이와 같이 성령님께서도 우리 영혼에 '생수'같이 임하셔서 우리 영혼에 말할 수 없는 생기와 시원함과 상쾌함을 주신다. "누구든지 목마르거든 내게로 와서 마시라. 나를 믿는 자는 성경에 이름과 같이 그 배에서 생수의 강이 흘러나리라 하시니, 이는 그를 믿는 자의 받을 성령을 가리켜 말씀하신 것이라"(요 7:37-39). "예수께서 가라사대 이 물을 먹는 자마다 다시 목마르려니와 내가 주는 물을 먹는 자는 영원히 목마르지 아니하리니 나의 주는 물은 그 속에서 영생하도록 솟아나는 샘물이 되리라"(요 4:13-14). 성령을 받은 사람은 신적인 생명력이 충만하여 항상 유쾌하게 살 수 있다.

(3) 성령님께서는 **비**같이 오신다. 비가 내리지 아니하면 식물은 물론이고, 동물들도 살 수가 없다. 비는 생명의 공급원이다. 성령님께서는 하늘로부터 비처럼 임하사 우리의 생명을 소생케 하신다. 때로는 소낙비처럼, 때로는 부슬비처럼 내리신다. 메마른 땅에는 소낙비가 필요하다. "저는 벤 풀에 내리는 비 같이, 땅을 적시는 소낙비 같이 임하리니"(시 72:6). "그러므로 우리가 여호와를 알자. 힘써 여호와를 알자. 그의 나오심은 새벽 빛 같이 일정하니 비와 같이, 땅을 적시는 늦은 비와 같이 우리에게 임하시리라"(호 6:3). "땅이 그 위에 자주 내리는 비를 흡수하여 밭가는 자들의 쓰기에 합당한 채소를 내면 하나님께 복을 받고, 만일 가시와 엉겅퀴를 내면 버림을 당하고 저주함에 가까워 그 마지막은 불사름이 되리라"(히 6:7-8).

---

80) Emile Cailliet, *The Clue to Pascal* (London: Scm Press, 1944), 47-48.

웨일스를 복음화하기 위해 부름을 받았던 하월 해리스(Howell Harris)는 1735년 6월 랑가스티 교회에서 경험한 자신의 경험을 다음과 같이 말했다. "나의 영혼에 사랑의 소낙비가 내렸다. 그래서 나는 도무지 나 자신을 억제할 수 없었다. 내가 구원받았다는 사실에 대해 두려움이나 어떤 의심도 없었다. …… 나는 온전한 사랑에 사로잡혔다. 더 요구할 수 없을 만한 충만한 사랑이었다."[81] 성령님께서는 이와 같이 소낙비처럼 임하신다. 그러나 교회가 휴거되는 날 성령님께서도 이 땅을 떠나가실 것이다(살후 2:6-8). 그렇게 되면 이 땅은 더할 나위 없는 무법천지가 될 것이다. 이것이 대환란 때의 지구의 모습이다. 주여, 성령을 소낙비처럼 부으소서!

(4) 성령님께서는 **비둘기**처럼 임하신다. 예수님께서 세례를 받으실 때 비둘기 같은 성령이 임하셨다. "예수께서 세례를 받으시고 곧 물에서 올라오실새 하늘이 열리고 하나님의 성령이 비둘기 같이 내려 자기 위에 임하심을 보시더니"(마 3:16). 비둘기는 온순함과 겸손을 상징한다. 예수님은 나는 '마음이 온유하고 겸손' 하다고 하셨다(마 11:29). 혈기 많고 교만하던 제자들도 성령을 받자 모두 비둘기같이 온순하고 겸손한 사람들이 되었다.

(5) 성령님께서는 **바람**처럼 임하신다.

첫째로, 성령을 바람으로 비유하셨는데, 이것은 성령의 능력을 상징한다. "홀연히 하늘로부터 급하고 강한 바람 같은 소리가 있어 저희가 앉은 온 집에 가득하며"(행 2:2). 바람에는 사람의 눈으로 볼 수 없는 능력이 있다. 약하게 불 때는 미미한 것 같으나 강하게 불 때는 엄청난 위력을 나타낸다. 강한 바람의 위력이 얼마나 대단한가! 미국의 허리케인은 자동차도 공중으로 날려 버린다. 성령님께서도 강력하게 바람처럼 임하신다. 성령님께서는 바람처럼 임하사 죄악의 먹구름을 물리치시고 놀라운 영적인 갱신의 역사를 이루신다.

둘째로, 성령님을 바람으로 비유하신 것은 성령님께서 역사하실 때 임의

---

[81] R. Bennet, *The Early Life of Howell Harris* (London: Banner of Truth, 1962), 30-31.

로, 주권적으로, 신비롭게 역사하심을 상징한다. 예수님은 우리 영혼 속에 일어나는 중생의 사역의 신비함을 가르치시기 위해서 성령을 바람으로 비유하셨다. "바람이 임의로 불매 네가 그 소리를 들어도 어디서 오며 어디로 가는지 알지 못하나니 성령으로 난 사람은 다 이러하니라"(요 3:8). 바람의 가는 길을 우리는 보지 못한다. 이와 같이 우리 성도들이 거듭날 때도 성령께서 어떤 과정을 거쳐서, 어떤 방식으로 작용하셔서 우리 영혼을 거듭나게 하시는지 정확히 알기란 우리 인간으로서는 도저히 불가능한 것이다.

셋째로, 성령님께서 또한 바람으로 비유되신 것은 바람처럼 아무런 제약 없이 넓은 지역에 역사하실 수 있으시기 때문이다. 사도행전 2장 2절에 보면 성령님께서는 오순절 다락방에 급하고 강한 바람같이 임하셨다. 그리고 놀랍게 역사하셔서 초대 교회에 폭발적 영적 부흥을 일으키셨다. 역사적으로도 보면 조지 윗필드, 조나단 에드워즈 등과 같은 주의 종들을 통하여 성령님은 넓은 지역에 바람같이 역사하셨다.

(6) 성령님께서는 **기름**같이 임하신다. 하나님께서는 택한 모든 백성에게 성령으로 기름 부으신다. "우리를 너희와 함께 그리스도 안에서 견고케 하시고 우리에게 기름을 부으신 이는 하나님이시니, 저가 또한 우리에게 인치시고 보증으로 성령을 우리 마음에 주셨느니라"(고후 1:21-22). 성령을 기름으로 비유하거나 기름 붓듯 부으신다는 표현이 많다(삼상 16:13; 고후 1:21; 요일 2:20, 27; 마 25:1-13; 눅 4:18; 행 10:38).

첫째로, 성령의 기름 부음을 받는다는 것은 우리가 하나님 앞에 거룩하게 구별되는 것을 말한다. 구약에서 기름은 사람이나 성물을 거룩하게 구별하여 바칠 때 사용되었다(출 30:25-29). 선지자(왕상 19:16), 제사장(출 29:7-9; 레 8:12), 왕(삼상 10:1; 16:13)들을 구별하여 세울 때 기름을 부었다. 관유와 접촉하는 모든 것이 거룩하게 되었다(출 30:29). 이와 같이 성령님께서는 우리 마음에 오셔서 거룩하게 하심으로 우리를 하나님의 것으로 세상과 구별하신다. 이것이 성령의 기름 부음의 역사이다. 당신은 당신을 세상에서 분리해서 거룩하게 하시는 기름 부음을 주셨음을 느끼는가? 성령의 기름 부음은 아무나 경험하는 것이 아니다. 하나님께서는 택하신 자에게만 성령을 기름 부어 주신다(살후 2:13).

둘째로, 그리스도(헬라어로 기름부음을 받은 자란 뜻이다)께서 성령의 기름 부음을 받으시고 왕, 제사장, 선지자의 직분을 감당하신 것처럼 우리는 성령의 기름 부음을 받음으로 왕 같은 제사장이 되고(벧전 2:9), 구약의 선지자들도 보지 못한 하나님의 비밀을 알게 된다(고전 2:9-10; 벧전 1:10-12).

셋째로, 성령의 기름 부음은 신적인 은사와 능력의 주입을 상징한다. 기름 부음을 충만히 받을수록 초자연적인 신적인 권능이 충만해진다. 예수님께서는 성령의 기름부음을 받으시고 공생애를 시작하셨다(눅 4:14-15, 18-19). 예수님께서 놀라운 신적 사역을 감당하신 것은 하나님께서 성령을 한량없이 부어 주셨기 때문이다(요 3:34). "하나님이 나사렛 예수에게 성령과 능력을 기름 붓듯 하셨으매 저가 두루 다니시며 착한 일을 행하시고 마귀에게 눌린 모든 자를 고치셨으니 이는 하나님이 함께 하셨음이라"(행 10:38). 우리에게도 성령님이 기름 붓듯 임하시면 거룩한 신적 능력과 각양 은사를 받고 하나님 나라를 위한 능력 있는 일꾼이 된다.

지혜의 말씀의 은사, 지식의 말씀의 은사, 믿음의 은사, 병 고치는 은사, 능력 행함의 은사, 예언의 은사, 영들 분별함의 은사, 방언 말하는 은사, 통역하는 은사, 섬기는 은사, 권위(勸慰)하는 은사, 구제하는 은사, 다스리는 은사, 긍휼을 베푸는 은사 등 모든 신령한 은사는 성령님께서 주신다(고전 12:4-31; 엡 4:11-12; 롬 12:3-13). 성령의 기름 부음이 없이는 이 모든 은사 중 하나도 감당할 수 없다. 그러나 성령님께서 기름 붓듯 임하시면 세상을 변화시키는 역사가 일어난다. 우리가 하나님 나라의 유능한 일꾼이 되려면 성령님께서 주시는 신령한 은사를 충만히 받아야 한다.

주여, 저희들에게 성령을 기름 붓듯 부어 주옵소서!

제5장

우리를 부르시는 은혜

> 나를 보내신 아버지께서 이끌지 아니하면 아무라도 내게 올 수 없으니 오는 그를 내가 마지막 날에 다시 살리리라(요 6:44).

이제부터는 성령님께서 택한 백성을 부르시고 구원하시는 구체적인 역사를 살펴보고자 한다. 하나님께서는 자기가 택하신 자를 일평생 어느 순간에 부르시고 자기에게로 이끄신다. 이것을 '효과적 부르심' 이라고 한다. 예수님께서는 효과적 부르심에 대해서 다음과 같이 분명히 말씀하셨다. "나를 보내신 아버지께서 이끌지 아니하면 아무라도 내게 올 수 없으니 오는 그를 내가 마지막 날에 다시 살리리라"(요 6:44). 하나님의 성령의 가르치심을 받는 사람만이 예수님께 갈 수 있다. "선지자의 글에 저희가 다 하나님의 가르치심을 받으리라 기록되었은즉 아버지께 듣고 배운 사람마다 내게로 오느니라"(요 6:45). 윗필드는 다음과 같이 말했다. "아버지께서 이끌지 않으시면 누구라도 올 수 없음을 저는 알고 있습니다. 그러므로 저는 나의 하나님께 나아가 보혜사를 여러분의 마음속에 보내 주시도록 중보의 기도를 드리려 합니다."[82]

---

[82] Whitefield, "The Holy Spirit Convincing the World of Sin, Righteousness, and Judgement," in WGW, 349.

1. 외적 부르심과 내적 부르심

부르심에는 외적 부르심과 구원에 이르는 내적 부르심, 이 두 가지가 있다. 외적 부르심은 복음의 초청의 말씀을 외적으로 듣는 것, 혹은 교회로 인도받아 오는 것을 말한다. 이에 비하여 내적 부르심은 우리 영혼이 성령의 역사하심으로 말미암아 하나님의 부르심에 응답하여 그리스도에게로 나아가게 되는 것을 말한다. 이 내적 부르심을 다른 말로 효과적 부르심이라고도 한다. 택자만이 효과적 부르심을 받는다. "청함을 받은 자는 많되 택함을 입은 자는 적으니라"(마 22:14).

칼뱅은 다음과 같이 말했다. "하나님이 외적인 말씀 전파를 통해 모든 사람을 똑같이 자신에게로 초대하시는 일반적인 소명이 있다. …… 또 다른 종류의 소명은 특별한 소명인데 이는 하나님이 주로 신자들에게만 주시는 것이다. 이때 하나님께서는 성령의 내적 조명을 통해 선포된 말씀이 그들의 마음 안에 머물게 하신다."[83]

2. 택자는 삶의 어느 순간에 하나님께서 거룩한 부름으로 불러 주신다

하나님께서 우리를 부르시는 모습을 보자. "내가 진실로 진실로 너희에게 이르노니 양의 우리에 문으로 들어가지 아니하고 다른 데로 넘어가는 자는 절도며 강도요, 문으로 들어가는 이가 양의 목자라. 문지기는 그를 위하여 문을 열고 **양은 그의 음성을 듣나니 그가 자기 양의 이름을 각각 불러 인도하여 내느니라**. 자기 양을 다 내어 놓은 후에 앞서 가면 양들이 그의 음성을 아는 고로 따라오되, 타인의 음성은 알지 못하는 고로 타인을 따르지 아니하고 도리어 도망하느니라"(요 10:1-5).

하나님께서는 창세 전부터 택한 백성을 일평생 어느 순간에(하나님께서 정하

---

83) Calvin, *Institutes*, III. xxiv. 8.

신 때에) 직접 찾아오시고 불러 주시고 만나 주시고 계시해 주신다. 택자는 이렇게 하늘의 부르심을 받은 사람이다. "그러므로 함께 하늘의 부르심을 입은 거룩한 형제들아. 우리의 믿는 도리의 사도시며 대제사장이신 예수를 깊이 생각하라"(히 3:1). 이러한 부르심은 인간적 차원의 사건이 아니다.

구원에 이르는 효과적 부르심에 대한 예는 루디아의 경우에 분명히 드러난다. 사도 바울이 빌립보에 가서 안식일에 강가에 앉아 있는 여자들에게 말씀을 전했는데, 그 중 루디아만 복음을 청종했다. 루디아는 두아디라 성의 자주 장사로서 평소부터 하나님을 공경하는 사람이었다. 성경은 주님께서 오직 루디아의 마음만 여셨다고 되어 있다. "주께서 그 마음을 열어 바울의 말을 청종하게 하신지라"(행 16:14). 이것이 효과적 부르심이다.

3. 택자는 복음을 들을 때 부르심을 받는다

하나님께서는 자기 양을 각각 부르실 때 어떻게 부르시는가? 복음으로 부르신다. 데살로니가후서 2장 14절을 보라. "이를 위하여 **우리 복음으로 너희를 부르사** 우리 주 예수 그리스도의 영광을 얻게 하려 하심이니라." 하나님께서는 자기 양을 구원하실 때 사람을 보내어 복음을 듣게 하신다. 택자와 불택자의 차이가 어디 있는가? 복음을 들을 때 차이가 난다. 택자는 복음을 들을 때 복음을 전하는 사람의 입을 통해서 하나님께서 하시는 말씀에 순종한다. "그러므로 믿음은 들음에서 나며 들음은 그리스도의 말씀으로 말미암았느니라"(롬 10:17).

불택자에게 십자가의 복음을 전해 주면 반응이 없다. 주의 양이 아닌 자에게는 복음이 미련하게 들린다. 그러나 구원을 얻는 우리에게 복음은 영혼을 구원하는 하나님의 능력이 된다. "십자가의 도가 멸망하는 자들에게는 미련한 것이요 구원을 얻는 우리에게는 하나님의 능력이라"(고전 1:18). "유대인은 표적을 구하고 헬라인은 지혜를 찾으나, 우리는 십자가에 못 박힌 그리스도를 전하니 유대인에게는 거리끼는 것이요 이방인에게는 미련한 것이로되, 오직 부르심을 입은 자들에게는 유대인이나 헬라인이나 그리스도는 하나님의 능력이요 하나님의 지혜니라"(고전 1:22-24). 택자는 복음을 들을 때 응답하게 되고 마귀의 포로 상태에서 벗어나 하나님의 자녀의 자리로 나아가게 된다.

4. 하나님께서는 자기 양을 개별적으로 만나 주신다

"문지기는 그를 위하여 문을 열고 양은 그의 음성을 듣나니 그가 자기 양의 이름을 각각 불러 인도하여 내느니라"(요 10:3). 하나님은 '자기 양'의 이름을 '각각' 불러 인도해 내신다. 각각 부르신다는 것은 한 명씩 부르신다는 뜻이다. 바울은 예수님 믿는 사람을 핍박하기 위해 다메섹으로 갔다. 그때 예수님께서 사울에게 나타나셨다. "우리가 다 땅에 엎드러지매 내가 소리를 들으니 히브리 방언으로 이르되 사울아, 사울아, 네가 어찌하여 나를 핍박하느냐? 가시채를 뒷발질하기가 네게 고생이니라"(행 26:14).

주님께서 바울에게 그렇게 말씀하신 것처럼, 어느 순간에 영광의 주님께서 우리에게도 나타나셔서, "ㅇㅇ야, 지금까지 그렇게 산 것이 네게 족하다. 얼마나 고생했느냐? 내게 오너라. 죄악의 짐에 허덕이는 삶을 버리고 내 품으로 와서 참된 평안을 얻으라."라고 말씀해 주신다. 택자들은 이런 내적 음성을 듣게 된다. 이것이 부르심이다. 이 말씀이 안 들리는 사람은 아직 부르심을 받지 못한 것이다.

제6장

죄를 깨닫게 하시는 은혜

내가 떠나가지 아니하면 보혜사가 너희에게로 오시지 아니할 것이요, 가면 내가 그를 너희에게로 보내리니 그가 와서 죄에 대하여, 의에 대하여, 심판에 대하여 세상을 책망하시리라(요. 16:7-8).

주님께서 성령으로 우리 영혼을 찾아오시고 우리를 부르실 때 일반적으로 가장 먼저 우리의 죄를 깨닫게 하신다. 에드워즈는 다음과 같이 말했다. "하나님께서는 사람들에게 용서를 계시하시기 전에 자신들의 죄책을 깨닫게 하십니다. 자기가 지옥에 가기에 마땅한 죄인임을 느끼기 전에는 자기의 죄책을 철저하게 깨닫고 있다고 말할 수 없습니다. 성경적인 표현 방식으로 말하자면, 사람은 먼저 자신이 죽어 마땅하다는 것과 지옥의 저주를 받아 마땅하다는 것을 느껴야 합니다. 그런 다음에야 하나님께서 그에게 정죄로부터 자유함을 계시하실 것입니다." [84]

1904년 웨일스 대부흥을 일으킨 에번 로버츠(Evan Roberts)는 1904년 10월 말 여동생에게 보낸 편지에서 축복의 통로에 대해 다음과 같이 간단히 설명했다. "먼저 자신이 타락한 죄인임을 깨달아야 한다. 그리고 그리스도

---

84) Edwards, "God Makes Men Sensible of Their Misery Before He Reveals His Mercy and Love," in WJE, 17, 152.

께서 너를 위해 죽으셨음을 깨닫고 마지막으로 성령 세례를 받아야 하며 그 다음에 일해야 한다."[85] 하나님께서 어떤 영혼을 구원하고자 하실 때는 반드시 먼저 그 사람으로 하여금 자신의 죄와 허물을 철저히 보게 하신다.

1. 구원을 이루시는 성령님의 사역 세 단계

성령님께서 우리의 구원을 위해서 하시는 사역은 첫째, **죄의 각성 사역**, 둘째, **그리스도의 영광을 알도록 조명하시는 사역**, 셋째, **우리 마음을 새롭게 하시고 거룩하게 하시는 사역**, 크게 이 세 가지로 요약할 수 있다. 이것이 '거룩한 구원'을 이루시는 성령님의 사역의 핵심이다.

조나단 에드워즈의 『성령의 역사 분별 방법』을 보면, 1740년 뉴잉글랜드에서 제1차 대각성이 일어났을 때, 에드워즈는 자신이 관찰한 회심의 일반적인 현상을 다음과 같이 묘사했다. 그의 글을 보면, 첫째로, 성령님께서 오시면 죄를 각성케 하시는 역사가 나타났음을 알 수 있다. "크게 각성된 극단적인 상태에 있는 사람들은 보통 자신이 매우 사악하고, 자신이 지은 죄가 너무 많고 심하며, 자기 마음이 무섭게 부패되었고, 마음속에 적의와 왜곡됨이 심하고, 자기 마음이 무섭도록 완고하며 굳어 있음을 매우 크게 느끼고 있음을 보여줍니다. …… 하나님의 진노가 그들에게 놀랍도록 무시무시하게 보입니다. 하나님께서 그들에게 그토록 분개하시고, 그의 진노가 심히 크게 그들에게 다가오므로 그들은 커다란 위험을 느낍니다. 그래서 이제는 견딜 수 없게 됩니다. 이제 당장에 하나님께서 그들을 베어 버리시고, 그들 눈에 보이는 무시무시한 구덩이로 내려 보내실 것으로 느껴집니다. 동시에 피난처는 보이지 않습니다. 그들은 평소 그들이 신뢰하던 모든 것들, 그리고 자부하던 모든 것들의 허무함을 더욱더 보게 됩니다. 결국에

---

85) 에이비온 에번스, 『1904 웨일즈 대부흥』 윤석인 역 (서울: 부흥과 개혁사, 2005), 97.

그들은 전적으로 모든 것 가운데 절망하고, 오로지 그들에게 그렇게 진노하시는 하나님의 뜻에 의지할 수밖에 없음을 보게 됩니다. 바야흐로 아주 많은 사람들이, 그들의 극단의 한 가운데서, 그들이 그들의 눈앞에 펼쳐진 진노와 파멸에 완전히 합당하다는 사실에 대한 비상한 감각을 갖게 됩니다. 동시에 그들은 그들이 매순간 두려워하던 진노가 그들에게 실행되는 것, 그것이 전적으로 공의롭다는 것을 매우 크게 확신하게 됩니다. 그리고 하나님은 참으로 절대적으로 주권적이시라는 것을 매우 확신하게 됩니다. 또한 흔히 하나님의 주권을 표현하는 성경의 어떤 본문들이 그들의 마음에 절실히 깨달아지는 일이 생깁니다. 그렇게 됨으로써 그들의 마음이 평온하게 되고, 그들은 말하자면 하나님의 발 앞에 부복하게 됩니다. 큰 고민 후에, 빛이 떠오르기 조금 전에, 그들은 공의로우시고 주권적인 하나님께 대하여 어떤 복종이라고 할 수 있는 마음가짐 속에서 침착하게 되고, 평온하게 됩니다. 그러나 그들의 신체적인 힘은 많이 소진되고 때때로 그들의 목숨조차 거의 끊어진 것처럼 보입니다."[86]

둘째로, 이상과 같이 자신의 죄와 부족을 깨닫게 하시는 성령님의 역사가 있은 다음에 성령님께서 그리스도를 계시해 주시는 역사가 나타났다. "그때 빛이 나타났습니다. 영광스러운 구속주께서 그의 놀랍고, 완전히 충족된 은혜로 그들에게 나타나셨습니다. 종종 성경의 어떤 달콤한 초청 가운데 나타나셨습니다. 때로는 그 빛이 갑자기 다가오고 때로는 보다 점진적으로 다가오면서 그들의 영혼을 사랑과 경탄, 기쁨, 자기 낮춤으로 채웠습니다. 그들의 마음을 탁월하시고 사랑스러우신 구속주를 갈망하도록 이끌면서, 그 앞에서 재 속에 눕기를 갈망하게 하였습니다. 그리고 다른 이들도 구주를 바라보고, 그를 영접하고, 그에 의해 구원되기를 갈망하게 했습니다. 그리고 그의 영광을 위하여 살기를 갈망하게 했습니다. 그러나 그들 스스로는 아무것도 할 수 없음을 느끼게 되었습니다. 자기들의 눈에 자신

---

[86] Edwards, *The Distinguishing Marks of a Work of the Spirit of God*, in WJE, 4, 265–266.

이 비열하게 보이며, 자기 마음에 많은 시기심이 있는 것을 보게 되었습니다."[87]

셋째로, 그리스도의 계시를 본 사람은 진정으로 자신의 부족함과 비열함을 진실로 깨닫게 될 뿐만 아니라, 이때 진정한 변화의 역사가 나타났다. "그리고 난 후에 마음의 진정한 변화의 모습이 나타났습니다."[88] 에드워즈가 말한 회심의 이러한 묘사는 청교도 신학자들이 일반적으로 가르치는 구원의 순서다.

성령님께서 오셔서 철저히 죄를 깨닫게 하신 후 성령의 내적 증거와 죄 용서의 평안을 주시는 역사적 사례는 1908년 3월 공주에서 열린 미 감리회 선교사 케이블(Cabel)의 집회에 대한 증언에서도 찾아볼 수 있다. 그때는 1907년 1월 평양 대부흥운동에서 시작된 성령의 불길이 전국으로 확산되고 있는 무렵이었다.

"나는 막 사경회를 끝냈는데, 그것은 여기 공주에서 가진 가장 놀라운 집회였다. 참석자는 약 200명 가까이 되었다. 부흥 집회는 내가 지금까지 인도했던 그 어떤 집회보다 훨씬 능가하는 집회였다. 죄를 깨닫고 고백하는 것은 보기에 무시무시할 정도였다. 며칠 밤 남녀는 울부짖고 자신들의 손과 머리로 바닥을 치고, **무서운 번민을 갖고 자신들의 죄악들을 통회했다.** 그것은 마치 심판 날과 같았다. 몇 사람은 '내가 주님을 십자가에 못 박았나이다. 나를 구원하소서! 구원하소서!' 하며 울부짖었다. 나는 그러한 것을 보고 싶지 않으나, 그러한 것이 반드시 와야 한다고 생각한다. 성령의 권능은 너무도 놀랍게 나타나서 그 앞에서 사람들이 정화되는 것처럼 보였다. 그러나 투쟁과 죄의 고백 후 승리가 찾아왔다. 사람들은 행복의 탄성을 올렸다. 거기에는 **죄 용서에 대한 확신과 성령의 증거에서 오는 놀라운 평안과 기쁨이 있었다.**"[89] 이것이 죄를 깨닫게 하시는 성령님의 역사이다.

---

87) Edwards, *The Distinguishing Marks of a Work of the Spirit of God*, in WJE, 4, 266.
88) Edwards, *The Distinguishing Marks of a Work of the Spirit of God*, in WJE, 4, 266.
89) E. M. Cabel, "Communications," *Korea Mission Field* Ⅳ: 3 (Mar., 1908), 47-48.

2. 죄를 깨닫게 하시는 성령님의 사역

그러면, 죄를 깨닫게 하시는 성령님의 사역을 자세히 살펴보자. 성령님께서 찾아오실 때 일반적으로 먼저 우리의 죄와 비참을 깨닫게 하신다. 요한복음 16장 7-8절을 보라. "그러하나 내가 실상을 말하노니 내가 떠나가는 것이 너희에게 유익이라. 내가 떠나가지 아니하면 보혜사가 너희에게로 오시지 아니할 것이요, 가면 내가 그를 너희에게로 보내리니 그가 와서 죄에 대하여, 의에 대하여, 심판에 대하여 세상을 책망하시리라." 성령님께서 오시면, 죄와 의와 심판에 대해 깨닫게 해 주신다는 말씀이다.

윗필드는 "죄의 각성(conviction)이 항상 '영적 회심'(conversion)에 선행되어야 한다."[90]고 했다. "왜 사람들은 생명을 위해 그리스도께 오려 하지 않는 것일까요? 자기들이 죽어 있다는 것을 알지 못하기 때문입니다. 그래서 원하지를 않는 것입니다."[91] 윗필드는 죄를 깨닫게 하시는 성령님의 사역에 대해서 다음과 같이 구체적으로 설명했다.

첫째로, 성령님께서는 일반적으로 먼저 그동안에 지은 죄 중에 **"가장 나쁜 죄"**를 깨닫게 하신다. 그러면서 그와 동시에 다른 모든 죄가 기억나게 하신다.[92]

둘째로, 성령님께서는 우리의 **본성의 죄**를 깨닫게 하신다. 보혜사 성령께서 죄인의 마음속에 임하실 때 보편적으로 그 죄인이 지은 실제적인 죄를 먼저 깨닫게 해 주시지만, 더 나아가서 성령님께서는 "그의 원죄", 그 모든 더러운 물이 흘러나오는 그 원천을 보고 괴로워하게 만드신다. 본성의 죄를 깨닫는다는 것은 '나의 육신 안에 선한 것이 거하지 않으며, 내가 죄

---

90) 조지 윗필드, "회개와 회심," 『하나님의 사랑을 입은 사람들』, 최승락 역(서울: 지평서원, 2004), 44.
91) 윗필드, "그리스도를 무시함은 죽음에 이르는 죄," 『하나님의 사랑을 입은 사람들』, 239.
92) Whitefield, "The Holy Spirit Convincing the World of Sin, Righteousness, and Judgement," in WGW, 343.

가운데 잉태되어 태어났고, 본질상 진노의 자녀임을 깨닫는 것"을 말한다. 윗필드는 이러한 본성의 죄와 자범죄에 대한 깨달음이 없는 사람은 "효과적인 부르심을 못 받은 사람"이라고 하였다.[93]

셋째로, 성령님께서는 신앙생활 중에 **종교적 의무를 행하는 가운데 지은 죄들**도 깨닫게 하신다. 종교적 의무를 행함에서 지은 죄란 우리 자신이 종교적 의무를 행함으로써 하나님께 잘 보일 수 있다고 생각하고 종교적인 여러 가지 일을 행함으로써 영생을 얻으려고 한 것을 말한다.[94]

넷째로, 성령님께서는 **불신앙의 죄**를 깨닫게 하신다. 예수님께서는 "죄에 대하여라 함은 저희가 나를 믿지 아니함이요."(요 16:9)라고 말씀하셨다. 윗필드가 말하는 불신앙이란, 주님을 드러내 놓고 부인하는 그러한 불신앙자를 가리키는 것이 아니다. 오직 "마귀의 믿음 이상을 갖지 못한" 그런 불신앙자를 뜻한다.[95]

윗필드는 그의 설교 "은혜의 방식"에서 불신앙의 죄를 깨달아야 한다고 강하게 설교했다. "여러분이 마음속으로 평화를 말하기 전에 여러분이 크게 고민을 해야 할 한 가지 특별한 죄가 있습니다. …… 그것은 여러분 대다수가 가지고 있는 것인데, 자신에게 불신의 죄가 없다고 생각하는 것입니다. …… 여러분 중에 누가 스코틀랜드에, 곧 개신교의 땅에 태어나 주일마다 교회를 다니면서, 바로 이 교회 마당 안에서 자기 자신을 불신자라고 생각할 수 있겠습니까? 일 년에 한 차례 성찬을 받고(더 자주 시행되면 얼마나 좋겠습니까), 성찬의 표를 받았으며, 가족 기도회를 지키고 있는 여러분 중에, 누가 주 예수 그리스도를 믿지 않는다고 상상할 수 있겠습니까? …… 점검해 보

---

93) Whitefield, "The Holy Spirit Convincing the World of Sin, Righteousness, and Judgement," in WGW, 344.

94) Whitefield, "The Holy Spirit Convincing the World of Sin, Righteousness, and Judgement," in WGW, 344.

95) Whitefield, "The Holy Spirit Convincing the World of Sin, Righteousness, and Judgement," in WGW, 345.

면 여러분 중 대부분이 주 예수 그리스도를 악마만큼도 믿지 않고 있다는 것을 알게 되리라는 사실이 두렵습니다. 나는 악마가 대다수의 우리들보다도 성경을 더 믿고 있음을 확신하고 있습니다. 그는 예수 그리스도의 신성을 믿습니다. …… 우리는 하나의 역사적인 믿음을 하나님의 성령에 의해 마음속에 이루어진 진정한 믿음으로 오해하고 있습니다. 여러분은 자기 자신이 믿고 있다고 상상하고 있습니다."[96]

윗필드는 아직 죄를 깨닫지 못한 사람은 성령께서 자신의 비참함을 깨닫게 해 주시기를 기도하라고 했다. "하나님께 기도하십시오. 하나님께서 성령으로 말미암아 당신의 본성적 비참한 상태를 깨닫게 하시고, 그 점에 대한 참다운 지각을 갖게 해 달라고 간청하십시오."[97]

마틴 루터가 극찬한 『독일 신학』(작자 미상)에 보면 죄를 깨닫게 하시는 하나님의 역사를 다음과 같이 설명한다. "그리스도의 영혼은 천국에 이르기 전에 지옥을 먼저 방문해야 했습니다. 이것은 또한 인간 영혼의 행로이기도 합니다. 이제 이 일이 우리에게는 어떠한 방식으로 일어나는지 주목하여 봅시다. 사람이 자기 자신을 보고 알 수 있게 될 때 …… **그는 또한 자기는 영원히 저주를 받아 지옥에서 모든 마귀의 발등상이 되어 마땅하다**고 생각하게 되고, 자신은 그렇게 될 가치조차도 없다고 생각하게 됩니다. …… 이것이 우리가 죄에 대한 참다운 애통이라고 부르는 것입니다. …… 그러나 하나님께서는 인간을 그냥 지옥에 버려두지 않으십니다. 그분은 그 사람을 자신에게로 부르시며, 그 결과로 그 사람은 영원하신 하나님 외에는 아무것도 원치 않게 되고, 그 영원하신 하나님께서 얼마나 귀하신지 알게 됩니다. 그리하여 이것이 그의 환희, 평화, 기쁨, 안식, 그리고 그의 충만함이 되는 것입니다. 사람이 자신을 위해서는 아무것도 원치 않고 오직 영

---

96) George Whitefield, "The Method of Grace," in *Select Sermons of George Whitefield* (Edinburgh: The Banner of Truth Trust, 1997), 83–84.

97) Whitefield, "Penitent Heart, the best New Year's Gift," in WGW, 273.

원하신 하나님을 원할 때, 그는 영원하신 하나님을 소유하게 되고, 평화, 기쁨, 환희, 즐거움 등을 알게 됩니다. 그리하여 그는 이제 천국에 있게 되는 것입니다."[98] 자기의 죄를 철저히 깨닫는 지옥을 경험해야 진정한 자유와 평화를 주시는 하나님의 구원을 경험할 수 있다는 말이다. 당신은 이렇게 구원받았는가?

3. 죄의 각성을 일으키는 수단과 방편: 하나님의 말씀과 양심

(1) 어떤 과정을 통하여 죄에 대한 깨달음이 오는가? 죄인은 보통 하나님의 '거룩한 말씀'을 들음으로 자신의 상태를 깨닫게 된다. 율법의 일차적 기능은 죄를 깨닫게 하는 역할이다. "우리가 알거니와 무릇 율법이 말하는 바는 율법 아래 있는 자들에게 말하는 것이니 이는 모든 입을 막고 온 세상으로 하나님의 심판 아래 있게 하려 함이니라."(롬 3:19)라는 말씀처럼 하나님께서는 율법을 사용하셔서 사람들로 하여금 자기들의 죄책을 깨닫게 하신다. 율법은 우리로 하여금 그리스도에게로 가게 하는 몽학선생(초등학교 교사)이다. "이같이 율법이 우리를 그리스도에게로 인도하는 몽학선생(蒙學先生)이 되어 우리로 하여금 믿음으로 말미암아 의롭다 함을 얻게 하려 함이니라"(갈 3:24).

그러므로 죄인의 마음에 하나님의 분명하고 거룩한 말씀을 적용하는 것이 중요하다. 하나님의 말씀이 그 심령 속에 침투하자마자 "전에 법을 알지 못할 때에는 내가 살았더니 계명이 이르매 죄는 살아나고 나는 죽었도다."(롬 7:9)라고 부르짖게 된다. 성령님께서 말씀을 통해서 양심을 각성시키시면, 죄인은 자신이 하나님의 기준과 관련하여 죄인이라는 것, 또 심판 아래

---

98) *The Theologia Germanica of Martin Luther*, trans. Bengt Hoffman (New York: Paulist Press, 1980), 72–73. 어느 익명의 작가가 1350년경에 쓴 이 책을 1518년 루터가 출판하면서 서문에서, "성경과 어거스틴 외에는 하나님, 그리스도, 인간 그리고 만물이 무엇인가 하는 것에 관해 이 책만큼 나의 관심을 끈 것은 없었다."라고 고백하였다.

놓여 있다는 것을 확신하게 된다.

(2) 성령님께서는 양심을 각성케 하셔서 악을 깨닫게 하신다. 성령님께서 말씀을 통하여 빛을 비추시면 양심이 악을 깨닫게 된다. 양심은 하나님께서 인간의 마음속에 주신 사법 기관이다. 양심은 옳고 그름에 대한 하나님의 의로운 판결이 내려지는 법정(forum)이다. 청교도들은 양심을 "우리 속에 있는 하나님의 대리자이며 부섭정(vice-regent)", "우리 가슴 속에 있는 하나님의 탐정(spy)", "하나님께서 죄인을 체포하기 위해 고용하신 하나님의 하사관(sergeant)"이라고 하였다.[99]

리처드 십스는 양심에 대해 다음과 같이 말했다.

"하나님께서 인간 안에 [양심이라는] 법정을 설치하셨는데, 거기에는 법정에 있는 모든 것이 있다.

1. 그곳에는 우리가 행한 일들을 일일이 주목하는 서기가 있다. …… 양심은 일지를 기록한다. 양심은 모든 것을 적어 둔다. 우리는 잊을 것이라고 생각하지만 잊혀지지 않는다. …… 그 일을 기록하는 서기가 있기 때문이다. 양심이 그 서기이다.

2. 그곳에는 증인들이 있다. '양심의 증거', 양심은 내가 이 일을 했다, 하지 않았다 등을 증거한다.

3. 고소자가 있다. 양심이 곧 고소자다. 양심은 고소하기도 하고 변명하기도 한다.

4. 재판관이 있다. 양심이 재판관이다. 양심은 '이 일은 잘한 일이고, 이 일은 잘못한 일이다.' 라고 판결을 내린다.

5. 처벌자가 있다. 양심이 처벌자이다. 고소와 판결에 근거하여 처벌이 있다. 인간이 지옥으로 가기 전에 언제나 그 마음속에 먼저 처벌이 있다. 양

---

99) Richard Sibbes, *Works* (James Nichol: Edinburgh, 1862), Ⅲ:209; Thomas Brooks, *Works* (James Nichol: Edinburgh, 1867), Ⅴ:281; William Gurnall, *The Christian in Complete Armour* (Banner of Truth: Edinburgh, 1964), 5, quoted in James I. Packer, *Among God's Giants* (Eastbourne, U.K.: Kingsway Publications, 1997), 144.

심의 처벌은 미래에 받을 처벌 이전의 처벌이다. 악한 행동 후에는 즉시 지옥의 불이 타오른다.

하나님께서는 인간 속에 양심의 법정을 설치하셨다. 다시 말해서 양심은 하나님께서 최초의 재판을 하시는 하나님의 홀이다. 양심은 모든 역할을 한다. 기록하고 증거하고 고소하고 심판하고 처벌한다."[100]

로마서 2장 14-15절에는 양심의 기능과 활동에 대해서 다음과 같이 말씀하신다. "율법 없는 이방인이 본성으로 율법의 일을 행할 때는 이 사람은 율법이 없어도 자기가 자기에게 율법이 되나니, 이런 이들은 그 양심이 증거가 되어 그 생각들이 서로 혹은 송사하며 혹은 변명하여 그 마음에 새긴 율법의 행위를 나타내느니라." 유대인들에게는 하나님께서 율법을 주셨으나 이방인들에게는 양심이 율법의 기능을 수행한다는 말이다. 이와 같이 양심은 인간이 반드시 지켜야 할 도덕과 의무를 스스로 규정해 준다.

양심의 역할이 이렇게 분명하지만 타락한 상태에 있는 자연인이 가지고 있는 양심 자체만으로는 하나님 앞에서의 자신의 모습을 정확히 볼 수 없다. 그래서 성령의 비추심과 하나님의 말씀을 통한 각성이 필요한 것이다. 성령님께서 거룩한 말씀을 사용하시어 빛을 비추시고, 양심을 통해서 자신의 죄를 깨닫게 하실 때 그때 인간은 자신의 참 모습을 보게 된다. 얼마나 자신이 더럽고, 하나님의 진노 아래 놓여 있는지 보게 된다.

4. 죄를 깨달음으로 충분한가?—성령의 일반 은혜와 구원 은혜의 구별

성령님께서 무엇보다 양심의 악을 깨닫게 하신다고 하지만 죄인이 죄를 자각한다고 해서 다 구원받는 것은 아니다. 얼라인은 죄의 각성만으로는 회심에 부족하다고 다음과 같이 말했다. "회심(conversion)이란 조명을 얻거나 죄를 깨닫는 것, 혹은 외적인 변화나 부분적인 개혁에 있지 않습니다.

---

100) Sibbes, *Works*, Ⅲ: 210.

조명을 얻은 사람도 배교자가 될 수 있습니다(히 6:4). 벨릭스는 각성을 받고 두려워했고(행 24:25), 헤롯도 여러 가지 일을 했습니다(막 6:20). 각성을 받으므로 죄에 대해 놀라는 것과 그 죄를 구원의 은혜로 말미암아 온전히 십자가에 못 박는 것은 다릅니다. 많은 사람들이 자기가 죄에 대해 양심에 고통을 받았기 때문에 모든 것이 해결됐다고 생각함으로써, 죄를 깨닫는 것을 회심으로 오해하는 경우가 많습니다."[101]

에드워즈는 구원 은혜가 아닌 일반(common) 은혜로도 죄를 어느 정도 깨달을 수 있다고 했다. 그는 자연인이 자신의 죄를 깨닫는 것과 구원에 이르게 하는 신적이고 초자연적인 빛과는 차이가 있다고 했다. 이것을 잘 알면 왜 많은 사람들이 각성된 것처럼 보였으나 결국 참된 은혜에 이르지 못하는가를 알 수 있다. "자연인이 자신의 죄와 비참함을 깨닫는 것이 영적이고 신적인 빛은 아닙니다. 자연적인 상태에 있는 사람이 자신에게 부과된 죄의 형벌과 하나님의 진노와 하나님의 심판의 무서움을 깨달을 수 있습니다. …… 이런 빛과 깨달음은 하나님의 영으로 말미암을 수 있습니다[일반은혜]. 성령님께서는 사람으로 하여금 죄를 깨닫게 합니다. 그러나 여기에는 아직 교리에서 말한 바와 같은 **영적이고 신적인 빛**(spiritual and divine light)의 전달보다 자연적인 것이 더욱 많이 관련되어 있습니다. 이것은 하나님의 성령이 단지 자연적인 원리를 보조하는 것이지, 어떤 **새로운 원리를 주입**함으로써 생겨나는 것이 아니기 때문입니다. …… 양심은 사람에게 자연적 원리입니다. 그리고 양심은 자연적으로 스스로 하는 일의 옳고 그름에 대한 인식을 주고, 지성으로 하여금 옳고 그름 사이에 있는 상벌 관계를 깨닫도록 해줍니다. 하나님의 성령께서는 거듭나지 않은 사람도 때로는 양심을 깨닫게 하셔서 그냥 내버려 두었을 때보다 양심의 일을 더 잘 하도록 해줍니다. 그러나 영혼 안에서 이루어지는 성령의 새롭게 하시고 성화시키는 사역은 본성을 초월하는 것인데, 본성적으로 영혼 안에서 일어나는 일과는

---

101) Alleine, *An Alarm to the Unconverted*, 6–7.

전혀 다른 것입니다."¹⁰²⁾

사도행전 24장을 보면, 벨릭스 총독이 사도 바울의 설교를 듣고 마음에 두려워하는 내용이 나온다(행 24:25). 이것은 '일시적인 죄의 각성'이라고 부를 수 있다. 사람은 단순한 양심의 자연적 작용으로도 때로는 통렬한 후회와 자책을 할 수 있다. 우리 영혼의 참된 변화는 오직 성령의 구원하시는 은혜로 말미암아 우리의 영안이 열려 그리스도의 영광을 보았을 때 가능하다(고후 3:18). 즉 우리 영혼이 십자가에 나타난 그리스도의 사랑을 체험할 때 그때에 진정한 회개가 나타난다. 이것이 '복음적 회개'이다. 에드워즈는 말한다. "일반 은혜와 구원 은혜는 그 정도뿐만 아니라 본질과 종류까지도 다릅니다."¹⁰³⁾

5. 사탄은 양심의 각성을 무마시키려고 최대한 노력한다. 그러므로 말씀을 들을 때 양심을 강퍅케 하지 마라

사탄은 죄의 각성을 없애려고 모든 노력을 다한다. 에드워즈는 다음과 같이 경고했다. "의심할 여지 없이 사탄은 여러분을 계속 주시하면서 온갖 수단을 다 강구하여 여러분의 죄에 대한 깨달음을 약화시키고 없애려고 노력합니다. 사탄은 여러분의 마음에 나태와 욕심들을 연합시켜 여러분을 태만하도록 만들며, 여러분의 마음을 다른 일들에 돌리도록 애를 씁니다. 세상은 당신의 마음을 영혼의 문제에 대한 관심에서 멀어지게 하는 것들로 가득 차 있습니다. 말하자면 끊임없이 당신의 마음을 빼앗고, 영원한 세상에 대한 관심을 소멸시키려는 것들로 가득 차 있습니다."¹⁰⁴⁾

---

102) Edwards, "A Divine and Supernatural Light," in WJE, 17, 410-411.
103) Edwards, *Treatise on Grace*, in WJE, 21, 153; "Miscellanies," no. 673, in WJE, 18, 230
104) Edwards, "God Makes Men Sensible of Their Misery Before He Reveals His Mercy and Love," in WJE, 17, 166.

사람들이 죄를 깨닫기는 하지만, 거듭나지 못하는 이유가 무엇인가? 왜 많은 사람들이 왜 빨리 거듭남의 은혜에 들어가지 못하고 계속해서 천국 문 앞에서 머뭇거리고 있는가?

(1) 성령께서 양심의 각성을 주실 때 마음을 강퍅하게 하여 각성을 거스르기 때문에 빨리 회심하지 못하는 것이다. "그러므로 성령이 이르신 바와 같이 오늘날 너희가 그의 음성을 듣거든 노하심을 격동하여 광야에서 시험하던 때와 같이 너희 마음을 강퍅케 하지 말라"(히 3:7-8). 하나님의 은혜를 받지 못하는 가장 중요한 이유는 사람들이 마음을 강퍅케 하기 때문이다(행 7:51). 이런 자가 많다.

(2) 왜 사람들이 빨리 성령을 못 받고 회심하지 못하는가? 하나님의 음성을, 즉 하나님의 부르심을 업신여기기 때문이다. 어떤 사람이 업신여기는 사람인가? 성령님께서 양심에 책망하고 강권하시는데도 불구하고, 의도적으로 하나님 말씀을 잊어버린다든지, 다른 세상적인 일을 함으로 양심의 각성을 무마시키는 사람들이 성령을 업신여기는 사람들이다. 오늘날은 오락 문화, 향락 문화가 매우 발달했는데 이런 문화를 매우 조심해야 한다. 이런 세상 문화가 영적인 각성을 희석시키는 데 사용되는 경우가 많기 때문이다. 성령의 부르심에 당장 굴복하지 않는 자는 성령을 업신여기는 것이다.

(3) 왜 각성은 하지만 빨리 회심하지 못하는가? 어떤 사람은 죄를 뉘우치기만 하고 돌이키지를 않는다. 그들은 회개란 단지 죄를 슬퍼하는 것이라고 생각한다. 물론 회개에는 죄를 슬퍼하는 것이 포함되지만, 모든 죄를 버리지 않는다면, 진정으로 회개한 것이 아니다.

윗필드는 철저히 회개하고 죄를 버릴 것을 다음과 같이 가르쳤다. "자신의 죄악적인 정욕과 쾌락들을 모두 버릴 결심을 하십시오. **죄악으로 살았던 지난날의 삶을 단절하여 버리며 가증하게 여기십시오.** 그리고 모든 남은 삶을 거룩함과 의로움 속에서 하나님을 섬기며 사십시오. 만일 과거의 죄를 슬퍼하고 애통한다 하면서도 그 죄를 버리지 않는다면 당신의 회개는 헛것입니다. 당신은 도리어 하나님을 조롱하고 자신의 영혼을 속이는 것입니다. 당신이 먼저 옛 사람을 그 행실과 함께 벗어 버려야 새 사람으로 그리스도를 옷 입을 수가 있습니다."[105]

---

105) Whitefield, "Penitent Heart, the best New Year's Gift," in WGW, 274.

제7장

침노하는 믿음과 철저한 자기 부인

> 세례 요한의 때부터 지금까지 천국은 침노를 당하나니 침노하는 자는 빼앗 느니라(마 11:12).

당신이 죄를 깨닫는 은혜를 받았다면, 당신이 해야 할 일은 지금 당장 그 자리에서 그리스도의 용서의 약속을 믿고 회개하고 돌이키는 것이다. 에드워즈는 "사람이 하나님께서 지정하신 은혜의 방편들을 부지런히 적용하려는 노력은 하지 않고 하나님의 영의 구원하시는 역사를 경험하고자 기대한다는 것은 타당치 못한 교만"이라고 하였다.[106]

오웬은 "사람이 아무것도 하지 않는 곳에는 하나님의 성령께서도 아무것도 하지 않으신다."[107]라고 했다. 오웬의 말을 들어 보자. "성령님께서는 우리 안에서 역사하심과 마찬가지로 우리를 통하여(by) 역사하십니다. 그가 우리 안에서 행하시는 것은 우리를 통하여 이루어집니다. 우리의 의무는 우리 마음의 각성에 따라 그의 명령들을 스스로 이행하는 것입니다. 성령님의 일은 그러한 명령들을 우리가 수행할 수 있도록 하시는 것입니다. …… 성령님께서는 우리 마음의 기능들 속에서, 그리고 그 기능들을 통해

---

106) Edwards, *Religious Affections*, in WJE, 2, 138.
107) Owen, *A Discourse Concerning the Holy Spirit*, in WJO, 3, 204.

서만 역사하십니다. 하나님의 성령님이 모든 것을 하시니 나는 아무것도 하지 않겠다고 말하는 것은 우스꽝스러운 일이며, 모순되는 일입니다."[108]

1. 천국은 침노하는 자가 들어간다

예수님께서는 다음과 같이 말씀하셨다. "세례 요한의 때부터 지금까지 천국은 침노를 당하나니 침노하는 자는 빼앗느니라"(마 11:12). 천국은 영생의 문제에 안일한 자가 들어갈 수 있는 곳이 결코 아니다(눅 18:17). 천국은 들어가기를 간절히 사모하고 구하는 자만이 들어가게 될 것이다(렘 29:12-13; 마 13:44 등).

에드워즈는 하나님 나라는 굳은 결심과 단호함을 가지고 열심을 다하여 모든 장애물을 돌파하여 쟁취해야 들어갈 수 있다고 했다. 그 이유를 다음과 같이 말했다. "우리가 하나님의 나라를 그와 같은 방식으로 추구해야 하는 이유는, 하나님의 나라로 들어가는 것이 '어렵다'는 사실 때문입니다. 그 길에는 수많은 난관이 있어 그것을 이긴 사람이 매우 적습니다. 하나님 나라로 들어가려고 시도했던 사람들 대부분이 충분한 결심과 용기와 진지함, 그리고 일관성을 갖지 못했습니다. 그래서 그들은 실패했고, 포기했으며 멸망했습니다. 있는 힘을 다해 하나님 나라로 들어가려고 분투하지 않는 사람들에게는 그 난제들이라는 것이 너무 많고 너무 큽니다. **그들은 계속 하나님 나라로 들어가는 길로 나가지 않고, 중간에 발이 묶여서, 중도에 포기하고 돌아섰기에 결국 멸망했습니다.** '생명으로 인도하는 문은 좁고 길이 협착하여 찾는 이가 적음이라'(마 7:14). '좁은 문으로 들어가기를 힘쓰라. 내가 너희에게 이르노니 들어가기를 구하여도 못하는 자가 많으리라'(눅 13:24)."[109]

---

108) Owen, *A Discourse Concerning the Holy Spirit*, in WJO, 3, 204.
109) Edwards, 'Pressing into the Kingdom of God,' in WJE, 19, 281.

천국으로 가는 문은 좁은 문이다. 그러나 닫힌 문은 아니다. 주님을 사랑하고, 진리를 사랑하는 자에게는 구원에 이르는 좁은 문으로 가는 것이 결코 무거운 짐이 아닐 것이다(요일 5:4). 그러나 주님을 사랑하지 않고 세상을 사랑하는 자에게는 너무나 좁은 문일 것이다. 마치 낙타가 바늘귀를 통과하는 것과 같을 것이다.

2. 철저히 자기를 부인하고, 자아를 철저히 십자가에 못 박는 자만이 하나님 나라에 들어간다

하나님 나라에 들어가고자 하는 자는 무엇보다 철저히 자기를 부인해야 한다.

(1) 자기 부인은 자기의 옛 사람을 십자가에 못 박는 것이다. 옛 사람이 그리스도와 함께 철저히 십자가에 못 박힌 사람만이 하나님의 새 생명 가운데 다시 살아날 것이다(갈 2:20). "만일 우리가 그의 죽으심을 본받아 연합한 자가 되었으면 또한 그의 부활을 본받아 연합한 자가 되리라"(롬 6:5).

요한 아른트는 주님께서 자기 안에 내주하시기 원하는 자는 자신에 대해 죽어야 한다고 말했다. **"사람이 자기 자신에 대해 죽는 만큼 그리스도께서 그 안에 사십니다.** 사람이 자기의 악한 성품을 포기하는 만큼 은혜가 그에게 들어옵니다. **사람이 육체를 죽이는 만큼 영이 살게 됩니다.** 어둠의 일들이 소멸되는 만큼 그는 비춤을 받게 됩니다. 겉사람이 사라지고 죽은 만큼 속사람이 새로워집니다. 사람 속에 자기감정과 모든 육체에 속한 삶, 즉 이기심, 자기 명예, 분노, 탐욕, 쾌락이 죽는 만큼 그리스도께서 그 안에 사십니다. 세상, 즉 안목의 정욕과 육체의 정욕, 그리고 이생의 자랑이 사람을 떠나는 만큼 성부, 성자, 성령께서 그 사람에게 들어가시고 그를 차지하실 것입니다. 반면에 본성, 육체, 어둠, 세상이 그를 지배할수록 은혜, 영, 빛, 하나님, 그리스도께서 그 안에 거하실 수 없으니 이에 의해 각 사람은 자신을 시험해 볼 것입니다. 따라서 참 회개가 없이는 비춤을 받을 수가 없습니다."[110]

우리는 어느 정도까지 자기를 부인해야 하는가? 예수님은 "자기 목숨까지 미워하지 아니하면" 예수님의 제자가 되지 못한다고 말씀하셨다(눅 14:26). 인간이 하나님 앞에 굴복하는 것 중 가장 마지막까지 남아 있는 것이 보통 '자기 목숨'이다. 즉 '자기 자신', '자아'이다. 평생 한 번도 자기 목숨까지 미워해 보지도 않고 주님의 제자가 되었다고 말하는 사람이 많다. 자기 목숨까지 미워하라는 말이 무엇인가? 나의 생명 자체, 나의 '자아 자체'를 부인할 수 있어야 한다는 말씀이다. 즉 나를 위해 살아왔던 '옛 사람'을 십자가에 못 박아야 한다는 것이다(갈 5:24). 그리하여 나의 '옛 사람이 예수와 함께 십자가에 못 박혔다' (롬 6:6)고 말할 수 있어야 한다. **자기의 옛 사람을 십자가에 못 박아야 한다. 그때 진정한 거듭남의 역사가 일어난다.**

(2) 인간의 영혼은 지성과 의지와 감정으로 이루어져 있기 때문에 이 모든 부분에서 자신을 부인해야 한다. 먼저 당신의 교만한 지성이 십자가에 못 박혀야 한다. 인간은 스스로의 이성으로는 그 한계와 부패함으로 말미암아 하나님과 영적인 세계를 알지 못함에도 불구하고, 교만한 이성은 하나님조차 자기 마음대로 판단하려고 한다. 그러나 성경은 말씀하신다. "하나님의 미련한 것이 사람보다 지혜 있고 하나님의 약한 것이 사람보다 강하니라" (고전 1:25).

우리의 모든 교만해진 생각을 그리스도께 복종케 하는 것이 자기를 부인하는 것이다. "모든 이론을 파하며 하나님 아는 것을 대적하여 높아진 것을 다 파하고 모든 생각을 사로잡아 그리스도에게 복종케 하니" (고후 10:5).

(3) 당신 자신의 뜻을 추구하던 의지를 십자가에 못 박아야 한다. 과거에는 당신의 의지대로 살아왔으나 이제부터는 전적으로 하나님의 뜻에 따라 살아야 한다. 이것이 자기 부인의 본질이다. 웨슬리의 말을 들어 보자. "자

---

110) Arndt, *True Christianity*, 279-280.

기 부인이 무엇입니까? …… 만일 하나님의 뜻이 크고 작은 모든 일에 있어서 행동의 유일한 법칙이시라면 우리는 어떤 일에 있어서도 우리 자신의 의지대로 행해서는 안 된다는 확실한 결론이 나옵니다. 여기서 우리는 자기 부인의 근거와 이유와 그 본질을 알게 됩니다. 그것은 우리 자신의 의지를 따라 사는 것을 부인하거나 거절하는 것입니다. 이것은 하나님의 뜻만이 우리 행동의 유일한 법칙이 되신다는 확신에서 나오는 것입니다. 우리는 또한 자기 부인의 근거를 봅니다. 그것은 우리들이 피조물이기 때문입니다. '우리를 만드신 이는 하나님이시요, 우리 자신이 아니기'(시 100:3) 때문입니다."111)

(4) 하나님보다 세상의 쾌락을 사랑하는 감정이 죽어야 한다. 당신이 천국에 들어가고자 한다면, '자기 육체와 함께 정과 욕심을 십자가에 못 박아야' 한다(갈 5:24). 윗필드는 이렇게 말했다. "우리는 지성과 의지에서뿐 아니라 감정에 있어서도 자신을 부인해야 합니다. 특별히 우리는 쾌락에 탐닉하거나 풍요로움을 즐기고자 하는 감정에 대해서도 자신을 부인해야 합니다."112)

스쿠걸은 세상적인 저급한 오락에서 자기를 부인해야 한다고 말했다. "우리의 애정을 피조물로부터, 그리고 **저급한 생활의 모든 쾌락과 오락으로부터 떼어 놓아야 합니다**. 이런 것들은 사람들의 영혼을 가라앉게 하고 억압하며, 또한 하나님과 하늘을 향한 우리의 동작을 굼뜨게 합니다. …… 세상을 사랑하는 것과 하나님을 사랑하는 것은 천칭 저울과 같습니다. 하나가 내려가면 다른 하나가 올라갑니다. 우리의 본성적 성향이 커지고, 피조물이 영혼 속에서 높은 자리를 차지하면, 신앙은 약해지고 무기력해집니다. 반면, 세속적인 것들이 시들해지고 아름다움을 상실하며, 영혼이 냉정을 찾고 세속적인 것들을 물리치는 깃발을 올리면, 은혜의 씨가 뿌리를 내

---

111) Wesley, "Self-denial," in WJW, 2, 241–242.
112) Whitefield, "The Extent and Reasonableness of Self-Denial," in WGW, 246.

리고 신적인 생명이 번창하고 우세하기 시작합니다."¹¹³⁾

사람들에 대한 정과 애착에 있어서도 자기 부인을 할 수 있어야 한다. 사람 사이의 인정도 중요하지만, 하나님에 대한 사랑과 진리에 대한 사랑보다 위에 두어서는 안 된다(눅 14:26). 사람과의 관계는 중요시하면서도 그에 비해서 하나님과의 관계는 소홀히 하는 사람이 많다.

(5) 세상 사람들의 선망의 대상이 되고 높임을 받고자 하는 욕망에 있어서도 죽어야 한다. 어떤 사람의 자아가 살았는지 죽었는지 알려면 간단하다. 세상 사람의 비난이나 칭찬과 같은 것들이 그를 흔들면 그 사람은 아직 죽지 않은 사람이다. 이 세상의 그 어떤 것도 그를 괴롭히지 못하면 그 사람은 세상에 대해 죽은 사람이다(롬 2:29; 고후 10:17-18). 진심으로 다음과 같이 고백할 수 있는 사람이 세상에 대해 죽은 사람이다. "그러나 내게는 우리 주 예수 그리스도의 십자가 외에는 결코 자랑할 것이 없으니 그리스도로 말미암아 세상이 나를 대하여 십자가에 못 박히고 내가 또한 세상을 대하여 그러하니라"(갈 6:14).

(6) 어떤 부자 청년이 예수님을 찾아와서 "내가 무엇을 하여야 영생을 얻으리이까?" 하고 물었다. 어릴 적부터 하나님의 계명을 지키며 살아왔노라고 말하는 그에게 예수님께서는 "네게 오히려 한 가지 부족한 것이 있으니 가서 네 있는 것을 다 팔아 가난한 자들을 주라. 그리하면 하늘에서 보화가 네게 있으리라. 그리고 와서 나를 좇으라."(막 10:21)라고 말씀하셨다. 이 청년은 재물이 많으므로 이 말씀을 인하여 슬픈 기색을 띠고 근심하며 갔다.

이 일이 있은 후 예수님께서는 다음과 같이 말씀하셨다. "하나님의 나라에 들어가기가 얼마나 어려운지 약대가 바늘귀로 나가는 것이 부자가 하나님의 나라에 들어가는 것보다 쉬우니라"(막 10:24-25). 왜 부자가 하나님 나라에 들어가기 어려운가? 하나님 나라는 모든 것을 버리는 자만이 들어가기 때문이다. 세상에서 버릴 것이 많은 사람은 그만큼 하나님 나라에 들어

---

113) Scougal, *The Life of God in the Soul of Man*, 107, 109.

가기가 어렵다. 그것이 재물이든, 명예든, 교만이든, 자아든 모든 것을 버릴 수 있는 사람만이 주님을 따를 수 있다(눅 14:33). 부자 청년은 자기 부인을 할 마음이 없었기 때문에 근심하며 주님을 떠나갔다. 당신은 총체적 자기 부인을 했는가?

오직 믿음의 기도로 고아원을 운영한 위대한 기도의 용사 조지 뮬러(George Müller)는 다음과 같이 고백한 적이 있다. "과거 언젠가 제가 죽은 날이 있었습니다. 조지 뮬러와 나의 의견과 내가 좋아하던 것들과 취미, 나의 의지에 대해 철저히 죽은 날이 있었습니다. 세상과 세상이 인정해 주는 것과 비난에 대해 죽고, 심지어 나의 형제와 친구의 인정이나 비난에 대해 죽은 날이 있었습니다. 그때 이후로 나는 하나님께 인정받기 위해 노력해 왔습니다." 당신은 조지 뮬러와 같이 고백할 수 있는가?

우리가 하나님 나라를 얻고자 하면 자기를 완전히 부인하고 세상을 버려야 한다. 칼뱅은 다음과 같이 말했다. "그리스도의 나라는 성령에 있고 지상적인 쾌락이나 영화에 있는 것이 아닙니다. 그러므로 그 나라에 참가하려면 우리는 이 세상을 버려야만 합니다."[114]

피니는 현대 교회가 위선자들로 가득 차 있는 것은 교인들이 결코 세상을 포기한 적이 없기 때문이라고 하였다. "그들은 자기의 모든 시간과, 모든 재능과, 모든 영향력과, 모든 소유물 등을 완전히 그리스도에게 바치지 않는다면, 결코 천국에 들어갈 수 없다는 것을 결코 배우지 못했습니다."[115]

3. 최선을 다해 할 수 있는 은혜의 방편을 모두 사용해야 한다

구원을 얻기 바라면서 은혜의 방편을 사용하지 않고, 가만히 저절로 구원이 주어지기를 바라는 것은 안일한 태도이다. 웨슬리는 "믿음으로 말미

---

114) Calvin, *Institutes*, Ⅱ. xv. 5.
115) Finney, *Lectures on Revivals of Religion*, 163.

앎는 구원"이라는 설교에서 하나님께서 지정하신 모든 방법으로 하나님을 찾아야 할 것을 가르쳤다. "저들이 간절히 부르짖고 낙심치 아니하며, 하나님께서 지정하신 바 모든 방법으로 하나님을 찾으며, 하나님께서 오실 때까지 결코 만족하지 않고 하나님께 간구하면, 하나님께서 '찾아오실 것이며 결코 지체하지 않으실 것입니다.'"[116] 대각성 운동 사역자들과 청교도들이 말하는 은혜의 방편으로는 말씀 묵상, 기도, 예배, 성도와의 영적 교제, 하나님과 인간에 대한 의무를 행하는 것 등을 들 수 있다.

믿음은 들음에서 난다(롬 10:17). 그러므로 하나님의 말씀을 자주 가까이 하라. 참된 목자를 통해 하나님께서 주시는 설교 말씀을 열심히 청종하고, 혼자 있을 때 하나님의 말씀을 열심히 읽고 묵상하라. "**하나님의 말씀은 살았고 운동력이 있어** 좌우에 날선 어떤 검보다도 예리하여 혼과 영과 및 관절과 골수를 찔러 쪼개기까지 하며 또 마음의 생각과 뜻을 감찰하나니"(히 4:12). 신앙의 진리를 깊이 그리고 진지하게 숙고하는 것의 중요성에 대해서 스쿠걸은 다음과 같이 말했다. "우리가 거룩한 진리와 영적인 것을 확신하고 그것들에 깊이 감동받을 때까지 깊고 진지하게 숙고해야 합니다. …… 이런저런 신적인 진리들을 진지하게 자주 숙고하는 것은 살아 있는 믿음을 얻는 가장 타당한 방법입니다. 이 살아 있는 믿음이 바로 신앙의 기초이며 신적인 생명의 원천이요 뿌리입니다."[117]

거듭남이 주어질 때까지 잠시도 마음을 놓지 말고 은혜를 구하라. 차녹은 이렇게 말했다. "즉시 신생(new birth)을 구하십시오. **하나님께 신생을 달라고 절규하지 않고 보내는 시간이 일 분도 없도록 하십시오**. 집에 돌아오거든 무릎을 꿇고 앉아서 새로운 결심과 새로운 성향이 생기기까지는 결코 일어서지 마십시오. 만일 여러분이 신생의 절대적인 필요성에 대해서 확실히 이해했다면, 여러분은 한 시간도 거르지 않고 하나님 앞에서 신생을 구

---

116) Wesley, "Salvation by Faith," in WJW, 1, 127.
117) Scougal, *The Life of God in the Soul of Man*, 115, 117

할 것이 틀림없습니다."[118]

웨슬리는 "신생"이라는 설교에서 신생이 주어지기까지 그것을 위해 기도하라고 권면했다. "그러므로 만약 그와 같은 하나님의 내적 역사를 경험하지 못했다면 당신은 다음과 같이 끊임없는 기도를 하셔야 됩니다. '주님, 이 모든 당신의 축복 위에 내가 다시 태어나는 축복을 더하여 주옵소서. 당신이 원하시는 것은 무엇이든 거절하시되, 이것만은 거절하시지 말아 주옵소서. 나로 하여금 위로부터 태어나게 하옵소서. 주님 생각에 좋으신 대로 그 무엇이든지, 명성, 재산, 친구, 건강을 내게서 빼앗아 가시더라도 오직 이것만은 허락하옵소서. 즉 성령으로 태어나게 해 주시고 하나님의 자녀로 받아 주옵소서.'"[119]

하나님께서 기뻐하시는 일이라고 생각되는 것은 지금 당장 실천하라. 에드워즈는 거듭남을 얻기 위해서 **하나님과 인간에 대한 의무를 모두** 수행해야 한다고 가르쳤다. "하나님께 대한 의무만 행하면서 회심을 추구하지 마십시오. 사람에 대한 의무도 추구하십시오. **구원의 회심에 이르는 길은 철저하게 여러분의 삶을 개혁하고 십계명의 두 돌판에 기록된 모든 의무를 수행하는 가운데 하나님의 은혜를 구하는 것입니다.** 회심을 위해 해야 할 일은 성경 읽고, 기도하고, 설교 듣고, 묵상하고, 예배에 출석하는 것이 전부가 아닙니다. 여러분은 사람에 대한 공의와 자비를 행해야 합니다. 부모에 대한 의무, 형제와 자매에 대한 의무, 남편과 아내와 자녀에 대한 의무, 이웃에 대한 온유와 정의와 자비의 의무를 행해야 합니다."[120]

웨슬리는 인간이 자신의 구원을 성취하기 위하여 먼저 모든 악의 모양이라도 버리고 선을 행할 것을 가르쳤다. "그렇다면 우리 인간 자신의 구원을 성취하기 위하여 성경이 지시하는 단계들은 무엇입니까? 선지자 이사야는 보편적으로 우리가 취해야 할 첫 단계로서 다음과 같은 답을 주었습니다.

---

118) Charnock, *The New Birth*, 72.
119) Wesley, "The New Birth," in WJW, 2, 201.
120) Edwards, "The Reality of Conversion," in *The Sermons of Jonathan Edwards: A*

'악행을 그치고 선행을 배우십시오'(사 1:16-17). 만약 하나님께서 여러분 속에 현재적 구원과 영원한 구원을 가져다줄 믿음을 주시기를 소원한다면, 이미 주어진 은혜로 말미암아 뱀을 피하듯이 모든 죄들을 피해 달아나십시오. 모든 악한 말과 악한 행위를 주의 깊게 피하십시오. 그렇습니다. **모든 악의 모양이라도 버리십시오**(살전 5:22). **그리고 선을 행하기를 배우십시오. 선한 일과 경건한 일에 열심을 다하십시오**. 자비의 일에 열심을 내십시오. 가족 기도회를 활용하시고, 은밀히 계신 하나님께 부르짖으십시오. 은밀히 금식하십시오. 그러면 '은밀히 보시는 아버지께서 보이게 갚으실 것입니다'(마 6:4, 6, 18). '성경을 상고하십시오'(요 5:39). 성경 말씀을 공적으로 들으며, 또 홀로 읽으며, 그리고 그 말씀들을 묵상하십시오. 기회가 있을 때마다 성만찬에 참석하여 '주를 기념하십시오'(눅 22:19; 고전 11:24). 그러면 하나님께서 그 성만찬석에서 여러분을 만나 주실 것입니다. 하나님의 자녀들과 대화하십시오. 그리고 모든 대화는 '은혜 가운데 소금에 절인 것처럼'(골 4:6) 하십시오. 시간이 있는 대로 모든 사람들의 영혼과 육체를 위하여 선을 행하도록 하십시오. '견고하며, 흔들리지 말며, 항상 주의 일에 힘쓰는 자들이 되십시오'(고전 15:58). 곧 자기를 부인하고 매일 자기 십자가를 지라는 말씀입니다. 당신이 하나님 안에서의 즐거움을 얻는 데 도움이 되는 것이 아니라면, 모든 즐거움을 스스로 버리십시오. 하나님께로 가까이 나아가는 수단이 된다면, 비록 그것이 여러분에게 십자가가 되어도, 비록 육체에는 쓰라린 것이라 하여도, 모든 방편을 기꺼이 택하십시오."[121]

웟필드의 다음의 말이 당신에게 힘이 될 것이다. "새로운 피조물이 되는 것은 분명 위대한 일이요, 어려운 일입니다. 하지만 하나님께 감사하십시오. 그것이 불가능한 일은 아니기 때문입니다. 수많은 복된 심령들이 신적인 능력의 도움을 받음으로 그 일을 이루었습니다. 그런데 왜 우리가 성공하지 못할 것이라고 절망합니까? 하나님의 손이 짧아 구원할 수 없습니까?

Reader, 97-98.
121) Wesley, "On Working Out Our Own Salvation," in WJW, 3, 205-206.

우리 조상들의 하나님이 또한 그 후손들의 하나님은 아니십니까? 그렇습니다. 의심할 바 없이 그 후손들의 하나님도 되시는 것입니다. 물론 이 일은 어느 정도의 고통을 겪게 될 것입니다. 탐욕과 결별하지 않으면 안 되고, 어떤 친구들과도 관계를 끊게 되기도 하며, 자신이 좋아하던 어떤 정욕을 죽이기도 해야 합니다. 그런 것들이 우리에게 너무나 사랑스러워 끊기가 어려울 수 있습니다. 마치 오른손을 자르거나 오른쪽 눈을 뽑아버려야 하는 것 같은 어려움일 수 있습니다. 그러나 그 모든 것이 무슨 소용입니까? 그리스도의 살아 있는 지체, 즉 하나님의 자녀, 천국을 유업으로 받을 자가 되면 지금 받는 고충을 충분히 보상받는 것이 아닙니까? 의심할 여지 없이 그렇습니다."[122)]

침노하라는 주님의 음성이 들리는가!

---

122) Whitefield, "Regeneration," in Smith, *Whitefield & Wesley on the New Birth*, 77.

제8장

신적 조명의 은혜: 칭의와 죄 사함

> 우리가 다 수건을 벗은 얼굴로 거울을 보는 것 같이 주의 영광을 보매 저와 같은 형상으로 화하여 영광으로 영광에 이르니 곧 주의 영으로 말미암음이니라(고후 3:18).

당신은 자기를 부인하고 침노하는 기도를 드렸는가? 그렇다면 하나님 나라가 당신에게 멀지 않았다. 밝은 태양이 곧 동편에서 떠오를 것이다. 보혜사 성령님께서 오셔서 구원의 역사를 이루실 때 행해 주시는 두 가지는 성령의 조명(마 11:25; 엡 5:14)과 성령의 내주(요 14:20)이다. 이 장에서는 조명에 대해서 살펴보고, 다음 장에는 내주에 대해서 살펴보기로 하겠다. 성령님의 신적 조명이란 다름 아니라 주님께서 우리의 마음눈을 열어(엡 1:17-18) 그리스도에 대한 신적인 믿음을 가지게 하시는 것이다.

1. 성령님이 오셔서 조명해 주실 때 영적인 지각을 갖게 되고 영적인 믿음을 갖게 된다

(1) 예수님께서는 신적 조명의 필요성을 다음과 같이 말씀하셨다. "그 때에 예수께서 대답하여 가라사대 천지의 주재이신 아버지여, 이것을 지혜롭고 슬기 있는 자들에게는 숨기시고 어린 아이들에게는 나타내심을 감사하

나이다. 옳소이다. 이렇게 된 것이 아버지의 뜻이니이다. 내 아버지께서는 모든 것을 내게 주셨으니 아버지 외에는 아들을 아는 자가 없고, 아들과 또 **아들의 소원대로 계시를 받는 자 외에는 아버지를 아는 자가 없느니라**"(마 11:25-27). 우리가 하나님을 알기 위해서는 하나님의 계시 즉, 조명이 필요하다.

피니는 하나님의 성령만이 우리에게 신적 조명을 주실 수 있다고 하면서 신적 조명의 필요성을 다음과 같이 말했다. "성령의 조명이 없이는 '아무도 예수 그리스도를 주라 시인할 수 없습니다'(고전 12:3). 그리스도의 신성이라는 추상적인 명제를 과학적인 문제처럼 증명하여 편견 없는 사람으로 하여금 예수님은 주님이라는 진리에 동의하게 만들 수 있습니다. 그러나 오직 성령님만이 그리스도께서 하나님이시라는 사실을 마음으로 믿을 수 있게 해 주실 수 있습니다."[123] 그는 성령님만이 그리스도를 계시해 주실 수 있다고 했다. "**성령께서 그리스도를 계시하시므로** 우리가 그를 마음의 왕좌 위에 영접하게 되며 전 존재를 철저히 통치하시도록 할 수 있게 됩니다."[124]

오웬은 성령의 조명에 대해서 다음과 같이 말했다. "자연적인 이성은 계시에 의해 나타난 영적인 일들을 알 수 없습니다. 특별히 성령의 조명의 특별한 도움을 받지 못하고는 구원에 대해 이해하지 못합니다."[125]

에드워즈는 성령의 조명이나 계시의 빛이 없이 믿는 자의 위험을 다음과 같이 말했다. "영적인 빛이나 시각이 없는 상태에 머물러 있는데도 확고하게 믿고 신뢰해야 한다는 것은 비성경적이고 터무니없는 교리입니다. 성경은 그리스도를 영적으로 보는 것에 근거하지 않는, 그리스도에 대한 어떠한 믿음도 하나님의 역사하심이라고 말하지 않습니다. 영생의 특권을 수반

---

123) Charles Finney, "The Necessity of Divine Teaching," in *Lectures to Professing Christians* (New York, Chicago, Toronto, London and Edinburgh: Fleming H. Revell Company, 1878), 405-406.
124) Finney, *Sanctification*, 22.
125) Owen, *A Discourse Concerning the Holy Spirit*, in WJO, 3, 12.

하는 그리스도에 대한 믿음은 '아들을 보고 믿는' (요 6:40) 것입니다. 그리스도를 참으로 믿는다는 것은 사람들이 '거울을 보는 것 같이 주의 영광을 보고, 예수 그리스도의 얼굴에 있는 하나님의 영광을 아는 지식을 가지는 것' 외에 다른 어떤 것이 아닙니다(고후 3:18; 4:6). …… **영적인 빛을 가지지 않은 믿음**은 빛의 자녀, 낮의 자녀들의 믿음이 아니고, 어둠의 자녀들이 갖는 뻔뻔한 신앙입니다. 그러므로 어떤 영적인 빛이나 안목이 없이 사람들에게 믿으라고 압력을 가하는 것은 어둠의 왕이 속임수를 쓰도록 크게 도와주는 일이 됩니다."126) 성령님께서는 빛과 같이 우리 영혼을 비추신다. 그래서 이것을 성령의 조명이라고 한다.

(2) 우리가 구원을 얻기 위해서는 우리가 스스로 믿음을 갖도록 해야 하겠지만, 또한 성경을 보면 이 믿음도 하나님의 선물이라고 했다(엡 2:8). 이렇게 하심으로 하나님께서는 어떤 인간도 교만하거나 자랑하지 못하게 하셨다. 이 방식이야말로 가장 인간의 교만을 죽이는 방식이다.

구원에 이르는 믿음은 성령의 조명의 결과로 주어지는 것이다. 우리가 믿음을 갖게 되는 것도 하나님께서 주셔야 된다. "예수 그리스도의 종과 사도인 시몬 베드로는 우리 하나님과 구주 예수 그리스도의 의를 힘입어 동일하게 보배로운 믿음을 우리와 같이 받은 자들에게 편지하노니 하나님과 우리 주 예수를 앎으로 은혜와 평강이 너희에게 더욱 많을지어다"(벧후 1:1-2).

윗필드도 믿음은 하나님께서 주셔야 함을 강조했다. "만일 여러분이 '내 힘으로는 믿을 수 없다'고 말한다면, 바르게 말하는 것입니다. 믿음은 다른 모든 복과 같이 하나님의 선물이기 때문입니다. 그러므로 하나님을 기다리십시오. 하나님께서 혹시 그대에게 긍휼을 베푸실지 누가 알겠습니까?"127)

---

126) Edwards, *Religious Affections*, in WJE, 2, 175-176.
127) Whitefield, "What think ye of Christ?," in WGW, 203.

2. 사변적 지식과 영적인 지식

하나님께 대한 지식은 두 가지가 있다. 신적인 조명을 받음으로 갖게 되는 영적인 지식과 인간적 차원에서 갖게 되는 사변적(자연적) 지식이 그것이다. 뷰캐넌은 자연적 지식과 영적인 지식의 차이를 다음과 같이 말했다. "신적 진리에 관한 자연적인 지식과 영적인 지식 사이에 존재하는 차이점은 실재할 뿐만 아니라 엄청난 것입니다. 이것은 마치 어둠과 빛, 밤과 낮의 차이와도 같습니다. …… 이러한 차이점은 그야말로 엄청난 것입니다. 하나님의 백성들은 눈이 열려 하나님의 말씀인 성경을 이해하게 됩니다. 그들에게는 '새로운 지각'이 주어집니다. 즉, '하나님의 아들이 오셔서 우리로 참된 자를 알 수 있는 지각'을 주신 것입니다."[128]

인간적 지식만으로는 사람들이 구원받지 못한다. 오직 성령님만이 영적이고, 신적인 지식을 주신다. 고린도전서 2장 9-10절을 보면 다음과 같이 설명하고 있다. "기록된 바 하나님이 자기를 사랑하는 자들을 위하여 예비하신 모든 것은 눈으로 보지 못하고 귀로도 듣지 못하고 사람의 마음으로도 생각지 못하였다 함과 같으니라. 오직 하나님이 성령으로 이것을 우리에게 보이셨으니 성령은 모든 것 곧 하나님의 깊은 것이라도 통달하시느니라."

에드워즈는 여기에 대해 다음과 같이 말했다. "선을 알 수 있는 두 종류의 이해 혹은 지식이 있습니다. 첫째는 단지 이론적 혹은 개념적 지식입니다. …… 둘째는 마음의 감각으로 아는 지식입니다. 후자는 어떤 것의 아름다움이나 사랑스러움이나 달콤함을 깨달을 때, 마음으로 어떤 것의 실재를 기뻐하고 즐겁게 느끼는 것입니다. 이론적 지식은 단지 이론적인 것을 담당하는 기능, 더 정확히 말해서 의지 또는 성향과는 구별되는 지성(understanding)으로 이루어집니다. 그러나 마음의 감각으로 아는 지식은

---

128) Buchanan, *The Office and Work of the Holy Spirit*, 55-56.

의지, 성향, 마음(heart)이 주로 관련됩니다. 그러므로 하나님이 거룩하시며 은혜로우신 분이라고 하는 견해를 가지는 것과 하나님의 거룩과 은혜의 사랑스러움과 아름다움을 느끼는 것은 차이가 있습니다. 꿀이 달다고 이론적으로 아는 것과 꿀의 달콤함에 대한 감각을 가지는 것에는 차이가 있습니다."[129]

성령님께서 오셔서 하시는 일은 영적인 지각을 주셔서 하나님의 깊은 것을 보게 하시는 것이다. 이 조명이 없는 자가 맹인이다. 이 시대는 소경이 소경을 인도하는 일이 많다. 소경이 소경을 인도하면 둘 다 구덩이에 빠진다(마 15:14). 그러면 성령님께서 임하실 때 조명해 주시는 역사에 대해서 좀 더 구체적으로 살펴보자.

3. 성령님의 조명이 주어지면 예수님의 의를 깨닫게 되고, 그 의를 붙들게 된다

예수님께서는 성령님께서 오셔서 죄에 대하여, 의에 대하여, 심판에 대하여 세상을 책망하실 것이라고 하셨다(요 16:8). 죄를 깨닫게 하신 후에 의에 대하여 깨닫게 해 주신다는 말씀이다. 윗필드는 다음과 같이 말했다. "자신의 불신앙 때문에 사망 선고를 받게 된 영혼은 하나님의 성령으로 말미암아 그리스도의 의가 그의 영혼에 달콤하게 보이게 됩니다."[130] 이것이 본격적 구원에 이르는 조명이다.

성령님께서 오시면 예수님의 의가 보인다. 자신의 죄를 깊이 깨닫게 된 영혼은 주님의 흘리신 보혈 외에는 속죄함을 받을 길이 없음을 알게 된다. 자신의 의로는 하나님 앞에 설 수 없음을 알게 된다. 오직 주님의 사랑으로, 주님의 은혜로, 주님의 의로 구원받게 됨을 보게 된다. 이것이 칭의의 체험

---

129) Edwards, "A Divine and Supernatural Light," in WJE, 17, 413-414.
130) Whitefield, "The Holy Spirit Convincing the World of Sin, Righteousness, and Judgement," in WGW, 347.

이다. 성령님께서는 십자가에 달리신 예수님의 신성과 영광을 볼 수 있도록 해 주신다. 내 죄를 지신 분은 다름 아닌 하나님의 아들이시다. "어두운 데서 빛이 비취리라 하시던 그 하나님께서 예수 그리스도의 얼굴에 있는 하나님의 영광을 아는 빛을 우리 마음에 비취셨느니라"(고후 4:6). 이것은 입으로 단순히 '내가 주님을 믿습니다.' 라고 하는 것과는 차원이 다르다.

하나님의 아들이신 예수님께서 내 죄를 대신하여 십자가에서 죽으신 것이 깨달아지면, 눈물을 흘리지 않을 수 없다. 이때 "우리에게 주신 성령으로 말미암아 하나님의 사랑이 우리 마음에 부은 바"(롬 5:5) 되는 체험을 하게 된다. 이것이 거듭남(성화)의 체험이다.

4. 구원에 이르는 믿음과 복음적 회개, 그리고 불세례

우리가 성령의 조명으로 그리스도의 영광을 보게 될 때에, 비로소 구원에 이르는 믿음을 갖게 되고 복음적 회개를 하게 된다. 이때 우리는 성령의 거룩하게 하심으로 진정한 피 뿌림, 즉 죄 사함을 체험하게 되는 것이다. 죄의 짐에 허덕이던 영혼이 십자가를 붙들게 되고, 그리스도의 죽음을 자기를 위한 것으로 받아들이게 될 때 참된 통회와 피 뿌림의 역사가 일어난다. "곧 하나님 아버지의 미리 아심을 따라 **성령의 거룩하게 하심으로 순종함과 예수 그리스도의 피 뿌림을 얻기 위하여** 택하심을 입은 자들에게 편지하노니 은혜와 평강이 너희에게 더욱 많을지어다"(벧전 1:2).

성령님께서 조명하셔서 그리스도의 의를 보게 하시는 순간이 성령의 거룩하게 하심으로 마음에 피 뿌림이 일어나는 순간이다. 이때 양심의 악을 깨닫는 역사가 나타난다(히 10:22). 이때 우리는 철저히 회개하게 되고 우리는 칭의와 죄 사함을 동시에 체험하게 된다. 예수님의 피가 우리의 모든 부정한 것을 정결케 하시는 순간이다. 이렇게 회개한 자는 양심이 참으로 정결하게 된다. "염소와 황소의 피와 및 암송아지의 재로 부정한 자에게 뿌려 그 육체를 정결케 하여 거룩케 하거든 하물며 영원하신 성령으로 말미암아 흠 없는 자기를 하나님께 드린 그리스도의 피가 어찌 너희 양심으로 죽은 행실에서 깨끗하게 하고 살아 계신 하나님을 섬기게 못하겠느뇨?"(히 9:13-14) 당신은 이렇게 양심에 피 뿌림을 받았는가?

에드워즈는 그리스도의 거룩함의 아름다움을 보는 순간 진정한 회개가 일어난다고 했다. "신적인 일들의 도덕적 완전함을 알 때 죄가 진정으로 악하다는 사실을 알게 됩니다. 왜냐하면 거룩함의 아름다움을 보게 된 사람은 반대로 반드시 죄의 혐오스러움을 보게 될 것이기 때문입니다."[131]

이때 성령의 불세례가 있게 된다. 불이 하는 일은 무엇인가? 불은 태울 수 있는 모든 것을 태워 정결하게 한다. 그와 같이 불 같은 성령이 오시면 우리 영혼 속의 죄악을 다 불태워 우리 영혼의 정화의 역사를 하신다(사 4:4). 오웬은 성령은 불로 종종 비유된다고 말하면서, 그것은 성령님께서 우리를 죄에서 정결케 하시기 때문이라고 하였다. "그리스도 주님께서는 마태복음 3장 11절에서 '성령과 불로 세례를 주시는 분'으로 언급됩니다. 여기서 두 가지의 다른 것을 말하는 것이 아닙니다. 뒤에 '불'이라고 붙인 것은 보충하기 위해서 주신 말씀입니다. 따라서 '성령과 불로'라는 표현은 예수님께서는 영적이고, 신적이고, 영원한 불이신 성령으로 세례를 주신다는 말입니다. 히브리서 12장 29절, 신명기 4장 24절을 보면, 하나님은 분명히 '소멸하는 불'이시라고 나옵니다. …… 이사야 6장 6-7절을 보면 '단에서 취한 살아 있는 불붙은 숯'이 나오는데, 그 불은 성령님 혹은 성령님의 사역이나 은혜를 상징합니다. 그 불을 선지자의 입술에 대니 그는 죄책과 죄의 오염에서 깨끗하게 되었습니다. 이것이 성령님의 사역입니다."[132]

---

131) Edwards, *Religious Affections*, in WJE, 2, 274.
132) Owen, *A Discourse Concerning the Holy Spirit*, in WJO, 3, 77.

5. 칭의의 경험

우리가 성령의 조명으로 구원에 이르는 믿음을 가지게 될 때에 비로소 칭의의 경험을 하게 된다. 사람들에게 아무리 값없이 주시는 칭의의 복음을 가르쳐 주어도 그것을 깨닫지 못하는 수가 있다. 머리로는 깨달으나 마음으로 그것을 자신에게 적용하지 못하는 수가 있다. 그러나 성령의 거룩하게 하심으로 주님의 의와 사랑을 깨닫게 되면, 그 순간에 갑자기 구원 얻는 믿음을 갖게 되어, 칭의를 체험하게 된다.

결국 하나님 앞에 의롭다 함을 받는 것도 성령의 거룩하게 하심이 있어야 한다(딛 3:6-7). **칭의 체험에 있어서 성령의 거룩하게 하심의 중요성**은 웨스트민스터 신앙 고백서 제11장 "칭의에 관하여" 제4절에도 나온다. "4. 하나님께서는 영원 전부터 모든 택함 받은 자들을 칭의하실 것을 작정하셨다(갈 3:8; 벧전 1:2, 19-20; 롬 8:30). 그리스도께서는 때가 무르익었을 때에 이들의 죄를 대신하여 죽으셨고 이들을 의롭게 하시려고 부활하셨다(갈 4:4; 딤전 2:6; 롬 4:25). 그럼에도 불구하고 이들은 성령께서 적당한 때에 그리스도를 이들에게 실제로 적용하실 때까지 칭의를 받을 수 없다(골 1:21-22; 갈 2:16; 딛 3:4-7)."

윗필드는 성령께서 그리스도의 의를 깨닫게 하시는 역사에 대해서 다음과 같이 말했다. "그때에 성령님은 더 민첩하게 위로자로서 행동하시고, 영혼으로 하여금 그리스도의 의의 실제와 충족성을 아주 힘 있게 깨닫도록 해 주십니다. 그래서 영혼은 즉시 의를 향하여 주리고 목마르게 됩니다. 이제 죄인은 보기 시작합니다. 자신은 스스로를 파멸시켰지만, 그럼에도 불구하고 그리스도 안에서는 진정한 도움이 있음을 말입니다. 주님 앞에 자신이 내세울 수 있는 의는 전혀 없지만 사랑하는 주 예수님 안에 충만한 은혜와 충만한 진리와 충만한 의가 있다는 것을 보게 됩니다. …… 형제 여러분, 그것은 정말 말로 다 설명할 수 없습니다. 만일 여러분이 자신의 영혼 속에서 그리스도의 의에 대하여 그런 식의 깨달음을 받은 적이 없다면, 그것에 대해 교리적으로 믿고 있다 할지라도 아무 소용이 없을 것입니다. 보혜사께서 여러분 영혼 속에 구원하는 방식으로 임하시지 않으셨다면 여러분은 위로를 전혀 받지 못한 사람입니다."[133]

윗필드는 이와 같이 칭의 적용에 있어서 성령의 적용의 필요성을 강조했다. "그리스도께서 하신 모든 것, 그리스도께서 고난을 받으신 모든 것, 그리고 그리스도의 모든 적극적인 순종과 수동적인 순종은 하나님의 성령에 의해서 우리들의 영혼 속에 다가오지 않는 한 아무 유익이 없습니다. 누군가가 말했듯이 '적용되지 않는 그리스도는 어떤 그리스도도 아닙니다.' …… 그리스도께서 영원한 의를 가져오셨다는 것을 들을 때, 그것이 성령에 의하여 내 심령에도 들어왔다고 말할 수 있는 사람은 복 있는 사람입니다."[134]

그는 칭의가 성령으로 말미암아 내 영혼에 적용되기 위해 기도하라고 했다. "여러분도 믿으십니까? 그러면 구원을 받게 될 것입니다. 그리스도 예수님은 어제나 오늘이나 영원토록 동일하십니다. 예수님께서는 여러분을 그 자신의 피로 씻어 주실 것입니다. 그렇다면 집으로 가서 본문 말씀을 펴 들고 기도하십시오. 주께서 여러분의 의가 되어 주십사 하고 간구하십시오. 주 예수님, 오시옵소서. 우리 모두의 영혼 속으로 속히 임하시옵소서. 아멘 주 예수여! 아멘! 아멘!"[135]

칼뱅은 다음과 같이 말했다. "우리의 칭의는 성령님의 사역입니다. 능력, 성화(참조, 고전 6:11), 진리, 은혜, 그리고 우리가 생각할 수 있는 모든 좋은 것이 다 이 성령님으로부터 오는 것입니다. 왜냐하면 각양 은사의 근원은 오직 한 분 성령님이시기 때문입니다(고전 12:11)."[136]

---

133) Whitefield, "The Holy Spirit Convincing the World of Sin, Righteousness, and Judgement," in WGW, 347.
134) Whitefield, "The Righteousness of Christ, an Everlasting Righteousness," in WGW, 143.
135) Whitefield, "The Lord our Righteousness," in *Select Sermons of George Whitefield*, 138.
136) Calvin, *Institutes*, I. xiii. 14.

6. 칭의와 죄 사함의 관계는 어떠한가?

칭의와 죄 사함은 별개의 것이 아니라 동일한 경험이다. 즉, 우리가 예수님을 진심으로 살아 있는 믿음으로 믿어 의롭다 하심을 받게 될 때 그 순간에 깊고 철저한 회개를 하지 않을 수 없다. 칭의와 죄 사함은 동전의 양면과도 같은 것이다. 그래서 성경을 보면 저를 믿는 자가 의롭다 하심을 받는다고 하며(행 13:38-39), 동시에 그를 믿는 자가 죄 사함을 받는다고 했던 것이다(행 10:43).

믿음과 회개가 하나이듯이 칭의와 죄 사함도 하나이다. 웨슬리는 다음과 같이 말했다. "칭의의 성경적인 명백한 견해는 용서요, 죄 사함입니다. 칭의는 그의 아들의 피로 인한 화목 제물로 말미암아 하나님께서 '전에 지은 죄를 용서하심으로써 자기의 의로우심(또는 자비)을 보이시는'(롬 3:25) 성부 하나님의 행위입니다. 이것이 성 바울이 그 편지 전체에 걸쳐서 설명하고 있는 칭의에 대한 무리 없는 자연스러운 설명입니다. 같은 방식으로 바울은 칭의를 특히 로마서 4장과 5장에서 설명하고 있습니다. 그리하여 본문[롬 4:5]에서 한 절 건넌 다음 7-8절에서 바울은 '그 불법이 사함을 받고 죄가 가리어짐을 받는 자는 복이 있고, 주께서 그 죄를 인정치 아니하실 사람은 복이 있도다.'라고 말하고 있는 것입니다."[137]

7. 성령의 조명은 구하는 자에게 주신다

피니는 성령의 조명을 구하라고 했다. 그는 "복음 아래 있는 사람은 하나님의 성령의 조명을 구하면 값없이 소유할 수 있다."라고 했다. "성경에는 이 사실을 가르쳐 주는 말씀들이 기록되어 있습니다. 예수님은 하나님께서 성령을 구하는 자에게 성령을 주시며, 부모가 자식에게 떡을 주는 것보다

---

137) Wesley, "Justification by Faith," in WJW, 1, 189.

기쁜 마음으로 주신다고 하셨습니다. '구하라 그러면 너희에게 주실 것이요, 찾으라 그러면 찾을 것이요, 문을 두드리라 그러면 너희에게 열릴 것이니'(마 7:7) …… 이 말씀들이 진실이라면, 즉 하나님께서 모든 사람들에게 이와 같은 무제한적 약속들을 주셨다면, 누구든지 하나님께 구하는 자는 그가 구한 만큼 신적 조명을 소유할 수 있을 것입니다."[138]

사도 바울은 다음과 같이 기도했다. "우리 주 예수 그리스도의 하나님, 영광의 아버지께서 지혜와 계시의 정신을 너희에게 주사 하나님을 알게 하시고, 너희 마음눈을 밝히사 그의 부르심의 소망이 무엇이며 성도 안에서 그 기업의 영광의 풍성이 무엇이며, 그의 힘의 강력으로 역사하심을 따라 믿는 우리에게 베푸신 능력의 지극히 크심이 어떤 것을 너희로 알게 하시기를 구하노라"(엡 1:17-19).

청교도 존 번연은 그의 유명한 『천로역정』에서 그리스도의 계시가 있어야 믿음을 가질 수 있으며, 그 계시를 얻기까지 기도해야 한다는 것을 다음과 같이 설명했다. 소망(Hopeful)과 크리스천의 대화 중 일부분이다.

소망: "믿음(Faithful) 씨가 나에게 직접 가서 주님을 만나 보라고 했어요. 제가 예수님을 가 뵙는 것은 주제넘은 짓이 아니냐고 했더니 주님께서 나를 초청했기 때문에 그것은 주제넘은 짓이 아니라고 하더군요(마 11:28). …… 그래서 나는 주님께 나아가서는 어떻게 해야 하느냐고 물었지요. 그는 대답하기를, 무릎을 꿇고(시 95:6; 렘 29:12-13; 단 6:10) 온 마음과 뜻을 다해 하나님 아버지께 그를 계시해 달라고 기도해야 한다고 하더군요. …… 나는 믿음 씨에게 그분 앞에 나아가 무슨 말을 해야 할지 모르겠다고 말했습니다. 그러자 그는 이렇게 말하라고 가르쳐 주더군요. '하나님, 이 죄인을 불쌍히 여기소서. **저로 하여금 예수 그리스도를 알게 하시고 또 믿게 하옵소서**. 만

---

138) Finney, "The Necessity of Divine Teaching," in *Lectures to Professing Christians*, 408-409.

약 그리스도의 의가 없었거나 또 내가 그의 의를 믿지 아니한다면, 나는 전적으로 버림받게 될 줄을 알기 때문입니다. …… 그러니 주여, 지금 당신의 아들 예수 그리스도를 통해 제 영혼을 구원하시어 당신의 은혜를 찬미하게 하옵소서. 아멘.'"

크리스천: "아버지께서 당신에게 아들을 계시해 주시던가요?"

소망: "첫 번째에도 안 해 주시고, 두 번째 할 때도, 세 번째 할 때도, 네 번째 할 때도, 다섯 번째 할 때도, 여섯 번째 할 때도 안 해 주셨습니다."

크리스천: "그런데도 그만두지 않은 이유가 무엇입니까?"

소망: "그리스도의 의가 없으면 온 세상도 결코 나를 구원해 줄 수 없다는 말이 진실이라고 믿어졌기 때문입니다. 그리고 혼자 생각했어요. 기도를 그만두면 나는 죽는다. 죽을 바에는 은혜의 보좌 앞에서 죽는 것이 좋다. 그리고 '비록 더딜지라도 기다리라. 지체되지 않고 정녕 응하리라' (합 2:3)는 말씀이 마음에 떠올라 **아버지께서 아들을 계시해 주실 때까지 기도를 계속하게 되었지요.**"

크리스천: "예수님께서는 당신에게 어떻게 계시되셨나요?"

소망: "나는 그분을 육체의 눈이 아닌 마음의 눈으로 보았지요(엡 1:18-19). 설명하자면 다음과 같습니다. 어느 날 저는 무척 슬펐어요. 평생 그렇게 슬픈 적은 없었다고 생각될 정도로 몹시 슬펐어요. 이렇게 커다란 슬픔의 원인은 내 죄가 얼마나 크고 추악한지 다시금 새로이 보게 되었기 때문이었습니다. 그때 제 눈앞에 보이는 것이라고는 지옥 그리고 내 영혼의 영원한 저주뿐이었는데, 갑자기 주 예수님께서 하늘에서부터 나를 내려다보시는 것이 보이더니, 다음과 같이 말씀하셨습니다. '주 예수 그리스도를 믿으라. 그리하면 네가 구원을 얻으리라' (행 16:30-31)."

크리스천: "이는 참으로 당신 영혼에 임한 그리스도의 계시였군요. 그런데 이로 인해 당신 영에 특별히 어떤 변화가 있었는지 말해 주시겠습니까?"

소망: "이를 통해 나는 이 세상이 아무리 의롭다 하더라도, 정죄받은 상태임을 알게 되었습니다. 그리고 하나님 아버지께서는 비록 의의 하나님이시

지만 자기에게 나아오는 죄인들을 공의롭게 의롭다 하실 수 있음을 알았습니다. 또 나는 예전 생활의 사악함을 심히 부끄러워하게 되었습니다. 뿐만 아니라 나는 나 자신의 무지함을 깊이 느끼게 되었습니다. 왜냐하면 그 이전까지는 생각도 할 수 없었던 것들이 깨달아졌기 때문이었습니다. 예수 그리스도의 아름다움을 보게 되었고, 거룩한 생활에 대한 사랑이 일어났습니다. 그리고 주 예수님의 명예와 영광을 위해 뭔가를 하고 싶은 마음이 간절해졌습니다. 그렇습니다. 만약 내 몸 속에 1,000갤런의 피가 있다면, 이것을 주 예수님을 위해 다 쏟아 부을 수도 있겠다는 생각이 들었습니다."[139]

사랑하는 독자여, 소망과 크리스천의 대화를 잘 들었는가? 당신은 청교도 번연이 말하는 이러한 신적인 조명을 받았는가? 번연과 청교도들에게 이러한 신적인 조명을 주셨다면 당신에게도 주시지 않겠는가? **조명이란 무엇인가? 그것은 한마디로 하나님께서 보게 하셔야 본다는 것이다.**

거룩하신 주님, 이 글을 읽는 독자의 영안을 열어 자신의 모습을 분명히 보게 하시고, 그리스도의 영광을 보게 하옵소서!

---

139) John Bunyan, *The Pilgrim's Progress* (New Kensington, PA: Whitaker House, 1981), 170-173.

제9장

위대한 거듭남의 은혜 (1)

또 우리로 하여금 믿음으로 말미암아 성령의 약속을 받게 하려 함이니라
(갈 3:14).

드디어 이 책에서 가장 중요한 부분에 도달했다. 우리는 거듭나야 하나님의 나라에 들어갈 수 있다. 그 거듭남의 실체는 무엇인가? 거듭남은 예수님께서 그의 영으로 내주하심으로 우리 영이 새로워지고, 우리의 지각과 정서와 의지가 새로워지는 것이다. 이제는 내가 사는 것이 아니고 문자 그대로 내 속에 그리스도께서 사시는 것이다(갈 2:20).

웨슬리는 거듭남의 체험을 자세히 잘 묘사했다.

"그는 '이해력의 눈'이 이제 '열려서' '보이지 않는 그분을 봅니다'(히 11:27). 그는 믿는 자들을 향해 베푸신 '하나님의 능력의 지극히 크심'과 그들을 향하신 하나님의 사랑의 지극히 크심이 무엇인가 봅니다. 그는 하나님께서 죄인인 자기에게 대하여 자비로우심을 보며, 자신이 하나님의 사랑하시는 독생자로 말미암아 하나님과 화해되었음을 봅니다. 그는 하나님의 용서하시는 사랑을 분명히 느끼며, 하나님의 모든 '지극히 크고 보배로운 약속들'(벧후 1:4)을 분명히 느낍니다. '어두운 데서 빛이 비취리라 하시던 그 하나님께서 예수 그리스도의 얼굴에 있는 하나님의 영광을 아는 빛을 그의 마음에 비추어 주셨습니다'(고후 4:6). 또 비추어 주고 계십니다. 이제 모든

어둠은 지나갔고, 그는 하나님의 얼굴 빛 속에 살고 있는 것입니다.

이제 그의 귀는 열렸습니다. 그래서 하나님의 음성은 과거처럼 그의 귀에 헛되이 도달하지 않습니다. 그는 하늘의 부르심을 들으며 순종합니다. 그는 자기의 목자의 음성을 알고 있습니다. 영적인 모든 감각이 이제 깨어 있으므로 그는 눈에 보이지 않는 세계와 분명한 교통을 이룹니다. 그러므로 그는 '이전에는 마음으로 생각지도 못한 일들'(고전 2:9)에 대해서 더욱더 알게 됩니다. 그는 이제 하나님의 평화가 무엇인지, 성령 안에서 기뻐한다는 것이 무엇인지, 그리스도 예수로 말미암아 믿는 사람들의 마음속에 부어지는 하나님의 사랑이 무엇인지 알고 있습니다."[140]

칭의를 얻은 영혼에 신생의 역사가 뒤따른다. 웨슬리는 이렇게 말했다. "칭의와 신생이 시점에 있어서 서로 분리할 수 없는 것이라는 점은 인정하지만 양자는 쉽게 구별되는 것입니다. 양자는 동일한 것은 아니요, 대단히 다른 성질의 것이기 때문입니다. 칭의는 단지 관계적인 변화를 의미하며, **신생은 실제적인 변화를 의미합니다.** 우리를 의롭다 하실 때 하나님은 우리를 *위해* 무엇인가를 하시지만, 우리를 새로 나게 하실 때는 우리 안에서 일을 하십니다. 전자는 하나님께 대한 우리의 외적인 관계를 변화시키고 그로 인하여 원수였던 우리가 자녀들이 되는 것입니다. 후자로 말미암아 **우리 영혼의 가장 깊은 속이 변화되어 그로 인하여 죄인이 거룩한 성도가 되는 것입니다.** 전자는 하나님의 호의를 다시 얻게 하지만, 후자는 하나님의 형상을 다시 얻게 합니다. 전자는 죄책을 제거하는 일이요, 후자는 죄의 능력을 제거하는 일입니다. 그러므로 양자는 시점에서는 함께 결합되어 있지만 전혀 별개의 성질의 것입니다."[141]

성령의 조명과 거듭남의 관계는 예수님께서 벳세다에서 한 맹인을 고치신 사건으로 설명할 수 있다. 예수님께서 사람들의 손에 이끌려 나온 맹인

---

140) Wesley, "The Great Privilege of those that are Born of God," in WJW, 1, 435.
141) Wesley, "The Great Privilege of those that are Born of God," in WJW, 1, 431-432.

의 눈에 침을 뱉으시고 안수하신 후 "무엇이 보이느냐?" 물으시니 맹인이 "우러러 보며 가로되 사람들이 보이나이다. 나무 같은 것들의 걸어가는 것을 보나이다."(막 8:24)라고 대답했다. 여기까지가 성령의 조명으로 칭의를 받은 신앙이다. 이때 예수님께서 다시 한 번 안수하시니 "저가 주목하여 보더니 나아서 만물을 밝히" 보게 되었다(막 8:25). 이렇게 만물을 밝히 보는 것이 거듭남의 상태이다. 어떤 사람은 한 번에 눈을 완전히 뜨게 하시고, 어떤 사람은 몇 차례 나누어 눈을 뜨게 하신다. 즉 어떤 사람은 조명과 중생이 같이 주어지고, 어떤 사람은 조명 이후에 중생의 역사가 있다. 왜 예수님께서 이런 차이를 두시는가? 그것은 성령님의 주권이자, 성령님의 뜻이다. 성령의 바람은 임의로 분다(요 3:8).

1. 성령의 조명 이후에(혹은 동시에) 성령 내주와 거듭남의 역사가 있다

(1) 성령의 선물(성령의 내주)은 믿음 이후에(혹은 동시에) 주어지는 것이다. 이것은 조명보다 더욱 위대한 은혜이다. 거룩하신 하나님의 성령이 친히 우리 속에 거처를 정하러 오신다니(요 14:23) 이 얼마나 감격적인 일인가! 갈라디아서 3장 13-14절을 보라. "그리스도께서 우리를 위하여 저주를 받은 바 되사 율법의 저주에서 우리를 속량하셨으니 기록된 바 나무에 달린 자마다 저주 아래 있는 자라 하였음이라. 이는 그리스도 예수 안에서 아브라함의 복이 이방인에게 미치게 하고 또 우리로 하여금 **믿음으로 말미암아 성령의 약속을 받게 하려 함이니라**"(갈 3:13-14). 여기 보면, 분명히 믿음 이후에 성령의 약속이 있다고 말씀하신다.

갈라디아서 3장 2절도 다음과 같이 말씀하신다. "내가 너희에게서 다만 이것을 알려 하노니 너희가 성령을 받은 것이 율법의 행위로냐? 혹은 듣고 믿음으로냐?" 또, 에베소서 1장 13절을 보라. 믿음을 가질 때 약속의 성령으로 인치심을 받는다. "그 안에서 너희도 진리의 말씀 곧 너희의 구원의 복음을 듣고 그 안에서 또한 **믿어 약속의 성령으로 인치심을 받았으니**." 윗필드도 믿음을 가진 사람이 성령을 받는다고 하였다. "여러분은 바로 예수 그리스도를 믿음에 의하여 성령을 받게 될 것입니다. '이는 그를 믿는 자의 받을 성령을 가리켜 말씀하신 것이라.' …… 누구든지 주 예수 그리스도를 전심으로 믿는 자는 그의 영혼이 지옥처럼 검다고 하더라도 성령의 선물을 받게 될 것입니다."[142]

우리에게는 믿음을 갖게 되는 것과 성령의 내주의 선물을 받는 것을 구별할 줄 아는 분별력이 필요하다. 성령의 선물 받는 것은 믿음을 갖는 것 이상의 경험이다. 그것은 전능하시고 지극히 거룩하신 하나님의 영이 우리 심령 속에 임하시는 것이다. 그리하여 우리의 속사람이 하나님의 형상을 본받도록 체질적으로 변화시키시는 것이다(벧후 1:4). 이것을 반드시 명심하라.

(2) 회개했다고 다 성령의 선물을 받은 것은 아니다. 이것은 위에서 설명한 믿음과 마찬가지다. 어떤 사람은 예수님을 믿고 회개하여 삶이 상당히 변화했으니 이제 성령 받은 것이 아닌가 한다. 회개와 성령의 선물 받는 것을 혼동치 말라. 우리는 성령의 선물을 받기 전에도 상당히 뉘우칠 수 있고, 회개를 경험할 수도 있다. 그렇다고 그 뉘우침이, 그 회개가 성령의 선물 받은 증거가 되는 것은 아니다. 성령의 선물은 온전한 회개와 죄 사함 이후에 (혹은 동시에) 주어지는 것이다(행 2:37-39; 3:19).

사도행전 2장 37-39절과 사도행전 3장 19절 말씀을 보라. "베드로가 가로되 너희가 회개하여 각각 예수 그리스도의 이름으로 세례를 받고 **죄 사함을 얻으라. 그리하면 성령을 선물로 받으리니**"(행 2:38). 여기에 분명히 '죄 사함을 얻으라. 그리하면 성령을 선물로 받으리라' 고 하셨다. 이와 같이 온전한 회개 이후에 성령 내주의 선물이 주어지는 것이다. 그러므로 어느 정도 회개했다고 자만해서는 안 된다. 성령의 선물이 주어져서 확실히

---

142) Whitefield, "Indwelling of the Spirit," in Smith, *Whitefield & Wesley on the New Birth*, 102-103.

거듭났다고 말할 수 있을 때까지 겸손히 하나님의 낯을 구함이 옳다. 성령의 선물이 주어져서, 성령님의 내주하심으로 본성이 변화되고(벧후 1:4), 성령의 내적 증거를 스스로 느끼기 전까지는(롬 8:16) 성령을 받았다고 말해서는 안 된다.

(3) 사도행전 8장 4-17절에 나오는 사마리아 성도들과 사도행전 19장 1-7절에 나오는 에베소에 있던 제자들처럼 나름대로 예수님을 믿고 있었지만 아직 성령님의 내주를 받지 못한 수도 있다. 먼저, 사마리아 성도들의 경우를 보자. "예루살렘에 있는 사도들이 사마리아도 하나님의 말씀을 받았다 함을 듣고 베드로와 요한을 보내매 그들이 내려가서 저희를 위하여 성령 받기를 기도하니, 이는 아직 한 사람에게도 성령 내리신 일이 없고 오직 주 예수의 이름으로 세례만 받을 뿐이더라. 이에 두 사도가 저희에게 안수하매 성령을 받는지라"(행 8:14-17).

사마리아 성도들은 빌립의 전도를 듣고 예수님을 믿고 세례까지 받았으나 한 사람도 성령을 받지는 못했다. 이때 사마리아도 하나님의 말씀을 받았다는 이야기를 전해 듣고 내려간 사도 베드로와 요한이 아직 그들 중 한 사람에게도 성령께서 내리시지 않음을 알고 그들에게 성령이 내리시기를 위해 간절히 기도한 후 그들에게 안수하니 그때 성령께서 저희들에게 임하셨다.

이와 같이 오늘날에도 믿는다고 하나 성령을 받지 못한 채로 지내는 그리스도인이 상당히 많다. 왜 베드로와 요한이 가서 기도하기까지 사마리아 성도들은 성령을 한 사람도 받지 못하였을까? 성령의 선물은 주님께서 기뻐하시는 때에 주님께서 기뻐하시는 방식으로 허락하신다. 우리가 왜 성령을 안 주셨느냐고 하나님께 항의할 수는 없다. 성령님께서는 주권적으로 임하신다(요 3:8). 우리는 다만 약속에 대한 믿음을 갖고 기도할 뿐이다.

이제 에베소 제자들의 경우를 보자. 에베소에 있던 제자들도 예수님께서 그리스도이심을 믿고 있었지만 성령님이 계시는지조차 알지 못하고 있었다. 이때 사도 바울이 그들을 만나 복음을 자세히 설명하고 난 다음 예수님의 이름으로 세례를 주고 그들에게 안수하니 그제야 성령을 받게 되었다(행 19:1-7).

왜 에베소에 있던 제자들은 믿기는 했으나 성령이 있음도 알지 못했을까? 에베소에 있던 제자들이 이렇게 성령님에 대해 무지하였던 주원인은 가르침의 부족 때문인 것으로 보인다. 즉, 예수님을 위한 열심은 있었으나 하나님의 뜻에 대한 포괄적인 지식이 부족했던 아볼로의 가르침의 영향인 것으로 보인다(행 18:24-28). 성경을 보면 그가 에베소에 와서 가르쳤다고 나와 있다. 아볼로는 학문이 많고 성경에 능한 자로서 구약을 인용하여 예수님께서 그리스도이심에 대해서는 잘 가르쳤으나 요한의 세례 이상을 알지 못하였다고 성경에 나온다(행 18:25).

오늘날도 예수님에 대해 나름대로 열심은 있으나 성령에 대해서 무지한 전도자가 많다. 이런 사람 밑에서 교육을 받으면 평생 교육을 받아도 성령을 체험하기가 어렵다. "만일 소경이 소경을 인도하면 둘이 다 구덩이에 빠지리라"(마 15:14).

(4) 여기서 한 가지 중요한 것은 먼저 온전한 죄 사함을 받아야 성령님께서 내주하신다는 것이다(행 2:37-39). "베드로가 가로되 너희가 회개하여 각각 예수 그리스도의 이름으로 세례를 받고 죄 사함을 얻으라. 그리하면 성령을 선물로 받으리니"(행 2:38). 성령님은 하나님의 선물인데, 준비된 심령에 주신다. 마음의 그릇이 준비가 된 사람, 즉 그리스도의 피로 깨끗함을 받은 사람에게 성령님께서 내주하신다. 성령님은 지극히 거룩하신 영이시기에 더러운 영혼에는 성령님께서 오실 수 없다.

그리스도의 피 뿌림 없는 사람은 절대 성령을 못 받는다. 성령을 받기 위한 전제조건은 주님의 피 뿌림을 받는 것이다. 예수님의 보혈을 믿고 회개하고 씻음 받아야 성령을 받을 수 있다(행 2:37-39; 갈 3:13-14; 행 19:1-7 등). 오늘날은 왜 성령을 제대로 받는 사람이 적은가? 그것은 진실한 회개를 제대로 하고 예수님의 피 뿌림을 받는 사람이 적기 때문이다. 물로 씻음을 받지 못했기에 성령의 새롭게 하심이 없는 것이다(딛 3:5).

(5) 칭의 다음에 중생이 온다는 것은 윗필드, 웨슬리 등이 매우 강조한 내용이다. 웨슬리는 죄 사함(칭의) 다음에 신생이 와야 한다는 것을 다음과 같이 설명했다. "시간적인 순서로 본다면, 칭의와 신생 중에 그 어떤 것이 먼저라고 말할 수 없습니다. 우리가 예수 그리스도 안에 있는 구속하심을 통하여 하나님의 은총으로 말미암아 의롭다 하심을 얻는 순간, 또한 우리는 '성령으로 거듭나게' 됩니다. 그러나 사고의 순서로 본다면, 두 용어가 시사하는 바와 같이 칭의가 신생에 앞서 있는 것입니다. 우리는 먼저 하나님의 진노가 사라짐을 느끼고 난 다음에 성령께서 우리 심령 속에 역사하심을 의식합니다."[143] 칼뱅도 칭의와 신생이 동시적으로 일어나는 사건이지만, 논리적으로는 칭의가 신생보다 앞선다고 했다.[144]

칭의와 중생이 시간적으로는 동시에 일어날 수도 있으나, 논리적 순서로는 칭의 다음에 중생이 오는 것이 맞다. 그리스도의 피로 죄 사함 받은 영혼에 약속의 성령이 내주하시는 것이 보편적인 성경의 가르침이다(행 2:37-39; 엡 1:13-14).

복음주의 웨슬리안 입장에 서 있는 웨슬리 듀웰도 칭의 이후에 중생이 온다고 했다. "중생은 죄인이 구원을 얻기 위해 회개하고 그리스도께로 돌이킬 때, 성령께서 그 마음에 역사하시는 것입니다. 중생에 의해 그 영혼이 허물과 죄로 죽어 있던 상태에서 성령으로 살리심을 얻게 됩니다(엡 2:1, 5). 그가 **죄 사함을 받고 의롭다 칭해지는 그 순간에 그는 영적인 죽음에서 부활하게 됩니다.** 그는 새로운 영적 생명을 얻게 되며 그리스도 예수 안에서 새로운 피조물이 됩니다. 중생은 철저한 도덕적 변화입니다."[145] "그리스도를 믿는 구원 얻는 믿음은 죄 안에 죽어 있던 영혼에게 새로운 영적 생명을 가져다줍니다. 하나님으로부터 새로운 영적 생명을 얻게 된다는 교리는 신약 성경에서 가장 기본이 되는 교리 중 하나입니다. 이것은 새로운 피조

---

143) Wesley, "The New Birth," in WJW, 2, 187.
144) Calvin, *Institutes*, III. xi. 1.
145) Duewel, *God's Great Salvation*, 125.

물(고후 5:17), 영적 사망으로부터의 영적인 부활(엡 2:6; 골 2:12), 그리스도와 함께 살리심을 받음(엡 2:5), 영적인 생명을 얻는 영적 출생(요 3:3, 7) 등으로 언급됩니다."146)

2. 보혜사 성령님께서 내주하심으로 거듭남, 즉 새로운 출생의 은혜를 받게 된다

거듭남이란 문자 그대로 다시 태어나는 것이다. 죽었던 영이 하나님의 성령의 오심으로 다시 살아난다는 것은 얼마나 놀라운 역사인가?

웨슬리는 "신생"이라는 설교에서 신생의 체험을 다음과 같이 잘 묘사했다. "인간이 하나님으로부터 태어나기 전, 단순히 자연적인 상태에 있을 동안에는 영적인 의미에서 비록 눈이 있으나 보지 못합니다. 눈에는 빛이 통과할 수 없는 두터운 베일이 가로막고 있습니다. 그리고 귀가 있어도 듣지 못합니다. 그는 들어야 할 것에 대해서 완전히 귀머거리입니다. 그의 영적인 다른 감각들도 모두 닫혀 있습니다. …… 그러나 그가 하나님으로부터 태어나자마자 이 모든 것에 전적인 변화가 일어납니다. (위대한 사도의 말과 같이) '이해의 눈이 열립니다.' 그리고 그 옛날 '어둠 속에서 빛이 나오라'고 명령하신 하나님께서 우리 마음속을 비추어 주셔서 예수 그리스도의 얼굴에 나타난 하나님의 영광의 빛을 보게 되고, 주님의 영광스러운 사랑을 보게 됩니다. 그의 귀는 열려서 '기뻐하라! 너의 죄는 사함을 받았다', '가라! 그리고 더는 죄를 짓지 말라!'고 하시는 하나님의 내적인 음성을 들을 수 있습니다. …… 그는 이제 하나님의 성령이 그의 마음속에서 역사하시는 은총을 느끼고, 내적으로 자각할 수 있게 됩니다. 그리고 '모든 지각을 능가하는 평화'를 느끼고, 의식하게 됩니다. 그는 '말할 수 없는 영광에 가득 찬' 하나님 안에 있는 기쁨을 자주 느끼게 됩니다. '그에게 주신 성령

---

146) Duewel, *God's Great Salvation*, 114.

에 의해서, 그의 심령 속에 부어진 하나님의 사랑'을 느끼게 됩니다. 그때 그의 모든 영적인 감각은 영적인 '선악을 분변' 할 수 있게 됩니다."[147]

거듭날 때 우리에게 일어나는 하나님의 역사를 윗필드는 다음과 같이 말했다. "성령님께서 주시는 증거는 무엇입니까? 성령님께서 주시는 표적이 무엇입니까? 우리가 죽은 자를 살리고 장님에게 빛을 안겨다 주고 나병환자들을 고쳐 주며 앉은뱅이를 걷게 하며 귀머거리를 듣게 하기를 원합니까? 그런 기적들을 기대한다면 저는 겸손하게 말씀드립니다. 하나님께서는 그런 일들보다 더 큰 일들을 우리에게 하신다고 말입니다. 죄 가운데 죽은 많은 사람들이 복음을 듣고 성경적인 새 생명으로 일어납니다. 본성이 나병에 걸린 자들이 하나님의 성령에 의해서 깨끗함을 받습니다. 의무를 행하는 데 있어서 절름발이인 자들이 이제는 하나님의 명령을 신속하게 받들어 섬깁니다. 귀먹은 자들이 이제는 교훈을 계속해서 듣습니다. 권면하는 말씀을 청종합니다. 가난한 자들이 그들에게 전파되는 복음을 받습니다."[148]

우리가 다시 살아나게 되면 영의 새로움 속에서 살아가게 된다. 죽어 있는 시체는 얼마나 보기 흉한가? 얼마나 부패한 썩은 냄새가 나는가? 반면에 살아 있는 생물들은 얼마나 보기가 좋은가? 우리 영도 마찬가지이다. 우리 영도 죽어 있을 때는 썩어 부패하는 시체처럼 좋지 않은 냄새가 났었다. 그러나 하나님께서 우리 영을 살려 주시면 하나님의 생명이 우리 영혼 속에 가득 차게 되기 때문에 하나님을 향하여 거룩한 열매를 맺는 사람이 될 수 있다. 새로운 생명은 얼마나 위대하고 상쾌한가! 살아 있는 꽃은 향기를 발한다. 성령님께서 내주하시는 그리스도인은 그리스도의 편지요(고후 3:3), 그리스도의 향기다(고후 2:15-16).

---

147) Wesley, "The New Birth," in WJW, 2, 192-193.
148) Whitefield, "The Folly and Danger of Being Not Righteous Enough," in WGW, 77.

3. 성령 내주의 역사는 체험적(체질적, 능력적) 역사이다

어떤 사람은 성령의 오심을 체험적으로 느낄 수 없다고 주장하는데 그 사람은 죽었던 영이 다시 살아나는 영적 부활의 경험을 해 본 적이 없기 때문에 그렇게 주장하는 것이다. 죽었던 영이 다시 살아나는데 느낄 수 없다면 그것이야말로 더 이상한 것이 아닌가?

복음주의 각성 운동 설교자들은 한결같이 중생이나 성령 받는 것이 체험적인 것이라고 가르쳤다. 찰스 웨슬리는 성령을 받고도 자신이 그것을 모른다고 하는 것은 불가능한 일이라고 했다. "**이 체험적인 지식 그것만이 진정한 기독교입니다.** 성령을 받은 자가 그리스도인입니다. 받지 않은 자는 그리스도인이 아닙니다. 그리고 그리스도의 영을 받고도 그것을 모른다는 것은 불가능합니다. 왜냐하면 (우리 주님의 말씀에 의하면, 성령님이 오시면) '그 날에 내가 내 아버지 안에 있고 너희가 내 안에 있으며 또 내가 너희 안에 있음을 알게 될 것이다.' (요 14:20)라고 하셨기 때문입니다. 이것이 바로 '저는 진리의 영이라. 세상은 능히 저를 받지 못하나니 이는 저를 보지도 못하고 알지도 못함이라. 그러나 너희는 저를 아나니 저는 너희와 함께 거하심이요, 또 너희 속에 계시겠음이라' (요 14:17) 하신 말씀입니다."[149]

이어서 찰스 웨슬리는 매우 강력한 어조로 경험적 성령 체험을 부정하는 자들을 질타했다.

"이 세상은 그리스도를 받아들일 수가 없으므로 성부 하나님의 약속을 반대하고 모독하면서 전적으로 거부하는 것입니다. 그러나 **이를 고백하지 않는 영은 다 하나님께로부터 나온 것이 아닙니다.** 그렇습니다. '**이것이 적그리스도의 영입니다.** 여러분은 그 영이 오리라 한 말을 들었을 것입니다. 그런데 벌써 세상에 와 있습니다' (요일 4:3). 누구든지 성령의 영감을 부정하는 자, 혹은 하나님의 영의 내주가 모든 믿는 자의 공통된 특권이며, 복음의

---

149) Charles Wesley, "Awake Thou That Sleepest," in WJW, 1, 154.

축복의 핵심이며, 말할 수 없는 은사이며, 보편적인 약속이며, 진정한 크리스천의 표준임을 부정하는 자는 다 적그리스도입니다.

그들이 다음과 같이 변명한다 하더라도 아무 도움도 되지 않습니다. '우리는 하나님의 영의 도움을 부정하는 것이 아니요, 다만 이러한 영감, '성령을 받는 것', 그리고 그것에 대해서 *느낀다*는 것을 부정할 따름이다. 우리가 말하고 싶은 것은 다만 건전한 종교 안에는 이러한 성령을 느끼는 일, 성령에 감동되는 일, 혹은 성령으로 *채워지는* 일 등과 같은 것이 들어앉을 자리가 없다고 말하는 것뿐이다.' 그러나 위의 것을 부정하는 것만으로도 당신은 성경 전체를, 즉 하나님의 전체 진리, 약속, 증거를 부정하는 것입니다."150)

'체험적으로' 성령을 받아야 한다는 것을 부인하는 설교자들에 대하여 윗필드는 요한복음 7장 37절에서 39절을 본문으로 설교한 "모든 신자의 보편적인 특권, 성령의 내주하심"이라는 제목의 설교에서 다음과 같이 말했다. "저는 실로 문자적 학식만 있는 설교자들이 이 교리를 분명한 어조로 부인하고 있다고 말하지는 않겠습니다. 그러나 그들은 실제로는 그런 일을 하고 있습니다. 왜냐하면 그들은 내적 느낌에 반대하는 말을 하고 있기 때문입니다. 느낌이 없이도 하나님의 성령을 모실 수 있다고 말하기 때문입니다. 그것은 사실상 성령을 모시는 일 자체를 부인하고 있는 것입니다. 제게 복음의 진보를 방해하려는 생각과 어둠의 나라를 건설하려는 심정이 있다면, 저는 밖에 나가서 사람들에게, '하나님의 성령을 여러분이 모시면서도 그 느낌을 전혀 가지지 못할 수 있다'고 말할 것입니다."151)

그는 또 다음과 같이 말했다. "오늘날 설교자들이 실제로 하나님의 성령을 부정하지는 않을지라도 그들이 말하기를, '그리스도인들은 성령을 느끼

---

150) Charles Wesley, "Awake Thou That Sleepest," in WJW, 1, 155.
151) Whitefield, "The Common Privilege of All Believers," in Smith, *Whitefield & Wesley on the New Birth*, 96.

지 말아야 한다'고 합니다. 그것은 사실상 성령을 부인하는 것입니다."[152]
"성령의 역사를 느끼는 것을 반대하는 사람들은, 아담 안에서 우리가 타락했다는 사실을 매우 드물게 말하거나 기껏해야 아주 약하게 말하는 자들임을 발견할 수 있습니다."[153]

윗필드는 "지혜로운 처녀들과 미련한 처녀들"이란 설교에서 성령을 느껴야 한다는 것을 반대한 자들에게 다음과 같이 말했다. "불행한 처녀들이여, 너희들은 우리의 삶을 어리석다고 했다. 너희가 육체에 있을 때, 우리가 하나님의 말씀을 듣기 위하여 열심을 내어 쫓아가면 그것을 보고 우리를 조롱했다. 성령의 인도를 받아야 하고, 성령에 따라 행해야 하고, 우리 영으로 더불어 하나님의 자녀인 것을 증거하시는 성령을 느껴야 한다고 확신 있게 말하면, 너희는 우리더러 열광주의자라고 말하지 않았던가? …… 너희는 좁은 문으로 들어가기 위해 분투해야 했을 때 그저 조금 찾는 것으로 만족했다. 그러니 파는 자들에게 가서 너희 쓸 것을 살 수 있을지 알아보라."[154]

질문: 어떤 사람은 요한복음 3장 8절 말씀을 인용해 성령의 역사는 바람같아서 느낄 수 없다고 주장한다. 이 말씀은 어떻게 해석해야 하는가?

답변: 성령이 바람같이 역사하신다는 것은 중생의 역사가 신비로운 역사이기 때문에 그 과정을 인간이 추적하기가 힘들다는 것이지 성령의 역사가 체험적이지 않다는 말씀은 아니다. 바람이 얼마나 실제적이고 체험적인가! 산들바람은 얼마나 상쾌한가! 당신은 태풍을 만나본 적이 있는가? 태풍을 만나고도 바람이 전혀 감각적일 수 없다고 주장할 수 있는 사람이 있겠는가!

레이븐힐은 다음과 같이 말했다. "자연의 두 가지 가장 강력한 힘은 바람

---

152) Whitefield, "The Folly and Danger of Being Not Righteous Enough," in WGW, 77.
153) Whitefield, "Indwelling of the Spirit," in Smith, *Whitefield & Wesley on the New Birth*, 101.
154) Whitefield, "The Wise and Foolish Virgins," in WGW, 218.

과 불입니다. 오순절 성령 강림 때에는 이 두 가지가 함께 하였습니다. '급하고 강한 바람 같은 소리가 있어 …… 불의 혀같이 갈라지는 것이 저희에게 보여……' (행 2:2-3). 성령의 능력으로 충만한 '다락방'의 무리는 바람과 불처럼 누구도 막을 수 없고, 누구도 조절할 수 없고, 누구도 예측할 수 없는 불가항력의 사람들이 되었습니다. 그들의 불은 선교의 불을 지폈으며, 포악의 불길을 소멸하고, 순교의 횃불로 타올랐으며, 도처에 부흥의 불길을 점화시켰습니다."155)

윗필드는 요한복음 3장 8절을 설명하면서 오히려 바람처럼 성령이 느껴지지 않으면 주님과 아무 관계가 없다고 가르쳤다. "그리스도께서 니고데모에게 준 답변은 문자에 속한 학식만 있는 바리새인들의 입을 다물게 할 것입니다. '바람이 임의로 불매 네가 그 소리를 들어도 어디서 오며 어디로 가는지 알지 못하나니 성령으로 난 사람은 다 이러하니라' (요 3:8). 따라서 하나님의 성령이 마치 바람이 우리 몸에 느껴지듯이 **우리 영혼에 느껴지지 않는 한**, 진실로 나의 형제들이여! 여러분은 주님과 아무런 상관이 없는 자입니다."156)

그는 성령의 역사를 느끼지 못하는 것을 질타했다. "그러므로 형제들이여, 여러분이 정말 믿음 안에 있는지 자신을 시험해 보시고, '나는 예수 그리스도를 믿는다'고 신조를 말하는 것으로 충분하다고 여기지 마십시오. …… 저는 참으로 오늘날 이 세대의 사람들이 그들 안에 계신 그리스도를 느끼는 것을 거부하고 있음을 알고 있습니다. …… 육체적인 느낌뿐 아니라 영적인 느낌도 있습니다. 영적인 느낌은 외적인 대상이 우리의 감각에 미치는 것과 같은 감각적인 방식으로 전달되는 것은 아니지만, 느끼고 보는 모든 감각처럼 사실적입니다. 신체를 통해 외부의 인상을 느낄 수 있듯이, 영적인 감각은 영에 의해서 참으로 느끼고 분별될 수 있습니다. 하나님

---

155) Ravenhill, *Why Revival Tarries*, 111-112.
156) Whitefield, "The Folly and Danger of Being Not Righteous Enough," in WGW, 77.

께로 난 사람은 모두 내가 거짓말을 하고 있지 않다는 것을 압니다."[157]

질문: 사도행전에서는 성령께서 보통 가시적으로 임하셨는데, 그렇다면 조용히 아주 은밀히 성령께서 역사하시는 경우는 없는가?

답변: 그런 경우도 있다고 본다. 바람도 종류별로 다양하기 때문이다. 성령님께서는 어떤 이에게는 폭풍같이, 태풍같이 역사하시나 어떤 이에게는 미풍처럼 역사하실 수도 있으실 것이다. 회심의 강도와 방식은 다양할 수 있다. 모든 사람이 똑같은 방식으로 구원받는 것이 아니다. 성령님께서는 임의로 역사하신다(요 3:8).

질문: 성령님께서 미풍같이 역사하실 수 있다고 한다면 어떤 사람이 성령을 받았는지 못 받았는지 어떻게 확정할 수 있는가?

답변: 성령께서 폭풍같이 역사하셨든 미풍같이 역사하셨든 관계없이 우리는 그 열매를 보면 어떤 사람이 참으로 중생했는지 안 했는지 쉽게 판단할 수 있다. 왜냐하면 성령의 강림은 혹 파악하기 힘들 수 있으나 성령께서 우리 영혼에 이루시는 사역은 감추어질 수 없기 때문이다. 즉, 성령으로 말미암은 본성의 변화가 일어났는지, 성령의 내적 증거가 있는지, 성령의 열매가 있는지, 성령 안에서 자라가는 삶이 있는지 등을 살펴보면 어떤 사람이 참으로 성령으로 중생했는지 안 했는지 분별할 수 있을 것이다. 바람의 길은 우리가 알기 어려우나 바람이 지나갔음은 그 흔적과 결과를 통해 알 수 있다. 성령님께서 태풍으로 역사하시건 미풍으로 역사하시건 우리 영혼에 위대한 변화를 일으키신다는 사실은 분명하다. 당신은 자신에게 위대한 변화가 일어났음을 인식하는가?

경고: 성령이 바람으로 비유되었기 때문에 느낄 수 없다고 주장하는 사람들을 경계하라. 성령님께서는 강하든 약하든 '일반적으로' 체험적으로 오신다는 것을 명심하라. 성령님께서 우리의 죄를 각성케 하시는데 그것을

---

157) Whitefield, "What think ye of Christ?," in WGW, 211.

느끼지 못할 수가 있겠는가? 성령님께서 영안을 열어 주셔서 그리스도의 영광을 보게 하시는데 그것을 느끼지 못할 수가 있겠는가? 성령님께서 우리 마음에 내주하시는데 그것을 느끼지 못할 수가 있겠는가? 사도 바울은 그것을 느끼지 못하는 사람은 버림받은 자라고 분명히 가르쳤다. "너희가 믿음에 있는가 너희 자신을 시험하고 너희 자신을 확증하라. 예수 그리스도께서 너희 안에 계신 줄을 너희가 스스로 알지 못하느냐? 그렇지 않으면 너희가 버림 받은 자니라"(고후 13:5).

에드워즈는 다음과 같이 외쳤다. "그리스도 밖에 있는 모든 사람들이여 생각하십시오. 결코 거듭나지 못한 여러분들이여 생각하십시오. 마음이 새롭게 하심을 받지 못하고, 마음에 신적인 사랑의 영을 받지 못한 사람들이여 생각하십시오. …… 여러분이 처해 있는 위험이 무엇인가 생각하십시오. 여러분 앞에 있는 것이 무엇인지 생각하십시오, 여러분이 소속된 세상, 여러분이 저주받아 들어갈 세상이 지옥이니 여러분의 위험이 어떠한가를 깊이 생각하십시오. …… 만일 여러분이 하나님의 전능하신 능력으로 크게 변화되지 않는다면 곧 그곳에 가게 될 것입니다. …… 이러한 일들을 심각하게 생각하십시오. 스스로 지혜롭게 행동하십시오. 너무 늦지 않게 하십시오. 여러분의 발이 어두운 산 위에 닿게 되기 전에 회개하십시오. 진노와 미움의 세계에 떨어지기 전에 회개하십시오."[158]

성령님께서 능력으로, 체험적으로 임하신 것은 역사적 사례가 풍부하다. 사도행전과 교회사를 보면 성령님께서 '갑자기' 바람처럼 임하셔서 '큰 기쁨'을 주신 경우가 아주 많다. 우리 하나님께서는 지금도 주님께서 기뻐하시는 때에, 주님께서 원하시는 사람에게 얼마든지 이와 같이 성령으로 역사하실 수 있다. 이것이 보편적인 구원의 방식이다. 이것을 의심하는 사람은 살아 계신 주님을 믿지 못하고 있다는 증거이다.

---

158) Edwards, *Charity and Its Fruits*, in WJE, 8, 392.

4. 성령님은 주권적으로 하나님의 때에 홀연히 임하신다

하나님께서 과연 나를 어떻게 만나 주시며 언제 구원하여 주시느냐? 성령님께서 언제 어떤 형태로 내게 오실 것인가? 이에 대해 상당히 의아해하며 궁금해 하는 사람이 많이 있다. 성령 강림의 갑작스러움에 대하여 오웬은 다음과 같이 말했다. "성령님께서는 사람에게 내려오듯이 임하십니다. '베드로가 이 말할 때에 성령이 말씀 듣는 모든 사람에게 내려오시니'(행 10:44). 사도 베드로는 사도행전 11장 15절에서 그 일을 설명하면서 '성령이 저희에게 임하시기를 처음 우리에게 하신 것과 같이 하는지라.' 라고 했습니다. 처음 우리에게 임하신 것이란 사도행전 2장 4절을 말합니다. 성령이 임하시는 것을 보고 사람들이 놀랐다는 말씀 속에는 비상함(greatness)과 갑작스러움이 내포되어 있습니다. 이것은 불(이것은 성령의 상징입니다)이 엘리야의 제단과 제물 위에 내려왔을 때 백성들이 보고 놀라서 엎드려 '여호와, 그는 하나님이시로다!'(왕상 18:38-39)라고 소리 지른 것과 같습니다."[159]

성경에 의하면 성령님께서는 일반적으로 '홀연히' 임하신다(행 2:2). 사도행전 2장 1-2절 말씀을 보라. "오순절 날이 이미 이르매 저희가 다 같이 한 곳에 모였더니, 홀연히 하늘로부터 급하고 강한 바람 같은 소리가 있어 저희 앉은 온 집에 가득하며……." 성령님께서는 급하고 강한 바람같이 마가의 다락방에 있는 성도들에게 '홀연히' 찾아오셨다. 또, 사도행전 9장 3-4절 말씀을 보라. "사울이 행하여 다메섹에 가까이 가더니 홀연히 하늘로서 빛이 저를 둘러 비추는지라. 땅에 엎드러져 들으매 소리 있어 가라사대 사울아 사울아 네가 어찌하여 나를 핍박하느냐 하시거늘……."

윗필드는 1년 가까이 구원을 찾아 헤매었다. 그러던 어느 날 몸이 쇠약해져서 방에 누워 있다가, "목이 마르다, 목이 마르다." 할 때 '홀연히' 성령님께서 찾아오셨다. 밀물이 밀려오는 것처럼 성령님께서 강하게 오셨다. 그

---

159) Owen, *A Discourse Concerning the Holy Spirit*, in WJO, 3, 118-119.

날부터 윗필드는 역사상 최고의 복음 전도자가 되었다. 에드워즈는 18세 때 갑자기 성령님께서 찾아 오셨다. 그래서 하나님에 대한 새로운 지각을 갖게 되었다. 그는 디모데전서 1장 17절 말씀 "만세의 왕 곧 썩지 아니하고 보이지 아니하고 홀로 하나이신 하나님께 존귀와 영광이 세세토록 있을지어다. 아멘."을 읽을 때 홀연히 영적인 새로운 감각이 부어지는 것을 느꼈다.

그런데 왜 하나님께서는 '홀연히' 찾아와 주시는가? 여기에 큰 뜻이 있다. 성령을 '홀연히' 주시는 이유는 간단하다. 구원이 내게서 오는 것이 아닌 줄을 알게 하시려고 그렇게 하시는 것이다. 아무도 자기를 자랑하지 않고 주님께만 영광을 돌리게 하려고 그렇게 하시는 것이다. "우리가 이 보배를 질그릇에 가졌으니 이는 능력의 심히 큰 것이 하나님께 있고 우리에게 있지 아니함을 알게 하려 함이라"(고후 4:7).

제10장

위대한 거듭남의 은혜 (2)

우리 주 예수 그리스도의 하나님, 영광의 아버지께서 지혜와 계시의 정신을 너희에게 주사 하나님을 알게 하시고 …… 그의 힘의 강력으로 역사하심을 따라 믿는 우리에게 베푸신 능력의 지극히 크심이 어떤 것을 너희로 알게 하시기를 구하노라(엡 1:17-19).

거듭남이란 우리의 죽었던 영혼이 하나님의 성령의 크신 능력으로 그리스도 안에서 새 생명으로 부활하는 것이다. 거듭남이 구원에 있어서 가장 중요한 부분이기 때문에 앞 장에 이어서 본 장에서는 거듭남이 과연 무엇인지, 그 내용을 좀 더 깊이 살펴보기로 하겠다.

1. 거듭남은 영혼의 부활이다

에스겔 37장을 보면 에스겔의 마른 뼈 환상에 관한 말씀이 나온다. 하나님께서는 에스겔을 골짜기로 데려가셨는데 거기에 뼈들이 많이 있었다. 하나님께서 뼈들에게 먼저 대언하라고 명하시자 에스겔이 뼈들에게 대언하였다. 그러자 뼈들이 움직였다. 뼈들이 서로 연락하여 힘줄이 생기고 살이 오르며 살갗도 생겼다. 그런데 그 속에 생기가 없었다(겔 37:7-8).

하나님께서 이번에는 에스겔에게 생기에 대해서 대언하라고 하시자 에스겔이 생기를 향하여 대언했다. 이에 생기가 그들에게 들어가자 그들이 살아 일어났다. "이에 내가 그 명대로 대언하였더니 생기가 그들에게 들어가매 그들이 곧 살아 일어나서 서는데 극히 큰 군대더라"(겔 37:10). 구약의 예언은 신약의 예표이다. 생기가 들어가야 죽은 자가 살 수 있다는 것은 복음 시대에 역사하시는 성령님의 놀라운 살리시는 능력을 예표하는 것이다. 이와 같이 **우리의 영은 성령이 부어질 때**(즉, 내주하실 때) **순간적으로 다시 살아난다.**

피니는 그리스도께서 우리의 부활이 되신다는 것을 영적으로 체험할 수 있어야 한다고 했다. "그리스도 안에 견고하게 거하려면 또한 그리스도가 우리의 부활이요, 생명이 되신다는 것을 알아야 합니다. 그리스도를 통하여, 그리고 그리스도로 말미암아 우리의 영혼은 영적인 죽음에서 되살아납니다. …… 그리스도는, 허물과 죄로 말미암아 죽어 타락한 상태에 놓여 있고 또 스스로 정욕과 자아의 노예가 되어 있던 우리의 **의지**를 소생시키어 하나님의 뜻을 따르게 하십니다. **지성**을 통해 그는 영혼 속에 살리시는 진리가 샘물처럼 흐르게 하심으로 의지가 순종하도록 만드십니다. 우리의 영혼이 신선하고도 새로운 것을 발견케 함으로써 그는 우리의 의지가 순종하도록 역사하십니다. 이렇게 우리의 의지를 되살아나게 하고 지지하시고 생명력이 있도록 함으로써 그리스도는 우리의 **감성**을 고치십니다. 그리고 예전의 죽은 상태에서 전 인격을 살리고 일으키어, 육적이던 옛 사람의 죽음 상태에서 신령한 새 사람을 세우십니다."[160]

2. 거듭남은 하나님께서 주시는 것이다

거듭남은 인간이 줄 수 있는 것이 아니다. 또 인간적 차원에서 일어나는 것도 아니다. 에베소서 1장 19절을 보라. "그의 힘의 강력으로 역사하심을 따라 믿는 우리에게 베푸신 능력의 지극히 크심이 어떤 것을 너희로 알게

---

160) Finney, *Sanctification*, 48-49.

하시기를 구하노라." 우리는 우리가 거듭날 때 우리에게 베푸시는 하나님의 능력이 얼마나 지극히 큰가를 알아야 한다. 자기가 구원받을 때 역사하신 하나님의 능력이 얼마나 큰 능력인지를 실감해야 참된 성도이다. 그러나 이것을 실감하지 못하고 살아가는 현대 그리스도인들이 아주 많다.

구원받았다는 것은 우리가 위대하신 성령님의 능력으로 다시 태어났다는 말이다. 현대 기독교인의 가장 큰 문제점은 거듭남의 실체를 잘 모른다는 데 있다. 새로운 출생인 중생, 즉 신생이 얼마나 특별한 사건이고 놀라운 사건인가! 그러나 여기에 어떤 능력이 역사하는지를 모르는 사람이 상당히 많다.

우리는 위로부터 거듭나야 다시 살 수 있다(요 3:3). 하나님께서 크신 능력으로 살려 주셔야 살 수 있다(요 6:63). 이것이 구원에 대해 성경이 강조하고 있는 대주제이다. 우리 자신은 거듭날 힘과 자격과 능력이 없다. 우리는 단지 거듭남의 은혜를 구할 수 있다. 거듭남 자체는 하나님께서 주시는 것이다.

3. 우리의 거듭남은 지극히 큰 능력으로 된다

성경은 우리를 살리신 하나님의 능력이 예수님을 죽은 자 가운데서 다시 살리신 능력과 같다고 말씀한다. "그 능력이 그리스도 안에서 역사하사 죽은 자들 가운데서 다시 살리시고 하늘에서 자기의 오른편에 앉히사"(엡 1:20). 예수님께서 어떻게 다시 살아나실 수 있었는가? 하나님의 능력으로 부활하셨다. 이 능력이 우리가 구원받을 때도 나타난다. 죽어 있던 우리 영혼이 다시 살아나는 것은 예수님께서 죽으셨다가 다시 살아나신 것과 같다. 누가 다시 살려 주시는가? 하나님께서 그 크신 성령의 권능으로 다시 살리시는 것이다.

당신이 구원받았다면 큰 감사를 드려야 한다. 왜냐하면 구원받는 사건은 놀라운 일이기 때문이다. 예수님을 죽음에서 부활케 하신 능력이 여러분에게도 역사하셨기 때문이다. 이것을 실제로 체험한 사람은 그 능력을 안다. 성경은 우리의 거듭남을 부활 체험으로 묘사한다. "만일 우리가 그의 죽으심을 본받아 연합한 자가 되었으면 또한 그의 부활을 본받아 연합한 자가 되리라"(롬 6:5).

4. 성령님께서는 생명을 주시는 원리가 되신다

우리가 거듭날 때 하나님의 생명이 우리 속에 들어오신다. 성령님께서는 생명을 주시는 원리(principle)로서 우리 심령 속에 내주하신다. 이에 대해 에드워즈는 다음과 같이 말했다. "성령님께서는 그 자신을 성도들의 마음과 연합하시고, 성도를 그의 성전으로 삼으시고, 삶과 행동의 새롭고 초자연적인 원리로서 성도를 움직이시고 영향을 주십니다. 성령님께서는 경건한 사람의 영혼 속에서 활동하며, 거기서 그 자신의 고유한 본성 속에서 자신을 전달하십니다. 거룩함은 성령의 고유한 본성입니다. 성령님께서는 자신을 신자들과 연합하고, 그들 안에 살며, 그들의 기능들을 사용하는 가운데 그 자신의 본성을 발휘하심으로써, 신자의 마음속에서 일하십니다."[161]

에드워즈는 말한다. "영혼 안에 있는 은혜의 원리는 결코 다른 것이 아닙니다. 그것은 영혼 안에 내주하시며 매우 중대한 원리로서 역사하는 성령 바로 그분 자신이십니다."[162]

스쿠걸은 성령님은 생명의 원리로서, 우리에게 거룩함을 주신다고 했다. "나는 신앙이란 생명 또는 생명의 원리로 분명하게 이름 지어지기를 바랍니다. 그리고 그 용어로서 생명 또는 생명의 원리와 강제적이며 외부적인 동기로 어쩔 수 없이 따르는 그런 복종을 분간하기를 나는 바랍니다. 이제 왜 내가 신앙을 신적인(divine) 생명이라는 칭호로 말하는지 설명하겠습니

---

161) Edwards, "A Divine and Supernatural Light," in WJE, 17, 411.
162) Edwards, *Treatise on Grace*, in WJE, 21, 196.

다. 신앙이 그렇게 칭해지는 이유는 신앙의 원천과 기원에 있어서 하나님께서 신앙을 창조하시기 때문이며, 성령님의 능력으로 말미암아 사람들의 영혼 속에 생겨나기 때문입니다. 그뿐 아니라, 신앙의 본질에 있어서도 신앙이란 하나님의 완전하심과 인간의 영혼 속에서 빛나는 전능하신 자의 형상을 닮는 것이기 때문입니다."[163]

새로운 생명과 새 생명의 원리는 성령님께서 내주하실 때에 순간적으로 주어진다. 요한복음 14장 18-19절 말씀을 주목해 보라. "내가 너희를 고아와 같이 버려두지 아니하고 너희에게로 오리라. 조금 있으면 세상은 다시 나를 보지 못할 터이로되 너희는 나를 보리니 이는 내가 살았고 너희도 살겠음이라." 이 말씀은 예수님께서 성령을 보내 주실 것을 약속하신 말씀이다. 지금 주목해야 할 부분은 19절 말씀이다. "이는 내가 살았고." 예수님께서는 항상 살아 계신 분이시기 때문에 이 말씀은 쉽게 이해가 된다. 그런데 "너희도 살겠음이라"는 말씀은 무슨 뜻인가? 보혜사가 오시기 전인 지금은 제자들이 죽어 있다는 말이다. 이 말씀은 예수님께서 십자가 달리시기 전날 밤에 제자들에게 주신 말씀이다. '지금은 너희가 죽어 있다.'라고 주님은 제자들에게 말씀하고 계신 것이다. 성령님께서는 그때도 분명히 제자들과 함께 하셨다(요 14:17). 그리고 그들은 주의 말씀으로 이미 깨끗해진 상태였다(요 15:3). 그러나 내주하시기 전에는 제자들이 죽어 있다는 말씀이다. 제자들이 언제 살아났는가? **성령님께서 오셔서 내주하실 때 제자들이 살아난 것이다.** 이토록 성령의 내주와 거듭남은 중요한 것이다.

5. 새로운 생명을 얻는 비결: 당신의 옛 사람은 죽었는가?

우리는 어떻게 새로운 생명을 얻게 되는가? 우리는 어떻게 그리스도 안에서 새 생명 가운데 부활할 수 있는가? 로마서 6장 5절을 보라. "만일 우리

---

163) Scougal, *The Life of God in the Soul of Man*, 39-40

가 그의 죽으심을 본받아 연합한 자가 되었으면 또한 그의 부활을 본받아 연합한 자가 되리라"(롬 6:5). 예수님께서 십자가에 죽으신 후 하나님의 능력으로 부활하신 것처럼 우리의 옛 사람이 십자가에 완전히 못 박혀 죽을 때만 그리스도와 함께 부활할 수 있다.

『독일 신학』에는 다음과 같은 내용이 나온다. "사람들은 '옛 사람'과 '새 사람'에 관해 말합니다. 당신은 이 말이 무슨 뜻인지를 알아야 합니다. 옛 사람은 아담, 불순종, 자아, 나 등과 같은 것을 뜻합니다. 새 사람은 그리스도와 순종을 뜻합니다. 이러한 것들이 죽고, 없어져야 한다고 말하는 것의 의미는 옛 사람이 없어져야 한다는 것입니다. 참된 신적인 빛 속에서 그러한 일이 일어날 때, 그리고 일어나는 곳에 새 사람이 다시 탄생합니다. 또 말하기를 **사람은 자기 자신에 대해 죽어야 한다고 하는데, 이는 다시 말해 사람의 '자아'(Self), '자기'(I)가 죽어야 한다는 의미입니다.** …… 옛 사람이 죽고 새 사람이 다시 태어나는 곳에 그리스도께서 '사람이 거듭나지 아니하면 하나님 나라에 들어갈 수 없느니라'고 말씀하신 거듭남의 역사가 일어납니다."[164]

오늘날은 왜 많은 사람들이 하나님의 살리시는 능력을 체험하지 못하는가? 예수님과 함께 십자가에 못 박히는 경험이 없기 때문이다. 많은 사람이 회개를 하지만 적당히 한다. 어떤 사람은 5퍼센트 회개하고, 어떤 사람들은 70퍼센트 회개한다. 또 어떤 사람은 노력해서 90퍼센트까지 회개를 한다. 그러나 99퍼센트 죽은 사람은 죽은 것이 아니다. 옛 사람이 완전히 죽지 않은 사람은 부활의 능력을 체험할 수 없다.

참으로 옛 사람을 십자가에 못 박은 사람은 다음과 같은 고백을 할 수 있게 된다. "내가 그리스도와 함께 십자가에 못 박혔나니 그런즉 이제는 내가 산 것이 아니요 오직 내 안에 그리스도께서 사신 것이라. 이제 내가 육체 가운데 사는 것은 나를 사랑하사 나를 위하여 자기 몸을 버리신 하나님의 아

---

164) *The Theologia Germanica of Martin Luther*, 77-78.

들을 믿는 믿음 안에서 사는 것이라"(갈 2:20). 당신은 이렇게 고백할 수 있는가? 나는 완전히 없어지고, 오직 주님만이 당신 속에 살고 계신가? 그렇다면 당신은 분명 지금 새 생명의 기쁨 속에 있을 것이다.

6. 개인 심령의 부흥(부활)과 교회의 참된 부흥은 성령의 강력한 부으심, 즉 성령 세례로 오는 것이다

부흥은 오직 성령의 부으심으로 주어진다. 에드워즈는 항상 성령의 주입(부으심)을 강조했다. 에드워즈에게 있어서 중생은 한마디로 성령의 주권적인 주입(부으심, infusing)이다.[165] "문집" 1029번에서 에드워즈는 주입에 대한 중요한 견해를 피력했다. "성경의 본문들은 은혜가 하나님에 의해서 그의 주권적이고, 효과적인 작용에 의하여 주입된다는 것을 보여줍니다."[166] 에드워즈에게 있어서 중생은 하나님의 영의 부음이다. 로이드 존스는 말하기를, "부흥에 관한 에드워즈의 글을 읽어 보라. 그가 사용하는 용어는 항상 '성령의 부으심' 이다."라고 했다.[167] 에드워즈는 『기도 합주회』(1747)에서 "기도 합주회를 통한 유익은 하나님 자신의 임재"라고 했다.[168] 이것이 바로 에드워즈가 말하는 부흥이요, 중생의 역사이다.

1904년 웨일스 대부흥과 1907년 평양 대부흥운동의 비결도 성령의 강력한 강림하심에 있었다. 에번 로버츠와 펜 루이스는 『성도들의 영적 전쟁』에서 성령 세례가 부흥의 필수적 선행 조건이라고 가르쳤다. "성령 세례는 부흥의 핵심입니다. 왜냐하면 부흥은 성령에 대한 지식에서 비롯되며, 성

---

165) Edwards, "Miscellanies," no. 1029, in WJE, 20, 366.
166) Edwards, "Miscellanies," no. 1029, in WJE, 20, 366; "Miscellanies," no. 629, in WJE, 18, 157. 참조.
167) D. M. Lloyd-Jones, *The Puritans: Their Origins and Successors* (Edinburgh: The Banner of Truth Trust, 1987), 368.
168) Edwards, *An Humble Attempt to Promote Explicit Agreement and Visible Union of God's People in Extraordinary Prayer*, in WJE, 5, 136.

령 세례는 성령님께서 부흥의 권능으로 역사하도록 그분과 동역하는 방법이기 때문입니다. 그러므로 부흥을 위한 일차적 조건은 성도들이 개별적으로 성령 세례를 아는 것입니다." 그들은 성령 세례를 다음과 같이 정의했다. "**성령 세례는 하나님의 영이 갑자기, 혹은 점진적으로 사람의 영으로 유입되는 것**이라고 묘사할 수 있습니다. 그러한 성령의 주입으로 인하여 영은 혼의 그릇으로부터 자유롭게 되고, 영은 혼과 몸을 다스리는 위치를 얻게 됩니다. 자유롭게 된 영은 하나님의 영께서 하나님의 권능을 부어 주시는 열린 통로가 됩니다. 동시에 마음은 새롭게 소생되며, '마음눈'은 빛으로 충만해집니다(엡 1:18). 영의 지배로 말미암아 몸은 완전히 영의 지배 아래 있게 되고, 그가 부딪히게 되는 영적 전투에서 인내할 수 있는 새로운 힘을 자주 받게 됩니다."[169]

에번 로버츠는 다음 네 가지 준비 사항이 성령 세례를 받는 데 필수적이라고 가르쳤다. 역사상 손꼽히는 성령님의 거룩한 강림을 허락받은 로버츠의 권면을 들어 보자. 천천히 마음에 새기면서 읽어 보라.

"1. 과거에 지은 죄나 지금까지 회개하지 않은 죄가 있으면 성령을 받을 수 없다. 그러므로 우리는 반드시 그것을 더듬어 살펴야 하며 그렇게 할 수 있도록 성령께 의탁해야 한다.

2. 우리의 삶 가운데 미심쩍은 것-우리가 옳은 것인지, 아니면 그른 것인지를 확신할 수 없는 것-이 있으면 반드시 제거해야 한다.

3. 우리는 스스로를 성령께 온전히 맡겨야 한다. 우리는 성령께서 우리에게 요구하시는 모든 것을 말하고 행해야 한다.

4. 우리는 공개적으로 그리스도에 대한 신앙을 고백해야 한다."[170]

에번 로버츠는 부흥 사역을 위한 구체적 지침을 다음과 같이 간결하고 명쾌하게 가르쳤다.

---

169) Jessi Penn-Lewis and Evan Roberts, *War on the Saints* (West Sussex, UK: Diggory Press, 2005), 199.

170) 에번스, 『1904 웨일즈 대부흥』, 110.

"그 곳에서 부흥 집회를 시작하세요. 교파에 관계없이 사람들을 청해야 합니다. '네 가지 조건'을 설명하세요. 그리고 집회가 끝날 때 그리스도를 주로 고백한 사람들을 따로 모아 하나님께 간구하는 기도 순서를 가지세요. 그래서 다음과 같이 기도하도록 가르치세요.

1. 예수 그리스도를 위해 지금 성령을 보내 주소서.
2. 예수 그리스도를 위해 지금 성령을 강하게 보내 주소서.
3. 예수 그리스도를 위해 지금 성령을 더욱 강하게 보내 주소서.
4. 예수 그리스도를 위해 지금 성령을 훨씬 더 강하게 보내 주소서.

성령의 감동에 따라 모든 사람이 함께 기도하든지, 개별적으로 첫 번째 기도문을 반복해서 기도하되 조용히 기도하세요. 그런 다음 같은 방식으로 두 번째 기도문으로 기도하세요. 그런 식으로 3번째 기도문을 반복하고 마지막으로 4번째 기도문으로 기도하세요. 이것이 어떻게 성령의 임재를 구할 것인가를 보여 주는 간단한 방식입니다."[171]

로버츠가 진정한 회개를 하고 신앙을 고백한 자들을 모아 성령의 세례를 위해 진지하게 기도하라고 한 것은 참으로 합당하고 바람직한 지침이다. 이런 자들의 기도에 하나님께서 왜 그의 영을 부어 주시지 않겠는가!

역사상 모든 위대한 부흥에는 성령님의 강력한 부으심이 있었다. 1859-1860년에 있었던 웨일스 대부흥기에 존스(D. C. Jones) 목사는 1860년 2월 29일자 일기에서 다음과 같이 기록하고 있다. "평상시와는 다른 엄청난 성령의 역사가 있었다. 성령께서는 교회가 전혀 예기치 못하던 때에 '몰아치는 돌풍' 과 같이 갑자기 찾아오셨다."

성도여, 이것을 위해 온 힘을 다하여 간구하자(행 1:14). 성령님께서 임하시면 그곳에는 하늘의 기쁨이 넘치게 된다(요 14:26). 토저의 말을 들어 보자. "모라비아 교회의 역사를 보면, 1727년 10월의 어느 날 아침에 성령님께서 그 교회에 속한 사람들에게 임하셨다는 것을 알 수 있습니다. 그들이 성찬

---

[171] 에번스, 『1904 웨일즈 대부흥』, 128-129.

식을 거행하던 중이었습니다. 성찬식을 거행한 후 밖으로 나간 그들은 기쁨으로 충만했습니다. 그들은 기쁨으로 가득 차서 이 세상에 살고 있는 것인지 죽어서 이미 천국에 올라간 것인지 분간이 안 될 정도였습니다. 이런 기쁨은 그 후 100년 동안 모라비아 교회가 지닌 특징이 되었습니다."[172]

성령님만이 우리에게 영적인 생명을 주시고 사라지지 않는 영적인 기쁨을 주신다. 성도여, 오직 성령님의 임하심을 끝까지 간구하자. 당신 영혼에, 이 땅에 넘치도록 임하실 때까지!

---

172) A. W. Tozer, *The Counselor* (Camp Hill, Pennsylvania: Christian Publications, 1993), 7.

제11장

내적 거룩함(성화)의 은혜

너희 중에 이와 같은 자들이 있더니 주 예수 그리스도의 이름과 우리 하나님의 성령 안에서 씻음과 거룩함과 의롭다 하심을 얻었느니라(고전 6:11).

우리는 거룩하게 거듭난다. 이 명제는 너무도 중요한 것이다. 현대 교인들은 거듭남과 성화가 동시에 일어나는 것임을 경험적으로 잘 모른다. 윗필드는 거듭남과 성화를 같은 것으로 보았다. "성령의 거룩케 하심(sanctification, 성화)이란, 우리 복되신 주님께서 니고데모에게 '사람이 거듭나지 아니하면 하나님 나라를 볼 수 없느니라'(요 3:3)고 말씀하신 바로 그 거듭남입니다. 바울은 성화를 '오직 심령으로 새롭게 되어'(엡 4:23)라고 표현했습니다. 성화는 거룩함(holiness)의 샘입니다. 그 거룩함이 없으면 어떤 사람도 주님을 볼 수 없습니다. 우리가 그리스도의 신비한 몸의 참된 지체가 되기 위해서는 무엇보다 먼저 성령을 받아야 합니다. 그것은 부인할 수 없는 확실한 사실입니다."[173]

우리는 성령으로 거듭날 때 성령님의 내주로 하나님의 거룩한 형상을 회복하고 거룩한 사람이 된다(벧후 1:4). 이와 같이 우리의 구원은 '거룩한 구원'이다. 성화에 대한 내용은 거듭남과 더불어 이 책에서 가장 중요한 부분

---

173) Whitefield, "Marks of having Received the Holy Ghost," in WGW, 362.

이다. 거듭날 때 얻게 되는 내적 거룩함에 대해서 현대의 많은 그리스도인들이 잘 모르고 있다.

1. 거룩함(성화, Sanctification)

성령님께서는 우리 심령 속에 내주하시면서 우리의 부패한 영혼을 거룩하게 하심으로 거듭나게 하신다. 이것이 성화다. 성령님께서 어떻게 우리 속에 거룩함을 이루시는가? 그 과정을 살펴보자.

(1) 우리가 예수님의 값없이 주시는 칭의의 은혜를 깨닫게 될 때 **성령으로 말미암아 하나님의 사랑이 우리 마음에 부어진다.** "소망이 부끄럽게 아니함은 우리에게 주신 성령으로 말미암아 하나님의 사랑이 우리 마음에 부은 바 됨이니, 우리가 아직 연약할 때에 기약대로 그리스도께서 경건치 않은 자를 위하여 죽으셨도다"(롬 5:5-6).

웨슬리는 우리가 칭의를 깨닫는 순간 하나님의 사랑이 우리 마음에 느껴지기 시작한다고 했다. 그는 구원을 두 부분으로 나누었다. 곧 칭의와 성화다. "칭의는 다른 말로 하면 용서입니다. 이것은 우리들의 모든 죄에 대한 용서를 말하는 것이니, (이것은 곧) 우리가 하나님께 수납된다는 뜻을 내포합니다. …… **우리가 의롭다 하심을 입는 순간에, 그렇습니다, 바로 그 순간에 성화**(sanctification)**는 시작합니다. 그 순간에 우리는 '거듭납니다.'** '위로부터 나며', '성령으로 납니다.' 여기에는 관계적인 변화뿐만 아니라, 실제적인 변화가 일어납니다. 우리는 하나님의 능력에 의하여 내적으로 새로워집니다. 곧 '우리에게 주신 성령으로 말미암아 하나님의 사랑이 우리 마음에 부은 바 된 사랑'을 느낍니다. 이 사랑은 모든 인류 특히 하나님의 자녀들에 대한 사랑을 일으켜 주며, 세상에 대한 사랑, 향락, 안위, 명예, 돈에 대한 사랑을 내쫓습니다. 아울러 우리 속에 있는 교만, 분노, 고집이나 그 외의 여러 가지 악한 성질을 내쫓습니다. 한마디로 우리의 '세상적이요, 정욕적이요, 마귀적인 마음'을 '그리스도 예수 안에 있는 마음'으로 변화시킵니다."[174)]

에드워즈는 '구원의 빛을 본 사람은 열(heat)도 가지고 있다' 고 하였다. 그가 말하는 열은 신적인 사랑을 말한다. "만일 사람들이 자기들의 영혼 속에 하늘의 참 빛을 소유하고 있으면, 열이 없이 빛만 있을 수 없습니다. 참된 주님의 영광에 대한 발견은 영혼 속에 사랑을 불러일으키고, 사랑의 마음을 낳습니다. 그리고 하나님을 최고선으로 사랑하고픈 마음을 갖게 하며, 사랑의 마음으로 그리스도와 연합하게 만듭니다. 또 우리의 영혼으로 하여금 하나님의 백성들을 향한 사랑으로 넘쳐나게 합니다. 그리고 모든 사람들까지 사랑하도록 만듭니다."[175)]

윗필드는 자기 심령에 부어진 사랑을 이렇게 말했다. "예수께서는 밤낮으로 내게 그의 사랑을 채우십니다. 그리스도의 사랑은 정말로 나의 말문을 닫아 버립니다. 나는 나의 70년 세월을 뛰어넘어 그분 앞으로 날아갑니다." 또한 그는 이렇게도 고백했다. "나는 너무나도 그리스도의 사랑에 압도되어 거의 호흡이 끊어질 정도였습니다." 다시 말하자면 윗필드는 하나님의 사랑에 압도되어 호흡이 끊어질 정도로 하나님의 사랑을 체험했다. 그는 항상 그렇게 살았다. 또 그는 이렇게 말하기도 했다. "나는 하나님의 사랑과 생명이 평소보다 많이 부어지는 때가 되면 어떤 이들은 기절하여 의식을 잃을 정도까지 될 수 있다고 생각합니다."

이와 같이 성령님께서 임하실 때 주어지는 가장 큰 은혜는 "성령으로 말미암아 하나님의 사랑이 우리 마음에 부은 바"(롬 5:5) 되는 것이다. 우리 마음에 부은 바 된 사랑은 곧 사랑이신 성령이시다. 우리 마음에 부어진 성령으로 말미암아 하나님을 뜨겁고 거룩한 마음으로 사랑할 수 있게 되는 것, 그것이 참된 거룩의 기초이다. 웨일스의 종교 개혁자 하월 해리스가 랑가스티 교회에 혼자 있었을 때 그와 같은 신적인 사랑의 주입을 체험했다.

---

174) Wesley, "The Scripture Way of Salvation," in WJW, 2, 157-158.
175) Edwards, *Charity and Its Fruits*, in WJE, 8, 145.

"1735년 6월 18일, 은밀하게 기도드리는 중에 돌연히 나는 불 앞에 놓아 둔 양초처럼 내 심장이 하나님께 대한 사랑으로 녹아내리는 느낌을 받았습니다. 나는 사랑과 평강으로 충만해졌으며 그리스도와 완전히 하나가 되어 함께 있고 싶은 갈망을 느꼈습니다. 뿐만 아니라 영혼의 깊은 곳에는 지금까지 내가 들어 보지 못한 외침이 있었는데, 그것은 바로 '아바 아버지, 아바 아버지여!'라는 부르짖음이었습니다. 나는 하나님을 내 아버지로 부르지 않을 수 없었습니다. 왜냐하면 나는 내가 하나님의 자녀이며, 하나님께서 나를 사랑하심을 알았기 때문입니다. 그러자 내 영혼은 완전한 충족감속에서 '이것으로 충분합니다. 참으로 만족합니다. 저에게 힘을 주십시오. 그리하시면 물과 불 가운데서도 당신을 따르겠습니다.'라고 소리쳤습니다. 이제 나는 참으로 행복하다고 말할 수 있습니다. 내 가슴은 '영생하도록 솟아나는 영생의 물'로 채워졌습니다(요 4:14). 참으로 하나님의 사랑이 성령으로 말미암아 우리 마음에 부어졌습니다(롬 5:5)."[176]

(2) 이와 같이 성령님의 내주로 하나님의 사랑이 마음에 부은 바 된 사람은 내주하시는 사랑이신 성령으로 말미암아 **거룩한 "신의 성품"에 참여하게 된다**(벧후 1:4; 갈 5:22-23). 즉 거룩함을 얻게 된다. 이것이 성령의 거룩한 기름 부음이다. 이것은 택한 백성들만이 체험할 수 있는 구원하는 은혜의 본질이요, 핵심이다. 마귀의 자녀들은 다른 것은 다 흉내 낼 수 있을지라도 이것만은 흉내를 내지 못한다.

우리의 거룩함은 성령님의 내주의 당연한 결과이다. 에드워즈는 그의 유명한 『신앙 감정론』에서 참된 회심의 첫 번째 표지가 성령의 내주로 말미암아 거룩함을 얻게 되는 것이라고 했다. "하나님의 영은 영구적으로 거하시기 위해 참된 성도들 안에 내주하십니다. 그리고 새로운 본성의 원리로서 또는 생활과 행동의 신적이고 초자연적인 원천으로서 성도들의 마음에 영

---

176) Edward Morgan, *The Life and Times of Howell Harris* (1852), 10.

향을 미칩니다."[177]

피니는 성령님의 내주가 거룩함을 얻는 유일한 조건이라고 했다. "육체를 따라 그리스도를 알거나 혹은 단지 역사적인 사실로 외면적인 구세주로 그리스도를 아는 것은 영적으로 아무런 소용이 없습니다. 우리는 그를 내적인 구세주로 알아야 합니다. 우리 안에 살아 계시고 통치하시는 예수님이며 또 마음에 주의 보좌를 펴시고 좌정하시며, 그의 법을 우리 마음에 기록하시는 예수님으로 알아야 합니다. 옛 사람은 마음의 보좌에서 내려와 십자가에 못 박히고, 그리스도께서 우리 속에 부활하시어 '그 둘이 한 영이라' 는 차원에서 우리와 연합하셔야 합니다. 이것이 온전한 성결을 얻게 하는 참되고 유일한 조건이자 비밀입니다."[178] 칼뱅은 "하나님께서 임재하시는 곳에는 모든 것이 거룩함으로 충만하게 되며, 또 모든 불의가 다 사라지게 된다."[179]라고 말했다.

지금까지 성령의 조명과 내주, 거듭남, 성화에 대해서 길고 자세하게 설명했다. 이것을 도표로 그리면 다음과 같다.

[그림 1] 성령의 조명과 내주

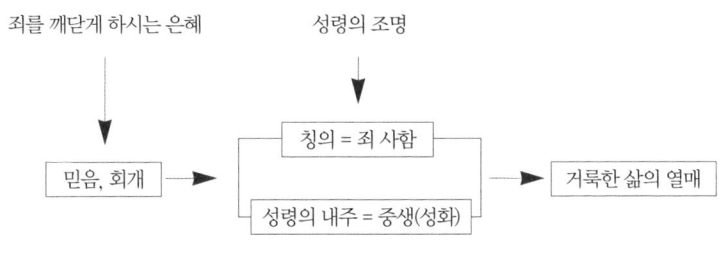

---

177) Edwards, *Religious Affections*, in WJE, 2, 200.
178) Finney, *Sanctification*, 73.
179) Calvin, *Commentary*, 1John 1:7.

2. 어떻게 죄악된 인간이 거룩해질 수 있는가?

성령의 조명으로 그리스도의 영광을 본 사람은 성령의 내주와 연합으로 (요 14:20) 성화의 은혜를 동시에 받는다(고후 3:18). 오웬은 성령의 구원하는 조명을 받은 사람은 하나님의 형상으로 변화되는 능력, 곧 성화를 얻는다고 했다. "이 빛을 통해 혹은 이 빛의 여러 작용을 통해 우리의 영혼은 우리의 믿음의 실질적인 대상이요, 하나님의 형상이신 그리스도로부터 그와 동일한 형상으로 변화되고, 그와 일치되도록 변화되는 능력을 얻습니다. 그렇게 되도록 우리는 예정되었습니다."[180]

에드워즈는 성령의 조명에 의해 참으로 그리스도의 영광을 본 사람-에드워즈에 의하면 이 사람이 칭의를 체험한 사람이다-은 몸과 마음 전부를 영원토록 기꺼이 그리스도께 드린다고 가르쳤다. "**이 빛은 마음의 성향에 효과적으로 영향을 미치며, 영혼의 본성을 변화시킵니다**. 이 빛은 사람의 본성이 신의 성품을 닮게 해 주며, 사람의 영혼을 고린도후서 3장 18절에 나오는 것과 같은 영광의 형상으로 변화시킵니다. '우리가 다 수건을 벗은 얼굴로 거울을 보는 것 같이 주의 영광을 보매 저와 같은 형상으로 화하여 영광으로 영광에 이르니 곧 주의 영으로 말미암음이니라.' 이 지식은 마음을 세상으로부터 멀어지게 하고 천국의 것들에 대한 성향을 갖도록 해줍니다. 이 지식은 우리의 마음을 선의 원천이신 하나님께 향하며 하나님을 유일한 소유로 삼게 합니다. 그리고 이 빛만이 영혼으로 하여금 그리스도와 구원에 이르는 연합을 하도록 해줍니다. 이 빛은 마음을 복음과 일치시키며, 복음에 계시된 구원의 계획을 반대하는 적의를 제거합니다. 이 빛은 우리 구세주에 대한 계시를 기쁜 소식으로 환영하며 전적으로 붙잡도록 합니다. 이 빛은 온 마음으로 그 계시를 따르고 화합하도록 해 주며, 완전한 신뢰와 존경으로 그 계시를 인정하며 온전한 성향과 열정으로 그 계시를 붙

---

180) Owen, *A Declaration of the Glorious Mystery of the Person of Christ*, in WJO, 1, 75.

잡도록 합니다. 그리고 이 빛은 마음을 전적으로 그리스도께 헌신하도록 만듭니다."[181]

『독일 신학』에는 다음과 같은 내용이 나온다. "이제 이를 명심하십시오. 비춤을 받은 사람들, 즉 참 빛 가운데 사는 사람들은 그들이 소원하고 택하는 것이 다른 피조물들이 항상 소원하고 택하는 것들과 비교조차 되지 않는다는 것을 깨닫게 됩니다. 이러한 인식은 그들로 하여금 세상 것에 대한 모든 소원과 의존을 내어 버리고, 그들 자신과 그들의 모든 것을 영원한 선이신 하나님께 드리게 합니다."[182]

에드워즈는 칭의 이후에 습관적(habitual) 거룩함, 혹은 삶의 거룩함이 반드시 따른다고 강조했다. "이 빛 그리고 이 빛만이 삶에 전반적인 거룩의 열매를 맺게 할 수 있습니다. 신앙의 교리에 대한 단순한 관념적인 혹은 사색적인 이해는 결코 이런 거룩함의 열매를 맺게 할 수 없습니다. 그러나 이 빛은 마음의 뿌리까지 도달하고 본성을 변화시키는 것과 마찬가지로 보편적인 순종까지 효과적으로 이루어 낼 것입니다. 이 빛은 하나님께서 순종과 섬김을 받으셔야 마땅하다는 것을 보여줍니다. 이 빛은 마음속에 참되고 은혜롭고 보편적인 순종을 만들어 내는 유일한 원리인 하나님에 대한 진실한 사랑을 낳습니다."[183]

3. 구원의 양면성에 대하여: 칭의와 성화

구원이라 함은 죄인이 의롭다 함을 받을 뿐 아니라, 실제로 거룩하게 변화를 받는 것이다. 기독교 신학에서 전자를 칭의(justification)라고 하고, 후자는 성화(sanctification)라고 한다. 칭의와 성화의 동시성은 복음주의 각성

---

181) Edwards, "A Divine and Supernatural Light," in WJE, 17, 424.
182) *The Theologia Germanica of Martin Luther*, 71.
183) Edwards, "A Divine and Supernatural Light," in WJE, 17, 424-425.

운동 설교자들과 청교도들이 매우 강조한 내용이다.

(1) 우리의 구원에 칭의와 성화가 동시에 필요하다. 이에 대한 신앙 위인들의 가르침을 들어 보자. 윗필드는 칭의와 성화가 동시에 있어야 한다고 매우 강조했다. "그리스도가 당신의 외적인 의로움이 되시는 것과 마찬가지로 당신의 거룩이 되십니까? 본문[렘 23:6]에서 의라는 말은 그리스도의 개인적인 의가 우리에게 전가된 것을 말할 뿐 아니라, 우리 안에 이루어진 거룩까지도 포함하고 있습니다. 이 둘을 하나님께서는 하나로 묶으셨습니다. 그분께서는 이 둘을 결코 따로 분리시키지 않으셨고, 결코 분리시키지 않으시며, 결코 분리시키지 않으실 것입니다. **당신이 그의 피로 의롭다 함을 받았다면 우리 주님의 영으로 말미암아 거룩케 되는 것입니다.**"[184]

윗필드는 외면적인 의뿐만 아니라 내면적인 의를 갖는 것이 중요하다고 가르쳤다. "우리 속에 이루어진 내면적인 고유의 의를 우리가 갖지 못한 경우라면 그리스도의 외면적인 의가 우리에게 전가된다 할지라도 아무런 소용이 없습니다. 우리는 나면서부터 전적으로 죄 가운데서 잉태되고 태어났기에 무한히 정결하시고 거룩하신 하나님과 교통하기에 부적합니다. 그래서 우리 마음에 철저한 혁신이 일어나지 않고는 주님을 뵙거나 즐거워하기에 합당하게 될 수 없는 것입니다."[185]

윗필드는 '그리스도의 의의 전가'는 기초이고, '내면적 성화'는 그 기초 위의 건물과 같다고 했다. "그러므로 누군가가 '나는 내 영혼 속에 전가된 그리스도의 의를 가졌다'고 말하면서 그에 따르는 그리스도의 거룩함을 가지고 있지 않다면, 그래서 성령의 열매를 그 증거로 나타내지 않는다면, 이는 스스로를 속이는 것이 됩니다. 저는 내면적 성화 없이 전가된 의의 교리만을 설교하는 자가 결코 아닙니다. 여러분이 이런 점에 특별히 주의하지 않으면, 자신은 그리스도를 높인다고 하는데도 알지 못하는 사이에 무율법

---

184) Whitefield, "The Lord our Righteousness," in *Select Sermons of George Whitefield*, 132.
185) Whitefield, "The Power of Christ's Resurrection," in WGW, 441.

주의 사상으로 빠져들게 되는 수가 있습니다. 칼뱅은 결코 이를 허용하지 않았습니다."[186)

웨슬리도 구원에 있어서 칭의와 내적 거룩 모두를 매우 강조했다. "**하나님은 그리스도를 믿는 모든 사람을 의롭게 하실 뿐만 아니라, 거룩하게 하십니다.** 그리스도의 의가 전가된 자는 그리스도의 영에 의해 의롭게 만들어지며, 하나님의 형상을 따라 '의와 참된 거룩함으로' 지으심을 받은 새 사람이 됩니다."[187)

차녹은 다음과 같이 가르쳤다. "그리스도께서 우리를 죄로부터 구원하신다고 할 때 그것은 죄책에서만 구원하시고 죄악된 본성은 변화되지 않은 채로 남겨 두시는 것이겠습니까? 죄의 형벌만 면하게 해 주시고 영광을 위해서는 준비시키지 않는 것이겠습니까? 만일 그랬다면 그것은 반쪽 구원밖에 되지 않았을 것이고, 지극히 위대하신 구주께 결코 명예로운 일이 아니었을 것입니다. …… 그리스도께서 이 세상에 오신 것은 죄를 없이 하시기 위함이셨는데, 자신의 죽으심을 통하여 죄책을 제거하시고 성령을 통하여 죄의 오염을 제거하십니다. 성령은 그리스도께서 죽으심으로 얻으신 것으로서 우리에게 주어집니다. 그리스도께서는 죄를 없이하실 때 죄악된 본성도 동시에 제거하십니다."[188) 차녹에 있어서 거듭남이란 죄악된 본성이 거룩한 본성으로 바뀌는 것을 말한다.

윌리엄 에임즈(William Ames, 1576-1633)는 내적인 거룩함(성화)에 대해서 다음과 같이 말했다. "성화는 인간 안에 있는 죄의 더러움으로부터 하나님의 형상의 청결함으로 이행하는 실제적인 변화입니다. '너희는 유혹의 욕심을 따라 썩어져 가는 구습을 좇는 옛 사람을 벗어 버리고 오직 심령으로 새롭게 되어 하나님을 따라 의와 진리의 거룩함으로 지으심을 받은 새 사람을 입으라' (엡 4:22-24). 칭의에서 신자가 죄책에서 해방되고 생명이 그에게

---

186) 윗필드, "야곱의 사닥다리," 『하나님의 사랑을 입은 사람들』, 300.
187) Wesley, "The Lord Our Righteousness," in WJW, 1, 459.
188) Charnock, *The New Birth*, 25.

주어지듯(그 지위는 양자 됨에서 확정됩니다), 성화에서는 동일한 신자가 죄의 더러움과 오염으로부터 해방되고 하나님의 형상의 청결함이 그에게서 회복됩니다. …… 성화는 성질과 성향의 실제적인 변화를 의미합니다."[189]

칼뱅은 칭의와 성화가 동시에 이루진다는 것을 매우 강조했다. 본래 칭의와 성화의 동시성은 칼뱅이 『기독교 강요』에서 주창한 것이었다. 그는 칭의와 성화는 구분되지만, 동시에 일어나는 일이라고 했다. "그리스도의 의를 붙잡으면 동시에 거룩함도 붙잡지 않을 수 없습니다. 왜냐하면 그리스도께서 우리에게 '의로움과 거룩함과 구속함이 되셨기' 때문입니다(고전 1:30). 그러므로 **그리스도께서 사람을 의롭게 하시면 반드시 동시에 거룩하게도 만드십니다.**"[190] 칼뱅에게 있어서 칭의의 은혜와 중생의 은혜는 서로 다른 일이지만 동시에 서로 분리되지 않는다.

칼뱅에 의하면, 사람은 "이중의 은혜"를 필요로 한다.[191] 칭의는 우리를 죄책(罪責)으로부터 자유하게 하는 것이고, 성화는 우리를 죄의 노예 됨에서 자유하게 하는 것이다. "그리스도를 둘로 나눌 수 없는 것과 같이, 그의 안에 있는 두 속성 즉 의와 거룩하심도 서로 분리시킬 수 없습니다. 그러므로 하나님께서는 그의 은혜 가운데 받아들이신 사람은 누구든지 동시에 양자의 영을 베풀어 주셔서(롬 8:15), 이 영의 힘으로 자신의 형상에 따라 사람을 개조하십니다."[192]

(2) 칭의와 성화의 이중의 은혜는 구원에 필수적이다. 오늘날 일부에서는, 칭의는 우리가 믿을 때 순간적으로 주어지지만 거룩함(성화)은 단번에 주어지지 아니하고 일평생 서서히 진행된다고만 가르치는 사람들이 있다. 다시 말하면, 우리가 믿을 때에 법정적 의미에서는 칭의를 얻고 죄책에서는 구원받으나 실질적 의미에서 죄의 권세에서 구원받지는 못한다고 가르친다.

---

189) Ames, *The Marrow of the Theology*, 168.
190) Calvin, *Institutes*, Ⅲ. xvi. 1.
191) Calvin, *Institutes*, Ⅲ. xi. 1. "duplicem gratiam".
192) Calvin, *Institutes*, Ⅲ. xi. 6.

그러나 이러한 가르침은 하나님의 구원의 풍성하심을 모르고 하는 말이다. 하나님은 우리를 의롭다 하실 뿐만 아니라 거룩케 하신다(고전 6:11; 딛 3:5). 거듭난 사람은 근본적 거룩함을 얻게 된다(고전 6:11; 히 10:10). 근본적인 거룩한 성품을 얻지 못한 자는 거듭난 자가 아니다. 차녹은 이렇게 말한다. "구속함을 입은 사람들의 본성과 기질이 변화하는 것이 아니라면 도대체 무슨 차이점이 하나님의 백성과 이 세상 사이에 존재할 수 있겠습니까?"[193]

이 교리를 잘 모르고 있는 사람들은 대개 다음과 같은 구분이 있음을 모르고 있는 경우가 많다. 우리가 성화라고 할 때 보통 중생 후에 그리스도인으로서 자라가는 과정으로서의 성화만 생각하는 수가 많은데, 성경을 보면 근본적 성화(성경은 이것을 거룩함이라고 표현하고 있다, 고전 6:11)와 발전적 성화를 구분해서 말씀하신다. 근본적 성화란 우리가 믿고 회개할 때 성령의 선물을 받아 거룩함을 얻는 것을 말한다(고전 6:11; 행 2:37-39; 엡 1:13 등). "너희 중에 이와 같은 자들이 있더니 주 예수 그리스도의 이름과 우리 하나님의 성령 안에서 씻음과 거룩함과 의롭다 하심을 얻었느니라"(고전 6:11).

이에 비해 발전적 성화란 성령으로 거듭난 심령이 그리스도를 온전히 닮기까지 성령 안에서 자라가는 것을 말한다(고후 3:18 등). 많은 사람들이 발전적 성화에 대해서는 알지만 근본적 성화(성도들이 회심 때 얻게 되는 최초의 거룩함)에 대해서는 모르는 경우가 많다.

칭의와 거룩함이 더불어 주어진다는 교리는 지극히 중요하다. 오늘날은 회심 때 주어지는 거룩함을 모르기 때문에 그 영혼에 변화가 없고 죄를 이기지 못하는 교인들을 많이 보게 된다. 조지 윗필드, 존 웨슬리, 장 칼뱅, 리처드 백스터 등 역사상 하나님께서 구령의 도구로 귀히 쓰셨던 인물들은 모두 칭의와 성화의 이중의 은혜를 가르쳤으나 오늘날은 진리를 그렇게 볼 줄 아는 자가 드물다.

---

193) Charnock, *The New Birth*, 24.

제12장

성령 세례와 충만

> 우리가 유대인이나 헬라인이나 종이나 자유자나 다 한 성령으로 세례를 받아 한 몸이 되었고 또 다 한 성령을 마시게 하셨느니라(고전 12:13).

예수님께서는 우리에게 성령으로 세례를 주시고(마 3:11), 또한 성령으로 충만케 하신다. 성령 세례와 성령 충만의 차이는 무엇인가?

1. 성령 세례

어떤 이는 성령 세례와 충만을 혼동한다. 성령 세례와 성령 충만이 같이 임할 수도 있지만, 이 두 경험에는 엄연한 구별이 있다. 성령 세례는 우리에게 영광의 주님께서 그의 영으로 '처음 찾아오실 때' 주어지는 것이다.

(1) 우리는 성령 세례를 받음으로 거룩하게 거듭나며, 그리스도의 몸의 지체가 된다. "우리가 유대인이나 헬라인이나 종이나 자유자나 다 한 성령으로 세례를 받아 한 몸이 되었고 또 다 한 성령을 마시게 하셨느니라"(고전 12:13).

윗필드는 우리가 성령의 불로 세례를 받아야 그리스도의 참된 지체가 될 수 있다고 했다. "우리는 성령의 세례를 받아야 하며, **정결케 하는 불로 세례를 받아야 합니다.** 그래야 우리는 그리스도의 신비로운 몸의 참된 지체라고 불릴 수 있습니다."194)

성령의 불세례는 구원에 필수이다. 그 강도가 강하든지, 약하든지 간에 누구든 성령의 불로 세례를 받아야 한다(마 3:11; 눅 12:49). 윗필드는 성령의 불세례를 받아야 거듭난 것이라고 했다. "우리의 타락한 본성을 새롭게 하시는 이 복된 일을 하는 분은 전능하신 성령님이십니다. …… 이 동일한 영께서 오셔서 혼돈한 우리 영혼 위에 운행하셔야 합니다. 우리가 하나님의 아들이라는 말을 듣기 전에 반드시 이런 일이 있어야만 합니다. 이것이 바로 세례 요한이 '성령으로 세례를 받으리라' 고 한 그것입니다. 이 성령의 역사하심이 없이는 유아 세례나 장년 세례는 아무 소용이 없습니다. 이것이 우리 주님께서 우리 마음 가운데 보내 주신 불입니다. 저는 만주의 주께서 아직도 거듭나지 못한 영혼에게 오늘 이 불을 지펴 주시기를 기도드립니다."195) 독자여, 당신은 이러한 성령의 불세례를 받았는가?

윗필드는 또 다음과 같이 말했다. "우리는 성령으로 새롭게 되어야 합니다. 영원히 복되신 삼위일체의 제삼위이시며, 아버지와 아들과 동등한 분이시고, 본질이 같으신 분이시며, 동일하게 영원한 분이시고, 성부와 성자와 더불어 동일본체이신 성령으로 말미암아 거듭나야만 합니다. 그러므로 **우리가 성령으로 세례를 받을 때 아버지의 본질**(nature)**에 들어가게 되는 것** 입니다. 아들의 본질에 들어가게 되는 것입니다. 성령의 본질에 들어가게 되는 것입니다. 따라서 우리는 하나님의 성령에 의하여 거룩하게 되기 전까지는, 참 그리스도인이 아닙니다."196) "우리는 아버지와 아들과 성령의 이름으로 세례를 받을 뿐만 아니라, 아버지와 아들과 성령의 본질 안으로 세례 받아야 합니다. 이것이 성령의 세례입니다. 이것이 하나님께서 우리 모두를 참여케 하시는 그 큰 구원입니다."197) 그는 이와 같이 성령의 세례란

---

194) Whitefield, "Marks of having Received the Holy Ghost," in WGW, 361.
195) Whitefield, "The Potter and the Clay," in WGW, 125.
196) Whitefield, "The Folly and Danger of Being Not Righteous Enough," in WGW, 77.
197) 윗필드, "죽음에 임한 성도의 승리," 『하나님의 사랑을 입은 사람들』, 30.

우리가 하나님의 본질에 참여하는 것이라고 말했다.

(2) 하나님께서는 모든 믿는 자에게 '성령의 선물'을 주신다. 이것이 '성령의 세례'다. 사도행전 11장 15-17절을 보면, 사도 베드로가 고넬료의 가정에 내린 성령을 설명하면서 다음과 같이 말했다. "내가 말을 시작할 때에 성령이 저희에게 **임하시기를** 처음 우리에게 하신 것과 같이 하는지라. 내가 주의 말씀에 요한은 물로 세례 주었으나 너희는 **성령으로 세례** 받으리라 하신 것이 생각났노라. 그런즉 하나님이 우리가 주 예수 그리스도를 **믿을 때에 주신 것과 같은 선물**을 저희에게도 주셨으니 내가 누구관대 하나님을 능히 막겠느냐 하더라"(행 11:15-17). 여기서 베드로는 '성령의 임하심'과 '성령 세례'와 '성령의 선물'을 같은 것으로 본 것이 분명하다.

베드로의 보고를 듣고 다른 사도들은 이방인에게도 '생명 얻는 회개'를 주셨다고 했다. 성령의 세례는 이와 같이 일차적으로 구원을 위해 주어지는 것이지, 혹자가 말하듯이 봉사의 능력을 위해 주어지는 것이 아니다(물론 충만하게 부어지면 봉사의 능력도 나타나는 것은 당연하다).

질문: 어떤 사람들은 성령 세례를 그리스도인이 중생 이후에 겪게 되는 제2차적 경험이라고 말하는 사람이 있다. 그것도 성화를 위한 것이 아니라 봉사를 위한 능력이라고 한다. 이것이 성경적으로 정확한가?

답변: 물론 성도들이 사역을 위한 능력을 충만히 받아야 한다. 그러나 성경에 나오는 '용어를 부정확하게 사용함'으로 발생하는 부작용이 매우 심하다(우리가 언어를 어떻게 사용하는가에 따라서 우리 사고와 경험의 틀이 그에 따라 바르게, 혹은 그릇되게 고착될 수 있다).

성령 세례는 봉사를 위한 것이 아니라 일차적으로는 우리 영혼의 성결을 위해 주어지는 것이다. 우리는 성령 세례를 받음으로 우리의 영혼이 새롭게 되고, 정결케 된다. 세례 요한의 말을 들어 보자. "나는 너희로 회개케 하기 위하여 물로 세례를 주거니와 내 뒤에 오시는 이는 나보다 능력이 많으시니 나는 그의 신을 들기도 감당치 못하겠노라. 그는 성령과 불로 너희에게 세례를 주실 것이요"(마 3:11). 여기서 '성령과 불로 세례를 준다'는 것은 무슨 의미인가? '세례를 준다'는 말은 헬라어로 '밥티조(βαπτίζω)'라고 하는데, 그 뜻은 '물로 씻는다'는 뜻이다. 정결케 한다는 의미가 있는 것이다. 이와 같이 우리는 성령과 불로 세례를 받음으로 우리의 영혼이 정결케 된다. 성령 세례는 이와 같이 우리 영혼이 거듭날 때 받는 것이며, 지극히 중요한 것이다. 윗필드는 이렇게 말했다. "표면적으로 세례 받은 사람이라고 해서 다 그리스도인이 되는 것은 아닙니다. 오히려 성령으로 말미암아 내적으로 세례 받은 자, 사람에게서가 아니라 다만 하나님께 칭찬받는 자라야 진정한 그리스도인이라 할 수 있습니다."[198)]

하나님께서 성령 세례를 주시는 일차적 목적이 사역을 위한 능력을 위한 것이 아니다. 세례 요한이 위의 말을 했을 때 왜 중요한 시점에서 완악한 바리새인들 앞에서 봉사에 대한 이야기를 했겠는가? 성령 세례는 우리 영혼을 정결케 하시는 목적으로 주어지는 것이다. 이렇게 해석해야 '나는 물로 세례를 주거니와 …… 그는 성령과 불로 너희에게 세례를 주실 것이요'라는 말이 의미가 있다. 그렇지 않은가? 성령 세례가 정화의 의미를 내포하는 것이 아니라면 왜 세례 요한이 그렇게 말했겠는가? 성령 세례를 주신 목적은 우리의 죄성을 태우셔서 정화시키시는 것이다. 이것이 성령 세례의 주 목적이다. 이것이 세례 요한의 말에 함축된 의미임은 분명하다.

또 누가복음 12장 49-50절을 보면 예수님께서 "내가 불을 땅에 던지러 왔노니 이 불이 이미 붙었으면 내가 무엇을 원하리요? 나는 받을 세례가 있으니 그 이루기까지 나의 답답함이 어떠하겠느냐?" 하셨다. 이때 주님께서 단지 봉사를 위한 것 때문에 그렇게 답답해 하셨겠는가? 성령의 불은 우리를 정화시키는 불이다(사 4:4). 이것이 성령의 불세례를 주시는 일차적 목적이다. 그러므로 성령 세례는 구원의 사역을 완성시키시는 성령님의 구원 사역을 일차적으로 말한다고 해야 옳지 그 점은 간과하고 능력을 위한 세례라고 말하는 것은 반쪽짜리밖에 되지 않는다.

---

198) 휫필드, "영적 세례," 『하나님의 사랑을 입은 사람들』, 209.

성령 세례를 봉사를 위한 능력으로 보는 입장의 가장 큰 위험은, 우리가 거듭날 때에 강력하게 주어지는 거룩하게 하시는 성령 세례의 의미를 약화시키거나 심지어 배제시키는 데 있다. 거룩함에는 관심을 갖지 않고 사역에만 관심을 갖다가 온갖 추문을 만들어내는 사람들이 주변에, 그리고 역사적으로 얼마나 많은가? 이것이 사도행전 8장에 나오는 마술사 시몬의 영이다.

이러한 부작용은 마귀가 가장 좋아하는 일이다. 이것은 그리스도의 피의 구속과 성령의 거룩하게 하심을 단번에 무효화시킬 수 있는 최고의 방책이다. 교활한 마귀가 이런 점을 놓칠 리가 있겠는가! 실제로 주변에 성령에 의한 철저한 거듭남의 경험도 없는 사람들이 성령의 능력 받는다고 부산을 떨다가 이상한 체험을 하고는 그것이 성령의 능력인 줄 아는 사례가 '너무나' 많다. 하나님은 먼저 우리의 성결을 원하시지, 성결이 전제되지 않는 봉사를 원하실 리가 없다(마 7:21-22). 성결 없는 사역은 마귀의 전유물이요, 바리새인과 마술사 시몬의 전유물이요, 모든 거짓 선지자들의 전유물이다. 진리를 옳게 분별하지 않으면 마귀의 희생 제물이 된다.

성경에서는 '너무나도 분명히' 성도들이 '성령으로 세례를 받음'으로 그리스도의 몸이 된다고 가르치고 계신다(사역을 위한 2차적 축복을 말씀하심이 아니다). 먼저 분명하고 '거룩한 성령 세례'를 받도록 가르치고, 그리고 성령의 충만을 받도록 가르치는 것이 영혼들에게 가장 안전하다.

2. 성령 충만

성령 세례는 우리가 거듭날 때 한 번 받는 것이지만, 성령 충만은 우리가 계속적으로 사모하며 받아야 할 은혜이다. 사도행전 2장 1-4절에 보면 사도들을 비롯한 120문도들이 성령으로 세례를 받는 장면이 나온다. 이것이 최초로 사도들이 받았던 성령 세례이다. 사도들은 이때 성령 세례와 성령 충만을 동시에 받았다. 그런데 사도행전 4장 23-31절에 보면, 사도들이 감옥에 풀려난 뒤 성도들과 함께 일심으로 소리 높여 하나님께 기도하였더니 땅이 진동하면서 모두가 성령의 충만을 받았다는 내용이 나온다. 이들은 사도행전 2장에서 성령을 받았던 사람들이었다. 더욱 충만히 받은 것이다. 이와 같이 성령은 더욱 넘치게 기름 붓듯 부어진다.

『존 웨슬리의 일기』를 보면 1739년 1월 1일 피터레인 신앙회에서 조지 윗필드 등과 같이 애찬식을 가지고 온밤을 친밀하게 기도하며, 찬송하며 감사를 드리는데 갑자기 놀라운 일이 일어났다고 기록했다. "홀(Hall)씨와 힌칭(Hinching), 잉엄(Ingham), 윗필드, 헛칭(Hutching)과 내 동생 찰스는 약 60명가량의 우리 형제들과 더불어 피터레인에서 애찬(愛餐)에 참석하고 있었다. 새벽 3시 즈음, 우리는 계속 기도하고 있었는데, 하나님의 능력이 강력하게 우리 위에 임하셨다. 많은 사람들이 넘쳐나는 기쁨으로 눈물을 흘리며, 바닥에 엎드러졌다. 우리가 존엄하신 하나님의 임재하심에 두려움과 놀라움에서 다소 정신을 차리게 되었을 때, 우리는 모두 한 목소리로 외쳤다. '오, 하나님 당신을 찬양합니다. 우리는 당신께서 우리의 주님이신 것을 아옵나이다.'"

이 일이 있기 전 이들은 이미 거듭난 상태였다. 조지 윗필드는 1735년에, 존 웨슬리, 찰스 웨슬리는 1738년에 다 성령에 의한 거듭남을 분명히 체험하였다. 그런데 다시 성령의 충만을 받은 것이다.

성령의 충만은 그리스도의 영으로 충만케 되는 것이다. 그리스도의 거룩함과 사랑과 말씀과 지혜와 능력이 그를 온통 지배하는 상태이다. 성령 충만한 사람은 이제는 자기의 삶을 자기가 주장하지 아니하고 오직 성령님께서 지배하시고 인도하시는 삶을 살게 된다(겔 47:1-5). 그에게는 주의 기쁨과 평강이 충만하며, 어떠한 두려움도 그를 괴롭히지 못한다. "사랑 안에 두려움이 없고 온전한 사랑이 두려움을 내어 쫓나니 두려움에는 형벌이 있음이라. 두려워하는 자는 사랑 안에서 온전히 이루지 못하였느니라"(요일 4:18).

제13장

거듭난 사람의 표징

> 이러므로 하나님의 자녀들과 마귀의 자녀들이 나타나나니 무릇 의를 행치 아니하는 자나 또는 그 형제를 사랑치 아니하는 자는 하나님께 속하지 아니하느니라(요한1서 3:10).

거듭난 주의 백성의 특징은 무엇인가? 하나님께서는 누가 거듭났는지 분별할 수 있도록 성경에 충분히 말씀해 주셨다.

1. 예수님에 대한 확실한 신적인 믿음을 갖게 된다

성령이 임하시면 성령의 조명으로 '신적인 믿음'을 갖게 된다. "또 아는 것은 하나님의 아들이 이르러 **우리에게 지각을 주사 우리로 참된 자를 알게 하신 것**과 또한 우리가 참된 자 곧 그의 아들 예수 그리스도 안에 있는 것이니 그는 참 하나님이시요 영생이시라"(요일 5:20). 참으로 거듭난 사람은 하나님께서 단번에 신적인 믿음을 주셨음을 느낀다(유 1:3). 신적인 믿음이 주어진 사람은 결코 흔들리지 않는 확신을 갖게 된다. 에드워즈는 참된 회심은 거룩한 확신을 수반한다고 했다. "참으로 은혜 받은 사람들은 복음의 위대한 내용의 진리성을 확고하고, 온전하며, 철저하고, 효과적으로 확신하고 있습니다. 그들은 이제는 두 견해 사이에서 머뭇거리지 않는다는 뜻입니다. 복음의 위대한 교리들이 다시는 그 사람들에게 의심스럽지 않으며, 더는 논쟁거리가 안 됩니다.[199]

2. 성령의 내적 증거를 갖게 된다

우리가 거듭나서 하나님의 자녀가 되면 성령의 내적인 증거를 느끼게 된다. "성령이 친히 우리 영으로 더불어 우리가 하나님의 자녀인 것을 증거하시나니"(롬 8:16). 성령님께서 내주하시면, 내 영에게 '너의 죄는 사해졌으며 너는 이제 하나님의 자녀가 되었다' 고 평화를 말씀해 주신다. 내가 칭의의 상태에 있음을 깨닫게 해 주시고, 양자의 영이 주어졌음을 깨닫게 해 주신다(롬 8:15). 이때 세상이 결코 주지 못하는 평안과 기쁨을 느끼게 된다(요 14:27).

토저는 다음과 같이 말했다. "어떤 죄인이 교회로 가서 목회자를 만납니다. 밑줄을 잔뜩 친 성경을 지닌 목회자가 그를 설득하여 마침내 예수님을 믿겠다는 다짐을 받아냅니다. 하지만 그가 교회를 떠나 두 블록만 걸어가면 이번에는 마귀가 다시 그를 설득해서 불신앙으로 떨어뜨릴 것입니다. 그러나 그리스도의 보혈을 증거하시는 성령님께서 죄인에게 내적 조명을 주신다면-즉, 내적 증거를 주신다면-누구도 그의 생각을 바꾸어 놓을 수 없습니다. 온 세상이 달려들어서 그를 설득하려고 애를 써도 그는 '그러나 나는 진리가 무엇인지 안다' 고 대답할 것입니다. 성령님의 내적 증거를 받은 사람은 완고한 것이 아니고 거만한 것도 아닙니다. 그는 확신에 차 있을 뿐입니다. 이것이 정상적인 기독교입니다."[200] 내가 하나님의 자녀가 되었다는 가장 중요한 증거 중 하나가 바로 이 성령님의 내적 증거이다.

---

199) Edwards, *Religious Affections*, in WJE, 2, 291.
200) Aiden Wilson Tozer, *Tozer on the Holy Spirit: A 366-day Devotional* (Camp Hill, PA: Christian Publications, Inc., 2000), December, 11.

3. 생수의 강 같은 기쁨이 나타난다

성령님께서 내주하셔서 내가 하나님의 자녀가 되었음을 증거하는 사람은 그 배에서 생수의 강 같은 기쁨이 한없이 흘러내린다(요 4:13-14; 요 7:37-39). 웨슬리는 성령의 증거를 갖게 되면 말할 수 없는 기쁨을 가지게 된다고 했다. "하나님께서는 '우리 영과 더불어' 혹은 '우리 영에게' '우리가 하나님의 자녀임을 증거' 하십니다. 그리고 '만일 자녀이면 후사, 하나님의 후사요, 그리스도와 함께 한 후사임을 증거' 하십니다. …… 누구든지 이러한 하나님의 영의 증거를 느끼게 될 때 드디어 '그의 슬픔은 변하여 기쁨'이 됩니다. 그 고통이 전에는 어떠한 것이었든지, '그때가 이르자마자 그는 하나님께로서 난 기쁨을 인하여 그 고통을 다시 기억지 않을 것' 입니다. …… 보혜사가 오시면 '여러분의 마음은 기쁘게 될 것' 입니다. '여러분의 기쁨이 충만할 것이며 또한 그 기쁨을 빼앗을 자가 아무도 없을 것' 입니다(요 16:22). …… '예수를 너희가 보지 못하나 말할 수 없는 영광스러운 즐거움으로 기뻐하도다.' **참으로 말할 수 없는 기쁨입니다. 이 기쁨은 인간의 언어로는 표현할 수 없는 성령 안에서의 기쁨입니다.** 이 기쁨은 '그것을 받은 사람 외에는 아무도 알지 못하는 감추어진 만나' 입니다. 고난이 심할 때에는 성령의 위로하심은 더욱 풍성합니다."[201]

4. 놀라운 평안을 체험하게 된다

성령님께서 내주하시면 세상이 알지 못하는 평안을 누리게 된다. "평안을 너희에게 끼치노니 곧 나의 평안을 너희에게 주노라. 내가 너희에게 주는 것은 세상이 주는 것 같지 아니하니라. 너희는 마음에 근심도 말고 두려워하지도 말라"(요 14:27). 1906년 2월 서울 자교 교회에서 열린 신년 사경회

---

201) Wesley, "The Marks of the New Birth," in WJW, 1, 423-425.

에서 어느 날 아침 회중 가운데 한 남자가 일어나 자신은 '술꾼에다 노름꾼, 사기꾼'이라고 자백하면서 죄에 대한 두려움을 솔직하게 고백하는 일이 있었다. 그는 다음날 자신의 죄에 대한 용서를 경험하고 "호랑이도 무섭지 않다"고 고백할 만큼 심령의 평안을 얻었다고 한다.[202] 하나님의 용서를 체험한 사람은 세상의 어떤 것에도 두려워하지 않는 평안을 누리게 된다.

1907년 평양 대부흥운동 때 어떤 장로는 자기 죄를 회개한 후 마음에 임한 평안을 다음과 같이 말했다. 성령님께서 죄를 각성케 하시자 그는 몇 해 전 자기가 빌린 빚을 불성실하게 갚은 것이 생각났다. "이것은 마치 회오리바람처럼 내게 다시 다가왔습니다. 죄악의 공포로 마치 영생을 잃는 것과 같았습니다. 나는 도저히 피할 수가 없었습니다. 나는 눈물을 흘리고 통회하면서 일어나 나의 부끄러운 죄악을 고백하지 않을 수 없었고, 모든 손실들을 배상하기로 결심했습니다. 그러자 평화가, 이전에는 결코 경험하지 못했던 이상하고 달콤하고 형언할 수 없는 평화가 나를 사로잡는 것 같았습니다."[203] 악인에게는 평화가 없다(사 48:22). 그러나 진실로 회개하고 죄 사함 받은 자에게는 세상이 주는 것 같지 않은 평화가 항상 있다.

5. 기쁨으로 하나님을 찬미하게 된다

구원받고 하나님의 백성이 된 영혼은 저절로 하나님께 대한 감사의 찬미를 하게 된다. 초대 교회 성도들은 성령을 받고 너무 기뻐서 날마다 성전에 모이기를 힘쓰고 하나님을 찬미했다(행 2:47). 하늘을 봐도, 땅을 봐도, 구름을 봐도, 꽃을 봐도 모두 새롭다. 같은 하늘이요, 같은 땅이요, 같은 구름이요, 같은 꽃이지만 모든 것이 새롭고 감동스럽다. 모든 자연이 하나님의 은혜를 찬송하는 것처럼 느껴진다. "여호와께서 그 백성의 상처를 싸매시며

---

202) C. G. Hounshell, "He is Faithful that Promised," *KMF* (April, 1906), 104.
203) James S. Gale, *Korea in Transition* (New York: Young People's Missionary Movement, 1909), 208-209.

그들의 맞은 자리를 고치시는 날에는 달빛은 햇빛 같겠고 햇빛은 칠 배나 되어 일곱 날의 빛과 같으리라"(사 30:26). 마음에 천국이 임한 사람은 이미 영원한 천국의 기쁨을 현재에서도 맛보고, 하나님께 무한한 감사를 드리게 된다. 하나님께 무엇이라도 보답하고자 하는 마음이 저절로 생기고, 찬미가 저절로 생긴다(히 13:15).

6. 신의 성품을 갖게 된다

성령님께서 내주하시면 하나님의 거룩하심처럼 우리의 본성이 거룩하게 변화된다. 베드로후서 1장 4절을 보라. "이로써 그 보배롭고 지극히 큰 약속을 우리에게 주사 이 약속으로 말미암아 너희로 정욕을 인하여 세상에서 썩어질 것을 피하여 신의 성품에 참예하는 자가 되게 하려 하셨으니." 성령을 받은 후 스스로 자신을 돌아보면 온 영혼이 새롭게 되었음을 자각하게 된다. '보라! 새 것이 되었도다!' 하고 스스로 놀라게 된다. "그런즉 누구든지 그리스도 안에 있으면 새로운 피조물이라. 이전 것은 지나갔으니 보라 새 것이 되었도다!"(고후 5:17)

7. 성령이 임한 사람은 내가 주님 안에 있고, 주님께서 내 안에 계신 것을 자각하게 된다

이것을 그리스도와 신비한 연합이라고 한다. "그 날에는 내가 아버지 안에, 너희가 내 안에, 내가 너희 안에 있는 것을 너희가 알리라"(요 14:20). "그의 성령을 우리에게 주시므로 우리가 그 안에 거하고 그가 우리 안에 거하시는 줄을 아느니라"(요일 4:13). 순교의 제물이 되었던 초대 교회 지도자 이그나티우스(Ignatius)에게 트라야누스 황제가 "너는 누구냐?"라고 물었다. 그 질문에 이그나티우스는 "나는 가슴 속에 그리스도를 갖고 있는 자, 하나님의 형상을 가진 자입니다. 그분은 저를 위하여 십자가에 못 박힌 분이십니다."라고 대답했다.

8. 하나님의 사랑이 부어짐으로 하나님과 성도들을 사랑하는 사람이 된다

순서상 이것을 여덟 번째로 소개하지만, 이것이 거듭난 자의 가장 큰 특징이요, 가장 중요한 특징이다. 왜냐하면 하나님은 사랑이시기 때문이다(요일 4:7-8). 사랑하는 자는 하나님께로 난 자요, 사랑이 없는 자는 마귀에 속한 자다(요일 3:10). 에드워즈는 다음과 같이 말했다. "사랑은 하나님의 성령께서 주시는 은혜 가운데 가장 중요한 것이며, 모든 참된 신앙의 생명이고 본질이며 총체입니다."[204]

첫째로, 거듭난 사람은 자기 심령에 부어진 하나님의 사랑으로 하나님을 뜨겁게 사랑한다(롬 5:5; 벧전 1:8; 마 22:37; 롬 8:28). 웨슬리는 중생한 사람의 첫 번째 특징으로 하나님께 대한 사랑을 말하였다. 웨슬리는 '90% 크리스천' (almost Christian)은 하나님 앞에 아무런 소용이 없다고 전제한 후 '온전한 크리스천' (altogether Christian)의 특징을 다음과 같이 말했다. "만일 '온전한 크리스천은 이 이상의 무엇을 의미하는가?'라고 묻는다면 나는 대답합니다. 먼저 하나님의 사랑입니다. 왜냐하면 하나님의 말씀은 다음과 같이 말하고 있기 때문입니다. '네 마음을 다하며 목숨을 다하며 힘을 다하며 뜻을 다하여 주 너의 하나님을 사랑하라'(눅 10:27). 이 하나님의 사랑은 그의 온 마음을 차지하고, 모든 정서를 빼앗고, 영혼 전부를 채우며, 영혼의 모든 기능을 최대한 장악합니다."[205]

둘째로, 거듭난 사람은 또한 주 안에서 형제, 자매 된 다른 성도들을 사랑한다. "이러므로 하나님의 자녀들과 마귀의 자녀들이 나타나나니 무릇 의를 행치 아니하는 자나 또는 그 형제를 사랑치 아니하는 자는 하나님께 속

---

204) Edwards, *Religious Affections*, in WJE, 2, 146.
205) Wesley, "The Almost Christian," in WJW, 1, 137.

하지 아니하니라"(요일 3:10). 그리스도 안에서의 형제 사랑은 거듭난 사람의 가장 대표적이고 중요한 표지 중 하나이다. 내가 하나님의 자녀임을 느끼는 사람은 다른 성도들에 대한 본능적인 형제 사랑을 느낀다. "예수께서 그리스도이심을 믿는 자마다 하나님께로 난 자니 또한 내신 이를 사랑하는 자마다 그에게서 난 자를 사랑하느니라"(요일 5:1).

피니는 사랑을 거듭남의 가장 중요한 표지로 보았다. "어떤 사람이 자신이 회심했다고 고백한다고 할지라도, 사랑이 그 사람의 지배적인 성격이 아니라면 그는 참으로 회심한 자가 아닙니다. 아무리 다른 면들에 있어서 훌륭하다 할지라도, 아무리 그의 견해가 명석하다 할지라도, 아무리 그의 감정이 깊다 하더라도, 만일 그가 **하나님과 사람에 대한 사랑의 영을 갖고 있지 않다면 그는 속고 있는 것입니다**."[206]

9. 거듭난 사람은 원수까지 사랑한다

거듭난 사람은 원수까지 사랑하는 사람이 된다. "또 네 이웃을 사랑하고 네 원수를 미워하라 하였다는 것을 너희가 들었으나, 나는 너희에게 이르노니 너희 원수를 사랑하며 너희를 핍박하는 자를 위하여 기도하라"(마 5:43-44). 거듭난 사람은 예수님께서 산상수훈에서 말씀하신 이 말씀을 지킬 수 있게 된다. 그것은 사랑과 긍휼이 무궁하신 그리스도의 영을 받았기 때문이다.

윗필드는 다음과 같이 말했다. "원수까지도 사랑하는 것은 거듭나지 않은 자연인들에게는 어려운 의무입니다. 그러나 성령의 약속에 참여하게 된 자는 누구든지 그것이 실천할 수 있는 일이며 쉽다는 것을 발견할 것입니다."[207] 웨슬리도 거듭난 사람은 원수까지 사랑하는 마음을 가지게 된다고

---

206) Finney, "Love is the Whole of Religion," in *Lectures to Professing Christians*, 434-435.
207) Whitefield, "Marks of having Received the Holy Ghost," in WGW, 365.

단언했다. "우리 주님께서는 다음과 같이 말씀하셨습니다. '네 이웃을 네 몸과 같이 사랑하라.' '누가 나의 이웃입니까?' 라고 묻는 자가 있다면 우리는 대답합니다. '세상의 모든 사람들이 우리의 이웃입니다. 모든 육체의 영의 아버지이신 하나님의 모든 소생들입니다.' 또 우리는 결코 우리의 적들 혹은 하나님의 적들이나 그들의 영혼을 제외할 이유는 없습니다. 오히려 모든 크리스천은 그런 사람들도 자신과 같이 사랑합니다."[208]

10. 복음적 겸손을 가지게 된다

복음적 겸손이란 자기가 하나님 앞에 얼마나 무가치한 존재인가를 철저히 깨닫고, 십자가 앞에서 철저히 회개함으로 가지게 되는 겸손을 말한다. 외식자들은 이러한 겸손을 가지지 못한다. 겸손한 척 할 수는 있겠으나, 진정으로 자기를 낮추고 자기를 부인하지는 못한다. 항상 자아와 아집이 살아서 남에게 인정받고, 높임 받고 싶어 한다. 그러나 진정한 회심자는 근본적으로 겸손하다.

그리스도는 마음이 온유하고 겸손하시다(마 11:29). 그러므로 거룩하신 주의 영이 거하는 사람은 당연히 온유하고 겸손한 성품이 넘치게 된다(갈 5:22-23). 마귀는 다른 것은 가지게 할 수 있으나 온유와 겸손은 가지게 할 수 없다. 에드워즈는 말한다. "자연적인 자기 사랑으로부터 나오는 모조품들과 구별되는, 참되고 신적이며 초자연적인 사랑의 가장 분명한 특징은 다음에서 찾아볼 수 있습니다. 즉 그리스도인의 덕은 다른 어떤 것들보다도 자기를 부인하고, 자기를 낮추며, 자기를 전멸시키는 데서 빛난다는 것입니다. 즉, 겸손에서 빛납니다. 그리스도인의 사랑, 혹은 참된 사랑은 겸손한 사랑입니다. …… **사랑과 겸손은 마귀의 영과 가장 반대되는 두 가지입니다.** 이 세상에 있는 그 어떤 것보다 말입니다. 왜냐하면 그 악한 영의 특

---

208) Wesley, "The Almost Christian," in WJW, 1, 137-138.

징은 무엇보다도 교만과 악의에 있기 때문입니다.…… 마귀가 하려고 해도 할 수 없고, 하려고도 하지 않는 다른 일들이 있습니다. 마귀는 사람들에게 신적인 사랑의 영이나 그리스도인의 겸손의 영, 그리고 가난한 마음을 주고자 하지 않을 것입니다. 설사 그가 주려고 한다 하더라도 줄 수 없을 것입니다. 마귀는 그 스스로 가지고 있지 못한 것을 줄 수 없습니다. 이러한 것들은 그의 본성과 가장 반대되는 것들입니다."[209]

교만은 사탄의 가장 두드러진 특징이며, 그것은 겸손과 정반대되는 것이다. 주의 영이 계신 곳에는 겸손과 화평이 있고, 사탄이 있는 곳에는 교만과 다툼이 있다. 온유하고 겸손하지 못한 성품에서 모든 분쟁이 일어나며, 그것으로 인하여 사탄이 기쁨을 누린다.

11. 의를 행하고 범죄하지 않는 삶을 살게 된다

하나님께로 난 자는 죄를 짓지 않는다(요일 3:9). 죄를 짓는 자는 마귀에게 속한 자이다(요일 3:8). 사도 요한은 말했다. "너희가 그의 의로우신 줄을 알면 의를 행하는 자마다 그에게서 난 줄을 알리라"(요일 2:29). "이러므로 하나님의 자녀들과 마귀의 자녀들이 나타나나니 무릇 의를 행치 아니하는 자나 또는 그 형제를 사랑치 아니하는 자는 하나님께 속하지 아니하니라"(요일 3:10).

성경은 사람이 거듭나게 되면 악한 자가 만지지도 못한다고 하였다. "하나님께로서 난 자마다 범죄치 아니하는 줄을 우리가 아노라. 하나님께로서 나신 자가 저를 지키시매 악한 자 저를 만지지도 못하느니라"(요일 5:18).

스펄전은 다음과 같이 말했다. "그러므로 우리는 요한1서 3장 9절에서 또 하나의 같은 생각을 볼 수 있습니다. '하나님께로서 난 자마다 죄를 짓지 아니하나니, 이는 하나님의 씨가 그의 속에 거함이요 저도 범죄치 못하

---

209) Edwards, *The Distinguishing Marks of a Work of the Spirit of God*, in WJE, 4, 257-258.

는 것은 하나님께로서 났음이라.' 다시 말하자면, 그리스도인의 생활의 성향은 죄로 향하는 것을 좋아하지 않습니다. 그리스도인이 죄 속에 산다는 것은 그의 삶에 대한 올바른 묘사가 아닙니다. 도리어 그에게는 죄를 지을 수 없는 내적 원리(principle)가 있으므로 죄를 대항하여 싸우고 투쟁할 것입니다. **새 생명은 죄를 짓지 않습니다.** 하나님께로서 났으므로 죄를 지을 수 없습니다. 옛 성품은 새 생명을 거슬러 싸우지만, 새 생명이 그리스도인 안에서 아주 우세하여, 그가 죄의 삶을 살지 않도록 합니다."210)

『독일 신학』에는 다음과 같이 말한다. "사람이 덕과 악 사이의 차이에 대한 탁월한 지식을 가지고 있다고 하더라도 그가 그 덕을 사랑하지 않는다면 그는 진정한 의미에서 도덕적이라고 할 수 없습니다. 그는 부도덕한 자요, 덕을 무시하는 자입니다. 그러나 만일 그가 덕을 사랑한다면, 그는 덕에 순종하며, 부도덕한 것을 원수로 여기게 됩니다. **간단하게 말해 그는 부도덕한 일에 빠질 수가 없습니다.** …… 그런즉 만일 그가 불의의 원수라면, 그는 그의 동료에게서 불의를 발견할 때마다 그 불의를 제거하고, 그를 의로 인도하기 위하여 희생적으로 행하며, 그로 인해 고난받을 각오를 하게 될 것입니다. 진정으로 의로운 자는 불의를 행하기보다는 차라리 백 번이고 죽기를 원하는 바, 이는 단지 의를 사랑하기 때문입니다."211)

12. 세상을 이긴다

하나님께로서 난 사람은 세상의 유혹과 욕심을 이긴다. "하나님을 사랑하는 것은 이것이니 우리가 그의 계명들을 지키는 것이라. 그의 계명들은 무거운 것이 아니로다. 대저 하나님께로서 난 자마다 세상을 이기느니라. 세상을 이긴 이김은 이것이니 우리의 믿음이니라" (요일 5:3-4).

---

210) Charles H. Spurgeon, "The Final Perseverance of the Saints," *Spurgeon on the Five Points* (Mac Dill Afb, Florida: Tyndale Bible Society, n.d.), 18.
211) *The Theologia Germanica of Martin Luther*, 120-121.

피니의 말을 들어 보자. "**믿음으로 그리스도를 영혼 속에 영접하고서도 영혼이 세상을 이기지 못하는 일은 본질상 있을 수 없습니다.** 신생이 있으면 마음이 새로운 상태로 들어가게 되고 그리스도께서 마음속에 들어가시게 됩니다. 그렇게 되면, 그리스도께서도 당연히 그 영혼 속에서 그를 다스리시게 될 것입니다. 그리하여 영혼은 가장 기쁜 마음으로 그리스도께 지고한 애정을 바치게 되며, 영혼을 지배하던 세상의 능력이 파괴됩니다. …… 세상을 이기는 것이 습관화되지 않은 사람은 하나님께로서 난 사람이 아닙니다."[212] 윗필드는 그의 말년에 한 설교인 "야곱의 사닥다리"에서 이렇게 말했다. "제 나이 스무 살 되던 해 이후로 지금까지 저는 세상을 사랑하지 않았고, 또한 단 1분이라도 제 마음속에 세상 사랑을 품고 지냈던 적이 없음은 하나님께서 증인이십니다."

13. 영적 세계를 보게 되며, 성령님의 가르침을 듣게 된다. 즉 영 분별을 하게 된다

거듭나게 되면 새로운 영적 세계를 보게 된다. 즉 영적인 시각과 안목이 생긴다. 고린도전서 2장 9-10절을 보라. "기록된 바 하나님이 자기를 사랑하는 자들을 위하여 예비하신 모든 것은 눈으로 보지 못하고 귀로도 듣지 못하고 사람의 마음으로도 생각지 못하였다 함과 같으니라. 오직 하나님이 성령으로 이것을 우리에게 보이셨으니 성령은 모든 것 곧 하나님의 깊은 것이라도 통달하시느니라." 당신은 새로운 세계를 보게 되었는가?

거듭난 사람은 또한 영적인 귀가 열려 성령님의 가르침을 듣기 시작한다. 요한1서 2장 27절을 보라. "너희는 주께 받은 바 기름 부음이 너희 안에 거하나니 아무도 너희를 가르칠 필요가 없고 오직 그의 기름 부음이 모든

---

212) Charles G. Finney, "Victory Over The World," in *Victory Over The World* (Grand Rapid, Michigan: Kregel Publications, 1966), 21.

것을 너희에게 가르치며 또 참되고 거짓이 없으니 너희를 가르치신 그대로 주 안에 거하라." 성령님의 기름 부음이 있는 사람은 성령님의 음성을 듣게 된다. 성령님께서는 모든 것을 가르쳐 주신다. 성령의 기름 부음을 받으면 신령한 눈이 열리고 신령한 귀가 열리므로 선과 악, 거룩한 것과 속된 것을 분별하며 살 수 있다.

"너희는 거룩하신 자에게서 기름 부음을 받고 모든 것을 아느니라"(요일 2:20). 요한1서 2장 20절과 27절의 말씀은 특별히 거짓 영들을 분별하는 것에 대한 말씀이다. 그 마음속에 성령님이 계신 사람은 거짓 교리나 거짓 선지자, 거짓된 교인을 따라가지 않는다. 성령의 거룩한 기름 부음이 거룩한 것과 속된 것을 분별하게 해 주시기 때문이다.

14. 복음을 증거하게 된다

성령의 비추심으로 그리스도의 영광을 보게 된 자들은 그리스도를 증거하지 않을 수 없다. "우리는 보고 들은 것을 말하지 아니할 수 없다 하니"(행 4:20). "오직 성령이 너희에게 임하시면 너희가 권능을 받고 예루살렘과 온 유대와 사마리아와 땅 끝까지 이르러 내 증인이 되리라"(행 1:8). 초대 교회 성도들은 사도, 평신도 할 것 없이 모두 흩어져 담대히 복음을 전했다. 이는 성령님께서 그들에게 분명히 임하셨기 때문이다.

15. 거룩한 순종과 실천이 따르게 된다

"너희가 나를 사랑하면 나의 계명을 지키리라"(요 14:15). 참으로 거듭난 사람은 주님의 계명을 기쁘게 자발적으로 지킨다. 주의 계명은 그에게 결코 무거운 것이 아니다(요일 5:3). 주변에 보면, 예수님을 믿노라 하면서 행실이 거룩하지 않고, 마음이 거룩하지 않고, 삶이 거룩하지 못한 사람이 많다. 성경은 이에 대해 무엇이라고 말씀하시는가? "만일 우리가 하나님과 사귐이 있다고 하고 어두운 가운데 행하면 거짓말을 하고 진리를 행치 아니함이거니와"(요일 1:6). "우리가 그의 계명을 지키면 이로써 우리가 저를 아는 줄로 알 것이요, 저를 아노라 하고 그의 계명을 지키지 아니하는 자는 거짓말하는 자요, 진리가 그 속에 있지 아니하되"(요일 2:3-4). 말로는 믿는다고 하지만, 행실로는 주의 계명대로 살지 않는 자는 거짓말 하는 자요, 위선자다. 위선자를 경계하라!

오웬은 이런 위선자에 대해서 다음과 같이 경계했다. "우리는 그리스도를 거짓으로 사랑하는 척할 수 있다는 것을 압니다. 이러한 위선은 본인의 영혼을 파멸시킬 뿐 아니라, 종종 다른 사람들에게 해를 끼치고 고통을 줍니다. 교회 안에는 위선자들이 항상 있었으며 아마 앞으로도 계속 있을 것입니다. 거짓으로 그리스도를 사랑하는 척하는 것이 위선의 본질적인 모습입니다. 그리스도에 대한 첫 번째 큰 위선은 그를 사랑하는 척하면서 반역을 한 것이었습니다. 그를 배반했던 사람은 '선생님 안녕하시옵나이까 하고 입을 맞추었던' 사람이었습니다. **그는 말과 겉으로는 사랑을 말하면서 마음으로는 속임수와 음모를 가지고 있었습니다.** …… 이렇게 거짓된 사랑은 드러낸 미움보다 더 나쁩니다. …… 우리는 그리스도의 계명을 지키기에 게을리 하는 사람들은 그들이 무슨 고백을 하든지 간에 그리스도를 사랑하지 않는 사람들이라고 확실하게 말할 수 있습니다."[213] 그리스도에 대한 우리의 믿음과 사랑은 말로써가 아니라 생활 중에 실천으로써 그 열매를 입증할 수 있어야 진정으로 거듭났다고 할 수 있다(갈 5:22-23). "너희가 나를 사랑하면 나의 계명을 지키리라"(요 14:15).

사람들 중에는 스스로 마음을 달래기 위해서, 혹은 남의 눈 때문에, 자존심 때문에, 혹은 마귀에게 스스로 속아서, 혹은 참된 구원이 무엇인지도 모르고 위선적으로 자신이 거듭났다고 말하는 사람이 많다. 예수님께서 말씀

---

213) Owen, *A Declaration of the Glorious Mystery of the Person of Christ*, in WJO, 1, 140-141.

하신 것처럼 **우리는 열매를 보고서야 참으로 그 나무를 판단할 수 있다.** "그의 열매로 그들을 알지니 가시나무에서 포도를, 또는 엉겅퀴에서 무화과를 따겠느냐?"(마 7:16) 어떤 사람의 말이 아무리 현란할지라도 생활 중 거룩한 열매가 나타나지 않는다면 그는 성령 받은 사람은 아니다. "저희가 하나님을 시인하나 행위로는 부인하니 가증한 자요 복종치 아니하는 자요 모든 선한 일을 버리는 자니라"(딛 1:16).

16. 조나단 에드워즈의 『성령의 역사 분별 방법』에 나오는 영 분별

에드워즈만큼 부흥 운동을 가까이서 목격한 사람은 흔치 않다. 그는 『성령의 역사 분별 방법』에서 요한1서 4장을 강해하면서 영 분별을 논했다. "사랑하는 자들아. 영을 다 믿지 말고 오직 영들이 하나님께 속하였나 시험하라. 많은 거짓 선지자가 세상에 나왔음이니라"(요일 4:1). 그는 성령의 역사임을 입증해 주는 다섯 가지 증거를 다음과 같이 말했다.

첫째, 마음 깊은 곳에서 예수님을 높이도록 역사하는 영은 성령님이시다. 성령님은 "동정녀에게서 나시고 예루살렘 성문 밖에서 십자가의 죽임을 당하신 예수님에 대한 그들의 존경심을 높이는 방식으로 역사"하신다. 그리고 "복음에서 예수님이 하나님의 아들이심과 사람들의 구주이심을 선언하는 것이 진리임"을 사람들의 마음에 더욱 확신하게 하고 공고히 하신다.[214] 당신은 예수님께서 하나님의 아들이심과 구주이심에 대해 얼마나 확신하게 되었는가?

둘째, 성령님께서는 세상을 좇게 하는 사탄의 세력을 물리치시는 방식으로 역사하신다. "역사하고 있는 영이 사람들로 하여금 죄를 짓도록 격려하고 죄 가운데 확고히 살도록 만들고 세상적인 욕망을 소중히 여기도록 하는 사탄의 왕국의 이익에 반대하여 작용한다면, 그것은 그 영이 참된 영이

---

214) Edwards, *The Distinguishing Marks of a Work of the Spirit of God*, in WJE, 4, 249.

며 거짓 영이 아님을 말해주는 확실한 표징입니다."²¹⁵⁾

셋째, 성령님께서는 성경을 높이고 사랑하게 만든다. "사람들이 성경을 매우 존중하게 되고, 성경의 진리와 신성을 더욱 확신하게 된다면, 그런 식으로 역사하는 영은 분명히 하나님의 성령이십니다."²¹⁶⁾

넷째, 성령님께서는 영적인 참된 실제를 보고 느끼게 하신다. "예를 들어 역사하고 있는 영이 사람들로 하여금 하나님께서 살아 계신 것과, 그 분은 위대하신 하나님이시며, 죄를 미워하는 하나님이시라는 사실을 평소보다 더욱 민감하게 깨닫게 해 준다면, 그리고 사람들로 하여금 그들이 반드시 죽는다는 것과, 인생은 짧으며 대단히 불확실하다는 것을 더욱 깨닫게 해 준다면, 그리고 사람들로 하여금 다른 세상이 있다는 것과, 그들이 죽지 않는 영혼을 가지고 있다는 것과, 그들이 반드시 하나님께 직고해야 한다는 사실을 확실히 느끼게 해 준다면, 그리고 그들의 본성의 죄와 행동으로 지은 죄가 매우 많음을 깨닫게 해 준다면, 그리고 그들 자신으로서는 어찌할 수 없다는 것을 깨닫게 해 준다면, 그리고 건전한 교리에 일치하는 다른 진리들을 확신케 할 수 있다면, 이와 같이 역사하는 그 영은 진리의 영입니다. 성령은 사물들이 있는 그대로의 참된 실제를 나타내 보여줍니다."²¹⁷⁾

다섯째가 가장 중요한 것이다. 성령님께서는 하나님과 사람에 대한 순수한 사랑, 겸손한 사랑을 하게 하신다. "사람들 사이에 역사하고 있는 영이 하나님과 사람에 대한 사랑의 영으로 역사한다면, 그것은 그 영이 하나님의 성령이라는 분명한 표징입니다." 에드워즈는 이렇게 강조했다. "참된 성령의 표지로 제시한 이 마지막 표지를 사도는 가장 뛰어난 표지로 말하는 듯이 보입니다. 사도는 기타 모든 다른 표지들보다 사랑을 훨씬 더 많이 주장하고 있습니다."²¹⁸⁾

---

215) Edwards, *The Distinguishing Marks of a Work of the Spirit of God*, in WJE, 4, 250–251.
216) Edwards, *The Distinguishing Marks of a Work of the Spirit of God*, in WJE, 4, 253.
217) Edwards, *The Distinguishing Marks of a Work of the Spirit of God*, in WJE, 4, 254–255.
218) Edwards, *The Distinguishing Marks of a Work of the Spirit of God*, in WJE, 4, 256.

에드워즈는 이 책을 1741년에 저술했다. 이때는 제1차 대각성 운동(1740-1742)이 한창 진행되고 있을 무렵이었다. 대각성이 끝난 1746년에 출판한 『신앙 감정론』에는 더욱 깊고 예리한 영 분별이 나온다. 그것은 이 책 2부에 나오는 에드워즈 부분을 보라.

17. 조나단 에드워즈의 『참된 미덕의 본질』에 나오는 영 분별

에드워즈는 성령과 사탄의 영을 구별하는 가장 뛰어난 표지로 사랑을 말했다. 기독교인이 가지는 사랑의 본질은 어떤 것인가? 이것을 본격적으로 논의한 것이 1755년에 저술한 『참된 미덕의 본질』이다. 이 책은 깊고 영적일 뿐만 아니라 철학적인 책으로, 에드워즈는 이 책으로 인하여 지금까지 큰 명성을 누리고 있다.

에드워즈는 "참된 미덕은 보편 존재(다른 말로, 존재 일반, Being in general)에 대한 호의(benevolence)에 가장 본질적으로 존재한다."라고 했다.[219] 여기서 보편 존재란 모든 것을 포함하는 존재이신 하나님과 모든 '지성적인 존재'를 가리킨다. 즉 에드워즈는 참으로 거듭난 사람은 먼저 하나님을 사랑하고, 모든 인간을 사랑한다는 것이다. 거듭난 사람의 사랑의 대상은 온 인류에 미친다. 이것이 이 책의 논점이다. 다시 말하면, 보편 존재이신 하나님을 사랑하는 자는 그 가운데 포함되는 모든 인간을 사랑하게 된다는 것이다.

에드워즈는 기독교인이 발휘하는 사랑을 '만족적 사랑'(complacence)과 '호의적 사랑'(benevolence) 이 둘로 나누었다. 거듭난 사람은 택함 받은 거룩한 성도들에게는 '만족적 사랑'을 갖게 되고, 모든 인간에 대해서는 '호의적 사랑'을 발휘하게 되어 있다. 에드워즈는 이와 같은 마음을 가진 사람이라야 거듭난 사람이라고 보았다.

---

219) Edwards, *The Nature of True Virtue*, in WJE, 8, 540.

성령으로 말미암아 하나님의 거룩의 아름다움을 보게 된 사람[220]은 하나님을 사랑하게 되고, 모든 것을 포함하시는 하나님을 사랑하게 된 사람은 하나님과 모든 인간을 사랑하게 된다는 것이 에드워즈의 가르침이다. 모든 인간에 대한 사랑이 거듭남의 표지라는 것은 윗필드, 웨슬리도 강조했으며, 성경에도 자주 나온다. 즉 거듭난 사람의 사랑이 미치는 범위는 원수까지이다. "나는 너희에게 이르노니 너희 원수를 사랑하며 너희를 핍박하는 자를 위하여 기도하라. 이같이 한즉 하늘에 계신 너희 아버지의 아들이 되리니⋯⋯"(마 5:44-45).

이상으로 거듭난 자의 표징들을 자세히 살펴보았다. 끝으로 윗필드의 말을 들어 보자. "편벽되지 않게 자신을 점검해 보아 자기 영혼 속에서 앞에서 말한 표징들을 발견할 수 있는 사람들은 누구든지 천사가 자기에게 말하는 것처럼 확실하게 그의 용서가 하늘에서 인친 바 되었음을 확신할 수 있을 것입니다. 저 자신에 대해 말하자면, 저는 하늘로부터 온 천사가 저에게, '아들아, 힘을 내라. 네 죄가 사함 받았느니라.' 라고 말하는 것을 귀로 듣는 것보다 더 확실하게 이러한 신적인 은혜들을 보았고, **제 영혼 위에 하늘의 성품이 인쳐진 것을 보았습니다**. 이러한 것들은 오류가 있을 수 없는 증거들입니다. 그 표징들은 임마누엘 하나님께서 우리와 함께, 또 우리 속에 계시는 증거입니다. 그러한 표징들은 받은 자만이 알 수 있는 흰 돌 위에 기록되어 있습니다. 그것들은 또한 우리 마음속에서 우리가 하늘의 기업을 유업으로 받게 되었다는 것을 보증해주는 보증들이기도 합니다."[221]

사랑하는 독자여, 당신도 윗필드처럼 말할 수 있는가?

---

220) 성령이 마음에 부어지면 "신적인 일들의 거룩함 혹은 도덕적 완전함의 지고한 아름다움과 달콤함에 대한 마음의 감각(sense of heart)"이 생긴다. 에드워즈는 이 '마음의 감각'이 곧 믿음이라고 하였다. Edwards, *Religious Affections*, in WJE, 2, 272 .

221) Whitefield, "Marks of having Received the Holy Ghost," in WGW, 365-366.

제14장

구원의 확신: 성령의 내적 증거

> 성령이 친히 우리 영으로 더불어 우리가 하나님의 자녀인 것을 증거하시나니(롬 8:16).

하나님께서는 말씀하신다. "하나님의 아들을 믿는 자는 자기 안에 증거가 있고"(요일 5:10). 그러나 오늘날은 구원받은 증거가 있느냐고 물으면, 대답을 잘 못하는 사람이 많다. 성령의 내적 증거가 있느냐고 물으면 어떤 사람은 남의 눈치 때문에, 또는 자존심 때문에 거짓으로 있다고 한다. 어떤 사람은 구원의 확신에 대한 잘못된 교육을 받아서 실제로는 없는데도 있다고 말한다. 오늘날 대표적으로 잘못된 가르침은 믿는다고 고백하면 다 성령을 받았다는 가르침이다.

조나단 에드워즈, 조지 윗필드, 존 웨슬리를 비롯하여 모든 각성 운동 사역자들은 철저한 자기 점검을 하도록 하였다. 우리는 간단한 건강 검진을 해도 긴장한다. 그런데 사람들은 영원한 자기의 운명에 대해 점검하는 일에 있어서는 긴장하지 않는다. 이는 그 사람이 영생에 관심이 없음을 보여 주는 것이다. 당신이 구원받은 백성이 되었는지 어떻게 알 수 있는가?

1. 가장 크고 확실한 증거는 성령의 내적 증거이다

(1) **참으로 거듭난 사람은 양자의 영이 자기 속에 계심을 느끼게 된다.** 즉 양자의 영으로 말미암아 내가 하나님의 자녀가 되었다고 하는 의식이 항상 있게 된다. "너희는 다시 무서워하는 종의 영을 받지 아니하였고 양자의 영을 받았으므로 아바 아버지라 부르짖느니라"(롬 8:15). "너희가 아들인 고로 하나님이 그 아들의 영을 우리 마음 가운데 보내사 아바 아버지라 부르게 하셨느니라"(갈 4:6). 형제여, 그대의 마음속에도 양자의 영이 부어져서 '아바! 아버지' 라고 하나님을 부르는 것을 느끼게 되었는가?

피니는 하나님께서 우리에게 양자의 영을 주실 때 하나님을 아버지로 느끼게 된다고 했다. "당신이 의롭다 함을 받았으면, 당신은 하나님의 사랑하시는 자녀로 입양된 것입니다. 하나님께서는 그의 성령을 당신의 마음에 보내셔서 저절로 '아바, 아버지!' 라고 외치게 하실 것입니다. 당신은 하나님을 아버지로 느낄 것이며, 아버지라 부르고 싶어질 것입니다. 이러한 일을 경험한 적이 있습니까? 하나님을 '하늘에 계신 아버지' 라고 말하는 것과 아버지처럼 느끼는 것은 다른 일입니다."[222]

에드워즈도 거듭난 사람은 양자의 영으로 내주하시는 성령으로 말미암아 자신이 하나님의 자녀가 되었음을 분명히 느끼게 된다고 했다. "여기서 성령님께서 우리가 하나님의 자녀인 것을 증거하신다고 말씀할 때 사도가 뜻하는 것은 성령님이 우리 안에 내주하셔서, 양자의 영과 아들의 영으로서 우리를 인도하시고, 우리가 하나님을 대할 때 아버지를 대함과 같이 행동하도록 이끄시는 것을 의미합니다. 이것이 바로 사도가 말하는바 우리가 하나님의 자녀라는 증언 혹은 증거입니다. 이것이 우리가 자녀의 영, 혹은 양자의 영을 가졌다는 말의 의미입니다."[223]

---

222) Finney, "Justification by Faith," in *Lectures to Professing Christians*, 303.
223) Edwards, *Religious Affections*, in WJE, 2, 237.

윗필드는 아직 양자의 영이 주어지지 않은 자는 양자의 영이 거하심을 느낄 때까지 기도하라고 강조했다. "여러분이 피곤하여 낙심치 않는다면 아버지께서 약속하신 양자의 영을 받게 될 것입니다. 오직 끈질기게 그것을 구하십시오. 여러분이 위로부터 거듭난 것과, 하나님의 성령님께서 여러분의 영에게 여러분이 하나님의 자녀가 되었다고 친히 증거하시는 것을 알고 느낄 때까지 당신 영혼이 쉬지 않기를 결심하십시오."[224] 당신은 이 복된 체험을 했는가? 하나님께 진실한 마음으로 구하면 누구에게나 반드시 양자의 영을 주실 것이다.

(2) **양자의 영이 주어지면, 내주하시는 성령님은 내가 하나님의 자녀가 되었음을 직접 가르쳐 주신다.** 이것이 성령의 내적 증거다. "성령이 친히 우리 영으로 더불어 우리가 하나님의 자녀인 것을 증거하시나니"(롬 8:16). 성령님께서 내게 임하시면, 나의 모든 죄가 용서되었으며, 내가 하나님께 받아들여졌으며, 내가 하나님의 자녀가 되었다는 것을 성령님께서 증거해 주시는 것을 느낄 수 있게 된다.

웨슬리는 성령의 증거에 대해 다음과 같이 말했다. "성령의 증거는 영혼에 주어지는 내적 인상을 가리키는데, 하나님의 영이 나의 영에게 '내가 하나님의 자녀요, 예수 그리스도께서 나를 사랑하사 나를 위하여 자신을 주셨고 나의 모든 죄는 도말되었으니 나도, 아니 나까지도 하나님께 화목되었다' 고 즉각적이고 직접적으로 증거하시는 것입니다."[225]

그는 성령의 증거를 받는 과정을 다음과 같이 말했다. "하나님께서 직접적인 영향력을 발휘하셔서, 그리고 강하지만 설명할 수 없는 어떤 작용을 영혼 위에 베푸셔서 폭풍과 성가셨던 물결은 지나가고 마음이 아주 잔잔해집니다. 그리고 예수님의 품 안에 있는 것처럼 평안해집니다. 그리고 죄인은 자신이 하나님과 화목케 되었음을 확신하고, '모든 불법의 사함을 받았

---

224) Whitefield, "Marks of having Received the Holy Ghost," in WGW, 367.
225) Wesley, "The Witness of the Spirit, II," in WJW, 1, 287.

고, 자신의 죄가 가리어짐을 받은 것'을 분명히 확신케 됩니다."[226]

그가 말하는 성령의 증거는 우리가 믿음으로 말미암아 하나님의 은혜로 칭의된 하나님의 자녀의 상태에 있다는 것을 성령님께서 증거해 주시는 것이다. "이는 증거를 받는 자로 하여금 저들이 하나님의 자녀가 되었음을 확신케 하려는 데 목적이 있는 것입니다. 다시 말하면, 저들이 '그리스도 예수 안에 있는 구속으로 말미암아 하나님의 은혜로 값없이 의롭다 하심을 얻은 자가 되었음'을 확신케 하려는 데 있는 것입니다."[227]

웨슬리는 거듭난 사람이 자신에게 이루어진 변화, 즉 성령의 열매를 보고서 자신이 스스로 하나님의 자녀가 되었다는 것을 아는 것을 '우리 영의 증거'라고 했다. 이에 비하여 성령의 증거는 보다 "즉각적이고 직접적"이라고 했다. "성령님은 나의 영에게 내가 하나님의 자녀가 되었음을 증거하시고, 이에 대한 증거를 주셨습니다. 그리하여 나는 즉시 '아바, 아버지여!'라고 외쳤습니다. 나는 이것을 (여러분들과 마찬가지로) 내가 어떤 성령의 열매를 의식하기 전에 행한 것입니다. 이 증거를 받은 데서부터 사랑, 희락, 화평 등 성령의 모든 열매가 넘쳐흘렀습니다."[228]

이와 같이 성령님의 직접 증거는 우리 내면에서 나타나게 되는 성령의 열매들보다 순서상 먼저 오게 된다. 웨슬리는 "성령님의 증거의 즉각적인 결과는 '성령의 열매'로 나타나는데 곧 '사랑과 희락과 화평과 오래 참음과 자비와 양선' 등으로 나타난다."[229]라고 했다. 다시 말하면, 성령님의 증거는 성령의 열매에 앞선다는 것이다.

웨슬리는 성령의 증거는 확실하다고 말했다. 자기 안에 진짜 증거를 가진 사람이 어떻게 이를 억측과 구별할 수 있겠는가? 이에 대해 그는 다음과 같이 말하였다. "당신은 낮과 밤을 어떻게 구분하십니까? 당신은 빛과 어둠

---

226) Wesley, "The Witness of the Spirit, II," in WJW, 1, 287.
227) Wesley, "The Witness of the Spirit, II," in WJW, 1, 294.
228) Wesley, "The Witness of the Spirit, II," in WJW, 1, 290.
229) Wesley, "The Witness of the Spirit, II," in WJW, 1, 286.

을 어떻게 구분하십니까? 또는 당신은 별빛과 가물거리는 촛불을 정오의 태양빛과 어떻게 구별하십니까? 이 양자 사이에는 고유하고, 분명하고, 본질적인 차이가 있지 않습니까? 그리하여 당신의 감각이 올바르다면 당신은 그 차이를 즉각적으로 또는 직접적으로 알 수 있지 않습니까? …… 마찬가지로, 이 차이도 우리의 영적 감각이 올바르다면 즉각적으로 또는 직접적으로 감지될 수 있는 것입니다."[230]

그는 성령의 증거를 받은 그리스도인은 자기가 하나님의 자녀인 것을 결코 의심할 수 없다고 했다. "따라서 그리스도인은 자기가 하나님의 자녀인 것을 결코 의심할 수가 없습니다. …… 그리고 이것이 영혼에 나타났을 때 그 사람은 그의 아들 됨의 실재를 마치 사람이 태양빛의 광휘 속에 섰을 때 그 빛을 의심할 수 없는 것과 마찬가지로 이것도 의심할 수 없습니다."[231]

웨슬리는 '성령의 증거'는 메서디스트들(Methodists)에게 "하나님께서 온 인류에게 전하라고 주신 증거 중 으뜸가는 것"이라고 하였다. 그리고 이 성령의 증거는 "오랜 시간 동안 거의 잊혀졌고 또 상실되었던 교리"라고 했다.[232]

에드워즈가 저술한 『뉴잉글랜드 현재 종교 부흥에 대한 소고』(1742)를 보면 클랩 대령의 『회상록』을 인용하면서 클랩 대령이 어떻게 자신이 체험한 성령의 증거를 묘사했는지 소개했다. 클랩 대령은 무지한 여인이나 어린아이가 아니라 견실한 지성을 가진 남자였다. 그런데 그가 영적인 기쁨이 충만한 황홀경 속에 침대에서 큰 소리로 부르짖게 되었다. 클랩 대령은 이렇게 고백했다. "'성령이 친히 내 영으로 더불어 내가 하나님의 자녀인 것을 증거하시는도다'(롬 8:16). 내 마음과 영혼이 그리스도를 얻었다는 충만한 확신으로 가득 차게 되었습니다. 그 확신으로 인해 나는 황홀경에 빠져 침

---

230) Wesley, "The Witness of the Spirit, I," in WJW, 1, 282.
231) Wesley, "The Witness of the Spirit, I," in WJW, 1, 276.
232) Wesley, "The Witness of the Spirit, II," in WJW, 1, 285-286.

대 위에서 큰 소리로 '그가 오셨다, 그가 오셨다!'라고 외쳤습니다."[233]

청교도 에드워드 엘탐(Edward Eltham, d. 1623)은 성령님의 증거에 대해서 다음과 같이 말했다. "그러므로 나는 그가 말했던 성령의 증거 또는 증언은 내적으로 비밀스러운 말로 표현할 수 없는 성령의 영감이라고 생각합니다. 즉, 하나님의 성령님께서는 내적으로 은밀하게 하나님께서 우리의 아버지가 되셨음을 알려 주시고, 내적으로 믿게 하여 주시고, 우리를 향하신 하나님의 사랑에 대하여 은밀하고 놀랍고 말로 표현할 수 없는 달콤한 감각과 느낌을 우리 마음속에 부어 주십니다. …… 로마서 5장 5절에서 사도는 이 목적에 대하여 분명히 말하고 있습니다. 우리에게 주신 성령님께서 그리스도 안에서 우리를 향한 하나님의 사랑에 대한 감각과 느낌을 우리 마음에 주입하고 부어 넣으신다고 했습니다."[234]

정리하면, 성령의 증거란 양자의 영이 내 속에 부어짐으로 말미암아 믿음으로 내 죄가 용서받았음을, 그리고 내가 하나님의 자녀가 되었음을, 그리고 하나님께서 나의 아버지가 되셨음을 직접적으로 깨닫게 되는 것이다. 그래서 성령을 사랑의 영이라고 하는 것이다. 성령님께서 내주하는 사람은 하나님의 사랑이 부은바 된 사람이다(롬 5:5). 이 사랑으로 인하여 우리는 사랑의 열매를 맺는 삶을 살게 되는 것이다.

2. 하나님께서는 우리를 그의 소유로 삼으셨다는 표시로 우리 심령에 성령으로 인을 쳐 주신다

우리는 거듭날 때 성령으로 인(印)침을 받는다. 우리는 우리 영혼 속에 성령의 인침이 있는 것을 느낄 때, 우리는 자신이 하나님의 소유가 되었음을 깨닫게 된다. "그 안에서 너희도 진리의 말씀 곧 너희의 구원의 복음을 듣

---

233) Edwards, *Some Thoughts Concerning the Revival*, in WJE, 4, 312.
234) Lloyd-Jones, *Joy Unspeakable: The Baptism with the Holy Spirit*, 94.

고 그 안에서 또한 믿어 약속의 성령으로 인치심을 받았으니"(엡 1:13). "하나님의 성령을 근심하게 하지 말라. 그 안에서 너희가 구속의 날까지 인치심을 받았느니라"(엡 4:30).

인치는 것은 도장을 찍는 것을 말한다. 이는 특별한 소유권을 의미한다. 이와 같이 하나님께서도 우리를 자신의 소유로 삼으셨다는 표시로 성령으로 인쳐 주신다. 참으로 거듭난 사람은 성령으로 자신을 인쳐 주셨음을 스스로 느낀다. 성령의 인침은 구원의 확신을 주시는 성령님의 행동이 아니다. 성령님 자신이 하나님의 인이시다.

에드워즈는 성령의 증거와 성령의 인을 같은 것으로 보았다. "성령의 증거(롬 8:16)는 신약 성경의 다른 곳에서는 성령의 인(고후 1:22; 엡 1:13; 4:13)이라고 불립니다."[235] "하나님께서 그의 영으로 사람의 마음에 그의 인을 치실 때, 왁스 위에 남겨진 인처럼, 성령님께서 마음에 새기시고 남기신 어떤 거룩한 자국이나 이미지가 생깁니다. 이 거룩한 자국이나 박힌 형상은 그 인을 받은 사람이 하나님의 자녀라는 사실을 분명히 양심에 증거하는데, 이것이 바로 성경에서 말하는 성령의 인 그리고 성령의 증거라는 것입니다. 성령님께서 하나님의 자녀들의 마음에 찍은 상(image)은 바로 성령님 자신의 상입니다."[236] "군왕들의 인에는 그들의 형상이 새겨져 있어서, 어떤 사물에 그들의 인이나 왕의 표식을 찍으면, 그 물건 위에 자신들의 형상이 찍힙니다. …… 특별히 그리스도의 형상이 성경에서 우리 영이라고 칭하는 양심의 눈에 분명하게 드러날 정도로 아주 정확하고 분명하게 인쳐질 때, 바로 이것을 성령의 인이라고 부르는 것입니다. 이것이 참으로 영적이며, 초자연적이고, 신적인 감화입니다. 이것은 그 자체가 거룩하며, 하나님의 본성과 아름다움을 전달하는 것입니다."[237]

오웬도 성령의 인치심과 성화를 같은 것으로 보았다. "인침이란 인에 있

---

235) Edwards, *Religious Affections*, in WJE, 2, 230.
236) Edwards, *Religious Affections*, in WJE, 2, 232.
237) Edwards, *Religious Affections*, in WJE, 2, 232-233.

는 특성과 형상이 인침 받는 것에 전달되는 것입니다. 그러므로 성령의 인치심은 성령의 본질과 형상을 사람의 영혼 속에 전달하는 것입니다. 성령의 인치심은 실제적으로는 우리의 성화와 똑같은 것이라고 할 수 있습니다."[238] 오웬은 "인침은 성령님께서 자신을 우리에게 전달하시는 것"이라고 했다.[239] 다시 말하면 성령님 자신이 인이시라는 말이다. 어떤 청교도들(리처드 십스, 존 프레스톤, 토머스 굳윈 등)은 성령의 인침을 구원의 확신을 주시는 성령님의 은혜의 이차적 역사라고 보았다. 이에 비해서 오웬은 다음과 같이 말했다. "성령의 인침은 구원의 확신의 근거로서 우리 속에서 역사하시는 성령님의 행동이 아닙니다. 오히려 그것은 성령님을 우리에게 전달하시는 것입니다."[240] 즉 오웬에 의하면, 성령님 자신이 인이시다.

구약 주전 587년 이스라엘이 바벨론에게 멸망당할 때 이마에 인침 있는 자만 심판에서 살아남았다. "그룹에 머물러 있던 이스라엘 하나님의 영광이 올라 성전 문지방에 이르더니 여호와께서 그 가는 베옷을 입고 서기관의 먹 그릇을 찬 사람을 불러 이르시되 너는 예루살렘 성읍 중에 순행하여 그 가운데서 행하는 모든 가증한 일로 인하여 탄식하며 우는 자의 이마에 표하라 하시고, 나의 듣는데 또 그 남은 자에게 이르시되 너희는 그 뒤를 좇아 성읍 중에 순행하며 아껴 보지도 말며 긍휼을 베풀지도 말고 쳐서 늙은 자와 젊은 자와 처녀와 어린 아이와 부녀를 다 죽이되 이마에 표 있는 자에게는 가까이 말라 내 성소에서 시작할지니라 하시매 그들이 성전 앞에 있는 늙은 자들로부터 시작하더라"(겔 9:3-6). 인침은 죄악으로 가득 찬 예루살렘 성읍 가운데서 행해지는 '모든 가증한 일로 인하여 탄식하며 우는 자' 만 받았다. 그들만이 심판의 칼을 피할 수 있었다. 이것은 최후의 심판의 예표이다. 당신에게는 하나님께서 인쳐 주신 표가 있는가?

---

238) Owen, *A Discourse on the Holy spirit as a Comforter*, in WJO, 4, 400.
239) Owen, *A Discourse on the Holy spirit as a Comforter*, in WJO, 4, 400.
240) Owen, *A Discourse on the Holy spirit as a Comforter*, in WJO, 4, 405.

3. 하나님께서는 구원의 보증으로서 성령을 주신다

성령님께서는 또한 구원의 보증이라고 하였다. 성령의 인은 성령의 보증과 사실상 같은 말이다. "저가 또한 우리에게 인치시고 보증으로 성령을 우리 마음에 주셨느니라"(고후 1:22). "그 안에서 너희도 진리의 말씀 곧 너희의 구원의 복음을 듣고 그 안에서 또한 믿어 약속의 성령으로 인치심을 받았으니 이는 우리의 기업에 보증이 되사 그 얻으신 것을 구속하시고 그의 영광을 찬미하게 하려 하심이라"(엡 1:13-14).

하나님께서는 장차 우리가 하나님의 나라를 유업으로 받을 것에 대한 보증으로 우리 마음에 성령을 주신다. 지금 그 심령 속에 성령이 있는 사람은 확실히 천국을 유업으로 받게 된다. 이것이 '성령을 보증으로 주셨다' 는 말의 의미이다. 그러한 성령을 모신 성도는 그 얼마나 행복한 사람들인가! 참으로 거듭난 사람은 보증으로 성령을 주셨음을 느낀다. 사랑하는 성도여, 당신에게는 이와 같은 보증으로서의 성령이 있는가?

에드워즈는 고린도후서 1장 22절과 에베소서 1장 13-14절을 들어 성령의 보증과 인을 같다고 했다. "고린도후서 1장 22절을 보면 성령의 인은 성령의 보증과 같다는 것은 너무도 명백합니다. …… 보증이라는 것은 때가 되면 모든 것을 다 갚겠다는 표시로, 합의된 돈의 일부를 미리 주는 것이며, 또한 장차 전체를 완전히 소유할 것을 표시하는 행위로 지금 약속한 유업 일부를 지불하는 것입니다. 확실히 그런 식으로 성령을 주시는 것은 영원한 영광의 본성을 전달하는 것입니다. …… 은혜는 마음속에 심겨진 영광의 씨앗이며 영광의 여명입니다. 따라서 은혜는 장차 받을 기업의 보증입니다. …… 성도 안에서 성령이 생명력 있게 내주하시되 다소 약한 정도로 그리고 작은 시작으로 내주하시는 것이 바로 성령의 보증이며, 장차 받을 유업의 보증이고 사도들이 성령의 처음 익은 열매라고 부른 것입니다."[241]

---

241) Edwards, *Religious Affections*, in WJE, 2, 235-237.

제15장

범죄하지 않는 삶

하나님께로서 난 자마다 죄를 짓지 아니하나니 이는 하나님의 씨가 그의 속에 거함이요 저도 범죄치 못하는 것은 하나님께로서 났음이라(요일 3:9).

사람이 거듭나기 전에는 죄와 친구였으나 거듭나게 되면 죄와 원수가 된다. 죄가 얼마나 주님의 거룩한 본성에 위배되며, 주님의 진노를 불러일으키는 것인가를 참으로 깨닫고 회개한 사람은 모든 힘을 다하여 죄와 싸우고자 한다. 리처드 백스터는 다음과 같이 말했다. "사탄의 종 된 사람이 온 힘을 다하여 사탄과 대항해 싸운다는 것이 있을 법한 일이라고 생각하는가?"[242] 사탄의 종들은 죄와 사탄에 대한 영적 싸움이 있다는 것을 알지 못한다. 그러나 하나님의 진정한 자녀가 되면, 그때부터 죄와 사탄과 원수가 된다(요 15:18-21).

성령 받은 증거 중 하나는 의를 행하고 고범죄를 짓지 않는 사람이 되는 것이다. 성경에서 다음과 같이 말씀하신다. "하나님께로서 난 자마다 죄를 짓지 아니하나니 이는 하나님의 씨가 그의 속에 거함이요, 저도 범죄치 못하는 것은 하나님께로서 났음이라"(요일 3:9). "하나님께로서 난 자마다 범죄치 아니하는 줄을 우리가 아노라. 하나님께로서 나신 자가 저를 지키시매 악한 자가 저를 만지지도 못하느니라"(요일 5:18).

---

242) Richard Baxter, *The Reformed Pastor* (Edinburgh: The Banner of Truth Trust, 2001), 82.

1. 신앙 위인들의 가르침

대각성 운동 설교자들은 한결같이 성령으로 거듭난 사람은 범죄하지 않는 삶을 산다는 것을 강조했다. 윗필드는 성령을 받은 사람은 고의적인 죄를 범하지 않는다고 말했다. "**참으로 하나님께로부터 다시 태어난 사람은 고의적으로 죄를 짓지 않고, 죄를 습관적으로 짓는 것은 더더욱 아닙니다.** 회심한 사람들은 모두 죄에 대하여 죽은 자들인데 어떻게 죄 가운데 더 살 수 있겠습니까?"243)

에드워즈는 거듭난 사람은 범죄치 않는 삶을 산다는 점을 강하게 주장했다. 그는 요한1서 3장 9절의 말씀을 현재 거듭난 자의 표징이라고 강조했다. 그에 의하면, 참된 회심은 "본성의 변화"를 수반한다.244) 그러므로 참으로 중생한 사람은 결코 죄인이나 악인으로 살 수 없다. "성경은 참으로 거룩하고 은혜로운 원리가 어떤 사람의 마음 안에 실제로 있다면 **그 사람은 결코 죄인이나 악한 자로 살 수 없다고 말합니다.** 요한1서 3장 9절 말씀을 보십시오. '하나님께로서 난 자마다 죄를 짓지 아니하나니 이는 하나님의 씨가 그의 속에 거함이요, 저도 범죄치 못하는 것은 하나님께로서 났음이라.' …… 분명한 사실은 하나님의 씨는 사악함과 공존할 수 없다는 것입니다. 가장 작은 분량으로 존재하고 맨 처음 시작하는 단계에 있는 신적이고 거룩한 기질과 성향의 원리도 죄를 범하는 상태와 공존할 수 없습니다."245)

웨슬리는 "하나님께로 난 자의 위대한 특권"이라는 설교에서 거듭난 자는 하나님의 어떤 계명도 자발적으로 위반할 수 없다고 가르쳤다. "그가 이처럼 그리스도로 말미암아 하나님을 믿고 하나님을 사랑하며 하나님 앞에 그 마음을 쏟아 붓는 한, 그는 하나님이 금하셨다고 알고 있는 어떤 것이라도 말하거나 행동함으로써 **하나님의 어떤 계명도 자발적으로 위반할 수가**

---

243) Whitefield, "Marks of having Received the Holy Ghost," in WGW, 363.
244) Edwards, *Religious Affections*, in WJE, 2, 340.
245) Edwards, "Treatise on Grace," in WJE, 21, 159.

없습니다."[246)]

그는 "믿음으로 말미암는 구원"이라는 설교에서 거듭난 사람은 죄책에서뿐만 아니라 죄의 세력에서 구원을 받음으로 하나님께로 난 자는 범죄하지 않는다(요일 3:9)고 했다. 다음의 웨슬리의 설교는 오늘날은 거의 들어 볼 수 없는 강력하고 분명한 말씀이다.

"믿음으로 말미암아 하나님께로부터 난 자는, 어떤 **습관적인 죄**로 인하여 범죄하지 않습니다. 이 습관적인 죄란 죄가 사람을 지배하는 것을 말합니다. 그러나 믿는 어떤 사람에게도 죄가 지배할 수가 없기 때문입니다. 그는 어떤 **고의적인 죄**로 인하여 죄를 짓지 않습니다. 왜냐하면 믿음 안에 거하는 자의 의지는 모든 죄에 전적으로 반항하며, 또한 이를 무서운 독과 같이 미워하는 까닭입니다. **죄 된 욕망**에 의하여 죄를 짓지 않습니다. 왜냐하면 그는 부단히 하나님의 거룩하시고 온전하신 뜻을 찾으며, 그리고 자기 마음속에 조금이라도 불결한 욕망이 생기자마자 하나님의 은혜로 인하여 죽이게 되는 까닭입니다. 또한 그는 행동에 있어서나 말에 있어서나 생각에 있어서 **인간의 연약성**(infirmities)으로 인하여 죄를 짓지 않습니다. 왜냐하면 이 연약성과 죄를 짓고자 하는 의지는 별개의 것이며 죄는 의지로 짓는 것이기 때문입니다. 이와 같이 '하나님께로서 난 자마다 범죄하지 않습니다.' 그는 지금까지 범죄한 일이 없다고 말할 수는 없으나 그러나 지금은 범죄하지 않는다고 할 수 있는 것입니다.

그러므로 이것이야말로 믿음으로 말미암는 구원입니다! 이는 현세에서도 얻을 수 있는 구원입니다. …… 그러므로 이와 같이 의롭다 하심을 얻은 자, 곧 믿음으로 말미암아 구원을 받은 자는 진실로 '거듭난' 자인 것입니다. 그는 '성령으로 거듭나' 그리스도와 함께 하나님 안에 감추어진 새 생명을 얻은 것입니다."[247)]

---

246) Wesley, "The Great Privilege of those that are Born of God," in WJW, 1, 436.
247) Wesley, "Salvation by Faith," in WJW, 1, 124.

오웬은 칭의의 복음을 듣고 '그러면 은혜가 넘치게 하기 위해서 계속 죄를 지어야 하지 않겠느냐' 하면서 반박하는 자들에 대해서 다음과 같이 말했다. "그런 사람이 예수 그리스도와의 참된 교제가 어떤 것인지를 알기나 할까요? 그리스도와 교제하면 복음적 회개(gospel repentance)가 이루어지기 마련입니다. 율법적 회개(legal, bondage repentance)는 하나님의 임재 앞에서 두려움과 놀람과 공포와 자기 사랑과 경악으로 가득한 것입니다. 그러나 그리스도와 교제하게 되면 이런 것들이 그 모든 속박과 공포와 함께 사라집니다. 복음적 회개는 믿음과 사랑으로부터 나오는 것으로 죄에 대한 슬픔과 죄를 버리는 것으로 나타납니다. 그리고 성부와 성자와 성령을 위하여 죄를 혐오하는 것으로 나타납니다." [248)

백스터는 참으로 회심한 자는 '알려진 어떠한 죄도 짓지 아니한다' 고 했다. "여러분은 여러분의 마음을 죄로부터 멀리 돌려 한때는 여러분이 사랑했던 죄를 이제는 미워하고, 전에는 원치 않았던 경건 생활을 사랑하며, 이제는 알려진 어떠한 죄도 짓지 않고 살고 있노라고 진심으로 말할 수 있습니까?" [249) "당신이 진정으로 회심한 사람이라면 어떠한 고의적 죄도 감히 지으려 하지 않을 것이고, 짓지도 않을 것입니다. 그리고 자신이 알고 있는 해야 할 어떤 의무도 소홀히 하지도 않을 것입니다." [250)

스쿠걸은 우리가 거듭날 때 거룩한 성품이 주어지는데, 한 번 주어진 "이 신적인 생명은 아주 소멸되지 않으며, 불신 세상을 뒤흔들고 압도하는 그런 타락한 정서의 힘에 지배되지 않는다." [251)라고 했다. 그는 말한다. "그러므로 내가 사도 요한과 함께 다음과 같이 말하는 것이 마땅합니다. '하나님께로서 난 자마다 죄를 짓지 아니하나니 이는 하나님의 씨가 그의 속에 거

---

248) Owen, *On Communion with God the Father, Son, and Holy Ghost*, in WJO, 2, 196.
249) Baxter, *The Reformed Pastor*, 247.
250) Baxter, *The Reformed Pastor*, 249.
251) Scougal, *The Life of God in the Soul of Man*, 35.

함이요, 저도 범죄치 못하는 것은 하나님께로서 났음이라'(요일 3:9)."[252]

2. 죄를 짓지 않는 삶을 살 수 있는 근거

우리 인간이 어떻게 죄를 짓지 않고 살 수 있단 말인가? 성령으로 거듭나지 못한 사람들은 이해하기 힘들 것이다. 그러나 성령으로 거듭난 자에게는 주의 모든 계명이 가볍고 쉽다(요일 5:3; 마 11:30).

(1) 어떻게 죄를 짓지 않는 삶이 가능한가? 그 근거를 보자. 예수님의 십자가의 보혈의 능력을 생각하면 이것은 당연한 것이다. 그리스도인들이여, 예수님의 보혈은 구약 희생 제사의 제물들의 피보다 훨씬 위대하지 않는가? 어떤 사람들은 죄를 짓고 회개하고, 나가서 죄를 짓고 또 회개하는 삶을 당연한 것으로 생각한다. 그것은 구약 이스라엘 백성들이 살았던 삶의 모습이다. 구약 이스라엘 백성들은 죄를 위하여 매년, 매 사건 때마다 속죄제물을 드렸다. 우리가 죄를 계속 반복하는 수준으로 산다면, 그리스도의 십자가의 희생이 구약의 동물 희생과 다를 바가 무엇인가!(히 9:13-14)

(2) 참으로 거듭난 성도는 새로운 신의 성품을 갖게 되었으므로(벧후 1:4) 죄를 짓지 않는 삶을 살 수가 있는 것이다. 우리가 마귀의 영의 지배를 받을 때는 이 세상 풍속을 좇고 육체와 마음이 원하고 시키는 대로 살았다. 그러나 거룩하신 성령님께서 내주하시고 연합하면, 신의 성품이 주어지고, 신적인 마음이 주어지는 것이다(겔 36:26-27). 저절로 주의 율례를 따르고자 하는 새로운 성향이 생기는 것이다. 만일 이것이 이루어지지 않았다면 그 사람은 참으로 거듭난 사람이 아니다.

(3) 거듭난 성도는 그 속에 양자(養子)의 영을 가지고 있다. "너희는 다시 무서워하는 종의 영을 받지 아니하였고 양자의 영을 받았으므로 아바 아버지라 부르짖느니라"(롬 8:15). 참으로 거듭난 성도는 그 마음속에 양자의 영,

---

252) Scougal, *The Life of God in the Soul of Man*, 37.

즉 아들이 되게 하시는 영을 가짐으로 하나님을 향해 아바 아버지라고 부르짖게 된다. 그러므로 참으로 거듭난 성도는 율법적인 두려움 때문에 하나님께 순종하지 않는다. 이제는 의무감 때문에, 혹은 하나님의 심판이 두렵기 때문에 하나님을 섬기지 않는다. 율법 아래 있는 자, 즉 종의 영을 가진 자는 율법적 두려움 때문에 하나님의 계명을 지킨다(롬 8:15; 갈 4:1-7). 그러나 참으로 거듭난 성도는 양자의 영을 가지고 있기 때문에 자발적으로 하나님께 순종하며, 아버지를 기쁘시게 해 드리기 위하여 자발적으로 선을 행한다. 이것이 우리가 성령 안에서 갖는 '자유' 이다(고후 3:17).

3. 죄를 짓지 않는 삶을 살아야 하는 이유

신약 성도들은 마땅히 죄를 짓지 않는 삶을 살아야 한다. 왜 그런가?

(1) 예수님께서 이 땅에 오신 목적이 우리의 거룩함이기 때문에 죄를 짓지 않는 삶을 살아야 한다. "우리로 원수의 손에서 건지심을 입고, 종신토록 주의 앞에서 성결과 의로 두려움이 없이 섬기게 하리라 하셨도다"(눅 1:74-75). 이것이 예수님 탄생의 의미이다. 예수님께서 우리를 구원하신 목적은 종신토록 거룩함과 의 가운데 살게 하기 위함이었다. 디도서 2장 14절을 보라. "그가 우리를 대신하여 자신을 주심은 모든 불법에서 우리를 구속하시고 우리를 깨끗하게 하사 선한 일에 열심하는 친 백성이 되게 하려 하심이니라." 예수님께서는 우리를 모든 불법에서 구속하시기 위해서 오셨다. **구약 수준의 삶을 살도록 하시기 위한 것이라면 예수님께서 직접 이 땅에 오실 필요가 있었겠는가!** 신약 시대 성도들은 구약 시대보다는 보다 나은 의를 가지고 살아야 한다. 그렇게 살지 아니하면 아무도 천국에 들어가지 못할 것이다(마 5:20).

(2) 거룩함이 없이는 아무도 천국에 못 들어가기 때문에 죄를 짓지 않는 삶을 살아야 한다. "모든 사람으로 더불어 화평함과 거룩함을 좇으라. 이것이 없이는 아무도 주를 보지 못하리라"(히 12:14). 천국은 '거짓말이 없고'

'흠이 없는' 자라야 들어간다(계 14:1-5). 성경은 여러 곳에서 범죄하는 사람은 하나님의 나라를 결코 유업으로 받지 못한다고 말씀하신다(고전 6:9-10; 갈 5:19-21; 엡 5:3-6; 골 3:5-6 등).

4. 우리가 범죄하지 않는 삶을 살 수 있는 방법: 성령을 따라 살아야 한다

거듭난 자는 범죄하지 않는다고 해서 스스로 노력하지 않아도 저절로 죄를 이기는 삶을 살 수 있다는 말이 아니다. 우리는 우리 속에 계신 성령님을 따라 살 때 죽도록 충성하며 살 수 있는 것이다(계 2:10). 거듭난 성도들은 그 마음속에 생명의 성령의 법이 있다. 그러므로 그 생명의 성령의 법만 따라 살아가기만 하면 범죄하지 않게 되어 있다. "그러므로 이제 그리스도 예수 안에 있는 자에게는 결코 정죄함이 없나니 이는 그리스도 예수 안에 있는 생명의 성령의 법이 죄와 사망의 법에서 너를 해방하였음이라. 율법이 육신으로 말미암아 연약하여 할 수 없는 그것을 하나님은 하시나니 곧 죄를 인하여 자기 아들을 죄 있는 육신의 모양으로 보내어 육신에 죄를 정하사 육신을 좇지 않고 그 영을 좇아 행하는 우리에게 율법의 요구를 이루어지게 하려 하심이니라"(롬 8:1-4).

은혜를 체험한 성도도 성령의 음성을 듣지 않고 살면 실족할 수가 있다(갈 5:16). 그러므로 거듭난 성도는 반드시 성령의 음성을 듣는 법을 속히 배워야 한다.

5. 로마서 7장 해석

"오호라 나는 곤고한 사람이로다. 이 사망의 몸에서 누가 나를 건져내랴"(롬 7:24). 로마서 7장에 나오는 유명한 말씀이다. 어떤 사람들은 로마서 7장을 예로 들면서 신자들이 죄를 짓는 것을 당연한 것으로 여긴다. 즉 자기들이 죄를 짓는 핑계로 로마서 7장을 내세운다. 과연 로마서 7장이 그런 용도로 주어진 것일까? 그렇지 않다. 오히려 로마서 7장은 로마서 8장의 영광스러운 죄에 대한 승리의 삶을 주님께서 우리에게 주신다는 것을 보여 주기 위해 삽입된 말씀인 것이다. 로마서 7장을 어떻게 보아야 하는가?

(1) 웨슬리는 로마서 7장에 있는 사람은 율법의 지배 아래 있는 사람으로 구원받지 못한 상태에 있는 사람을 묘사한다고 가르쳤다. 웨슬리는 "노비의 영과 아들이 되게 하는 영"이라는 제목의 설교에서 인간을 세 종류 즉, 자연적 인간, 율법의 지배 아래 있는 인간, 은혜 아래 있는 인간으로 구분했다. 웨슬리에 의하면, 자연적 인간이란 "두려움도 사랑도 없는 최초의 정신 상태에 있는 사람"을 말한다(고전 2:14). "그의 영혼은 깊은 잠 속에 있으며 그의 영적 지각은 깨어나지 못했으며, 그 지각은 영적인 선도 악도 분간하지 못합니다."[253]

그 다음은 율법의 지배 아래 있는 인간이다. 즉 죄의 각성 상태에 있는 인간이다. "어떤 두려운 섭리, 혹은 성령의 나타남과 더불어 적용된 하나님의 말씀에 의하여 하나님은 흑암과 죽음의 그늘 속에 누워 잠자고 있는 자의 마음에 부딪칩니다. …… 그는 마침내 저 사랑이 풍성하시고 긍휼 많으신 하나님께서 또한 '소멸하는 불'(히 12:29)이시기도 한 사실을 발견합니다. …… 그는 이제 분명하게 위대하시고 거룩하신 하나님은 '눈이 정결하시므로 악을 참아 보지 못하시는'(합 1:13) 분이시라는 사실을 자각합니다."[254] 이것이 로마서 7장에 나오는 율법이 적용됨으로 죄를 깨달은 자의 모습이다. 그의 마음은 벌거벗은 것처럼 드러나며, 그는 자기 마음이 완전히 죄의 덩어리요 '만물보다 거짓되고 심히 부패해 있음'(렘 17:9)을 본다. "이제 그는 죄로부터 탈출하려고 진심으로 소망하여 죄와의 투쟁을 시작합니다. 그러나 모든 힘을 다해 싸워도 그는 죄를 정복하지 못합니다. 죄는 그보다 힘이 더 강합니다. 그는 기꺼이 도망하고 싶습니다. 그러나 감옥 속에 굳게 매어

---

253) Wesley, "The Spirit of Bondage and of Adoption," in WJW, 1, 251.
254) Wesley, "The Spirit of Bondage and of Adoption," in WJW, 1, 255.

있으므로 그는 앞으로 나가지 못합니다."²⁵⁵⁾

웨슬리는 세 번째 종류의 인간, 즉 은혜 아래 있게 되는 인간의 마음을 다음과 같이 설명했다. "이 가엾은 노예의 속박이 끝나고 그가 '율법의 지배 아래 있지 않고 은혜 아래 있게' 되는 것은 그때입니다. 이제 이 세 번째 상태를 생각해 봅시다. 이는 아버지 하나님 앞에서 '은혜' 혹은 호의를 발견하고 그의 마음속에 성령의 '은혜', 혹은 능력이 지배하는 사람의 상태입니다. 사도의 말씀에 의하면 '양자의 영을 받았으므로 아바, 아버지라 부르게' 된 상태입니다(롬 8:15). …… 하늘로부터 주어진 치료하는 광선이 이제 그의 영혼 위에 침투해 옵니다. 그는 '그 찌른 자를 봅니다' (슥 12:10). 그리고 '어두운 데서 빛이 비취라고 말씀하신 하나님께서 그의 마음속을 비추어 주십니다' (고후 4:6). 그는 '예수 그리스도의 얼굴에 있는 하나님의 영광스러운 사랑의 빛을 봅니다.' 그는 감각을 가지고 '보지 못하는 것들의 신적인 증거' (히 11:1)를 갖습니다. 심지어 '하나님의 깊은 것' (고전 2:10)을 알게 됩니다. 특히 하나님의 사랑, 예수를 믿는 자에 대한 하나님의 용서하시는 사랑을 확인합니다. 그 광경에 압도되어 그의 영혼 전체가 '나의 주님, 나의 하나님' (요 20:28) 하고 부르짖습니다."²⁵⁶⁾

웨슬리는 "여기서 죄책(guilt)과 죄의 능력(power)이 다 끝난다."라고 했다. "이제 그는 다음과 같이 말할 수 있습니다. '내가 그리스도와 함께 십자가에 못 박혔나니 그런즉 이제는 내가 산 것이 아니요, 오직 내 안에 그리스도께서 사신 것이라. 이제 내가 육체 가운데 사는 것은 나를 사랑하사 나를 위하여 자기 몸을 버리신 하나님의 아들을 믿는 믿음 안에서 사는 것이라' (갈 2:20). 여기서 양심의 가책과 마음의 슬픔과 상처받은 영혼의 번민이 끝납니다. …… 그리고 '주의 영이 계신 곳에는 자유가 있습니다' (고후 3:17). 다만 죄책과 두려움으로부터의 자유일 뿐만 아니라, 죄로부터, 가장 무거운

---

255) Wesley, "The Spirit of Bondage and of Adoption," in WJW, 1, 258.
256) Wesley, "The Spirit of Bondage and of Adoption," in WJW, 1, 260-261.

모든 죄의 멍에로부터, 가장 천한 모든 굴레로부터 자유이기도 합니다."[257]

웨슬리는 자연적 인간과 율법 아래 있는 인간과 은혜 아래 있는 인간을 다음과 같이 요약했다. "결론적으로 말하자면 자연적인 사람은 죄를 정복하는 일도 없으며 싸우는 일도 없습니다. **율법 아래 있는 사람은 죄에 대하여 싸우지만 이길 수가 없습니다. 은혜 아래 있는 사람은 싸워서 이깁니다.** 그뿐 아니라 '그를 사랑해 주시는 그분으로 말미암아 이 모든 일에 있어서 이기고도 남음이 있습니다'(롬 8:37). …… 당신은 싸우고는 있으나 정복하지 못하고 있지는 않습니까? 죄를 지배하고자 애를 써도 잘 되지 않습니까? 그렇다면 당신은 아직 그리스도 안에 있는 신자는 아닙니다."[258] 위와 같이 웨슬리는 은혜 아래 있는 사람은 죄를 이기는 삶을 산다고 가르쳤다.

(2) 찰스 피니도 로마서 7장에 묘사된 것이 죄를 깊이 깨달았으나, 회심치 않은 자의 경험이라고 말했다. "율법적 체험"이라는 제목의 설교에서 피니는 로마서 7장을 해석하면서 다음과 같이 말했다. "본문 전체의 관점은 그 것이 그리스도인의 체험을 묘사한 것이 아님을 명백히 보여 주고 있습니다. 그런고로 내 견해는, 사도가 여기서 묘사한 것이 죄인의 체험, 즉 *죄를 깊이 깨달았으나 회심치 않은 자의 체험*이라는 것입니다."[259]

그는 이와 같이 로마서 7장이 분명 회심치 않은 자의 모습이라고 했다. "그것은 모든 죄를 깨달은 죄인들의 경험과 일치됩니다. 그들은 자기들이 해야만 하는 것이 무엇인지를 알고 있으며 그것이 옳다는 것을 강하게 시인하고 있지만 그것을 행할 준비는 되어 있지 않습니다. …… '만일 내가 원치 아니하는 그것을 하면 이를 행하는 자가 내가 아니요 내 속에 있는 죄니라.' 그것이 그리스도인의 습관적인 경험이나 특성일 수 있겠습니까? 나는 그리스도인이 그런 상태에 빠질 수 있다는 것을 인정합니다. 그러나 이

---

257) Wesley, "The Spirit of Bondage and of Adoption," in WJW, 1, 261-262.
258) Wesley, "The Spirit of Bondage and of Adoption," in WJW, 1, 263-264.
259) Charles G. Finney, *Principles of Victory*, ed. Louis Gifford Parkhurst, Jr. (Minneapolis, Minnesota: Bethany House Publishers, 1981), 92.

것이 그의 일반적 특징이라면 그것은 회개치 않은 죄인의 특징과 무엇이 다르겠습니까? 만일 그것이 그리스도인의 습관적 특징이라면 성도란 하나님께 참으로 순종하는 사람들이라는 성경의 표현과는 전혀 맞지 않는 것입니다. …… 사도는 전적으로 죄의 지배 아래 있는 사람의 습관적 특성을 묘사하고 있다는 것을 기억하십시오."[260]

피니는 로마서 8장을 회심한 자의 모습이라고 설명했다. 그는 로마서 8장에서 "정욕의 권세로 인해 율법이 할 수 없었던 것을 복음이 해냄으로써 율법의 요구가 이루어진 사람, 즉 율법이 요구하는 것에 순종하는 사람을 본다."[261]라고 말했다. "진심으로 회심하고 복음의 자유 속에 들어온 자들은 자기 자신이 부패의 굴레로부터 해방되었음을 발견합니다. 그들은 마음을 지배하는 육신의 세력이 분쇄된 것을 발견합니다. …… 하나님의 계명은 그들에게 무겁게 느껴지지 않습니다. 그 멍에는 쉽고 그 짐은 가볍습니다. 진정한 회심자는 하나님과의 평화를 누립니다. 그는 자기가 그것을 가지고 있음을 느낍니다. 그는 그것을 즐깁니다. 그는 **죄를 용서받았다는 감각(sense)을 가지고 있으면서 부패에 대한 승리를 느낍니다**."[262] 이것이 거듭난 자다. 피니에 의하면, 진정으로 회심한 자는 부패에 대한 승리를 느끼는 자이다.

6. 구약 시대에도 고범죄는 용서받지 못했다

거듭난 자는 범죄하지 않는다는 것은 거듭난 자는 더는 고범죄를 짓지 않는다는 말씀이다. 어떤 사람들은 이것이 너무 엄격한 말씀이 아닌가 하고 반문하는 사람들이 있다. 그러나 은혜와 성령의 시대가 도래하기 전인 구약 시대에도 고범죄는 용서받을 수 없었다는 것을 알아야 한다. 구약에

---

260) Finney, *Principles of Victory*, 95–96.
261) Finney, *Principles of Victory*, 96.
262) Finney, *Principles of Victory*, 98.

도 고범죄를 지은 사람은 속죄제를 드릴 수조차 없었다. 속죄제는 하나님 앞에 지은 죄를 대속받기 위한 것으로서, 부지중에 죄를 범하였다가 나중에 그것을 깨닫는 경우에 한했다(레 4:2, 13, 22, 27; 민 15:27-31). '고범죄'는 해당되지 않았다. 고범죄란 죄인 줄 알면서도 '짐짓' 죄를 범하는 것을 말한다. 이런 죄를 범하는 사람은 여호와를 훼방하는 자로서 그 백성 중에서 끊어질 것이라고 하셨다(민 15:31).

신약 성경 히브리서 6장 3-6절, 10장 26-31절에 보면 고범죄에 대한 경고가 나온다. 성령에 참여한 후 고범죄를 지으면 다시는 하나님 앞에 용서받지 못한다고 말씀하신 구절들이다. 혹자는 이 말씀이 너무 가혹한 말씀이 아닌가 한다. 그러나 아직 신약의 은혜가 주어지지 아니한, 즉 보혈과 성령의 은혜가 본격적으로 주어지지 아니한 구약에서조차 고범죄는 용서받을 길이 없었음을 명심해야 한다.

7. 구약 시대에도 의롭게 산 사람이 있었다

죄를 짓지 않는 삶을 살아야 한다는 말을 들으면 마치 못 들을 악한 말이라도 들은 것처럼 펄쩍 뛰는 사람들이 의외로 많다. 그리고 심지어 적의를 나타내는 크리스천도 있다. 그러나 예수님 십자가 사건과 보혜사 성령의 강림이 있기 전인, 구약 시대 성도들도 의롭게 산 사람이 있었다는 것을 당신은 아는가? 구약 시대에도 그러했거늘 하물며 우리 주 예수 그리스도의 피와 보혜사 성령의 은혜를 마음껏 누리는 신약에 살면서 범죄하지 않는 삶을 살아야 하는 것은 당연하지 않은가!

구약 시대의 인물인 노아는 '의인'이었다. 창세기 6장 9절을 보라. "노아의 사적은 이러하니라. **노아는 의인이요 당세에 완전한 자라.** 그가 하나님과 동행하였으며." 구약에 살았던 노아도 이렇게 의인으로 살았다. 그는 '완전한' 자였다. 여호와께서는 노아에게 이렇게 말씀하셨다. "너와 네 온 집은 방주로 들어가라. 네가 이 세대에 내 앞에서 의로움을 내가 보았음이니라"(창 7:1). 노아가 홍수 심판을 면하게 된 것은 의롭게 살았기 때문이었다 (벧후 2:5). 절대적 의미에서 하나님과 같이 의롭지는 않았겠지만 '의인이요 완전한' 사람이었음에는 틀림없다. 구약 시대 사람인 욥은 "악에서 떠난" 사람이었다. 욥기 1장 1절을 보라. "우스 땅에 욥이라 불리는 사람이 있었는데 그 사람은 온전하고 정직하여 하나님을 경외하며 악에서 떠난 자라."

세례 요한의 부모였던 제사장 사가랴, 그의 아내 엘리사벳은 주의 '모든 계명'에 '흠'이 없었다. "유대 왕 헤롯 때에 아비야 반열에 제사장 하나가 있으니 이름은 사가랴요 그 아내는 아론의 자손이니 이름은 엘리사벳이라. 이 두 사람이 하나님 앞에 의인이니 주의 모든 계명과 규례대로 흠이 없이 행하더라"(눅 1:5-6). 성전에서 아기 예수님을 맞이한 시므온도 '의롭고 경건한' 사람이었다. 누가복음 2장 25절을 보라. "예루살렘에 시므온이라 하는 사람이 있으니 이 사람이 의롭고 경건하여 이스라엘의 위로를 기다리는 자라. 성령이 그 위에 계시더라." 사도 바울은 회심 전에도 '율법의 의로는 흠이 없는 삶'을 살았다고 고백하였다. 빌립보서 3장 4-6절을 보라. "그러나 나도 육체를 신뢰할 만하니 만일 누구든지 다른 이가 육체를 신뢰할 것이 있는 줄로 생각하면 나는 더욱 그러하리니, 내가 팔일 만에 할례를 받고 이스라엘의 족속이요 베냐민의 지파요 히브리인 중의 히브리인이요 율법으로는 바리새인이요 열심으로는 교회를 핍박하고 율법의 의로는 흠이 없는 자로라."

이방인 중 최초의 회심자가 된 로마의 백부장 고넬료는 복음을 듣기 전에도 "의인이요 하나님을 경외하는" 사람이었다(행 10:22). "가이사랴에 고넬료라 하는 사람이 있으니 이달리야대라 하는 군대의 백부장이라. 그가 경건하여 온 집으로 더불어 하나님을 경외하며 백성을 많이 구제하고 하나님께 항상 기도하더니"(행 10:1-2). 성령이 오시기 전인 옛 언약 아래의 성도들도 이 정도로 살 수가 있었는데, 성령님께서 오신 이 시대에 범죄치 않고, 의롭게 산다는 것이 어렵다고 아우성치는 사람들은 어떤 사람들인가?

8. 사도 바울은 회심 후 범사에 양심에 따라 살았다

회심 후 바울은 '범사에 양심에 따라' '자책할 아무 것도 깨닫지 못하는' 수준의 삶을 살았다. 사도행전 23장 1-2절을 보라. "바울이 공회를 주목하여 가로되 여러분 형제들아 오늘날까지 **내가 범사에 양심을 따라 하나님을 섬겼노라** 하거늘, 대제사장 아나니아가 바울 곁에 섰는 사람들에게 그 입을 치라 명하니……." 이와 같이 사도 바울은 범사에 양심에 따라 살았다. 그런데 우리는 그렇게 사는 것이 불가능하다는 말인가? 또 그는 자책할 아무 것도 깨닫지 못하는 수준의 삶을 살았다고 고백하였다. "내가 자책할 아무 것도 깨닫지 못하나……"(고전 4:4). 바울이 그런 삶을 살았다면 우리도 그렇게 살 수 있다는 말씀이 아닌가?

9. 중생과 완전의 구별

그러나 여기서 주의해야 할 것이 있다. 거듭난 사람은 죄를 짓지 않는 삶을 산다고 하면 어떤 사람은 '거듭난 사람은 자동적으로 노력하지 않아도 죄를 짓지 않는 삶을 살게 되는 것인가?' 라고 질문하는 사람이 있다. 즉, 그것은 완전이 아닌가 하고 질문하는 사람이 있다. 그렇지 않다. 우리가 '성령의 인도하심을 받는 삶'을 살 때, 그런 삶의 비결을 배우고 살 때 죄를 짓지 않는다는 말씀이다. "너희가 만일 성령의 인도하시는 바가 되면 율법 아래 있지 아니하리라"(갈 5:18). 웨슬리는 다음과 같이 말했다. "하나님께로서 난 사람은 자기를 지키고 있으면 죄를 짓지 않으며 지을 수도 없다는 것은 의심 없는 진실입니다. 그렇지만 만일 그가 자기를 지키지 않는다면 그는 게걸스럽게 모든 종류의 죄를 범할 수도 있습니다."[263]

'중생'과 '완전'을 구별할 줄 알아야 한다. 우리가 거듭나게 되었다고 당

---

263) Wesley, "The Great Privilege of those that are Born of God," in WJW, 1, 441.

장에 완전하게 된 것은 아니다. 신자도 그 속에 남아 있는 육체의 소욕과 성령의 소욕의 갈등을 느끼고 살아간다(갈 5:17). 거듭난 사람은 갈등도, 시험도 없다고 말하는 것이 아니다. 거듭난 사람도 끝없는 영적인 전투 속에서 살아간다. 그러나 우리가 성령님의 음성을 듣는 법을 배우고, 성령님을 좇아 행하면 육체의 소욕에 굴복하지 않는 삶을 살 수 있게 된다는 것이다(갈 5:16). 우리가 성령에 따라 살 동안에는 죄가 우리를 '지배' 하지는 못한다. "죄가 너희를 주관치 못하리니 너희가 법 아래 있지 아니하고 은혜 아래 있음이라"(롬 6:14). 이것이 거듭난 자의 정상적인 모습이다. 이것이 새 언약의 위대한 축복이다. 웨슬리의 표현대로, 거듭난 신자는 죄와 싸우나, 이기는 자이다. 싸움 자체가 없는 것이 아니다. 우리는 우리를 도우시는 주님으로 말미암아 이기는 것이다.

완전은 우리 그리스도인들이 도달해야 하는 목표로서, 사랑과 거룩함과 정결과 온유, 겸손, 지식 등에 있어서 하나님과 같이 온전해지는 것을 말한다. 즉 한마디로 온전한 거룩함을 이루는 것을 말한다. 이것이 우리의 목표다. "완전한 데 나아갈지니라"(히 6:2).

제16장

성령 받은 증거가 아닌 것

> 너희가 믿음에 있는가 너희 자신을 시험하고 너희 자신을 확증하라. 예수 그리스도께서 너희 안에 계신 줄을 너희가 스스로 알지 못하느냐? 그렇지 않으면 너희가 버리운 자니라(고후 13:5).

오늘날은 누가 성령을 참으로 받았는지 못 받았는지에 대한 분별이 참으로 필요한 시대이다. 현대 교인들은 철저한 자기 점검을 싫어한다. 그러나 리처드 백스터는 다음과 같이 철저한 자기 점검의 중요성을 말했다. "주님께서는 죄인에게 이렇게 말씀하십니다. '그 문은 좁고 그 길은 협착해서 찾는 자가 거의 없다. 네가 믿음 안에 있는지 네 자신을 시험해 보고 점검해 보라. 빨리 확신을 갖도록 모든 노력을 다하라.' 그러나 세상은 정반대로 이렇게 소리칩니다. '절대로 의심하지 말라. 절대로 이런 생각으로 괴로워하지 말라.'"[264] 자기 점검을 싫어하는 사람은 위선자라고 보아야 한다.

1. 스스로 성령 받았다고 말한다고 해서 다 참으로 거듭난 것은 아니다

(1) 말로는 성령을 받았다고 하나 제대로 거듭난다는 것이 어떤 것인지,

---

264) Baxter, *Saints' Everlasting Rest*, 302.

진짜 성령 받은 상태가 무엇인지도 모르고, 자기 상태가 어떤지도 정확히 살펴보지도 않은 채 성령 받았다고 말하는 사람도 매우 많다. 백스터는 이렇게 말했다. "자기 점검을 하면서 스스로 속는 사람이 너무 많습니다. 이는 다음의 이런저런 이유 때문입니다. 사람의 영혼은, 특별히 거듭나지 못한 자의 영혼은 너무 혼란스럽고 깜깜하여 자신이 무엇을 하고 있는지 혹은 자신 속에 있는 것이 무엇인지 말할 수조차 없는 지경입니다."[265]

참으로 주님을 만난 사람은 주님께서 성령으로 만나 주시고 자신을 계시해 주심을 스스로 깨닫는다(요 14:21; 마 11:25-27; 고후 4:6). 그리고 성령님의 내적 증거가 있다(롬 8:16). 그리고 자신이 철저하게 거룩하게 변화되어 새 사람이 되었음을 깨닫는다(고후 5:17). 그러나 거듭남이 정확히 어떤 것인지도 모르고 남의 눈치 때문에, 자존심 때문에, 미혹된 가르침 때문에 스스로 거듭났다고 말하는 자가 많다.

(2) 거짓의 영에 사로잡혀 외식함으로 남들에게 거듭났다고 말하는 사람들도 많다(딤후 3:13). 이들은 외식자요, 위선자이다. 현대 교회에는 이런 사람이 많다. 하나님께서는 심판 날에 그들의 회칠한 것을 드러내실 것이라고 하셨다. "그러므로 나 주 여호와가 말하노라. 내가 분노하여 폭풍으로 열파하고 내가 진노하여 폭우를 내리고 분노하여 큰 우박덩이로 훼멸하리라. 회칠한 담을 내가 이렇게 훼파하여 땅에 넘어뜨리고 그 기초를 드러낼 것이라. 담이 무너진즉 너희가 그 가운데서 망하리니 나를 여호와인줄 알리라"(겔 13:13-14).

(3) 그 마음이 교만하고 자만하여 거듭나지 않았으면서 거듭났다고 떠벌리는 자들이 있다. 사도 바울은 이런 자들에 대하여 다음과 같이 말했다. "주께서 허락하시면 내가 너희에게 속히 나아가서 교만한 자의 말을 알아볼 것이 아니라 오직 그 능력을 알아보겠노니 **하나님의 나라는 말에 있지 아니하고 오직 능력에 있음이라**"(고전 4:19-20).

---

265) Baxter, *Saints' Everlasting Rest*, 304.

이런 사람들의 공통된 특징이 무엇인가? 이런 거짓 회심자들은 말로는 회심했다고 하나 그 속에 참된 회심의 징표인 거룩함이 없기 때문에 자기 점검을 싫어한다. 자기를 포장한 위선자들일수록 자기 점검을 싫어한다. 이들의 삶의 특징은 거룩한 것을 싫어하고 세속적인 것을 좋아하는 것이다. 그렇기 때문에 이들이 자기 점검을 싫어하는 것이다. '만물을 벌거벗게 하시는 하나님의 말씀' 앞에 나서기를 두려워한다(히 4:13). 위선자는 진리의 빛으로 나아오기를 두려워한다(요 3:20-21; 엡 5:11-14). 이런 사람은 육에 속한 사람으로, 교묘히 성령의 일을 대적하며 성령의 사람을 핍박한다. "그러나 그 때에 육체를 따라 난 자가 성령을 따라 난 자를 핍박한 것 같이 이제도 그러하도다"(갈 4:29).

2. 어느 정도 외적인 변화와 개혁을 보여 준다고 해서 성령 받은 것은 아니다

특히 부흥의 시기에 주변의 많은 사람들이 영적인 각성과 회심을 체험하는 것을 보고, 부화뇌동하여 영적 각성을 하는 경우도 많다. 즉 허영심에 바탕을 둔 군중 심리에 의해서 각성되는 것이다. 이런 사람들은 흔히 외적으로 매우 대단한 모습을 보일 수도 있다. 일시적 영적 감동으로 열심히 신앙생활을 하고, 기도도 하고, 도덕적인 삶의 모습을 취할 수 있다. 돌밭 신자가 그렇다(마 13:20-21). 이들은 잠깐은 열심을 내는 수가 있다. 돌밭에 뿌려진 씨앗이 다른 경우보다 빨리 자라게 보인다. 그러나 부흥의 기간이 끝나 신앙생활이란 꽃밭 길이 아니라 좁은 문이라는 것을 발견하게 되면, 그리고 핍박과 손해와 어려움을 감당해야 하는 일이 생기면 그들의 열심도 금방 사그라진다. 생명의 뿌리가 없는 것은 금방 말라 버린다. 이들의 종교적 흥분이 군중 심리 혹은 허영심에서 왔음을 알 수 있다.

3. 거룩함이 아니라 이기심이 동기가 된 믿음도 많다

어떤 사람이 자기는 확실히 믿는다고, 뜨겁게 믿는다 말한다고 해서 다 진실한 믿음을 가진 것은 아니다. 믿음에도 여러 종류가 있다. 이기적인 믿음도 있고(빌 3:18-19) 거룩한 믿음도 있다(유 1:20). 영 분별 은사가 없는 사람은 이 둘을 구분하기가 쉽지 않을 것이다. 영 분별 은사를 가진 사람도 어떤 사람의 행위와 열매를 자세히 오랫동안 관찰하기 전에는 분별하기가 쉽지 않다. 왜냐하면 거짓 믿음을 가진 자도 일반적으로 자기를 교묘히 잘 포장하기 때문이다. 이기적인 믿음이란 어떤 형태의 종교적 열심으로 표출되든 그 바탕이 자기 사랑에서 나온 믿음을 말한다.

우리의 믿음은 하나님의 거룩하심에 대한 사랑과 감격에서 나온 믿음이 되어야지, 하나님을 믿음으로 내가 얻게 되는 인간적 유익 때문에 믿는 것이 주 요소가 되어서는 안 된다. 이것이 이기적인 믿음이다. 복음적인 거룩한 믿음은 자기 부인의 바탕 위에서 세워진다(롬 6:6; 갈 5:24). 그러나 이기적 믿음은 그 근저에 자기 사랑이 있다. 그래서 성경은 "지극히 거룩한 믿음 위에" 자기를 건축하라고 하신 것이다(유 1:20). 당신은 지극히 거룩한 믿음을 가졌는가?

4. 외적으로 종교적 일을 열심히 한다고 성령 받은 것은 아니다

이기적 믿음의 대표적인 경우가 바로 이 경우이다. 사람들에게 인정받고, 자기를 과시하기 위해서 종교적 일에 열심인 경우가 허다하다. 주변에 보면, 종교적 활동은 많이 하지만, 전혀 내적인 거룩함을 모르는 자들이 너무나 많다. 바리새인들이 그러했다. 주일을 열심히 지키고, 십일조를 열심히 드리고, 열심히 기도하고, 전도하는 삶을 산다고 꼭 성령 받은 것은 아니다. 예수님의 가장 큰 정죄를 받은 바리새인들만큼 이런 일을 열심히 한 사람도 없었다.

사람들은 자신의 종교적 야망으로도 종교 생활을 열심히 할 수 있다. 차녹은 다음과 같이 말했다. "바리새인들은 자신들의 야망을 충족시키기 위한 도구로 경건 생활을 하였습니다. '저희는 사람에게 보이려고 회당과 큰 거리 어귀에 서서 기도하기를 좋아하느니라'(마 6:5). '저희 모든 행위를 사람에게 보이고자 하여 하나니'(마 23:5). 바리새인들은 무슨 행위를 하든지 다 이와 같은 목적을 가졌던 것입니다. 바리새인들의 행위를 일컬어 마귀의 행위라고 부르는 것은 당연한 일입니다. 마귀의 주요 사업은 바로 교만과 자아를 높이 세우는 것이기 때문입니다. 바리새인들은 겉으로 볼 때는 하나님에 대한 경건을 갖추고 있었습니다. 그러나 그 모든 것은 어떤 금신상을 숭배하는 것과 다를 바가 전혀 없었습니다. 그들의 번쩍이는 행위 속에 포함되어 있는 많은 것들은 짐승들의 본능과 다를 바 없었습니다. 그들은 감각적 기호, 탐욕, 교만, 경쟁심, 명예욕, 기타 짐승에게서나 찾아볼 수 있는 특성들을 만족시키는 데 목적을 두고 그러한 행동들을 하지 않았습니까?"[266]

바리새인들은 일주일에 두 번씩 금식하고, 소득의 십일조를 철저히 드렸으며(눅 18:12), 전도하기 위하여 바다와 육지를 두루 다니기도 하였다(마 23:15). 그러나 예수님께로부터 '독사의 새끼들'이라는 질책을 들었다(마 23:33). 참된 구원은 속사람이 변화되어야 하는 것이다. 종교적 봉사와 활동도 자기 과시, 자기만족, 혹은 남들에게 인정받기 위해서 하는 수가 많다. 심지어 자기 몸을 불사르게 내어주어도 그 동기가 자기 사랑인 경우가 있다(고전 13:3). 즉 자기를 나타내고자 하는, 인정받고자 하는 야망에서 비롯될 수 있다. 인간의 야망이란, 그 미혹됨이란 얼마나 심할 수가 있는가! 이 모든 것이 진정한 거룩함 없이도 행해질 수 있다니!

외적인 행위는 손쉬운 것이다. 차녹은 다음과 같이 말했다. "우리는 본성적으로 손쉬운 종교를 애호(愛好)합니다. 예배의 외적인 행위들은 별로 어렵

---

266) Charnock, *The New Birth*, 37.

지 않습니다. 특별히 복음 아래서는 더욱 그렇습니다. 사람들은 자신이 애지중지 사랑하는 한 가지 죄를 십자가에 못 박는 것보다는 오히려 제사 드리는 일을 선호합니다. 한 가지 부패함을 십자가에 못 박는 것보다는 그리스도의 십자가 앞에서 일천 번 굽실거리는 편을 선호합니다. 천국에 들어갈 수 있는 자격으로 그리스도의 가시적 교회의 일원이 되는 것 외에 다른 어떤 것도 요구되지 않는다면, 천국에 가는 일은 얼마나 쉬운 일이겠습니까?" [267]

5. 예언하는 능이 있고, 귀신을 쫓아내는 능이 있고, 기타 여러 가지 능력을 발휘한다고 해서 성령 받은 것은 아니다

(1) 이것도 이기적 믿음의 한 종류이다. 종교적 능력을 통해서 자기를 과시하고자 하는 것이다. 이들이 마술사 시몬의 영을 가진 자들이다(행 8:9-24). 주변에 보면, 은사운동을 하고, 방언, 예언, 환상, 신유 등 은사를 추구하는데 그 삶이 전혀 거룩하지 않은 사람들을 너무나 흔히 볼 수 있다. 마태복음 7장 21-23절을 보면 예수님의 유명한 말씀이 나온다. "나더러 주여, 주여 하는 자마다 천국에 다 들어갈 것이 아니요, 다만 하늘에 계신 내 아버지의 뜻대로 행하는 자라야 들어가리라. 그 날에 많은 사람이 나더러 이르되 주여, 주여 우리가 주의 이름으로 선지자 노릇 하며 주의 이름으로 귀신을 쫓아내며 주의 이름으로 많은 권능을 행치 아니하였나이까 하리니, 그 때에 내가 저희에게 밝히 말하되 내가 너희를 도무지 알지 못하니 불법을 행하는 자들아 내게서 떠나가라 하리라"(마 7:21-23).

주의 이름으로 선지자 노릇 하고, 귀신을 쫓아내고, 많은 권능을 행한다고 다 참된 성령을 받은 것은 아니다. 그런 자들 중에 내가 '너희를 도무지 알지 못하니 불법을 행하는 자들아 내게서 떠나가라' 고 예수님께서 말씀하

---

267) Charnock, *The New Birth*, 62.

실 자가 '많을' 것이라고 하셨다. 오늘날에도 이와 비슷한 일을 하면서 우리를 미혹시키는 자들이 많이 있다. **그가 아무리 놀라운 예언을 하고 놀라운 권능을 행한다고 해도 참으로 거듭난 것이 아니다.** 특히 말세에는 참된 거룩한 거듭남이 없이도 이런 일을 행하는 자가 많을 것이다.

이들 잘못된 은사주의자들의 문제점은 무엇인가? 이들 인격의 주요 성향을 보면, 허황되고 세속적이고 이기적이다. 종교를 빙자하여 자기를 과시하고자 하는 것으로, 그 근저에는 자기 사랑이 있다. 즉 종교적 활동은 많으나 성령의 거룩하게 하심이 없는 자이다. 예수님께서는 그 열매로 나무를 분별하라고 하셨다. 이들에게는 요란한 활동이 있으나, 그 속에 성령님이 내주하시지 않으므로 성령의 열매(갈 5:22-23)가 나타나지 않는다.

(2) 여기서 잘못된 환상과 계시에 대해서 알아보자. 잘못된 은사주의자들을 보면, '환상, 환상!' '계시, 계시!' 하며 신비한 경험을 자주 말하고, 의존한다. 그러나 환상이나 계시는 하나님께서 주실 수도 있지만, 많은 경우에 마귀가 사람을 미혹하고 지배하는 수단이 된다. 이것은 주전 587년 구약 이스라엘 백성들이 멸망할 때 그 당시 거짓 몽사를 보는 거짓 예언자들이 많았음을 보면 알 수 있다. 바른 예언을 한 사람은 예레미야밖에 없었으며(렘 5:1), 나머지 수많은 거짓 예언자들이 미혹된 것을 보고 가르쳤다(렘 23:16-23, 27-28).

『신앙 감정론』을 보면, 에드워즈는 마귀도 허황된 상상(imagination)을 통하여 어떤 계시라고 착각할 수 있는 것을 보여 줄 수 있다고 자주 경계하였다. "사리 분별이 약하고 낮은 수준의 지성을 가진 보통 사람들은 이런 일들이 영적인 일들이라는 생각에 더 쉽게 이끌립니다."[268] "어떤 사람들의 고조된 정서들은 직접적인 연상이나 계시에서 비롯됩니다. 이 사람들은 그것을 영적인 발견이라고 여기지만 **그것은 엄청난 망상**이며, 이런 망상이 바로 그들의 정서가 흘러나오는 진짜 원천입니다."[269]

---

268) Edwards, *Religious Affections*, in WJE, 2, 212.
269) Edwards, *Religious Affections*, in WJE, 2, 228-229.

에드워즈는 상상이나 환영을 잘못 보는 것을 조심하라고 경계했다. "상상이나 환영(幻影, phantasy)은 사탄의 모든 속임수들이 자리하기 좋은 곳인 것 같습니다. 거짓된 신앙 및 위조된 은혜와 정서의 영향 아래에 있는 사람들은 이런 상상과 환영에 도취됩니다. 상상과 환영은 마귀의 거대한 은신처이며, 더럽고 미혹하는 영들의 보금자리입니다."270) "사탄은 오직 상상으로만 영혼에 접근할 수 있고, 영혼을 유혹하고, 속일 수 있으며, 영혼에 어떤 것을 암시할 수 있습니다."271)

버제스(Burgess)는 다음과 같이 말했다. "상상은 마귀가 자주 나타날 수 있는 영혼의 방입니다. 실로 (정확하게 말해서) 마귀는 사람의 이성적인 부분은 효과적으로 지배하지 못합니다. 마귀는 의지를 바꿀 수 없습니다. 마귀는 사람의 마음을 바꿀 수는 없습니다. 따라서 사람이 죄를 짓도록 유혹할 때 마귀가 할 수 있는 가장 큰 일은 오직 설득을 하거나 암시하거나 하는 것입니다. 그렇다면 마귀는 어떻게 그렇게 합니까? 상상에 영향을 줌으로 그 일을 합니다. 그는 사람의 기질과 몸의 체질을 살핍니다. 그리고 그 사람의 상상을 자극하고, 그의 불화살을 상상 속에 주입합니다. 그것으로 마음과 의지가 영향을 받습니다. …… 많은 사람들이 그러한 것들을 가지고 하나님께 열심 있는 것처럼 자처합니다. 그들은 성경을 떠나고, 그들이 자신들 안에서 느끼고 인식하는 것에만 전적으로 주목합니다."272)

(3) 1904년 웨일스 대부흥을 일으킨 에번 로버츠는 펜 루이스 여사와 공저한 『성도들의 영적 전쟁』에서 악한 영들이 초자연적인 가르침으로 미혹하게 하는 것에 대해 다음과 같이 경고했다. "악한 영들은 초자연적인 것이라면 모두 다 하나님께 속한 신적인 것으로 여기는 사람들에게 그들의 교리나 가르침을 영적인 계시인 양 생각하게 합니다. 영적인 영역에 익숙하지 않은 어떤 부류의 사람들은 '초자연적인' 것은 무엇이든 하나님께로부터

---

270) Edwards, *Religious Affections*, in WJE, 2, 288.
271) Edwards, *Religious Affections*, in WJE, 2, 289.
272) Anthony Burgess, *The Doctrine of Original Sin* (London, 1659), 369-370, in WJE, 2, 289.

온 것으로 여겨 받아들입니다. 이런 형태의 '가르침'은 그런 사람에게 직접 임합니다. …… 이런 형태의 속이는 영들의 가르침은 겉으로 보기에 너무나 자연스러워 그 가르침들이 자신의 생각과 판단력에서 나온 것처럼 보입니다. 속이는 영들은 사람의 두뇌 작용을 위조하며 사람의 생각 속에 사상과 제안들을 주입합니다."[273]

그렇다면 이러한 미혹된 가르침을 어떻게 분별할 것인가? 로버츠는 '기록된 하나님의 말씀'으로 테스트를 하면 된다고 했다. "속이는 영들로부터 비롯된 모든 '가르침'은 1. 성경의 권위를 약화시키고 2. 성경의 가르침을 왜곡시키며 3. 성경에 사람의 사상을 더하고 4. 성경을 완전히 제쳐 놓습니다. …… 그러므로 모든 '생각'과 '믿음'에 대한 시험은 다음과 같습니다. 1. 그 생각과 믿음이 진리의 완전한 집합체로서 **기록된 성경과 조화를 이루는가?** 2. 그 생각과 믿음이 **십자가와 죄에 대해 어떤 태도를 취하는가?**"[274] 로버츠의 이 지침은 중요하다. 예수님께서도 마귀가 광야에서 시험하였을 때, 세 번 다 하나님의 말씀으로 물리치셨다(마 4:1-11). 마귀도 교묘히 성경을 인용한다. 예수님께서는 마귀가 교묘히 성경을 인용하며 유혹해 왔을 때 더욱 분명한 말씀으로 마귀의 유혹을 물리치셨다. 하나님의 말씀은 성령의 검이다(엡 6:17).

로버츠는 거짓 영들이 이와 같이 초자연적인 가르침을 주는 목적은 이상한 사상을 주입함으로써 '죄와 사탄에 대한 전투'를 하지 못하도록 하는 것이라고 했다. "속이는 영들은 하나님의 진리에 반대되는 수많은 '생각'과 '믿음'을 그리스도인들의 생각 속에 주입해서 그들을 죄와 사탄에 대해 벌이는 전쟁에 무기력하게 하고 악한 영들의 세력에 굴복하게 합니다. …… 그러므로 모든 '생각'과 '믿음'은 성경에서 계시된 하나님의 진리로 시험해 보아야 합니다. 단지 성경의 '한 본문'이나 성경의 부분이 아닌 말씀에

---

273) Penn-Lewis and Roberts, *War on the Saints*, 20.
274) Penn-Lewis and Roberts, *War on the Saints*, 22.

계시된 진리의 원칙으로 시험해 보아야 하는 것입니다. 사탄은 그의 가르침을 '표적과 기사'로 확증하려 할 것이기 때문에(마 24:24; 살후 2:9; 계 13:13) '하늘로서 내려온 불'이나 '능력'이나 '표적'은 그 가르침이 하나님께로부터 왔다는 증거가 될 수 없습니다. 심지어 겉으로 '아름답게 보이는' 삶도 확실한 증거가 될 수 없는데, 이는 사탄의 '일꾼들'도 '의의 일꾼들'로 가장할 수 있기 때문입니다(고후 11:13-15)."[275]

로버츠는 특히 거짓된 영들이 주는 투시력(clairvoyance)과 투청력(clairaudience)을 경계하라고 하였다. 투시력과 투청력은 자연적 재능이 아니다. 그것은 "악한 수동적인 상태"의 결과로서, 그러한 상태를 통해 악한 영들은 그들의 능력과 존재를 나타낼 수 있다. 로버츠는 참된 하나님의 계시와 속이는 영의 계시의 차이를 다음과 같이 말했다. "사람의 신체 구조 안에서 사탄이 역사하기 위해 핵심적으로 필요한 것은 **사람의 정신적 활동이 중지되는 것**입니다. 반면, 모든 하나님께로부터 오는 신적인 계시에 있어서는 정신적 기능과 능력이 방해받지 않고 완전히 정상적으로 작동합니다."[276]

흑암의 권세의 계략에 무지한 사람은 달콤한 음성이 들리거나 환상이 주어지면 즉시 이것을 '신성한 임재' 가운데 주어진 '신성한 인도'로 받아들이며 추호도 의심하지 않고 그것을 하나님에게서 온 것으로 믿는다. 로버츠의 다음의 경고는 새겨 두어야 한다. "만일 믿는 이가 생각과 이성과 의지 및 사람으로서 가진 여러 가지 기능 사용하기를 중지하고 생활의 모든 세세한 부분에서 인도받고자 하여 어떤 음성이나 충동들을 의존한다면, 그는 하나님을 가장한 악한 영들에 의해 '이끌림'을 받고 안내받을 것입니다."[277] 하나님의 성령님께서는 우리의 영과 마음과 지성과 양심이 더욱 총명하고 거룩하게 되도록 역사하시지, 그 반대로 역사하시지 않는다. 빛의

---

275) Penn-Lewis and Roberts, *War on the Saints*, 23.
276) Penn-Lewis and Roberts, *War on the Saints*, 84.
277) Penn-Lewis and Roberts, *War on the Saints*, 100.

아버지께서는 우리를 빛으로 인도하시지 몽롱한 어둠의 상태로 인도하시지 않는다. 그것은 어둠의 왕, 마귀가 하는 일이다.

6. 거듭남이 의심스러운 경우에 대처하는 법

만일 어떤 사람의 회심이 의심스러운 경우에는 어떻게 대처해야 하는가? 찰스 피니의 말을 들어 보자. 피니는 새로운 어린 회심자를 돌보는 일에 대해서 다음과 같이 가르쳤다.

첫째로, 피니는 새로운 회심자에게 소망을 불러일으킬 수 있는 말을 해서는 안 된다고 했다. "원칙적으로 죄를 깨달은 사람들에게 그들이 신앙을 체험했다는 생각을 불러일으킬 수 있는 것을 스스로 발견할 때까지는 말하면 안 됩니다."[278] 다시 말하면, 구도자가 스스로 자기의 회심을 발견하도록 해야 한다고 했다. 당신은 돌아다니면서 새로운 회심자에게 그가 회심했다고 알려 줄 필요가 없다. 만일 그가 하나님께 순종했다면, 그 자신이 그것을 알 것이다. 어떤 사람이 자신이 그것을 발견하기 전에 "당신은 회심했습니다."라고 말해 주면, 거짓 소망을 낳기 쉽다.

둘째로, 그들이 자신의 회심에 대해서 의심스러워하거나, 그들이 완전히 변화된 것 같지 않으면 그들의 소망을 부수어 버리라고 가르쳤다. "여러분은 자신이 그리스도인이 되었다고 소망을 표현하지만 동시에 의심도 표현하는 사람을 만날 것입니다. 그것은 일반적으로 말해서 회심의 일이 철저하지 못했기 때문입니다. 만일 그들이 아직도 죄의 각성에서 해방되지 못한 어떤 것을 느낀다면, 그들은 아직도 세상을 맴돌고 있든지 아니면 죄로부터 효과적으로 떠나지 못했기 때문일 것입니다. 그러므로 그들을 앞으로 나아가라고 재촉하는 것보다는 뒤로 후퇴해서 다시 살피도록 해야 합니다. 당신이 그들 스스로가 의심하는 것을 본다면, 십중팔구 거기에는 상당한

---

278) Finney, *Lectures on Revivals of Religion*, 366.

이유가 있다고 판단해도 좋습니다. 때때로 사람들은 그리스도 안에서의 소망을 표현하지만 곧 어떤 죄를 기억합니다. 즉 다른 사람에게 자백해야 하는 죄가 생각나는 것입니다. 만일 남을 비난했거나 사취한 경우라면 보상을 해야 되는데도, 체면이나 금전의 문제가 크게 관련되어 있어 그들이 이 의무를 행하는 것을 주저하거나 거절하고 있는 그러한 죄가 남아 있는 것입니다. 이러한 것들이 성령님을 근심시키며, 그들의 마음은 어두운 상태에 있게 되어 결과적으로 그들이 진정으로 회심했는지 의심하게 됩니다."[279]

피니는 누가 이러한 상황에 놓이면, "자녀이든, 형제이든, 남편이든, 아내이든, **소심하게 인정을 보이지 말고 철저하게**" 점검해야 할 것을 강조했다. "만일 그들이 자기는 구원받았다고 주장하고 당신 보기에 그들이 참으로 그리스도의 형상을 지니고 있으면 그들은 그리스도인입니다. 그러나 그것이 의심스러우면-만일 그들이 완전히 변화된 것 같지 않으면-그들의 소망을 부수어 버리십시오. 그리고 분별하면서 진리로서 그들을 살피십시오. 그리고 그 일을 성령님께서 더욱 깊이 하시도록 맡기십시오. 그리스도의 형상이 여전히 완전하지 못하면, 그 일을 다시 하십시오.-그들을 부수어 어린아이 같은 태도를 갖게 하십시오. 그런 다음에 소망을 갖도록 하십시오. 그때야 그들이 **분명하고, 철저한 그리스도인**이 될 것입니다."[280]

---

279) Finney, *Lectures on Revivals of Religion*, 367-368.
280) Finney, *Lectures on Revivals of Religion*, 369.

제17장

새 언약과 옛 언약의 차이

> 내가 진실로 너희에게 말하노니 여자가 낳은 자 중에 세례 요한보다 큰 이
> 가 일어남이 없도다. 그러나 천국에서는 극히 작은 자라도 저보다 크니라
> (마 11:11).

성경에서 가장 감격적인 구절 중 하나가 새 언약에 대해 말씀하신 히브리서 8장 7–13절 말씀이다.

"저 첫 언약이 무흠하였더면 둘째 것을 요구할 일이 없었으려니와 저희를 허물하여 일렀으되, 주께서 가라사대 볼지어다 날이 이르리니 내가 이스라엘 집과 유다 집으로 새 언약을 세우리라. 또 주께서 가라사대 내가 저희 열조들의 손을 잡고 애굽 땅에서 인도하여 내던 날에 저희와 세운 언약과 같지 아니하도다. 저희는 내 언약 안에 머물러 있지 아니하므로 내가 저희를 돌아보지 아니하였노라. 또 주께서 가라사대 그 날 후에 내가 이스라엘 집으로 세울 언약이 이것이니 **내 법을 저희 생각에 두고 저희 마음에 이것을 기록하리라**. 나는 저희에게 하나님이 되고 저희는 내게 백성이 되리라. 또 각각 자기 나라 사람과 각각 자기 형제를 가르쳐 이르기를 주를 알라 하지 아니할 것은 저희가 작은 자로부터 큰 자까지 다 나를 앎이니라. 내가 저희 불의를 긍휼히 여기고 저희 죄를 다시 기억하지 아니하리라 하셨느니라. 새 언약이라 말씀하셨으매 첫 것은 낡아지게 하신 것이니 낡아지고 쇠

239

하는 것은 없어져 가는 것이니라"(히 8:7-13).

요즈음 교인들 중에는 구약 시대 성도들과 신약 시대 성도들의 차이를 잘 모르는 사람들이 많다. 구약과 신약에는 통일성도 있지만, 그 차이도 현격하다. 통일성만 강조하고, 차이를 인식하지 않는다면, 유대교적 율법주의로 돌아갈 위험이 많다(빌 3:2-3). 예수님께서는 새 언약의 중보로 오셨다. 그리고 새 언약과 옛 언약의 놀라운 차이를 자주 말씀하셨다. 우리는 지금 신약 시대에 살고 있는 것이지, 구약 시대에 살고 있는 것이 아니다. 우리가 누리는 은혜는 구약의 의인들과 선지자들이 간절히 바라고 사모하던 은혜이다. 성경은 새 언약이 옛 언약보다 더 좋은 언약이라 하셨다(히 8:6).

1. 예수님의 오심으로 주어진 새 언약은 옛 언약보다 훨씬 위대하다

새 언약은 얼마나 위대한 것인가? **성경은 신약의 거듭난 모든 성도가 세례 요한보다 위대하다고 말씀한다.** 예수님의 말씀을 들어 보라. "내가 진실로 너희에게 말하노니 여자가 낳은 자 중에 세례 요한보다 큰 이가 일어남이 없도다. 그러나 천국에서는 극히 작은 자라도 저보다 크니라"(마 11:11). 이 말씀 중에 '천국에서는 극히 작은 자라도 세례 요한보다 크니라' 고 하셨는데, 그렇다면 세례 요한은 천국에 들어가지 못했다는 이야기가 아닌가? 세례 요한은 물론 장차 임할 천국에는 들어갈 것이다. 예수님께서 여기서 말씀하시는 천국은 성령의 도래로 말미암아 오순절 이후 이 땅에 본격적으로 시작될 천국을 말씀한다. 세례 요한은 구약의 마지막 인물이었다(마 11:13-14). 새 언약의 시대는 예수님으로 말미암아 시작되었다(요 1:17; 히 8:6).

그러면 세례 요한이 천국에서 극히 작은 자보다도 작은 것은 어디에 그 이유가 있는 것인가? 그것은 새 언약 시대의 성도들만 성령님의 내주를 체험할 수 있기 때문이다. 다시 말하거니와 예수님의 고난과 승천 이전에는 성령님께서 내주하실 수 없었음을 기억하라. 이와 같이 성령님의 내주는 위대한 일이다. 그래서 구약 시대의 가장 위대한 자라고 해도 신약 시대의 가장 작은 자보다 못한 것이다.

제임스 뷰캐넌은 다음과 같이 말했다. "우리 주님께서는 '천국에서 지극히 작은 자도 세례 요한보다 크다'고 말씀하셨습니다. 이 말씀은 정도(degree)에 관한 문제가 아니라 종류(kind)에 관한 문제입니다. 육에 속한 사람은 영에 속한 사람보다 더 높은 정도의 학문적 지식을 소유할 수도 있습니다. 그러나 하나님께로부터 가르침을 받은 하나님의 사람과 견줄 만한 사람은 이 세상에 아무도 없습니다. 이런 종류의 지식은 바로 하나님의 백성만이 소유하는 지식으로서 성령님의 가르침을 받는 자들에게만 속한 지식이기 때문입니다."[281]

그럼 신약 모든 성도는 세례 요한보다도 위대할까? 당연히 그렇다. 왜 그런 차이가 나는가? 영적 지각의 차이요 내적 거룩함의 차이 때문이다. 하나님의 거룩한 성령님께서 우리 속에 내주하시니까 신약의 성도들이 위대해지는 것이다. 우리 자신이 위대하다기보다는 하나님께서 우리 속에 계시기 때문에 우리가 세례 요한보다 큰 자가 되는 것이다. 하나님께서는 지금 어디에 계시는가? 거듭난 자의 심령 속에 성령으로 계신다(요 14:20). 이것은 세례 요한이 경험하지 못했던 것이다. 이 얼마나 놀랍고 위대한 일인가? 거룩하신 영광의 하나님께서 실제로 '우리 안에' 계시겠다고 약속하셨다. 이 영광을 어찌 다 말로 표현할 수 있겠는가! 형제여, 당신은 진실로 하나님께서 당신 안에 거하신다고 말할 수 있는가?

2. 새 언약의 성도들에게 주시기로 한 은혜는 구약의 선지자들이 예언하고 사모했으나 그들은 참여하지 못한 은혜이다

구약 시대 선지자들은 신약 시대에 나타날 은혜를 멀리서 바라보고 사모했지만 그 은혜에 참여하지는 못했다(벧전 1:8-12). 그 은혜는 무엇인가? 곧 성

---

[281] Buchanan, *The Office and Work of the Holy Spirit*, 55-56.

령의 내주하심이다. 구약 시대 성도들이 받은 은혜와 신약 시대 성도들이 받는 은혜는 그 차원이 다르다. 그 은혜의 깊이와 넓이와 높이가 다르다. 내주하시는 성령님께서는 거듭난 자 속에 거하셔서 신적 본성을 나누어 주신다. 그래서 "하나님이 자기를 사랑하는 자들을 위하여 예비하신 모든 것은 눈으로 보지 못하고 귀로도 듣지 못하고 사람의 마음으로도 생각지 못한 것"이라고 하신 것이다(고전 2:9). 하나님의 깊은 것은 오직 성령님만이 우리에게 보여 주실 수 있다(고전 2:10). 그러므로 성령의 시대에 산다는 것은 위대한 것이다.

3. 새 언약의 위대한 축복

옛 언약보다 비교할 수 없이 탁월한 새 언약의 놀라운 축복에 관해서는 히브리서 8장 6–13절을 보면 네 가지로 잘 정리되어 나온다. 먼저 6절을 보면 예수님께서는 우리에게 더 좋은 언약의 중보로 오셨다고 한다. "그러나 이제 그가 더 아름다운 직분을 얻으셨으니 이는 더 좋은 약속으로 세우신 더 좋은 언약의 중보시라." 예수님께서 오셔서 주시는 새 언약은 옛 언약보다 훨씬 더 좋은 것이다. 당신은 더 좋은 새 언약의 축복을 체험하고 사는가? 새 언약의 축복의 내용은 다음과 같다.

(1) **그 첫 번째 축복은 하나님의 법을 우리 생각과 마음에 기록해 주시는 것이다.** "또 주께서 가라사대 그 날 후에 내가 이스라엘 집으로 세울 언약이 이것이니 내 법을 저희 생각에 두고 저희 마음에 이것을 기록하리라"(히 8:10). 새 언약의 성도는 생각과 마음에 생명의 성령의 법(롬 8:1-2)이 새겨진다. 이것이 옛 언약, 즉 구약과의 차이점이다. 그렇기 때문에 새 언약의 백성은 기꺼이 하나님의 뜻에 따라 살 수가 있는 것이다.

구약의 모세의 십계명은 하나님께서 직접 돌판에 새기신 것이다. 신약은 하나님께서 우리 심비(心碑)에 성령의 법으로 주의 말씀을 새기신다. "너희가 우리의 편지라. 우리 마음에 썼고 뭇 사람이 알고 읽는 바라. 너희는 우리로 말미암아 나타난 그리스도의 편지니 이는 먹으로 쓴 것이 아니요 오직 살아 계신 하나님의 영으로 한 것이며, 또 돌비에 쓴 것이 아니요 오직 육의 심비에 한 것이라"(고후 3:2-3). 돌비에 새겨진 하나님의 계명은 잊어버릴 수가 있다. 안 보면 쉽게 잊어버린다. 신약은 그렇지가 않다. 우리 심비에 하나님의 법이 새겨져 있으니까 우리는 언제나 주님의 뜻 가운데 살 수가 있는 것이다.

(2) **새 언약의 두 번째 축복은 우리로 참된 하나님의 백성이 되게 하시는 것이다.** "나는 저희에게 하나님이 되고 저희는 내게 백성이 되리라"(히 8:10). 누가 참된 하나님의 백성인가? 마음에 성령을 받아 그 심령이 온전히 새롭게 된 사람이 진정한 하나님의 백성이다. "대저 표면적 유대인이 유대인이 아니요 표면적 육신의 할례가 할례가 아니라. 오직 이면적 유대인이 유대인이며 할례는 마음에 할지니 신령에 있고 의문에 있지 아니한 것이라"(롬 2:28-29). 내면이 성령으로 변화된 사람이 참 유대인이요, 하나님의 참된 백성이다.

(3) **새 언약의 세 번째 축복은 큰 자든지 작은 자든지 다 하나님을 영의 직관으로 알게 하신 것이다.** "또 각각 자기 나라 사람과 각각 자기 형제를 가르쳐 이르기를 주를 알라 하지 아니할 것은 저희가 작은 자로부터 큰 자까지 다 나를 앎이니라"(히 8:11). 새 언약의 백성들은 하나님에 대한 초자연적 인식을 가지고 살게 된다는 말이다. 이 말씀은 요한1서 5장 20절 말씀과 같다. "또 아는 것은 하나님의 아들이 이르러 우리에게 지각을 주사 우리로 참된 자를 알게 하신 것과 또한 우리가 참된 자 곧 그의 아들 예수 그리스도 안에 있는 것이니 그는 참 하나님이시요 영생이시라."

이러한 초자연적 인식이 곧 영적인 지식이다. 에드워즈는 사변적인 지식과 영적인 지식을 다음과 같이 구별했다. "하나님께서 인간의 마음에 주신 선(good)에 대한 두 가지 종류의 이해와 지식이 있습니다. 첫째는 단순한 사색적인 혹은 관념적인 이해입니다. …… 두 번째 종류의 이해는 마음의 감각에 존재합니다. …… 탁월한 어떤 것에 대하여 단지 사색적이고 이성적인 판단을 하는 것과 그것의 달콤함과 미에 대하여 감각을 가지는 것과는 커다란 차이가 있습니다. 전자는 단지 머리에 존재하고, 오직 사색과 관계 있습니다. 그러나 후자는 마음이 관계합니다."[282]

피니는 사변적 지식과 영적인 지식의 차이를 다음과 같이 말했다. "영적인 참된 그리스도인이라면 사람의 가르침과 하나님의 가르치심의 차이점이나, 또한 읽고 듣고 공부하여 얻은 단순한 지식과 성령님의 직접적이고 내면적인 조명으로 인해 주어진 분명한 깨달음과의 근본적인 차이점을 넉넉히 구별할 수 있을 것입니다."[283] 당신이 가진 하나님에 대한 지식은 사람의 가르침인가? 아니면 성령님께서 직접 가르치신 것인가?

(4) 새 언약의 네 번째 축복은 성경에 나오는 말씀들 중에서도 특히 중요한 말씀이다. **새 언약의 성도들은 예수님의 보혈이 가져다주시는 온전한 속죄의 능력을 누리게 된다는 것이다.** "내가 저희 불의를 긍휼히 여기고 저희 죄를 다시 기억하지 아니하리라 하셨느니라"(히 8:12). 예수님의 보혈의 능력은 구약 시대 때 송아지나 염소의 피로 속죄한 것과는 비교도 되지 않는다(히 9:13-14). 그래서 "이것을 사하셨은즉 다시 죄를 위하여 제사드릴 것이 없느니라."라고 하시는 것이다(히 10:17-18).

신약 시대 성도들은 다시는 속죄하는 제사가 필요 없을 만큼 온전한 속죄의 능력을 체험하게 된다. 어떤 신자들은 신약 성도들이 회개하고, 죄를 짓고, 또 회개하고, 또 죄를 짓는 삶을 반복한다고 하는데, 이것은 그리스도의 피의 공로를 현저히 욕보임이다(히 6:6; 10:29). 그런 삶을 사는 것이 신약 성도들의 일반적인 모습이라면, 구약과 무엇이 다른가!

우리는 그리스도의 보혈의 속죄하는 능력과 내주하시는 성령의 도움으로 결코 정죄함을 받지 않는 삶을 살도록 구원받았다(롬 8:1-4). 이것이 새 언약의 위대함이다. 이것이 세례 요한도 얻지 못한 은혜이며, 구약의 선지자

---

282) Edwards, "A Divine and Supernatural Light," in WJE, 17, 414.
283) Finney, *Sanctification*, 42.

들도 사모했던 은혜이다. 이것은 너무나 중요하다. 왜냐하면, 새 언약의 축복을 누리지 못하게 되면, 그리스도의 오심도, 십자가에서 피 흘려 죽으심도 무의미해지기 때문이다.

히브리서 9장 13-14절을 보라. 예수님의 보혈의 능력은 염소와 황소의 피보다 훨씬 위대한 거룩함을 가져다준다. "염소와 황소의 피와 및 암송아지의 재로 부정한 자에게 뿌려 그 육체를 정결케 하여 거룩케 하거든, 하물며 영원하신 성령으로 말미암아 흠 없는 자기를 하나님께 드린 그리스도의 피가 어찌 너희 양심으로 죽은 행실에서 깨끗하게 하고 살아 계신 하나님을 섬기게 못하겠느뇨?" (히 9:13-14) 히브리서 10장 10절은 다음과 같이 말씀한다. "이 뜻을 좇아 예수 그리스도의 몸을 단번에 드리심으로 말미암아 우리가 거룩함을 얻었노라." 그리스도의 보혈의 능력을 믿고 거듭난 자는 본질적인 거룩함을 얻는다. 이것이 '거룩한 구원'이다. 이것을 체험하지 못한 사람은 새 언약의 축복에 들어오지 못한 사람이다.

신약 시대 성도들이 얻는 거룩함은 '영원한 온전함'이다. 이것이 그리스도의 속죄가 구약 희생 제사와 다른 점이다. "저가 한 제물로 거룩하게 된 자들을 **영원히 온전케 하셨느니라**" (히 10:14). 그리스도의 피는 이와 같이 영원한 속죄를 이루시고 영원한 온전함을 새 언약의 성도들에게 주신다. 그렇기 때문에 "저희 죄와 저희 불법을 내가 다시 기억하지 아니하리라." 하셨으며, "이것을 사하셨은즉 다시 죄를 위하여 제사 드릴 것이 없느니라."라고 말씀하신 것이다 (히 10:17-18).

사랑하는 성도여, 우리의 구주 예수님께서 가져다주신 새 언약의 위대함을 명심하라. 그리고 그 은혜를 체험하라!

제18장

우리를 선택하신 은혜

우리는 그의 만드신 바라. 그리스도 예수 안에서 선한 일을 위하여 지으심을 받은 자니 이 일은 하나님이 전에 예비하사 우리로 그 가운데서 행하게 하려 하심이니라(엡 2:10).

성경에서 가장 놀라운 말씀 중 하나는 하나님의 주권적인 선택에 관한 말씀이다. 구원은 하나님께서 선택하신 자가 받는다. 처음에 선택에 대한 말씀을 들을 때는 이해가 안 되고 거부감이 생길 수 있으나, 말씀을 깊이 연구하면 할수록 선택에 대한 말씀이 성경에 너무나 분명하고 풍성하게 나오는 것을 알게 된다. 아무도 그것을 부인할 수 없다. 선택의 교리는 택자들에게 더할 나위 없는 경탄과 감사의 교리이다.

복음이 전파되겠지만 택함 받은 자만 복음에 반응하고 믿을 것이다(행 13:48). 노아 홍수 심판 때에는 노아 가족만 구원을 얻었다. 그런데 놀라운 것은 노아가 그렇게 온 세상의 타락 가운데서도 의롭게 살고 멸망을 피할 수 있었던 것은 하나님의 은혜를 입었기 때문이라고 성경은 분명히 말씀하신다. "그러나 노아는 여호와께 은혜를 입었더라"(창 6:8). 이와 같이 은혜론은 구약 창세기 6장에서도 분명히 나타난다. 이것을 생각하면 엄숙함을 금할 수 없다. 사도 바울은 다음과 같이 말했다. "그러나 나의 나 된 것은 하나님의 은혜로 된 것이니 내게 주신 그의 은혜가 헛되지 아니하여 내가 모든 사도보다 더 많이 수고하였으나 내가 아니요 오직 나와 함께 하신 하나님의 은혜로라"(고전 15:10).

1. 택자는 창세 전부터 은혜로우신 택하심을 받았다

(1) 거듭난 성도들이여, 하나님께서는 '창세 전부터' 우리를 택하셨다(엡 3:11; 살후 2:13; 딤후 1:9). 이것은 얼마나 놀라운 말씀인가! "곧 **창세 전에 그리스도 안에서 우리를 택하사** 우리로 사랑 안에서 그 앞에 거룩하고 흠이 없게 하시려고"(엡 1:4). "영생의 소망을 인함이라. 이 **영생**은 거짓이 없으신 하나님이 **영원한 때 전부터** 약속하신 것인데"(딛 1:2).

(2) 그것은 은혜로 말미암는 무조건적 선택이었다. 어떤 사람은 하나님께서는 우리가 어떻게 행할 것인가를 미리 내다보시고 우리를 선택하셨다고 주장한다. 그러나 성경을 보면 하나님께서 그의 무궁하신 사랑으로 말미암아 오직 은혜로 우리를 택하셨음을 말씀하신다. "하나님이 우리를 구원하사 거룩하신 부르심으로 부르심은 우리의 행위대로 하심이 아니요 오직 자기 뜻과 영원한 때 전부터 그리스도 예수 안에서 우리에게 주신 은혜대로 하심이라"(딤후 1:9). 로마서 9장 6-29절을 보면 선택에 있어서 하나님의 절대 주권을 분명하게 말씀하신다. 특히 11-12절을 보면 야곱과 에서의 택하심에 대하여 다음과 같이 말씀하신다. "그 자식들이 아직 나지도 아니하고 무슨 선이나 악을 행하지 아니한 때에 택하심을 따라 되는 하나님의 뜻이 행위로 말미암지 않고 오직 부르시는 이에게로 말미암아 서게 하려 하사 리브가에게 이르시되 큰 자가 어린 자를 섬기리라 하셨나니"(롬 9:11-12).

계속해서 로마서 9장 15-18절에는 선택에 있어서 하나님의 주권에 대하여 보다 상세한 설명이 나온다. "모세에게 이르시되 내가 긍휼히 여길 자를 긍휼히 여기고 불쌍히 여길 자를 불쌍히 여기리라 하셨으니 그런즉 원하는 자로 말미암음도 아니요 달음박질하는 자로 말미암음도 아니요 오직 긍휼히 여기시는 하나님으로 말미암음이니라. …… 그런즉 하나님께서 하고자 하시는 자를 긍휼히 여기시고 하고자 하시는 자를 강퍅케 하시느니라"(롬 9:15-16, 18). 19-23절에는 그 유명한 토기장이의 비유가 나온다. "혹 네가 내게 말하기를 그러면 하나님이 어찌하여 허물하시느뇨 누가 그 뜻을 대적하느뇨 하리니 이 사람아, 네가 뉘기에 감히 하나님을 힐문하느뇨? 지음을 받은 물건이 지은 자에게 어찌 나를 이같이 만들었느냐 말하겠느뇨? 토기장이가 진흙 한 덩이로 하나는 귀히 쓸 그릇을, 하나는 천히 쓸 그릇을 만드는 권이 없느냐? 만일 하나님이 그 진노를 보이시고 그 능력을 알게 하고자 하사 멸하기로 준비된 진노의 그릇을 오래 참으심으로 관용하시고 또한 영광 받기로 예비하신 바 긍휼의 그릇에 대하여 그 영광의 부요함을 알게 하고자 하셨을지라도 무슨 말하리요?"(롬 9:19-23) 진노의 그릇, 긍휼의 그릇을 선택하시는 것은 하나님의 주권이시라는 말씀이다. 로마서 11장 5-6절에서는 다음과 같이 말씀하신다. "그런즉 이와 같이 이제도 은혜로 택하심을 따라 남은 자가 있느니라. 만일 은혜로 된 것이면 행위로 말미암지 않음이니 그렇지 않으면 은혜가 은혜 되지 못하느니라."

무조건적 선택을 믿는 데 도움이 되는 예가 있다. 예를 들어, 같은 가족 내에서 어떤 사람은 회개하고 믿음을 갖고 성령을 받게 되지만, 나머지 모든 가족은 악한 경우가 있다. 이런 경우 유전과 환경으로는 설명할 수 없는 어떤 요소가 있는 것이다. 어떤 이는 그 원인을 자유 의지에 돌린다. 그래도 온전한 설명은 안 된다. 왜 동일한 환경에서 자랐는데, 어떤 이의 자유 의지는 항상 하늘과 선을 향하고, 또 다른 이는 항상 세상과 악을 향하는가? 하나님의 은혜를 생각하지 않으면 설명하기 어렵다. 당신 가족들은 다 거룩한 기름 부음을 받았는가? 왜 여러 식구 중에서 당신만 부르심을 받고 기름 부음을 받았는가? 바로 그것이 하나님의 주권적 선택의 결과인 것이다. 이것을 깨닫는 사람은 하나님의 자비하심을 찬송하지 않을 수 없다.

(3) 하나님께서 우리를 택하신 목적은 무엇인가?

첫째, 예수 그리스도의 형상을 본받게 하기 위해서 택하셨다. "하나님이 미리 아신 자들로 또한 그 아들의 형상을 본받게 하기 위하여 미리 정하셨으니 이는 그로 많은 형제 중에서 맏아들이 되게 하려 하심이니라"(롬 8:29).

둘째, 우리로 사랑 안에서 그 앞에서 거룩하고 흠이 없게 하시고, 그리스도 예수 안에서 선한 일을 행하게 하시려고 택하셨다. "곧 창세 전에 그리스도 안에서 우리를 택하사 우리로 사랑 안에서 **그 앞에 거룩하고 흠이 없게 하시려고**"(엡 1:4). "우리는 그의 만드신 바라 그리스도 예수 안에서 선한 일을 위하여 지으심을 받은 자니 이 일은 하나님이 전에 예비하사 우리로 그 가운데서 행하게 하려 하심이니라"(엡 2:10).

셋째, 우리로 하여금 과실을 맺게 하시려고 택하셨다. "너희가 나를 택한 것이 아니요 내가 너희를 택하여 세웠나니 이는 너희로 가서 과실을 맺게 하고 또 너희 과실이 항상 있게 하여 내 이름으로 아버지께 무엇을 구하든지 다 받게 하려 함이니라"(요 15:16).

넷째, 우리에게 거저 주시는 바 은혜의 영광을 찬미케 하시고, 우리로 그의 영광의 찬송이 되게 하시려고 택하셨다. "이는 그의 사랑하시는 자 안에서 우리에게 거저 주시는 바 그의 은혜의 영광을 찬미하게 하려는 것이라"(엡 1:6). "모든 일을 그 마음의 원대로 역사하시는 자의 뜻을 따라 우리가 예정을 입어 그 안에서 기업이 되었으니 이는 그리스도 안에서 전부터 바라던 우리로 그의 영광의 찬송이 되게 하려 하심이니라"(엡 1:11-12).

다섯째, 그리스도 예수 안에서 우리에게 자비하심으로써 그 은혜의 지극히 풍성하심을 오는 여러 세대에 나타내려 하시려고 택하셨다. "이는 그리스도 예수 안에서 우리에게 자비하심으로써 그 은혜의 지극히 풍성함을 오는 여러 세대에 나타내려 하심이니라"(엡 2:7).

2. 택자는 하나님의 특별한 주권적 사랑을 받고 있다

(1) 사랑하는 택함 받은 성도여, 우리 택자는 하나님의 미리 아심을 받았다(롬 8:29). "곧 하나님 아버지의 미리 아심을 따라 성령의 거룩하게 하심으로 순종함과 예수 그리스도의 피 뿌림을 얻기 위하여 택하심을 입은 자들

에게 편지하노니 은혜와 평강이 너희에게 더욱 많을지어다"(벧전 1:2). 하나님께서 우리를 미리 아신다 하시니 이 얼마나 감격적인 일인가!

(2) 우리는 하나님의 특별한 선택을 받았다(벧전 2:9; 요이 1:1). "너희가 나를 택한 것이 아니요 **내가 너희를 택하여 세웠나니** 이는 너희로 가서 과실을 맺게 하고 또 너희 과실이 항상 있게 하여 내 이름으로 아버지께 무엇을 구하든지 다 받게 하려 함이니라"(요 15:16).

(3) 우리가 하나님의 부르심에 응답하는 것도 하나님의 은혜로 된 것이다. "아버지께서 내게 주시는 자는 다 내게로 올 것이요 내게 오는 자는 내가 결코 내쫓지 아니하리라"(요 6:37). "나를 보내신 아버지께서 이끌지 아니하면 아무라도 내게 올 수 없으니 오는 그를 마지막 날에 다시 살리리라. 선지자의 글에 저희가 다 하나님의 가르치심을 받으리라 기록되었은즉 아버지께 듣고 배운 사람마다 내게로 오느니라"(요 6:44-45).

(4) 우리가 믿음을 갖게 되는 것도 하나님의 은혜로 된 것이다(살후 3:2; 벧후 1:1-2; 유 1:3). "이방인들이 듣고 기뻐하여 하나님의 말씀을 찬송하며 영생을 주시기로 작정된 자는 다 믿더라"(행 13:48). "너희가 그 은혜를 인하여 믿음으로 말미암아 구원을 얻었나니 이것이 너희에게서 난 것이 아니요 하나님의 선물이라"(엡 2:8).

(5) 성도의 견인도 하나님의 은혜로 된다(벧전 5:10-11). 즉, 우리가 믿음을 지키게 되는 것도 하나님의 은혜로 된다. "예수 그리스도의 종이요 야고보의 형제인 유다는 부르심을 입은 자 곧 하나님 아버지 안에서 사랑을 얻고 예수 그리스도를 위하여 지키심을 입은 자들에게 편지하노라"(유 1:1).

(6) 하나님께서는 우리의 견인뿐만 아니라 구원의 전 과정 즉 성화, 영화까지도 이끄신다(살전 5:24). "또 미리 정하신 그들을 또한 부르시고 부르신 그들을 또한 의롭다 하시고 의롭다 하신 그들을 또한 영화롭게 하셨느니라"(롬 8:30).

(7) 택하심을 받은 자들은 주님께서 다시 오실 때에 모으심을 받는다. "저가 큰 나팔 소리와 함께 천사들을 보내리니 저희가 그 택하신 자들을 하늘

이 끝에서 저 끝까지 사방에서 모으리라"(마 24:31). 이 얼마나 놀라운 말씀인가! 택함 받은 성도여, 하나님을 영원히 찬양하라!

3. 하나님의 일꾼 되는 것도 은혜로 말미암아 되는 것이다

(1) 사랑하는 성도여, 하나님의 일꾼도 택하심으로 된다는 것을 기억하라 (고전 1:1; 갈 1:1; 엡 1:1; 골 1:2; 딤전 1:1). 하나님께서는 자신의 뜻을 이루기 위하여 자신의 뜻대로 일꾼을 선택하신다. 이와 같이 하나님께서는 노아를 택하시고, 모세를 택하시고, 다윗을 택하시고, 엘리야를 택하시고, 예레미야를 택하시고, 12제자를 택하시고, 사도 바울을 택하셨다. 바울은 다음과 같이 고백했다. "예수 그리스도의 종 바울은 **사도로 부르심을 받아** 하나님의 복음을 위하여 택정함을 입었으니"(롬 1:1). "이 복음을 위하여 그의 능력이 역사하시는 대로 내게 주신 하나님의 은혜의 선물을 따라 내가 일꾼이 되었노라"(엡 3:7).

(2) 하나님의 일꾼은 모태로부터 정해진다. 바울은 다음과 같이 말했다. "그러나 내 어머니의 태로부터 나를 택정하시고 은혜로 나를 부르신 이가 그 아들을 이방에 전하기 위하여 그를 내 속에 나타내시기를 기뻐하실 때에 내가 곧 혈육과 의논하지 아니하고"(갈 1:15-16). 하나님께서 예레미야에게는 다음과 같이 말씀하셨다. "내가 너를 복중에 짓기 전에 너를 알았고 네가 태에서 나오기 전에 너를 구별하였고 너를 열방의 선지자로 세웠노라 하시기로"(렘 1:5).

(3) 일꾼이 되기 위한 **성령의 은사도 하나님의 주권에 따라 주어진다**. 신약의 그리스도의 몸된 성도들에게 주시는 성령의 은사도 하나님의 뜻대로 나누어 주신다. "이 모든 일은 같은 한 성령이 행하사 그 뜻대로 각 사람에게 나눠 주시느니라"(고전 12:11). "내게 주신 은혜로 말미암아 너희 중 각 사람에게 말하노니 마땅히 생각할 그 이상의 생각을 품지 말고 오직 하나님께서 각 사람에게 나눠 주신 믿음의 분량대로 지혜롭게 생각하라. 우리가

한 몸에 많은 지체를 가졌으나 모든 지체가 같은 직분을 가진 것이 아니니, 이와 같이 우리 많은 사람이 그리스도 안에서 한 몸이 되어 서로 지체가 되었느니라"(롬 12:3-5). 그러므로 성도는 자기가 받은 은사를 소중히 알고 받은 은사에 최선을 다 해야 한다.

4. 누가 택함을 받았는지 어떻게 알 수 있는가?

(1) 택함을 받은 사람은 복음을 전해 들을 때 믿음으로 받아들인다. "이방인들이 듣고 기뻐하여 하나님의 말씀을 찬송하며 영생을 주시기로 작정된 자는 다 믿더라"(행 13:48). 택한 백성들은 복음을 접할 때 믿음으로 받아들이게 된다. 예수님을 받아들이는 사람은 그 받아들임으로 자기가 구원으로 선택되고 예정되었다는 것을 스스로 증명한다. 반대로 예수님을 거부하는 사람은 그리스도를 거부함으로 말미암아 자기가 멸망으로 예정되었다는 것을 스스로 증명하는 것이다(요 3:18).

택함을 받은 사람은 예수님의 부르시는 음성(말씀)을 알고 예수님을 따른다. 요한복음 10장 3절을 보라. "양은 그의 음성을 듣나니 그가 자기 양의 이름을 각각 불러 인도하여 내느니라." 이것이 소명이요, 부르심이다.

(2) 택함 받은 사람은 성령의 기름 부음을 받는다. "우리를 너희와 함께 그리스도 안에서 견고케 하시고 우리에게 기름을 부으신 이는 하나님이시니 저가 또한 우리에게 인치시고 보증으로 성령을 우리 마음에 주셨느니라"(고후 1:21-22). 기름 부음이란 성령님께서 우리를 거룩하게 구별하는 것을 의미한다. 성령을 부어 주심으로 우리를 하나님의 자녀로 구별하시는 것이다.

그리하여 택함을 받은 사람은 자신이 구원받은 것을 안다. "성령이 친히 우리 영으로 더불어 우리가 하나님의 자녀된 것을 증거하시나니"(롬 8:16).

(3) 택함을 받은 사람은 그리스도인다운 삶의 열매를 맺는다. "오직 성령의 열매는 사랑과 희락과 화평과 오래 참음과 자비와 양선과 충성과 온유와 절제니 이 같은 것을 금지할 법이 없느니라"(갈 5:22-23). 성령님께서 내주

하시는 사람은 성령님의 열매를 맺을 것이다.

(4) 택함을 받은 사람은 참된 주의 종을 알아보고 그 말씀을 따른다. "저희는 세상에 속한 고로 세상에 속한 말을 하매 세상이 저희 말을 듣느니라. 우리는 하나님께 속하였으니 하나님을 아는 자는 우리의 말을 듣고 하나님께 속하지 아니한 자는 우리의 말을 듣지 아니하나니 **진리의 영과 미혹의 영을 이로써 아느니라**"(요일 4:5-6). 택함 받은 백성은 무엇이 거룩한 가르침인지 미혹하는 속된 가르침인지 본능적으로 안다(요일 2:20, 27).

5. 복음을 받아들이는 데는 영적, 도덕적 기초 소양이 중요하다

누구에게든지 복음을 열심히 전하기만 하면 구원을 받을 것이라고 생각하는 사람이 많다. 그러나 성경을 잘 몰라서 그렇다. 성경에 의하면 아무나 다 회심하는 것은 아니다. 회심할 사람은 따로 있다. "믿음은 모든 사람의 것이 아님이라"(살후 3:2). 믿음을 주시기로 작정된 사람이 있다는 말씀이다.

(1) 인격적 기초 소양이 매우 중요하다. 왜 그런가? 영적, 도덕적 기초 소양이 약한 사람은 복음에 잘 응답하지 않는다. 즉 기초적으로 의에 대한 의식과 도덕적 관념이 약한 사람은 예수님께로 오지 않는다. 다음 성경 구절들이 그것을 말씀해 준다. "악을 행하는 자마다 빛을 미워하여 빛으로 오지 아니하나니 이는 그 행위가 드러날까 함이요, **진리를 좇는 자는 빛으로 오나니** 이는 그 행위가 하나님 안에서 행한 것임을 나타내려 함이라"(요 3:20-21).

인격적 기초 소양이 있는 사람이 구원을 받는다. 기초 소양이 무너진 사람은 구원 얻기 힘들다(마 7:6; 호 14:9). 왜 기초 소양이 좋지 않은 사람들은 구원 얻기가 어려운가? 가장 근본적인 문제는 이런 사람들은 본인이 거룩한 구원의 상태로 가기를 원치 않는다는 데 있다. 사람의 인격은 영성, 지성, 감성, 도덕성 등으로 구성되어 있다. 인격적으로 온전한 사람이 되기 위해서는 이 모두가 중요하지만 특히 영성과 도덕성(양심)은 하나님을 믿는 데 매우 중요하다. 영성과 도덕성이 있는 사람, 즉 평소부터 하나님을 경외하는 사람(말 4:2; 행 16:14), 의에 주리고 목마른 사람(마 5:6)만이 겸손히 하나님의 은혜를 구한다. 본성적으로 이런 것들이 결여되어 있는 사람은 거룩하게 하시는 성령의 은혜를 중요하게 여기지도, 구하지도 않는다.

　인격적 기초 소양이 된 사람이 구원을 받는다는 것에 대해서 베드로 사도는 다음과 같이 말했다. "베드로가 입을 열어 가로되 내가 참으로 하나님은 사람의 외모를 취하지 아니하시고 각 나라 중 **하나님을 경외하며 의를 행하는 사람은 하나님이 받으시는 줄 깨달았도다**"(행 10:34-35). 예수님께서는 빌라도의 질문에 다음과 같이 말씀하셨다. "빌라도가 가로되 그러면 네가 왕이 아니냐? 예수께서 대답하시되 네 말과 같이 내가 왕이니라. 내가 이를 위하여 났으며 이를 위하여 세상에 왔나니 곧 진리에 대하여 증거하려 함이로다. **무릇 진리에 속한 자는 내 소리를 듣느니라** 하신대 빌라도가 가로되 진리가 무엇이냐 하더라"(요 18:37-38). 예수님께서는 진리에 속한 자가 주님의 말씀을 듣는다고 하셨다.

　예수님께서는 기초 소양이 안 된 사람에게는 거룩한 말씀도 전하지 말라고 하셨다. "거룩한 것을 개에게 주지 말며 너희 진주를 돼지 앞에 던지지 말라. 저희가 그것을 발로 밟고 돌이켜 너희를 찢어 상할까 염려하라"(마 7:6). 이 말씀은 기초 소양의 중요성을 말해 주는 강력한 증거 중 하나이다.

　(2) 기초 소양에 대한 이야기는 얼른 들으면 쉽게 이해하기 힘든 면이 있다. 어떤 사람은 기초 소양에 대한 말씀들과 아래의 구절들에 나오는 무조건적 선택을 어떻게 조화시킬 수 있는지 묻는다. 예를 들어 디모데후서 1장 9절을 보면, "하나님이 우리를 구원하사 거룩하신 부르심으로 부르심은 우리의 행위대로 하심이 아니요, 오직 자기 뜻과 영원한 때 전부터 그리스도 예수 안에서 우리에게 주신 은혜대로 하심이라."라고 하셨다. 하나님께서 우리를 구원하실 때 무조건적으로 선택하셨다는 말씀이다. 즉 우리의 행위를 미리 아시고 선택하신 것이 아니라는 말씀이다. 또, 로마서 9장 6-29절도 선택에 있어서 하나님의 무조건적 선택을 말씀하고 계신다. 특히 11-12절을 보면 하나님께서는 야곱, 에서의 행위가 나타나기 전에 야곱을 택하

셨다고 하셨다. 그러면, 기초 소양을 안 보고 선택하신 것이 아닌가 하는 질문이 있을 수 있다.

의외로 이에 대한 답은 간단하다. 만일 우리가 어느 때인가부터 진리를 사랑하고 믿게 되었다면 어릴 때부터의 우리의 삶 자체가 은혜 아래서 시작된 것임을 알아야 한다. 만일 우리가 언제부터인가(어릴 적부터, 혹은 장성해서) 진리를 좇는 소양을 가졌다면 그것 자체가 하나님의 선택의 결과이다. 하나님께서 우리의 선한 행위를 미리 보시고 우리를 선택하신 것이 아니라, 하나님의 선택과 은혜 때문에 우리가 그런 소양을 지니게 된 것이다. 이것은 같은 가정에서, 즉 같은 유전과 환경에서 자란 형제라도 기초 소양이 다른 것을 보면 잘 알 수 있다. 그래서 구원은 하나님의 은혜인 것이다(엡 2:1-10). 믿는 자여, 주님을 찬양하라! 당신이 가진 믿음도 하나님의 은혜다(엡 2:8).

(3) 인격적 기초 소양이 부실한 자, 다시 말하면 기초적으로 **도덕성이 약하거나 무너진 상태에 있는 사람**은 복음에 잘 따라오지도 않을 뿐더러 따라온다고 하더라도 끝까지 거룩한 복음을 따라가지 못하는 경우가 대부분이다. 왜냐하면 도덕성이 약하거나 무너진 사람은 의와 불의가 무엇인지, 거룩이 무엇인지 개념 자체가 빈약하거나 거의 없기 때문에 겉으로는 얼마동안 따라오는 시늉을 할 수는 있으나 결국은 자기의 위선이 드러난다. 이런 사람이 돌밭 신자요(마 13:20-21), 예수님께서 조심하라고 말씀하신 개다(마 7:6; 빌 3:2).

(4) 예수님께서 말씀하신 씨 뿌리는 자의 비유(마 13:1-23)도 기초 소양의 중요성을 가르쳐 주시는 말씀이다. 돌밭 신자는 "복음을 듣고 즉시 기쁨으로 받으나 그 속에 뿌리가 없어 잠시 견디다가 말씀을 인하여 환난이나 핍박이 일어나는 때에는 곧 넘어지는 자"라고 하였다. 돌밭 신자의 문제점은 '뿌리'가 없는 것이다. 이것은 인격적 '기초' 소양이 없다는 말씀이다. 환난을 견딜 만한 인격적 기본기가 없다. 그러므로 넘어지는 것이다. 길가 신자는 복음을 알아들을 귀가 없는 자다. 이는 그 기초 소양에 있어서 영감이

없고, 경건에 무감각한 자를 말한다. 가시떨기 신자란 "세상의 염려와 재리의 유혹에 말씀이 막혀 결실치 못하는 자"다. 그 인격적 기초 토양에 세상 염려, 세상 욕심이 지배하는 사람이다. 기초 소양이 이런 상태에 있는 자에게는 말씀이 자라지 못한다.

옥토 신자는 기초 소양이 좋은 사람을 말한다. "말씀을 듣고 깨닫고 그리고 결실한다." 말씀을 듣고 깨닫는 것은 중요한 일이다. 기초 토양이 안 좋은 사람은 하나님 나라의 복음, 성령에 관한 말씀, 거룩함에 관한 말씀을 잘 알아듣지도 못하고, 받아들이고자 하지 않는다. 그러나 옥토 신자는 하나님 말씀을 잘 깨달을 뿐 아니라 그 말씀 가운데서 자라 거룩함의 열매로 결실한다. 우리가 복음을 전할 때에 옥토에 씨를 뿌려야 함을 잊지 말라.

6. 하나님의 주권적 은혜와 인간의 자유 의지를 어떻게 조화시킬 수 있는가?

(1) 성경에는 하나님의 주권적 선택과 배치되게 보이는 구절들, 즉 인간의 자유 의지에 관한 말씀들이 많이 있다. 예를 들면, 하나님께 나아오라는 강력한 권고의 말씀이 있다. "수고하고 무거운 짐진 자들아 다 내게로 오라. 내가 너희를 쉬게 하리라"(마 11:28). "이스라엘 자손들아 너희는 심히 거역하던 자에게로 돌아오라"(사 31:6). 또, 우리가 믿고 영접하면 구원을 얻는다는 구절이 있다. "믿고 세례를 받는 사람은 구원을 얻을 것이요 믿지 않는 사람은 정죄를 받으리라"(막 16:16). "영접하는 자 곧 그 이름을 믿는 자들에게는 하나님의 자녀가 되는 권세를 주셨으니"(요 1:12). 또, 강력히 회개를 촉구하는 구절이 있다. "너희에게 이르노니 아니라 너희도 만일 회개치 아니하면 다 이와 같이 망하리라"(눅 13:5). 그리고 전심으로 하나님을 향하는 자에게 능력을 베풀어 주신다는 구절이 있다. "너희는 내게 부르짖으며 와서 내게 기도하면 내가 너희를 들을 것이요 너희가 전심으로 나를 찾고 찾으면 나를 만나리라"(렘 29:12-13). 그리고 천국은 침노하는 자가 들어간다는 말씀도 있다. "세례 요한의 때부터 지금까지 천국은 침노를 당하나니 침노

하는 자는 빼앗느니라"(마 11:12). 모두 인간의 자유 의지에 호소하는 듯한 말씀들이다. 즉 인간의 순종과 믿음과 결단을 강하게 요구하시는 말씀들이다.

(2) 그러면 하나님의 주권적 선택(예정, 선택)과 인간의 자유 의지를 어떻게 조화시킬 수 있는가? 이 문제만큼 교회사를 통하여 큰 논쟁거리가 된 문제도 많지 않다. 해결하기 어려운 문제임에 틀림없다. 그러나 필자에게는 쉽게 해결할 수 있는 방법이 있다. 두 말씀 다 그대로 받아들이면 된다. 하나님의 길은 우리보다 높으며(사 55:8-9), 하나님의 길은 찾을 수 없는 길이다(롬 11:33-36). 그러므로 인간의 유한한 이성으로 하나님의 말씀을 억지로 짜맞추려다가 실족하지 말고(벧후 1:20-21; 3:16), 말씀하신 그대로 받아들이면 된다.

하나님의 주권적인 선택도 성경에 분명히 나오므로 믿어야 한다. 그리고 인간의 자유 의지에 대한 명령도 분명히 나오므로 믿어야 한다. 그러면 아무 문제될 것이 없다. 구원에 있어서 하나님의 주권과 인간의 자유 의지의 조화는 인간의 지혜로는 해결하기가 어렵다. 하나님의 무궁한 지혜로 정하신 것이다. 이것을 인정해야 한다. 어느 하나만 강조하거나 어느 하나를 부정해서는 안 된다. 성경은 좌로나 우로나 치우치지 말고, 그 가운데 기록된 모든 것을 다 지켜 행하라고 하셨다. "오직 너는 마음을 강하게 하고 극히 담대히 하여 나의 종 모세가 네게 명한 율법을 **다 지켜 행하고 좌로나 우로나 치우치지 말라.** 그리하면 어디로 가든지 형통하리니"(수 1:7).

성경은 절대로 더해서도 빼서도 안 된다. "내가 이 책의 예언의 말씀을 듣는 각인에게 증거하노니 만일 누구든지 이것들 외에 더하면 하나님이 이 책에 기록된 재앙들을 그에게 더하실 터이요, 만일 누구든지 이 책의 예언의 말씀에서 제하여 버리면 하나님이 이 책에 기록된 생명나무와 및 거룩한 성에 참예함을 제하여 버리시리라"(계 22:18-19). 하나님의 주권을 빼서도 안 되고, 인간의 자유 의지를 빼서도 안 된다. 왜냐하면 성경은 둘 다 분명히 말씀하시기 때문이다(물론 거시적으로 보면 하나님의 주권이 우위에 있음은 두말할 것 없다).

사도 바울의 다음의 말씀이 아주 중요하다. "형제들아 내가 너희를 위하여 이 일에 나와 아볼로를 가지고 본을 보였으니 이는 너희로 하여금 기록한 말씀 밖에 넘어가지 말라 한 것을 우리에게서 배워 서로 대적하여 교만한 마음을 먹지 말게 하려 함이라"(고전 4:6). 기록한 말씀을 벗어나지 말아야 한다. 기록된 말씀을 벗어나는 것은 교만한 일이다. 하나님께서 분명하게 말씀하신 것에서 그치면 된다. 무조건적 선택을 말씀하셨으면 믿어야 한다. 인간의 자유 의지를 말씀하셨으면 믿어야 한다. 하나님의 말씀을 혼잡하게 해서는 안 된다. "우리는 수다한 사람과 같이 하나님의 말씀을 혼잡하게 하지 아니하고 곧 순전함으로 하나님께 받은 것 같이 하나님 앞에서와 그리스도 안에서 말하노라"(고후 2:17). 오묘한 신비는 하나님께 맡기고 우리는 명백히 드러내 주신 것부터 순종하기를 힘써야 한다. "오묘한 일은 우리 하나님 여호와께 속하였거니와 나타난 일은 영구히 우리와 우리 자손에게 속하였나니 이는 우리로 이 율법의 모든 말씀을 행하게 하심이니라"(신 29:29).

토저는 다음과 같이 말했다. "교파들 간에 벌어지는 교리적인 논쟁들의 대부분은 진리의 한쪽 날개만을 주장하는 맹목적인 완고함 때문에 생깁니다. 논쟁의 당사자들은 성경의 어느 한 본문에만 집착하면서 다른 본문의 타당성을 완강하게 인정하려고 하지 않습니다. 이런 잘못은 교회들이 범할 수 있는 악(惡)입니다."[284]

사랑하는 독자여, 당신이 택자이고 싶은가? 지금 당신이 진실로 하나님을 사랑하고 믿으면 당신은 택자이다(롬 8:28). 지금 당신이 하나님을 사랑하고 그리스도를 믿으면 창세 전에 계획된 예정의 시계가 당신을 위해 돌아가기 시작한다. 당신은 그것을 보게 될 것이다.

---

284) Tozer, *That Incredible Christian*, 59.

제19장

그리스도와 성도의 신비적 연합

> 그날에는 내가 아버지 안에, 너희가 내 안에, 내가 너희 안에 있는 것을 너희가 알리라(요 14:20).

그리스도와 성도의 신비한 연합은 놀라운 것이다. 이것은 체험한 자만이 알 수 있는 놀라운 영적 경험이다. 이것은 주를 전심으로 사랑하는 자에게만 주시는 위대한 은혜이다. 하나님께서 자신을 이처럼 낮추시고, 우리를 이처럼 높이 대우하시는데, 이것을 체험한 사람이 영원토록 주님의 선하심을 찬양하지 않는다면, 누가 찬양할 것인가!

1. 성령님의 내주로 우리는 그리스도와 신비한 연합을 하게 된다

성령님께서 우리 안에 내주하심으로 성도는 그리스도와 신비한 연합을 하게 된다. "그 날에는 내가 아버지 안에, 너희가 내 안에, 내가 너희 안에 있는 것을 너희가 알리라"(요 14:20). "주와 합하는 자는 한 영이니라"(고전 6:17). 토저는 다음과 같이 말했다. "하나님께서 사람들 안에 거하시는 것! 이것이 기독교입니다. **자기 안에 거하시는 하나님을 살아 있는 실제로 체험하지 못한 사람**은 아직 기독교 신앙의 능력을 제대로 체험한 것이 아닙니다. 기독교의 다른 모든 것들은 하나님께서 우리 안에 거하시기 위한 예비 단계에 불과합니다. 성육신, 속죄, 칭의, 중생 이런 것들은 하나님께서 구속 받은 인간 영혼 안으로 들어와 거하시기 위한 예비 단계가 아니고 무엇이겠습니까?"[285]

2. 성도가 누리는 그리스도와 신비한 연합의 비밀

(1) 구원받은 성도여, 하나님께 감사하라! 놀라운 것은 이러한 성도와 그리스도와의 연합이 창세 전부터 굳건한 하나님의 사랑의 줄로 묶여져 왔다는 사실이다. 그리스도와의 연합은 우리가 성령의 세례를 받을 때 체험적으로 경험하게 되지만(요 14:20), 그리스도와 성도의 연합은 창세 전부터 존재하는 것이다. 우리는 창세 전에 '그리스도 안에서' 선택되었다고 성경은 말씀한다. "찬송하리로다. 하나님 곧 우리 주 예수 그리스도의 아버지께서 그리스도 안에서 하늘에 속한 모든 신령한 복으로 우리에게 복 주시되 곧 **창세 전에 그리스도 안에서 우리를 택하사** 우리로 사랑 안에서 그 앞에 거룩하고 흠이 없게 하시려고 그 기쁘신 뜻대로 우리를 예정하사 예수 그리스도로 말미암아 자기의 아들들이 되게 하셨으니"(엡 1:3-5). 이것은 우리가 체험할 수 없고 단지 하나님의 말씀을 통해 확인할 수 있을 뿐이다. 그러나 하나님께서 말씀하심으로 우리는 이것을 확실히 믿고 감사드리는 것이다.

(2) 이제 우리의 영적인 '거듭남의 체험'과 연결된 그리스도와 연합을 살펴보자. 그리스도와 성도의 연합은 창세 전부터 존재했지만, 실제적으로 그것을 체험하는 것은 우리가 회심할 때 일어난다. 우리가 옛 사람을 십자가에 못 박고 회개할 때, 우리는 그 순간 그리스도의 죽으심과 연합하는 것을 체험하게 된다. "무릇 그리스도 예수와 합하여 세례를 받은 우리는 그의 죽으심과 합하여 세례 받은 줄을 알지 못하느뇨?"(롬 6:3) 그리고 성령을 받아 거듭날 때, 우리는 그 순간 그리스도의 부활과 연합함을 체험하게 된다. "만일 우리가 그의 죽으심을 본받아 연합한 자가 되었으면 또한 그의 부활

---

285) Tozer, *Tozer on the Holy Spirit: A 366-day Devotional*, November, 8.

을 본받아 연합한 자가 되리라"(롬 6:5).

구원받은 성도는 그리스도의 승천과 연합되어 지금 그리스도와 함께 하늘에 앉게 되었다고 성경은 말씀하신다. "또 함께 일으키사 그리스도 예수 안에서 함께 하늘에 앉히시니"(엡 2:6). 하나님께서는 거듭난 성도를 하나님 보좌 옆에 앉게 하여 주신다. 이것이 지금 구원받은 자의 영적인 신분이다. 이것은 히브리서 12장 18-24절의 말씀과 일치한다. "너희가 이른 곳은 만질 만한 불붙는 산과 흑운과 흑암과 폭풍과 나팔 소리와 말하는 소리가 아니라. …… 그러나 너희가 이른 곳은 시온산과 살아 계신 하나님의 도성인 하늘의 예루살렘과 천만 천사와 하늘에 기록된 장자들의 총회와 교회와 만민의 심판자이신 하나님과 및 온전케 된 의인의 영들과 새 언약의 중보이신 예수와 및 아벨의 피보다 더 낫게 말하는 뿌린 피니라." 그리스도 안에서 하늘에 앉은 우리는 지금 하나님의 은혜의 보좌 앞에 담대히 나아갈 수 있는 존재가 되었다(히 4:16). 이상이 거듭날 때 일어나는 것이다.

(3) 성도의 현존재에 있어서 그리스도와 연합을 살펴보자. 성도의 현존재는 성령님께서 내주하심으로 주님과 연합한 상태가 된다. "그 날에는 내가 아버지 안에, 너희가 내 안에, 내가 너희 안에 있는 것을 너희가 알리라"(요 14:20). 이것을 그리스도와 성도의 신비한 연합이라고 한다.

성도는 그리스도와 연합됨으로 거룩한 열매를 맺게 된다. "나는 포도나무요 너희는 가지니 저가 내 안에, 내가 저 안에 있으면 이 사람은 과실을 많이 맺나니"(요 15:5). 성도는 그리스도와 연합됨으로 그리스도와 친밀한 교제를 나누게 된다. "누구든지 내 음성을 듣고 문을 열면 내가 그에게로 들어가 그로 더불어 먹고 그는 나로 더불어 먹으리라"(계 3:20).

(4) 우리와 주님의 연합은 예수님의 재림 때에도 효과가 나타난다. 그리스도 안에 있는 사람은 죽었다 할지라도 다시 부활할 것이다. "사망이 사람으로 말미암았으니 죽은 자의 부활도 사람으로 말미암는도다. 아담 안에서 모든 사람이 죽은 것 같이 그리스도 안에서 모든 사람이 삶을 얻으리라. 그러나 각각 차례대로 되리니 먼저는 첫 열매인 그리스도요 다음에는 그리스

도 강림하실 때에 그에게 붙은 자요"(고전 15:21-23). 이와 같이 그리스도와 연합은 하나님의 깊은 경륜에 따라 우리의 구원의 전 과정 속에서 나타나는 하나님의 비밀이다. 이것은 인간의 이성으로는 도저히 생각하기 어려운 내용이므로 사도 바울은 이 연합을 비밀이라고 하였다. "이 비밀이 크도다. 내가 그리스도와 교회에 대하여 말하노라"(엡 5:32).

(5) 우리와 그리스도의 연합은 하나님의 사랑에서 비롯된 영원한 연합이다. 하나님께서는 사랑 안에서 기쁘신 뜻대로 우리를 예정하셨다. 그러므로 구원받은 성도가 어찌 감사하지 않을 수 있겠는가? "찬송하리로다. 하나님 곧 우리 주 예수 그리스도의 아버지께서 그리스도 안에서 하늘에 속한 모든 신령한 복으로 우리에게 복 주시되 곧 창세 전에 그리스도 안에서 우리를 택하사 우리로 사랑 안에서 그 앞에 거룩하고 흠이 없게 하시려고 **그 기쁘신 뜻대로 우리를 예정하사** 예수 그리스도로 말미암아 자기의 아들들이 되게 하셨으니"(엡 1:3-6). 그러므로 이 연합은 확고부동한 연합이다. 사탄의 어떤 권세도 이 연합을 깨뜨릴 수 없다. "누가 우리를 그리스도의 사랑에서 끊으리요?"(롬 8:35).

3. 그리스도와 연합에 대한 비유

그리스도와 교회 사이의 연합에 대한 여러 비유가 있다. 이 비유는 완전하지는 않지만, 그리스도와 우리의 관계를 잘 나타내 준다. 하나님께서 결혼의 제도를 주신 것, 신비한 인간의 몸을 주신 것, 포도나무와 그 가지를 주신 것 등등 이 세상에서 우리가 보고 겪게 되는 많은 것은 그리스도와 우리의 신비한 관계를 비유해 주시고자 주셨음에 틀림없다. 이렇게 볼 때 자연은 하나님의 신비와 상징으로 가득 찬 곳이 된다(롬 1:20).

(1) 우리와 그리스도의 연합은 결혼의 관계로 비유된다. "이러므로 사람이 부모를 떠나 그 아내와 합하여 그 둘이 한 육체가 될지니 **이 비밀이 크도다. 내가 그리스도와 교회에 대하여 말하노라**"(엡 5:31-32). 호세아 2장 19-

20절에서 하나님은 다음과 같이 약속하셨다. "내가 네게 장가들어 영원히 살되 의와 공변됨과 은총과 긍휼히 여김으로 네게 장가들어 진실함으로 네게 장가들리니 네가 여호와를 알리라." 하나님께서 우리의 남편이 되신다니(호 2:16) 이것은 참으로 놀라운 말씀이 아닌가!

요한 아른트는 "그리스도와 신자들의 영혼의 연합은 영적 혼인을 통하여 일어난다."라고 했다. "신랑이 올 때 거룩한 영혼은 즐거워하며, 그의 오는 것을 간절한 마음으로 가까이 바라보게 됩니다. 희락과 쾌활함을 주는 거룩한 신랑의 도착으로 어둠과 밤은 물러갑니다. 마음은 달콤한 기쁨으로 가득 차고, 묵상의 생수가 그 위에 흐르고, 영혼은 사랑으로 인해 녹아나고 기뻐합니다. 애정과 갈망은 뜨거워지고, 사랑은 불이 붙고, 마음은 즐거워하고, 입은 찬양과 영광을 돌리며, 서원을 합니다. 영혼의 모든 능력은 신랑 안에서, 신랑 때문에 즐거워합니다. 영혼이 기뻐하는 것은 사랑하는 자를 찾았기 때문이요, 그가 사랑하던 자가 그를 신부로 택했기 때문입니다. 오! 얼마나 큰 사랑이며 얼마나 불 같은 갈망입니까!"[286]

그리스도께서는 신부인 교회를 사랑하셨기에, 교회를 자신의 신부로 맞아들이기 위해 자신을 희생하셨다. 오웬은 그리스도께서 신부로 예정된 우리를 얻고자 대신 죽으셨다고 했다. "'남편들아, 아내 사랑하기를 그리스도께서 교회를 사랑하시고 위하여 자신을 주심 같이 하라'(엡 5:25). 그리스도께서는 교회의 머리와 남편이 되십니다. 그로 말미암아 교회는 거룩함을 입고 구원함을 받게 되어 있었습니다. 오직 그리스도의 피와 고난으로 말미암아 그렇게 될 수 있었습니다. 그러하기에 그리스도께서 그렇게 교회를 위해 고난을 당하시는 것은 합당했습니다. 또한 그리스도께서 행하신 일과 겪으신 고난이 그 교회에 전가되는 것도 역시 옳은 일이었습니다. 그리스도께서는 교회를 위하여 그 일을 하셨고 고난을 받으신 것입니다."[287]

---

286) Arndt, *True Christianity*, 255-256.
287) Owen, *Meditation and Discourses on the Glory of Christ*, in WJO, 1, 356.

우리 성도는 이와 같이 주님의 전폭적인 사랑의 대상이다. 우리는 주님의 그러한 사랑과 은혜로 주님의 신부가 된 것이다. 그래서 예수님께서는 우리를 보고 "내 뼈 중의 뼈요, 내 살 중의 살"이라고 하신다(창 2:23). 우리는 그리스도께 그런 존재로 택하심을 받았다. 그리스도는 '만 사람에 뛰어난' (아 5:10) 최고의 신랑이시며, 세상의 어떤 남편과도 비교할 수 없는 최고의 신랑이시다. 그리스도와 교회의 결혼 관계에서 우리가 꼭 알아야 할 교훈이 무엇인가?

첫째, 그리스도와 교회의 결혼은 영원한 언약이라는 것이다. 이 세상의 어떤 결혼보다도 견고한 연합이다. 이는 그리스도께서 사랑과 주도권을 가지시고 교회를 사랑하시고 보양하시기 때문이다(엡 5:29).

둘째, 성도들은 그리스도께 큰 기쁨이 된다는 사실이다. 신랑이 신부를 맞이할 때 얼마나 큰 기쁨이 있는가! 이와 같이 주님도 우리를 신부로 취할 때 큰 기쁨을 가지신다. 세례 요한은 신랑의 친구에 불과했다. 즉 그는 그리스도께서 신부를 취할 때 옆에 서서 그의 음성을 듣고 크게 기뻐하는 사람이라고 자신을 묘사했다(요 3:29). 선지자 스바냐는 다음과 같이 말했다. "너의 하나님 여호와가 너의 가운데 계시니 그는 구원을 베푸실 전능자시라. 그가 너로 인하여 기쁨을 이기지 못하여 하시며 너를 잠잠히 사랑하시며 너로 인하여 즐거이 부르며 기뻐하시리라 하리라"(습 3:17).

셋째, **성도는 신랑이신 그리스도께로부터 철저한 보호와 자상한 돌보심을 누린다**는 것이다. 신랑이신 예수님은 우리를 자기 몸과 같이 사랑하시고 보양하시고 지키신다(엡 5:29). 주님께서는 세상의 어떤 남편보다 더욱 우리를 돌보시고 지키신다. "저가 너희를 권고하심이니라"(벧전 5:7). 우리를 푸른 초장과 쉴 만한 물 가로 인도하시고, 주의 막대기로 원수를 물리치신다. 그리고 원수 앞에 상을 베푸신다. 슬퍼할 때 위로하시고, 격려하신다. 이 얼마나 좋으신 신랑인가!

넷째, 신랑이신 그리스도께는 뜨거운 사랑이 있다. 그리스도는 성도를 뜨겁게 사랑하신다. 어떤 남편도 그리스도께서 성도를 사랑하시는 정도로 사랑하지는 못한다. 그리스도께서는 우리를 위해 자기 목숨을 버리셨다. 목숨을 버리실 정도로 우리를 사랑하셨다. 그러므로 성도는 그리스도의 정결한 신부로 끝까지 자신의 정절을 지켜야 하는 것이다.

다섯째, 성도는 그리스도로부터 모든 좋은 것을 받는다. 결혼하면 신랑의 모든 것이 아내의 것이다. 그러므로 성도는 얼마나 부자인가! 성도는 그리스도의 의와 거룩과 지혜를 받고(고전 1:30), 능력과 존귀와 영광을 함께 받는다(계 22:5). 우리는 결코 가난하거나 버려진 자들이 아니다.

여섯째, 그러므로 주의 성도를 모욕하고 공격하는 것은 그리스도를 모욕하고 공격하는 것이다. "사울아, 사울아, 네가 어찌하여 나를 핍박하느냐"(행 9:4). 그리스도는 교회를 핍박하는 사울에게 이와 같이 말씀하셨다. 몸된 교회를 핍박하는 것은 그리스도를 핍박하는 것과 같다. 교회가 상처를 입을 때 하늘에 계신 그리스도께서 눈물을 흘리신다. 그러므로 몸된 교회를 끝까지 사랑하고 지키는 것이 성도의 의무이다.

일곱째, 그리스도와 성도의 결혼식이 남아 있다. 교회가 휴거되면 하늘에서 결혼식이 있을 것이다. 그날 교회는 그리스도의 신부요, 아내이다(계 19:7-8). 그리스도께서 그의 성도들을 위하여 지금 혼인 잔치를 준비하고 계신다(마 22:3; 요 14:1-3). 신랑 되신 주님께서는 곧 다시 오실 것이다. 성도여, 오직 그날을 기다리며 살자.

여덟째, 신부의 할 일이 무엇인가? 오직 신랑만을 사모하고 순종하고 정절을 지키는 것이다(계 14:4). 당신은 주님만을 사모하고 기다리는가? 성령의 거룩한 기름으로 준비한 지혜로운 정결한 처녀만이 혼인 잔치에 들어가게 될 것이다(마 25:1-13). 당신은 이 잔치에 들어갈 준비가 되었는가?

(2) 우리와 그리스도와의 신비한 연합은 머리와 몸으로 비유된다. 아담이 하와를 처음 보고 "내 뼈 중의 뼈요, 내 살 중의 살이로다."라고 하였다(창 2:23). 이것은 그리스도와 교회의 비유이다. 그리스도께서 우리를 보실 때 그렇게 보시는 것이다. 하와가 아담의 갈비뼈에서 나왔듯이, 교회는 그리스도의 상하신 허리에서 나왔다. 그래서 교회는 그리스도의 몸이라 일컫는

다(엡 1:22-23).

4. 우리는 언제 그리스도의 몸의 지체가 되는가?

성도는 언제 그리스도의 신부가 되며, 그리스도의 몸의 지체가 되는가? 우리가 그리스도의 신부가 되는 것은 창세 전부터 정해진 바이며, 하나님 보시기에는 항상 그런 관계가 존재했겠으나, 우리가 그것을 실질적으로 체험하게 되는 것은 우리가 성령으로 세례를 받을 때이다. 우리는 성령으로 세례를 받음으로 그리스도의 몸이 된다. "몸은 하나인데 많은 지체가 있고 몸의 지체가 많으나 한 몸임과 같이 그리스도도 그러하니라. 우리가 유대인이나 헬라인이나 종이나 자유자나 **다 한 성령으로 세례를 받아 한 몸이 되었고** 또 다 한 성령을 마시게 하셨느니라. …… 너희는 그리스도의 몸이요 지체의 각 부분이라"(고전 12:12-13, 27).

윗필드는 자기가 거듭난 날을 자기가 주님과 결혼한 날이라고 하였다. 그는 구원 얻은 성도에 대해서 다음과 같이 말했다. "그들은 사실상 살아 있는 믿음으로 말미암아 그들의 머리 되신 그리스도와 생명의 연합을 하게 되었습니다. 그들의 구속자, 그들을 지으신 자가 그들의 남편이 되셨고, 그들은 주님의 살 중의 살이요, 뼈 중의 뼈가 되었습니다. 사람이 자기 친구와 대화하고 동행하듯이 그리스도와 대화하고 동행하게 되었습니다. 간단히 말해서, 그들은 그리스도와 하나가 되었습니다. 예수 그리스도께서 아버지 하나님과 하나이듯이 말입니다."[288]

당신이 구원받았다면, 이제 주님의 신부가 되었다. 혼인 잔치는 주님께서 재림하실 때 있을 것이다(계 19:6-9). 그것은 이 세상의 어떤 잔치보다도 영화로울 것이다. 그때 주님은 우리의 눈에서 모든 눈물을 씻겨 주실 것이

---

288) Whitefield, "Christ the Believer's Wisdom, Righteousness, Sanctification and Redemption," in *Select Sermons of George Whitefield*, 102-103.

다. 그러므로 신앙의 길이 아무리 힘들더라도 믿음의 정절을 지키면서 잠시만 참자. 우리를 뜨겁게 사랑하시는 주님께서 곧 오실 것이다.

5. 그리스도의 몸된 교회는 하나가 되는 것이 중요하다: 교회론

택함 받은 성도여, 예수님께서는 우리 성도들이 하나가 될 것을 간절히 당부하셨다(요 13:35). 왜 성도가 하나가 되는 것이 중요한가?

(1) 교회는 그리스도의 충만이기 때문이다. "또 만물을 그 발 아래 복종하게 하시고 그를 만물 위에 교회의 머리로 주셨느니라. 교회는 그의 몸이니 **만물 안에서 만물을 충만케 하시는 자의 충만**이니라"(엡 1:22-23). 여기서 '만물 안에서 만물을 충만케 하는 자' 란 그리스도를 가리킨다. 골로새서 3장 11절을 보면, "그리스도는 만유시요, 만유 안에 계시니라."라고 하였다. 그리스도는 만유 안에 계시면서 만물을 충만케 하시는 분이시다. 그런데, 교회는 '만물 안에서 만물을 충만케 하는 자' 의 충만 곧 '그리스도' 의 충만이다. 그러므로 교회는 그리스도의 특별 충만이다. 그리스도는 만유 안에 계신다. 이것은 그리스도의 일반 충만이다. 그러나 그리스도는 교회 안에는 특별한 방식으로 충만히 거하신다. 곧 그의 신성의 충만한 것으로 거하시는 것이다. "우리가 다 그의 충만한 데서 받으니 은혜 위에 은혜러라"(요 1:16). 교회란 얼마나 신비롭고 오묘한 곳인가!

(2) 성도는 개개인이 그리스도의 몸이 되는 것이 아니라, 모두 합쳐서 그리스도의 몸을 구성하기 때문이다. 교회는 단순한 외적인 건물을 말하는 것이 아니다. 교회는 보이지 않는 하나님의 백성의 연합체이며, 한 사람 한 사람이 지체로서 그리스도의 몸을 형성한다. "이와 같이 우리 많은 사람이 그리스도 안에서 한 몸이 되어 서로 지체가 되었느니라"(롬 12:5). "너희가 다 믿음으로 말미암아 그리스도 예수 안에서 하나님의 아들이 되었으니, 누구든지 그리스도와 합하여 세례를 받은 자는 그리스도로 옷 입었느니라. 너희는 유대인이나 헬라인이나 종이나 자유인이나 남자나 여자나 다 그리스

도 예수 안에서 하나이니라"(갈 3:26-28). 성도는 하나의 몸을 구성한다. 이것이 신비다.

그리스도와 교회는 머리와 몸으로 신비하게 연결되어 있다. 우리는 머리이신 그리스도를 통하여 모든 좋은 것을 공급받는다(엡 4:16). 성도는 서로 지체가 되어 서로 의지하며 연합해야만 살게 되어 있다. "오직 사랑 안에서 참된 것을 하여 범사에 그에게까지 자랄지라. 그는 머리니 곧 그리스도라. 그에게서 온 몸이 각 마디를 통하여 도움을 입음으로 연락하고 상합하여 각 지체의 분량대로 역사하여 그 몸을 자라게 하며 사랑 안에서 스스로 세우느니라"(엡 4:15-16). 우리는 서로 연락하고 상합하여 각 지체의 분량대로 역사해야 자랄 수 있다. 우리는 한 몸이기 때문에 연합과 교통이 없으면 지체가 죽게 된다. **성도는 영적 생명을 위해서 무엇보다 머리이신 그리스도와 연합하고 교통해야 한다. 그리고 지체인 성도 서로 간에 연합하고 교통해야 한다.** 그러므로 '평안의 매는 줄로 성령의 하나 되게 하신 것을 힘써 지켜라' 고 하신 것이다(엡 4:1-4).

제20장

그리스도의 몸을 파괴하는 사탄의 전술전략
: 영 분별의 중요성

> 사랑하는 자들아, 영을 다 믿지 말고 오직 영들이 하나님께 속하였나 시험하라. 많은 거짓 선지자가 세상에 나왔음이니라(요일 4:1).

예수님께서 이 땅에 오신 목적이 하나님 나라를 세우시는 것이었다. 오순절 성령 강림으로 하나님 나라가 본격적으로 시작되었다. 그러나 이 땅에 임한 하나님 나라에는 마귀의 공격이 남아 있다고 예수님께서는 말씀하셨다. **원수 마귀는 하나님의 밭에 가라지를 뿌린다.** "예수께서 그들 앞에 또 비유를 베풀어 가라사대 천국은 좋은 씨를 제 밭에 뿌린 사람과 같으니 사람들이 잘 때에 그 원수가 와서 곡식 가운데 가라지를 덧뿌리고 갔더니, 싹이 나고 결실할 때에 가라지도 보이거늘 집 주인의 종들이 와서 말하되 주여 밭에 좋은 씨를 심지 아니하였나이까? 그러면 가라지가 어디서 생겼나이까? 주인이 가로되 원수가 이렇게 하였구나"(마 13:24-27). 이 비유는 교회 가운데, 참 성도 가운데 거짓 교인이 섞여 있게 될 것을 말씀하신 것이다. 원수 마귀가 참 성도 가운데 거짓 교인을 심는다(마 13:38-39).

이천 년 기독교 역사를 돌이켜 보면 위의 말씀 그대로 된 것을 너무나 분명히 확인할 수가 있다. 얼마나 수많은 거짓 그리스도인들이 교인 행세를 하면서 하나님의 교회의 명예를 먹칠하고, 도리어 참된 하나님의 일꾼과 참된 성도들을 핍박하였는가! 그러나 예수님께서 재림하시면 이들이 완전 제거될 것이다. "인자가 천사들을 보내리니 저희가 그 나라에서 모든 넘어지게 하는 것과 또 불법을 행하는 자들을 거두어 내어 풀무 불에 던져 넣으리니 거기서 울며 이를 갊이 있으리라"(마 13:41-42).

그러므로 우리는 이 땅에 사는 동안 하나님의 교회를 공격하는 마귀의 공격을 잘 알고 대비해야만 한다. 거짓 그리스도인, 거짓 목자, 거짓 형제들은 양의 탈을 쓰고 나아오지만 결국은 하나님의 거룩한 자녀와 하나님의 참된 거룩한 일꾼들을 대항하기 위해 마귀가 심어 놓은 하수인들이다(마 13:39; 유 1:3-4). 거룩한 성도의 교제를 파괴하는 애찬의 암초요(유 1:12), 그리스도의 몸을 병들어 죽게 하는 암과 같은 존재이다.

그리스도인들이여, 우리는 영들을 시험해야 할 의무가 있다. 왜냐하면, 주님께서 그렇게 하라고 말씀하셨기 때문이다(요일 4:1). 사탄은 누구인가? 사탄은 대적자다. 사탄은 본래 하나님을 섬기도록 지음 받은 높은 자리에 있었던 천사였다. 그는 하나님을 도전했다가 사탄이 되었다(사 14:12-15; 겔 28:11-17). 사탄의 졸개들이 귀신들이다.

1. 사탄 공격의 전술전략

십자가에서 사탄의 권세가 깨어졌다(골 2:15). 그러나 사탄은 자기 때가 얼마 남지 않음을 보고 남은 때에 힘을 다하여 그리스도의 교회, 즉 그리스도의 몸을 공격하려고 우는 사자처럼 삼킬 자를 찾아다닌다(계 12:12). 사탄은 두 가지 방법으로 교회를 공격한다. 첫째, 사탄은 세속 권력을 통해 주님의 몸된 교회를 공격한다. 둘째, 사탄은 한편으로는 거짓 영들을 교회에 침투시킴으로 그리스도의 몸된 교회를 직접 공격한다.

오웬은 그리스도의 교회를 공격하는 사탄의 활동에 대해서 다음과 같이 말했다. "사탄은 언제나 두 종류의 수단을 사용합니다. 한편으로 그는 폭력을 사용하며, 다른 한편으로 간교함을 사용합니다. 한편으로는 사자처럼 활동하며, 한편으로는 뱀처럼 활동합니다. 한편으로는 용으로 활동하며, 다른 한편으로는 양처럼 두 뿔을 가졌지만 용처럼 말하는 짐승으로 활동합니다. 첫 번째 것은 믿지 않는 세상을 가리키며, 두 번째 것은 온갖 종류의 배교자들과 미혹하는 자들을 가리킵니다."[289]

종종 이 두 세력은 서로 손잡고 참된 성도들을 공격한다. 빌라도와 거짓 종교인들이 결탁해서 그리스도를 십자가에 못 박았다. 어떻게 보면, 불신자인 빌라도보다 거짓 종교인들이 그리스도를 죽이는 데 더 앞장섰다. 이것은 역사를 통해 되풀이되었다. 중세 때에도 타락한 교회가 세속 권력과 손을 잡고 수많은 거룩한 성도들을 죽였다. 사탄은 지금도 같은 일을 하고 있음에 틀림없다.

2. 사탄은 거짓 영을 심음으로 그리스도의 몸된 교회를 공격한다

(1) 한국의 대부흥사 김익두 목사는 "성령의 세례"란 설교에서 다음과 같이 말했다. "**예수의 원수는 미신자(未信者)보다 신자 중에 많은 것입니다.** 성경을 모르는 자보다 성경을 잘 아는 자 중에 있는 것입니다. 예수님 당시 성경학자이던 바리새교인이, 예수를 십자가에 못 박아 죽인 것을 보십시오. 근대에 있어서도 신학자가 예수를 반대하지 않았습니까?"[290]

그러므로, 그리스도의 몸된 교회를 파괴하기 위해 침투하는 거짓 영들을 잘 분별하지 않으면 그리스도의 몸은 여지없이 병들고 만다. 그러므로 영 분별은 그리스도의 몸을 세우기 위해서 절대적으로 중요하다. 암 덩어리를 잘 분별하지 않고 그냥 놔두면 언젠가는 그것이 몸 전체를 죽이게 된다. 에드워즈의 말을 들어 보자. "지금까지 언제나 마귀는 참된 믿음과 거짓된 믿음을 섞어 놓고 구별이나 분별이 되지 못하게 하는 방법으로 그리스도의

---

289) Owen, *A Declaration of the Glorious Mystery of the Person of Christ*, in WJO, 1, 36.
290) 김익두, "성령의 세례," 『성령을 받으라』 (서울: 도서출판 기쁜날, 2006), 103.

나라와 대의에 맞서서 가장 큰 이득을 취하여 왔습니다. 마귀는 주로 이 수단으로 그리스도의 교회가 처음 세워진 이후 있었던 모든 신앙 부흥에 대항해 싸웠던 것입니다. 바로 이 수단으로 사도 시대와 그 이후에 걸쳐서, 유대인들과 이방인들의 박해를 모두 합친 것보다 더 크게 기독교의 대의를 망가뜨렸습니다. 사도들은 그들의 모든 서신에서 자신들이 후자보다는 전자의 해악을 더 우려했음을 보여 줍니다."291)

(2) 거짓 영의 공통된 특징은 세속적이고, 탐욕적이라는 것이다. 이것이 마귀의 지배를 받는 영의 특징이다(약 3:15). 즉 하나님보다 세상의 것들을 사랑하는 것이 이들의 특징이다. 레이븐힐은 그의 유명한 책 『왜 부흥이 지체되나』에서 부흥이 지체되는 이유가 무엇보다 물질주의 때문이라고 했다. "왜 부흥이 지체됩니까? 그 대답은 지극히 간단합니다. 기독교가 고도로 상업화되었기 때문입니다."292) 레이븐힐은 참된 부흥이 지체되는 두 번째 이유를 '싸구려 복음' 때문이라고 말했다. "부흥이 지체되는 또 다른 이유는 우리가 복음을 '싸구려 복음'으로 만들어 버렸기 때문입니다. 우리는 기독교 음반에서, 기독교 방송에서, 심지어 교회에서조차 찬송가를 댄스 템포에 맞춰 부릅니다. 그리스도의 보혈을 찬양하는 노래를 '부기우기' 식의 향락적 댄스 곡조로 만들어 부르는 것입니다. 성령의 영감은 고고 가락에 맞추어 마구 흔들리고 있습니다. 교회 설교단은 엔터테이너들의 쇼 무대가 되어 버렸습니다. …… 돈에 팔려 다니는 오늘날 만담꾼 부흥사들을 보십시오. 그들은 사람들을 모을 수 있다면 무슨 말이든 할 수 있습니다. 그들은 입심 좋게 외쳐 댑니다. '누가 도움이 필요하십니까? 더 큰 능력을 원하십니까? 하나님과 가까이 동행하고 싶은 분은 누구십니까?' 죄를 범하고, 또 회개하고 하는 그런 '싸구려 믿음주의(easy believe-ism)' 때문에 보혈은 불명예스럽게 되고, 제단은 타락되었습니다. 제단은 싸구려 복음을 거

---

291) Edwards, *Religious Affections*, in WJE, 2, 86.
292) Ravenhill, *Why Revival Tarries*, 56.

래하는 시장이 아닙니다. 제단은 우리가 죽어야 하는 곳입니다. 이런 대가를 치루기 싫은 자라면 조용히 강단을 떠나야 합니다."[293]

이와 같이 스스로 세속주의와 물질의 노예가 되어 있으면서, '싸구려 복음'을 전하는 자가 삯꾼 목자요, 그들을 추종하는 자가 개들이요, 거짓 형제들이다. 그러면, 유형별로 거짓 영들을 살펴보자.

3. 유형별 영 분별

(1) 첫 번째로 경계해야 할 대상은 **서기관과 바리새인들과 같은 '형식주의 신자들'**이다. 형식주의 신자란 겉으로는 바리새인들과 같이 종교적 모든 외양은 있으나, 내적인 경건한 신앙을 부인하는 사람들을 말한다. 이들은 예수님을 죽이는 데 가장 앞장섰다. 이들의 전형적인 특징은 다음과 같다.

첫째로, 형식주의 신자들도 겉으로는 여러 가지 종교적 활동들을 많이 한다. 그런데 문제는 내면적 거룩함이 없다는 것이다. 한 바리새인은 이렇게 말했다. "나는 이레에 두 번씩 금식하고 또 소득의 십일조를 드리나이다"(눅 18:12). 이들은 금식도 열심히 하고, 십일조도 열심히 드린다. 그뿐 아니다. 이들은 자기를 희생하며 전도도 열심히 한다. "화 있을진저 외식하는 서기관들과 바리새인들이여, 너희는 교인 하나를 얻기 위하여 바다와 육지를 두루 다니다가 생기면 너희보다 배나 더 지옥 자식이 되게 하는도다"(마 23:15). 전도는 열심히 하지만, 문제는 그 전도 받은 사람을 배나 지옥 자식으로 만든다는 것이다. 이들은 신자를 얻으면 그들의 잘못된 교리와 행동의 본으로 전도한 영혼들을 배나 지옥 자식이 되게 한다.

둘째로, 형식주의 신자들은 겉으로는 하나님을 섬기는 것 같지만, 결국은 자기를 나타내기 위한 것이다. "저희는 사람에게 보이려고 회당과 큰 거리

---

[293] Ravenhill, *Why Revival Tarries*, 57-58.

어귀에 서서 기도하기를 좋아하느니라"(마 6:5). "저희 모든 행위를 사람에게 보이고자 하여 하나니 곧 그 차는 경문을 넓게 하며 옷 술을 크게 하고"(마 23:5). 이들은 사람에게 보이기 위한 행위를 많이 한다.

셋째로, 이들은 외적으로 아름답게 보이지만, 속이 더럽다. '회칠한 무덤'이다. 속에는 '외식과 불법'이 가득하다(마 23:25-28). 오늘날도 보면 겉으로는 여러 가지 종교적 활동을 많이 하지만, 그 속에 거룩함이 없는 사람이 많다. 이들이 바리새인이다.

넷째로, 이들도 때로 말은 그럴 듯하게 하지만 행동은 그렇지 않다. "이에 예수께서 무리와 제자들에게 말씀하여 가라사대 서기관들과 바리새인들이 모세의 자리에 앉았으니 무엇이든지 저희의 말하는 바는 행하고 지키되 저희의 하는 행위는 본받지 말라. **저희는 말만 하고 행치 아니하며**"(마 23:1-3). 거짓 종교인들도 말은 멀쩡하게 하는 경우가 많다. 예를 들면, 설교단에서는 기복주의의 위험을 강하게 경고한다. 그러나 실제 행동으로는 기복주의로 교세를 확장한 자를 자기 교회 강단에 불러 하나님이 세우신 위대한 사자라고 아부하면서 치켜세운다.

다섯째로, 이들은 사람들에게 높임 받는 것을 좋아한다. 감투를 좋아하고 높은 자리를 좋아한다(마 23:6-12). 총신대 신학대학원 원장을 역임했던 김세윤 교수의 말을 들어 보자. "한국에 그리스도인이 천만 명이나 있다고 자랑하고 다니는 사람이 많은데, 그리스도인이 천만 명인 한국이 왜 이 모양입니까? 암담하기가 날이 갈수록 더합니다. …… 내부적으로 교권 싸움 때문에 썩고 외부적으로 금권과 정치권력에 타협해서 썩어 갑니다. 그리스도인으로서의 양심이라곤 조금도 없는 교회 지도자들이 얼마나 많은지 모릅니다. 총회장 되려고 밥 사 주고, 돈 봉투 주고 난리 피우는 사람들이 있습니다."[294] 이런 자들을 어찌 보아야 할까!

여섯째로, 바리새인들의 마음은 하나님께 있지 않고 돈에 있고 물질에

---

294) 김세윤, 『구원이란 무엇인가?』 (서울: 두란노, 2006), 93-94.

있다. "바리새인들은 돈을 좋아하는 자라. 이 모든 것을 듣고 비웃거늘"(눅 16:14).

일곱째로, 천국으로 사람들을 인도해야 할 사람들이 오히려 천국 문을 닫는 역할만 한다. "화 있을진저, 외식하는 서기관들과 바리새인들이여, 너희는 천국 문을 사람들 앞에서 닫고 너희도 들어가지 않고 들어가려 하는 자도 들어가지 못하게 하는도다"(마 23:13).

여덟째로, 이들은 영적 우맹이요, 맹인이다. "화 있을진저, 소경된 인도자여, 너희가 말하되 누구든지 성전으로 맹세하면 아무 일 없거니와 성전의 금으로 맹세하면 지킬지라 하는도다. 우맹이요 소경들이여, 어느 것이 크뇨? 그 금이냐? 금을 거룩하게 하는 성전이냐? 너희가 또 이르되 누구든지 제단으로 맹세하면 아무 일 없거니와 그 위에 있는 예물로 맹세하면 지킬지라 하는도다 "(마 23:16-18).

이상하리만치 이들은 영적인 맹인이다. '성전' 과 '성전의 금' 의 크기를 구별하지 못한다는 말은, 무엇이 보다 중요하고 덜 중요한지 전혀 감각을 가지지 못한다는 말이다. 영적인 상식이 없다. 영적인 백치이다. 교회 활동은 열심히 하지만, 왜 교회를 다니는지도 잘 모른다. 거듭남이 무엇인지, 어떻게 해야 구원을 받는 것인지 모른다. 또 어떻게 사는 것이 하나님을 기쁘시게 하는 것인지도 정확히 모른다. 당신은 아는가? 당신은 신앙생활에서 가장 중요한 것이 무엇인지 아는가? 당신은 옛 사람을 십자가에 못 박았는가? 당신은 매순간 성령님의 음성을 듣고 사는가?

아홉째로, 이들은 거룩한 성경의 가르침보다 인간이 만든 장로의 유전을 더욱 존중히 여긴다. "이 백성이 입술로는 나를 존경하되 마음은 내게서 멀도다. 사람의 계명으로 교훈을 삼아 가르치니 나를 헛되이 경배하는도다"(마 15:8-9). 이들은 기록된 분명한 성경 말씀보다 인간들에게서 배운 가르침에 더 우선을 둔다. 대표적인 예로, 로마 가톨릭은 제2차 바티칸 공의회(1962-1965)에서 성경과 유전이 동등하다는 트렌트 공의회(1545-1563)의 가르침을 다시 주장하였다. 제10항에서 이렇게 말한다: "거룩한 유전과 거룩한 성서는 교회의 위탁된 하나님의 말씀의 한 거룩한 보고(寶庫)를 이룬다." 21항은 이렇게 말한다: "교회는 …… 항상 성서와 더불어 거룩한 유전을 믿음의 최고의 법칙으로 여겨왔으며, 또 영원히 그렇게 여길 것이다."

가톨릭뿐 아니라 개신교회에서도 자기들의 전통적 어떤 가르침을 성경보다 높이는 경우가 많다. 이들에게서 볼 수 있는 대표적인 장로의 유전을 보면, 철저한 회개와 분명한 거듭남의 경험이 없어도 믿는다고 신앙고백만 하면 천국에 갈 수 있다 등이 있다.

열 번째로, 이들은 참된 하나님의 종들을 죽이고 핍박하는 데 앞장선다. "뱀들아, 독사의 새끼들아, 너희가 어떻게 지옥의 판결을 피하겠느냐? 그러므로 내가 너희에게 선지자들과 지혜 있는 자들과 서기관들을 보내매 너희가 그 중에서 더러는 죽이고 십자가에 못 박고 그 중에 더러는 너희 회당에서 채찍질하고 이 동네에서 저 동네로 구박하리라"(마 23:33-34). 이들은 겉으로 보기에는 종교적 열심이 있지만, 그 내면을 보면 철저히 육적이고 세속적이고 자기중심적 신앙이기 때문에 참으로 거룩한 종들을 만나면 본능적인 적개심이 끓어올라 대적하게 된다. 예수님과 사도들이 바로 다름 아닌 바리새인들에게 고난을 당하셨고, 그 후 수많은 거룩한 하나님의 종들이 바리새인적인 종교인들의 손에 죽임을 당하거나, 고난받았다(존 후스, 존 번연, 조지 윗필드, 조나단 에드워즈, 존 웨슬리 등). 바리새인들의 종교가 무서운 것은 바리새인들은 그렇게 하면서도 자기들이 잘못 하고 있다는 것을 모른다는 것이다. 하나님을 잘 섬기기 위해 하는 것이라고 생각한다는 것이다(요 16:1-2).

(2) 두 번째로 경계해야 할 대상은 **마술사 시몬과 같은 '잘못된 은사주의자들'** 이다. 잘못된 은사주의자란 마치 마술사 시몬이 그러했던 것처럼(행 8:20-21) 성령님을 자기의 사유물 정도로 생각하는 사람들을 말한다. 전직 마술사였던 시몬은 사도 베드로가 성도들에게 안수하여 성령을 받게 하는 것을 보고 베드로에게 돈을 주며 그 능력을 자기에게 팔라고 하였다(행 8:4-24).

마술사 시몬의 가장 큰 잘못은 성령님을 인격적인 하나님의 영으로 이해한 것이 아니고, 어떤 종교적 능력을 행사할 수 있는 수단으로 본 것이다.

오늘날도 우리 주변에 마술사 시몬이 가졌던 것과 비슷한 태도를 지니고 있는 사람들을 흔히 볼 수 있다(또한, 위 사건은 사람의 인격이나 성향은 좀처럼 고치기 힘들다는 것을 입증하는 사건이기도 하다).

오늘날 우리 주변에 보면, '성령', '성령' 하면서도 전혀 윤리적인 삶과 연결이 안 되는 사람들이 많다. 이상한 성령 운동하는 사람들이 많다. 다 마술사 시몬의 계보를 잇는 사람들이다. 이들은 방언, 신유, 예언, 능력 등 외적인 성령의 은사에 대해서는 관심이 많으나, 사람의 이기적인 본성을 이타적이고 거룩한 신의 본성으로 바꾸어 주시는 성령의 구원 은혜에는 별 관심이 없다.

이들은 이상한 치유 은사운동, 이상한 예언 등으로 기독교에 큰 혼란과 피해를 끼친다. 자칭 치유와 예언의 권능을 받았다고 과시하는 사람들 중에 이런 자가 많다. 말세에는 이러한 사람들이 많이 일어나 많은 사람들을 미혹하게 될 것이라고 예수님께서 엄히 경고하셨다. "거짓 그리스도들과 거짓 선지자들이 일어나 **큰 표적과 기사를 보이어** 할 수만 있으면 택하신 자들도 미혹하게 하리라"(마 24:24). "악한 자의 임함은 **사탄의 역사를 따라** 모든 능력과 표적과 **거짓 기적과 불의의 모든 속임으로** 멸망하는 자들에게 임하리니 이는 저희가 진리의 사랑을 받지 아니하여 구원함을 얻지 못함이니라. 이러므로 하나님이 유혹을 저의 가운데 역사하게 하사 거짓 것을 믿게 하심은 진리를 믿지 않고 불의를 좋아하는 모든 자로 심판을 받게 하려 하심이니라"(살후 2:9-12). 이들의 기적은 성령님으로부터 오는 것이 아니라 하나님의 능력을 모방하는 사탄이 주는 기적이다. 모세가 바로 앞에서 지팡이를 뱀으로 바꾸고, 애굽의 하수를 피로 바꾸니 애굽의 술객들도 보고 그대로 따라 행했음을 기억하라(출 7:11, 22).

마술사 시몬의 영을 가진 자들을 분별하는 법은 쉽다. 그들의 삶의 열매를 보면 된다. 이들에게는 거룩케 하시는 성령의 은혜가 없기 때문에 거룩함의 열매는 맺지 못한다. 세속적이고 육적인 열매를 맺는다. 마태복음 7장 22절을 보면 예수님께서 그런 자들에게 다음과 같이 말씀하셨다. "그날에 많은 사람이 나더러 이르되 주여, 주여 우리가 주의 이름으로 선지자 노릇하며 주의 이름으로 귀신을 쫓아내며 주의 이름으로 많은 능을 행치 아니하였나이까 하리니, 그 때에 내가 저희에게 밝히 말하되 내가 너희를 도무지 알지 못하니 불법을 행하는 자들아 내게서 떠나가라 하리라"(마 7:22-23).

우리 주변에서 기적에 대한 간증, 치유에 대한 간증, 예언에 대한 놀라운 간증을 하는 사람들을 만나더라도 쉽게 속아서는 안 된다. 오늘날 같은 말세에는 더욱 그러하다. **그 영의 정체를 삶을 통해서 확인하기 전에 믿어서는 절대 안 된다**(마 7:16-20). 심지어 예언이 맞는다고 다 하나님의 참된 종인 것은 아니다. 구약의 거짓 선지자 발람의 예언은 모두 정확했다(민 24장). 그럼에도 불구하고 그는 탐심을 가진 자로서 거짓 선지자였다.

(3) 세 번째로 경계해야 할 대상은 **사두개인들과 같은 '이성숭배 자유주의 신자들'** 이다. 이성숭배 자유주의 신자들이란 사두개인들과 같이 모든 영적이고 초월적인 것을 인정하지 않는 사람들을 말한다(마 22:23). 누가는 사도행전에서 사두개인에 대해서 다음과 같이 말했다. "사두개인은 부활도 없고 천사도 없고 영도 없다 하고 바리새인은 다 있다 함이라"(행 23:8).

성경에 나오는 사두개인들은 유대인들 중에서 귀족적인 정치 집단이었으며, 바리새인들과는 대립하는 입장에 있었다. 사두개인들은 그 당시의 현대주의자들이었다. 그들은 초자연적인 것은 철저히 배격했다. 예를 들면, 천사나 귀신의 실존, 부활, 영혼의 영원 불멸설 등을 부인했다.

오늘날도 기독교인이라고 자처하는 사람들 중에 성경의 권위를 부정하고, 예수님의 부활도, 그리스도의 육체적인 재림도 부정하고, 성령도, 천사와 귀신의 존재도 부정하고, 홍해가 갈라진 것도 부정하는 그런 그룹의 사람들이 상당히 많다. 이런 자들에게는 성령을 받으라는 말이 무의미하다. 이들은 이성적 차원 이상의 것을 받아들일 수 없기 때문이다.

(4) 네 번째로 경계해야 할 대상은 많은 **우매했던 군중들과 같은 '기복주의 신자들'** 이다. 이들은 그리스도를 위하여 좁은 길로 가는 것을 원치 않고, 세상적인 허영심을 채우려고 교회를 다니는 사람들이다. 이들은 복음

이 마치 자신들의 세상적인 복을 채워 주기 위해 존재하는 것처럼 생각한다. 예수님께서 이 땅에 계실 동안에 수많은 군중들이 예수님을 쫓아 다녔다. 그러나 그들 중 대다수가 예수님을 따라다닌 동기가 순수하지 않았고 육적인 데 있었다(요 6:26). 이들이 다음으로 소개할 개와 같은 자들이다.

(5) 다섯 번째로 경계해야 할 대상은 옹졸한 속물들인 '**개들**'이다. 톨스토이의 『참회록』을 읽어 보면, 톨스토이가 러시아 정교회를 다니면서 주변에 세상적 목적으로 교회를 다니는 사람들 때문에 마음에 고통을 받은 내용이 나온다. 진리에는 관심이 없고, 잔칫상에서 떨어지는 부스러기를 주워 먹으려고 교회를 어슬렁거리며 다니는 자들이 바로 개다. 성경에는 개에 관한 말씀이 많이 나온다. "종말로 나의 형제들아 주 안에서 기뻐하라. 너희에게 같은 말을 쓰는 것이 내게는 수고로움이 없고 너희에게는 안전하니라. **개들을 삼가고** 행악하는 자들을 삼가고 손할례당을 삼가라"(빌 3:1-2). 교회의 안전을 위해서 개들을 삼가는 것이 중요하다는 말씀이다. 예수 그리스도의 품성을 지니지 못한 채 육의 냄새를 퍼뜨리는 대표적인 자들이 있으니, 이들이 개들이다. 그러면 누가 개인지 구체적으로 살펴보자.

첫째로, 개란 속물근성이 뿌리박힌 사람을 말한다. 이런 사람은 본성이 속되고 영적 감각이 없어서 거룩한 것의 가치를 인식할 줄 모른다. 개들이란 속물근성이 뿌리 깊게 박혀서 개진(改進)의 가능성이 없는 인격을 말한다! 그래서 예수님은 이런 사람들에게는 전도도 하지 말라고 명하셨다. "거룩한 것을 개에게 주지 말며 너희 진주를 돼지 앞에 던지지 말라. 저희가 그것을 발로 밟고 돌이켜 너희를 찢어 상할까 염려하라"(마 7:6). **이들은 본성이 속되어 하나님의 거룩함을 알지도 소원하지 않으며, 가르쳐 주어도 도달하지도 못한다.** 오히려 기분 나쁘게 생각한다.

둘째로, 개란 상에서 떨어지는 떡 부스러기를 주워 먹으려고 교회에 다니는 사람을 말한다. 즉 속물적이고 인간적 동기 때문에 교회 다니는 사람을 말한다. 장사를 하기 위해서, 정치를 하기 위해서, 사교를 위해서, 이성을 만나기 위해서, 인간관계를 넓히기 위해서 다니는 경우 등을 말한다. 즉

개란 물질적인 것, 육신적인 것을 획득하기 위해 교회를 어슬렁거리는 자이다.

셋째로, 개란 양다리 걸친 신자이다. 개들은 세상과 교회, 세상과 하나님 사이에 양다리를 걸친다. 온전히 하나님만 좇기에는 세상적인 것이 아깝기 때문이다. 라오디게아 교회 같은 말세 교회는 이런 신자가 교회를 거의 차지할 것이다(계 3:14-16).

넷째로, 개는 죄를 회개하고 또 죄를 짓고, 죄를 회개하고 같은 죄를 또 짓는 사람을 가리킨다. "만일 저희가 우리 주 되신 구주 예수 그리스도를 앎으로 세상의 더러움을 피한 후에 다시 그 중에 얽매이고 지면 그 나중 형편이 처음보다 더 심하리니 의의 도를 안 후에 받은 거룩한 명령을 저버리는 것보다 알지 못하는 것이 도리어 저희에게 나으니라. 참 속담에 이르기를 개가 그 토하였던 것에 돌아가고 돼지가 씻었다가 더러운 구덩이에 도로 누웠다 하는 말이 저희에게 응하였도다"(벧후 2:20-22). 그 속에 깊은 도덕성이 없으므로 죄에 대한 의식이 없다. 따라서 죄를 짓고 회개하고 또 죄를 짓고 회개하기를 반복한다.

개들의 영적, 인격적 특징은 무엇인가?

첫째, 개들은 세상적인 것만 눈에 보인다. '개 눈에는 개밥그릇밖에 안 보인다.' 영적인 가치도, 영적인 영광도 볼 줄 모르고, 오직 세상적인 물질, 권력 등만 보인다. 그래서 개들은 교회를 판단할 때도 교회의 내용은 보지 않고 물질적 관점으로(즉, 건물이나 교인 수, 헌금 액수) 보는 눈밖에 없다. 삯꾼 목사들은 이것을 이용해서 개들을 끌어 모은다. 그래서 교회가 거룩한 곳이 되게 하는 것이 아니라 장사하는 집을 만든다.

둘째, 개는 다른 성도를 섬기려 하지 않고 오직 이용하려고 한다. 사랑으로 말미암는 수고를 할 생각은 없고 자기에게 돌아올 혜택만을 바란다.

셋째, 개들의 가장 큰 특징은 **너무나 이기적이어서 남 생각을 못한다는 것**이다. 모든 것을 자기의 이기적인 관점에서 생각한다. 남을 돌아볼 수 있는 안목이 없다. 개들은 자신의 행동이 부끄러운 줄도 모른다. 오직 자기 생각만 하기 때문에 남이 자기를 어떻게 생각하는지 잘 생각할 줄 모른다. 오직 개밥그릇에만 관심이 있기 때문이다. 그들에게 먼저 하나님 나라와 이웃을 생각하라고 하는 것은 '개 귀에 경 읽기' 이다.

넷째, 개들이 본능적이라는 것은 세상 유혹이 오면 세상적인 욕심을 못 이긴다는 것이다. 이들은 마음에 거룩함이 없고 오직 본능적 인간이기에 유혹이 오면 쉽게 굴복한다.

다섯째, 개들은 그 본성상 속되며 영적이지 못하기 때문에 교육을 해도 소용이 없다. 이타적 사랑, 거룩 등의 용어를 잘 이해하지 못한다. 개들은 고결한 정신을 갖지 못한다. 그래서 이들은 아무리 가르쳐도 하나님의 본질적 속성인 거룩함 즉, 이타적 사랑과 의로움을 알지 못한다(딤후 3:6-7).

여섯째, 개는 인간의 기본 도리와 예의가 없다. 한마디로 개 같은 사람이다. 인간성이 개와 같이 저급한 사람이다. 양심도, 정의감도 약하고, 진정 감사할 줄도 모른다. '**도덕적 이성**' 이 **없다**(유 1:10).

요한계시록 22장 15절을 보면, 개와 같은 영혼들은 장차 천국에 들어가지 못한다고 하셨다. "개들과 술객들과 행음자들과 살인자들과 우상 숭배자들과 및 거짓말을 좋아하며 지어내는 자마다 성 밖에 있으리라."

개들이 하는 가장 주된 방해거리는 교회의 영적 분위기를 흐리게 하는 것이다. 개들은 본질상 속물적이고, 본능적이고, 육적이고, 방탕하다. **거룩한 교회가 세워지는 일에 있어서 은근하면서도 보이지 않는 가장 큰 방해자가 될 수 있다.** 개들이 많아지면 교회의 거룩함을 유지하기가 불가능하다.

성경 말씀에 의하면, 개는 분명히 존재한다. 그런데 오늘날 누가 개에 대하여 주의를 기울이고 있는가? 적절히 주의하지 않으면, 거꾸로 개에게 물리는 일이 생길 수 있으므로 조심해야 한다. 개들이 소수일 때는 덜 위험하지만 고얀 개들이 교회 내에 다수를 차지하게 되면 교회에 무슨 일이 생길지 모른다. 그러므로 예수님 말씀대로 삼가야 한다. 이 시대에 누가 이것을 경고하고 있는가!

(6) 여섯 번째 경계해야 할 대상은 **거짓 평안을 외치는 '거짓 선지자'** 다. 거짓 선지자의 특징은 세속적인 인간의 마음을 얻기 위해 하나님의 말씀을 왜곡되게 인간들 수준에 맞추는 것이다. 그 자신이 옛 사람을 십자가에 못 박고 좁은 문으로 들어간 적이 없기 때문에, 자기 마음으로 지어낸 묵시를 가르치며 거짓 평안을 외친다(렘 23:16-17).

제임스 패커(James I. Packer)는 현대의 설교자들이 율법과 죄와 심판에 대해서는 설교하지 않고 사람들의 세속적인 필요에 초점을 맞추는 것은 '거짓 그리스도를 전하는 것'이라고 하였다. "만일 우리가 죄에 대하여, 그리고 죄에 대한 심판을 전하지 않는다면 우리는 그리스도를 죄와 하나님의 진노로부터 구해 주시는 구주로 제시할 수는 없습니다. 그리고 만일 우리가 이런 일들에 대하여 입을 다물고 그리스도를 단지 자아와 이 세상의 슬픔들로부터 구하시는 분으로만 설교한다면 우리는 성경의 그리스도를 전하고 있는 것이 아닙니다. 우리는 사실상 거짓 증거를 하고, 거짓 그리스도를 전하고 있는 것입니다."[295]

거짓 선지자는 교인들을 끌어모으기 위해 인간의 속물근성과 기복주의, 허영심을 이용하는 자들이다. 오늘날은 특히 이런 자들이 많다. 이것이 말세의 특징이다. 현대는 사람들이 노아 시대처럼 거룩함이나 영적인 것보다 세상적이고 육신적인 데에 관심이 많다. 거짓 선지자들은 기가 막히게 이들의 욕구를 알아서 채워 줌으로 사람들을 자기편으로 끌어모은다. 거짓 선지자들은 교회를 세속적인 관점에서 속물적인 인간들에게 매력 있게 보이게 하려고 서로 경쟁한다. 교회가 물질적인 풍요를 제공해 주는 인상을 주고, '달콤한 세상적 욕구'를 보다 잘 채워 줄 수 있는 것처럼 보이고, 기복적인 마음과 허영심을 자극하여 속물근성에 빠진 사람들을 불러 모은다. 결국 개들을 불러 모은다.

개들이 교회 가득 차게 되면 누가 가장 손해를 보는가? 첫째, 하나님께서

---

295) Packer, *Among God's Giants*, 217.

불명예를 당하실 것이 뻔하다. 둘째, 택함 받은 거룩한 성도들이 핍박과 고통을 당할 뿐만 아니라 영적인 침해가 심각해진다. 그러므로 거짓 선지자들이 개들을 모으는 것은 매우 위험한 일이다. 아니 가장 치명적인 일이다. 그런데 지금 누가 이것을 경고하고 있는가?

토저는 다음과 같이 말했다. "지금 종교의 꼭대기에 앉아 있는 것은 은화를 두 눈에 붙인 늙은 '부(富)의 신' (Mammon)입니다. 부의 신은 사람들에게 자기가 최고의 선물을 줄 수 있는 것처럼 말함으로써 거짓말로 사람들을 현혹합니다."[296) 이와 같이 인간의 탐욕을 조장하며, 자신의 세력을 확장하기 위해 복음을 변질시키는 자가 거짓 선지자이다. "저희가 탐심을 인하여 지은 말을 가지고 너희로 이를 삼으니"(벧후 2:3).

그러면 이제 거짓 선지자의 특징을 알아보자.

첫째, 거짓 선지자는 **돈을 위해 백성들의 마음에 아첨한다.** "그 두령은 뇌물을 위하여 재판하며 그 제사장은 삯을 위하여 교훈하며 그 선지자는 돈을 위하여 점치면서 오히려 여호와를 의뢰하여 이르기를 여호와께서 우리 중에 계시지 아니하냐? 재앙이 우리에게 임하지 아니하리라 하는도다"(미 3:11). 삯을 위하여 백성들에게 듣기 좋은 말만 해 준다. 성경은 이를 가리켜 발람의 길을 좇는 거짓 목자, 삯꾼이라 한다(계 2:14; 벧후 2:15-16).

이들은 하나님의 분명한 말씀을 증거하는 것보다 사람들의 환심(歡心)을 사기 위해 부드럽게 아첨한다. 거짓 평안을 외친다(렘 8:8-12; 14:13-14; 23:16-22; 애 2:14; 미 3:11). "이는 그들이 가장 작은 자로부터 큰 자까지 다 탐남하며 선지자로부터 제사장까지 다 거짓을 행함이라. **그들이 내 백성의 상처를 심상히 고쳐 주며 말하기를 평강하다 평강하다 하나 평강이 없도다.** 그들이 가증한 일을 행할 때에 부끄러워하였느냐? 아니라 조금도 부끄러워 아니할 뿐 아니라 얼굴도 붉어지지 않았느니라"(렘 6:13-15).

이들은 철저히 회개하지 않고도 천국에 들어갈 수 있는 것처럼 유혹한

---

296) Tozer, *Tozer on the Holy Spirit: A 366-day Devotional*, February, 8.

다. 그리고 예수님을 믿으면 고난도 없고, 평탄하고 안락하고 행복한 일만 생기고, 세상적으로 많은 득을 볼 수 있는 것처럼 유혹한다. 거짓 선지자들은 백스터의 표현대로, '그리스도께서 친히 겪으신 것보다 더 어두운 방으로 나를 인도하시지 않으심을 강조함으로써 그리스도인의 삶을 마치 장미 침대에서 지내는 것처럼 생각하게 만드는' 자들이다.

둘째, 거짓 선지자들도 겉으로는 번지르르하게 거룩하게 자신을 포장한다. 빛의 천사처럼 가장한다. 그러므로 성령 받지 못한 사람은 쉽게 현혹된다. 세속적인 사람의 눈에는 오히려 거짓 선지자들이 훌륭한 사람으로 보인다. 인간적 필요를 잘 채워 주는 사람으로 보이기 때문이다. "저런 사람들은 거짓 사도요 궤휼의 역군이니 자기를 그리스도의 사도로 가장하는 자들이니라. 이것이 이상한 일이 아니라 사탄도 자기를 광명의 천사로 가장하나니, 그러므로 **사탄의 일꾼들도 자기를 의의 일꾼으로 가장하는 것이 또한 큰 일이 아니라.** 저희의 결국은 그 행위대로 되리라"(고후 11:13-15).

다음은 예수님의 유명한 말씀이다. "거짓 선지자들을 삼가라. 양의 옷을 입고 너희에게 나아오나 속에는 노략질하는 이리라"(마 7:15). 겉으로는 그럴듯하게 보인다는 말이다. 이들은 외식의 명수임을 기억하라(마 23:27-28). 겉을 보지 말고 그 속과 열매를 보라.

셋째, 생활을 자세히 보면 세상적이다. 즉 성령의 열매가 없다. 예수님께서 말씀하시기를 거짓 선지자를 분별할 때 그 열매를 보고 나무를 알라고 하셨다. 이들은 말로는 그럴듯하게 바로 살라고 하고, 행동도 꾸미지만 감춘 것이 드러나지 않을 수 없다(마 10:26). 성령을 받은 사람은 결국 성령의 열매를 맺을 것이다. 그러나 거짓 선지자의 생활을 제대로 살펴보면 성령의 열매가 없다. 반드시 재물을 좋아하든지, 호색하든지, 세상의 명예를 좋아하든지, 유흥을 좋아한다(마 7:15-20). 그 속을 어찌 감추겠는가! 그가 사도 바울처럼 참으로 진리의 좁은 길을 가는지, 그렇지 않은지 보라. 그들의 가르침과 삶이 사도 바울을 닮았는지 보라. 예수님을 닮았는가 보라. 속물들이나 소경들은 이들을 분별하지 못하고 오히려 환영할 것이나, 그 속에 거룩하신 성령님께서 계신 참된 성도는 능히 분별할 수 있을 것이다(요일 2:20, 27).

로이드 존스는 **거짓 선지자**에 대해 다음과 같이 말했다. "거짓 선지자는 그의 복음에 '좁은 문' 과 '좁은 길' 을 갖고 있지 않는 사람입니다. 그는 자연인에게 거슬리는 것은 하나도 갖고 있지 않습니다. 그는 모든 사람을 즐겁게 합니다. 그는 '양' 의 옷을 입고 옵니다. 너무나 매력적이요, 너무나 유쾌하고, 보기에 너무나 멋집니다. 그는 멋지고 기분 좋으며 위로가 되는 메시지를 전합니다. 그는 모든 사람을 즐겁게 하며, 모든 사람이 그를 좋게 말합니다. 그는 설교 때문에 박해를 받는 일이 결코 없으며, 호되게 비판을 받는 일도 결코 없습니다. 그는 자유주의자들에게도 현대주의자들에게도 찬양을 받으며 복음주의자들에게도 칭찬을 들으며 모든 사람들에게 찬양을 받습니다. 그는 이런 의미에서 모든 사람들에게 모든 것이 되는 사람입니다. 그에게는 '좁은 문' 이 없으며, 그의 메시지에는 '좁은 길' 이 없으며, '십자가의 거치는 것' 이 없습니다."297)

예수님께서는 거짓 선지자에 대하여 다음과 같이 말씀하셨다. "모든 사람이 너희를 칭찬하면 화가 있도다. 저희 조상들이 거짓 선지자들에게 이와 같이 하였느니라"(눅 6:26). 거짓 선지자는 앞장서 넓은 길을 선전하기 때문에 세속적인 사람들일수록 그를 좋아한다.

로이드 존스는 거짓 선지자의 설교의 특징을 다음과 같이 말했다. 거짓 선지자는 하나님의 성결과 의와 공의와 진노에 대해, 그리고 영원한 심판과 지옥에 대해 말하지 않고, 죄의 사악성과 회개의 필요성에 대해 침묵한다.298) 그들은 성결한 생활에 대해 침묵하고, '산상수훈의 가르침처럼 살아야 한다' 고 말하지 않는다.299) 그리고 거짓 선지자는 자기기만의 위험성에 대해 침묵한다. "거짓 선지자들은 쉬운 구원과 쉬운 생활 유형을 항상 제안합니다. 그들은 자기 점검을 못하게 합니다. ······ **그들은 청교도들과 18세**

---

297) Lloyd-Jones, *Studies in the Sermon on the Mount*, 500–501.
298) Lloyd-Jones, *Studies in the Sermon on the Mount*, 502–503.
299) Lloyd-Jones, *Studies in the Sermon on the Mount*, 504.

기의 위대한 지도자들 곧 윗필드나 웨슬리나 조나단 에드워즈 같은 사람들이 가르친 자기 점검 과정과 죄를 죽이는 과정(mortification)을 좋아하지 않습니다."300) 로이드 존스의 말을 적용하자면, 이 책의 기본 내용을 좋아하지 않는 사람은 거짓 선지자다.

(7) 일곱 번째로 경계해야 할 대상은 '**외식하는 서기관**' 이다. 서기관(the scribe)은 다른 말로 율법사(lawyer), 교법사(law teacher)라고도 한다(눅 5:17, 21; 7:30; 11:42, 45-53). 서기관들은 율법을 연구하는 학자로서, 율법 해석에 있어서 당대의 권위자였다(마 17:10; 2:4). 그러나 이들은 율법을 이렇게 가까이 접하면서도 율법과 선지자가 예언한 그리스도에 대해서는 완전히 무지했다. 마음의 사악함 때문에 그런 것이었다. 서기관들은 바리새인과 함께 외식으로 말미암아 예수님께로부터 심각한 책망을 들었다(마 23장). 예수님 당시 서기관들은 성경을 연구하는 일을 하면서도 예수님을 십자가에 못 박는 데 앞장섰다. 이 서기관들은 성경과 신학은 연구하지만 생명이 없고 경건이 없는 신학자들을 말한다.

이상 유형별로 거짓 영들을 분석해 보았다. 이들을 보고 있노라면, 예수님께서 성전 안에서 소와 양과 비둘기를 파는 사람들과 돈 바꾸는 사람들의 앉은 것을 보시고, 노끈으로 채찍을 만드셔서 양이나 소를 다 성전에서 내어 쫓으시고 돈 바꾸는 사람들의 돈을 쏟으시며 상을 엎으시고 비둘기 파는 사람들에게 하신 말씀이 생각난다. "내 아버지의 집으로 장사하는 집을 만들지 말라"(요 2:16).

거짓 영들은 한마디로 종교 장사를 하는 자들이다. 하나님을 빙자하여 뭔가 자기 욕심을 채우려는 자들이다. 요한복음에는 예수님께서 매매하는 모든 자를 내어 쫓으시고 다음과 같이 말씀하셨다고 기록되어 있다. "기록된 바 내 집은 만민의 기도하는 집이라 일컬음을 받으리라 하였거늘 너희는 강도의 굴혈을 만드는도다"(마 21:13).

---

300) Lloyd-Jones, *Studies in the Sermon on the Mount*, 504-505.

4. 교회에 여러 가지 직분을 주신 것은 '그리스도의 몸'을 '세우기' 위함이다

주님께서 재림하실 때까지 거짓 선지자, 개들, 바리새인 같은 자들, 사두개인 같은 자들, 기복주의 교인들이 우리 주변에 존재할 것이다. 특히 종말은 온 세계 교회가 이런 자들로 가득한 배도의 시대가 될 것이다(살후 2:3).

하나님께서 교회에 직분자들을 세우신 목적은 그리스도의 몸을 세우기 위함이다. "그가 혹은 사도로, 혹은 선지자로, 혹은 복음 전하는 자로, 혹은 목사와 교사로 주셨으니 이는 성도를 온전케 하며 봉사의 일을 하게 하며 **그리스도의 몸을 세우려 함이라**"(엡 4:11-12). 그리스도의 몸이란 창세 전부터 그리스도 안에서 택하심을 받은 성도들을 말한다. 이들은 그리스도의 참된 지체들이다. 우리가 성령의 각양 은사를 받고 직분을 받는 것은 무엇보다 그리스도의 몸을 세우기 위함임을 명심해야 한다.

5. 교회의 권세와 의무: 출교권

하나님께서는 교회의 하나 됨과 거룩함을 유지하시기 위해서 교회에 치리권(治理權, 즉, 출교권과 사죄권)을 주셨다(마 16:19). 예수님께서 성전에서 장사하는 사람들을 내쫓으신 것처럼 우리도 그렇게 해야 한다.

(1) 하나님께서는 교회에 출교의 권세와 의무를 주셨다. 고린도전서 5장 1-13절, 로마서 16장 17-18절 등을 보면 출교에 관한 말씀이 나온다. "이제 내가 너희에게 쓴 것은 만일 어떤 형제라 일컫는 자가 음행하거나 탐람하거나 우상 숭배를 하거나 후욕하거나 술 취하거나 토색하거든 사귀지도 말고 그런 자와는 함께 먹지도 말라 함이라. 외인들을 판단하는 데 내게 무슨 상관이 있으리요마는 교중 사람들이야 너희가 판단치 아니하랴? **외인들은 하나님이 판단하시려니와 이 악한 사람은 너희 중에서 내어 쫓으라**"(고전 5:11-13). 교회에는 출교권과 동시에 회복권도 있다. 고린도후서 2장 5-11절, 누가복음 17장 3-4절 등을 보면 얼마 동안의 징계의 기간이 지난 후에

'회개한 자'를 다시 받아들였음을 알 수 있다

(2) 누구를 치리할 것인가? 어떤 사람들이 출교의 대상인가?

첫째, 완악한(고질적) 본능적 범죄자들, 즉 음행하는 자, 탐람하는 자, 우상 숭배를 하는 자, 욕설을 하는 자, 술 취하는 자, 토색하는 자 등은 출교의 대상이다(고전 5:11-13).

둘째, 하나님의 진리를 거스르는 자들(롬 16:17-18), 즉 거짓 사도(계 2:1-3; 고후 11:13-15), 거짓 선지자(마 7:15; 요일 4:1-3; 벧후 2:1-3), 거짓 교사, 거짓 형제(갈 2:3-5; 유 1:3-4, 19) 등이 해당된다.

셋째, 양심을 버리고 믿음에 파선한 사람(딤전 1:18-20), 이단에 속한 자(딛 3:9-11)는 출교의 대상이다.

(3) 치리의 목적(출교의 목적)

첫째, 교회의 순결성을 지키기 위함이다. "적은 누룩이 온 덩이에 퍼지는 것을 알지 못하느냐?"(고전 5:6) 영적인 모든 것은 전염성이 있다. 교회가 악한 자들과, 범죄자들과, 하나님의 진리를 거스르는 자들과, 세속적이고 방탕한 사람들을 통제하지 못하면 전 교회가 더러움을 입게 된다(갈 5:6-9; 고전 15:33-34; 히 12:15). 백스터는 『참된 목자』에서 권징의 필요성을 다음과 같이 말했다. "우리는 죄인들보다도 교회를 위해서 공적으로 징계를 해야 합니다. 공적인 징계는 다른 신도들이 똑같은 죄에 빠지는 것을 막아 회중과 그들이 드리는 예배를 깨끗하게 지켜 줍니다. 세네카는 '현재의 악을 묵인하는 사람은 그 악을 후대에 전하게 된다.' '악을 봐주는 사람은 선을 해치는 것이다.' 등과 같이 말했습니다."[301]

둘째, 하나님의 영광을 가리지 않기 위함이다. 오늘날 얼마나 많은 기독교인이 범죄함으로 말미암아 불신자들에게 교회가 욕을 먹고 있는가! 이는 바른 권징이 시행되지 않기 때문이다. 이것이 사탄이 거짓 영을 침투시키는 주목적이다.

---

301) Baxter, *The Reformed Pastor*, 105-106.

백스터는 권징을 소홀히 하면 다음과 같이 된다고 말했다. "우리는 세상의 눈에 비추어서 기독교 정신 그 자체를 부패시키고 있으며, 사람들로 하여금 그리스도는 사탄보다 더 거룩하신 분이 아니며 기독교 신앙은 세상에 있는 다른 거짓 종교들보다도 더 나은 거룩함을 가지고 있지 않다고 믿도록 만듭니다. 왜냐하면 만일 거룩한 자들과 거룩하지 않은 자들이 모두 같은 양 우리에 속하는 것이 허용되고 그들을 구분할 수 있는 아무 수단이 없다면, 우리는 우리의 구주께서 거룩하지 못한 교회에 대해 책임이 있으신 것처럼, 그리고 그의 교훈의 본질이 마치 거룩함을 지니지 못한 것처럼 그의 영예를 훼손시키게 되는 결과를 낳게 되는 것입니다."[302]

셋째, 범죄한 자의 회개와 뉘우침을 위해서이다. "주 예수의 이름으로 너희가 내 영과 함께 모여서 우리 주 예수의 능력으로 이런 자를 사탄에게 내어 주었으니 이는 육신은 멸하고 영은 주 예수의 날에 구원 얻게 하려 함이라"(고전 5:4-5). 징계로 말미암아 범죄한 영혼이 자기의 죄를 뉘우치고 바른 길로 돌아서게 하기 위한 것도 치리의 한 목적이다. '육신은 멸하고' 하신 것은 출교가 육신적인 입장에서 보면 극심한 수치와 모멸감을 느끼게 하는 것이지만, 영적으로 보면 오히려 범죄한 자들을 정화시키는 수단으로서의 가치가 있다는 말씀이다.

넷째, 거짓 선지자, 거짓 교사, 거짓 형제들로부터 참된 교인들을 보호하기 위해서이다. 이와 같은 자들을 분별하지 못하고 교회 안에 그대로 두게 되면 교회는 큰 피해를 입게 된다. "거짓 선지자들을 삼가라. 양의 옷을 입고 너희에게 나아오나 속에는 노략질하는 이리라"(마 7:15).

백스터는 다음과 같이 말했다. "나는 고백하건대, 내 마음대로 할 수 있다면, 권징으로 그의 신도들을 다스리지 않는 태만한 목사는 설교하지 않는 태만한 설교자들과 마찬가지로 추방되어져야만 한다고 생각합니다. 그 이유는 내가 확신하기로 권징은 설교만큼이나 목사에게 있어서 본질적인

---

302) Baxter, *The Reformed Pastor*, 168.

임무이기 때문입니다."[303)

6. 사역자들의 주된 임무: 택한 양들을 보호하고 먹이는 것

(1) 사역자들의 주된 임무는 '바른 권징'을 통하여 교회의 순결을 유지할 뿐 아니라, '바른 말씀'의 가르침을 통해 '주님의 택하신 양'을 먹이고 지도하는 것이다(행 20:28; 벧전 5:2).

(2) 예수님의 관심은 택하신 성도들에게 있다. 요한복음 17장에 보면, 십자가에 달리시기 전날 밤 제자들에게 유월절 강화(요 13-16장)를 마치신 후에 기도하신 내용을 볼 수 있다. 주님의 마음에 무엇이 있었는지 여기에 자세히 나와 있다. 주님의 마음에는 무엇보다도 택하신 백성에 대한 관심이 있었다. 예수님께서는 다른 사람이 아닌 택하신 성도를 위해 기도하셨다. 9-10절을 보라. "내가 저희를 위하여 비옵나니 **내가 비옵는 것은 세상을 위함이 아니요 내게 주신 자들을 위함이니이다.** 저희는 아버지의 것이로소이다. 내 것은 다 아버지의 것이요 아버지의 것은 내 것이온데 내가 저희로 말미암아 영광을 받았나이다." 이 얼마나 놀라운 말씀인가? 또, 14-15절을 보라. "내가 아버지의 말씀을 저희에게 주었사오매 세상이 저희를 미워하였사오니, 이는 내가 세상에 속하지 아니함 같이 저희도 세상에 속하지 아니함을 인함이니이다. 내가 비옵는 것은 저희를 세상에서 데려가시기를 위함이 아니요 오직 악에 빠지지 않게 보전하시기를 위함이니이다." 주님께서는 택한 백성들이 악에 빠지지 않도록 기도하신다. 주님의 사랑하는 제자들이여, 우리의 관심사도 주님과 같이 일차적으로 택한 백성이 되어야 마땅하다(갈 6:10).

---

303) Baxter, *The Reformed Pastor*, 170.

제21장

구원의 순서

> 또 미리 정하신 그들을 또한 부르시고, 부르신 그들을 또한 의롭다 하시고, 의롭다 하신 그들을 또한 영화롭게 하셨느니라(롬 8:29-30).

구원의 순서(ordo salutis)라 함은 하나님께서 죄인을 구원하시는 과정을 순서에 따라 배열한 것을 말한다. 여기서 먼저 명심해야 할 것은 하나님께서 영혼을 구원하실 때 다양한 형태로 구원하신다는 점이다. 구원의 과정은 사람마다 다르다. 어떤 사람은 사도 바울처럼 복음을 잘 모르다가 갑자기 성령이 부어져서 구원을 받기도 하고, 또 어떤 사람은 조지 윗필드, 존 웨슬리처럼 오랜 기간 동안 믿음과 회개와 기도의 시간을 거친 뒤에 성령을 받기도 한다.

구원받는 모습 또한 사람마다 다르다. 영광의 주님께서 그의 성령으로 찾아오실 때 어떤 사람에게는 불과 같이 임하시기도 하고, 어떤 사람에게는 비둘기같이 임하시기도 한다. 그러니까 구원의 순서나 모습이 동일하다고 할 수 없다. 요한복음 3장 8절을 보면, 예수님께서 거듭남에 대해서 말씀하신 후에 "바람이 임의로 불매 네가 그 소리를 들어도 어디서 오며 어디로 가는지 알지 못하나니 성령으로 난 사람은 다 이러하니라."라고 말씀하셨다. 성령의 바람은 임의로 부는 것이다. 여기서 "바람이 임의로 불매"라는 말씀은, 하나님께서 사람을 구원하실 때 어떤 틀에 얽매이시는 것이 아니라 자의로 역사하신다는 말씀이다. 그러므로 어떤 하나의 구원의 순서와 모습이 절대적으로 옳다고 주장할 수는 없다.

웨슬리는 신생의 과정을 정확히 설명하기가 어려움을 다음과 같이 말했다. "'성령으로 난 자는 다 이러하니라.' 즉, 당신은 바람이 분다는 사실을 확신하는 것처럼 거듭남의 사실이 있었다는 것은 절대적으로 확신할 수 있습니다. 그러나 이 일이 어떤 식으로 일어나는지, 성령님께서 인간의 영혼 속에서 어떻게 행하시는 것인지에 대해서는 당신이나 사람의 후예 중 가장 현명한 자라도 이 사실을 정확히 설명할 수는 없습니다."304)

중요한 것은 구원이 일어난 순서나 모양이 아니라, 구원의 내용과 결과이다. 즉 거룩하신 주님께서 그의 영으로 인격적으로 심령에 찾아오시고, 조명해 주시고, 내주하셨는가 하는 것이 중요하다. 이것이 이루어졌다면 약간의 순서의 차이는 문제가 되지 않는다. 반대로 아무리 구원의 순서에 대해서 이론적으로 잘 말해도 실질적으로 살아 계신 주님의 구원하시는 능력을 체험하지 못했다면 아무 소용이 없다. 각 교파마다, 그리고 이 책에 소개하는 신앙 위인들마다 각각 설명하는 구원의 순서가 약간씩 다르다. 여기서 중요한 것은 구원의 내용과 본질을 보아야지, 너무 자기가 생각하는 구원의 순서만 옳다고 주장하고, 다른 순서의 가능성에 문을 닫아 버리면 안 된다는 것이다.

구원의 과정과 모양은 차이가 있지만 참된 구원에 필수적인 요소는 반드시 담겨져 있어야 한다. 로마서 8장 29-30절 말씀이 구원의 순서에 관한 가장 대표적인 말씀이다. "하나님이 미리 아신 자들로 또한 그 아들의 형상을 본받게 하기 위하여 미리 정하셨으니, 이는 그로 많은 형제 중에서 맏아들이 되게 하려 하심이니라. 또 미리 정하신 그들을 또한 부르시고, 부르신 그들을 또한 의롭다 하시고, 의롭다 하신 그들을 또한 영화롭게 하셨느니라." 위 구절에 의하면 '예정 → 부르심 → 칭의 → 영화' 이 네 가지는 구원의

---

304) Wesley, "The New Birth," in WJW, 2, 191.

순서의 기본 틀이라고 할 수 있다. 이것을 토대로 구원에 필수적인 요소를 살펴보자.

1. 선택

선택은 창세 전에 하나님의 주권적인 뜻에 따라 이루어진다. "찬송하리로다 하나님 곧 우리 주 예수 그리스도의 아버지께서 그리스도 안에서 하늘에 속한 모든 신령한 복으로 우리에게 복 주시되, 곧 창세 전에 그리스도 안에서 우리를 택하사 우리로 사랑 안에서 그 앞에 거룩하고 흠이 없게 하시려고 그 기쁘신 뜻대로 우리를 예정하사 예수 그리스도로 말미암아 자기의 아들들이 되게 하셨으니"(엡 1:3-6). 하나님께서 우리를 선택하신 선택은 오직 그의 사랑하심과 기뻐하심에 기초하는 무조건적 선택이다(딤후 1:9).

2. 부르심

하나님은 하나님의 때에, 하나님의 방식으로 선택하신 자를 반드시 자기에게로 이끄신다. 이것을 효과적 부르심이라고 한다. "나를 보내신 아버지께서 이끌지 아니하면 아무라도 내게 올 수 없으니 오는 그를 내가 마지막 날에 다시 살리리라"(요 6:44). 택자는 주님께서 자기를 부르실 때 그 부르시는 음성을 듣고 따른다. "내가 진실로 진실로 너희에게 이르노니 양의 우리에 문으로 들어가지 아니하고 다른 데로 넘어가는 자는 절도며 강도요 문으로 들어가는 이가 양의 목자라. 문지기는 그를 위하여 문을 열고 양은 그의 음성을 듣나니 그가 자기 양의 이름을 각각 불러 인도하여 내느니라"(요 10:1-3).

웨스트민스터 신앙 고백 소요리문답 제31답에는 다음과 같은 내용이 나온다. "효력 있는 부르심은 하나님의 성령께서 하시는 일로서 우리의 죄와 비참을 깨닫게 하시고, 또 우리 마음을 밝혀 그리스도를 알게 하시며, 우리의 의지를 새롭게 하시고, 능히 우리를 권하여 복음 가운데서 우리에게 값

없이 주신 예수 그리스도를 믿도록 하시는 것입니다."

3. 믿음과 회개

택함 받은 성도는 복음으로 부르심을 받을 때 믿고 회개하게 된다.

(1) 믿음: 성경은 믿음이 하나님의 선물이라고 말씀하신다. "너희가 그 은혜를 인하여 믿음으로 말미암아 구원을 얻었나니 이것이 너희에게서 난 것이 아니요 하나님의 선물이라"(엡 2:8). "예수 그리스도의 종과 사도인 시몬 베드로는 우리 하나님과 구주 예수 그리스도의 의를 힘입어 **동일하게 보배로운 믿음을 우리와 같이 받은 자들에게 편지하노니** 하나님과 우리 주 예수를 앎으로 은혜와 평강이 너희에게 더욱 많을지어다"(벧후 1:1-2). 구원에 이르는 믿음은 성령의 조명의 결과로 주어지는 것이다(살후 2:13).

윗필드는 믿음을 주시는 하나님의 은혜에 대해 다음과 같이 말했다. "우리는 하나님께 감사하고, 주 예수님께 감사하며, 영원히 복되신 성삼위께 감사해야 합니다. 이처럼 말로 다 할 수 없는 선물을 주신 것을 감사해야 합니다. 만일 흑암 가운데서 '빛이 있으라' 고 처음 말씀하신 그분이 여러분을 영원한 사랑으로 사랑하시고, 그의 성령으로 여러분을 조명하시는 일이 없었다면, 여러분들은 결코 그와 같이 하나님의 총애를 받을 수 없었을 것입니다. 그렇게 하신 것도 여러분 속에 어떤 선한 것을 미리 보셨기 때문에 그렇게 하신 것이 아니라, 오직 그분 자신의 이름을 위하여 그렇게 하신 것입니다. 그러므로 겸손하십시오. 믿는 여러분이여, 겸손하십시오. 값없이 베풀어 주신 은혜를 높이 찬양하십시오. 여러분을 선택하신 사랑을 높이 찬양하십시오. 그것만이 다른 사람들과 여러분을 구별되게 만든 오직 유일한 원인이기 때문입니다."[305]

---

305) Whitefield, "The Holy Spirit Convincing the World of Sin, Righteousness, and Judgement," in WGW, 348.

(2) 회개: 믿음과 회개는 함께 역사한다. 그리스도의 십자가가 나를 위한 것임이 믿어질 때 우리는 저절로 회개하게 된다. 주님께서 싫어하시는 모든 것을 버리고자 하는 마음이 생긴다. 그리고 진심으로 주님의 의만 붙들고 주님만 따르고자 하는 마음이 생긴다. 이것이 복음적 회개이다. 윌리엄 에임즈는 다음과 같이 말한다. "회개는 신앙과 동일한 원인과 원리를 가지고 있습니다. 왜냐하면 양자 모두 하나님의 자유로운 선물이기 때문입니다. '믿음은 …… 하나님의 선물이라'(엡 2:8). '혹 하나님이 저희에게 회개함을 주사'(딤후 2:25)."[306]

에드워즈는 "믿음 안에 회개를 내포"하고 있다고 했다. 그는 '의롭다 함을 얻는 믿음' 안에 죄와 직접적으로 관련되어 있는 것 세 가지가 있다고 하였다. 첫째는, 우리 자신이 죄인 됨과 죄의 가증스러움을 자각하는 것이요, 둘째는, 형벌을 받아 마땅한 우리의 죄과(罪科)를 진심으로 인정하는 것이요, 셋째는, 죄와 형벌로부터 구원받고자 구속주 예수 그리스도 안에서 하나님의 값없이 거저 주시는 은혜를 바라는 것이다. 그리고 에드워즈는 말하기를 "바로 이것이 성경에서 죄 사함을 약속한 복음적 회개"라고 했다. 또한 "바로 이것이 의롭다 하심을 얻는 믿음의 본질이며 의롭다 함을 얻는 믿음 바로 그 자체"라고 했다.[307] 즉 복음적 회개와 의롭다 함을 얻는 믿음은 본질상 같은 것이다.

4. 칭의와 죄 사함

믿음과 회개 다음에 칭의와 죄 사함이 온다. 칭의와 죄 사함은 보는 관점만 다를 뿐 사실은 동일한 하나님의 은혜의 행동이다. 이것은 사도행전 13장 38-39절과 로마서 3장 24-26절, 4장 5-8절에서 입증된다.

---

306) William Ames, *The Marrow of the Theology*, trans. and ed. J. D. Eusden (Grand Rapid, Michigan: Baker Book House, 1997), 159-160.
307) Edwards, "Justification by Faith Alone," in WJE, 19, 225.

(1) 칭의: 그리스도를 믿는 자는 하나님께로부터 값없이 의롭다 하심을 받는다. "모든 사람이 죄를 범하였으매 하나님의 영광에 이르지 못하더니 그리스도 예수 안에 있는 구속으로 말미암아 하나님의 은혜로 값없이 의롭다 하심을 얻은 자 되었느니라"(롬 3:23-24).

(2) 죄 사함(용서): 참으로 믿는 자는 회개할 것이고, 그러므로 칭의와 죄 사함은 동일한 경험이다. 하나님은 우리가 죄를 자백하면 모든 죄를 사하신다. "만일 우리가 우리 죄를 자백하면 저는 미쁘시고 의로우사 우리 죄를 사하시며 모든 불의에서 우리를 깨끗게 하실 것이요"(요일 1:9).

5. 성령의 선물(내주: 중생)과 거룩함(성화)

칭의(죄 사함)를 받은 영혼에 성령의 선물(중생, 거룩함)이 온다.

(1) 성령의 선물(중생): 믿음 '다음에' 성령의 선물이 온다는 것은 아래 구절들을 살펴보면 확실하다. "그 안에서 너희도 진리의 말씀 곧 너희의 구원의 복음을 듣고 그 안에서 또한 **믿어 약속의 성령으로 인치심을 받았으니**"(엡 1:13). "너희가 성령을 받은 것은 율법의 행위로냐? 듣고 믿음으로냐?"(갈 3:2) "그리스도께서 우리를 위하여 저주를 받은 바 되사 율법의 저주에서 우리를 속량하셨으니 기록된 바 나무에 달린 자마다 저주 아래 있는 자라 하였음이라. 이는 그리스도 예수 안에서 아브라함의 복이 이방인에게 미치게 하고 또 우리로 하여금 **믿음으로 말미암아 성령의 약속을 받게 하려 함이니라**"(갈 3:13-14). 우리는 성령님의 조명으로 그리스도에 대한 신적인 믿음을 가지게 된다. 그리고 난 다음에, 혹은 그와 동시에 성령 내주의 선물이 주어진다.

윗필드는 진실로 믿을 때에 성령을 선물로 주신다는 것을 강조했다. "여러분이 짐승과 마귀의 성품에 빠져 있다 할지라도, 진실로 주 예수 그리스도를 믿는다면 본문[요 7:37-39]에 약속된 영혼을 살리시는 성령을 받게 될 것입니다. …… 누구든지 주 예수 그리스도를 전심으로 믿는 자는 그의 영혼이 지옥처럼 검다고 하더라도 성령의 선물을 받게 될 것입니다."[308]

(2) 거룩함(성화, Sanctification): 성령님이 내주하심으로 우리의 영혼이 거룩함을 얻게 된다. "너희 중에 이와 같은 자들이 있더니 주 예수 그리스도의 이름과 우리 하나님의 성령 안에서 씻음과 거룩함과 의롭다 하심을 얻었느니라"(고전 6:11).

질문: 칭의와 중생(거룩함)의 순서는 어떻게 되는가?

답변: 구원론에 있어서 칭의와 중생의 순서와 성격에 대해서만큼 어려운 문제는 없다. 필자의 의견은 이렇다. 하나님께서는 중생을 먼저 주시기도 하시고, 칭의를 먼저 주시기도 하신다. 에드워즈처럼 분명한 성령의 주입이 있고 난 다음에 믿음과 회개가 따르는 수도 있다. 에드워즈는 주권적인 성령의 부으심으로 거듭남을 체험했다. 그래서인지 그는 중생을 칭의 앞에 두어야 한다고 강력하게 주장했다.

그러나 필자의 생각에 하나님께서 '일반적으로는' 성령의 조명에 의해서 믿음을 주시고, 회개를 하게 하신 후 성령의 선물을 주신다. 이것이 보다 일반적인 회심의 경험이라고 생각한다. 존 웨슬리는 오랫동안 믿음으로 말미암는 칭의와 더불어 거룩함을 주시는 구원을 사모하다가 올더스게이트가의 한 집회에서 그것을 체험했다. 그리하여 웨슬리는 칭의가 중생에 앞서야 된다고 강력히 주장했다.

하나님께서는 개인에 따라 이런 경험도 주시고, 저런 경험도 주신다. 누가 성령님의 구원하시는 방식을 이래라 저래라 할 수 있겠는가? 바람은 임의로 부는 것이다(요 3:8). 중요한 것은 그 내용이다. 성령의 조명(고후 3:18; 4:6)과 성령의 거듭남(요 3:5; 딛 3:5)이 있는지가 중요하다.

---

308) Whitefield, "Indwelling of the Spirit," in Smith, *Whitefield & Wesley on the New Birth*, 102-103.

6. 양자와 연합

양자와 연합은 거듭남과 동시에 일어나는 사건이다.

(1) 양자: 성령님은 양자(養子)의 영이시다. "너희는 다시 무서워하는 종의 영을 받지 아니하였고 양자의 영을 받았으므로 아바 아버지라 부르짖느니라"(롬 8:15). 우리가 양자의 영을 받으면 그 즉시 우리는 하나님께 다가갈 수 있는 자유와 담대함을 누리게 된다. 우리는 더는 하나님과 원수 되었다는 죄책에 시달리지 않는다. "너희가 아들인 고로 하나님이 그 아들의 영을 우리 마음에 보내사 아바 아버지라 부르게 하셨느니라"(갈 4:6). 양자의 영이 임한 사람은 하나님에 대해서 사랑의 감정을 가지게 되고, 아버지 되신 하나님을 기쁘시게 섬기고자 하는 자발적인 마음이 생긴다. 그리고 양자의 영을 받은 사람은 하나님 아버지로부터 하나님의 자녀로서의 모든 특권과 혜택들을 받으며 살게 된다.

(2) 그리스도와 연합: 성령님이 내주하심으로 우리는 즉시 그리스도의 몸의 지체가 되며, 그리스도와 영적인 결혼 관계에 들어간다. 이것을 그리스도와 신비한 연합이라고 한다. "그날에는 내가 아버지 안에, 너희가 내 안에, 내가 너희 안에 있는 것을 너희가 알리라"(요 14:20). 그리스도와 신비한 연합을 한 우리는 주님과의 깊은 영적인 친교 속으로 들어가게 된다. "너희를 불러 그의 아들 예수 그리스도 우리 주로 더불어 교제케 하시는 하나님은 미쁘시도다"(고전 1:9).

7. 발전적 성화

거듭남은 성화의 시작일 뿐이다. 우리는 성령님의 능력을 힘입어 그리스도의 완전한 형상을 이루기까지 성장해야 한다(갈 4:19). "우리가 다 수건을 벗은 얼굴로 거울을 보는 것 같이 주의 영광을 보매 저와 같은 형상으로 화하여 영광으로 영광에 이르니 곧 주의 영으로 말미암음이니라"(고후 3:18). 성화에는 **근본적 성화와 발전적 성화가 있다.** 근본적 성화는 우리가 예수님을 믿고 회개하여 거듭날 때 우리 영혼에 이루어지는 것으로 우리 본성과 지각과 성향과 의지가 근본적으로 바뀌는 것을 말한다. 이에 반하여 발전적 성화는 거듭난 성도가 은혜 안에서 계속적으로 자라 그리스도의 장성한 분량이 충만한 데까지(엡 4:13) 자라가는 것을 말한다.

8. 완전

성도는 하나님의 온전하심과 같이 완전한 성화를 목표로 삼아야 한다. "그러므로 하늘에 계신 너희 아버지의 온전하심과 같이 너희도 온전하라"(마 5:48). "우리가 그를 전파하여 각 사람을 권하고 모든 지혜로 각 사람을 가르침은 각 사람을 그리스도 안에서 완전한 자로 세우려 함이니"(골 1:28-29). "그러므로 우리가 그리스도 도의 초보를 버리고 죽은 행실을 회개함과 하나님께 대한 신앙과 세례들과 안수와 죽은 자의 부활과 영원한 심판에 관한 교훈의 터를 다시 닦지 말고 완전한 데 나아갈지니라"(히 6:1-3).

완전은 모든 그리스도인들이 도달해야 하는 목표이다. 그리스도의 형상이 우리에게 온전히 이루어질 때까지 성령 안에서 자라야 한다(고후 3:18). 피니의 말을 들어 보자. "새로운 회심자들은 완전해질 것을 목표로 삼도록 가르쳐야 합니다. 모든 새로운 회심자는 죄 없이 사는 것을 목표로 해야 합니다. 그렇지 않으면 그들이 아직 영적인 삶을 시작하지도 않았음을 알아야 합니다. 신앙은 무엇입니까? 신앙이란 하나님을 최고로 사랑하고 하나님께 절대적으로 순종하고자 하는 마음의 결단입니다. 이것이 없다면 전혀 신앙이 없는 것입니다. …… 완전을 목표로 삼는 것은 모든 사람의 의무입니다. 모든 사람은 전적으로 하나님을 위하여 살면서 모든 계명을 지키려는 목적을 항상 가져야 합니다."[309]

---

309) Finney, *Lectures on Revivals of Religion*, 401.

제22장

견인의 은혜
: 하나님께서는 우리를 끝까지 지키신다

내가 너희에게 영생을 주노니 영원히 멸망치 아니할 터이요 또 저희를 내 손에서 빼앗을 자가 없느니라. 저희를 주신 내 아버지는 만유보다 크시매 아무도 아버지 손에서 빼앗을 수 없느니라(요 10:28-29).

견인(堅忍)의 약속은 믿기 어려울 정도로 놀라운 예수님의 사랑의 말씀이다. 예수님께서는 우리를 구원하셨을 뿐 아니라 일평생 그의 은혜로 우리를 돌보시고, 지키실 것을 분명히 말씀하셨다. 이것을 견인의 은혜라고 한다. 혹자는 견인의 은혜를 부정하지만, 견인의 은혜야말로 성경에 나오는 가장 위대한 약속 중 하나다. 주님께서는 우리와 결혼의 영원한 언약을 맺으시고, 우리를 영원히 사랑하시고 지키시고 보양하신다. 성도의 견인론(Perseverance of Saint)은 '영원 안전론'이라 하기도 한다.

1. 견인의 은혜를 믿을 수 있는 근거

견인에 대한 약속은 성경에 매우 풍부하게 나온다. 하나님께 큰 영광을!
(1) 택함 받은 성도여, **예수님께서는 구원 받은 자를 영원히 멸망치 않게 하시겠다고 분명히 선언하셨다.** "내가 너희에게 영생을 주노니 영원히 멸

망치 아니할 터이요 또 저희를 내 손에서 빼앗을 자가 없느니라. 저희를 주신 내 아버지는 만유보다 크시매 아무도 아버지 손에서 빼앗을 수 없느니라. 나와 아버지는 하나이니라 하신대"(요 10:28-30). 이 한 구절만으로도 견인에 대한 모든 반대를 물리치기에 족하다.

(2) 구원받은 성도에게 한 번 오신 성령님께서는 영원히 떠나지 아니하시고 택자를 지키신다. "내가 아버지께 구하겠으니 그가 또 다른 보혜사를 너희에게 주사 영영토록 너희와 함께 있게 하시리니"(요 14:16). "여호와께서 또 가라사대 내가 그들과 세운 나의 언약이 이러하니, 곧 네 위에 있는 나의 신과 네 입에 둔 나의 말이 이제부터 영영토록 네 입에서와 네 후손의 입에서와 네 후손의 후손의 입에서 떠나지 아니하리라 하시니라. 여호와의 말씀이니라"(사 59:21). 오웬은 다음과 같이 말했다. "한 번 성도들의 영혼 속에 거한 성령님께서는 완전히 떠나는 일은 결코 없습니다. 거룩한 성령님께서는 그가 한 번 거한 자리를 결코 세상의 영에게 내주지 않으십니다."[310]

(3) 하나님께서는 우리를 성령으로 인치셨다(엡 1:13-14). 이는 우리가 하나님의 확실한 소유가 되었다는 증거다. 성령님께서는 우리가 천국을 유업으로 받을 것이라는 것에 대한 보증으로 오셨다. "곧 이것을 우리에게 이루게 하시고 보증으로 성령을 우리에게 주신 이는 하나님이시니라"(고후 5:5). 그러므로 우리의 구원은 확실한 것이다.

(4) 하나님의 작정에 대해서 알면 견인에 대해서 더욱 확신할 수 있다. 택하신 성도들을 향한 하나님의 분명한 작정이 있다. 우리를 향한 하나님의 작정의 내용은 무엇인가? "하나님이 미리 아신 자들로 또한 그 아들의 형상을 본받게 하기 위하여 미리 정하셨으니 이는 그로 많은 형제 중에서 맏아들이 되게 하려 하심이니라. 또 미리 정하신 그들을 또한 부르시고 부르신 그들을 또한 의롭다 하시고 의롭다 하신 그들을 또한 영화롭게 하셨느니

---

[310] Owen, *The Doctrine of the Saints' Perseverance Explained and Confirmed*, in WJO, 11, 117.

라"(롬 8:29-30). 하나님께서 우리를 택하신 목적은 그 아들의 형상을 본받게 하기 위함이다. 그 목적을 위하여 하나님께서는 부르신 자들을 또한 의롭다 하시고 영화롭게 하시기로 작정하셨다.

그런데 중요한 것은 하나님의 작정은 반드시 이루어진다는 사실이다. "만군의 여호와께서 맹세하여 가라사대 나의 생각한 것이 반드시 되며 나의 경영한 것이 반드시 이루리라"(사 14:24). "여호와의 도모는 영영히 서고 그 심사는 대대에 이르리로다"(시 33:11). "하나님의 은사와 부르심에는 후회하심이 없느니라"(롬 11:29). 그러므로 **하나님께서 우리를 향하여 작정하신 거룩하신 뜻도 반드시 이루어지고야 말 것이다.**

(5) 하나님께서는 성도로 부르심을 받은 자들을 지켜 주시고 보호하신다. "예수 그리스도의 종이요 야고보의 형제인 유다는 부르심을 입은 자 곧 하나님 아버지 안에서 사랑을 얻고 예수 그리스도를 위하여 지키심을 입은 자들에게 편지하노라"(유 1:1). 우리는 '예수 그리스도를 위하여 지키심을 입은 자들'이다. 이와 같이 택자는 하나님께서 지키신다. 이 얼마나 감격스러운 말씀인가! 견인을 믿지 않는 자는 부력 없이 헤엄치려고 하는 사람과 같다. 주님께서 지지해 주시기에 우리는 죄악 세상의 파도 위로 뜬다. "너희가 말세에 나타내기로 예비하신 구원을 얻기 위하여 믿음으로 말미암아 하나님의 능력으로 보호하심을 얻었나니"(벧전 1:5).

(6) 하나님께서는 우리를 보호하실 수 있는 확실한 능력을 갖고 계시기에 견인은 확실하다. "이를 인하여 내가 또 이 고난을 받되 부끄러워하지 아니함은 나의 의뢰한 자를 내가 알고 또한 나의 의탁한 것을 그 날까지 저가 능히 지키실 줄을 확신함이라"(딤후 1:12). 하나님께서는 택하신 자들을 '능히 지키실' 수 있는 능력이 남는다(유 1:24). 주님께서는 뜻하신 것은 반드시 이루실 능력을 가지고 계신다.

(7) 주님께서는 우리를 끝까지 사랑하실 것이다. 요한복음 13장 1절을 보면, "세상에 있는 자기 사람들을 사랑하시되 끝까지 사랑하시니라."라고 하셨다. 주님께서 이 땅에서 수치와 고난을 겪으면서도 끝까지 택하신 자

를 사랑하셨다면, 지금 하늘 영광 중에 계시는 주님께서는 택하신 모든 자들을 기꺼이 끝까지 사랑하실 것이 분명하다.

성경은 우리를 부르신 주님을 미쁘신 주님이시라고 하였다. '미쁘다' 는 말은 '믿음성이 있다', '신실하다' 라는 뜻이다. 미쁘신 주님은 우리를 버리시지 않으신다. "평강의 하나님이 친히 너희로 온전히 거룩하게 하시고 또 너희 온 영과 혼과 몸이 우리 주 예수 그리스도 강림하실 때에 흠 없게 보전되기를 원하노라. 너희를 부르시는 이는 미쁘시니 그가 또한 이루시리라" (살전 5:23-24). "주는 미쁘사 너희를 굳게 하시고 악한 자에게서 지키시리라" (살후 3:3). 미쁘신 하나님은 우리가 감당치 못할 시험은 허락지 않으실 것이다. "사람이 감당할 시험 밖에는 너희에게 당한 것이 없나니 오직 하나님은 미쁘사 너희가 감당치 못할 시험 당함을 허락지 아니하시고 시험 당할 즈음에 또한 피할 길을 내사 너희로 능히 감당하게 하시느니라" (고전 10:13).

(8) **하나님께서는 택하신 성도들을 한 명이라도 잃지 않으시려는 굳은 의지를 갖고 계신다**(요 17:12). "내가 하늘로서 내려온 것은 내 뜻을 행하려 함이 아니요 나를 보내신 이의 뜻을 행하려 함이니라. 나를 보내신 이의 뜻은 내게 주신 자 중에 내가 하나도 잃어버리지 아니하고 마지막 날에 다시 살리는 이것이니라. 내 아버지의 뜻은 아들을 보고 믿는 자마다 영생을 얻는 이것이니 마지막 날에 내가 이를 다시 살리리라" (요 6:38-40).

(9) 성도여, 그리스도께서는 지금도 우리를 위해 중보 기도를 끊임없이 하고 계신다(롬 8:34)는 사실을 기억하라. "그러므로 자기를 힘입어 하나님께 나아가는 자들을 온전히 구원하실 수 있으니 이는 그가 항상 살아서 저희를 위하여 간구하심이니라" (히 7:25). 주님께서는 우리를 위해 이토록 기도하고 계시니 우리가 멸망으로 가는 것을 허용하시지 않을 것이다.

2. 선 줄로 생각하는 자는 넘어질까 조심하라 : 성도의 견인론에 따르는 경고

성경은 견인의 은혜를 약속하고 있지만, 견인의 은혜가 우리의 노력 없이 자동적으로 주어지는 것으로 생각하면 안 된다. 마귀는 견인의 교리를 왜곡하여 신앙 고백만 했다면 죄를 짓고 잘못을 해도 하나님께서 천국에 들어가게 하실 것이라는 주장을 하게 만들었다. 가장 흔한 비유로 자식이 잘못한다고 자식을 호적에서 파낼 아버지가 있느냐는 것이다. 그러나 성경은 누구든 믿는다고 하면서도 고범죄를 지으면 지옥에 갈 것이라고 경고하셨다.

(1) 성도의 견인이 예수님이 주신 확실한 약속이지만, 믿는다고 하는 사람들에 대한 경고의 말씀도 있다. 히브리서 6장 4-6절을 보면, 한 번 성령에 참여하였다가 타락한 자들은 다시는 새롭게 할 수 없다고 하셨다. "한 번 비침을 얻고 하늘의 은사를 맛보고 성령에 참예한 바 되고 하나님의 선한 말씀과 내세의 능력을 맛보고 타락한 자들은 다시 새롭게 하여 회개케 할 수 없나니 이는 자기가 하나님의 아들을 다시 십자가에 못 박아 현저히 욕을 보임이라." 얼마나 무서운 말씀인가! 그만큼 하나님의 은혜를 귀중히 여기라는 말씀이다.

또 히브리서 10장 26-31절을 보면, 진리를 아는 지식을 받은 후 '짐짓 죄', 즉 고의적인 죄를 지으면 다시는 속죄하는 제사가 없다고 하셨다. "우리가 진리를 아는 지식을 받은 후 짐짓 죄를 범한즉 다시 속죄하는 제사가 없고 오직 무서운 마음으로 심판을 기다리는 것과 대적하는 자를 소멸할 맹렬한 불만 있으리라. 모세의 법을 폐한 자도 두세 증인을 인하여 불쌍히 여김을 받지 못하고 죽었거든 하물며 하나님 아들을 밟고 자기를 거룩하게 한 언약의 피를 부정한 것으로 여기고 은혜의 성령을 욕되게 하는 자의 당연히 받을 형벌이 얼마나 더 중하겠느냐 너희는 생각하라. 원수 갚는 것이 내게 있으니 내가 갚으리라 하시고 또 다시 주께서 그의 백성을 심판하리라 말씀하신 것을 우리가 아노니 살아 계신 하나님의 손에 빠져 들어가는 것이 무서울진저." 참으로 엄중한 경고의 말씀이다.

(2) 참으로 중생한 사람도 타락할 수 있는가? 이 문제는 어려운 문제이다. 오웬은 믿다가 중간에 타락하는 사람은 겉으로는 중생한 것처럼 보이나 실

상은 중생하지 않은 사람이라고 했다. 오웬은 히브리서 6장 4-8절과 10장 26-39절에 나오는 사람을 진정으로 거듭나지 못한 사람이라고 보았다. 이 구절을 살펴보면, 진정한 성도의 특징들에 대한 언급이 없다고 했다. "참된 성도들은 살리심을 받고, 거듭나고, 의롭다는 하심을 얻고, 그리스도와 연합되고, 성령으로 성화되고, 양자 되어 하나님의 자녀가 된다고 묘사됩니다. 그러나 본문에 나오는 이 사람들에게는 이런 것들이 조금도 암시되어 있지 않습니다. 그들이 하나님의 선택을 받았다거나, 그리스도에 의해 구속을 받았다거나, 성령에 의해 성화되어 거룩하게 되었다는 확증이 전혀 없습니다."[311]

오웬은 다음과 같이 설명했다. "세상에는 외적인 죄의 오염으로부터는 벗어났지만, 그래서 자신들의 눈에 깨끗하게 되었지만, 그들의 부정함에서 결코 씻음을 받지 못한 사람들이 있습니다. 그들은 율법의 힘에 의해 강하게 각성도 받았습니다. …… 그들은 헤롯이 그랬던 것처럼 말씀을 기꺼이 경청하고, 돌밭이 그랬던 것처럼 기쁨으로 받아들이고, 에스겔 33장 31절에서 말씀한 것처럼 말씀을 듣습니다. '백성이 모이는 것 같이 네게 나아오며 내 백성처럼 네 앞에 앉아서 네 말을 들으나 그대로 행치 아니하니 이는 그 입으로는 사랑을 나타내어도 마음은 이욕을 좇음이라.' 아합과 유다가 그랬던 것처럼 이전 죄를 회개합니다. 이런 많은 사람들은 유다와 요한복음 2장 23절의 사람들처럼 다른 사람들로 하여금 잠간은 진정한 성도라 생각하게 할 수는 있으나 결코 예수 그리스도와 연합한 적이 없습니다."[312]

오웬이 위에서 말한 것과 비슷한 예를 우리 주변에서 흔히 볼 수 있다. 한때는 대단히 영적이었지만, 나중에 무너지는 사람들이 많다. 이와 같은 경우는 에드워즈의 『신앙 감정론』에서도 많이 나온다. 부흥이 한창일 때는

---

311) Owen, *The Doctrine of the Saints' Perseverance Explained and Confirmed*, in WJO, 11, 642.
312) Owen, *The Doctrine of the Saints' Perseverance Explained and Confirmed*, in WJO, 11, 612.

그 누구 못지않게 종교적 열심을 보였으나, 나중에는 아무것도 아닌 것으로 드러난 경우를 에드워즈는 제1차 대각성 운동 때 많이 보았다고 했다. 오웬의 말에 의하면, 타락하는 자들은 결국은 하나님의 택자가 아니라는 결론이 나온다.

(3) 믿는다고 하는 자에 대한 경고의 말씀이 또 있다. 로마서 11장 21-22절을 보면, 바로 앞(8장 28절-11장 12절)에서 은혜로 말미암은 선택을 말씀하신 후에, 믿는 자들에게 다음과 같은 경고의 말씀을 주셨다. "하나님이 원 가지들도 아끼지 아니하셨은즉 너도 아끼지 아니하시리라. 그러므로 하나님의 인자와 엄위를 보라. 넘어지는 자들에게는 엄위가 있으니 너희가 만일 하나님의 인자에 거하면 그 인자가 너희에게 있으리라. 그렇지 않으면 너도 찍히는 바 되리라."

여기서 원 가지란 이스라엘 백성을 말한다. 원 가지들도 불순종으로 찍혔다. 원 나무도 믿지 아니함으로 찍혔는데, 접붙임이 된 돌감람나무(신약 교회, 롬 11:17)인 너희도 하나님의 인자 안에 거하지 아니하면 찍어 버림을 당할 것이라는 말씀이다. 이것이 하나님의 엄위다. **우리는 하나님의 인자**(goodness)**와 엄위**(severity) **둘 다 알아야 한다.** 마귀는 하나만 취하게 한다. 우리는 하나님의 인자에 감사해야 하겠지만, 하나님의 엄위하심 또한 잊지 말아야 한다. 바울이 로마서 11장 22절에서 사용한 단어는 문자적으로 '잘라 내다'라는 의미이다. 하나님의 인자만 생각하고 엄위를 무시하는 자는 이와 같이 될 것이다. 이것은 말로는 믿는다고 하나, 하나님의 인자에 거하지 아니하는 방자한 교인들에 대한 경고의 말씀이다. 성경은 "두렵고 떨림으로 우리의 구원을 이루라."(빌 2:12)라고 하셨다. 이런 태도가 없는 자야말로 불택자이다.

3. 심각한 경고도 있지만 견인의 약속이 훨씬 강하다

(1) 성경에는 신자의 타락의 위험을 경고하지만, 견인의 약속이 압도적으

로 많고 강하다. 히브리서 6장 9절을 보면, 바로 앞에서 믿는 자의 타락에 대한 경고를 하신 후에, 다음과 같은 말씀을 주셨다. "사랑하는 자들아. 우리가 이같이 말하나 너희에게는 이보다 나은 것과 구원에 가까운 것을 확신하노라." 하나님께서는 우리가 아주 넘어질 정도까지 버려두시지 않는다. 이것이 성경이 말씀하는 견인의 은사다. 사망에 이르도록 넘어지는 자는 결국 불택자이다.

참으로 중생한 자는 범죄하지 않고(요일 3:9-10) 세상을 이긴다(요일 5:4). 만일 어떤 교인이 자범죄를 짓고 못 일어났다면, 그것이 그가 참으로 회심한 것이 아니며, 택자가 아님을 말해 주는 것이다. 오웬은 말한다. "진정한 열매를 맺지 못한다는 것은 그들이 진정한 구원하는 믿음의 소유자가 아니었음을 증명한다."

(2) 견인의 약속 속에서 안식을 누리고 승리하라. 우리가 견인의 은혜를 믿을 때에 비로소 진정한 안식을 누릴 수 있다. 우리 속에 계신 성령님은 구원의 보증으로 주신 것이다. 우리가 스스로 주님의 인자에 거하는 한 주님께서는 우리를 결코 버리시지 않는다. 우리는 사탄의 공격과 시험은 받을 수 있으나 주님께서는 그 모든 것에서 우리를 건지실 것이다!

택자에게는 이 세상에서 당하는 모든 것이 합력하여 선을 이룬다(롬 8:28). 왜냐하면 택자의 모든 길은 하나님께서 그의 기쁘신 뜻을 위하여 정하신 것이기 때문이다. 그러므로 택자는 어떠한 일을 만나더라도 감사해야 한다. "우리가 알거니와 하나님을 사랑하는 자 곧 그 뜻대로 부르심을 입은 자들에게는 모든 것이 합력하여 선을 이루느니라"(롬 8:28). **성도에게 우연이란 없다. 오직 하나님의 주권적 사랑만 있다.** 그러므로 어떠한 고난이 오고, 시련이 오고, 어떠한 실패를 당하더라도 낙심하지 말아야 한다. 우리의 모든 삶은 우리를 사랑하시고 가장 지혜로우신 하나님께서 우리의 최선을 위해 예비하신 것이다. 그러므로 '항상 기뻐하라. 쉬지 말고 기도하라. 범사에 감사하라. 이는 그리스도 예수 안에서 너희를 향하신 하나님의 뜻이니라'(살전 5:16-18).

사도 바울은 견인의 은혜를 너무나 확신했기에 다음과 같이 외쳤다. "내가 확신하노니 사망이나 생명이나 천사들이나 권세자들이나 현재 일이나 장래 일이나 능력이나 높음이나 깊음이나 다른 아무 피조물이라도 우리를 우리 주 그리스도 예수 안에 있는 하나님의 사랑에서 끊을 수 없으리라"(롬 8:38-39). 사랑을 입은 성도여, 우리도 다 함께 바울과 같이 외치자. 구약의 다윗도 견인의 은혜를 믿었다. "나의 평생에 선하심과 인자하심이 정녕 나를 따르리니 내가 여호와의 집에 영원히 거하리로다"(시 23:6). 구약 성도도 하나님의 선하심과 인자하심이 평생 함께 하실 것을 굳게 믿었는데, 하물며 신약 시대에 살아가는 우리는 더욱 믿어야 하지 않겠는가! 영원히 멸망치 않게 하시겠다는 예수님의 굳은 약속을 믿으라!(요 10:28)

사랑하시는 주님, 주의 택자들로 이 놀라운 주님의 사랑을 깨닫게 하시고, 영원히 주의 은혜를 찬미하게 하소서!

제2부 교회사적 고찰

신앙 위인 10인의 거듭남 체험과 중생론

2부를 열며
구름같이 둘러싼 허다한 증인들의 증언을 들으라

    사랑하는 성도여, 제1부에서는 그리스도께서 주시는 구원의 과정을 다함께 상세히 살펴보았다. 이제 제2부에서는 기독교 역사상 가장 놀라운 구령(救靈)의 열매를 맺거나, 가장 큰 선한 영향력을 끼쳤다고 정통 개신교회에서 보편적으로 인정하는 존경받는 신앙 위인 7명(한국을 포함하면, 10명)의 거듭남 체험과 그들이 가르친 중생론을 알아보고자 한다.

    신앙 위인들의 중생론은 신학을 전공하지 않거나 신학적인 기초가 없는 사람은 읽기가 어려울 수 있을 것이다. 그런 분들은 신앙 위인들의 거듭남 체험을 중심으로 읽기를 권장하는 바이다.

    신앙 위인들마다 거듭남의 체험의 모습이 약간씩 다르며, 그들이 가르친 구원론도 약간의 차이가 난다. 그러나 크게 보면, 그 본질에 있어서는 공통분모를 가지고 있음을 발견하게 될 것이다. 하나님께서 택자들을 구원하실 때 사람마다 독특하게 부르신다. 사도 바울과 사도 베드로를 부르시는 것이 다르며 고넬료와 세례 요한을 부르시는 것이 다르다. 그러나 그들의 구원 체험에는 분명한 공통점이 있다.

    이들 신앙 위인들의 거듭남에 대한 가르침도 미묘한 차이가 있으나 그 본질은 같다. 같은 성령님께서 그들 속에 내주하시고 영감을 주시기 때문이다. 이것을 알고 제2부를 읽으면 도움이 될 것이다. 이들이 다 같이 체험하고 강조한 거듭남의 핵심은 무엇인가?

    그것은 성령의 위대한 능력에 의한 거룩한 거듭남이다!

2-1
복음주의 대각성 운동의 중생론

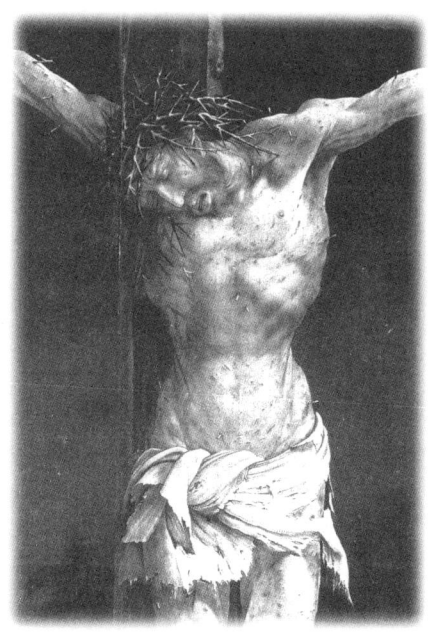

그뤼네발트, 〈십자가에 못 박힌 예수〉, 1515년

조지 윗필드
(1714~1770)

조나단 에드워즈
(1703~1758)

존 웨슬리
(1703~1791)

찰스 피니
(1792~1875)

제23장

조지 윗필드의 거듭남 체험

18세기를 가리켜 종교적 천재의 시기라고 한다. 18세기 영국과 미국에서 일어난 부흥 운동은 사도 시대 이후 가장 위대한 성령의 능력이 나타났던 부흥이었다.[313] 지금부터 소개할 세 사람, 조지 윗필드, 조나단 에드워즈, 존 웨슬리는 하나님께서 교회를 새롭게 하시고자 18세기 복음주의 대각성 운동(the Evangelical Great Awakening)의 일꾼으로 선택하신 자들이다.

필자는 조지 윗필드(George Whitefield, 1714-1770)를 가장 먼저 소개하고자 한다. 로이드 존스는 "그 세기에 살았던 모든 인간들 중에 윗필드가 가장 사랑할 만한 사람"이며, "영국이 지금까지 배출한 설교자 중에 가장 위대한 설교자"라고 하였다.[314] 『설교의 역사』를 지은 다간은 "사도들 이후 설교의 역사에 있어서 조지 윗필드보다 더 위대하고 가치 있는 이름은 없다."라고 했다.[315] 웨슬리의 전기를 지은 배질 밀러(Basil Miller)도 "설교자로서 바울

---

313) Arnold A. Dallimore, *George Whitefield: The Life and Times of the Great Evangelist of the Eighteenth-Century Revival*, 2 vols. (Edinburgh: The Banner of Truth Trust, 1989), 1: 14.

314) D. M. Lloyd-Jones, "Foreword," to Dallimore, *George Whitefield: The Life and Times of the Great Evangelist of the Eighteenth-Century Revival*, 1: ix.

315) E. C. Dargan, *A History of Preaching*, Vol. 2 (second ed, Grand Rapid, Michigan: Baker Book House, 1954), 307.

이후 윗필드보다 더 큰 명성을 얻기에 합당한 사람은 없었다."라고 했다.

『18세기 영적 지도자』를 지은 존 라일(John C. Ryle, 1816-1900)은 윗필드, 웨슬리, 로메인 등 18세기 영국을 부흥으로 이끌었던 위대한 영적 거인 11명 중 윗필드를 가장 먼저 거명했다. "내가 제일 먼저 거명하고자 하는 사람은 그 유명한 조지 윗필드다. 그의 출생 연도를 고려한다면 순서상 첫 번째는 될 수 없지만, 나는 조금도 주저하지 않고 그를 공적의 순서에서 첫 번째 자리에 놓고자 한다. 백 년 전 모든 영적인 거장 중에서 윗필드만큼 시대의 요구를 빨리 파악한 인물은 없었으며, 영적인 전쟁의 위대한 사역에서 윗필드만큼 앞장서 나간 사람도 없었다. 만일 내가 윗필드 앞에 다른 이름을 놓는다면 그것은 내가 불의한 일을 행하는 것이 될 것이다."[316]

먼저, 조지 윗필드, 존 웨슬리의 영국 복음주의 부흥 운동의 배경을 알아보자. 기독교 역사상 가장 찬란한 부흥과 각성의 시대를 연 조지 윗필드가 태어나기 전 영국은 영적으로, 도덕적으로 캄캄한 밤과 같은 시대를 지나고 있었다. 17세기 영국에서는 오웬, 백스터, 번연 등 많은 청교도들이 박해에도 불구하고 그들의 믿음의 용맹을 떨쳤다. 1689년 관용령(the Toleration Act)으로 비국교도들이 비록 불완전하지만 상당한 자유를 누리게 되었다. 그러나 18세기가 되자 얼마 전까지만 해도 청교도의 불길이 타올랐던 영국은 국교도, 비국교도 할 것 없이 총체적 영적 무기력 상태에 놓이게 되었다. 라일은 다음과 같이 말한다. "영국 국교회에는 경탄할 만한 규약과 유서 깊은 예배 의식과 교구 제도와 주일 예배와 천여 명의 성직자가 있었다. 비국교도들이 존재하기는 했지만, 자유가 제한되었고, 통제 없는 강단권을 확보하는 것이 어려웠다. 불행하게도 국교도, 비국교도 할 것 없이 한 가지는 말할 수 있다. 그들은 존재했다. 그러나 살아 있었다고 말할 수는 없다. 그

---

316) J. C. Ryle, *The Christian Leaders of the Last Century* (Moscow, Idaho: Charles Nolan Publishers, 2002), 21-22.

들은 아무것도 하지 않았다. 그들은 깊이 잠들어 있었다."[317]

18세기는 이성의 시대였다. 합리주의가 맹위를 떨치며 기독교에 침투했으며, 많은 사람들이 이신론[318]을 받아들였다. 이신론이 초자연적 종교, 즉 성경적 기독교에 대해서 맹렬히 공격하는 상황이었다. 교회도 이에 영향을 받아 신앙의 초자연적인 성격을 거부하고 이성주의적인 신앙으로 바뀌었다. 설교도 도덕을 말하는 것 이상의 것이 없었다. 윗필드는 다음과 같이 말했다. "여러분을 죄에서 건져내어 하나님께 인도하기 위해 필요한 설교는 단지 도덕을 설교하는 것이 아닙니다. 그러나 우리의 강단 거의 모두가 도덕 설교를 하고 있습니다. 저는 여러분이 열심히 배우고자 함을 보았습니다. 그럼에도 불구하고 **여러분은 거듭남의 필요성을 전혀 알지 못하고 있습니다**. 다시 말하면 옛 것은 지나가고 모든 것이 새 것이 되는 일이 영혼 속에서 일어나는 것과 같은 거듭남의 필요성을 알지 못합니다."[319] 상류층 사람들은 오래전부터 청교도주의의 냄새가 나는 것은 무엇이든 경멸했으며, 종교에 대해 언급하는 것조차 비웃음거리로 생각하는 풍조였다. 하원의원 중 교회에 출석하는 사람은 네다섯 명에 불과했다.

국교회의 감독들은 도덕적 부패의 온상이었다. 볼링브룩(Bolingbrooke)경은 성직자들의 생활양식을 보고 그들을 비난하며 "기독교가 당신들처럼 엉터리 그리스도인들의 손에 맡겨져 있으면서도 여전히 생존해 있다니 그것이야말로 이 세상에서 가장 큰 기적"이라고 말했다. 사회는 부도덕과 무질서와 가난으로 어두워져 있었다. 하층민들은 무지하고, 교양이 없고, 태만했다. 문맹이 만연했으며, 대중들의 오락은 저속했다. 법은 무자비하게 집행되었고, 감옥은 질병과 불법으로 가득 찼다. 영국 역사에 있어서 그 어떤 때보다 술 취함이 만연했다. 도시와 시골 어디서나 평민의 상태는 짐승과

---

[317] Ryle, *The Christian Leaders of the Last Century*, 4.
[318] 하나의 신의 존재는 인정하나, 신이 세상일에 관여하거나 계시에 의해 자기를 나타내거나 하는 것과 같은 인격적 주재자로는 생각하지 않는다. 따라서 계시, 기적의 존재를 부정한다. 이성 종교다.
[319] Whitefield, "The great Duty of Charity Recommended," in WGW, 398.

다를 바 없었다. 이런 시기도 희망이 있을까? 이런 때에도 하나님께서는 그의 나라를 위해 열심이 특심한 자들을 예비해 두셨다.

이제 조지 윗필드의 거듭남 체험을 알아보자. 조지 윗필드는 1714년 12월 16일 글로스터(Gloucester)에서 벨 여관 주인의 아들로, 6남 1녀 중 막내로 태어났다. 벨 여관은 글로스터의 중심부에 위치했으며, 그 도시에서 가장 크고 좋은 여관이었다. 윗필드의 가문은 꽤 유력한 집안이었다. 윗필드의 조상 중에는 성직자가 많았다. 그의 조상들 중에는 고조할아버지 이하 5대에 걸쳐서 두 명의 사위까지 포함해 모두 아홉 명이 옥스퍼드 대학교 출신이었고, 그들은 영국 국교회에서 교구 목사들이었다. 이러한 집안의 종교적 자질이 조지 윗필드에게까지 내려왔다고 볼 수 있다. 윗필드의 고조, 증조할아버지는 영국 국교회의 사제였던 반면, 그의 아버지는 포도주 상인이자 여관 주인이었다. 윗필드는 비교적 유복하게 태어났지만, 두 살 때 아버지가 세상을 떠났다. 네 살 되던 해 윗필드는 홍역을 앓았는데 부주의로 한쪽 눈이 약간 사시가 되었다.

아버지가 죽은 지 8년이 지난 후 윗필드의 나이 열 살쯤에, 어머니가 재혼하였는데, 그 후 여관 사업은 급속도로 기울기 시작했다. 윗필드가 열다섯 살 되었을 때, 가정의 경제 사정이 매우 좋지 않게 되었다. 윗필드는 어머니를 돕기 위해 학업을 중단하고 일 년 반 정도 여관 급사로 일했다. 윗필드는 또래의 친구들이 학교를 가는 것을 볼 때 "종종 내 마음이 찢어지는 듯했다."라고 나중에 술회했다.

윗필드는 어릴 적부터 자신의 죄성에 대한 예민한 인식이 있었다. 그는 어린 시절을 회고하면서 자신이 죄 중에 잉태되고 태어났다는 것을 충분히 확신할 수 있을 만큼, 자기 마음속에 부패함이 꿈틀거렸다고 말했다. 어릴 때 윗필드는 거짓말, 음탕한 말, 하찮은 농담을 늘 입에 달고 다녔으며, 때때로 하나님의 이름으로 한 것은 아니지만, 저주를 하기도 하였다. 어머니 주머니에서 아무 생각 없이 돈을 꺼내기도 했다. 주일성수를 지키지 못한 적도 수차례 있었고, 카드놀이와 연애 소설을 좋아했다. 그러나 윗필드는

"어릴 때부터 종종 죄에 대한 각성을 가지고 있었다." 그런 중에도 "**복된 성령께서 아주 어렸을 때부터 나의 마음 위에 운행하고 계셨음을 회고할 수 있다.**"라고 말했다. 그는 항상 목사 역할 놀이 하는 것을 좋아했으며, 종종 기도문을 읽는 등 목사 흉내를 냈다.

일 년 반 정도 여관에서 급사로 일한 후 그는 다시 학교를 다니기 시작했는데, 17세쯤 되었을 때 특이한 꿈을 꾸었다. 윗필드는 시내산에서 하나님을 뵙기로 되어 있었으나 하나님 뵙는 것을 두려워하고 있는 꿈을 꾸었다. 윗필드는 이 꿈에 매우 강한 인상을 받았다. 어떤 부인에게 이 꿈 이야기를 하자 그 부인은 "조지, 이것은 하나님의 부르심이야."라고 그에게 말해 주었다. 그 후 어느 날 밤에 어머니의 심부름을 하기 위해 가고 있을 때 속히 설교를 해야 한다는 설명하기 힘든 매우 강한 인상이 그의 마음에 떠올랐다. 집에 와서 이것을 어머니께 말씀드렸더니 어머니는 요셉의 부모들처럼 "무슨 말을 하고 있느냐? 제발 부탁이니 입 조심 하여라." 하며 꾸짖었다고 한다. 그러나 이것은 하나의 예언적 인상이라고 볼 수 있다.

어릴 적부터 목사가 되기를 소원했던 윗필드의 길을 하나님께서 순조롭게 예비해 주셔서 경제적으로 어려웠지만 1732년 7월 근로 장학생으로 옥스퍼드의 펨브로크(Pembroke) 칼리지에 입학하게 되었다(18세). 입학한 지 얼마 지나지 않아 윗필드는 윌리엄 로(William Law, 1686-1761)의 『경건한 삶을 위한 진지한 부르심』(A Serious Call to a Devout and Holy Life)과 『그리스도인의 완전』(Christian Perfection)을 읽고 강한 감동을 받았다. 윗필드는 옥스퍼드에 오기 전부터 소문에 의해서 "홀리 클럽"(Holy Club)을 알고 있었다. 윗필드는 당시 학교의 모든 사람에게 경멸을 받으면서도 개의치 않고 하나님을 향한 열심이 가득했던 홀리 클럽 회원들을 동경했다. 그러나 그 자신이 다른 학생들과 신분이 다른 옷을 입고 있는 근로 장학생이었으므로 그 모임에 들어갈 수 없었다. 일 년 가까이 멀리서 선망만 하던 윗필드는 1733년에 찰스 웨슬리(1707-1788)의 소개로 드디어 홀리 클럽에 가입하게 된다. 1학년이 끝나갈 무렵, 찰스 웨슬리가 윗필드를 아침 식사에 초대함으로써 윗필드와 홀리 클럽의 접촉이 시작되었다.

윗필드는 찰스가 그에게 준 책을 읽고 그동안의 신앙관이 완전히 바뀌게 되는 중요한 경험을 하게 된다. 그것은 스코틀랜드 사람 헨리 스쿠걸(Henry Scougal)이 쓴 『인간의 영혼 속에 있는 하나님의 생명』(The Life of God in the Soul of Man, 1677)이라는 제목의 책이었다. 그 책을 읽고 윗필드는 외적인 행위나 의식으로는 영혼이 구원받지 못한다는 사실을 깨닫게 되었다. 그때까지 윗필드는 '신생'에 대해 아무것도 몰랐다. 그때까지만 해도 그는 예배, 기도, 금식, 성찬 참여, 선행, 도덕적 삶 등과 같은 경건한 삶을 열심히 살면 천국에 이를 수 있다고 생각했었다. 그러나 그 책을 읽고 그는 지금까지의 그런 생각들이 완전히 잘못된 것이었음을 깨닫게 되었다.

처음 그 책 앞부분을 읽으면서 윗필드는 저자가 다음과 같이 말하는 것이 무슨 의미인지 의아해했다. "어떤 사람들은 이웃들과 평화롭게 살고, 절제된 식습관을 지키며, 예배를 충실히 드리고, 교회와 골방에 자주 가며, 때때로 손을 내밀어 가난한 자들을 구제하면, 그들은 신앙적으로 할 일을 충분히 다했다고 생각한다." 윗필드는 생각했다. '세상에! 이것이 참된 신앙이 아니라면, 무엇이 참된 신앙이란 말인가?' 이 도전 앞에 그는 자신의 회계 장부를 들여다보면서 파산을 직면해야 하는 사람처럼 가슴이 뛰며 떨리기 시작했다. 그의 마음은 갈피를 잡지 못했다. '이 책을 불태워 버릴까? 집어 던져 버릴까? 아니면 부딪쳐서 파고들 것인가?' 그는 파고들기로 하였다. 그 책을 그의 손에 쥐고 하늘과 땅의 하나님을 향하여 부르짖었다. "주여, 제가 그리스도인이 아니라면, 제가 참된 그리스도인이 아니라면, 부디 기독교 신앙이 어떤 것인지를 보여 주사 나로 하여금 결국에 멸망당하는 자가 되지 않게 해 주시옵소서!"

이 기도에 대한 응답은 금방 왔다. 하나님께서는 곧 가르쳐 주셨다. 몇 줄 더 읽어 내려가자 그 책에는 다음과 같은 말이 쓰여 있었다. "**참된 신앙은 하나님과 영혼이 연합되는 것이며, 내 안에 그리스도의 형상이 이루어지는 것이다.**" 그 즉시에 신적인 빛의 광선이 그의 마음에 꽂혔으며, 바로 그 순간 그는 "자신이 새로운 피조물이 되어야 한다는 것"을 깨닫게 되었다.[320] 윗필드는 자기가 발견한 사실, 즉 '신생'이라는 것이 있다는 것을 기쁨으로 가족들에게 편지로 알렸다. 윗필드는 가족들이 기뻐하며 자기 편지를 받을 것이라고 상상했으나, 가족들은 윗필드가 정신이 이상해져 가고 있다고 생각했다.

그 후 찰스 웨슬리는 윗필드에게 다른 홀리 클럽 형제들을 점차적으로 소개해 주었다. 윗필드도 이제 그들처럼 규율에 따라 살면서 단 한 순간도 낭비하지 않고 살려고 최선을 다했다. 먹는 일에 있어서나 마시는 일에 있어서나, 무슨 일을 하든지 그는 모든 일을 하나님의 영광을 위해 하려고 노력했다. 윗필드도 그들처럼 다른 학생들의 조롱을 무릅쓰고 그리스도 교회(Christ Church)에서 매주일 성찬을 받았고, 수요일과 금요일에는 금식했다. 예수 그리스도께 좀 더 가까이 가도록 그를 이끌어 주는 방편이라 생각되는 것은 하나도 남김없이 시행했다. 윗필드는 메서디스트들에 대해서 이렇게 말했다.

"내가 믿기로, **좁은 문으로 들어가려고 그들보다 더 진지하게 노력하는 사람은 없었다**. 그들은 자신의 몸을 극단적으로 제어했다. 그들은 세상에 대해 죽었으며, 기꺼이 세상의 더러운 것과 만물의 찌끼로 여김을 받고자 했다. 그리함으로 그리스도를 얻고자 하였다. 그들의 마음은 하나님의 사랑으로 불타올랐다. 그들이 외부에서 자신들에 대하여 온갖 악의에 찬 말을 하는 것을 들을 때만큼 그들의 속사람이 강성해지는 때가 없었다."

윗필드는 스쿠걸이 말한 거듭남을 얻기 위해서 학업에 지장이 올 정도로 극심한 자기 부인과 기도를 계속했다. 윗필드는 거듭남의 은혜를 받기까지 엄청난 시련의 기간을 통과하게 된다. 먼저 세인트 메리즈에서 평일에 공적으로 성찬을 받자마자 곧 그를 알았던 모든 상류 학생들로부터 비난의

---

320) George Whitefield, "All Men's Place," in *Sermons on Important Subjects* (Baynes, London, 1825), 702.

표적이 되었다. 또한, 가난한 사람들을 방문한다고 해서 교수의 눈 밖에 나게 되었으며, 종종 꾸짖음을 당했을 뿐 아니라, 다시 한 번 가난한 사람을 방문하면 쫓아내겠다는 위협을 받기도 하였다. 가족들도 윗필드의 행동의 변화에 놀랐고 그를 제정신으로 보지 않기까지 했다. 그는 매일 학교에서 모욕을 당했다. 어떤 사람은 진흙을 던졌으며, 어떤 사람들은 급료를 가로채기도 했다. 그에게 소중했던 두 친구는 그를 점점 부끄러워하더니 떠나가 버렸다.

윗필드는 사탄의 직접적 공격도 심하게 받았다. 어느 날 아침에 침대에서 일어나는데, 내적인 어둠과 함께 평소와 다른 인상과 무게가 그의 가슴을 짓누르고 있는 것을 느꼈다. 그는 찰스 웨슬리에게 상담을 하였다. 찰스는 자신을 계속 살피라고 조언하면서, 아 켐피스 책의 어떤 한 장을 보라고 했다.

얼마 안 있어 이 무게가 점점 커져 완전히 그를 내리누르는 것을 느꼈다. 모든 묵상하는 능력, 생각하는 힘까지 빼앗아 갔다. 사탄이 한때 욥에게 그랬던 것처럼 그의 육신을 소유하고 그의 몸에 힘을 발휘하고 있는 것이라고 윗필드는 확신했다. 모든 묵상의 능력 심지어 생각하는 힘마저 앗아가 버렸을 뿐만 아니라 기억력도 완전히 떨어졌다. 그의 영혼 전체가 황무해졌으며 메말라 갔다. 기도하려고 무릎을 꿇을 때마다 영혼과 몸 모두를 짓누르는 엄청난 무게가 느껴졌고, 종종 땀이 날 정도로 그 무게를 견디며 기도해야 했다. 또 쉬려고 누울 때 마귀가 너무나 심하게 괴롭혀 몇 주 동안은 한 번에 세 시간 이상 잠들 수가 없었다.

그러나 윗필드는 기도와 자기 부인을 계속했다. 그는 자기가 얼마나 감각적인 식욕의 노예였었는지 깨닫고, 과일이나 좋은 음식을 끊고 평소에 먹는 데 썼던 돈을 가난한 사람들에게 주었다. 그는 일주일에 두 차례 금식을 하고 누덕누덕 기운 옷을 입고 더러운 신을 신었다. 1735년 봄 사순절이 되자 6주간에 걸친 그 절기 내내 토요일 외에는 고기는 입에도 대지 않았고, 주일을 제외한 나머지 날 동안에는 거친 빵과 설탕을 넣지 않은 세이지

차(茶) 외에는 아무것도 먹지 않았다. 이러한 계속적인 금욕과 내적 투쟁으로 말미암아 수난 주간 즈음이 되자 그는 몸이 너무 허약해져 계단을 기어서 올라가기도 힘든 정도가 되었다. 의사는 그에게 침대에 누워만 있을 것을 명령했고 그는 의사의 말대로 침대에 누워 지냈다. 그때 거듭남의 역사가 일어났다. 다음의 체험은 1735년, 그의 나이 21세 때 일어난 일이었다.

"병의 증상이 7주 동안 계속되었다. 그러나 그것은 영광스러운 방문이었다. 복된 성령께서 이 기간 동안 내내 내 영혼을 정결케 하고 계셨다. 나의 이전의 모든 추하고 악랄했던 죄악들이 내 가슴에 사무치게 떠올랐다. 나는 즉시 그 기억들을 기록했고, 하나님 앞에 아침저녁으로 그것들을 자백했다. 몸은 비록 약했지만, 나는 종종 저녁에 조용한 시간을 두 시간씩 가졌으며, 건강이 허락하는 한 매번 헬라어 성경과 홀 감독의 가장 탁월한 책 『묵상집』(Contemplations)을 읽고 기도하면서 시간을 보냈다. 그 7주가 끝나갈 무렵, 열두 달이 넘도록 몸과 마음이 말할 수 없는 압박 아래서 신음한 후에, 하나님께서는 나를 다음과 같은 방식으로 자유롭게 하시기를 기뻐하셨다. 어느 날, 내 입 안에서 심한 목마름과 불쾌한 끈적거림을 느끼고는 갈증을 없애려고 이것저것을 시도해 보았으나 소용이 없었을 때, 다음과 같은 사실이 내 마음 속에 떠올랐다. 즉 예수 그리스도께서 '내가 목마르다'고 외치실 때 그의 고난이 끝에 이르렀다는 사실이 생각났다. 그때 나는 침대에 몸을 던지고 부르짖었다. '내가 목마르다! 내가 목마르다!' **이 일이 있은 즉시 나는 나를 그토록 무겁게 눌렀던 짐으로부터 해방되었음을 발견하고 느꼈다.** 애통의 영이 나를 떠났고, 나는 하나님 내 구주 안에서 진정으로 즐거워하는 것이 무엇인지 알게 되었다. 그리고 얼마 동안 내가 어디로 가든지 크게 찬송을 부르지 않을 수 없었다. 그러나 점차 안정을 찾아갔다. 하나님을 송축하라! 간헐적으로 중단될 때를 제외하고는, 그 후로 그 기쁨은 내 영혼 속에 계속 머물러 더 커지게 되었다.

이렇게 나의 애통의 날들이 끝났다. 버림받음과 시험의 오랜 밤이 지난 후, 전에 내가 멀리서 바라보았던 그 별이 다시 나타나기 시작했고, 태양이 내 마음에 떠올랐다. 이제는 하나님의 성령께서 내 영혼을 사로잡으셨고, 내가 겸손히 바라기로는, 구속의 날까지 나를 인쳐 주셨다."[321]

위 글은 1740년에 출간된 일기이고, 1756년에 수정 출간된 일기에는 다음과 같이 기록되었다.

"사탄의 셀 수 없는 공격을 견디고, 여러 달 동안 종의 영 아래서 밤낮으로 표현하기 어려운 시련을 겪은 후, 하나님께서는 마침내 그 무거운 짐을 제거해 주시기를 기뻐하셨다. 그리고 내가 살아 있는 믿음으로 그의 사랑하시는 아들을 붙잡을 수 있게 하셨다. 그리고 양자의 영을 내게 주심으로 영원한 구속의 날까지 나를 인쳐 주셨다. 오! 죄의 무게가 나를 떠나고, 하나님의 용서하시는 사랑에 대한 끊임없는 감각과 **신앙의 충만한 확신이 나의 외로웠던 영혼 속에 밀려들어왔을 때, 얼마나 큰 기쁨이었던가! 말로 표현할 수 없는 기쁨이었다.** 영광으로 충만한 큰 기쁨이 내 영혼을 채웠다. 분명히 이날은 내가 주님과 결혼하는 날이었다. 영원히 기억해야 할 날이었다. 처음에 내 기쁨은 만조와 같았으며, 그리고 마침내 둑을 넘쳐흐르게 되었다. 나는 어디를 가든 큰 소리로 찬송을 부르지 않을 수 없었다. 그 후에 이것은 점차 안정되었다. -하나님을 송축할지라! 아주 간헐적인 몇 번의 경우를 제외하고는, 그 후로 계속하여 그 기쁨은 내 영혼 속에 머물렀으며 더욱 커져만 갔다."[322]

윗필드는 이날을 영원히 잊을 수 없었다. 그날은 그가 거듭난 날이며 '주님과 결혼하는 날' 이었다. 55세 때 행한 한 설교(제목: 모든 사람이 가는 곳)에서

---

321) George Whitefield, *George Whitefield's Journals* (Edinburgh, Pennsylvania: Banner of Truth Trust, 1978), 57-58.

322) Whitefield, *George Whitefield's Journals*, 58.

윗필드는 "미신적으로 들릴지도 모르겠지만, 옥스퍼드를 방문할 때마다 예수 그리스도께서 최초로 저에게 자신을 계시해 주시고, 저를 거듭나게 하셨던 그곳으로 달려가지 않을 수 없습니다."라고 하였다. 온 힘을 다하여 '신생'을 구한 윗필드에게 하나님께서는 누구보다도 뜨겁고 영광스러운 '신생'의 체험을 주셨다. 윗필드의 영적 생애의 특징은 그의 회심 체험의 영구성이었다. 그는 평생 동안 한 번도 영적인 확신을 잃거나 영적으로 후퇴하는 일이 없었다.

윗필드는 22세 되던 1736년 6월 20일 삼위일체 주일에 글로스터에서 벤슨 감독의 안수로 부제가 되었으며, 7월에 옥스퍼드에서 문학사(B.A.) 학위를 받고 졸업하였다. 윗필드는 설교를 시작하자마자 최고의 명성을 얻었다. 평일이든 주일이든 그가 설교를 할 때마다 교회는 사람들로 가득 찼으며, 엄청난 반응을 불러 일으켰다. 1737년에는 글로스터, 브리스톨, 런던에서 설교를 하여 성공적인 대중 사역을 하였다(23살). 그는 이때에 '당신은 거듭나야 한다'는 사실에 기초한 새롭고 참된 메서디즘(Methodism)을 일으켰다. 윗필드는 조지아 식민지를 방문해 고아원을 돌보는 일을 도와 달라는 웨슬리의 요청으로 1737년 12월 런던을 떠났다. 배를 타고 1738년 5월 조지아에 도착하여 그곳에서 사역했다.

1738년 12월에 런던으로 돌아온 윗필드는 과거에 자신이 떠났던 그곳에서 사역을 다시 시작하고자 하였다. 그러나 대부분의 국교회 성직자들이 질투심에 사로잡혀 윗필드의 거듭남의 가르침에 대해서 반대하고 나섰고, 교회들은 그에게 설교를 할 수 있는 문을 열어 주지 않았다. "대부분의 목사는 다시는 윗필드에게 호의적이지 않았으며 그를 열광주의자나 광신자로 간주했다. 그들은 특히 윗필드가 중생과 신생의 교리를 전파하면서, 이는 세례 받은 많은 사람이 가장 필요로 하는 것이라고 말한 것에 모욕감과 불쾌감을 느꼈다. 윗필드가 방문했던 수많은 강단이 빠르게 그에게 등을 돌렸다. …… 아리안주의, 소시니안주의, 이신론 등을 묵인했던 수많은 감독들은 그리스도의 속죄와 성령의 사역을 완전히 선포하는 한 사람에 대해 적개심을 가득 품고, 윗필드를 공개적으로 비난하기 시작했다."[323)]

그리하여 윗필드는 1739년 2월 브리스톨 부근 킹스우드(Kingswood)에 있는 광부들에게 최초로 야외 설교를 시작하게 되었는데 큰 성공을 거두었다. 윗필드는 이제부터는 주변에 큰 공유지가 있는 곳마다, 수많은 빈둥거리는 사람들이 모인 곳마다 목소리를 높여 그리스도를 전파했다. 윗필드가 설교하면 수만 명씩 모여들었다. 무어필즈(Moorfields)의 한 집회에서는 기도 제목이 적힌 종이를 천 장이나 받았다고 전해진다. 거대한 청중의 찬양은 2마일이나 떨어진 곳에서도 들을 수 있었다. 예배드리는 장소에 가 보라고 결코 꿈도 꾸지 못했던 수많은 사람들이 선포된 복음을 들었으며 간절히 그 말씀을 받았다. 그러나 "존경할 만한 몇몇 사람을 제외한 대다수 성직자들은 이 이상한 설교자를 전적으로 거절했다. 그들은 진짜 개와 같은 정신을 가지고, 반(半) 이교도나 마찬가지인 대다수 주민에게 스스로 다가가고자 하지도 않았고 누군가가 그들을 위해 일하는 것도 좋아하지 않았다. 그 결과 이때부터 영국 교회 강단에서 윗필드의 사역은 거의 완전히 중단되었다. …… 분명한 것은 그 당시 영국 국교회가 윗필드와 같은 사람을 받아들일 준비가 되어 있지 않았다는 것이다. 교회는 윗필드를 이해하기에는 너무 깊이 잠들어 있었으며, 또한 침묵하지 않는 한 사람에 대해 약이 올라서 마귀가 날뛰도록 내버려 두었다."[324)]

그는 평생에 걸쳐 7번이나 미국을 방문했고, 13회나 대서양을 건넜다.[325)] 두 번째 미국 방문 중인 1740년에 미국에서 '제1차 대각성 운동'(The First

---

323) Ryle, *The Christian Leaders of the Last Century*, 27.
324) Ryle, *The Christian Leaders of the Last Century*, 29-30.
325) 첫 번째 방문은 1738년 5월 7일에 있었으며 조지아 사바나에 도착하였다. 두 번째 방문은 1739년 10월 30일에 있었으며 펜실베니아에 도착하였다. 11월 2일에는 식민지의 중심인 필라델피아에 도착하였고, 1740년 9월 18일에서 10월 13일에는 보스턴과 인근 지역에서 사역한 결과 보스턴과 뉴잉글랜드에 1년 반 동안 계속되는 놀라운 각성 운동이 시작되었다. 10월 17-20일에는 노샘프턴에서 조나단 에드워즈를 만났다. 세 번째 방문은 1744년 10월 26일에 있었다. 윗필드는 1769년 일곱 번째 방문하였고 1770년 9월 29일 엑서터에서 마지막 설교 후 다음날 하나님의 부름을 받았다.

Great Awakening)이라는 놀라운 역사가 그를 통하여 일어났다(26살). 그는 하루에 두세 번 2만 명의 청중에게 설교할 정도로 역량을 입증했으며, 이러한 생활을 스물두 살부터 생을 마감할 때인 쉰여섯 살까지 지속했다. 윗필드가 설교하러 온다는 소문이 퍼지면 보통 수천, 수만 명씩 몰려왔다. 윗필드가 보스턴을 떠나기 전에 행한 한 집회에서는 2만 3천여 명의 사람이 모여들었는데 그날의 인파는 보스턴 전체 인구보다도 많았다. 그가 가까운 곳에서 설교를 한다는 소문이 들리면 사람들은 일손을 놓고 모여들었다. 가게 주인들은 곧장 문을 닫았다. 장사하는 사람들은 장사를 잊었고 농부들은 농기구를 놓았다. 눈이 내리는 날에도 수천 명, 수만 명의 사람들이 움직이지 않고 서서 설교를 들었고, 비가 오는 날에도 마찬가지였다. 구원에 대한 설교를 들으려고 그렇게 많은 사람들이 그렇게 열심히 모였던 일은 역사상 전례 없는 일이었다. 미국의 유명한 벤저민 프랭클린(Benjamin Franklin, 1706-1790)조차도 윗필드의 설교 때문에 "필라델피아 주민의 생활에 큰 변화가 일어났다는 것은 놀라운 일이었다. 신앙에 대해 아무 생각이 없고 무관심한 사람이라 해도 마치 모든 세상이 신앙적으로 변해 가는 것처럼 보였다."라고 말할 정도였다. 대각성 운동을 통해 뉴잉글랜드 인구 30만 명 가운데 25만 명이 그리스도인이 되었다.

그는 일생 동안 수많은 폭도들의 공격을 받았고, 다른 성직자들로부터 심한 공격을 받았으나, 조금도 굴하지 않고 담대하게 '거듭남'의 복음을 전했다. 한번은 더블린에서 무지한 가톨릭 폭도에게 거의 죽임을 당할 뻔했다. 윗필드는 "불타는 떨기나무"라는 설교에서 다음과 같이 말했다. "우리가 고난당하는 순간이 우리에게는 최고의 시간입니다. 무어필즈(Moorfields)나 케닝턴 커먼에서 썩은 계란이 날아오고, 사람들이 우리를 향해 개나 고양이를 집어 던지는 순간들, 더러운 오물을 내 옷에 던져서 다 떼어낼 수도 없었던 그런 순간들이 우리에게는 더 큰 위안의 순간이었습니다. 불타는 떨기나무 상태에서 저는 안락한 순간들보다 더 많은 위안을 누릴 수 있었습니다. 저는 엑스터(Exeter)에서 설교를 하던 중에 누군가가 던진 돌에 맞아서 이마가 찢어지고 피가 흘러나온 적이 있었습니다. 그 순간에 저는 저를 주시하고 있던 한 노동자를 향해 저의 말이 갑절의 능력으로 다가가는 것을 느낄 수 있었습니다."[326]

1743년에는 '칼빈주의 감리교 협회'가 결성되었고, 윗필드가 초대 종신의장으로 추대되었으나 1748년에 스스로 그 자리를 포기하였다. 그는 34년의 사역 기간에 공식적인 대중 집회를 1만 8천 회나 인도하였고 셀 수 없는 사람들을 주께로 인도하였다. 벨덴(Belden)의 추정에 의하면 윗필드는 그의 전 생애에 약 총 1억 이상의 사람들에게 설교했다. 그는 스코틀랜드를 14번 방문했으며, 아일랜드로 두 번 건너갔다. 윗필드는 스코틀랜드 캠버슬랭(Cambuslang)에서는 약 십만 명의 군중 앞에서 설교를 했는데, 그때 그의 설교를 듣고 약 일만 명의 사람이 그리스도께로 회심했다.

윗필드의 사역은 하나님의 주권을 강조하면서도, 동시에 그리스도를 믿으려 하는 모든 사람에게 조건 없이 구원을 제시하는 매우 독특한 형태를 띠었다. 마틴 로이드 존스는 윗필드를 가리켜 잉글랜드 역사상 가장 위대한 설교자였다고 평했는데, 역사에 미친 그의 영향력을 다음과 같이 말했다. "잉글랜드와 웨일스와 스코틀랜드와 특히 미국에 미친 그의 영향력은 헤아릴 수 없을 정도다. 역사가 렉키(Lecky)는 1789년에 일어난 프랑스 혁명과 같은 혁명으로부터 이 나라를 구한 것은 의심할 여지 없이 복음주의 대각성이라고 했다. …… 만일 이 말이 옳다면 조지 윗필드야말로 어느 누구보다도 이 일을 한 주역이다."[327]

윗필드의 죽음도 장엄하였다. 윗필드는 1770년 9월 29일 보스턴으로 가는 길에 엑서터(Exeter)에서 설교를 해 달라는 간절한 요청을 받고 거의 두 시간이나 들판에 모인 수많은 군중 앞에서 설교했다. 그 후 그는 뉴베리포트(Newburyport)에 있는 조나단 파슨스 목사의 집에서 한밤중에 몰려든 청

---

326) 윗필드, "불타는 떨기나무," 『하나님의 사랑을 입은 사람들』, 179.
327) Lloyd-Jones, *The Puritans: Their Origins and Successors*, 105.

중들에게 마지막 설교를 한 후 발작성 천식으로 이튿날인 9월 30일 주일 아침 7시에 56세의 나이로 하나님의 품에 안겼다. 그는 한 마디의 신음도 없이, 한숨도 쉬지 않은 채 운명하였다. 웨슬리는 그의 장례식 설교에서 다음과 같이 말했다. "우리가 사도 시대 이후로 어느 누구가 그처럼 무수한 죄인을 회개시켰다는 이야기를 읽거나 들은 적이 있습니까? 무엇보다도 그 어떤 사람이 그렇게 많은 죄인을 '어둠에서 빛으로 인도하고, 사탄의 권세에서 하나님께로' 인도하는 복된 도구가 되었다는 이야기를 읽거나 들은 적이 있습니까?"[328]

윗필드는 사도 바울 이후 최고의 복음 전도자로 평가된다. 그가 행한 거의 모든 설교에 '신생'의 주제가 깔려 있었다. "내가 확신하는 것은, 대부분의 설교자들이 스스로 알지도 느껴 보지도 못한 그리스도를 설교하고 있다는 것입니다. 회중들이 그처럼 죽어 있는 이유는 죽은 자들이 그들에게 설교하고 있기 때문입니다." 1739년 7월 23일 월요일 그의 일기를 보면 윗필드의 정신이 단적으로 나타난다(25세).

"세상이 기독교화 되었는데 내가 핍박에 대해서 말한다고 사람들은 나를 이상하게 여긴다. 그러나 슬프도다! 만약 그리스도께서 지금 하늘로부터 내려오신다면, 전과 똑같이 취급을 당하실 것이다. 그리스도의 성령으로 복음을 설교하러 나가는 자들은 누구든지 그리스도의 첫 사도들이 당했던 취급을 동일하게 당할 것을 예상해야 한다. 주님, 모든 일에 대비하여 저희를 준비시켜 주소서."

---

328) Wesley, "On the Death of George Whitefield," in WJW, 2, 340-341.

제24장

조지 윗필드의 중생론

조지 윗필드는 영혼에 대한 사랑이 불타는 사람이었다. 그는 최소한 15분을 같이 여행하는 사람에게 그리스도를 말하지 않고 지나치는 법이 없었다고 고백했다.[329] 티머시 스미스는 "역사상 그리스도 안의 신생(new birth)의 교리를 윗필드나 웨슬리보다 더 웅변적으로 그리고 분명하게 제시한 사람은 아무도 없다고 생각한다."라고 하였다.[330]

윗필드는 "거듭남의 교리는 구원 전체의 중심축과 같다."라고 했다.[331] 윗필드와 웨슬리에 있어서 거듭남이란 영혼에 '총체적인 변화'를 가져다 주는 "갑작스럽고 즉각적으로 일어나는 변화"를 가리킨다.[332]

1. 거듭남의 정의

윗필드는 거듭남에 대해서 다음과 같이 설명했다. "그것은 **성령의 강력한 역사로 말미암아 본성이 철저하게, 실제적으로, 내적으로 변화하는 것**을 말합니다. 그것은 모든 은혜의 수단들을 끊임없이 사용함으로 말미암아

---

329) 윗필드, "야곱의 사닥다리," 『하나님의 사랑을 입은 사람들』, 304.
330) Smith, *Whitefield & Wesley on the New Birth*, 9.
331) Whitefield, "Regeneration," in Smith, *Whitefield & Wesley on the New Birth*, 65.
332) Smith, *Whitefield & Wesley on the New Birth*, 23.

우리 마음속에서 이루어집니다. 그것은 선한 생활의 증거로 나타납니다. 그것은 성령의 열매를 산출합니다."[333] 이와 같이 윗필드는 거듭남을 성령의 역사에 의한 본성의 철저한 변화라고 하였다.

그는 마음속에서 이루어지는 도덕적 변화가 거듭남인데, 그것은 여러 가지로 불려질 수 있다고 했다. "우리가 그러한 하늘의 동반자들과 복된 교제를 나누는 동참자들이 되기 위해서는, 이 '부서진 질그릇'인 우리의 타락한 본성에 총체적인 도덕적 변화가 반드시 필요합니다. 우리의 **이해력**이 반드시 조명을 받아야 합니다. 우리의 **의지**와 이성과 양심이 반드시 새로워져야만 합니다. 우리의 **정서**는 갱신되어 위의 것을 찾도록 고정되어야 합니다. …… 이러한 도덕적 변화를 어떤 사람은 회개라고 하고, 혹자는 회심이라고 하고, 혹자는 거듭남이라고 부릅니다. 여러분이 좋아하는 용어가 어떤 것이든지 택하여 사용하십시오. 저는 단지 우리 모두가 이 새롭게 된 것을 가질 수 있기를 하나님께 기도드립니다. 성경은 이것을 거룩, 성화, 새로운 피조물이라고 부르고 있고, 우리 주님께서는 그것을 '새로운 탄생, 혹은 거듭남, 또는 위로부터 난다'는 말로 표현했습니다. …… 그 표현들은 **마음과 삶의 실제적인, 도덕적인 변화**를 가리키는 말들입니다. 인간의 영혼 속에 하나님의 생명이 거하는 실제적인 참여를 의미합니다."[334]

윗필드는 거듭남을 성령으로 말미암아 영혼 속에 하나님의 형상이 새겨진 것으로 자주 말했다. "주님께서는 이와 같이 말씀하십니다. 정말 너희는 벌거벗었다! 너희에게 전가된 나의 외적인 의가 어디 있느냐? 너희 영혼 속에 새겨진 내 신적 형상은 어디 있느냐? 진실로 나의 사람인 자들은 내가 모두 성령으로 인쳤는데, 너희는 그 성령을 받지 않았다. 그런데 어떻게 감히 나를 향해 주여, 주여 하느냐? '진실로, 나는 너희를 알지 못하노니, 저주를 받은 자들아, 나를 떠나 마귀와 그 사자들을 위하여 예비된 영영한 불에 들

---

333) Whitefield, "The Benefits of an Early Piety," in WGW, 97.
334) Whitefield, "The Potter and the Clay," in WGW, 124.

어가라.'"335)

윗필드는 거듭날 때 마음속에 새로운 삶의 원리가 주어진다고 했다. 이는 오웬 같은 청교도들의 가르침과 동일하다. "위로부디 났다는 것은 성령으로 말미암아 여러분의 마음속에 부여된 새 삶의 원리를 받는다는 것을 말합니다. 이것이 여러분을 변화되게 합니다. 그리고 여러분에게 새 생각, 새 말, 새 행위, 새 관점 등을 줌으로써 옛 것이 지나가고 여러분의 영혼 속에서 모든 것이 새로워지게 합니다."336)

요약하면, 윗필드에 의하면, 거듭남은 성령에 의하여 내적인 총체적 변화가 일어나는 것이다. 성령으로 말미암아 새로운 원리가 주어짐으로 이해력, 의지, 행위 등 모든 것이 새롭게 된다. 윗필드의 거듭남의 교리는 웨슬리의 가르침과 거의 같다.

2. 거듭남의 필요성

윗필드는 우리가 부패한 성품으로 태어났기에 성령으로 거듭나야 한다고 하였다. "우리는 모두 본성상 죄 가운데 태어났습니다. 마귀만큼이나 하나님과 멀리 떨어져 있던 자들입니다. 전에도 종종 말씀드렸지만, 다시 한 번 말씀드립니다. 여러분들은 본성상 짐승과 악마가 뒤섞여 있는 존재입니다. 우리는 타락한 상태를 스스로 회복시킬 수 없습니다. 그렇기 때문에 우리는 성령으로 새롭게 되어야 하는 것입니다."337)

그는 사람이 거룩하신 하나님과 영원히 거하려면 먼저 마음과 삶 속에서 변화가 있어야 한다고 했다. "하나님의 존전에는 결코 부정한 사람이 설 수 없습니다. 그는 하나님의 거룩한 본성과 반대됩니다. 하나님의 거룩한 본성과 육적이고 거듭나지 못한 사람들의 거룩하지 못한 본성 사이에는 서로

---

335) Whitefield, "The Wise and Foolish Virgins," in WGW, 220.
336) 휫필드, "모든 사람이 가는 곳," 『하나님의 사랑을 입은 사람들』, 258.
337) Whitefield, "The Folly and Danger of Being Not Righteous Enough," in WGW, 77.

충돌이 일어납니다. 죄 없으신 하나님과 죄로 가득한 존재, 정결하신 하나님과 정결치 못한 피조물 사이에 무슨 교통이 있을 수 있겠습니까? 만일 여러분이 회개하지 않은 상태, 현재의 기질 그대로 하늘로 들어감을 허락받는다고 하면 하늘이 여러분에게는 지옥이 될 것입니다. …… 그 영광스러운 처소에는 죄나 죄인은 결코 입장이 허용되지 않을 것입니다."[338]

3. 성령 세례와 거듭남

윗필드는 '체험적 성령 세례'와 '거듭남'을 같은 것으로 보았다. 그는 우리가 성령의 불로 세례를 받아야 그리스도의 신비로운 몸의 지체가 될 수 있다고 했다. "우리는 성령의 세례를 받아야 하며, **정결케 하는 불로 세례를 받아야 합니다. 그래야 우리는 그리스도의 신비로운 몸의 참된 지체라고 불릴 수 있습니다.** 그래서 사도 바울은 이렇게 말하고 있습니다. '(그의 성령으로 말미암아) 예수 그리스도께서 너희 안에 계신 것을 너희가 스스로 알지 못하느냐? 그렇지 않으면 너희가 버리운 자니라', '누구라도 그리스도의 영이 없으면 그리스도의 사람이 아니라.'"[339]

윗필드는 "성령을 받았다는 표증"이라는 제목의 설교에서, 사도 바울이 에베소 제자들을 만나 질문한 "너희가 믿을 때에 성령을 받았느냐?"(행 19:2)라고 질문한 것은 그들이 거룩하게 하시는 은혜 속에서 성령을 받았는지 묻는 질문이라고 했다. 즉 윗필드는 성령의 세례와 성령의 선물과 거듭남을 사실상 같은 것으로 보았다. 그의 말을 들어 보자. "우리 주님의 사도들이 성령을 처음 받았을 때는 표적과 기사를 통해서 받았습니다. 그러나 우리는 성령을 꼭 그와 같은 이적적인 방식으로 받아야 하는 것은 아닙니다. 그러나 우리는 사도들이 경험한 것처럼 거룩하게 하시는 은혜 가운데서 성

---

338) Whitefield, "Penitent Heart, the best New Year's Gift," in WGW, 275.
339) Whitefield, "Marks of having Received the Holy Ghost," in WGW, 361.

령을 받는 것은 절대적으로 필요합니다. 이 일은 세상 끝 날까지 계속 될 것입니다."340)

4. 거듭남은 느낄 수 있어야 한다

윗필드는 거듭남은 반드시 느껴야 하는 경험이라고 강조했다. "따라서 하나님의 성령이 마치 바람이 우리 몸에 느껴지듯이 우리 영혼에 느껴지지 않는 한, 진실로 나의 형제들이여! 여러분은 주님과 아무런 상관이 없는 자입니다."341) 현대 많은 교인들은 거듭남을 체험적인 것으로 생각하지 않는다. 그러나 윗필드는 체험적 거듭남이 반드시 필요하다고 강조했다. "제가 말씀드리려는 그 다음 요점은 이것입니다. 가장 확증 받고 싶어 하는 문제는, 우리가 체험적으로 그의 부활의 능력을 알았느냐는 것입니다. 곧 우리가 성령을 받았는지 받지 않았는지, 성령께서 우리 마음에 역사하시는 그 강력한 작용으로 말미암아 죄의 죽음에서 다시 살리심을 받아 의와 참된 거룩한 삶으로 나아가게 되었느냐 하는 문제입니다."342)

윗필드는 거듭남은 크고 주목할 만하며 놀라운 변화라고 했다. "저나 여러분이 내세의 행복을 위하여 견실하고도 성경에 기초한 소망을 가지려면, 먼저 **크고 주목할 만하며 놀라운 변화가 우리들의 영혼에 반드시 일어나야 합니다**."343) 사랑하는 독자여, 당신에게는 이러한 변화가 일어났는가?

5. 칭의에 대한 강조

윗필드는 거듭남도 강조했지만 '믿음으로 말미암는 칭의'도 강조했다.

---

340) Whitefield, "Marks of having Received the Holy Ghost," in WGW, 361.
341) Whitefield, "The Folly and Danger of Being Not Righteous Enough," in WGW, 77.
342) Whitefield, "The Power of Christ's Resurrection," in WGW, 441.
343) Whitefield, "Marks of a true Conversion," in WGW, 194.

"죄인이 믿음으로 말미암아 그리스도의 의를 굳게 부여잡는 순간, 그의 모든 죄로부터 의롭다 함을 거저 받게 됩니다. 비록 전에는 지옥의 불쏘시개였다 하더라도 결코 정죄를 받지 않을 것입니다."344)

그는 그리스도의 의의 전가에 의한 칭의를 가르쳤다. "'주 예수 그리스도를 믿으라! 그리하면 구원을 얻으리라!' 따라서 여러분 중에 누구도 절망에 빠질 필요가 없습니다. 믿음으로 주 예수 그리스도께 나오십시오. 그가 여러분을 받아 주실 것입니다. …… 그의 의가 여러분에게 전가되어야 합니다. 그렇지 않으면 구원을 얻을 수 없습니다. …… 그리스도께 나오되, 가련하고 잃어버린 자로서, 망하고, 저주받은 죄인으로 나오십시오. 그런 태도로 주님께 나아와야 합니다. 그리하여야 주님께서 여러분을 받아 주십니다."345)

6. 칭의와 거듭남(성화)의 동시성

윗필드는 '믿음으로 말미암는 칭의'와 '철저한 내적인 거룩을 주시는 거듭남'을 동시에 강조했다. 이것은 그의 신학적 사고에서 가장 중요한 틀이다. 이 점에 있어서 윗필드와 웨슬리는 똑같다. "이런 현실에서 나는 미력이나마 치명적인 잘못을 범하고 있는 사람들을 치유하는 데 힘을 보태고자 합니다. 이들이 잘못 생각하는 것은 하나님께서 연합시켜 놓은 것[칭의와 성화]을 분리한다는 것입니다. 즉 자신이 성화되지 않고, **자신의 본성이 변화되어 거룩하게 되지 않았으면서도** 그리스도에 의해 의롭게 되었으며 자신들의 죄가 사함을 받았고 그리스도의 완벽한 순종이 자신들에게 전가되었다고 헛된 망상을 한다는 것입니다."346)

윗필드는 분명히 칭의 다음에 중생(성화)이 온다고 하였다. "성경은 우리

---

344) Whitefield, "Abraham's Offering Up His Son Issac," in WGW, 34.
345) Whitefield, "The Folly and Danger of Being Not Righteous Enough," in WGW, 83–84.
346) Whitefield, "Regeneration," in Smith, *Whitefield & Wesley on the New Birth*, 66.

에게 알려 줍니다. 그리스도께서는 의롭다 하신 자들-즉, 우리가 전에 말한 바와 같이 그들의 죄를 그리스도께서 용서하신 자들-을 또한 거룩하게 하십니다. 즉 그들의 부패한 본성을 정화시키시고 깨끗하게 하시고 전적으로 변화시키십니다. …… 성경 다른 곳에서 '예수는 우리에게 의로움과 거룩함과 구속함이 되셨으니' 라고 말씀하신 바와 같습니다." [347]

그는 성화를 칭의보다 앞세우는 자들에 대해서 또 다음과 같이 말했다. "저술가들과 성직자들이 저지르는 큰 실수에 대해서 알고 계시기 바랍니다. 그들이 비록 성화(sanctification)와 내적인 거룩함(holiness)에 대해서 말한다 할지라도(사실 그들이 그것에 대해 매우 해이하고 피상적인 방식으로 말하는 경우가 자주 있습니다), 일반적으로 그들은 성화를 칭의의 원인으로 삼고 있습니다. 그러나 사실 **성화는 칭의의 원인이 아니라 결과로 보아야 합니다.** '예수는 하나님께로 나와서 우리에게 지혜와 의로움과 (그리고) 거룩함이 되셨으니' 라고 되어 있습니다." [348]

7. 거듭남과 그리스도와 연합

윗필드는 우리가 성령으로 거듭날 때 그리스도와 연합이 있다고 보았다. " '아버지께서 내 안에, 내가 아버지 안에 있는 것 같이 저희도 다 하나가 되어 우리 안에 있게 하사, 세상으로 아버지께서 나를 보내신 것을 믿게 하옵소서' (요 17:21). 주님께서는 당신을 진정으로 따르는 제자들이 성령으로 말미암아 주님과 연합될 수 있기 위해 이 기도를 드리신 것입니다. 그 연합은 예수 그리스도와 아버지 사이에 있는 것과 같은 **실제적이고, 생명력 있고 신비로운 연합**입니다. …… 우리는 그리스도를 믿는 모든 사람들이 말씀과 그의 종들의 사역을 통해서 성령에 참여하는 자가 됨으로 말미암아 예수

---

347) Whitefield, 'Regeneration," in Smith, *Whitefield & Wesley on the New Birth*, 73.
348) Whitefield, "Christ the Believer's Wisdom, Righteousness, Sanctification and Redemption," in *Select Sermons of George Whitefield*, 104.

그리스도와 연합된다는 것을 시인해야 합니다."³⁴⁹⁾

그는 그리스도와의 연합을 그리스도와 혼인하는 것으로 말했다. "1700여 년 전에 자신의 영광을 나타내셨던 주 예수 그리스도께서는 혼인 잔치를 베푸시고 모든 죄인들에게 그들을 당신의 신부로 맞아들여 당신의 살 중의 살이요, 뼈 중의 뼈로 삼으시겠다고 제안하십니다. 주님께서는 **한 성령으로 말미암아 여러분과 연합**되고자 하십니다. …… 주님께서는 자신이 흘리신 보배로운 피를 헛되게 하시지 않으실 것입니다. 그러니 혼인 잔치에 나아오십시오. 바로 오늘이 여러분이 예수 그리스도와 혼인하는 날이 되게 하십시오. 주님께서 여러분을 기꺼이 영접하실 것입니다."³⁵⁰⁾

8. 하나님의 주권과 은혜에 대한 강조

윗필드는 죽은 영혼을 살리는 능력은 오직 주님께 있다고 하였다. 윗필드는 구원에 있어서 철저한 하나님의 은혜와 주권을 믿었다. 이 점에 있어서 그는 철저한 칼빈주의자였다. (이 점에는 그는 에드워즈와 일치한다.) "여러분 속에 당신의 선하신 뜻을 두고 행하게 하시는 분은 오직 그 주님뿐이십니다. 돌 같은 마음을 제하시고 비단결같이 부드러운 마음을 주시는 것도 주님의 특권입니다. 주님의 성령님만이 불신앙의 죄를 깨닫게 해 주시고, 하나님의 사랑하는 아들의 영원한 의를 깨우쳐 주십니다. 성령님만이 아들의 의를 여러분의 마음에 적용할 수 있는 믿음을 주시는 것입니다. …… 신령한 것들에 대해서는 우리는 완전히 죽어 있습니다. 나흘이 지나 무덤에서 썩은 냄새가 나는 죽은 나사로가 자신을 스스로 일으킬 수 없는 것처럼 우리 자신의 힘으로는 하나님께로 돌이킬 능력이 전혀 없습니다."³⁵¹⁾

---

349) Whitefield, "Indwelling of the Spirit," in Smith, *Whitefield & Wesley on the New Birth*, 95-96.
350) Whitefield, "The Marriage of Cana," in WGW, 312.
351) Whitefield, "The Marriage of Cana," in WGW, 313.

윗필드는 우리의 구원의 모든 과정이 하나님의 은혜로 된다고 했다. "하나님의 성령님께서 맨 처음 그 호흡을 영혼 속에 불어 넣으시고, 그 영혼을 예수 그리스도께로 인도할 때부터 시작하여 죽음을 통해서 영혼을 부르실 때까지 모든 역사를 다 담고 있는 말이 은혜입니다."[352]

그는 은총과 자유 의지의 관계를 다음과 같이 명쾌하게 설명했다. "우리가 여러분에게 와서 주 예수 그리스도를 믿으라고 한다고 해서 여러분이 구원받겠습니까? 이 말이 스스로 구원받을 힘이 있음을 의미합니까? 결코 아닙니다. 예수님께서 죽어 냄새가 나는 나사로의 시체를 향하여 '나사로야, 나오너라.' 라고 하신 것은, 나사로가 스스로 무덤에서 살아날 힘이 있음을 의미하는 것이 아닙니다. …… 여러분이 그리스도께 스스로 나올 능력이 전혀 없음을 알고, 자신의 불신앙을 깨닫고 예수님께 믿음을 구해야 할 필요성을 알게 되기를 원합니다. 믿음은 주님의 선물입니다. 그러므로 성경에서 주님을 '믿음의 주요 온전케 하시는 이' 라고 강조합니다. 덧붙여서, **명령받은 의무를 성실하고 꾸준히 실행하며 베데스다의 못가에서 기다려야 합니다**. 왜냐하면 여러분이 영적인 행동의 원리들이 부족해서 영적으로 선한 것을 할 수 없다 할지라도, 여러분은 이성이 있는 존재이기 때문에 도덕적이고 물리적으로 선한 일은 할 수 있습니다."[353]

9. 인간의 자유의지와 믿음의 강조

윗필드는 모든 것이 하나님의 은혜로 됨을 강조하면서도, 우리가 해야 할 바를 열심히 하라고 가르쳤다. 그는 하나님께서 제정하신 은혜의 수단을 사용하여 하나님의 은혜를 구해야 할 것을 말했다. "여러분이 합당한 일을 행한다면 어떠하겠습니까? 예수 그리스도께서는 여러분에게 힘을 주실

---

352) 조지 윗필드, "충성된 사역자의 고별 축복," 『피난처이신 그리스도』, 서문강 역(서울:지평서원, 2004), 267.
353) Whitefield, "Blind Bartimeus," in WGW, 235-236.

것입니다. 여러분 속에 그의 성령을 주실 것입니다. 당신은 그리스도께서 여러분의 지혜와 의와 거룩함과 구속함이 되심을 발견할 것입니다."[354]

윗필드는 성령님께서 주도권을 갖고 새로운 의지와 능력을 공급하지 않으시면 회심의 역사가 일어날 수 없다고 말하면서도, 우리가 "회개하고 믿으면" "조만간"(in time) 성령을 받게 된다고 가르쳤다. "만일 여러분이 그리스도를 믿으면 지금이라도 하나님께서는 여러분을 받으실 것입니다. 보혜사 성령께서 여러분과 같은 사람의 마음속에도 오실 것입니다."[355]

그는 자발적으로 믿을 것을 강조했다. "여러분이 짐승과 마귀의 성품에 빠져 있다 할지라도, 진실로 주 예수 그리스도를 믿는다면 본문[요 7:37-39]에 약속된 소생시키시는 성령을 받게 될 것입니다. …… **누구든지 전심으로 그리스도를 믿으면 그의 영혼이 지옥처럼 검다 할지라도 성령의 선물을 받게 될 것입니다.**"[356]

윗필드의 구원의 순서를 도표로 그리면 다음과 같다.

[그림 2] 윗필드의 구원의 순서

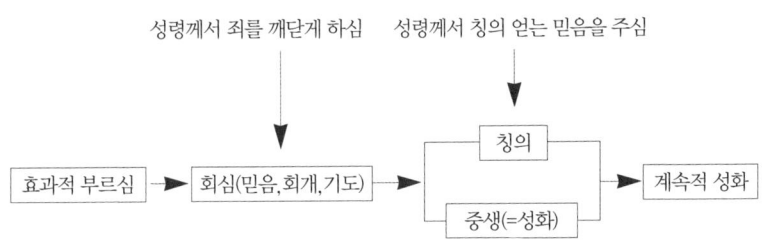

---

354) Whitefield, "Penitent Heart, the best New Year's Gift," in WGW, 278.
355) Whitefield, "The Holy Spirit Convincing the World of Sin, Righteousness, and Judgement," in WGW, 348.
356) Whitefield, "Indwelling of the Spirit," in Smith, *Whitefield & Wesley on the New Birth*, 102-103.

10. 거듭남의 표징

윗필드는 거듭난 자는 다음과 같은 분명한 표징을 가진다고 말했다.

(1) 거듭난 사람은 기도와 간구의 영을 받는다고 윗필드는 말했다. "기도는 기독교에 있어서 진수가 되기 때문에, 산 사람에게 숨을 쉬는 것이 당연하듯이 참된 그리스도인으로서 기도와 간구의 영이 없는 경우는 도저히 생각할 수조차 없습니다. 사도 바울이 회심하자마자 '저가 기도하는 중이다.' (행 9:11)라고 전능하신 주께서 말씀하셨습니다. 그와 같이 하나님의 자녀가 되면 누구나 즉시 기도하게 되어 있습니다. 그러하기에 기도는 새로 태어난 영혼의 자연스러운 울음이라고 일컫는 것이 진정 옳습니다. 모든 참된 신자의 마음에는 하늘에 속한 성향, 즉 신적 은혜로 향하는 성품이 존재합니다. 바늘이 자석 가까이에 있으면 끌리듯이 거듭난 사람은 그가 하나님과 대화하도록 이끌림을 받는 것을 느낄 수 있습니다."357)

(2) 성령을 받은 사람은 죄를 범하지 않는다. "'하나님께로 난 자마다 죄를 짓지 아니하나니, 이는 하나님의 씨가 그의 속에 거함이요' (요일 3:9). 그는 죄를 지을 수도 없습니다. …… 이 말씀은 **참으로 하나님께로부터 난 사람은 고의적으로 죄를 짓지 않고, 죄를 습관적으로 짓는 것은 더더욱 아니라는 뜻입니다.** 회심한 사람들은 모두 죄에 대하여 죽은 자들인데 어떻게 죄 가운데 더 거할 수 있겠습니까?"358)

(3) 윗필드는 성령을 받으면 세상을 이긴다고 가르쳤다. "우리가 성령을 받았는지 받지 않았는지를 알아보는 세 번째 표지는, 세상을 이기는 우리의 '이김' 입니다. '대저 하나님께로 난 자마다 세상을 이기느니라' (요일 5:4). 여기서 사도 요한이 표현한 세상이라는 말은 다음의 말씀을 통해서 이해되어야 합니다. '세상에 있는 모든 것이 육신의 정욕과 안목의 정욕과 이

---

357) Whitefield, "Intercession every Christian's Duty," in WGW, 445.
358) Whitefield, "Marks of having Received the Holy Ghost," in WGW, 363.

생의 자랑이니'(요일 2:16). 그러므로 우리가 세상을 이긴다는 뜻은 우리가 그러한 것들을 거절하는 것입니다. 그러한 것들을 따라가거나, 또는 그러한 것들에 유혹되지 않는다는 것입니다. 왜냐하면 누구든지 위로부터 난 사람이면 그의 마음이 위의 것에 고정되기 때문입니다."[359]

(4) 윗필드는 성령을 받으면 그리스도 안의 형제를 사랑한다고 가르쳤다. "우리가 성령을 받았음을 증거하는 성경적인 표증은, 서로 사랑하는 것입니다. 사도 요한은 말합니다. '우리가 형제를 사랑함으로 사망에서 옮겨 생명으로 들어간 줄을 알거니와'(요일 3:14). 우리 주님께서 친히 말씀하셨습니다. '너희가 서로 사랑하면 이로써 모든 사람이 너희가 내 제자인 줄 알리라'(요 13:35). 사랑은 율법의 완성일 뿐만 아니라 복음의 완성도 됩니다. 왜냐하면 '하나님은 사랑이시라. 사랑 안에 거하는 자는 하나님 안에 거하고 하나님도 그 안에 거하시느니라.'(요일 4:16)라고 기록되어 있기 때문입니다."[360]

그는 형제 사랑을 "단순히 성품의 부드러움이나 자애로움으로 이해해서는 안 되며, 또한 세상적인 동기에서 나온 사랑으로 생각해서도 안 된다."라고 지적했다. 왜냐하면 "거듭나지 않은 죄인도 그러한 사랑은 할 수 있기 때문"이다. "오직 하나님을 향한 사랑에서 우러나오는 형제들에 대한 사랑으로 이해해야 한다."라고 했다.[361]

(5) 윗필드는 성령을 받으면 원수까지 사랑하게 된다고 가르쳤다. "그것은 거듭나지 않은 사람들에게는 어려운 의무입니다. 그러나 성령의 약속에 참여하게 된 자는 누구든지 그것이 실천할 수 있는 일이며 쉽다는 것을 발견할 것입니다."[362]

---

359) Whitefield, "Marks of having Received the Holy Ghost," in WGW, 364.
360) Whitefield, "Marks of having Received the Holy Ghost," in WGW, 364.
361) Whitefield, "Marks of having Received the Holy Ghost," in WGW, 364.
362) Whitefield, "Marks of having Received the Holy Ghost," in WGW, 365.

11. 철저한 거듭남에 대한 강조

윗필드는 철저한 거듭남을 강조했다. 그는 "철저하고 건실한 회심에서 조금만 모자라도 하늘나라에서는 합당치 못하다."라고 했다. "그대의 영혼 속에서 어느 정도만 새로워지는 것만 가지고는 되지 않고 모든 것들이 새로워져야 합니다. 그대가 아무리 많은 일을 한다 할지라도 몇 가지 모자라는 것이 있으면 아무런 소용이 없을 것입니다. 간단히 말해서 거의(almost) 새로운 피조물이 되는 것으로는 부족하고, **철저한(altogether) 새로운 피조물이 되어야 합니다. 그렇지 않으면서 그리스도 안에서 구원 얻기를 기대한다면 헛된 일이 될 것입니다.**"[363]

윗필드는 마음 전체를 드리지 않고 적당히 주님을 믿도록 하고, 좁은 길 대신 넓은 길로 인도하는 자를 '유사 그리스도인'(almost christian)이라 칭하였는데, 이들은 세상에서 가장 유해한 자들이라 하였다. "유사 그리스도인은 세상에서 가장 유해한 존재 가운데 하나입니다. 그는 양의 옷을 입은 이리입니다. 우리 복되신 주님께서 산상설교에서 우리에게 경계하신 바로 그 거짓 선지자들 중 하나입니다. 그들은 **구원에 이르는 길을 실제보다 넓다고 사람들을 설득**하여 성경에 기록된 바와 같이 '그들 자신도 천국에 들어가지 않고 천국에 들어가고자 하는 자들도 막는'(눅 11:52 참고) 자들입니다. …… 이들은 거짓된 등불을 걸어 놓고, 스스로 영원한 하늘나라를 향해서 항해하고 있다고 착각하고 사는 생각이 없고 우매한 영혼들을 좌초시켜 버립니다. 이 사람들은 이교도들보다도 더 큰 **그리스도 십자가의 원수들**입니다. 누구나 불신자는 알아볼 수 있습니다. 그러나 유사 그리스도인은 그 교활한 외식을 통해서 많은 사람들로 하여금 자기를 따라 곁길로 빠지게 합니다. 그러므로 그 사람들은 더 큰 심판을 받을 각오를 해야 합니다."[364]

---

363) Whitefield, "Regeneration," in Smith, *Whitefield & Wesley on the New Birth*, 75.
364) Whitefield, "The Almost Christian," in WGW, 373.

12. 구원 얻는 길

첫째로, 윗필드는 진실로 믿는 자에게 성령을 주실 것이라고 가르쳤다. "만일 여러분이 그리스도를 믿으면 지금이라도 하나님께서는 여러분을 영접하실 것입니다. 보혜사 성령님께서 여러분과 같은 사람의 마음속에도 오실 것입니다."365) 그런데 윗필드는 이 믿음도 하나님께서 주셔야 함을 강조했다. "믿음을 달라고 하나님께 간구하십시오. 하나님께서 믿음을 주시면, 그 믿음으로 그리스도를 영접하게 될 것입니다. 그리고 그의 의와 그가 소유한 모든 것을 다 받게 될 것입니다."366)

둘째로, 윗필드는 회개하고 죄를 버릴 것을 가르쳤다. "여러분이 자신의 죄를 고백하고 죄를 떠나며, 주 예수 그리스도를 붙잡고, '나의 하나님, 나로 돌이키게 하소서.' 라고 말한다면, 하나님의 성령이 여러분에게 주어질 것입니다."367) 이와 같이 그는 회개하라고 촉구하면서도 동시에 회개의 은혜를 구하라고 했다. "회개의 은혜를 위해서 매우 진지하게 기도하라고 여러분에게 간청하는 바입니다. …… 오! 저들에게 회개를 주옵소서. 아버지께 간청하오니 저들이 죄에서 돌이켜 살아 계시고 참되신 하나님께 돌아오게 하여 주옵소서."368)

셋째로, 윗필드는 구원을 받기 위하여 간절히 기도하라고 가르쳤다. 믿음으로 기도하면 새롭게 하시는 역사를 주실 것이다. "이제 불쌍한 나병환자가 '주여, 원하시면 저를 깨끗게 하실 수 있나이다.' 라고 말한 것처럼 말씀드리십시오. 그렇게 말하면 주님께서는 당신의 능력의 오른손을 내밀어 여러분을 도우시고 구원하실 것입니다."369)

---

365) Whitefield, "The Holy Spirit Convincing the World of Sin, Righteousness, and Judgement," in WGW, 348.
366) Whitefield, "The Lord our Righteousness," in *Select Sermons of George Whitefield*, 135.
367) Whitefield, "Marks of a true Conversion," in WGW, 201.
368) Whitefield, "Penitent Heart, the best New Year's Gift," in WGW, 280.
369) Whitefield, "The Marriage of Cana," in WGW, 313-314.

제25장

조나단 에드워즈의 거듭남 체험

조나단 에드워즈(Jonathan Edwards, 1703-1758)는 미국 제1차 대각성 운동의 주역으로 활동한 목회자였을 뿐 아니라 청교도 신학의 완성자이다. 윙키 프래트니에 의하면, 에드워즈는 "오늘날 모든 시대의 미국 사람들 중에서 가장 독창적이고 창조적인 미국인 중의 한 명으로 인정받고 있는 인물"이다.[370] 에드워즈 평전을 출간한 조지 마즈던(George Marsden)은 "여러 면에서 평가할 때, 그는 초기 미국 철학자 가운데 가장 예리한 자였으며, 모든 미국 신학자 중에서도 가장 명석한 자였다. 그의 많은 책 중에 적어도 세 권의 그의 저서 - 『신앙 감정론』, 『의지의 자유』, 『참된 미덕의 본질』 - 는 기독교 문학사에 길이 남을 명저로 꼽힌다."[371]라고 하였다.

마즈던은 또 다음과 같이 말했다. "**에드워즈는 단연코 기독교 역사에서 가장 중요한 인물이다.** …… 그는 아직도 세계적인 개혁주의 운동뿐만 아니라 더 넓은 복음주의 세계에서 숭배받고 있는 탁월한 인물이다."[372] 지금 미

---

370) Winkie Pratney, *Revival: Principles & Personalities* (Lafayette, Louisiana: Huntington House Publishers, 1994), 86.

371) George M. Marsden, *Jonathan Edwards: A Life* (New Haven: Yale University Press, 2003), 209.

372) Marsden, *Jonathan Edwards: A Life*, 1.

국에서는 많은 학자들이 조나단 에드워즈를 미국 역사상 최고의 신학자로 인정하고 있다. 페리 밀러(Perry Miller)는 "청교도주의는 프로테스탄티즘의 진수(essence)요, 조나단 에드워즈는 청교도주의 정수(quintessence)다." 라고 했다.[373] 로이드 존스는 "청교도들을 알프스에 비유하고 루터나 칼뱅을 히말라야에 비유한다면, 조나단 에드워즈는 에베레스트 산에 비유하고 싶은 시험을 받곤 한다. 나에게 있어서 그는 언제나 사도 바울을 가장 닮은 사람인 것 같다."라고 했다.[374]

조나단 에드워즈는 교회가 오랫동안 잠자고 있던 상태에서 나타났다. 에드워즈가 출생할 무렵 뉴잉글랜드는 제1세대 청교도 개척자들이 죽은 후 활기찬 신앙이 쇠퇴해 있었다. 리처드 웹스터(Richard Webster, 1811-1856)는 18세기 초 뉴잉글랜드의 영적인 퇴보에 대해서 다음과 같이 말했다. "엄청난 변화가 뉴잉글랜드 교회에서 눈에 띄었다. 권징은 해이해지고, 교리는 희미해졌으며, 설교는 줏대가 없고 영감이 없었다. 글자 하나하나를 적은 설교 원고가 설교 노트를 대신했다. 그래서 설교자들은 눈과 손가락을 원고에 고정시키고 원고를 읽는 데 몰두함으로 청년들은 두려워함이 없어졌고 장년들은 졸았다. 그리고 나머지는 농장과 거리, 그리고 가정의 난롯가와 들판에 대한 공상으로 빠져들었다."[375] 이와 같은 시기에 하나님께서는 그 땅에 조나단 에드워즈를 보내셨다.

조나단 에드워즈는 1703년 10월 5일 코네티컷 주 이스트 윈저(East Windsor)에서 태어났다. 에드워즈의 친할아버지 리처드 에드워즈는 코네티컷 주의 주도(州都)인 하트퍼드(Hartford)의 부유한 상인이었다. 아버지 티머시 에드워즈(Timothy Edwards)는 이스트 윈저에 있는 교회의 목사였는데 하

---

373) Perry Miller, *Jonathan Edwards* (New York: W. Sloane Associates, 1949). 301.
374) Lloyd-Jones, *The Puritans: Their Origins and Successors*, 355.
375) Richard Webster, *A History of the Presbyterian Church in America: from its origin until the year 1760* (Philadelphia: J. M. Wilson, 1857), 133.

버드를 졸업한 엘리트 청교도 목회자였으며 지력이 뛰어난 사람이었으며 탁월한 부흥사였다.[376] 어머니 에스더 에드워즈는 당시 '코네티컷 계곡의 교황'이라고 불릴 정도의 대단한 영향력을 가지고 있었던 매사추세츠 노샘프턴의 유명한 목사 솔로몬 스토다드(Solomon Stoddard)의 딸이었다. 그녀는 키가 크고 상냥하고 온유했으며, 이해력에 있어서는 남편을 능가할 정도였다. 결혼한 지 20년이 지난 후에야 비로소 그리스도에 대한 회심 체험을 고백하고 성찬 참여자가 되었다. 당시 청교도 사회에서 진정한 회심 체험에 대한 생각이 얼마나 철저했는지 알 수 있다. 이와 같이 에드워즈는 친가와 외가 모두가 훌륭한 청교도 목사의 가문에서 자라며 교육을 받았다.

에드워즈는 다섯 번째 자녀이자 열한 명의 남매 가운데 외아들로서 태어났다. 그는 청교도적인 경건함, 사랑, 학구적인 분위기에서 자라났다. 그는 어릴 적부터 신동이었다. 에드워즈는 1716년 9월 열세 살의 나이에 지금의 예일 대학교에 들어갔다. 그 학교는 청교도적 정신을 살리기 위해 코네티컷의 지도적 목회자들이 1701년에 막 설립한 대학으로, 에드워즈가 입학할 당시에는 학교 이름도 제대로 확정하지 못했을 뿐 아니라, 캠퍼스의 위치도 고정되지 못한 상태였다. 에드워즈는 1720년 9월에 자기 반에서 최우수 성적으로 졸업하고 학사 학위(B.A.)를 받았다(17살). 대학원에서 2년(1720. 9-1722. 9) 더 신학 공부를 하였는데, 18살 되던 해인 1721년 5월(혹은 6월)에 자기 영혼의 문제를 놓고 오랫동안 고심하던 에드워즈에게 거듭남의 역사가 일어난다.

여기서 구체적으로 에드워즈의 거듭남에 이르는 과정을 살펴보자. 에드워즈는 모태 신앙으로 자랐지만 1721년 대학원 2학년이 되어서야 거듭남을 경험했다. 그가 자기의 회심을 돌아보며 기록한 『개인적 이야기』(Personal

---

[376] 에드워즈의 아버지 티머시 에드워즈 목사도 신생(New Birth)에 대한 설교에 집중하는 복음적인 설교자로 널리 인식되었다. Harry S. Stout, "The Puritans and Edwards," in *Jonathan Edwards and the American Experience*, ed. Nathan O. Hatch and Harry S. Stout (Oxford: Oxford University Press, 1988), 144.

Narrative)는 가장 사랑받는 에드워즈의 책 중 하나인데, 거기에서 에드워즈는 하나님께서 신적인 것들에 대한 새로운 감각을 그에게 주신 변화를 생생하게 묘사하고 있다. 그는 어렸을 때부터 "자기 영혼에 관해 유난히 관심이 많았다." 또한 자기 영혼의 유익을 위해 다양한 노력을 기울였다. 에드워즈는 회심 전에도 두 번의 주목할 만한 신앙 각성의 시기가 있었다. 첫 번째는 그가 아홉 살이었을 때, 아버지가 목회하시던 교회에서 놀라운 부흥이 일어났다. 그때 그는 몇 달 동안이나 매우 크게 영향을 받았다. 그래서 신앙과 그의 영혼의 구원에 대해서 관심을 가지고 신앙생활을 열심히 했다. 그는 하루에 다섯 번씩이나 개인기도 시간을 가졌으며, 친구들과 함께 많은 시간 신앙에 관한 대화를 나누면서 보내기도 했다. 이 외에도 그는 숲 속에다 자기만의 특별한 비밀 장소를 만들어 두고 혼자서 기도하곤 했는데 때로 많은 감동을 받기도 했다. 그러나 시간이 지나면서 그의 확신과 감정들은 점점 사라져갔고 그 모든 감정들과 기쁨을 완전히 잃어버렸다. 그리하여 개인기도 시간을 점점 더 가지지 않게 되었다. 그래서 자기가 토한 것을 다시 먹는 개처럼 옛날의 그의 모습으로 다시 돌아가 죄를 습관적으로 짓는 생활이 계속되었다.

두 번째 각성은 그가 늑막염에 걸려 죽을 것 같은 고통을 겪었던 대학 4학년 때 있었다. 에드워즈는 아마 하나님께서 자신을 이런 병에 걸리도록 하신 것 같다고 후일에 회고담에서 고백했다. 그는 병 때문에 거의 죽게 되어 지옥 구덩이에 떨어지기 직전까지 갔다. 죽음의 가장자리를 경험한 에드워즈는 자신을 하나님께 헌신하기로 결심했으며, 자신이 하나님과 화목하게 되었음을 믿는 기쁨이 얼마 동안 지속되었다. 그런데 병이 나은 후 얼마 되지 않아서 다시 옛날 죄의 습관에 빠지고 말았다.

그러나 하나님께서는 그를 평안하게 지내도록 허용하지 않으셨다. **에드워즈는 크고도 강력한 내적 갈등을 겪었다.** 이것은 청교도들의 용어로 말하면 각성(conviction)하게 하시는 은혜였다. 에드워즈는 자기 안에 있는 죄를 지으려고 하는 사악한 본성과 씨름했다. 죄를 짓지 않으려고 결심했다가 어기고는 다시 결심하는 일들을 반복했다. 때로는 하나님께 맹세를 해서라도 죄를 짓지 않도록 그 자신을 속박해 보기도 했다. 이런 노력들을 한 후에 그는 이전의 죄스러운 삶과 그가 알고 있는 온갖 죄를 완전히 끊어 버렸다. 그리고 구원을 얻기 위해 노력하면서 많은 신앙적인 의무들을 준수했다. 그는 '구원을 얻기 위해 노력하는 것'을 '그의 삶의 가장 중요한 일'로 삼았다. 이 무렵에 기록한 글을 보면, 다음과 같다. "정말 나는 전에 없던 태도로 구원 얻기를 간구하게 되었다. 나는 그리스도 안에 있는 유익을 얻기 위해서 세상에 있는 모든 것들을 다 포기할 마음이 있음을 느꼈다. 내 마음은 많은 감동적인 사상과 영적 투쟁으로 계속해서 가득 찼다."

에드워즈의 아버지 티머시 에드워즈 목사는 청교도 선배들을 본받아 참된 회심으로 나아가는 세 가지 주요 단계를 강조했다. 첫 번째 단계는 죄에 대한 "깨달음" 또는 "영원과 관련하여 자신의 비참한 상태에 대한 각성된 인식"이었다. 두 번째 단계는 "겸비함"이었다. 진정한 회심을 위해서는 자신의 무가치함에 대한 철저한 인식이 있어야 한다. 그럴 때에야 비로소—만일 하나님께서 은혜로 허락하신다면—세 번째 단계에 이르게 된다. 세 번째 단계에 이르면 "하나님의 중생케 하시는 '빛' 또는 '자신들 속에 창조된 새 영'을 받게 된다. 그 결과 그들은 진심으로 회개하게 되고, 죄가 다시는 그들을 지배하지 못하게 된다. 그 대신 '자신들 속에 내주하시는' 성령의 인도를 받으며, 구원의 소망으로 그리스도만을 믿는 믿음을 선물로 받고, '영광스러운 변화'를 체험함으로 하나님께 헌신하는 삶을 살게 된다."[377] 청교도 저자들은 이 과정을 제시할 때 매우 복잡한 단계를 제시했지만, 티머시는 유연성을 발휘하여 비교적 단순하게 3단계만을 강조했다. 티머시 에드워즈 목사는 청교도들의 엄격한 관행에 따라 성찬에 참여하는 완전한 교회 회원 자격을 얻고자 하는 지원자에게 이 기본적인 3단계의 경험을 회중 앞에서 공개적으로 고백하도록 요구했다. 에드워즈의 분명한 회심에는 이러

---

377) Marsden, *Jonathan Edwards: A Life*, 28.

한 그의 아버지의 가르침이 배경이 되었을 것이다. 교육의 영향은 얼마나 중요한 것인가!

그의 강력한 구원의 체험이 주어지기 전 일 년은 에드워즈에게 몹시 고통스러운 영적 싸움의 기간이었다. 훗날 그는 자신의 노력에 대해 '고통스런 추구'라는 용어를 사용하여 표현했다. 그렇게 큰 고통 중에 있던 어느 날 에드워즈는 하나님께서 갑자기 은혜를 부어 주시는 체험을 하게 된다 (1721. 5-6월경). 그의 글을 직접 인용해 보기로 하겠다. 다음의 글은 그를 이해하고 그의 신학, 특히 중생론을 이해하는 데 매우 중요하다.

"내가 하나님과 하나님께 속한 것들에 대해서 내적인 달콤한 즐거움을 처음으로 경험한 것은 디모데전서 1장 17절을 읽었을 때였다. '만세의 왕 곧 썩지 아니하고 보이지 아니하고 홀로 하나이신 하나님께 존귀와 영광이 세세토록 있을지어다. 아멘.' 내가 그 말씀을 읽고 있었을 때, 내 영혼 속으로 **하나님의 영광에 관한 느낌이, 내가 이전에 경험했던 어떤 것과도 완전히 다른 새로운 느낌이 내 영혼으로 들어왔다.** 아니 영혼 속에 부어졌다는 표현이 적절할 것이다. 성경의 다른 어떤 구절도 그와 같이 보인 적이 없었다. 나는 하나님께서는 얼마나 훌륭하시고 아름다우신 분이신가, 그리고 만일 내가 천국에서 그러하신 하나님과 더불어 즐거이 교제할 수 있다면, 하나님께만 온통 빠져 있을 수 있다면, 다른 말로 표현하자면 영원토록 그 분 안에 삼키어진다면 그 얼마나 행복할 것인가를 혼자 생각했다."[378]

이와 같이 에드워즈는 성경을 읽는 중에 완전히 새로운 느낌이 자기에게 주어졌음을 체험하게 되었다. 이것이 에드워즈의 돌연한 중생 체험이다. 이와 같은 하나님에 대한 새로운 인식은 그해 봄 내내 점점 깊어 갔다. 그때부터 에드워즈는 그리스도에 대한 새로운 이해와 생각을 갖기 시작했고,

---

378) Edwards, "Personal Narrative," in WJE, 16, 792.

그의 구속의 사역과 그분으로 말미암아 주어지는 구원의 영광스러운 방식에 대해서 새로운 이해와 생각을 갖기 시작했다. 이러한 것에 대한 내적인 달콤한 느낌이 때때로 그의 가슴 속에 와 닿곤 했다. 그의 영혼은 그것들에 대한 즐거운 생각과 명상에 잠기곤 했다. 에드워즈는 그리스도와 그의 인격의 아름다움과 탁월함, 그리고 그 안에서 주어지는 값없이 주시는 은혜로 말미암는 구원의 방식의 아름다움 등을 읽고 묵상하는 데 많은 시간을 보냈다.

이러한 것들을 처음 경험하기 시작한 지 얼마 있지 않아서, 방학을 맞아 집에 머무는 동안 에드워즈는 아버지께 자기 마음속에서 일어났던 일들에 대해 말씀을 드렸다. 에드워즈는 아버지와 함께 했던 대화를 통하여 '매우 큰 감동'을 받았다. 대화가 끝났을 때, 에드워즈는 명상하기 위해서 아버지의 목장에 있는 조용한 장소를 찾아 혼자 거닐었다.

"거기서 거닐며 눈을 들어 하늘과 구름들을 보았을 때, **하나님의 영광스러운 엄위와 은혜**' 에 대한 너무나도 달콤한 느낌이 내 마음속에 쏟아져 들어왔다**. 그것을 말로 표현하기 힘든 것이었다. 나는 달콤한 결합 속에서 엄위하심과 부드러우심을 동시에 보는 것 같았다. 달콤하고 부드럽고 거룩한 엄위하심과 엄위하신 온유함, 두려운 달콤함, 높고 위대하고 거룩한 부드러움이 아름답게 조화를 이루고 있었다."379)

이런 일이 있은 후 하나님께 대한 에드워즈의 인식은 점점 증가되고 더욱 더 생생하게 되었고, 내적인 달콤함은 더욱 커지게 되었다. "사물의 모습이 모두 달라 보였다. 모든 사물 속에 하나님의 영광의 고요함과 달콤함이 나타나 보이는 듯했다. 하나님의 위대하심과 지혜와 순결과 사랑이 만물 안에 나타나 보이는 듯했다. 해와 달과 별들 안에, 구름과 푸른 하늘 안에, 풀포기와 꽃들과 나무 안에, 그리고 물들과 모든 자연 안에 하나님의 아름다우심이 나타나 보이는 듯했다. …… 자연의 모든 작품 중에 천둥이나

---

379) Edwards, 'Personal Narrative," in WJE, 16, 793.

번개만큼 나에게 달콤함을 주는 것은 없었다. 그러나 전에는 그것만큼 나에게 두려움을 준 것은 없었다. 나는 천둥에 대해서 비정상적으로 무서워했었다. 천둥을 동반한 폭풍이 일어나는 것을 보면 공포에 사로잡히곤 했었다. 그러나 이제는 그 모습이 나를 기쁘게 했다. 이제는 천둥을 동반한 폭풍이 막 일어나는 것을 보면 그 속에서 하나님을 느꼈다. 이제는 그럴 때면 구름을 관찰하고, 번개가 치는 것을 유심히 보고, 하나님께서 보내시는 천둥의 장엄하고 두려움을 자아내는 소리에 귀를 기울이는 기회로 삼는다. 그것은 종종 넘치도록 즐거운 일이었으며, 나로 하여금 위대하시고 영광스러우신 나의 하나님을 달콤히 묵상하도록 해 주었다."380)

에드워즈는 그때 자신의 좋은 상태에 대해서 큰 만족을 느꼈다. 하지만 그것이 그를 자만케 하지는 않았다. 그는 하나님과 그리스도를 향한 영혼의 열렬한 갈망을 갖고 있었으며, 더욱 큰 거룩함을 얻고자 하는 강렬한 갈망을 갖고 있었다. 그 갈망으로 인하여 그의 가슴은 충만해져서 곧 터질 것만 같았다. 에드워즈는 자신의 영혼 속에 일어난 변화를 다음과 같이 설명한다. "이제 내가 신앙 안에서 느끼게 된 즐거움은 그 전에, 즉 내가 소년이었을 때 느꼈던 것과는 너무나도 다른 것이었다. 그때에 내가 느꼈던 것을 지금과 비교하자면 정상인과 나면서부터 맹인인 사람이 유쾌하고 아름다운 색깔에 대해 가지는 느낌의 차이라고 할 수 있을 것이다. 지금 누리게 된 즐거움은 더욱 내적이고, 순수하고, 영혼을 살리고, 영혼을 새롭게 하는 그런 즐거움이었다. 이에 비하여 이전의 즐거움들은 결코 가슴 깊숙이 도달하지 못했었고, 하나님께 속한 것들의 탁월함을 보았기 때문에 생긴 것이 아니었다. 영혼을 만족케 하고 생명을 주는 선한 것을 맛봄으로써 생긴 것도 아니었다."381)

---

380) Edwards, "Personal Narrative," in WJE, 16, 793-794.
381) Edwards, "Personal Narrative," in WJE, 16, 794-795.

이상이 그의 자서전 『개인적 이야기』에 나오는 거듭남에 대한 주요 내용이다. 하나님의 주권적인 성령의 부으심으로 거듭남을 체험하게 된 에드워즈에게 성령의 주권적인 주입은 그의 삶과 신학을 지배하는 주제가 되었다. 이러한 체험으로 인해 그는 은혜 체험 이전에는 큰 반감 때문에 받아들일 수 없었던 하나님의 주권에 관한 칼빈주의 교리들을 진심으로 받아들이게 되었다.

에드워즈는 열아홉의 나이로 1722년 여름에 뉴욕 장로교회에서 8개월(1722. 8-1723. 4) 동안 목회했으며, 1723년 9월 예일 대학에서 석사 학위(M. A.)를 받았다. 그 후 볼턴(Bolton)에서 6개월(1723. 11-1724. 5) 동안 작은 교회에서 목회했다. 1724년 5월부터 1726년 9월까지는 예일 대학 강사로 강의를 하면서 유럽의 학문을 섭렵했다.

에드워즈는 1726년 8월에 매사추세츠 노샘프턴 교회의 목사인 자기 할아버지 솔로몬 스토다드(1643-1729)의 보조 사역자로 청빙을 받고 1726년 10월 26일 노샘프턴 교회에 도착했다. 1727년 2월에 그 교회 부목사가 되었다(24살). 노샘프턴은 약 2천 명의 주민이 사는 도시였고, 그 교회는 매사추세츠에서 보스턴을 빼고는 가장 잘 알려지고 가장 영향력 있는 상류 사회 대교회였다. 1727년 7월에 사라 피어폰트(Sarah Pierrepont)와 결혼했다. 사라는 뉴헤이븐 교회의 담임 목사인 제임스 피어폰트의 딸이었으며, 그녀의 어머니 메리 후커 피어폰트는 코네티컷 주를 건설한 토머스 후커(Thomas Hooker)의 손녀였다. 사라는 황홀경에 빠지곤 하는 깊은 신앙의 소유자였으며 쾌활함과 조화로운 교양을 지녔다. 그들은 열한 명의 자녀를 낳았다. 에드워즈가 26살(1729년 2월)이 되었을 때, 그의 할아버지가 죽자 에드워즈는 노샘프턴 교회의 담임 목사가 되었다.

에드워즈는 철저히 하나님의 은혜에 사로잡힌 신학자였다. 그는 칼빈주의와 예정의 교리를 확고하게 신봉했다. 주권적인 성령의 부으심을 통한 회심을 체험한 에드워즈는 그 이후 일생 동안 하나님의 주권적인 은혜를 전파하는 신학자가 되었다. 그가 사역을 시작할 당시 18세기 뉴잉글랜드에는 아르미니우스주의[382]적인 경향이 강했다. 영국에는 그전부터 그러했다. 18세기에 이르자, 특히 국교회 안에는 아르미니우스주의가 강했으며 비국교도들 사이에조차 널리 횡행했다.

1731년 보스턴에서 에드워즈는 아르미니우스주의에 대한 그의 첫 번째 공격에 해당하는 설교를 하였다. "의지하는 인간을 통하여 영광을 받으시는 하나님"(God Glorified in Man's Dependance)이라는 제목의 설교에서 엄격한 칼빈주의로의 복귀를 요청했다. 구원은 오직 하나님의 은혜와 능력으로 이루어짐을 강조했다.[383] 에드워즈는 1733년 8월에 노샘프턴에서 "신적이며 초자연적인 빛"(A Divine and Supernatural Light란 제목으로 1734년 보스턴에서 출판)이라는 유명한 설교를 했는데, 그 설교로 말미암아 에드워즈는 경험적 칼빈주의의 대변인으로 그의 명성을 높였다. 에드워즈에 의하면, 일반 은총은 영혼 속에 있는 본성적 원리를 돕는 것 이상의 일은 결코 할 수 없다. 반면 성령의 구원 은총(saving grace)은 영혼 속에 '새로운 초자연적 원리'를 주입한다. 에드워즈는 "신적인 지식과 빛을 자연적인 이성의 능력으로 얻는 것은 인간의 능력을 벗어난다."라는 것을 강조했다. 성령님만이 "영적인 것들의 아름다움과 사랑스러움"을 보게 하신다.[384]

1734년 겨울에 선포한 "이신칭의"(Justification by Faith Alone)는 대부흥을 촉발하는 설교였다. "이신칭의" 설교의 결과로 1734년 겨울부터 1735년 봄까지 노샘프턴과 코네티컷 강 계곡을 따라 형성된 여러 마을에서 "코네티컷 골짜기 부흥"이라고 알려진 대부흥 운동이 일어났고, 수많은 회심의 역사가 일어났다. 에드워즈는 자기가 목격한 대각성의 역사를 『놀라운 회

---

382) 아르미니우스주의는 네덜란드 개혁 교회의 신학자이자 라이덴 대학교 교수였던 아르미니우스(Jacobus Arminius, 1560-1609)가 개혁주의 신학의 몇 가지 주장에 의문을 제기함으로써 시작되었다. "예정은 인간의 반응에 좌우되는 조건적인 것이다."(무조건적 선택에 대한 반론) "인간은 스스로의 힘으로 믿을 수 없고 하나님의 은혜를 필요로 하지만, 이 은혜는 받아들일 수도 있고 거역할 수 있다."(불가항력적 은혜에 대한 반론) 등을 주장하였다.
383) Edwards, "God Glorified in Man's Dependance," in WJE, 17, 205.
384) Edwards, "A Divine and Supernatural Light," in WJE, 17, 422.

심의 이야기』(A Faithful Narrative of the Surprising Work of God in the Conversion of Many Hundred Souls in Northampton, 1737)라는 책으로 출판하였다. 그 책에서 에드워즈는 이 부흥이 하나님의 주권으로 일어나게 되었다고 말했다. 이 책은 다른 지역의 부흥을 일으키는 기폭제가 되었다. 웨슬리는 이 책을 읽고 "이는 정녕 주께서 행하신 일이다. 우리 눈에 기이하도다."라고 일기(1738년 10월 9일)에 적었다.

『놀라운 회심의 이야기』에서 에드워즈는 당시 노샘프턴에서 일어난 놀라운 각성의 역사를 다음과 같이 기술했다.

"이 마을에서 성령의 역사의 절정은 [1735년] 이른 봄, 즉 삼월과 사월이었다. 이 무렵에는 우리 중에서 대개 하루에 네 영혼, 일주일에 거의 삼십 명이 회심하는 일이 대여섯 주간 계속되었다. 하나님께서 그처럼 놀라운 방식으로 역사하실 때는 보통 때 같으면 사람들이 동원할 수 있는 **모든 노력을 다 동원하고 일상적인 축복을 다 사용해서 일 년간 일해야 이룰 수 있는 정도의 사역이 단 하루 이틀 만에 완수되었다.**"

노샘프턴의 부흥을 가리켜서 에드워즈의 전기 작가 드와이트는 "사도 시대에 일어났던 것 이상으로 놀랄 만한 일"이라고 말했다. 이러한 영적 각성은 6개월 이상 계속되어 300명 이상이 회심을 체험하였고, 교인 수가 620명으로 늘어났다. 이 부흥의 물결은 코네티컷, 뉴욕, 뉴저지 등 다른 수백 개의 마을로 퍼져 나갔다.

1740년 10월 17-20일에는 조지 윗필드가 노샘프턴에 있는 에드워즈를 방문하여 4일간 설교했다. 주일 아침 예배 시간에 윗필드의 설교를 듣고 "선한 에드워즈 목사는 예배 시간 내내 눈물을 흘렸다. 성도들도 똑같이 감동을 받았다." 노샘프턴에서 다시 한 번 대각성의 불길이 온 마을을 휩쓸었다. 1743년 회고의 글에서, 에드워즈는 도시의 열기가 첫 번째 대각성을 능가하여 적어도 2년 이상 지속되었다고 기록했다. 윗필드의 순회 설교사역으로 인해 1740-42년에 걸쳐 제1차 대각성 운동(The First Great Awakening)이라고 알려진 부흥 운동이 뉴잉글랜드와 미국 식민지 전역에 일어났다.

에드워즈는 1741년 7월 8일에 코네티컷 엔필드(Enfield)에서 그의 가장 유명한 설교인 "진노하시는 하나님의 손 안에 있는 죄인들"(Sinners in the Hands of an Angry God)을 설교했다.

에드워즈는 대각성 운동을 옹호하고 잘못된 부흥 운동을 경계하기 위해 1741년 9월에 뉴헤이븐에서 전했던 설교인 『성령의 역사 분별 방법』(The Distinguishing Marks of a Works of the Spirit of God)을 그해 출판했고, 1742년에는 『뉴잉글랜드 현재 종교 부흥에 대한 소고』(Some Thoughts Concerning the Present Revival of Religion in New-England)를 출판했고, 1746년에는 유명한 『신앙 감정론』(A Treatise Concerning Religious Affections)을 출판했다.

에드워즈의 노샘프턴의 사역 초기와 중기는 놀랄 만한 성공이었다. 그러나 노샘프턴의 사역 후기에 오면서 그는 엄청난 역경에 처하게 된다. 그것은 바로 성찬 논쟁에 관련되어 발생한 문제였다. 에드워즈가 노샘프턴에 왔을 때, 거듭남의 체험이 없어도 세례를 받으면 누구나 자유로이 참여할 수 있는 성찬식이 오랫동안 계속 시행되어 오고 있었다. 이것은 에드워즈의 선임자이자 외할아버지였던 스토다드가 주장하였기 때문에 이것을 '스토다드주의'라고 하는데, 그것은 중도 언약(the Half-way Covenant)보다도 한 걸음 더 나아간 것이었다. 본래 청교도들은 회심 체험이 있는 자만 성찬에 참여할 수 있었다. 중도 언약이란 1662년 매사추세츠 식민지 교회가 정한 조치였다. 청교도 1세대가 죽고 2세대의 시대가 되자 교회 내에 회심 체험이 없는 사람들이 많이 생기게 되었다. 그러자 교회는 청교도 제2세대 교인들 중 본인들은 유아 세례를 받아 교인이 되었지만 성장 후 회심의 경험을 공개적으로 고백하지 않았다 하더라도 그들의 자녀들에게 세례 주는 것을 허용하기로 하였다. 그렇게라도 함으로써 교인 수가 줄어드는 것을 막기 위한 것이었다. 그 부모들은 자기 자녀들에게 세례를 주고 또 그들 자신과 그 자녀들이 교회 안에 머물 수 있었지만 성만찬에 참여할 수 없었다. 이 점에서 그들은 "절반만" 교인이었다. 그러나 스토다드는 세례를 받은 사람은 회심 체험과 관계없이 누구나 성찬에 참여할 수 있게 하였다. 이것은 중도 언약에서도 한 걸음 더 나아간 것이었다. 1734년에서 44년까지도 에드워즈는 할아버지 스토다드가 소개한 그 기초에 의해서 교인들을 성찬 참석 자격자로 받아들였었다. 그러나 점차 에드워즈는 이러한 방식에 대해서 문제의식을 느꼈다. 1744년에 이르자 에드워즈는 그리스도인의 은혜 체험에 대한 고백이나 경건한 삶이 없는 후보자를 교회의 완전한 회원으로 받아들일 수 없다는 개인적 확신의 지점에 이르렀다.

에드워즈는 1749년에 쓴 그의 긴 논문 『가시적 기독교회 안에서 완전한 회원권과 성찬 참여 자격에 관한 하나님의 말씀의 규칙들에 대한 겸허한 질의』(An Humble Inquiry into the Rules of the Word of God, Concerning the Qualifications Requisite to a Complete Standing and Full Communion in the Visible Christian Church)에서, 성례전 논쟁에 관한 자신의 입장을 천명했다. 간단히 말하자면 그 논문에 나타난 에드워즈의 논증은 오직 공개적으로 신앙을 고백한 자들만이 교회 내에서 성례전, 즉 성만찬과 성인 세례와 유아 세례에 참여할 자격이 있다는 것이었다. 그런데 이것은 스토다드주의뿐만 아니라 청교도의 '중도 언약'도 거부하는 것이었다. 에드워즈에 따르면, '절반' 교인은 존재할 수 없었다. 명백한 교인이든지 아니든지 둘 중의 하나였다. 결국 이 갈등으로 말미암아 그 지역 안에서 열 개의 회중(교회)을 대표하는 공의회(council)가 소집되었다. 그 공의회에서 에드워즈의 해임이 결정되었고, 그 직후 공의회는 교인들의 마음을 확인하는 차원에서 노샘프턴 교회의 공동 의회를 소집했다. 교인들의 투표 결과 230명의 성인 남자 가운데 23명만이 에드워즈의 편을 들었다. 소수는 기권하였고, 절대 다수가 그의 사임을 원했다. 이로써 에드워즈의 해임이 결정되었다(1750년 6월 22일). 1750년 7월 1일 그는 고별설교를 했다.

1751년 에드워즈는 그 당시 변경이었던 매사추세츠 스톡브리지로부터 부름을 받았다. 거기서 그는 개척 교회의 목사 겸 그 지역 인디언들의 선교사가 되었다. 에드워즈가 자기 교회에서 추방당하고 변경으로 보내심을 받은 것은 하나님의 섭리였다. 그가 그곳에 있는 칠 년 동안에 그의 가장 중요한 신학적인 작품들을 썼기 때문이다. 존 번연이 12년 동안 베드퍼드(Bedford)의 감옥에 갇혀 있게 됨으로 명작을 쓸 수 있었던 것 같이 에드워즈도 이처럼 고독하게 됨으로써 명저를 남기게 되었다. 에드워즈는 1754년에 『의지의 자유』(A Careful and Strict Inquiry into the Modern Prevailing Notions of Freedom of Will)를 출판했는데, 그 책은 미국에서 저술된 가장 유명한 신학 작품들 중의 하나로 남아 있다. 1755년에는 『하나님의 천지창조 목적』(Concerning the End for which God created the World)과 『참된 미덕의 본질』(The Nature of True Virtue)을 썼다(그러나 둘 다 1765년이 되어서야 Two Dissertations라는 이름으로 출판되었다). 『참된 미덕의 본질』은 뉴잉글랜드의 사상에 가장 강력한 영향을 끼쳤다. 이 책에서 에드워즈는 죄란 이기심이며, 참된 미덕은 하나님과 모든 인간에 대한 호의적 사랑이라고 하였다.

1758년에 에드워즈는 장로교 신파(New Side)가 세운 뉴저지 대학(후에 프린스턴 대학교가 됨)의 세 번째 학장으로 취임했다. 그는 1758년 2월 16일 취임식을 가졌으나, 다섯 주 후인 1758년 3월 22일에 천연두 예방 접종 부작용으로 뉴저지 프린스턴에서 죽었다. 사후에 그의 마지막 작품인 『원죄론』(The Great Christian Doctrine of Original Sin Defended, 1758)이 출판되었다. 에드워즈가 죽은 해 가을인 10월 2일에 미망인인 사라는 48세의 나이에 이질로 죽어 이튿날 프린스턴에 있는 그녀의 남편의 묘지에 묻혔다. 에드워즈는 하나님의 주권적인 거듭남의 은혜를 체험하고, 그것을 설교함으로 대각성 운동을 일으키고, 그것에 따라 교회를 운영하려다가 쫓겨나게 되는 철저한 거듭남의 신학자였다.

제26장

조나단 에드워즈의 중생론

페리 밀러는 '청교도주의는 곧 에드워즈 자신'이라고 말했다. 밀러의 말은 옳다. 청교도주의의 정신을 가장 심오하게 구체화시킨 사람이 조나단 에드워즈였다. 청교도 신학은 중생이라는 주제에 대한 집중적인 지향성으로 인해 '중생의 신학'이라고 칭해져 왔다.[385] 특히 에드워즈는 철저한 중생 체험의 필요성에 대하여 가장 강력한 입장을 가진 사람 중 하나였다. 에드워즈의 중생론은 많은 점에서 존 오웬의 중생론을 닮았다.

조나단 에드워즈의 중생론의 특징은 '하나님의 주권에 의한 성령(새로운 원리)의 주입'이라고 할 수 있다. 이 점은 오웬의 중생론과 흡사하다. 죄에 대한 각성의 상태가 먼저 와야 한다는 것과 은혜의 주입에 의하여 지각과 의지와 성향, 행동이 바뀌게 된다는 개념은 오웬과 똑같다.

1. 거듭남의 정의 : 하나님의 성령의 부으심

에드워즈에 있어서 거듭남이란 성령의 부으심이요, 놀라운 변화를 초래하는 신적인 역사다. 에드워즈의 정의에 의하면, "거듭남은 사람이 죄로부터 하나님께로 회심할 때 **하나님의 강력한 능력에 의하여 사람 속에 일어**

---

385) Packer, *Among God's Giants*, 47.

나는 위대한(great) 변화"386)를 의미하며, "사악한 자로부터 거룩한 사람으로 바뀌는 것"을 의미한다.

사람이 거듭날 때 먼저 성령이 주입되는데, 이때 성령님께서 내주하시며 새로운 본성을 주신다.387) 이때 성령님께서 하나님의 탁월하심과 아름다움에 대한 '마음의 감각'(sense of heart)을 주시는데, 이것이 바로 믿음이다.388) 이러한 신적인 믿음으로 성도는 그리스도와 연합하며 칭의를 얻게 된다.

에드워즈는 성령의 주입으로 일어나는 위대한 마음의 변화를 거듭남이라고 하였으며, 그것은 회개, 회심과 같은 말이라고 했다.

"나는 회개와 회심을 같은 말로 봅니다. 왜냐하면 성경(행 3:19)이 그것들을 함께 보기 때문입니다. 그리고 그것들은 명백히 많은 같은 것을 의미하기 때문입니다. metanonia(회개)는 마음의 변화를 의미합니다. 마찬가지로 회심(conversion)이란 단어도 죄로부터 하나님께로 변화 혹은 전향을 의미합니다. 그리고 이것은 거듭남(regeneration)이라고 부르는 것과 같은 변화입니다(거듭남이란 용어는 특별히 마음의 수동적인 측면에서 본 변화입니다)."389)

에드워즈는 거듭남과 회심과 부르심과 성화를 같은 의미로 사용했다. 그는 부르심과 회심을 같은 의미로 사용했다. "이와 같은 성경구절에서 부르심은 다른 뜻이 아닙니다. 부르심은 죄인이 구원에 이르는 회심을 할 때 그리스도께서 이루시는 역사입니다.390) 또 그는 초기 성령이 주입되면서 '거듭남'과 '성화'가 일어난다고 했다. "하나님의 성령 혹은 하나님의 사랑은

---

386) Edwards, "Born Again," in WJE, 17, 186.
387) Edwards, "Born Again," in WJE, 17, 186.
388) Edwards, "Faith[3]," in WJE, 21, 417.
389) Edwards, *Original Sin*, in WJE, 3, 362.
390) Edwards, *Treatise on Grace*, in WJE, 21, 162.

말하자면 우리의 마음속에 들어오셔서 거주하시면서 생명을 주는 원리로 활동하십니다. 그리고 우리는 성령의 살아 있는 성전이 됩니다. 그리고 사람이 거듭나고 성화될 때 하나님께서는 그의 영을 그들에게 부으십니다."391) 그러나 에드워즈는 성화를 거듭남 이후에 오는 일평생 계속되는 성화의 과정을 말하기도 하였다.392)

2. 하나님의 절대 주권으로 주어지는 거듭남

하나님의 주권에 대한 생각이 에드워즈 신학의 전반에 흐르는 중심축이었다. 그가 하나님의 주권을 높인 것은 하나님께서 영광을 받으셔야 한다는 생각에서 나온 것이다. "의지하는 인간을 통하여 영광을 받으시는 하나님"(God Glorified in Man's Dependance, 1731)이라는 설교에서 에드워즈는 다음과 같이 말했다.

"우리는 구속의 단계마다 하나님의 능력에 의지합니다. 우리는 우리를 회심케 하시는 하나님의 능력에 의지합니다. **예수 그리스도를 믿게 하시고 새로운 성품을 주시는 하나님의 능력에 의지합니다.** 그것은 새롭게 창조하시는 하나님의 일입니다. 따라서 성경에서 '누구든지 그리스도 안에 있으면 새로운 피조물이라. 이전 것은 지나갔으니 보라. 새것이 되었도다.' (고후 5:17)라고 했고, '우리는 그의 만드신 바라. 그리스도 예수 안에서 선한 일을 위하여 지으심을 받은 자니' (엡 2:10)라고 하신 것입니다."393)

에드워즈는 우리의 구원이 우리의 손에 달려 있는 것이 아니고, 하나님의 주권적 자비에 달려 있음을 강조했다. 그가 이것을 강조한 이유는 "우리의 거듭남을 위해서도 하나님을 의지해야 할 것을 강조하기 위함"이라고 말했다.

---

391) Edwards, "Discourse on the Trinity," in WJE, 21, 124.
392) 참조. Edwards, *A History of the Work of Redemption*, in WJE, 9, 124.
393) Edwards, "God Glorified in Man's Dependance," in WJE, 17, 205.

3. 성령의 내주 : 생명의 원리

에드워즈는 성령님께서 주입되자마자 성도들의 마음 가운데 '내주하신다' 고 했다. 성령께서 내주하심으로 말미암아 "하나님과 신적인 것들을 아는 지식과, 거룩한 성향과 모든 은혜가 주어지고 지속된다." [394]

성령님께서는 내주하시는 분이 되셔서 영혼 안에 '생명의 원리' 가 되신다. 이와 같이 성도들의 마음은 거듭날 때에 "초자연적인 원리가 주입된다(infused)." [395] 삼위 하나님 가운데 세 번째 위격이신 **성령님이 성도들의 마음속에 있는 신적인 원리가 되신다.** [396] 사람이 죄인에서 성도로 변화될 때 "지각과 행동에 새로운 원리"를 갖게 된다. [397] 거듭날 때에 은혜의 주입으로 이러한 새로운 원리를 갖게 된다는 것은 오웬의 가르침과 똑같다. 성령님이 성도의 마음속에서 "내주하는 생명의 원리로 행동"하신다는 것은 에드워즈 중생론의 핵심이 되는 부분이다. [398]

4. 주입된 경향성

에드워즈의 경향성의 문제가 그동안 에드워즈 학자들 사이에 논의의 주제가 되어 왔다. 에드워즈는 주입된 경향성과 획득되는 경향성의 구별을 어떻게 했는가? 에드워즈는 '주입된' 경향성의 필요성을 말하고, '획득되는' 경향성을 부인한다. "주입된 경향성(Infused Habits): 차츰 선해지는 사람이 있다고 칩시다. 그렇다면 그 사람이 악한 마지막 순간이 있을 것이며, 그 사람이 선해진 첫 순간이 있을 것입니다. 정죄의 상태에 있는 마지막 순간이

---

394) Edwards, 'God Glorified in Man's Dependence," in WJE, 17, 203.
395) Edwards, "Born Again," in WJE, 17, 188.
396) Edwards, "Treatise on Grace," in WJE, 21, 193.
397) Edwards, "Born Again," in WJE, 17, 187.
398) Edwards, "A Divine and Supernatural Light," in WJE, 17, 411.

있을 것이며, 구원의 상태에 있는 첫 순간이 있을 것입니다. 만일 그 사람이 경계선에 있는 그 한순간 전에 죽으면 지옥에 가고, 한순간 후에 죽으면 천국에 가는 그런 순간이 있을 것입니다. 이것은 자명한 일입니다. 그 사람이 그전보다 엄청나게 나은 사람이 되는 한순간이 있게 될 것입니다. 이로 보건대 획득되는 경향성의 개념은 잘못되었다는 것은 분명합니다."[399]

하나님께서 우리를 거듭나게 하실 때 새로운 경향성을 주시는 것은 성령의 주입으로 인해 즉시에 새로운 경향성을 주시는 것이지, 어떤 인간적인 설득에 의해 점차적으로 새로운 경향성이 생기는 것은 아니라는 말이다.

5. 주입의 첫 역사인 성령의 조명

에드워즈가 성령의 주입과 성령의 조명의 관계에 대해서 어떤 생각을 가지고 있었는가? 그의 말을 보자.

"**회심에서 일어나는 가장 중요한 변화는**-이것은 모든 것의 시작이요 기초이다-**마음의 기질과 성향**(disposition)**과 영의 변화입니다**. 왜냐하면 회심에서 일어나는 것은 하나님의 성령을 수여하는 것 외에 다른 것이 아니기 때문입니다. 성령은 영혼 속에 내주하시면서 생명과 행동의 원리가 되십니다. 이것은 새로운 본성이요 신적인 본성입니다. 영혼의 본질이 변화됨으로 신적인 빛을 받아들입니다. 신적인 것들이 이제는 탁월하고, 아름답고, 영광스럽게 보입니다. 영혼의 본질이 변화되지 못한 상태였을 때는 그렇게 보이지 않았습니다. 하나님의 성령의 첫 번째 활동, 혹은 신적인 기질이 발휘하는 첫 번째 활동은 영적인 이해 혹은 마음의 감각, 즉 영적인 것들에 대한 영광과 탁월함을 지각함에 있습니다. 이것은 의지의 어떠한 타당한 행동보다 앞섭니다."[400]

---

399) Edwards, "Miscellanies," no.1, in WJE, 13, 168-169
400) Edwards, "Miscellanies," no. 397, in WJE, 13, 462.

이로 보건대 에드워즈에게 있어서는 성령의 주입이 먼저이고 조명은 주입의 결과이다.[401] 에드워즈의 주입은 성령의 내주를 말하는 것으로 내주하시는 성령께서 성도들에게 새로운 본성을 주고 이해와 행동의 새로운 원리로 작용하시는 것을 말한다. 그러므로 조명은 주입의 결과 주어지는 것으로서 성령께서 새로운 이해의 원리로 역사하신 결과이다. 물론 주입과 조명은 시간적으로는 동시적이라고 보아야 할 것이다. 이것을 도표로 그리면 다음과 같다.

[그림 3] 에드워즈의 구원의 순서: 주입과 조명의 관계

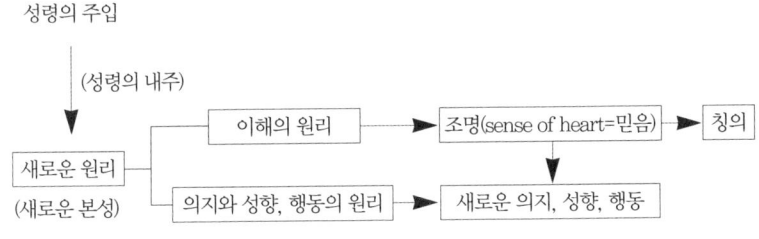

6. 거듭남과 믿음과 칭의의 관계-거듭남의 선행성(先行性)

에드워즈는 거듭나야 믿음을 가지게 된다고 했다. 그가 말하는 믿음이란 성령의 주입으로 오는 믿음을 말한다. 그는 거듭남을 얻기 위해서도 믿음을 가지라고 했지만 그가 말하는 믿음은 주로 거듭남 후에 오는 신적인 믿

---

401) 참조. Edwards, "God Glorified in Man's Dependence," in WJE, 17, 203; "Miscellanies", no. 782, in WJE, 20, 464.

음을 말하고 있음을 유의해야 한다. 이것이 청교도 신학의 특징이다.

(1) 믿음의 정의 : 그리스도를 보는 것

성령이 마음에 부어지면 "신적인 일들의 거룩함 혹은 도덕적 완전함의 지고한 아름다움과 달콤함에 대한 마음의 감각(sense of heart)"이 생긴다. 에드워즈는 이 '마음의 감각'이 곧 믿음이라고 하였다.[402] 스미스는 다음과 같이 말했다. "이 새로운 감각이라는 사상을 『신앙 감정론』을 대표하는 독특한 것이라고 말한다 해도 과언이 아닐 것이다. 에드워즈의 전체 작품 가운데서 어떤 사상도 이보다 더 창조적인 것은 없으며, 청교도적 신앙에 미치는 영향에서 이 교리보다 더 광범위한 것은 없다."[403]

에드워즈는 '믿음'을 새로운 감각으로 말미암아 "그리스도를 보는 것"이라고 정의했다. "성경은 그리스도를 영적으로 보는 것에 근거하지 않는, 그리스도에 대한 어떠한 믿음도 하나님의 역사하심이라고 말하지 않습니다. 영생의 특권을 수반하는 그리스도에 대한 믿음은 '아들을 보고 믿는'(요 6:40) 것입니다. 그리스도를 참으로 믿는다는 것은 사람들이 '거울을 보는 것 같이 주의 영광을 보고 예수 그리스도의 얼굴 안에 있는 하나님의 영광을 아는 지식'을 가지는 것 외에 다른 어떤 것이 아닙니다(고후 3:18; 4:6)."[404]

(2) 철저한 전가로서의 칭의

에드워즈는 거듭남이 믿음보다 먼저 와야 된다고 했으나 철저한 전가로서의 칭의를 동시에 가르쳤다. 그는 믿음으로 말미암아 그리스도의 의가 값없이 전가되어 우리가 의롭다 하심을 받는다고 했다.

에드워즈는 그리스도의 고난과 순종 모두가 전가된다고 했다. "그리스도의 개인적 순종과 고난이 우리의 순종과 고난으로 판단된다."[405] 그렇게 됨으로써 우리는 죄책에서 놓임 받게 되고 하나님 앞에서 의로운 사람으로

---

402) Edwards, *Religious Affections*, in WJE, 2, 272.
403) John Smith, "Editor's Introduction," to Edwards, *Religious Affections*, in WJE, 2, 30.
404) Edwards, *Religious Affections*, in WJE, 2, 175-176.
405) Edwards, "Controversies Notebook: Justification," in WJE, 21, 342.

서게 된다. 그러므로 "그리스도의 의의 전가는 그리스도의 속죄와 순종을 모두 우리의 것으로 넘겨주시는 것을 의미한다."[406]

(3) 칭의 얻는 믿음

에드워즈는 칭의 이전의 인간의 선행의 공로를 분명히 거절한다. 가령 "그 사람 안에 있는 경건함이나 작은 선함도 일절 고려하지 않으신다."[407] 이와 같이 에드워즈는 자기 자신의 미덕이나 순종이 칭의에 근거가 되지 못하고 전가에 의한 칭의를 분명히 말했다. 그러나 그는 칭의를 얻는 믿음의 본질에 사랑과 회개가 포함된다고 했다.

에드워즈는 "사랑은 참된 살아 있는 믿음의 요소이며, 참된 믿음의 본질"이라고 하였다. "사랑은 실제적인 믿음에 있어서 생명이요 영혼"이다.[408] 그는 사랑뿐 아니라 '회개'도 칭의 얻는 믿음의 본질이라고 했다.[409] "어떤 사람이 마음속으로 모든 죄의 길에서 돌아설 것을 진지하고 기꺼운 마음으로 원치 아니하면 그리스도를 죄에서 구원하는 구주로, 죄의 길에서 구하시는 구주로 영접하지 못할 것입니다. 왜냐하면 죄와 분리되는 것을 정말로 원하지 않는 사람은 그리스도를 죄와 자기를 분리시키는 구주로 영접하지 못하기 때문입니다."[410]

(4) 그리스도와 연합하는 행동으로서의 믿음

믿음이 칭의의 조건인가? 에드워즈에 의하면, 믿는 신자가 그리스도의 은혜를 받는 것이 합당하다고 하나님께서 판단하시는 이유는 결코 믿음 안에 존재하는 어떤 탁월함이나 가치 때문(도덕적 적합성, moral fitness)이 아니라, 이 은혜의 주인이신 예수 그리스도와 믿음이 맺고 있는 관계(자연적 적합성, natural fitness) 때문이다. 다시 말하자면, 우리는 예수 그리스도 안에서

---

406) Edwards, "Justification by Faith Alone," in WJE, 19, 185.
407) Edwards, "Justification by Faith Alone," in WJE, 19, 147.
408) Edwards, *Charity and Its Fruits*, in WJE, 8, 139.
409) Edwards, "Miscellanies," no. 820, in WJE, 18, 531.
410) Edwards, *Charity and Its Fruits*, in WJE, 8, 301.

그리고 예수 그리스도로 인하여 의롭다 함을 얻는데, "믿음은 바로 그 중보자 예수 그리스도에게 연합하는 것이다. 그렇기 때문에 결국 우리는 믿음으로 말미암아 의롭다 함을 얻는다고 말할 수 있다."[411] 에드워즈는 믿음을 다음과 같이 정의했다. 믿음은 "참된 그리스도인 쪽에서 자신을 그리스도와 연합하는 어떤 행동 또는 그리스도와의 연합이나 관계를 이루기 위하여 행하는 어떤 행동"이다.[412]

우리는 믿음으로 그리스도와 적극적으로 연합한다. 믿음은 우리가 그리스도와 "연합하는 실제 행동" 자체이다. 이와 같이 우리는 믿음으로 그리스도와 실제적인 연합을 함으로써 법적인 의롭다 하심을 얻는 것이다. "그리스도와 그의 백성 사이에 있는 실제적 연합이 법적인 것의 기초입니다."[413] 에드워즈는 이것을 다음과 같이 요약하여 말했다. "믿음은 지고하신 재판장이신 하나님께서 인정하시는 가운데 그리스도와 믿는 사람을 하나로 만들어 주기 때문에, 믿음은 우리를 의롭다 하고 우리로 하여금 그리스도의 속죄와 모든 공로를 소유하게 하며 그리스도께서 그처럼 값 주고 사신 모든 은혜에 대한 권리를 소유하게 하는 것입니다."[414] 우리는 믿음으로 그리스도와 연합하기 때문에 '그리스도의 속죄와 모든 공로'를 얻게 되는 것이다.

(5) 믿음에 앞서는 성화(중생)

꼭 짚고 넘어가야 할 문제가 남아 있는데 믿음과 칭의가 성화보다 앞서는가 아니면 그 반대인가 하는 점이다. 에드워즈는 다음과 같이 성화가 믿음에 앞서야 한다고 분명히 말한다. "모든 경우에 있어서 행동이 있기 전에 원리가 있어야 합니다. 새로운 피조물에 뒤이은 행동이 있기 이전에 먼저 죄인의 마음속에서 그러한 변화가 있어야 합니다. 즉, 성결이 발휘되어지기 전에 먼저 성결의 원리가 있어야 합니다. (원인이 결과에 선행하듯이) 믿음의 행

---

411) Edwards, "Justification by Faith Alone," in WJE, 19, 155.
412) Edwards, "Justification by Faith Alone," in WJE, 19, 157.
413) Edwards, "Justification by Faith Alone," in WJE, 19, 158.
414) Edwards, "Justification by Faith Alone," in WJE, 19, 158.

동이 있기 전에 본질적으로도(in nature) 어떤 변화가 먼저 있어야 할 뿐만 아니라, 만약 그리스도를 구세주로 영접하는 것이 성공적인 행동이 되려면, 시간적으로도(in time) 먼저 있어야 합니다. 먼저 정신 속에 예수 그리스도의 개념, 즉 그에 대한 적합하고도 진실로 사랑하는 개념이 있어야만 합니다. 그러나 그것은 그 영혼이 성화되어지기 전에는 결코 이루어질 수 없습니다."415) 에드워즈의 이러한 설명은 성화를 칭의보다 앞세우는 약점이 있다.

7. 중생 체험의 성질 : 초자연적으로, 총체적으로, 즉시에 주어지는 중생

에드워즈는 중생을 새 창조로 말하는데, 새 창조의 내용은 "완전히 새로운 것을 전부 그리고 즉시 만드는 것"이라고 했다.416)

(1) 에드워즈는 '영적이고 초자연적이고 신적인 중생'을 말했다. 그가 새 창조가 '완전히 새로운 것'이라고 했을 때, 그것은 그 기원이 초자연적이라는 것이다.417) 즉 인간의 본성에 속하지 않는 것이라는 뜻이다. "이러한 것들을 통해서 명백해지는 요점은 다음과 같습니다. 곧 성도들이 받는 그 은혜로운 감화와 **그들이 체험하는 하나님의 성령의 효력들은 전적으로 위에서 나는 것**이며, 사람들의 본성을 통하여 자신들 속에서 발견하는 어떤 것과 전혀 다른 것입니다. 또는 본성적 원리들을 행사하는 데서 얻어지는 것도 전혀 아닙니다."418)

에드워즈는 죄인에서 성도로 바뀌는 이 변화는 "도덕적인 변화"가 아니고 "물리적인(physical) 변화"419)라고 말했다. "만일 하나님의 성령의 어떤

---

415) Edwards, "Miscellanies," no. 77, in WJE, 13, 245.
416) Edwards, "Treatise on Grace," in WJE, 21, 159.
417) 참조. Edwards, "Miscellanies," no. 782, in WJE, 18, 464.
418) Edwards, *Religious Affections*, in WJE, 2, 205.
419) Edwards, "Born Again," in WJE, 17, 187.

직접적인 영향이나 활동이 세상 어느 곳에 있는 어떤 창조된 존재에게 조금이라도 임한다면, 사도 시대 이후로 그것은 물리적인 임함입니다. 만일 그것이 어떤 동기들을 자극하는 생각 중에 역사하든지, 어떤 점에서건 어떠한 효과를 낳거나 촉진하는 것이든지 간에, 그것은 여전히 물리적입니다. 어느 점으로나 그와 같습니다. 만약 우리가 마음의 기질이나 본질이 즉시 변한다고 가정한다면 분명히 그럴 것입니다."420)

(2) 에드워즈는 '총체적 중생'을 말했다. 그는 중생을 완전히 새로운 것을 "전부" 즉시 만드는 것이라고 하였다. 에드워즈에 의하면, 회심 때에 일어나는 변화는 인격 전반에 걸친 변화이다. 그는 다음과 같이 말했다. "참으로 회심한 사람은 새 사람이요, 새로운 피조물입니다. 속만 새 것이 아니라, 바깥도 새롭게 된 자입니다. 그들은 영과 혼과 몸 전체가 통틀어 거룩하게 되었습니다. **옛 것은 지나가 버리고, 모든 것이 새롭게 되었습니다.** 그들은 새로운 마음과 새로운 눈과 새로운 귀와 새로운 혀와 새로운 손과 새로운 발을 가졌습니다. —즉 새로운 대화 내용과 새로운 생활을 가졌다는 말입니다. 그들은 생명의 새로움 속에서 걷고 있습니다. 그리고 그렇게 하기를 그의 생이 끝나는 순간까지 계속합니다."421)

(3) 에드워즈는 '즉시적 중생'을 말했다. 그에 의하면, 회심은 "즉시에" 이루어지는 역사이지 점차적으로 이루어지는 역사가 아니다.422) "회심은 즉각적으로 이루어질 수밖에 없습니다. 회심의 준비 단계인 지식, 개혁, 그리고 죄의 깨달음은 점진적일 수 있습니다. 회심 이후에 따르는 은혜의 역사도 점진적일 수 있습니다. 그러나 어떤 사람이 전적인 부패와 타락의 상태로부터 건짐을 받아 은혜의 상태로 들어가고 그리스도를 구주로 소유하

---

420) Edwards, "Observations Concerning Efficacious Grace," in *Works of Jonathan Edwards*, 4 vols, Reprint of the Worcester Edition(1808-1809) (New York: Jonathan Levitt & John F. Trow, 1843), 2: 569.
421) Edwards, *Religious Affections*, in WJE, 2, 392.
422) Edwards, "Miscellanies," no. 673, in WJE, 18, 230.

게 되며 실제로 하나님의 자녀가 되는 수단인 '회심' 이라는 이 은혜의 역사는 한순간에 이루어집니다."[423]

8. 중생의 표지 : 에드워즈의 『신앙 감정론』에 나오는 진정한 거듭남의 표지

에드워즈는 누가 참된 중생을 하였는지에 대해서 그 누구보다도 연구를 많이 했다. 그 결실로 나온 책이 『신앙 감정론』이다. 새뮤얼 홉킨스(Samuel Hopkins)는 참된 종교와 거짓 종교를 구별하는 일에 있어서 에드워즈만큼 힘을 쏟은 사람이 없고 그만큼 성공한 사람도 없다고 했다. 『신앙 감정론』은 본래 베드로전서 1장 8절을 본문으로 해서 1743년에서 1746년 초까지 노샘프턴에서 전했던 연속 설교인데, 후에 수정 보완하여 한 권의 책으로 1746년에 발행되었다. 에드워즈는 처음 신학을 공부하기 시작할 때부터 '하나님의 성령의 은혜로운 작용들'의 본질과 표지들에 특별한 관심을 기울여 왔다고 고백했다.[424]

에드워즈는 『신앙 감정론』을 3부로 나누어서 기록하고 있는데, 1부는 정서가 종교에서 차지하는 중요성을 다루었고, 2부는 진정한 은혜에 속한 정서라고 볼 수 없는 것 12가지를 다루었고, 3부에서는 진정한 은혜에 속한 정서 12가지를 다루었다. 그는 정서(affections)란 "의지와 성향이 모두 왕성하고 생생하게 활동하는 것"이라고 하였다.[425]

제1부에서 에드워즈는 종교는 머리보다 마음에 그 좌소가 있다고 말했다. "종교의 가장 중요하고 근원적인 좌소가 바로 마음이다."[426] 이는 메마른 이성주의와 형식주의를 겨냥한 말이다. 오늘날에도 성령을 느껴야 하고 체험해야 한다고 하면, 마치 못 들을 이야기라도 들은 것처럼 눈살을 찌푸

---

423) Edwards, "Treatise on Grace," in WJE, 21, 161.
424) Edwards, *Religious Affections*, in WJE, 2, 84.
425) Edwards, *Religious Affections*, in WJE, 2, 98.
426) Edwards, *Religious Affections*, in WJE, 2, 100.

리는 사람이 있다. 그러나 그것은 종교의 본질이 무엇인지 모르기 때문이다. 다음 에드워즈의 글을 읽어 보라.

"다른 사람들에게서 보이는 높은 정서들을 정죄하는 사람은 높은 정서를 갖지 못한 사람임이 분명합니다. **신앙적인 정서가 없는 사람이 바로 신앙이 없는 사람이라는 사실을 생각하십시오.** 자신은 신앙적 정서가 없으면서도 신앙적인 정서를 보이는 사람들을 정죄하려는 사람들이야말로 전혀 신앙을 갖지 못한 사람들입니다."[427]

에드워즈는 이와 같이 '마음의 종교'의 중요성을 강조했지만 제2부에서는 크게 고조된 감정 그 자체를 은혜의 징조로 보는 열광주의의 오류를 경계했다. "이와 같은 종류의 신앙을 통해서 사탄은 광명한 천사로 가장합니다. 기독교회의 시작에서부터 오늘날까지 사탄은 이런 거짓 신앙을 성공적으로 활용하여 신앙의 소망스럽고도 행복한 부흥을 혼란스럽게 만들었습니다."[428] 제1차 대각성 운동 당시 열광주의는 진정한 부흥에 큰 걸림돌이 되었다. 이것은 오늘날도 마찬가지다. 에드워즈는 분명 종교적인 정서이지만 꼭 구원에 이르는 은혜로운 정서라고 단정 지을 수 없는 것들로 다음과 같이 12가지를 말하였다.

(1) 참된 중생을 입증하지 못하는 12가지 표지

첫째, 에드워즈는 종교적 정서가 매우 크다고 해서 은혜로운 정서인 것을 입증해 주지 않는다고 지적했다. 영적이지 못하고 구원과는 아무 상관없는 종교적인 정서이면서 매우 높게 나타나는 것이 있다는 것이다. "죽은 나사로를 다시 살려 내시는 예수님의 기적을 보고 큰 감명을 받은 큰 무리는 예수님께서 예루살렘으로 입성하실 때 극도로 그리스도를 높이며 큰 소란을 떨었습니다. …… 사도 요한에 의하면 사람들이 이러한 소동을 벌인 까닭은 그들이 예수님께서 나사로를 다시 살리신 기적에 큰 감동을 받은

---

427) Edwards, *Religious Affections*, in WJE, 2, 121.
428) Edwards, *Religious Affections*, in WJE, 2, 287.

까닭이었습니다(요 12:18). 이때에 큰 무리가 '호산나' 라고 외치자, 바리새인들은 '보라 온 세상이 저를 따르는구나.' 라고 서로 말하게 되었습니다. 하지만 당시에 그리스도의 참된 제자는 몇 명밖에 되지 않았습니다." 그는 말한다. "신앙적 정서가 매우 높게 고양된다 할지라도, 참된 신앙과 완전히 무관할 수 있다는 것은 모든 정통 신학자들의 일치된 견해입니다."[429]

둘째, 그는 몸에 큰 영향을 미친다고 해서 그 정서가 참된 신앙이라는 확실한 증거는 전혀 되지 못한다고 지적했다. "몸에 큰 영향을 미친다고 해서 그 정서가 영적인 것이라는 확실한 표지가 되는 것은 아님은 명백합니다. 왜냐하면 우리는 신앙과는 전혀 관계가 없는 세상적인 일들에 대한 커다란 정서로 인해서도 몸이 큰 영향을 받는 것을 종종 보기 때문입니다."[430]

셋째, 신앙에 대해서 뜨겁게, 자신 있게 말한다고 해서 꼭 참된 은혜로운 정서를 가졌다는 증거는 되지 못한다고 에드워즈는 지적했다. "어떤 사람은 자신의 체험을 지나치게 많이 말합니다. 우리는 도처에서 그리고 모든 부류의 사람 가운데서 이런 사람을 쉽게 발견하게 됩니다. 하지만 그것은 좋은 징조이기보다는 나쁜 징조인 경우가 많습니다. 예를 들어 잎이 지나치게 무성한 나무는 좀처럼 많은 열매를 맺지 못합니다. …… 사도 유다는 초대 교회에 가만히 들어와 대단한 신앙이 있는 척 가장함으로 잠시 동안 의심을 받지 않았던 사람들을 '저희는 바람에 불려가는 물 없는 구름이요' (유 12)라고 말씀합니다. 베드로 사도 역시 이들을 '이 사람들은 물 없는 샘이요 광풍에 밀려가는 안개니' (벧후 2:17)라고 말씀합니다."[431]

넷째, 에드워즈는 신앙적 정서와 흥분이 자신에게서 온 것이 아니며, 자신들이 고안해서 만든 것이 아니고, 자신들의 힘으로 된 것이 아니라고 해서 꼭 은혜로운 정서인 것은 아니라고 했다. 그들이 체험한 것이 눈에 보이지 않는 "다른 어떤 영적 존재에게서 온 것"일 수 있다. 혹은 "하나님의 성

---

429) Edwards, *Religious Affections*, in WJE, 2, 131.
430) Edwards, *Religious Affections*, in WJE, 2, 132.
431) Edwards, *Religious Affections*, in WJE, 2, 137.

령이 하신 일이지만 성령의 구원하시는 역사가 아닌 일반적인 역사에서 비롯된 생각"일 수도 있다. 혹은 "뇌가 병약하거나 여러 가지 생각과 인상에 쉽게 영향을 받는 사람들이 가지는 이상한 생각과 상상"일 수 있다.[432]

다섯째, 놀랍도록 성경 말씀으로 마음에 다가왔다고 해서 참으로 거룩하고 영적인 정서라고 할 수 없다. 에드워즈는 그런 사람들을 다음과 같이 묘사했다. "사람들은 다음과 같이 말합니다. '내 마음 속에 아주 달콤한 약속들이 떠올랐습니다. 그 약속들은 마치 하나님께서 직접 내게 말씀하시기라도 한 것처럼 갑자기 생각났습니다. 저에게는 그런 성경 본문을 기억할 수 있는 능력이 없습니다. 저는 그 본문과 연관된 어떤 것도 생각하고 있지 않았습니다. 그것이 너무 갑작스럽게 떠올라서 저 자신도 놀랐습니다.'" 그는 왜 사람들이 이런 착각에 빠지는지 설명했다. "이 문제에서 무지하고 또 이해력이 떨어지는 사람들이 잘 속아 넘어가는 이유는 '성경은 하나님의 말씀이고, 성경 안에는 잘못된 것이 전혀 없고, 순전하며 완전하기 때문에 성경 말씀에서 비롯된 체험들은 반드시 옳다'는 생각 때문입니다." 그러나 "마귀도 예수님을 시험할 때에 성경 이것저것을 사용하여 그리스도를 유혹하고 기만하려고 시도했다."라고 그는 경고했다.[433]

여섯째, 에드워즈는 겉으로 사랑의 표시가 난다고 해서 꼭 구원하는 정서를 가진 것은 아니라고 지적했다. "사람에게 일종의 종교적인 사랑이 있더라도, 구원에 이르게 하는 은혜를 갖지 못하는 경우도 있습니다. 그리스도께서는 신앙을 고백하는 많은 그리스도인들이 그런 사랑을 가지고 있지만, 그런 사랑은 지속되지 않을 것이며 따라서 구원에 이르지 못할 것이라고 말씀하셨습니다. '불법이 성하므로 많은 사람의 사랑이 식어지리라. 그러므로 끝까지 견디는 자는 구원을 얻으리라'(마 24:12-13). 하반절이 분명하게 보여 주는 것은 그들의 사랑이 끝까지 지속되지 못하고 식는 사람들은

---

432) Edwards, *Religious Affections*, in WJE, 2, 141-142
433) Edwards, *Religious Affections*, in WJE, 2, 143-144.

구원을 얻지 못한다는 것입니다."[434]

일곱째, 여러 종류의 다양한 종교적 감정을 갖고 있다고 해서 꼭 은혜로운 정서를 가진 것은 아니라고 에드워즈는 지적했다. 그는 "모든 유의 은혜로운 정서에 가짜가 끼어드는 것은 분명"하다고 하였다. "하나님이나 형제들에 대한 사랑"도 모조품이 있다. 바로나 사울이나 아합이나 광야의 이스라엘 자손들에게서처럼 "죄에 대한 경건한 슬픔"에도 가짜가 있다(출 9:27; 삼상 24:16-17; 26:21; 왕상 21:27; 민 14:39-40). 여호와를 경외하면서 동시에 자신의 우상을 섬겼던 사마리아인들에게서처럼 "하나님에 대한 경외심"에도 모조품이 있다(왕하 17:32-33). 기타 하나님께 대한 감사, 순간적인 영적 기쁨, 종교적인 일에 대한 열심에도 가짜가 있다. "예후(왕하 10:16)와 회심하기 전의 바울(갈 1:14; 빌 3:6)과 믿지 않은 유대인들에게서처럼(행 22:3; 롬 10:2) 열심에도 가짜가 있습니다." 간절한 종교적 갈망에도 가짜가 있다. "바리새인들과 같이 어떤 사람들은 영원한 삶을 강하게 소망할 수 있습니다."[435] 그렇다고 해서 그것이 구원에 이르는 은혜로운 정서는 아닌 것이다. 이 같은 것들을 보고 쉽게 믿어서는 안 된다.

여덟째, 일정한 순서에 따라서 기쁨이 왔다고 해서 (즉, 죄에 대한 각성이 있고 난 후에 평화와 기쁨이 왔다고 해서) 은혜로운 정서를 입증해 주지는 않는다고 에드워즈는 지적했다. 사람들은 마귀를 통해서도 무서워하는 마음을 주입받을 수 있다. 하나님의 성령을 통해서 두려움의 정서를 가질 수도 있지만, 마귀에게 그 일이 허락된다면 "마귀도 그 일을 잘 할 수 있다."[436]

아홉째, 에드워즈는 종교적인 일에 많은 시간을 들이고 외적인 예배의 의무에 많은 열심을 보인다고 해서 그 정서가 참된 신앙의 성질을 가진 것인지 입증해 주지 않는다고 말했다. 왜냐하면 그러한 성향은 전혀 은혜를 갖지 못한 많은 사람들 속에서도 발견되기 때문이다. "바리새인들도 그러

---

434) Edwards, *Religious Affections*, in WJE, 2, 146-147.
435) Edwards, *Religious Affections*, in WJE, 2, 148.
436) Edwards, *Religious Affections*, in WJE, 2, 156.

하였습니다. 그들은 길게 기도하며 일주일에 두 번 금식했습니다."[437)]

열 번째, 하나님께 찬양을 열심히 많이 한다고 해서 참으로 은혜로운 정서를 가진 것은 아니라고 에드워즈는 지적했다. 은혜 없는 사람들도 하나님과 그리스도를 향해서 고조된 감정을 가질 수 있다. "그들은 그리스도가 십자가에 못 박히시기 직전에 큰 목소리로 외치면서 어떻게 그리스도를 찬양했는가? '호산나 다윗의 자손이여, 지극히 높은 곳에서 호산나! 찬송하리로다. 주의 이름으로 오시는 이여.' 라고 외쳤다."[438)] 그러나 나중에 이들이 어떻게 되었는가? 찬양을 열렬히 한다고 해서 그 사람에게 은혜로운 정서가 있는지 확실하게 알 수 없다.

열한 번째, 에드워즈는 자기가 경험한 것이 신적인 역사이고, 또 자신들은 좋은 상태에 있다고 강하게 확신한다고 해서 꼭 은혜로운 정서를 가진 것은 아니라고 지적했다. 왜냐하면 잘못된 확신일 수도 얼마든지 있기 때문이다. "일단 어떤 위선자가 거짓된 소망으로 확고하게 서게 되면, 자기는 구원받았다고 하는 소망을 의심하지 않게 됩니다. 오히려 참된 성도들은 때때로 자신의 부족함을 생각하고 겸비해지지만 위선자들은 그런 모습이 없습니다. …… 거짓된 소망을 가진 사람은 참된 성도들이 자신의 부패함을 보는 시각이 없습니다. …… 위선자들에게 있는 확신은 죄가 그 확신을 흔들 수 없을 정도입니다. 그들은(적어도 그들 가운데 일부는) 가장 부패한 삶으로 가장 사악하게 살면서도, 자신들의 소망을 담대하게 주장할 것입니다. 이것이야말로 그들이 기만당하고 있다는 확실한 증거입니다."[439)]

열두 번째, 외면적 모습이 아주 감동적이고 참된 신앙인들이 보기에 기쁨을 주는 그런 모습을 지녔다 해서 꼭 은혜로운 정서를 가진 것은 아니라고 에드워즈는 말했다. 성경은 사람을 "겉모습"으로만 판단하는 것은 "불확실하며 속기 쉬운 것"이라고 분명히 말씀한다. "화려하게 신앙 고백을

---

437) Edwards, *Religious Affections*, in WJE, 2, 164.
438) Edwards, *Religious Affections*, in WJE, 2, 166.
439) Edwards, *Religious Affections*, in WJE, 2, 172, 174.

하여 탁월한 성도라고 인정받던 사람들이 신앙에서 떨어져 아무것도 아닌 것으로 드러나는 일이 하나님의 교회에서는 흔한 일입니다."[440] 그는 말한다. "모든 외적인 표현들과 모습에서, 위선자와 참된 성도가 얼마나 비슷합니까!" 외면적인 훌륭한 모습을 보는 것만으로는 그 신앙의 진위를 정확히 알 수가 없다. 그러면 어떻게 해야 하는가? **"우리는 꽃의 아름다운 색깔이나 향기가 아니라, 나중에 나오는 익은 열매로 판단해야 합니다."**[441]

(2) 참된 중생을 입증하는 12가지 표지

제3부에서 에드워즈는 참된 거듭남의 역사가 주어질 때 나타나는 진정한 은혜에 속한 정서로 다음 12가지를 말했다.

첫째, 에드워즈는 참된 은혜로운 정서는 '영적이고, 초자연적이고, 신적인 감화와 작용'에서 온다고 말했다. 이것은 **성령님의 내주로 말미암아 이루어지는 것이다.** "하나님의 영은 당신에게 영구적으로 거하시기 위해 참된 성도들 안에 내주하십니다. 그리고 새로운 본성의 원리로서 또는 생활과 행동의 신적이고 초자연적인 원천으로서 성도들의 마음에 영향을 미칩니다."[442]

성령님께서 내주하시면 이전과는 완전히 다른 전혀 새로운 감각이 생긴다. "하나님의 성령의 구원하시는 역사를 통해서 성도들의 마음속에서 이루어진 은혜로운 행사와 정서 가운데는, 그들의 마음에 새로운 내적인 지각과 감각이 존재한다는 것입니다. 이것들은 그 성질과 종류에 있어서 그들이 거룩함을 입기 전에 그들의 마음에 가졌던 어떤 것과도 완전히 다른 것입니다."[443] 영적이고 신적인 일들에 대하여 참된 성도는 거듭나지 않은 사람들이 마음으로 느끼는 것과 전적으로 다르게, 마음속에서 새로운 감각을 행사하여 그것을 느끼게 된다. 그것은 마치 꿀을 쳐다보고 마음으로 그 맛

---

440) Edwards, *Religious Affections*, in WJE, 2, 182.
441) Edwards, *Religious Affections*, in WJE, 2, 185.
442) Edwards, *Religious Affections*, in WJE, 2, 200.
443) Edwards, *Religious Affections*, in WJE, 2, 205.

을 상상하는 것과 그 꿀의 단 맛을 직접 맛보는 것이 전혀 다른 것과 같다고 에드워즈는 말했다. 영적인 세계에 대한 완전히 새로운 감각을 가지게 된다는 말이다.

둘째로, 에드워즈는 참된 은혜로운 정서는 '하나님께 속한 것들의 초월적이며, 탁월하고, 사랑스러운 본성에 대한 감동'에서 온다고 말했다. 이기심이나 탐욕스런 자기 사랑에서 오는 것이 아니다. 하나님과 예수 그리스도의 신적 탁월성과 영광, 하나님의 말씀, 하나님의 하시는 일, 하나님의 방식 등은 참 성도가 하나님을 사랑하는 일차적인 이유가 된다. "하나님을 향한 참된 사랑의 기초는 하나님께서 스스로 사랑스러우신 분이시요, 사랑을 받으시기에 합당하신 분이요, 최고로 사랑스러운 본성을 가지신 분이라는 바로 그것이라고 생각하는 것이 가장 이치에 합당합니다. 그것이 하나님께 대한 사랑을 갖게 하는 제일의 요건임에 틀림없습니다."[444]

하나님을 가장 사랑스럽게 만드는 것도 하나님의 탁월성이다. 하나님의 본성이나 신성은 무한히 탁월하다. 그 하나님의 본성이나 신성은 무한히 아름답고, 빛나며, 영광 그 자체이다. 그러나 하나님의 탁월하심에 대한 감동에서가 아니라 자기 정욕으로, 즉 하나님을 믿음으로 얻게 되는 혜택이 자기 사랑을 만족시켜 주기 때문에 하나님을 사랑하는 수가 있음을 에드워드는 경고했다.

셋째, 에드워즈는 참된 거룩한 정서는 하나님께 속한 것들의 탁월함 중에 특히 "도덕적 탁월함"의 사랑스러움에 그 토대를 둔다고 강조했다. 그는 하나님의 본성적인 완전과 도덕적인 완전 사이를 구분했다. "하나님의 도덕적인 완전성이라 할 때는 하나님께서 도덕적인 행위자로서 발휘하시는 속성들을 뜻합니다. …… 한마디로 그의 거룩하심을 뜻합니다. 이에 비해 하나님의 본성적인 속성이나 완전성들이라고 말할 때는 우리가 생각하는 것처럼 하나님의 거룩하심이나 도덕적 선하심이 아니라, 그의 위대하심

---

444) Edwards, *Religious Affections*, in WJE, 2, 242.

을 이루고 있는 속성들을 뜻합니다. 즉 그의 전능하심, 전지하심, 영원하심, 편재하심, 그리고 외경스럽고 두려운 주권 등을 말하는 것입니다."

에드워즈는 "**하나님께 속한 것들의 도덕적 탁월성의 아름다움 때문에 그것들을 사랑하는 것이야말로 모든 거룩한 정서의 시작이요, 근원이 된다.**"445)라고 하였다. 모든 거룩한 정서의 일차적이고 객관적 근거가 되는 것은 "신적인 것들의 탁월함 중에 도덕적 탁월함이나 거룩함"이다.446) 그는 하나님을 향한 참된 사랑은 하나님의 거룩하심을 즐거워하는 데서 시작되어야 한다고 강조했다. "하나님의 거룩의 영광을 알지 못하는 사람은 하나님의 자비와 은혜의 참된 영광도 전혀 알 수가 없습니다."447)

넷째, 은혜로운 정서는 '하나님의 조명'으로 말미암는다고 에드워즈는 말했다. 에드워즈에 의하면, "영적인 지식(understanding)은 신적인 일들에 있는 거룩함이나 도덕적 완전성의 지고한 아름다움과 달콤함을 느끼는 마음의 감각에 내재"한다.448) "영적으로 성경을 이해한다는 것은 마음눈이 열려서 하나님의 완전하심의 사랑스럽고 빛나는 광휘를 보고, 그리스도의 탁월하심과 충족하심을 보는 것입니다. 그리고 그리스도로 말미암은 구원의 방식의 탁월성과 적합성을 아는 것이고, 성경 교훈과 약속들의 영적인 영광을 보는 것입니다."449) 그는 말한다. "신약 성경에 의하면, 거듭나지 못한 사람들은 영적인 것의 본질과 종류를 절대 경험할 수 없습니다."450)

다섯째, 에드워즈는 참으로 은혜로운 정서는 신적인 것들의 실재성과 확실성에 대한 '논리적이고도 영적인 확신'과 더불어 나타난다고 말했다. "참으로 은혜 받은 사람들은 복음의 위대한 일들의 진리성을 확고하고, 온

---

445) Edwards, *Religious Affections*, in WJE, 2, 256.
446) Edwards, *Religious Affections*, in WJE, 2, 256.
447) Edwards, *Religious Affections*, in WJE, 2, 258.
448) Edwards, *Religious Affections*, in WJE, 2, 272.
449) Edwards, *Religious Affections*, in WJE, 2, 281.
450) Edwards, *Religious Affections*, in WJE, 2, 271.

전하며, 철저하고, 효과적으로 확신합니다. 그들은 두 견해 사이에서 이제는 고민하지 않습니다. 복음의 위대한 교리들이 다시는 의심스럽지 않으며, 더는 논쟁거리가 되지 않습니다."[451]

여섯째, 에드워즈는 은혜로운 정서는 '복음적인 겸손'을 수반한다고 말했다. "복음적인 겸손이란 그리스도인이 자기 자신이 말로 할 수 없이 부족하고 경멸할 만하며 비난받아 마땅하다는 의식과 그에 따르는 마음가짐을 가지는 것을 말합니다."[452]

일곱째, 은혜로운 정서는 '본성의 변화'를 수반한다고 에드워즈는 강조했다. 에드워즈에 의하면, "회심은 사람이 죄에서 하나님께로 돌이키는 위대하면서도 보편적인 변화"이다. "사람은 회심하기 전에도 죄를 짓는 것을 억제할 수 있습니다. 그러나 그가 회심했을 때 그는 죄를 짓지 못하도록 제어를 받을 뿐만 아니라, **그 마음과 본성 자체가 그 죄에서 돌이켜 거룩함을 향하게 됩니다**. 그래서 그 이후부터 그는 거룩한 사람이 되고, 죄에 대해서는 원수가 됩니다."[453]

회심은 총체적 본성의 변화를 가져다준다. "회심 때에 일어나는 변화는 인격 전반에 걸친 변화입니다. 은혜는 그 사람 속에 있는 죄의 문제에 있어서 그 사람을 변화시킵니다. 옛 사람이 벗어지고 새 사람을 입게 됩니다. 그는 철저하게 거룩함을 입습니다. 사람이 새로운 피조물이 되고, 옛 것은 지나가고 모든 것이 새롭게 됩니다. 모든 죄가 죽임을 당합니다. 다른 여러 죄들도 그렇게 되지만 기질적인 죄들도 그렇게 됩니다."[454]

여덟째, 참으로 은혜로운 정서는 '어린양과 비둘기 같은 그리스도의 성품'을 수반한다고 에드워즈는 말했다. 달리 표현하면, "예수님에게서 나타나는 사랑과 온유와 평온과 용서와 자비의 영을 자연적으로 가지게 하고

---

451) Edwards, *Religious Affections*, in WJE, 2, 291.
452) Edwards, *Religious Affections*, in WJE, 2, 311.
453) Edwards, *Religious Affections*, in WJE, 2, 341.
454) Edwards, *Religious Affections*, in WJE, 2, 341-342.

그러한 성품 안에서 자라게 한다."[455]

아홉째, 은혜로운 정서는 '부드러운 마음'을 갖게 한다고 에드워즈는 말했다. 거짓된 정서는 결국에는 강퍅하게 되는 경향을 가진다. 그러나 은혜로운 정서는 그것과 정반대의 성향을 가진다. 돌 같은 마음을 날이 갈수록 부드러운 마음으로 바꾼다.[456]

열 번째, 참으로 은혜롭고 거룩한 정서는 마음에 '아름다운 대칭과 균형'을 갖고 있다고 에드워즈는 말했다. "성도들 속에는 기쁨과 거룩한 두려움이 함께 합니다. …… 그러나 많은 외식자들은 두려움 없이 즐거워합니다."[457]

열한 번째, 에드워즈는 은혜로운 정서는 회심을 한 후 영이 자랄수록 '더욱 큰 영적인 갈망'을 가지게 된다고 말했다. 그러나 거짓된 정서는 자신의 상태에 안주한다.[458]

열두 번째, 은혜롭고 거룩한 정서는 '그리스도인다운 행실'로 열매를 맺는다고 에드워즈는 강조했다. 그에 의하면, 그리스도인의 거룩한 생활의 실제는 은혜의 모든 표지들 가운데서 '가장 중요한 것'이다.[459] 그리스도인다운 행실은 다른 사람들에게 증거하는 가장 중요한 증거이며, 우리 자신들에게 증거하는 가장 중요한 증거이다. **"거룩한 실천은 그 회개가 진정한 것인가를 밝혀 주는 증거입니다."**[460]

사랑하는 독자여, 그대는 에드워즈가 말하는 12가지 거듭남의 징표를 가졌는가? 진실로 그러한가?

---

455) Edwards, *Religious Affections*, in WJE, 2, 344-345.
456) Edwards, *Religious Affections*, in WJE, 2, 360.
457) Edwards, *Religious Affections*, in WJE, 2, 366.
458) Edwards, *Religious Affections*, in WJE, 2, 376.
459) Edwards, *Religious Affections*, in WJE, 2, 406.
460) Edwards, *Religious Affections*, in WJE, 2, 444.

9. 구원 얻는 길

에드워즈는 철저한 죄의 각성과 온 마음으로 드리는 기도를 강조했다.

(1) 그는 하나님께서는 죄인으로 하여금 보통 먼저 자신의 철저한 비참을 깨닫게 하신다고 했다. 사람들에게 긍휼과 사랑을 베푸시기 전에 자기들의 비참과 무가치함을 깨닫게 하시는 것이 하나님의 방식이다.[461] 에드워즈에 의하면, 사람이 구원을 얻기 위해서는 자기가 "곤고하고, 가련하며, 비참하고, 눈멀었으며, 벌거벗었음"을 알아야 한다.[462]

(2) 그러면, 우리가 구원을 얻기 위해서 우리가 적극적으로 할 수 있는 일은 무엇인가? 에드워즈는 구원을 얻기 위해서 "오직 그리스도를 믿어야 하며, 우리의 구원을 위해 온 마음을 다해 그리스도께 가야 한다."라고 했다.[463] 그는 구원을 얻기 위해서 "그리스도께 가서 그리스도만을 신뢰해야 하며, 우리 자신의 의를 신뢰해서는 안 된다."라고 하였다.[464]

에드워즈는 "하나님의 나라로 침노하라"(눅 16:16)는 설교에서 모든 힘을 다하여 거듭남의 은혜를 구해야 한다고 가르쳤다. "여러분의 영혼의 영원한 이익을 위해 필요하다면 '모든 것'을 희생시키십시오. 하나님의 나라에 들어가는 일에 열중하십시오. 여러분이 결심하게 되면 그 일에 다른 모든 것을 양보하게 될 것입니다. 그 정도로 열심을 내십시오. **하나님의 나라를 구하는 여러분의 결심 앞에 그 어느 것도 서지 못하게 하십시오**. …… 그 어느 것도 구원을 추구하는 일과 경쟁을 벌이지 못하게 하시고, 오히려 구원의 문제 앞에 모든 것을 부복하게 만드십시오. 육신을 십자가에 못 박아야

---

461) Edwards, "God Makes Men Sensible of Their Misery Before He Reveals His Mercy and Love," in WJE, 17, 143.
462) Edwards, "God Glorified in Man's Dependance," in WJE, 17, 213.
463) Edwards, "He That Believeth Shall Be Saved," in *The Sermons of Jonathan Edwards: A Reader*, 114.
464) Edwards, "He That Believeth Shall Be Saved," in *The Sermons of Jonathan Edwards: A Reader*, 115.

한다면 기꺼이 그렇게 하십시오. 아끼지 말고 십자가에 못 박으십시오. 그렇게 하는 것이 너무 잔인하다고 생각지 마십시오. 두려워하지도 마십시오. 사도는, '그리스도 예수의 사람들은 육체와 함께 그 정과 욕심을 십자가에 못 박았느니라.'(갈 5:24)라고 했습니다. 그것이 어떤 것이든 세상적인 즐거움을 의지하지 마십시오. **구원만이 오직 여러분의 관심이 되게 하십시오.** …… 바로 여기서 문이 좁다는 것을 발견합니다. 그렇게 많은 사람들이 들어가려고 애를 쓰다가 들어가지 못하는 것은 바로 그 때문입니다. …… 끝까지 목표에 도달하기 위해서 마음을 철저하게 가지도록 애를 쓰십시오."[465]

---

465) Edwards, "Pressing into the Kingdom of God," in WJE, 19, 286-288.

제27장

존 웨슬리의 거듭남 체험

로이드 존스는 존 웨슬리(John Wesley, 1703-1791)가 등장하기 전 영국은 "생각할 수 있는 모든 면에서 가장 밑바닥까지 빠져 있었다."라고 하였다. 브래디(John W. Bready)는 『웨슬리 전후의 영국』에서 웨슬리 당시의 영국 사회가 얼마나 어두웠던가를 서술하면서 웨슬리가 회심하였던 해인 1738년에 있어서 영국의 도덕과 종교는 일찍이 어느 기독교 국가에서도 찾아볼 수 없을 정도로 극심히 부패되어 있었다고 말했다.[466]

당시 기독교 신앙은 심하게 조롱을 당하고 있었다. 대주교 세커(Secker)는 그의 감독 임기 중에 이렇게 말했다. "공공연하게 종교를 무시하는 것이 이 시대의 뚜렷한 특징이 되었다는 것을 우리는 알 수 있다. 즉, 상류 계층에 있는 자들은 원칙이 없고 원칙을 무시하며, 하위 계층 사람들은 방탕과 무절제가 심하며, 그리고 범죄를 두려워하지 않는다. 만일 이런 불경건의 홍수가 멈춰지지 않는다면 분명히 파멸할 것이다. 기독교는 심하게 조롱당하고 있으며 조소당하고 있다. 또한 기독교를 가르치는 사람들도 예외 없이 조소당하고 있다."[467]

합리주의와 이신론이 세력을 떨치고 있었다. 그 영향으로 당시에 지배적

---

466) John W. Bready, *England: Before and After Wesley* (London: Harper and brothers, 1938), 101.
467) Ryle, *The Christian Leaders of the Last Century*, 6.

인 설교 형태는 냉랭한 도덕적 의무들에 대한 설교였고, '열정' 또는 '광신'을 기피하는 풍조가 확산되어 있었다. 이렇게 인간의 죄악과 부도덕과 교만이 고개를 한껏 치솟았을 때, 하나님께서 거룩한 웨슬리를 준비하셨다.

웨슬리는 1703년 6월 17일 아버지 새뮤얼 웨슬리(Samuel Wesley, 1662-1735)가 영국 국교회 교구 목사로 있던 링컨 주 엡워스(Epworth)에서 태어났다.[468] 웨슬리의 부모는 모두 비국교도 선조를 두었다. 웨슬리의 부모는 둘 다 비국교도로 자랐으나 각각 20세, 13세 무렵 되었을 때 비국교도 신분을 버리고 영국 국교회의 회원으로 옮겼다. 웨슬리의 부친인 새뮤얼은 옥스퍼드 출신이었는데, 교구 목사로서 그는 1년에 겨우 1,000파운드의 생활비를 받았기 때문에 늘 재정적으로 쪼들렸고, 빚을 져서 감옥에 간 적도 한 번 있었다. 웨슬리의 증조할아버지 바돌로메 웨슬리(d. 1678)는 옥스퍼드가 인정한 청교도 교회의 목사였다. 웨슬리의 친할아버지는 이름이 존 웨슬리와 같다. 그 또한 옥스퍼드 출신으로 탁월한 학생이었다. 그는 비국교도로서 영국 국교회 주교의 안수를 받지 않고도 교역자가 될 수 있는 권리에 대해 강력하게 자신의 주장을 펼쳤다. 웨슬리의 증조부와 조부는 통일령(Act of Uniformity)[469]이 시행된 영국교회 바돌로메일(1662년 8월 24일) 6개월 전에 국교회 반대자라는 이유로 국교회로부터 출교를 당했다. 웨슬리의 조부는 '5마일법'[470]으로 너무나 많은 고생과 압박을 받은 나머지 일찍 주님의 품으로 가고 말았다. 존 웨슬리는 그의 가문에서 4대째 옥스퍼드에 들어간 자손이었다.

웨슬리의 외가 쪽 조상들도 친가 쪽과 마찬가지로 훌륭한 사람들이었다.

---

468) '구력 (舊曆). 오늘날 사용하는 개정 달력으로 따지면 그 날짜는 6월 28일이다.
469) 1662년 5월에 왕의 동의를 얻었으며 모든 성직자는 통일령 안에 실려 있고 규정된 모든 것들에 대하여 거짓 없이 동의하고 찬성하는 맹세를 하도록 하였다. 이것으로 인해 약 1,800명의 청교도 목사들이 규정된 맹세를 하지 않고, 자기들의 직위를 버렸다.
470) 1665년에 제정된 법령으로서 영국 국교에 저항하지 않는다는 선서를 하지 않은 비국교도 목사는 그의 이전의 목회지 5마일 이내의 지역에서 살거나 방문할 수 없도록 한 법령이다.

어머니 수잔나(Susannah, 1669-1742)는 특별한 지적 능력과 경건과 검약으로 유명한 여인이었다. 그녀의 지적 능력과 경건은 1662년 영국 국교에서 추방된 '비국교도들의 성 바울'이라고 불리진 청교도 목사였던 새뮤얼 애니슬리(Samuel Anneysley) 박사로부터 물려받은 것이었다. 그녀의 아버지뿐만 아니라 조부도 복음 사역자였다. 수잔나는 새뮤얼과 결혼한 후 21년 동안 모두 19명의 자녀를 낳았는데 그 중 겨우 여섯 명만이 성인이 될 때까지 살았다. 존은 열다섯 번째 아이이자 아들로는 둘째로, 그리고 찰스가 열일곱 번째 아이이자 셋째 아들로 각각 태어났다. 웨슬리 형제는 경건한 어머니 수잔나 밑에서 신앙적으로 엄격한 훈련을 받으며 자랐다.

1720년 6월 24일 15세 되던 해, 웨슬리는 장학생으로 옥스퍼드 대학교 크라이스트처치 대학(Christ Church College)에 들어갔다. 그는 부지런한 학생이었고 공부에도 크게 진보했다. 4년간 대학 생활을 마치고 1724년에 인문학사 학위를 받았다. 1725년 9월 19일 주일, 웨슬리는 그 당시 옥스퍼드 주교였지만 나중에 캔터베리 대주교가 된 존 포터(John Potter) 박사의 집전으로 영국 국교회 부제(deacon)로 안수를 받았다.

스물세 살에 웨슬리는 고전에 대한 발전이 너무나 뛰어나서 1726년 3월 17일 옥스퍼드 링컨 대학의 강사(fellow)가 되었으며 또한 고전의 고시위원으로 선출되었다. 1727년에 그는 윌리엄 로(William Law)의 『경건한 삶을 위한 진지한 부르심』을 읽고 큰 감동을 받았다. 이 책은 철저한 헌신과 자기 부인의 경건을 강조하는 책이었다. 웨슬리 자신의 말대로 이 책은 "어중간한 기독교인으로 존재한다는 것은 불가능하다는 것"을 일깨워 주었고, 그는 곧 "하나님께 모든 것을 헌신하기로 결심"했다. 그 책을 읽은 후 그는 곧 로와 친구가 되었으며 그로부터 많은 영향을 받았다. 1727년 2월 14일에 문학 석사 학위를 받았으며 1728년 9월에는 포터 감독으로부터 사제 안수를 받았다. 1727년 8월부터 1729년 11월까지 존은 소년 시절 지내던 소교구에서 아버지의 보좌사제로 일했다.

1729년 10월 21일 링컨 대학의 목사 몰리(Morley) 박사로부터 옥스퍼드로 돌아오기를 요청받고 옥스퍼드 링컨 대학 거주 교수(Resident Tutor)가 되었다. 1729년부터 1734년까지 웨슬리는 옥스퍼드에서 자신의 학생들을 참 그리스도인으로 가르치고 훈련하는 일에 헌신했다. 1729년 11월에 옥스퍼드로 돌아와서 동생 찰스가 이끌고 있는 '홀리 클럽'(Holy Club)에 가입했다. 이들은 나중에는 "규칙주의자들"(Methodist)이라고 불려졌는데, 그것은 그들이 시간을 규칙적으로 사용하고 매일 아침 일과를 계획하는 그들의 습관 때문이었다. 웨슬리는 즉시 그들의 지도자가 되었다. 처음에는 존 웨슬리, 찰스 웨슬리, 모건(Morgan), 커크맨(Kirkman) 이렇게 네 사람이었다. 어느 정도 시간이 지난 후 잉엄(Ingham), 브로튼(Broughton), 클레이턴(Clayton), 그 유명한 조지 윗필드, 제임스 하비(James Hervey) 등이 동참했다. 처음에 '홀리 클럽' 멤버들은 1주일에 3일 내지 4일 저녁을 함께 지내면서 헬라어 신약 성경 읽기와 고전 읽기를 위해 모였다. 성경과 고전 연구 외에도 규칙적으로 기도하고, 주일마다 성찬에 참여했고, 매주 수요일과 금요일에는 금식했다. 기회가 닿는 대로 런던의 가난한 지역들을 찾아가 예배와 간증을 하고, 가난한 자, 노인들을 방문했으며, 옥스퍼드에 있는 두 곳의 감옥을 정기적으로 방문하여 재소자들에게 구제품을 가져다주었다. 그리고 도움이 필요한 사람들에게 옷과 돈을 나누어 주었다. 존에게는 "홀리 클럽의 간사", "홀리 클럽의 아버지"라는 별명이 붙여졌다.

웨슬리와 그의 동료들은 열광주의자, 광신자, 이스라엘을 괴롭게 하는 자라는 비난을 받았다. 사람들은 그들에게 '메서디스트(규칙주의자)' 또는 '홀리 클럽'이라는 별명을 붙였으며, 심한 조롱과 욕설로 대했다. 그렇지만 이들은 굴하지 않고 끝까지 자기들의 길을 걸어갔다. 홀리 클럽 회원 가운데 세 명-존 웨슬리와 그의 동생 찰스 웨슬리, 그리고 조지 윗필드-은 오늘까지도 교회사에 그 명성이 크게 남아 있다.

1735년 4월 25일 웨슬리의 아버지 새뮤얼이 72세로 별세한 후, 1735년 10월 14일에 웨슬리는 선교를 위하여 동생 찰스, 친구가 된 잉엄 등과 함께 배를 타고 북아메리카 조지아로 출발했다. 그런데 그 배에는 모라비안 교회의 감독 니취만(David Nitschmann)이 인솔하는 26명의 모라비아 교도 일행이 있었다. 1736년 1월 25일 바다에서 사나운 폭풍우를 만났으나 같은 배에 함께 있었던 모라비아 교도들의 평온한 모습을 보고 크게 감명을 받는다. 예배가 시작되고 시편이 낭송되고 있는 중에 파도가 배를 덮쳐서 마치 큰 바다 깊은 물이 사람들을 다 삼켜 버릴 것처럼 보였다. 영국 사람들은 큰 비명을 질렀으나, 모라비아 교도들은 침착하게 조용히 시편 낭송을 계속하였다. 웨슬리는 폭풍우가 지난 후에 그들 중 한 사람에게 물었다. "당신은 두렵지 않습니까?" 그러자 그 사람은 "아니오. 하나님께 감사할 따름입니다." 하고 대답했다. 웨슬리는 다시 물었다. "그렇지만 당신네의 부인들과 어린이들은 두려워하지 않았습니까?" 그 사람은 부드럽게 대답했다. "아니오. 우리네 부인들과 어린이들은 죽음을 두려워하지 않습니다." 웨슬리는 모라비아 교도들이 자신은 아직 갖지 못한 하나님에 대한 신뢰심을 가졌다고 확신했다.

사바나에 도착(2월 6일)한 직후, 웨슬리는 독일인 목사인 슈팡겐베르크(Spangenberg)를 만났는데(2월 7일) 그에게 충고를 부탁하였다. 슈팡겐베르크가 질문하였다. "내 형제여, 먼저 한두 가지 물어 보겠습니다. 당신은 당신 안에 증거를 갖고 있습니까? 성령께서 당신의 영과 더불어 당신이 하나님의 자녀임을 증거하고 있습니까?" 웨슬리는 당황했으며, 무슨 말을 해야 할지를 몰랐다. 슈팡겐베르크가 그것을 관찰하고 또 물었다. "당신은 예수 그리스도를 알고 있습니까?" 웨슬리는 잠시 한숨 돌린 후에 "나는 그분이 세상의 구세주이심을 알고 있습니다."라고 대답했다. 그러자 슈팡겐베르크가 다시 물었다. "맞습니다. 그러면 그분이 당신을 구원하셨음을 확신하십니까?" 웨슬리는 "그분이 나를 구원하시기 위해 죽으셨음을 믿고 싶습니다."라고 대답했다. 슈팡겐베르크가 또다시 질문했다. "당신은 당신이 누구인지 알고 있습니까?" 웨슬리는 "알고 있습니다."라고 대답했다. 그러나 웨슬리는 그 대답이 얼마나 공허한 말인지를 알기 때문에 두려워졌다.

웨슬리는 조지아 주에 가서 열심히 목회를 했지만 그때까지만 해도 그는 믿음으로 말미암는 구원을 알지 못하고 자신의 의와 열심 있는 행위로 구원을 얻는 줄로 생각하고 있었다. 웨슬리 형제는 조지아에서 허공만 치고 돌아왔다. 사람들을 자기들과 같은 높은 경건의 수준으로 끌어올리려고 노력하면서, 죄에 대하여 너무나 직접적으로 설교한 나머지 많은 반대를 불러일으키게 되었다. 마침내 그들은 영국으로 되돌아가는 것이 현명하다고 생각했다. 찰스가 먼저 돌아갔고, 1737년 12월 2일 존도 귀국길에 올랐다.

1738년 1월 24일 화요일 고국으로 돌아오는 항해에서 다음과 같이 일기를 썼다. '나는 인디언들을 회심시키려고 미국으로 갔었다. 아, 그러나 누가 나를 회심시킬 것인가? 과연 누가 이 사악한 불신의 마음에서 나를 구원해 줄 것인가? 나는 맑은 여름 날씨에만 통하는 신앙을 소유하고 있다. 나는 말로는 잘할 수 있다. 위험이 없을 때에는 나 자신을 신뢰할 수 있다. 그러나 죽음이 나를 노려보면, 내 영혼은 불안하게 된다. 나는 '죽는 것도 유익함이라.'라고 말할 수가 없다." 하나님의 방식은 인간의 방식과 다르다. 웨슬리는 조지아에서의 실패의 경험을 통해서 자신의 한계를 분명히 보게 되었다.

1738년 2월 1일, 웨슬리가 영국에 도착한 날, 그는 일기에 다음과 같이 적었다.

"내가 조지아의 인디언들에게 기독교의 본질을 가르치려고 내 나라를 떠난 지 이제 거의 2년 4개월이 되었다. 그러나 그동안 나는 내 자신에 대해 무엇을 배웠는가? 다른 사람들을 회심시키기 위해 미국으로 갔던 나 스스로를 결코 하나님께 회심시키지 못했다니! 비록 내가 이렇게 말하고 있지만 '나는 정신 나간 사람은 아니다.' 나는 '올바른 정신으로 진실을 말하고 있다.'

만일 누군가 나의 비참한 형편을 듣고 내가 가진 것도 믿음이라고 어설프게 위로한다면-나는 마귀도 그런 믿음을 가질 수 있다고 대답할 것이다. 그러나 여전히 마귀는 구원의 약속을 받지 못했다. …… **내가 원하는 믿음은 '그리스도의 공로로 말미암아 내 죄가 용서받았으며, 또한 내가 하나님**

과 화해했다는 하나님께 대한 분명한 신뢰와 확신' 이다. 나는 사도 바울이 특별히 로마서에서 온 세상 사람들에게 전하려 했던 바로 그 믿음을 원한다. 나는 이런 믿음이 있는 모든 사람으로 하여금, '그런즉 이제는 내가 산 것이 아니요 오직 내 안에 그리스도께서 사신 것이라. 이제 내가 육체 가운데 사는 것은 나를 사랑하사 나를 위해 자기 몸을 버리신 하나님의 아들을 믿는 믿음 안에서 사는 것이라' 고 외치게 만드는 믿음을 원한다."

윗필드가 아메리카로 떠난 다음날 웨슬리는 영국에 도착했다. 그는 영국의 여러 곳에서 설교를 했지만, 그 결과는 고무적이지 않았다. 많은 반대가 일어난 데 반하여 그의 설교에는 하나님의 축복이 거의 임하지 않았다. 웨슬리가 영국에 도착한 지 얼마 지나지 않았을 때였다. 마음의 고통을 겪던 웨슬리 형제는 다행히 친첸도르프(Zinzendorf)로부터 안수 받은 젊은 모라비안 설교가인 페터 빌러(Peter Böhler, 1712-1775)와 대화하게 되었다(3월 4일). 빌러는 죄 사함의 확신과 모든 알려진 죄에 대한 승리가 수반되는, 오직 믿음으로 말미암는 구원을 강조했다. 웨슬리는 주 예수 그리스도를 믿는 순간 의롭게 된다는 것을 보기 시작했다.

빌러와의 대화를 통해 웨슬리는 자기를 구원받게 해 줄 믿음이 부족하다는 것을 절감했다. 웨슬리는 빌러에게 자신이 설교를 그만두어야 할 것인지를 물었다. 빌러는 절대로 안 된다고 대답했다. 그래서 그가 다시 물었다. "그러나 내가 무슨 설교를 할 수 있습니까?" 빌러가 대답했다. "믿음을 갖게 되기까지 믿음에 관하여 설교를 하십시오. 그리고 믿음이 생기면 그 믿음에 관하여 설교를 하십시오." 6일 월요일부터 웨슬리는 그 자신이 비록 원점에서부터 다시 시작하는 입장이었으나 이 새로운 교리를 설교하기 시작했다.

그 후 웨슬리는 (펨브로크 대학의) 헛친스(Hutchins) 씨와 폭스 부인의 경험을 들음으로써 '경건함에 속한 진리의 지식' (딛 1:1)에 더욱 확신을 갖게 되었다. 그 두 사람은 하나님께서 번개처럼 순간적으로 구원에 이르는 믿음을 주실 수 있다는 것에 대한 산 증인이었다.

5월 1일 웨슬리는 페터 뵐러와 함께 앞으로 피터레인에서 모이게 될 신도회(society)를 만들었다. 이 신도회는 성 야고보의 권면(약 5:16)에 따라 11가지의 기본 규칙을 정했는데, 첫 번째 규칙은 일주일에 한 번씩 만나 '우리의 죄를 서로 고하고, 병 고침을 받도록 서로를 위해 기도하는 것'이었다.

5월 3일 수요일에 그동안 그가 들었던 것을 '새로운 신앙'이라고 이름을 붙이면서 몹시 꺼려하였던 찰스 웨슬리는 페터 뵐러와 장시간의 특별 대화를 나누었다. 하나님께서 찰스의 눈을 열어 주셔서 '오직 그것으로 말미암아 은혜로 우리가 구원을 얻을 수 있는' 참되고 살아 있는 믿음의 본질을 분명히 볼 수 있게 되었다.

여기서 모라비아 교도들이 믿고 있었던 신생 교리는 어떤 것이었는지 알아보자. 모라비아 교도들이 이해한 신생의 교리는 1857년 모라비아 교도들이 개최한 아메리카 회의(American Synod)에서 잘 요약되었다.

"이것은 처음부터 우리 교회의 가장 간절한 바람이었다. 즉 교인 각자가 성령의 가르침 안에서 자신의 죄성뿐만 아니라, 죄에 대한 마땅한 벌로써 하나님 앞에 자신들이 정죄되었다는 사실을 깊고도 철저하게 알게 되어야 한다는 것이다. 그렇게 됨으로써 참된 회개를 하게 되고, 자신에게 구주가 필요하다는 사실에 대하여 확신을 가지게 되는 것이다. 그때 예수님에 대한 살아 있는 믿음을 통하여 내적 인간의 철저한 신생(renewal)이 일어나는 것이다. 그것은 단지 몇 가지 죄된 습관들을 버리는 것이 아니라, 견해와 성향의 전적인 변화이며 마음이 주님께 완전하게 굴복하는 것이다."[471]

드디어 찰스는 1738년 5월 21일 성령강림 주일에 회심을 하게 된다. 웨슬

---

471) Edmund A. de Schweinitz, ed., *The Moravian Manual* (Philadelphia: Lindsay & Blakiston, 1859), 114–116.

리는 며칠 전 늑막염이 재발한 찰스가 "영적인 평안을 얻었다는 놀라운 소식"을 들었다. 찰스의 체력도 그 시간부터 정상적으로 회복되었다.

웨슬리는 월요일, 화요일, 수요일 내내 마음이 무겁고 우울하였다. 동생 찰스가 구원의 빛을 발견한 지 3일 후인 1738년 5월 24일 수요일 오후 8시 45분 존 웨슬리는 올더스게이트 가에서 있었던 모라비안 집회에서 신생을 체험하게 된다. 아래에서는 웨슬리의 일기 중 1738년 5월 24일 부분을 그대로 소개하겠다.

수요일인 24일에 나에게 일어난 일에 대해서 보다 자세한 내용을 써서 남들이 보다 잘 이해할 수 있도록 하는 것이 최선이라고 생각한다. 그것을 받아들일 수 없는 사람은 빛의 아버지께 간구하여 더 많은 빛을 하나님께서 그와 나에게 주시기를 구하기 바란다.

1. 나는 내가 약 열 살이 되기까지는 [유아] 세례 받을 때 내게 주어진 "성령의 씻음"을 거역하는 죄를 짓지 않았다고 믿는다. 나는 "하나님께 대한 보편적 순종과 모든 계명을 지킴으로 말미암아서만" 구원받을 수 있다고 엄격하게 교육을 받았고 주의 깊게 가르침을 받았다. 나는 이러한 계명들의 의미에 대해서 부지런히 훈육을 받았다. 그리고 그러한 훈육에 대해서, 그것들이 외적인 의무들과 죄들에 관계하는 한, 나는 기쁘게 받아들였고 종종 그것에 대해 생각했다. 그러나 **내적인 순종이나 거룩함**에 대해서 내게 말해진 모든 것은 나는 결코 이해하지 못했고 기억하지 못했다. 그래서 나는 그리스도의 복음에 대해서 무지한 것처럼 율법의 진정한 의미에 대해서 참으로 무지했었다.

2. 나는 그다음 6, 7년 동안 학교에서 보냈다. 거기서, 외적인 억제가 없어지자 심지어 외적인 의무에 있어서조차 나는 전보다 더욱 게을러졌다. 세상의 눈으로 봐서는 고약한 것은 아니었지만 나는 끊임없이 외적인 죄들을 지었다. 그러나 나는 여전히 성경을 읽었으며 아침저녁으로 기도를 드렸다. 지금 내가 구원 얻기를 바라는 수단은 (1) 다른 사람들처럼 그렇게 나

쁘지 않으며 (2) 종교에 대해서 친절함을 여전히 지니고 (3) 성경을 읽고, 예배를 드리러 가며, 기도를 하는 것이었다.

   3. 대학교에 5년 동안 다닐 때에도, 나는 여전히 공적 혹은 사적으로 기도를 드렸으며, 성경과 더불어 다른 여러 신앙 서적들을 읽었는데 특히 신약 주석을 보았다. 그러나 이 기간 내내 전혀 **내적인 거룩함**에 대하여 알지 못했다. 사실, 나는 몇 가지 알려진 죄를 습관적으로 짓곤 했다. (대부분) 매우 만족하면서 그렇게 하였다. 그러나 나는 특히 일 년에 세 번 받도록 요구되었던 성찬을 받은 전후에는 가끔 중단하거나 잠깐 갈등이 있었다. ……

   4. 내가 약 스물두 살이 되었을 때, 아버지는 성직에 들어가도록 나를 압박하였다. 마침 그때 하나님께서는 섭리로 나에게 토머스 아 켐피스의 『그리스도를 본받아』(Christian Pattern)를 읽게 하셨는데, 참 신앙은 마음에 있으며, 하나님의 율법은 말이나 행동뿐 아니라 우리의 모든 생각에까지 미친다는 것을 알기 시작했다. 그러나 비록 내가 이 책을 학장 스태넙(Stanhope)의 번역본으로 읽기는 하였으나, 나는 켐피스가 너무 엄격한 것 때문에 그에 대해서 아주 화가 났다. 그러나 내가 책장을 넘길 때마다 마음에 와 닿는 위로를 종종 느꼈는데, 그만큼 이전에는 내가 토머스에 대해 전혀 알지 못했던 것이었다. 이로써 나는 지금까지 한 번도 가져 보지 못한 종교적인 친구를 만나게 되었고, 내 전체 행동 양식을 바꾸고 진지하게 새로운 삶을 출발하려고 노력하기 시작했다. 나는 하루에 한 시간 혹은 두 시간을 경건의 시간을 위해 떼어 놓았다. 나는 매주 성찬에 참여했다. 나는 말에 있어서나 행동에 있어서 모든 죄를 경계했다. 나는 내적인 거룩함을 목표로 삼았으며, 그것을 위해 기도했다. 그래서 이제 "그렇게 많은 일을 하고, 그렇게 선한 삶을 살았으므로" 나는 내가 좋은 그리스도인이라는 것을 의심하지 않았다.

   5. 곧바로 다른 대학으로 옮긴 후에 곧, 내가 전에 가장 중요한 것으로 확신하였던 그 결심을 실행에 옮겼다. 그것은 가치 없는 모든 교제를 일격에 포기하는 것이었다. 나는 점점 더 시간의 가치를 보기 시작하였다. 나는 학

업에 더욱 열중했다. 나는 실제적 죄들을 더욱 조심해서 경계하게 되었다. 나는 경건을 바라는 다른 이들에게 내 삶의 모델과 같은 경건의 체제를 가르쳐 주면서 조언했다. 그러나 로의 『그리스도인의 완전』과 『진지한 부르심』을 만났는데 (비록 아직 그 두 책의 많은 부분에 상당히 많은 반감을 가지고 있었지만) 그 두 책은 하나님의 법(law)의 넘치는 높이와 넓이와 깊이를 이전 어느 때보다도 더욱 깨닫게 해 주었다. 그 빛은 내 영혼 위에 너무나도 강력히 흘러 들어와서 모든 것이 새로운 관점에서 보이기 시작했다. 나는 하나님의 도움을 부르짖었으며, 그분에게 즉각적으로 순종할 것을 결심했다. 이는 전에는 결코 해 본 일이 없던 것이었다. 내적이든 외적이든 하나님의 모든 법을 내 힘이 닿는 데까지 지키려고 끊임없이 노력함으로 말미암아, 나는 하나님에 의해 받아들여졌다는 것과 이제는 이미 구원의 상태에 있는 것이라고 믿게 되었다.

6. 1730년에는 나는 여러 감옥을 방문하기 시작했고 마을에 있는 가난한 자와 병든 자를 돕기 시작했다. 내가 방문해 줌으로 혹은 나의 작은 돈으로 도움이 된다면 모든 사람들의 몸이나 영혼을 위해서 할 수 있는 일은 무슨 일이든 하기를 시작했다. 이러한 목적을 위해서 나는 내 생활의 모든 낭비를 줄였으며, 생활필수품이라고 생각되는 많은 것들을 줄였다. 나는 그렇게 함으로써 곧 '웃음거리'가 되었으며, '내 이름이 악하다고 버림을 받는 것'을 기뻐하였다. 다음해 봄에는 나는 수요일과 금요일 금식일을 지키기로 하였는데, 그것은 고대 교회에서 보통 지키던 것으로서, 오후 세 시까지는 아무런 음식도 먹지 않는 것이었다. 나는 이제 얼마나 더 가야 하는지 알지 못했다. **나는 진정으로 모든 죄에 대하여 싸웠다.** 나는 합법적이라고 생각한 자기 부인은 어떤 것이라도 생략하지 않았다. 나는 공적이든 사적이든 모든 기회에 모든 은혜의 수단들을 주의 깊게 사용하였다. 나는 선을 행할 수 있는 기회를 결코 게을리 하지 않았으며, 그때에 매우 고통스러웠다. 나는 이 모든 것이 내적인 거룩을 목표로 하는 것이 아니라면 아무것도 아니라고 간주했다. 따라서 내 자신의 뜻이 아니라 하나님의 뜻을 행함으로

써 하나님의 형상을 이루는 것을 나의 목표로 삼았다. 그러나 이런 식으로 몇 년을 계속한 후에 내가 거의 죽을 지경이 되었음을 느꼈을 때도, 나는 이 모든 금욕적 실천들이 내가 하나님께 받아들여지고 있다는 어떤 위안이나 확신을 주는 것을 발견할 수 없었다. 그때 나는 이 사실에 대해서 매우 놀랐다. 그러면서도 나는 지금까지 줄곧 모래 위에 집을 지어 왔음을 깨닫지 못하고 있었다. 하나님에 의해서 놓여진 기초, 즉 "예수 그리스도 외에는" "사람이 놓을 수 있는 다른 기초가 있을 수 없음"을 생각하지 못하고 있었다.

7. 그 이후에 곧, 어떤 사색적인 마음을 지닌 사람이 외적인 행위로는 그 자체가 아무것도 아니라는 것을 그동안 내가 확신하고 있는 것보다 훨씬 강하게 확신하게 만들었다. 몇 차례의 대화를 통하여 그 사색적인 마음을 지닌 사람은 어떻게 내적인 거룩함, 혹은 하나님과 영혼의 연합을 추구하는지 그 방법을 내게 가르쳐 주었다. (비록 그때는 그 가르침들을 하나님의 말씀으로 받아들였지만) 그의 가르침에 대해서 지금 나는 깨닫는다. (1) 그는 외적인 행위들을 신뢰하는 것을 너무나 부주의하게 반대하여서 나로 하여금 그러한 외적인 행위들을 전혀 하지 않도록 낙담시켰다. (2) 그는 영혼을 정화하고 영혼을 하나님과 연합시키는 가장 효과적인 방법으로 정신적 기도(mental prayer)와 그와 유사한 실천 방법들을 추천했다. 이제 이런 것들은 사실상, 내가 환자를 방문하고 헐벗은 자에게 옷을 입혀 주는 것과 마찬가지로 나 자신의 행위가 되었다. 이런 식으로 하나님과의 연합을 추구하는 것은 내가 전에 다른 이름으로 추구했던 다른 것들과도 같이 나 자신의 의였던 것이다.

8. 이런 식으로 (신비주의 저자들에 의해서 그렇게 열정적으로 추천되었던) 나 자신의 행위들과 나 자신의 의를 신뢰하는 개량된 방법 속에서 나는 힘겹게 질질 끌려 다녔으며, 내가 영국을 떠나는 시간까지 하나님을 추구하는 이러한 방법 속에서 어떤 위안이나 도움도 찾을 수 없었다. 그러나 선상에서 나는 다시 외적인 행위들을 활발하게 하게 되었는데, 거기서 하나님의 값없는

자비하심으로 26명의 모라비아 형제단을 만나게 되었다. 그들은 나에게 "더욱 탁월한 길"을 보여 주려고 노력했다. 그러나 나는 처음에 그것을 이해할 수 없었다. 나는 내 스스로 너무 많이 배웠고 너무 똑똑해서 내게는 그것이 어리석게 들렸다. 그리고 나는 설교하기를 계속했는데, 어떤 육체도 의롭다 하심을 얻을 수 없는 그런 의를 추종하고 신뢰하면서 말이다.

9. 내가 조지아 사바나에 있는 동안 내내 나는 '허공을 치고' 있었다. 그리스도를 믿는 살아 있는 믿음으로 말미암아 "믿는 모든 사람들에게" 구원을 주시는 그리스도의 의에 대해서는 무지한 채로, 나는 내 자신의 의를 세우려고 노력하였다. 그래서 날마다 지치도록 끌려 다녔다. 나는 이제 본래적인 의미에서 "율법 아래에" 있었다. 나는 하나님의 법이 영적인 것을 알았다. 그리고 나는 그것이 선한 것임을 동의했다. 그렇다. 내 속사람에 따르면 그 법을 기뻐했다. 그러나 나는 육에 속했으며, 죄 아래 팔렸다. 매일 나는 다음과 같이 부르짖지 않을 수 없었다. "내가 하는 것을 나는 알지 못한다. 왜냐하면 내가 원하는 것은 하지 않고 내가 미워하는 것을 행하기 때문이다. 원함은 내게 있으나 선을 행하는 것은 없구나. 내가 원하는 바 선은 하지 아니하고 도리어 원치 아니하는 악은 행하는구나. 그러므로 내가 한 법을 깨달았노니 선을 행하기 원하는 나에게 악이 함께 있는 것이로다. 내 지체 속에 한 다른 법이 내 마음의 법과 싸워 내 지체 속에 있는 죄의 법 아래로 나를 사로잡아 오는 것을 보는구나." (롬 7:13-23절 참조)

10. 이러한 비열하고 비참한 죄의 노예 상태 속에서, 나는 참으로 날마다 싸웠으나, 이기지는 못하였다. 전에는 내가 죄를 자원하여 섬겼다. 그러나 지금은 원치 않으나 여전히 죄를 섬기고 있었다. 나는 넘어지고 일어나고, 그리고 다시 넘어졌다. 어떤 때에는 죄에 져서 마음이 무거웠다. 그리고 때때로 죄를 이기면 기뻤다. 왜냐하면 죄에 질 때는 율법의 공포를 어느 정도 미리 맛보았지만, 이기면 복음으로부터 오는 위로를 맛보았기 때문이다. 지금은 (벌써 10년이 넘게 지속되고 있는) **본성과 은총간의 이 모든 투쟁이 진행되는 동안에** 나는 매우 열심히 기도에 전념했으며 특히 내가 절박한 상황에

처해 있을 때 더욱 그러하였다. 종종 나는 짧은 순간이나마 이전에 받아들인 신앙의 삶으로 인해 위로를 받았다. 그럼에도 불구하고 여전히 나는 "은혜 아래"가 아니라 "율법 아래" 있었다(이것이 대부분의 그리스도인들이 그 속에 살다가 죽는 모습이다). 나는 단지 죄와 싸우고 있을 뿐 죄로부터 자유롭지 못했다. 나는 내 영혼 속에 성령의 증거도 가지고 있지 않았으며, 가질 수도 없었다. 왜냐하면 나는 "믿음으로 그것을 구하지 않고, 율법의 행위로 구했기 때문이다."

11. 1738년 1월에 영국으로 돌아오는 길에, 나는 촉박한 죽음의 위험을 당하게 되었는데, 그것 때문에 매우 불안하게 되었다. 나는 이 불안의 원인이 불신앙 때문이며, 참되고 살아 있는 믿음이야말로 나에게 "필요한 한 가지"임을 강하게 깨닫게 되었다. 그러나 나는 여전히 이 신앙의 바른 대상을 찾지 못하고 있었다. 나는 신앙의 대상이 오직 하나님께 대한 신앙으로만 생각했다. 그리스도에 대한 신앙 혹은 그리스도를 통한 신앙이 아니었다. 다시 말하지만, 내게는 이 신앙이 전적으로 결여되어 있다는 것을 나는 알지 못했다. 나는 단지 그러한 신앙을 충분히 가지고 있지 못한 것이라고 생각했다. 내가 런던에 도착하자마자 하나님께서 나를 위해 준비해 두신 페터 뵐러가 나에게 그리스도에 대한 참된 믿음(그것이 유일한 것이다)과, 그리고 **참된 믿음에 뒤따르는 분리할 수 없는 두 가지 열매, 즉 "죄에 대한 지배, 그리고 죄 사함의 느낌에서부터 나오는 끊임없는 평화"에 대해서 말했을 때, 나는 매우 놀랐으며 마치 새로운 복음을 듣는 것처럼 그것을 생각하게 되었다.** 만일 이것이 사실이라면, 나는 믿음을 가지지 않은 것이 분명했다. 그러나 나는 이 점에 대해 설득을 당하기를 원치 않았다. 그래서 내 힘을 다하여 논쟁했으며, 이런 것들이 없어도, 특히 죄 사함의 느낌이 없어도 믿음이 있을 수 있다는 것을 입증하려고 노력했다. 나는 오래 전부터 이런 문제에 관련된 모든 성경 구절들을 보지 않는 채로 해석하도록 가르침을 받아왔고, 다른 식으로 말하는 모든 사람들을 "장로교도들"이라고 부르도록 가르침을 받아왔다. 그런데 나는 (사물의 본성상) 느끼는 것이 없이는 죄 사함의 감

각(sense)을 가질 수 없다는 것을 분명히 알게 되었다. 하지만 사실 나는 그것을 느끼지 못하고 있었던 것이다. 그렇다면 만일 죄 사함의 감각이 없이는 믿음도 없는 것이라면, 내가 믿음을 가졌다는 나의 모든 주장은 즉시에 설 곳이 없어지는 것이었다.

12. 내가 페터 뵐러를 다시 만났을 때, 그는 그 논쟁을 내가 원했던 쟁점 즉 성경과 경험으로 다루어 보기로 동의했다. 나는 처음에 성경을 가지고 논의했다. 그러나 내가 인간의 해석을 옆으로 하고 단순히 하나님의 말씀을 고려했을 때, 즉 말씀들을 서로 비교하고 보다 쉬운 구절들을 가지고 애매한 구절들을 설명하려고 노력했을 때, 모든 말씀들이 나를 반대하고 있다는 것을 발견했다. 그러자 나는 내 마지막 보루로 퇴각할 수밖에 없었다. 즉 경험은 그러한 성경 구절들에 대한 문자적(literal) 해석에 결코 동의하지 않을 것이라는 주장만 붙잡을 수밖에 없었다. 그러므로 내가 그것에 대한 어떤 살아 있는 증인을 발견하기까지는 사실이라고 용인할 수가 없었다. 페터는 그러한 증인을 언제든지 보여 줄 수 있으며, 내가 원한다면 당장 내일이라도 보여 줄 수 있다고 대답했다. 따라서 다음날 그는 다른 세 사람과 같이 다시 찾아왔다. 그 세 사람 모두 그리스도에 대한 참되고 살아 있는 믿음이 지나간 모든 죄에 대한 용서의 감각과 모든 현재의 죄들로부터의 자유함을 누리게 해 주었음을 자신들의 개인적 경험으로 증거했다. 그들은 모두 한가지로 이러한 믿음은 선물임을, 즉 하나님의 값 없는 선물임을 증거했고, 열심히 그리고 끈질기게 그것을 구하는 모든 영혼에게 하나님께서 확실히 주신다는 것을 증거했다. 이제 나는 철저하게 확신하게 되었다. 하나님의 은혜로 나는 이 신앙을 가질 때까지 추구하기로 결심하였다. (1) 전체적이든 부분적이든 내 자신의 행위나 의를 의지하는 모든 것을 절대적으로 거절하기로 하였다. 내가 의식하지 못하였어도 내가 유년 시절부터 그것을 참으로 내 구원의 소망의 근거로 생각했던 것이다. (2) 모든 다른 은혜의 수단들을 끊임없이 사용하기로 했으며, **의롭다 하시고 구원하시는 믿음, 즉 나를 위해 흘려 주신 그리스도의 피에 대한 완전한 신뢰를 달라고 끊**

임없이 기도하기로 했다. 그리스도를 나의 그리스도로, 나의 유일한 의로움과 거룩함과 구속함으로 신뢰할 수 있게 해 달라고 기도하기로 했다.

13. 그리하여 나는 5월 24일 수요일까지 그 믿음을 계속 구하고 있었다(그 동안에 이상한 무관심과 둔함, 냉담함이 있었으며, 이상하게 죄에 자주 빠져들었다). 내가 성경을 펴서 다음 말씀을 본 것이 오늘 아침 다섯 시경이었다고 생각된다. "이로써 그 보배롭고 지극히 큰 약속을 우리에게 주사 이 약속으로 말미암아 너희로 정욕을 인하여 세상에서 썩어질 것을 피하여 신의 성품에 참예하는 자가 되게 하려 하셨으니"(벧후 1:4). 내가 집에서 나오기 직전에 다시 성경을 펴서 읽은 말씀은 "네가 하나님 나라에 멀지 않도다."라는 말씀이었다. 오후에 나는 세인트 폴 교회에 오라는 초청을 받았다. 거기서 부른 찬송가는 이런 것이었다. "여호와여 내가 깊은 데서 주께 부르짖나이다. 주여 내 소리를 들으시며 나의 간구하는 소리에 귀를 기울이소서. 여호와여 주께서 죄악을 감찰하실진대 주여 누가 서리이까. 그러나 사유하심이 주께 있음은 주를 경외케 하심이니이다. 오 이스라엘아 여호와를 바랄지어다. 여호와께는 인자하심과 풍성한 구속이 있음이라. 저가 이스라엘을 모든 죄악에서 구속하시리로다."

14. 저녁에 나는 매우 내키지 않은 마음으로 올더스게이트 가의 어느 모임(society)에 참석했다. 거기서 어떤 사람이 루터의 로마서 주석 서문을 읽고 있었다. 밤 9시 15분 전쯤 그가 **하나님께서 그리스도를 믿는 믿음을 통하여 마음에 일으키시는 변화를 서술한 부분을 읽을 때 나는 나의 마음이 이상스럽게도 뜨거워짐을 느꼈다**. 나는 구원을 위하여 그리스도를, 그리스도만을 신뢰한다고 느꼈다. 주께서 나의 모든 죄를 씻으시고, 나를 죄와 사망의 법에서 구원하셨다는 확신이 생겼다.

15. 나는 특별한 방법으로 나를 악의적으로 이용했거나 박해한 사람들을 위해 온 힘을 다하여 기도하기 시작했다. 나는 그때 거기 있는 모든 사람들에게 내 마음에 처음 느꼈던 것을 공개적으로 간증했다. 그러나 얼마 안 되어 원수 같은 마귀는 넌지시 이렇게 속삭였다. "이것은 믿음일 수가 없다.

그렇다면 기쁨은 어디 있느냐?" 그때에 나는 배웠다. **평화와 죄에 대한 승리**는 우리 구원의 대장 되시는 주님을 믿는 믿음에 있어서는 필수적인 것이다. 그러나 보통 처음에 생기는 황홀한 기쁨, 특히 깊이 애통한 사람들에게 있어서 그 기쁨은 하나님의 뜻에 따라 때로는 주시기도 하고 때로는 주시지 않기도 한다는 것을 배웠다.[472]

이상이 웨슬리의 신생의 경험이다. 마침내 웨슬리가 구하던 변화가 일어났으며 하나님의 역사하심이 이루어졌다. 웨슬리는 루터의 어떤 구절을 들었을까? 그것은 아마도 다음과 같은 구절이었을 것이다.

"그러므로 믿음만이 의롭게 하며, 믿음만이 율법을 성취한다는 결론을 내립시다. 왜냐하면 믿음은 그리스도의 공로를 통하여 성령을 얻기 때문입니다. 그 성령은 우리에게 새 마음을 줍니다. 우리를 쾌활하게 합니다. 우리 마음을 흥분시키고 불을 붙여 줍니다. 그리고 그 성령은 율법이 명하는 사랑의 일들을 자원하여 하게 합니다. 그래서 결국에는 선한 일들이 참으로 믿음으로부터 자유롭게 나오게 됩니다. 그 믿음은 그렇게 힘 있게 역사하며, 우리 마음에 활발하게 존재합니다."[473]

웨슬리는 그날 저녁 집으로 돌아온 후의 경험을 이렇게 말했다. "나는 여기서 이런 체험과 주로 전에 일관되었던 나의 신앙 상태 사이에 커다란 차이가 있는 것을 발견했다. 나는 싸웠다. 그렇다. 나는 율법 아래에서뿐만 아니라 은총 아래에서 역시 있는 힘을 다하여 투쟁을 하고 있었다. 그러나 과거에는 자주 그런 것은 아니었지만 때때로 승리했다. 그러나 현재에는 늘 승리하는 사람이 되었다." 올더스게이트 체험이 있은 지 4일 후에 웨슬리는 허턴(Hutton)씨 집에서 몇 친구들에게 그가 "5일 전에는 기독인이 아니었다."라고 말했다.

---

472) Wesley, *Journal and Diaries I* (1735-1738), in WJW, 18, 242–250.
473) Peter Toon, *Born Again: A Biblical and Theological Study of Regeneration* (Grand Rapid, Michigan: Baker Book House, 1987), 158.

그리스도를 믿음으로 이 축복을 얻은 그해, 웨슬리는 독일에 있는 친첸도르프 백작 소유의 헤른후트, 곧 모라비안 정착지를 방문했다. 영국으로 돌아온 그는 새로운 열정으로 그리스도를 믿음으로 말미암는 칭의를 설교했다. 이제는 그가 인도하는 거의 모든 지역의 집회에서 많은 사람들이 그리스도에게로 돌아왔다. 윗필드와 마찬가지로 웨슬리도 개인적 구원의 확신을 얻는 과정이 고통스러웠지만, 확신이 찾아왔을 때 그것은 역동적인 것이었으며 잊을 수 없는 것이었다. 윗필드와 웨슬리는 어느 누구보다 신생의 필요성을 강조했는데, 경건주의자들보다, 청교도들보다 더 강조했다고 피터 툰(Peter Toon)은 말했다.[474] 윗필드와 마찬가지로 이신칭의와 신생의 복음을 선포하는 웨슬리에게 런던의 강단들은 두 번의 기회를 허락하지 않았다.

회심이 있은 후 이듬해인 1739년 4월 2일, 웨슬리의 삶을 바꾸어 놓는 결정적인 계기가 생겼는데, 그것은 조지 윗필드의 요청으로 브리스톨에서 처음으로 야외 설교를 하게 된 것이었다. 이날 월요일 오후 4시, 4천여 명이 모인 가운데 누가복음 4장 18-19절을 본문으로 설교했다. 이날부터 웨슬리는 옥외 전도자의 삶을 살게 되었다. 그는 윗필드의 모범을 따라 야외에서든 어디서든 사람을 모을 수 있는 곳이면 어디서든지 설교하였다. "세계가 나의 교구다."-이 웨슬리의 유명한 말에는 바로 이런 배경이 있었다.

웨슬리는 많은 대적들과 투쟁해야 했다. "그것은 이 세상 임금이 포로들을 아무런 투쟁 없이 순순히 풀어 주지 않으려 하기 때문이었다. 때때로 그는 웬즈베리(Wendnesbury), 월솔(Walsol), 쇼어햄(Shoreham), 데비제스(Davizes) 등에서 겪었던 것처럼 폭력적이고, 무지하고, 반이교도적인 무리의 공격으로 목숨을 잃을 뻔했다. 때때로 그는 감독들에게서 열광주의자, 광신자, 분리의 씨앗을 뿌리는 사람이라는 공격을 받았다. 그는 너무나 자주 교구 성직자들의 설교를 통해 이단자, 이간질하는 자, 이스라엘을 괴롭

---

474) Toon, *Born Again: A Biblical and Theological Study of Regeneration*, 159.

히는 자라는 비난을 받았다. 그러나 그 어떤 나쁜 평가도 웨슬리를 근본적으로 흔들지는 못했다. 조용히, 단호하게 그리고 불굴의 정신으로 웨슬리는 그의 길을 걸어갔다. 또한 수많은 오해는 시간이 지나면서 모두 잊혀졌다."[475] 존 웨슬리는 사람들로부터 수없이 계란을 맞았으므로 '계란 받는 사람'이라고 불렸다. 그러나 그는 굽히지 않고 복음을 전했다. 분명하고 겁 없는 웨슬리의 설교는 많은 대적이 생기게 만들었는데, 그러나 집회에서는 "하나님의 능력이 말씀 위에 임하여 어느 누구도 조롱하거나, 방해하거나, 입을 열지 못했다."

웨슬리는 훌륭한 조직가였고 엄격한 권징을 시행한 사람이었다. 그는 천박하거나 경박한 사람은 누구를 막론하고 감리회 신도회에서 쫓아냈다. 그는 한 번에 수십 명씩 쫓아냈다. 감리회 신도회에는 거룩하고 일관된 삶으로 살 사람이 아니면 그 누구도 들어오지 못하게 하는 것이 그의 요청이었다. 그는 설교하는 것뿐만 아니라 조직하는 것의 중요성을 잊지 않았다. "웨슬리는 사람들을 하나의 몸으로 연합시켜 모든 사람에게 해야 할 일을 부여하였고, 각 사람으로 하여금 자신의 이웃에게 관심을 갖고 이웃을 깨우치게 하였고, 각 사람의 숨겨진 재능을 이끌어 내 사용하게 하였다. 웨슬리는 이 모든 것을 한 방향으로 집중시켰다. 이것은 '모두가 집중하고 항상 집중하라'는 표어 아래 웨슬리의 목표가 되었다."[476]

웨슬리는 1739년부터 1791년까지 52년 동안 40만km를 대개 말을 타고 여행하면서 오만 번 이상의 설교를 하였다. 그로 인하여 영국에서 750명의 설교자(preacher)가 그리고 미국에서 350명의 설교자가 배출되었고, 영국에서 76,968명, 미국에서 57,621명의 감리교도들이 나타나게 되었다. 1789년 여름, 그의 나이 86세가 되었어도 웨슬리는 자신의 체력이 조금도 줄지 않았음을 느꼈다. 그는 죽기 며칠 전까지 계속해서 설교를 했고, 1791년 3월 2

---

475) Ryle, *The Christian Leaders of the Last Century*, 67–68.
476) Ryle, *The Christian Leaders of the Last Century*, 67.

일 런던에서 거의 88살에 가까운 나이에 하나님의 부름을 받았다. 그는 마지막 순간까지도 의식이 있었으며 정신이 또렷했다. 그의 마지막 말은 다음과 같다. "이 세상에서 가장 좋은 것은 하나님이 우리와 함께 하신다는 사실이다." 오전 10시경에 그는 "안녕"이라고 말한 후 신음도 없이 그리스도 안에서 잠들었다.

제28장

존 웨슬리의 중생론

존 웨슬리의 신학은 은혜의 낙관주의(optimism of grace)이다. 구원에 있어서 하나님의 은혜의 필요성, 이신칭의, 성령에 의한 거듭남의 중요성 등을 가르친 것 등 대부분의 주제에 있어서 웨슬리는 칼뱅, 에드워즈와 의견을 같이한다. 그러나 예정과 인간의 자유 의지의 문제에서는 다르다. 웨슬리는 선행 은혜로 회복된 자유 의지를 가르쳤다. 이런 점에서 그는 은혜의 낙관주의자라 할 수 있다.

웨슬리의 구원론의 핵심은 윗필드와 거의 같다. 그 두 사람은 '믿음으로 말미암는 칭의'와 '성령에 의한 신생(성화)'을 매우 강조하였다. 그리고 웨슬리에게 특별한 점은 중생 이후에 오는 '완전 성화'를 가르쳤다는 것이다.

1. 구원의 순서

웨슬리는 구원의 일반적 개요를 다음과 같이 다섯 단계로 말했다.

"1) 구원은 보통 '선행적 은혜'(preventing grace)라고 불리는—그렇게 불리는 것은 매우 적합한데—것과 함께 시작됩니다. 하나님을 기쁘시게 하고자 하는 최초의 소원이 생기거나, 하나님의 뜻에 대한 최초의 희미한 깨달음이 생기거나, 하나님 앞에 범죄했다고 하는 최초의 순간적이나마 어떤 깨달음이 생기는 것은 선행 은혜에 의한 것입니다. …… 2) 구원은 성경에서 보통 '회개'라고 일컫는 바 '죄를 깨닫게 하시는 은혜'(convincing grace)에 의해 계속됩니다. …… 3) 그런 연후에 우리는 진정한 의미에서 그리스도인의 구원이라 할 수 있는 것을 체험하게 되는데, 이 구원은 인간이 '은혜로 인하여 믿음으로 말미암아'(엡 2:8) 얻는 것입니다. 이 구원은 두 개의 중요한 가지, 즉 칭의(justification)와 성화(sanctification)로 구성됩니다. 칭의로 인하여 우리는 죄책으로부터 구원을 받으며 하나님의 사랑을 회복합니다. 성화에 의하여 우리는 죄의 세력과 뿌리에서 구원을 받으며 하나님의 형상을 회복합니다. 4) 성경뿐만 아니라 우리의 모든 경험은 이런 구원이 순간적이며 점진적임을 보여 줍니다. 구원은 우리가 하나님과 사람에 대한 거룩하고 겸손하며 온유하고 오래 참는 사랑 속에서 의롭다 함을 받는 그 순간에 시작됩니다. 그리고 그 순간부터 구원은 점진적으로 성장하여 마치 '겨자씨 한 알이 처음에는 모든 씨보다 작은 것이지만 나중에는 많은 가지들을 내어 큰 나무가 되는 것처럼'(마 13:31) 됩니다. 5) 그래서 이 구원은 어느 때엔가 그 마음이 모든 죄에서 정결해지는 순간까지, 또한 하나님과 사람에 대한 순수한 사랑으로 채워지는 그때까지 자랍니다."⁴⁷⁷⁾

웨슬리의 구원의 순서는 도표로 그리면 다음과 같다.

[그림 4] 웨슬리의 구원의 순서

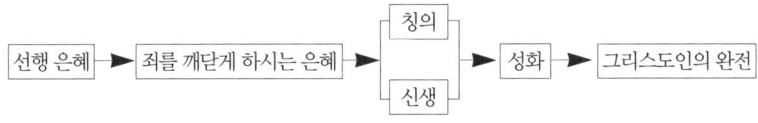

---

477) Wesley, "On Working Out Our Own Salvation," in WJW, 3, 203-204. 1), 2) 등 번호는 필자가 독자의 편의를 위해 적었음.

2. 선행 은혜

(1) 웨슬리는 하나님께서는 선행 은혜를 모든 사람에게 베푸신다고 했다. 그는 인간의 영혼이 전적으로 죽어 있어서 자발적으로 하나님께 응답할 수 없다는 칼빈주의의 교리를 경계했다. 그래서 그가 연구하여 낸 가르침이 선행 은혜의 가르침이다. 우리는 죄악으로 가득하지만, 하나님께서 은혜로 다가오셔서 양심을 통해 역사하신다. 웨슬리는 '자연적 양심'을 선행 은혜라고 했다. 하나님께서 선행 은혜를 주셨기 때문에 사람이 범죄하는 것은 은혜가 부족해서가 아니라 은혜를 활용하지 않기 때문이라고 했다.

"계속 죄에 거하는 자들은 핑계할 수는 없습니다. '우리가 우리 자신의 영혼을 살릴 수 없으니, 오직 하나님께서 우리를 살리셔야 한다.'라고 말하면서 그들의 창조주를 비난할 수는 없습니다. …… 인간이 성령을 소멸시키지 않는 한, 하나님의 은혜의 역사 밖에 홀로 있는 사람은 아무도 없기 때문입니다. 사람들 중에 보통 말하는 '자연적 양심'을 갖고 있지 않은 사람은 아무도 없습니다. 그러나 양심이란 것은 자연적인 것이 아닙니다. 이것을 좀 더 정확히 말하면, 그것은 '선행적 은혜'입니다. 모든 사람들은 많든 적든 간에 이 선행적 은혜를 지니고 있습니다. …… 그리고 인간은, 그가 만일 양심이 화인 맞은 극소수의 사람들에 속하지 않는다면, 양심의 빛에 반대되는 행동을 했을 때 다소 불안을 느끼게 됩니다. 그러므로 사람은 누구나 은총이 없어서 범죄하는 것이 아니라 그가 가지고 있는 은혜를 활용하지 않는 까닭에 범죄하는 것입니다."[478]

(2) 웨슬리는 은혜와 자유 의지의 관계를 어떻게 보았는가? 그도 한결같이 하나님의 은혜가 없는 상태에서 인간의 독자적인 자유 의지를 부인한다. 하나님의 은혜와 도우심이 없이는 아무도 구원에 이를 수 없다. 웨슬리

---

478) Wesley, "On Working Out Our Own Salvation," in WJW, 3, 207.

는 우리가 선을 행하는 모든 힘이 하나님의 영의 도움으로 된다고 말한다.[479] 그는 인간은 자력으로는 구원할 수 없다고 했다.[480]

그러나 웨슬리는 "모든 사람은 은혜에 의하여 회복된 자유 의지라는 수단을 가지고 있음을 믿는다."라고 했다. "나 자신의 본성이 부패되었기 때문에 나 자신의 마음을 내가 절대적으로 지배할 수 있는 능력은 갖고 있지 못하나 나를 도우시는 하나님의 은혜를 통하여 나는 악뿐만 아니라 선을 선택하고 행할 수 있는 능력을 가지고 있다."

(3) 웨슬리의 이런 입장을 복음적 신인협동설이라고 한다. 그는 하나님의 은혜를 강조했지만 인간의 선택의 자유와 자발적 응답의 중요함도 똑같이 강조했다. "하나님께서는 당신의 자유를 조금도 빼앗지 않으셨습니다. 즉 당신의 선이나 악을 선택할 수 있는 능력 중의 가장 작은 것이라도 거두어 가시지 않았습니다. 그분은 당신을 강요하지 않으셨습니다. …… 예외적인 경우들이 있다는 것을 부인하는 것은 아닙니다. 그것은 구원하는 은혜의 압도적인 능력이 한순간 하늘로부터 떨어지는 번개처럼 불가항력적으로 역사하는 경우입니다. 그러나 지금 내가 말하는 것은 하나님께서 일반적으로 일하시는 방법에 관하여 말하는 것입니다. 그런 것에 대해서는 나는 수많은 예를 알고 있습니다. 지난 50년간 영국이나 유럽에 있는 어떤 사람보다 아마 내가 많이 다녔을 것입니다. 그런데 예외적인 경우에서조차, 비록 하나님께서 어떤 때에(for the time) 불가항력적으로 역사하신다 해도, 하나님께서 시종일관(at all times) 계속적으로 불가항력적으로 역사하시는 그런 인간의 영혼이 있다는 것을 나는 믿지 않습니다. 그렇습니다. 그런 사람은 없다고 나는 전적으로 확신합니다. …… 그리하여 성 어거스틴의 유명한 말은 진리입니다. (그것은 그가 말한 것 중 가장 고상한 말들 중의 하나입니다.) Qui fecit nos sine nobis, non salvabit nos sine nobis : '우리 없이 우리를 지으신 그분

---

479) Wesley, "The Circumcision of the Heart," in WJW, 1, 404.
480) Wesley, "Sermon on the Mount, I," in WJW, 1, 480.

은 우리 없이 우리를 구원하지 않으실 것이다.'"481)

웨슬리의 복음적 신인협동설(evangelical synergism)이란 하나님께서 먼저 은혜로 다가오시면(선행 은혜) 인간이 자유 의지로 응답할 수 있는 능력과 책임이 있다는 것이다. 웨슬리의 은혜의 낙관주의를 보여 주는 단면이다.

3. 죄를 깨닫게 하시는 은혜 : 회개

웨슬리는 구원의 순서에 대한 윤곽을 간단히 세 가지, 즉 '회개, 신앙, 경건'으로 요약했는데, 이것은 유명한 것이다. "첫째 것은 종교의 현관이고, 둘째 것은 문이며, 셋째 것은 종교 자체이다."

그는 복음을 믿기 전에 반드시 먼저 회개가 있어야 할 것을 말했다. 이 회개는 우리 자신에 대한 신뢰를 끊어 버리고 우리 자신의 모든 의를 포기하는 것이다. "우리는 '복음을 믿기 전에 회개' 해야 합니다. 우리는 그리스도를 진정으로 신뢰하기 전에 우리 자신에 대한 신뢰를 끊어 버려야 합니다. 우리 자신의 의를 의지하는 것을 포기해야 합니다. 그렇지 않으면 우리는 그리스도의 의를 참으로 의지할 수 없을 것입니다. 우리가 우리의 행한 바를 의지하는 것을 벗어나기 전에는 그리스도께서 행하신 일과 받으신 고난을 전적으로 의뢰할 수 없을 것입니다. 무엇보다 먼저 우리 자신에 대해서 죽음의 선고를 내린 다음에라야 우리를 위하여 사시고 돌아가신 그리스도를 의뢰할 수 있을 것입니다."482)

---

481) Wesley, "The General Spread of the Gospel," in *The Works of the Rev. John Wesley, A. M.*, 14 vols., ed. Thomas Jackson, 3rd ed. (London: Wesleyan-Methodist Book-Room, 1829-31), 6: 280-281, quoted in Robert Wallace Burtner and Robert Eugene Chiles, *A Compend of Wesley's Theology* (Nashville: Abingdon Press, 1954), 145-146.

482) Wesley, "The Lord Our Righteousness," in WJW, 1, 458.

4. 믿음에 의한 칭의

신앙은 하나님의 선물인데, 하나님은 열정적이고 지속적으로 추구하는 자에게 이 선물을 허락하신다. 이 믿음이 칭의의 유일한 조건이 된다. 웨슬리는 은혜에 의하여 믿음을 통하여 의롭다 하심을 받고 구원받는다는 것을 강조했다. "'언제 그리스도의 의가 전가됩니까? 우리가 믿을 때입니다. 우리가 믿는 그 시간에 그리스도의 의는 우리의 것이 됩니다. **누구든지 믿는 그 즉시로 그리스도의 의가 전가됩니다.** 믿음과 그리스도의 의는 나눌 수 없습니다. …… 우리가 믿음으로만 의롭다 함을 받는다는 것은 우리의 모든 행위의 공로를 배제하고, 우리의 칭의에 있어서 전적으로 그리스도께 그 공로를 돌리는 것을 말합니다. 그리하여 우리의 칭의는 단순히 하나님의 자비에 의해 값없이 주어지는 것입니다."[483]

5. 신생

웨슬리는 칭의와 신생이 동시에 일어난다고 했다. 그는 신생을 다음과 같이 정의했다. "**신생은 하나님께서 우리를 생명으로 이끄실 때 하나님께서 영혼 속에 일으키시는 위대한 변화를 의미합니다.** 그때 하나님께서는 죄로 인해 죽은 상태에서 우리를 일으키사 의의 생명으로 이끄십니다. 신생은, '그리스도 예수 안에서 새롭게 창조될' 때 전능하신 하나님의 영에 의해서 전 영혼 속에서 일어나는 변화입니다. '의와 참된 거룩함 속에서' '하나님의 형상을 따라 새로워지고', 세상에 대한 사랑이 하나님께 대한 사랑으로, 교만이 겸손으로, 격정이 온유한 마음으로, 미움과 시기와 악의가 모든 인류에 대한 신실하고 온유하며 사욕이 없는 사랑으로 변화될 때, 이

---

483) Wesley, "The Lord Our Righteousness," in WJW, 1, 454, 456.

것이 신생입니다. 한마디로 말해서 신생은 '세상적이고, 정욕적이며, 마귀적인' 마음이 '예수 그리스도 안에 있는 마음'으로 바뀌는 변화입니다. 이것이 바로 신생의 본질이며, '성령으로 태어난 사람은 다 이와 같은' 것입니다."484)

웨슬리 구원론의 특징은 칭의와 신생을 강조한 데에 있다. 웨슬리는 칭의와 신생을 가장 근본적인 교리라고 말했다. "만일 기독교의 모든 교리 가운데 근본적인 것이라고 타당하게 규정될 수 있는 교리가 있다면, 그것은 의심할 여지 없이 다음의 두 가지, 즉 칭의와 신생의 교리입니다. 칭의는 하나님께서 '우리를 위해'(for us) 우리의 죄를 사해 주신 위대한 역사와 관계되며, 신생은 하나님께서 '우리 안에서'(in us) 우리의 타락된 본성을 다시 새롭게 하시는 위대한 역사와 관계됩니다."485) 웨슬리는 시간적인 순서로 본다면, 칭의와 신생이 동시적으로 일어나는 사건이지만, 논리적으로는 칭의가 신생보다 앞선다고 하였다. 이것은 칼뱅의 견해와 같다.

6. 신생의 표적들

(1) 웨슬리는 중생한 사람은 무엇보다도 '성령의 증거'(롬 8:16)가 있다고 역설했다. 그는 성령의 증거를 감리교인이 온 인류에게 증언해야 하는 "하나님께서 감리교인에게 맡겨 주신 으뜸가는 사명"으로 간주했다. 웨슬리는 성령의 증거를 영혼에 주어지는 내적 인상이라고 하였다. "하나님의 영의 증거라는 것은 영혼 위에 나타나는 하나의 내적 인상(inward impression on the soul)인데, 하나님의 영은 '내 영에게 내가 하나님의 자녀인 것을 직접 증거하십니다.' 즉 예수 그리스도께서 나를 사랑하사 나를 위하여 자기 몸을 주셨으며, 나의 모든 죄는 도말되었고, 나, 아니 나 같은 사람도 하나

---

484) Wesley, "The New Birth," in WJW, 2, 193-194.
485) Wesley, "The New Birth," in WJW, 2, 187.

님과 화목하게 되었다는 것을 내 영에게 증거하시는 것입니다."[486]

웨슬리는 성령의 증거와 더불어 '우리 영의 증거'가 있음을 말했다. 그는 우리 영의 증거에 대해서 다음과 같이 설명했다. "즉 당신이 살고 있다는 것, 그리고 당신이 지금 고통 가운데 있지 않고 편안하다는 것이 어떻게 당신에게 나타납니까? 당신은 즉각적으로 그것을 느끼지 않습니까? 그와 마찬가지로 당신의 영혼이 하나님을 향하여 살아 있다면 그것을 즉각적으로 느낄 것입니다. 당신이 넘치는 진노의 고통에서 구원받아 온유하고 잔잔한 영에 속한 평안을 소유하게 되었다면, 당신은 즉각적으로 그것을 알 것입니다. …… 또한 당신이 이웃 사랑하기를 자기 자신처럼 하며, 온 인류에게 친절한 사랑을 가지고 온유함과 오래 참음으로 채워져 있다면 당신은 그것을 직접 확신하게 될 것입니다. …… 이것이 바로 '우리 영의 증거' 입니다. 곧 하나님께서 우리 마음을 거룩하게 하시고 외적인 대화에서도 거룩하게 해 주셨다는 우리 양심의 증거를 말합니다."[487]

(2) 웨슬리는 중생한 사람은 범죄하지 않는다고 했다. 그에 의하면, 이제 "그리스도 안에 있는 사람은 누구나 죄를 범하지 않으며, 육체를 따라 살지 않는다."[488] "성 요한이 증거하는 바와 같이 '누구든지 하나님께로부터 난 사람은 죄를 짓지 않습니다. 그것은 하나님의 씨가 그 사람 속에 있기 때문입니다. 또 그는 하나님께로부터 났기 때문에 죄를 지을 수 없습니다' (요일 3:9). **저 하나님의 씨, 즉 사랑으로 역사하는 거룩한 신앙이 그의 안에 머물러 있는 동안에는 죄를 범할 수 없습니다.**"[489] 이와 같이 그는 하나님께로 난 자는 범죄하지 않는다는 요한1서 3장 9절의 말씀을 거듭난 성도의 현재의 모습으로 즐겨 인용했다.

웨슬리는 최저의 의미에서 거듭난 사람일지라도 계속해서 죄 가운데 살

---

486) Wesley, "The Witness of the Spirit, I," in WJW, 1, 274.
487) Wesley, "The Witness of the Spirit, I," in WJW, 1, 273.
488) Wesley, "The First-fruits of the Spirit," in WJW, 1, 237.
489) Wesley, "The First-fruits of the Spirit," in WJW, 1, 238.

지 않는다고 말했다. "하나님의 말씀은 명백히 선언합니다. 의롭다 하심을 입은 자들, **최저의 의미에서 거듭난 자들일지라도 '죄를 계속하지 않습니다.'** 그들은 더는 죄 가운데서 살 수는 없습니다(롬 6:12)."[490] 그는 말한다. "사도 요한의 교리나 신약 성경의 전체적 취지(tenor)와 일치하게 한 결론을 내릴 수 있으니 그것은 곧 '그리스도인은 죄를 짓지 않을 만큼 완전하다' 는 것입니다. 이것이야말로 모든 그리스도인의 영광스러운 특권입니다. 비록 그가 '그리스도 안에 있는 어린아이' 에 불과할지라도 그런 것입니다."[491] 웨슬리는 거듭난 자는 죄의 티끌까지도 보게 된다고 하였다. "그는 자연인이 정말 놀랄 정도로 가장 작은 것일지라도 재빨리 지각합니다. 햇빛 아래에서는 티끌이 보이는 것처럼 빛 가운데를 걷는 자, 즉 창조되지 않은 천상의 빛 속을 걷고 있는 자에게는 죄의 모든 티끌이 보입니다."[492]

웨슬리는 요한1서 3장 9절 말씀, 즉 하나님께로 난 자는 범죄하지 않는다는 말씀을 약화시켜 적용하는 사람들에 대해서 다음과 같이 경고했다.

"신생의 표적의 첫 번째는 '믿음' 입니다. (이것은 다른 모든 표적의 토대가 됩니다.) …… 우리를 하나님께로부터 나게 한 이 믿음의 즉각적이고 항상 존재하는 열매, 곧 믿음과 잠시라도 결코 분리할 수 없는 이 열매는 바로 죄를 이기는 힘입니다. 첫째로는 모든 종류의 외적인 죄를 이기는 힘인데, 모든 악한 말과 행실을 이기는 힘입니다. 그리스도의 피가 '죽은 행실로부터 양심을 깨끗하게 하도록' 어디에서나 적용되기 때문입니다. ……

사도 요한은 즉시 이어서, '하나님께로 난 자마다 죄를 짓지 아니하나니 이는 하나님의 씨가 그 안에 거함이요 저도 범죄치 못하는 것은 하나님께로서 났음이라.' (요일 3:9)라고 기록했습니다. 그러나 어떤 사람은 '그렇습니다. 하나님께로 난 자는 누구든지 습관적으로 죄를 짓지 않는다는 말입니다.' 라고 말합니다. **'습관적으로' 라니요? 그런 말이 어디에 있습니까?** 나

---

490) Wesley, "Christian Perfection," in WJW, 2, 106.
491) Wesley, "Christian Perfection," in WJW, 2, 116-117.
492) Wesley, "The Witness of Our Own Spirit," in WJW, 1, 311.

는 그런 단어를 읽어 보지 못했습니다. 그런 말은 성경에 기록되어 있지 않습니다. **하나님께서는 명백히 하나님께로 난 자는 '죄를 짓지 아니한다' 고 말씀하셨습니다.** 그런데 당신은 '습관적으로' 라는 말을 덧붙인 것입니다. 도대체 당신이 누구관대 하나님의 계시를 고칩니까? 당신은 '이 책의 말씀에 덧붙이는 일' (계 22:18 참조)을 하십니까? 간청하노니, 하나님께서 '이 책에 기록된 모든 재앙들을 더하시지 않도록' 조심하십시오. …… 이 책의 말씀을 그렇게 취하여 전체적 의미와 정신을 내던져 버리고 죽은 문자만 남겨 놓는 여러분이여! 하나님께서 당신의 이름을 생명책에서 제하여 버리지 않도록 조심하십시오!" [493]

(3) 웨슬리는 중생한 자에게 성령의 열매가 저절로 나타날 수밖에 없다고 역설했다. 중생한 자는 의와 평강과 희락이 마음속에 넘친다. "그것을 '하나님 나라' 라고 호칭하는 것은 그것이 영혼 안에 하나님께서 지배하심으로 나타나는 직접적인 열매이기 때문입니다. 하나님께서 강력한 능력으로 우리의 마음속에 그 왕좌를 정하시자마자 우리의 마음은 즉시 '성령 안에서 의와 평강과 희락' (롬 14:17)으로 충만해집니다." [494]

또 중생한 자는 온유, 겸손, 거룩, 사랑 등과 같은 열매가 저절로 나타날 수밖에 없다고 말했다. "예수 그리스도의 종교를 가진 자는 이를 숨길 수 없습니다. 예수님께서는 이 진리를 다음과 같은 이중적 비유로 명백히 밝히셨습니다. '너희는 세상의 빛이라, 산 위에 있는 동리가 숨겨지지 못할 것이요' (마 5:14). '그대들' 그리스도인들은 '세상의 빛' 입니다. 성품과 행동 모두가 그렇습니다. …… 당신들이 세상 가운데 사는 동안에 **겸손과 온유라든지 하늘에 계신 아버지의 완전하심 같이 완전에 이르고자 하는 다른 미덕들도 자연히 밖으로 나타나게 될 것입니다.** 사랑도 마찬가지입니다. 사랑도 우리 속에 있는 한 이것을 빛처럼 감출 수 없을 것이며, 더구나 이것

---

493) Wesley, "The Marks of the New Birth," in WJW, 1, 419–421.
494) Wesley, "The Way to the Kingdom," in WJW, 1, 224.

이 사랑의 수고와 모든 종류의 선의의 행동으로 빛을 발할 때 어떻게 숨겨질 수 있겠습니까? 그리하여 산 위에 세운 도시가 은폐될 수 없는 것처럼 진실한 그리스도인의 거룩하고 열정적이고 실천적인 하나님에 대한 사랑과 인간에 대한 사랑은 드러나게 마련입니다."[495]

7. 그리스도인의 완전

웨슬리에 있어서 특기할 만한 사항은 거듭남 이후에 오게 되는 완전 성화 교리를 가르쳤다는 것이다. 웨슬리가 왜 완전 성화 교리의 필요성을 느꼈는가? 그는 중생한 신자들이 죄의 죄책과 죄의 권세에서는 구원을 받았으나 **죄의 존재**에서는 건짐 받지 못했다고 말했다. "우리가 '십자가의 피로 말미암아 하나님과 화목하게' 되었습니다. 그 순간에 '하나님과 원수 되는' 본성의 부패는 우리 발밑에 짓밟힌 것입니다. 육체가 우리를 더는 지배할 수 없게 되었습니다. 그러나 그것은 아직도 존재하여서 그 본질에서 하나님과 원수가 되며 하나님의 영에 대해 거스르고 있는 것입니다."[496] 그는 죄의 존재, 즉 악한 생각과 악한 기질로부터 구원받는 완전 성화를 기대했다.

웨슬리의 완전이란 **악한 생각이나 악한 기질로부터 해방을 얻는 것**을 말한다. "먼저 악하고 죄된 생각으로부터 자유함을 얻습니다. …… '무릇 온전케 된 자는 그 선생과 같으리라.'(눅 6:40)라는 말씀이 있습니다. 그러므로 주님께서 악하고 죄된 생각에서 해방되셨다면, 그의 제자인 그리스도인들도 악하고 죄된 생각으로부터 자유함을 얻을 것입니다. …… 둘째로, 그리스도인들은 악한 생각으로부터 해방되는 것처럼 악한 기질(temper)로부터도 해방됩니다. 앞서 인용한 우리 주님 자신의 말씀으로 보아도 이는 분명

---

495) Wesley, "Upon Our Lord's Sermons on the Mount, Ⅳ," in WJW, 1, 539-540.
496) Wesley, "On Sin in Believers," in WJW, 1, 329.

합니다. '제자가 그 스승보다 높지는 못하나 무릇 온전케 된 자는 그 스승과 같으니라.' (마 10:23; 눅 6:40)라고 하셨습니다. …… 그러므로 그의 제자들, 모든 진실한 그리스도인들도 죄된 기질로부터 해방되는 것입니다."[497]

웨슬리는 완전에 대한 가르침을 매우 중요하게 생각했다. 그가 평가한 것처럼, 이 교리가 진지하게 가르쳐지지 못한 곳마다 하나님의 역사는 크게 일어나지 못했다. 그가 말한 그리스도인의 완전은 한마디로 하면 무엇인가? 그것은 사랑 안에서의 완전이다. "하나님 사랑과 이웃 사랑, 이것이 그리스도인의 완전의 요체라 할 수 있다. 이것이야말로 그리스도인의 완전의 모든 것을 담고 있다!' 웨슬리는 그리스도인의 완전 또는 완전 성결을 일컬어 "하나님께서 메서디스트라 불리는 사람들에게 맡기신 위대한 위임"이라 했고, "하나님께서 메서디스트를 일으키신 주된 목적은 이 교리를 전파하라는 것"이라고 믿었다.[498]

8. 구원 얻는 길

웨슬리는 구원 얻는 길로 회개, 믿음, 그리고 기도를 가르쳤다.

(1) 웨슬리는 "하나님 나라로 가는 길"이라는 제목의 설교에서 회개와 믿음을 구원의 방편으로 말했다.

"이것이 길입니다. 당신들은 그 길을 걸으십시오. 첫째로 회개하십시오. 즉 당신들 자신을 아십시오. 이것이 신앙에 선행되는 최초의 회개입니다. 죄에 대한 깨달음, 혹은 자신을 아는 일입니다. 그러므로 잠자는 자여 깨어나십시오. 당신 자신이 죄인이라는 것, 그리고 어떤 종류의 죄인이라는 것을 아십시오. ……

이제는 '복음을 믿으십시오' (막 1:15). 그 요지는 '예수 그리스도께서 죄인

---

[497] Wesley, "Christian Perfection," in WJW, 2, 117-118.
[498] John Telford ed., *The Letters of John Wesley*, Standard Edition (London: Epworth Press, 1931), VIII, 238.

을 구원하시려고 세상에 오셨다'(딤전 1:15)는 것이요, 또 '하나님이 세상을 극진히 사랑하셔서 외아들을 주셨으니 누구든지 그를 믿으면 멸망하지 않고 영생을 얻으리라'(요 3:16), 혹은 '그가 찔림은 우리의 허물을 인함이요 그가 상함은 우리의 죄악을 인함이라. 그가 징계를 받으므로 우리가 평화를 누리고 그가 채찍에 맞으므로 우리가 나음을 입었도다.'(사 53:5)라는 것입니다.

이것을 믿는다면 하나님의 나라는 당신의 것입니다. 신앙으로 인하여 당신은 그 약속을 얻는 것입니다. '하나님께서는 진심으로 회개하고 거짓 없이 그의 거룩한 복음을 믿는 자를 용서하시며 사면해 주십니다.' 하나님께서 당신의 마음에 '안심하라. 네 죄가 사해졌느니라.'(마 9:2)라고 말씀하시자마자 하나님의 나라는 오는 것입니다. 당신은 성령 안에서 의와 평강과 희락을 가지는 것입니다(롬 5:5)."[499]

(2) 웨슬리는 "성령의 첫 열매"라는 설교에서 죄에서 해방되고 사랑으로 역사하는 믿음이 주어지기까지 큰 소리로 기도하라고 했다. "당신은 하나님의 용서하시는 사랑이 다시 계시되기까지 당신의 영혼이 쉬기를 허락해서는 안 됩니다. 하나님께서 '당신의 배역함을 고치시고'(렘 3:22), 당신을 다시 '**사랑으로 역사하는 믿음**'(갈 5:6)**으로 채워 주시기까지 쉬어서는 안 됩니다.**"[500]

(3) 웨슬리는 '성령의 증거(II)'라는 설교에서 양자의 영이 주어질 때까지 계속하여 기도하라고 권면했다. "우리는 우리 마음속에서 하나님의 영이 '아바, 아버지여!'라고 외칠 때까지 계속하여 하나님께 부르짖는 것이 현명할 것입니다. 이것은 모든 하나님의 자녀들의 특권입니다. 이것이 없이는 우리는 우리가 하나님의 자녀임을 결코 확신할 수 없습니다. 이것이 없이는 우리는 마음을 당혹케 하는 의심과 두려움이 없는 지속적인 평화를 누릴 수 없습니다. 그러나 우리가 한 번 이 '양자의 영'을 받으면 '모든 지

---

499) Wesley, "The Way to the Kingdom," in WJW, 1, 225-230.
500) Wesley, "The First-fruits of the Spirit," in WJW, 1, 245.

각에 뛰어나며 모든 고통스런 의심과 두려움을 내어 쫓는 평강이 그리스도 예수 안에서 우리의 마음과 생각을 지킬 것입니다'(빌 4:7)."⁵⁰¹⁾

---

501) Wesley, "The Witness of the Spirit, Ⅱ," in WJW, 1, 298.

제29장

찰스 피니의 거듭남 체험

찰스 피니(Charles G. Finney, 1792-1875)는 19세기 미국의 위대한 부흥사요 신학자이며, '근대 부흥 운동의 아버지'라 일컬어진다. 『위대한 그리스도인들은 어떻게 성령의 충만을 받았는가』의 저자 제임스 로슨(James Lawson)은 "찰스 피니를 사도 시대 이래로 가장 훌륭한 복음 전도자요 신학자로 여기고 싶다."라고 했다. 1857년과 1858년의 짧은 기간에 십만 명이 넘는 사람들이 피니의 직접적 혹은 간접적 수고의 결과로 그리스도 앞으로 인도되었고, 평생 그의 사역을 통하여 그리스도께 회심을 고백한 사람이 오십만 명이나 된 것으로 추정된다. 뉴욕의 거버너(Governeur)에서 피니가 집회를 인도한 6년 동안 무도회나 연극이 열리지 못했다고 전해진다.

피니는 키가 훤칠하고(189cm), 인상적이며, 푸른 눈동자를 가진 개척지의 청년으로 자랐다. 그의 회심은 마치 사도행전에 등장하는 회심 이야기를 연상케 한다. 『찰스 피니의 회고록』은 사도 시대 이래 성령의 임재를 가장 놀랍게 기록해 놓은 저서 중 하나이다. 그의 회고록은 성령이 넘치도록 임재하신 이야기로 가득 차 있다.

피니는 뉴잉글랜드 청교도의 후손으로 1792년 코네티컷 주 워런에서 태어났다. 피니는 아버지 실베스터 피니와 어머니 레베카의 일곱 번째 아이로 태어났다. 그가 두 살 때 부모님과 함께 당시까지만 해도 변방이었던 뉴욕 서부로 이사했다. 그는 어릴 적부터 종교적 혜택을 받지 못하고 자랐다.

그의 부모는 신앙을 고백하는 그리스도인이 아니었고, 이웃에도 종교적인 사람이 거의 없었다. 피니는 젊었을 때 잠시 뉴저지에서 학생들을 가르치기도 했지만, 1818년 뉴욕 주 애덤스(Adams)라는 곳에 있는 벤저민 라이트(Benjamin Wright) 법률 사무소에 견습생으로 들어가게 되었다.

애덤스에서 법학을 공부하는 동안 그는 장로교회에 출석하며, 성가대 대장을 맡았다. 그 교회는 회중교회였는데, 새 목사가 부임하였을 때 교파를 바꾼 교회였다. 피니는 처음으로 교육받은 지성적인 목사님 밑에 오랫동안 있게 되었다. 담임 목사 게일(George W. Gale)은 프린스턴 대학교 출신으로 예정론과 제한 속죄, 인간 자유 의지의 무능력 등을 강조하는 강경 칼빈주의자였다. 상당히 학문적인 설교를 했지만, 생기 없고 완고한 신학으로 말미암아 그의 사역 아래에 회심을 경험하는 사람이 거의 없었다(후일에 게일 자신도 그때는 회심하지 않았었노라고 고백했다). 피니는 담임 목사와 의견이 일치하지 않는 점이 많았지만, 피니 자신이 성경을 읽고, 기도 모임에 참석하고, 게일 목사의 설교를 듣고, 때때로 게일 목사나 교회의 장로들, 아니면 다른 사람들과 대화를 나누게 되면서 영적으로 매우 초조해졌다. 그는 자신이 죽으면 천국에 갈 수 없으리라는 것이 너무나 분명한 사실로 느껴졌다. 종교에는 무한한 중요성이 있는 것으로 보였고 만약 영혼이 불멸이라면 자신이 천국에서 복락을 누리기 위해서는 '내적으로 큰 변화'가 있어야 한다는 결론을 쉽게 내릴 수 있었다. 그러나 복음과 기독교의 진실성에 대해서는 그의 마음으로 여전히 확신하지 못하고 있었다. 이 문제는 피니에게 있어서 너무나 중요한 것이어서 이 문제에 관해 불확실한 상태에서는 마음 놓고 쉴 수가 없었다.

이 문제를 놓고 약 2, 3년간 갈등한 후, 피니는 성경은 진실한 하나님의 말씀이라는 생각이 확실히 굳어지게 되었다. 이것이 확고해졌기 때문에 피니는 이제 복음에 제시된 대로 그리스도를 영접할 것인가 아니면 계속 세속적인 삶의 방식대로 살 것인가 하는 결단의 문제를 직면하게 되었다. 이때 그의 마음은 너무나 성령에 감동되어 있었기 때문에 이 문제를 해결하지 않은 채 내버려 둘 수가 없었고, 그에게 제시된 두 삶의 방식 사이에서 더는 오랫동안 머뭇거리고 있을 수 없는 지점에 이르렀다.

1821년 가을 어느 일요일 저녁[502], 피니는 자기 영혼의 구원에 관한 문제를 단번에 해결하기로, 가능하다면 하나님과 평화를 찾아야겠다고 마음먹었다. 월요일과 화요일 양일간, 피니의 죄에 대한 각성은 더욱 가중되었다. 화요일 밤에는 매우 초조해졌고, 마치 곧 죽을 것 같은 이상한 기분이 들었다. 자기가 이 상태로 죽으면 당장 지옥행이라는 생각 때문에 아침이 될 때까지 마음을 진정시키려고 안간힘을 다했다.

잠 못 이룬 밤이 지나고 수요일 새벽이 왔다. 이른 아침에 사무실을 향해 출발했다. 그러나 사무실에 도착하기 직전에 그의 내면에서 다음과 같은 도전의 음성이 들리는 것 같았다. "도대체 무엇을 더 기다리고 있느냐? 네 의로움을 네 노력으로 성취하겠느냐?" **바로 이 순간 피니의 영적인 눈이 떠지고 그는 그리스도의 속죄의 완전성에 대하여 매우 분명하게 보게 되었다.** 그리스도께서는 그의 속죄 사역을 완성하셨다. 내가 해야 할 일은 내 자신의 의를 하나님 앞에 제시하는 것이 아니고, 그리스도를 통한 하나님의 의에 나 자신을 복종시키는 것이라는 것을 깨달았다. 내 편에서 필요로 하는 일이란 오직 죄를 포기하고 그리스도를 영접하는 것뿐이었다. 이 내적 음성이 너무나 분명해서 그는 무의식적으로 몇 분 동안 길 가운데 있었다. 이러한 명백한 계시가 피니의 마음에 주어진 후 "너는 그것을 오늘, 지금 이 시간에 받아들이겠는가?" 하는 질문이 들리는 것 같았다. 피니는 대답했다. "예, 나는 오늘 그것을 수락하겠습니다. 그것을 수락하지 않으면 죽겠습니다."

피니는 사람들의 이목이 없는 곳에서 하나님께 마음을 토해야겠다는 생각으로 마을 북쪽 숲 속을 향해 갔다. 그러나 막상 기도를 하려고 하자 말문

---

502) 이날은 1821년 10월 7일이었을 것이다. 피니는 자신이 회심한 날이 수요일인 10월 10일이었다고 말하였다.

이 막히고 기도가 나오지 않았다. 기도를 하려고 하다가도 나뭇잎들이 살랑거리는 소리가 들려오면 그는 기도를 뚝 그치고는 혹시 누가 오고 있는 것이 아닌가 해서 사방을 두리번거렸다. 그 순간 그의 머리 속을 전광석화처럼 스쳐 지나간 생각은 자존심이야말로 최대의 장애물이라는 것이었다. 다른 사람이 하나님 앞에 무릎을 꿇고 있는 자기를 볼까 봐 두려워하는 자신의 사악함을 느꼈다. 이에 그는 온 힘을 모아 소리를 질렀다. "세상의 모든 사람과 지옥의 모든 악마들이 나를 둘러싼다 할지라도 이곳을 떠나지 않겠습니다."

피니는 자신의 자만심을 생각하며 영적으로 완전히 낮아졌다. "이것이 뭔가! 나같이 천한 죄인이 위대하시고 거룩하신 하나님 앞에 무릎 꿇고 죄를 자백하면서 나와 똑같이 죄인인 다른 사람이 내가 무릎 꿇고 진노하시는 하나님께 화평을 구하는 것을 볼 것을 부끄러워하다니!" 하고 말했다. 그에게 그 죄는 무시무시하고 무한한 것 같이 느껴졌다. 그것이 피니를 주님 앞에 고꾸라지게 만들었다.

바로 그 순간 한 말씀이 찬란한 빛과 함께 그의 마음속에 와 닿는 것 같았다. "너희는 내게 부르짖으며 와서 내게 기도하면 내가 너희를 들을 것이요, 너희가 전심으로 나를 찾고 찾으면 나를 만나리라"(렘 29:12-13). 그는 즉시 이 말씀을 마음으로 붙잡았다. 피니는 이전에도 성경을 지적으로 믿었다. 그러나 그는 믿음이란 지적인 상태가 아니라, 자발적인 신뢰라는 것을 알지 못했다. 그러나 그는 그 순간 자신이 하나님의 진실성에 대해 신뢰하고 있음을 깨닫게 되었다. 그는 전에 이 구절을 읽어본 적이 없다고 생각하기는 했지만, 어쩐지 그것이 성경의 한 구절임을 알았다. 그는 그것이 하나님의 말씀이며, 그에게 말씀하신 하나님의 음성이라는 것을 알았다. 드디어 그는 그 하나님의 말씀을 붙잡고 기도했다.

피니는 이른 아침부터 정오가 되기까지 시간 가는 줄도 모르고 기도했다. 그리고 조용히 동네로 걸어 들어갔다. 그의 마음은 놀라울 정도로 고요하고 평안했다. 사무실을 향해 걸을 때 모든 죄의식이, 현재의 죄나 죄책에 대한 느낌이 그에게서 완전히 떨어져 나간 것을 알 수 있었다. 피니는 죄에 대한 각성을 되살려 내려고 애를 썼다. 그러나 죄에 대한 모든 의식이 사라져 버렸다. "대체 이게 어찌 된 셈인가? 나 같은 큰 죄인이 죄에 대해 아무런 감각이 없다니!" 그러나 그의 마음은 하나님에 대한 감미로운 생각과 가장 심오한 영적인 평화로 채워져 있었다.

사무실에 도착하니 라이트 씨는 식사를 하러 나가고 자리에 없었다. 피니는 베이스 비올(bass viol)을 가지고 평소처럼 성가를 연주하고 노래하려고 했으나, 시작하자마자 눈물이 나기 시작했다. 흐르는 눈물을 억제하려고 했으나 할 수가 없었다. 그는 라이트 씨가 퇴근하고 사무실에 혼자 있게 되면 곧 다시 기도해 보아야겠다고 생각했다. 그는 그날 저녁을 혼자 있으려는 생각으로 벽난로에 불을 지폈다. 라이트 씨는 퇴근했다. 그를 문까지 배웅하고 나서 문을 닫고 돌아서니, 피니의 내적인 감정은 강렬하게 흘러 넘쳤으며, 그의 마음은 '내 온 영혼을 하나님께 쏟아 부어야지' 하는 생각으로 가득 차 있었다. 그의 영혼이 너무나 벅차서 앞쪽 사무실 뒤에 있는 상담실로 기도하러 달려갔다. 그때 피니는 주님과 분명한 만남을 체험하게 되었다.

"그 방에는 난롯불도 불빛도 없었다. 그래서 방은 어두웠다. 그럼에도 불구하고 완벽한 빛으로 가득 찬 것으로 느껴졌다. 내가 방에 들어가 방문을 내 뒤로 닫았을 때, 나는 마치 주 예수 그리스도를 얼굴과 얼굴로 보는 것 같았다. 그것이 정신적 상태였다는 것을 그때 나는 의식하지 못했고, 그 후 얼마 동안도 그것을 의식하지 못했다. 반대로, 내가 실제로 주님을 얼굴과 얼굴로 보는 것 같았다. 다른 일반 사람들을 보는 것처럼 보았다. 주님께서는 아무 말씀도 하지 않으셨으나 주님께서 나를 바라보시는 눈길에 나는 즉시 그의 발 앞에 거꾸러졌다. 주님께서 내 앞에 서 계신 것이 현실인 것만 같았고, 그래서 나는 주님의 발 앞에 엎드려 내 영혼을 그분께 쏟아 놓았다. 나는 어린아이처럼 크게 울었고, 비록 흐느끼는 음성으로나마 할 수 있는 대로 마음속에 있는 것을 마음껏 털어놓았다."503)

피니는 이런 상태로 상당히 오랫동안 있었다. 그러나 그는 이러한 주님과의 만남에 너무나 몰두해 있었기 때문에 그때 무슨 말을 했었는지 후에 거의 기억할 수 없었다고 했다. 이윽고 그의 마음이 차분해져서 앞 사무실로 되돌아왔는데, 커다란 나무에 붙여 놓았던 불이 거의 꺼져 가고 있었다. 그러나 이곳에서 놀라운 성령의 부으심이 피니의 영혼 위에 기다리고 있었다.

"**내가 돌아와서 불 가의 의자에 앉으려는 순간, 나는 강력한 성령의 세례(baptism)를 받았다.** 그것을 기대하지도 않았고, 그런 것이 나를 위해 존재한다고 한 번도 생각지도 않았고, 세상에 그런 것이 있다고 누구한테 한 번도 들어 보지 못했는데, 내가 전혀 예상치 못한 순간에 성령께서 내게 임하셨다. 내 몸과 영혼을 관통하듯이 임하셨다. 전류가 나를 계속 통과하는 듯한 느낌을 느낄 수 있었다. 참으로 그것은 파도, 즉 사랑의 파도와 같이 밀려왔다.-나는 그것을 달리 묘사할 수 없다. 그러나 그것은 물과 같지는 않았고, 하나님의 숨결 같았다. 거대한 날개로 나를 부채질하는 것과 같았음을 분명히 회상할 수 있다. 이 파동이 나를 지나갈 때, 그것은 마치 문자 그대로 스쳐가는 미풍이 내 머리카락을 흩날리는 것 같았다.

내 마음속에 부어진 놀라운 사랑을 말로 표현할 수 없다. 나는 가슴이 터질 것만 같았다. 나는 기쁨과 사랑으로 크게 소리 내어 울었다. 말할 수 없는 마음의 감격으로 인해 문자 그대로 울부짖었다. 이 파도는 계속 밀려왔다. 하나가 지나가면 또 다른 파도가 밀려왔다. 그래서 나는 부르짖지 않을 수 없었다. '이 물결이 더 계속되면 저는 죽을 것 같습니다.' 나는 주님께

---

503) Charles G. Finney, *The Memoirs of Charles G. Finney* (Grand Rapids, Michigan: Zondervan Publishing House, 1989), 23.

아뢰었다. '주님, 저는 더는 감당할 수 없나이다.' 이러한 성령의 세례가 나를 지나가는 상태가 얼마나 오래 지속되었는지 나는 모른다."504)

피니는 잠자리에 들었으나 하나님의 사랑이 그의 마음에 넘쳐흘러 곧장 다시 잠이 깼다. 그는 너무나 사랑으로 충만해서 잠을 이룰 수가 없었다. 피니가 아침에 눈을 떴을 때 태양이 떠올라 그의 방에 선명한 빛을 쏟아 부었다. 이 햇살이 그에게 준 감동은 말로 표현할 수 없었다. 전날 밤에 받았던 성령의 세례가 즉시 똑같은 방식으로 피니에게 임했다. 그는 일어나 침대 위에 무릎 꿇고 기쁨으로 크게 소리 내어 울었다. 얼마 동안 성령의 세례에 너무 압도되어서 그의 영혼을 하나님께 쏟아 붓는 일 외에 아무것도 할 수 없었다.

이 상태에서 피니는 **현재적 경험**으로 이신칭의의 교리를 배웠다. 그 교리가 이전에는 결코 그의 마음을 그렇게 차지한 적이 없었고, 그는 그 교리가 복음의 근본 교리임을 분명히 알지도 못했었다. 사실, 피니는 그것이 정확히 무엇을 의미하는 것인지 전혀 알지 못했었다. 그러나 그는 이제 "믿음으로 의롭다 하심을 얻었은즉 우리 주 예수 그리스도로 말미암아 하나님으로 더불어 화평을 누리자."(롬 5:1)라는 구절이 무엇을 의미하는지 알고 이해할 수 있었다. 그의 말을 들어 보자. '나는 숲에서 믿었던 그 순간 모든 정죄의식이 전적으로 나의 마음에서 사라져 버렸음을 알 수 있었다. 그때로부터 나는 느껴 보려고 해도 죄책에 대한 의식이나 정죄 의식을 느낄 수가 없었다. 죄책감은 사라졌고, 나의 모든 죄들도 사라졌다. 내가 결코 죄를 한 번도 지은 적이 없었다 할지라도 나의 죄의식이 그때보다 더 작을 수 없었을 것이다. 이것이 바로 내가 필요로 한 바로 그 계시였다. 나는 믿음으로 의롭다 하심을 받았음을 스스로 느꼈다. 그리고 **내가 아는 한 나는 죄를 짓지 않는 상태에 있었다.**"

---

504) Finney, *The Memoirs of Charles G. Finney*, 23-24.

위와 같은 피니의 회심 체험은 1821년, 그의 나이 29세 때 일어난 일이었다. 피니는 하늘로부터 충만한 성령의 세례를 받고 복음을 다른 사람들에게 알리지 않고는 견딜 수 없었다. 그는 법학을 좋아했지만, 이제 법학은 물론 다른 모든 세속적인 일에 흥미를 잃었다. 그의 유일한 욕구는 이제 복음을 전하며 다른 사람들을 그리스도께로 인도하는 것이 되었다. 회심한 직후부터 피니는 변호사를 그만두고, 강력한 복음 전도자가 되었다. 피니가 몇 마디 말을 꺼내면 그것을 듣는 사람에게 강력한 죄의 깨달음이 생겼다. 그는 애덤스의 젊은이들을 열심히 찾아다니면서 그리스도를 증거했다. 그는 그리스도를 증거할 때마다 그 일을 훌륭하게 잘 해냈으며, 그 결과 많은 청년들이 구원받게 되었다. 진정한 부흥이 애덤스의 전 지역에서 일어나기 시작했다.

　피니는 조지 게일 목사 밑에서 이 년 동안 신학을 공부했다. 게일 목사는 프린스턴 대학교 출신으로 그 학교의 영향으로 칼빈주의 구학파 교리를 추종하는 사람이었다. 게일 목사는 제한 속죄 교리를 신봉했으며, 인간의 자유 의지를 부인했다. 이에 비해 피니는 그리스도께서 모든 사람을 위해 죽으셨으며, 모든 인간에게는 구원을 받아들이거나 거절할 수 있는 능력이 있다고 믿었다. 그는 게일 목사가 믿는 교리를 가르치느니 차라리 설교를 하지 않는 것이 낫다고 생각했다. 같은 교회의 한 장로가 피니와 비슷한 견해를 가지고 그를 격려하고 위해서 기도해 주었다. 마침내 1824년 장로회가 애덤스에서 소집되었고, 그에게 설교할 수 있는 자격을 부여했다.

　피니는 뉴욕 서부 지역에서 순회 설교자로 활동을 시작했다. 이때 영적인 부흥이 그 지역을 휩쓸기 시작했는데, 이후 그 지역이 "불타 버린 지역"으로 알려질 정도로 큰 부흥이 계속되었다. 그가 설교할 때면 성령의 능력이 영광의 구름처럼 임하는 것 같았는데, 어떤 때는 거룩한 성령의 임재가 그가 집회하고 있는 도시에 임하는 것 같았다. 구원받지 못한 사람들도 이것을 느낄 수 있었다. 죄인들이 그런 도시에 들어오자마자 죄를 자각하고 주님께 돌아오는 일이 종종 있었다.

1832년에 피니는 뉴욕 시에 있는 새로운 장로교회의 목사가 되었다. 거기서 그는 부흥에 관한 일련의 설교를 했는데, 그것은 『뉴욕 이밴절리스트』(New York Evangelist)라는 잡지에 실렸으며, 후에 『부흥 강의』(Lectures on Revivals of Religion, 1835)란 제목으로 출간되었다. 그것은 피니의 가장 인기 있고 영향력 있는 책이 되었다.

1835년은 피니가 오벌린 대학(Oberlin College)에서 신학 교수로서 사역을 시작한 해이기도 하다. 그 학교는 부흥주의자들과 개혁자들을 훈련시키기 위해 세워진 신생 학교로서 오하이오 주에 있었다. 피니는 신학 교수로서 가르치는 것 외에도 그 학교 교장(1851-1866)으로, 또한 오벌린 회중 교회의 목사(1837-1872)로서 섬겼다. 그가 『조직신학 강의』(Lectures on Systematic Theology, 1846)를 저술하고 출판한 것도 오벌린에 있을 때였다. 오벌린에 있는 동안에도 그는 복음 전도 여행을 계속했는데, 영국에는 두 번(1849-1850, 1859-1860) 갔었다.

세계 역사에서 가장 놀라운 부흥 중 하나로 기록된 1857-1859년의 대각성 운동은 피니가 인도한 집회의 직접적인 결과였다. "그것은 하나님의 위대한 역사이며, 지금까지 세상에 있었던 것 중 가장 위대한 부흥이다."라고 라이먼 비처(Lyman Beecher)박사는 말하였다. 1856년 로체스터에서 열린 피니의 집회는 1857-1858년에 미국을 휩쓴 강력한 부흥 운동을 위한 주님의 길을 예비하는 것이었다.[505] 1857년과 1858년 사이의 겨울에는 뉴욕과 필라델피아, 보스턴에 이르는 북부 여러 주를 온통 뒤흔들었던 '기도 모임의 부흥회'가 일어났다. 그것은 너무나 강력한 힘으로 전국을 휩쓸었기 때문에 부흥이 최고조로 임한 6주 내지 8주 동안에는 매주 약 5만 명씩 회심했다. 2년간의 전체 부흥 기간을 평균 내면 매주 1만 명씩 새로운 회심자가 교회에 가입했다. '매일 기도회'가 북부의 방방곡곡에서 열렸다. 신적인

---

505) Wesley Duewel, *Revival Fire* (Grand Rapids, Michigan: Zondervan Publishing House, 1995), 92.

영향력이 온 나라를 휩쓰는 것 같았다. 그 기도 모임들은 평신도들이 인도했다. 당시 미국 인구가 3천만 명이었는데 그 중 거의 2백만 명이 이 부흥회 기간 중 그리스도께 인도되었다.[506] 보스턴에서 열렸던 피니의 한 집회에서 어떤 사람이 일어나서 말했다. "나는 네브라스카에 있는 오마하(Omaha)에서 온 사람입니다. 내가 동쪽으로 오면서 어디에나 계속되는 기도회를 발견했습니다. 오마하에서 보스턴까지는 2,000마일입니다. 그러므로 나는 기도회가 2,000마일이나 뻗쳐 있는 것을 목격한 것입니다!" 1857-1858년에 미국에서 일어난 부흥은 결국 영국제도 전역까지 휩쓸었다. 북아일랜드, 웨일즈, 스코틀랜드, 마침내는 잉글랜드로까지 확산되어 영적으로 새롭게 되는 계기를 가져다주었다. 부흥 운동 전문 역사가인 오르(J. Edwin Orr) 박사는 이 운동을 가리켜 '제4차 대각성 운동'(Fourth General Awakening)이라 칭했다.[507]

피니는 1860년 이후에는 그의 건강 때문에 오벌린에 머물렀다. 1868년에는 그의 『회고록』(Memoirs)을 저술했는데, 그가 죽은 후에 출간되었다(1876). 그는 거의 83살에 가까운 나이로 하나님의 부르심을 받았다(1875). 그는 설교 사역뿐만 아니라, 저서를 통해서도 큰 영향을 미쳤다. 『부흥 강의』, 『신앙 고백자들에게 주는 강의』(Lectures to Professing Christians), 『조직신학 강의』 등이 유명하다. 피니의 저서는 막대한 발행 부수를 가졌는데, 지금도 그의 책들은 많은 사람들에게 영감을 주고 있다. 그의 묘비에는 그가 남긴 기념비적인 말이 새겨져 있다.

"우리의 선조들과 함께 하셨던 것처럼 주님께서 우리와 함께 하기를 원하신다. 그러므로 우리는 연약해지지도 말고 주님을 저버리지도 말자."

---

506) Duewel, *Revival Fire*, 131.
507) Duewel, *Revival Fire*, 125.

제30장

찰스 피니의 중생론

찰스 피니는 보편 속죄와 인간의 자발적인 회개와 믿음을 강조했다. 많은 사람이 찰스 피니를 인식하기를 인간의 자유 의지로 하나님을 믿을 수 있다고 말하는 현대 복음주의 전도 방식의 주창자로만 생각하고 있다. 물론 피니가 그것을 강조한 것은 사실이지만, 정작 그는 회심에 있어서 성령의 역사의 절대적 필요성을 강조했다.

사람들은 피니를 에드워즈와 아주 반대되는 사람으로 종종 설명하지만, 피니 자신은 에드워즈를 말할 때 "위대한 사람"으로 불렀으며, 에드워즈와 윗필드를 "담대하고 경건한 하나님의 종들"이라고 불렀다.[508] 회심에 있어서 성령의 조명의 절대적 필요성을 강조한 것은 이 세 사람이 같다. 피니는 하나님의 은혜와 성령의 역사의 절대적 필요성을 말하고, 동시에 인간 의지의 자유와 능력도 주장했다. 그의 입장은 에드워즈의 외손자이자 예일대학 학장으로서 제2차 대각성 운동의 불을 지핀 티머시 드와이트(Timothy Dwight, 1752-1817)와 너대니얼 테일러(Nathaniel Taylor, 1786-1858)의 뉴헤이븐 신학(New Haven theology)과 유사하다.

---

508) Finney, *Lectures on Revivals of Religion*, 194.
509) Finney, *Lectures on Revivals of Religion*, 101.

1. 자발적 회개와 믿음의 중요성

피니의 신학에 있어서, 모든 사람은 자연적인 능력을 가진 자유로운 도덕적 행위자들이다. 그러므로 모든 사람은 하나님의 도덕적 통치에 복종하고 하나님의 법에 순종할 책임이 있는 존재다. 피니는 인간의 책임과 결단을 강조했다.

(1) 피니는 사람이 구원을 얻으려면 복음에 순종하여 스스로 회개해야 할 것을 강조했다. 그는 "죄인들이 회개해야만 되는 것은 그들의 삶 속에서 성령의 역사를 체험했기 때문이 아니라, 도덕적 행위자로서 하나님께서 그들에게 명하신 것을 할 수 있는 능력을 가지고 있기 때문"이라고 말했다.[509]

피니는 수동적으로 마음이 변화될 때까지 기다리는 것을 금하고, 즉각 스스로 회개할 것을 가르쳤다. "하나님께서는 죄인들에게 그들의 마음이 변화될 때까지 기다렸다가, 회개하고 믿고 하나님을 사랑하라고 말씀하시지 않았습니다. '회개'는 당신의 마음을 바꾸는 것을 의미합니다. **당신이 회개하고, 믿는 것이 바로 하나님께서 요구하시는 대로 당신의 마음을 변화시키는 것이며 새 마음을 가지는 것입니다.**"[510] 피니는 새 마음을 달라고 기도하며 기다릴 것이 아니라, 스스로 회개하고 믿음을 가지는 것이 곧 새 마음을 얻는 것이라고 했다.

(2) 피니는 복음에 순종하여 스스로 믿을 것을 강조했다. "믿음은 하나님과 그리스도에 대한 의뢰(trust) 혹은 신뢰(confidence)입니다. 모든 영혼을 하나님께 의탁하는 것입니다. 믿음은 그의 인격, 그의 진실하심, 그의 말씀 등을 의지적으로 의뢰하는 것입니다."[511] 또한, 피니는 "참 회심이란 우리 자신과 우리가 가지고 있는 모든 것을 하나님께 바친다는 것을 의미한다."라고 했다.[512]

---

510) Finney, *Lectures on Revivals of Religion*, 357.
511) Finney, *Lectures on Revivals of Religion*, 351.
512) Finney, *Lectures on Revivals of Religion*, 430.

2. 피니의 거듭남 개념

(1) 피니에게 있어서 '거듭남'이란 '성령의 감화'를 받아 '우리가 믿고 회개하고 마음을 바꾸는 것'이다. 이것은 그의 거듭남에 대한 독특한 정의이다. 그는 "거듭남과 회심을 동의어로 사용"했다.[513] "거듭남은 궁극적 의향의 근본적 변화입니다. 즉 삶의 목적이 근본적으로 바뀌는 것입니다. …… 거듭남은, 성경에서 말하는 특징으로 설명하자면, 의지의 태도가 바뀌는 것을 말합니다. 즉 그의 궁극적 선택과 의향, 혹은 우선권이 바뀌는 것을 말합니다. 이기심에서 호의적 사랑(benevolence)으로 바뀌는 것을 말합니다. 삶의 궁극적 목적으로 자기만족을 선택한 데서 하나님과 세계의 최고의 안녕을 궁극적 목적으로 선택하는 것으로 바뀌는 것을 말합니다. 자기 이익, 자기 탐닉, 자기만족을 위해 전적으로 헌신하던 상태에서 하나님과 그의 나라의 이익을 위해 전적으로 헌신하는 것을 삶의 궁극적 목적으로 삼는 상태로 바뀌는 것을 말합니다."[514]

(2) 회심에 있어서의 매개(agency)는 무엇인가? 피니는 "회심의 역사에는 보통 세 가지 매개와 한 가지 도구가 함께 작용한다."고 했다. 그가 말하는 세 가지 매개는 하나님, 진리를 마음에 새겨 주는 사람, 그리고 죄인 자신, 이 세 가지다. 그리고 하나의 도구는 진리이다.[515] 여기서 "하나님께서는 섭리적 통치를 통해서, 그리고 성령의 감화로 회심의 역사에 관여하신다." 라고 그는 말했다.

"성경은 종종 거듭남을 하나님의 성령의 역사로 묘사합니다(요 3:5-6; 1:13). 그러나 또한 거듭나는 본인이 거듭남에 있어서 능동적임을 발견합니다. **거듭남은 죄인이 그의 궁극적 선택과 의향과 선호를 바꾸는 것입니다.** …… 그리고 죄인을 회심하게 하는 데는 또 다른 매개가 있습니다. 성경은

---

513) Finney, *Finney's Systematic Theology*, 221.
514) Finney, *Finney's Systematic Theology*, 223.
515) Finney, *Lectures on Revivals of Religion*, 16.

거듭나는 본인은 물론 설교자를 거듭남 사역에 있어서 매개자로 인정합니다. 그리하여 바울은 다음과 같이 말한 것입니다. '내가 복음으로써 너희를 낳았음이니라.' …… 몇몇 신학자들은 거듭남을 성령님의 단독 사역이라고 주장해 왔습니다. 그들은 이것을 증명하기 위해서 거듭남의 원인을 하나님께로 돌리는 성경 구절을 인용합니다. 그렇게 한다면, 나는 합법적으로 거듭남의 역사가 사람만의 역사라고 주장할 수도 있을 것입니다. 즉 거듭남의 일을 사람에게 돌리는 구절들을 인용함으로 내 입장을 실증함으로 그렇게 할 수도 있을 것입니다."[516] 피니는 회심은 오직 성령님의 사역이라고 말하면서 자신이 해야 할 바를 적극적으로 당장에 이행하지 않고 변명만 일삼는 사람들을 겨냥해서 위와 같은 주장을 강하게 한 것이다.

피니는 거듭남에 있어서 "사람은 수동적이면서 능동적"이라고 했다. "사람은 성령님이 제시하시는 진리를 지각해야 하는 점에 있어서는 수동적입니다. …… 성령님은 진리를 통해서, 혹은 진리에 의해서 사람 위에 역사하십니다. 이 점에서 사람은 수동적입니다. …… 그러나 **본인이 회심하지 않으면 하나님뿐만 아니라, 그 어떤 다른 사람도 그를 중생시킬 수 없습니다.** 만일 사람이 자기의 선택을 변화하지 않으면, 변화란 불가능한 것입니다."[517] "하나님께서는 죄인의 의무를 행하실 수 없습니다. 죄인이 스스로 자신이라는 매개를 바로 사용하지 않는다면 그를 거듭나게 하실 수 없습니다."[518]

3. 성령의 조명의 절대 필요성

피니는 인간의 자유 의지만 강조한 것이 아니다. 성령님의 조명의 역사가 없이는 결코 구원의 역사가 일어날 수 없음도 강조했다. 그는 "인간의

---

516) Finney, *Finney's Systematic Theology*, 224.
517) Finney, *Finney's Systematic Theology*, 226.
518) Finney, *Finney's Systematic Theology*, 236.

이성의 힘만으로는 우리 영혼에 거룩한 변화를 가져다줄 수 있는 어떤 지식도 얻을 수 없다."라고 했다. "신앙의 일에 있어서 우리의 이해력은 성령의 도움이 없이는 불완전하다." 왜 그런가? "인간이 가진 복음에 대한 이해력은 구원에 이르게 할 만한 그 어떤 것이 결핍되어 있기" 때문이라고 피니는 말했다.[519]

피니는 회심에 있어서 성령의 역사의 절대적 필요성을 다음과 같이 말했다. "하나님께서 그의 성령의 영향력으로 개입하시지 않으시면, 지구상의 어떤 사람도 하나님의 명령에 순종하지 않을 것입니다."[520] "만일 인간이 하나님께 순종하는 성향을 가지고 있었다면, 진리가 성경 속에 충분히 분명하게 주어져 있으니 설교에 의해서 그들이 알아야 할 모든 것을 배울 수 있었을 것입니다. 그러나 인간은 진리에 순종하고자 하는 성향을 전적으로 가지고 있지 못하기 때문에, 하나님께서 진리를 그들 마음에 분명히 나타내시며 그들 영혼 속에 깨닫게 하는 빛의 불꽃을 부어 넣으십니다. 그렇게 함으로써 그들은 그 빛을 저항할 수 없게 되고 굴복하게 됩니다. 그래서 하나님께 순종하게 되고 구원받게 됩니다."[521]

피니는 "그리스도께서 자신을 나타내시는 것은 우리의 믿음과 순종을 통해서이다."[522]라고 했다. 믿고 순종하는 사람에게 자신을 계시해 주신다는 말이다. "회심에 앞서 율법의 역할이 철저히 이루어지고 그리고 회심할 때 혹은 회심에 곧 이어서 완전하고도 확실하고 바른 그리스도의 계시를 받게 된다면 그만큼 우리는 더욱 큰 담력과 자신감을 가지고 진리의 사실을 증거하게 될 것입니다."[523]

---

519) Finney, "The Necessity of Divine Teaching," in *Lectures to Professing Christians*, 401.
520) Finney, *Lectures on Revivals of Religion*, 9.
521) Finney, *Lectures on Revivals of Religion*, 16-17.
522) Finney, *Sanctification*, 73.
523) Finney, *Sanctification*, 36.

피니가 말하는 구원의 순서를 정리하면 다음과 같다.

[그림 5] 피니의 구원의 순서

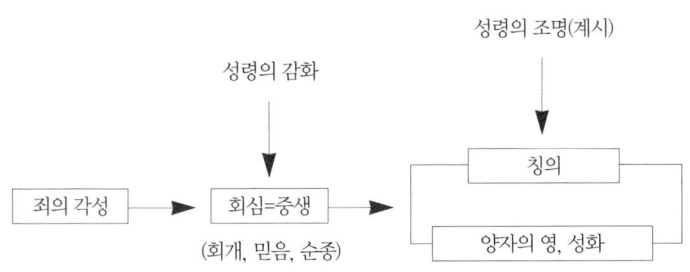

4. 칭의와 성화

피니는 칭의와 성화를 구원에 있어서 가장 중요한 것으로 보았다. "구원은 여러 가지를 포함합니다.-성화, 칭의, 영생, 그리고 영광을 포함합니다. **그 중 가장 중요한 것은 성화와 칭의입니다.** 성화는 마음을 정결케 하는 것, 또는 마음을 거룩하게 만드는 것입니다. 칭의는 우리가 하나님께 용납되는 방법 및 하나님께서 우리를 취급하시는 방법과 관련됩니다."[524]

피니는 참으로 믿음으로 칭의를 얻은 사람은 성화의 열매를 맺는다고 했다. 믿음으로 의롭다하심을 주신다는 복음 자체가 진정한 성화를 이끌어 낸다고 했다. "이신칭의의 교리는 율법에 대한 참된 순종을 낳음으로 성화(sanctification)를 낳습니다. 우리가 마음으로 복음적 계획을 이해하고 그것을 믿게 되면 자연히 거룩함이 산출됩니다. 성화란 거룩함(holiness)을 말하는데, 거룩함이란 바로 하나님과 이웃을 향한 사랑이 그 핵심이라고 할 수

---

524) Finney, "The Way of Salvation," in *Lectures to Professing Christians*, 383.

있는 율법에의 순종을 말합니다. 복음에 대한 생각이나 이신칭의와 연관된 동기가 없이 율법 그 자체만으로는 이기적이고 사악한 사람들에게서 결코 참된 거룩함을 낳을 수가 없습니다."[525]

피니는 행위와 전혀 상관이 없이 은혜로 주어지는 구원만이 이기적인 사람들을 개심케 할 수 있다고 강조했다. 그는 "오직 이것만이 이기심의 세력을 녹여 없애고 거룩한 행동을 확실히 낳을 수 있다."라고 했다.[526] 그는 다음과 같이 말했다. "믿음으로 말미암아 값없이 구원을 주신다는 것을 깨닫는 사람은 하나님의 크신 사랑에 감격하지 않을 수 없습니다. 그의 이기주의는 무너지고 맙니다. 율법은 이제 자기 할 일을 다 했습니다. 그는 자기의 모든 이기주의가 이루어 놓은 것이 아무것도 없다는 것을 보게 됩니다. 그리고 난 다음에 그의 마음은 하나님의 사랑에 굴복하게 됩니다."[527]

5. 우리의 거룩함이 되시는 그리스도

피니는 성령께서 내주하심으로 우리가 거룩함을 얻는다고 했다. '그리스도는 어떤 의미에서 우리에게 거룩이 되실까?' 라는 질문에 그는 다음과 같이 대답했다. "그의 성령께서 우리 안에서 역사하시며 우리의 마음 깊이 그의 사랑을 풍성히 부으십니다. 믿음으로 말미암아 우리는 실제로 거룩하게 됩니다. 그리스도께서 우리의 거룩함이 되신다는 말은 그리스도께서 우리들의 거룩함의 창조자라는 말입니다. 그리스도는 속죄와 중보로 거룩함을 낳는 원인이 되실 뿐 아니라, 우리 영혼과 직접 교제하심으로써 우리 속에 거룩함을 낳으십니다."[528]

피니는 구원이란 그리스도와의 실제적 연합이라고 하였다. "피상적으로

---

525) Finney, "Sanctification by Faith," in *Lectures to Professing Christians*, 308-309.
526) Finney, "Sanctification by Faith," in *Lectures to Professing Christians*, 317.
527) Finney, "Sanctification by Faith," in *Lectures to Professing Christians*, 315.
528) Finney, "The Way of Salvation," in *Lectures to Professing Christians*, 391.

그리스도를 이해하는 사람들이 많습니다. 그들은 대부분 자기들의 궁핍이 어느 정도인지 그 길이와 넓이와 높이와 깊이를 전혀 이해하지 못합니다. 그렇기 때문에 그리스도 안에서만 발견되는 온전한 치료 방법을 찾지 못하는 것입니다. 스스로 그리스도인이라고 고백하는 사람들 중에도 **그리스도의 구원이 영혼과 그리스도와의 실제적인 연합에서 이루어지는 것임**을 모르고 다만 그리스도의 교훈을 이해하고 믿으면 되는 것으로만 생각하고 있습니다."[529]

6. 성령이 없으면 지옥 간다

피니는 성령 받는 것은 성도의 의무라고 했다. "**당신 안에 하나님의 영이 없으면 당신은 하나님의 명예를 더럽히며, 교회를 망신시키며, 죽은 후 지옥으로 갈 것입니다.**"[530] "만일 당신이 당신의 삶 속에서 성령님의 인도하심에 대해 전혀 아는 바가 없다면 두말할 여지 없이 당신은 잘못되어 있습니다."[531] 피니는 많은 사람들이 성령을 소유하지 못하는 이유에 대해서 다음과 같이 말했다.[532]

첫째로, 아마도 당신이 "위선적인 생활"을 하고 있기 때문인지도 모른다.

둘째로, 어떤 사람은 너무나 "경박한 삶"을 살기 때문에 성령이 거하실 수 없는 경우가 있다. 하나님의 영은 엄위하시며 진지하시기 때문에 경박하게 처신하고 결코 사물을 진지하게 보려고 하지 않는 사람에게 거하시지 않을 것이다.

셋째로, 어떤 사람은 "너무나 교만" 하기 때문에 성령이 거하실 수 없다.

넷째로, 어떤 사람의 마음은 너무나 세상에 집착해 있다. 예를 들면, 재물

---

529) Finney, *Sanctification*, 95.
530) Finney, *Lectures on Revivals of Religion*, 102.
531) Finney, *Lectures on Revivals of Religion*, 103.
532) Finney, *Lectures on Revivals of Religion*, 103–107.

을 사랑한다든지 부자가 되기 위해 너무나 애를 쓰고 있기 때문에 성령을 소유할 수 없다.

다섯째로, 어떤 사람은 자신의 죄들을 완전히 자백하지 않으며, 또 버리지도 않는다. 그러므로 그는 성령의 임재를 즐길 수 없다.

여섯째로, 어떤 사람은 어떤 알려진 의무를 소홀히 하기 때문에 성령을 소유하지 못한다.

일곱째로, 당신은 하나님의 영을 훼방하였는지도 모른다. 당신은 죄의 각성을 소멸시켰다. 설교를 듣는 중 여러분에게 해당하는 말이 나오면 여러분은 곧 신경을 곤두세우고 그것을 훼방한다.

여덟째로, 당신은 성령을 전심으로 사모하지 않았다. 이것은 성령이 없는 모든 사람에게 해당되는 말이다. "만일 당신이 당신 안에 하나님의 영을 모시기를 원한다면, 당신은 다른 생활을 살아야 합니다. **세상을 포기하고, 하나님께 자신을 바쳐야 하며, 불경건한 친구들을 버리고, 당신의 죄를 완전히 고백해야 합니다.**"[533)]

아홉째로, 아마 당신은 성령을 달라고 기도하지 않았을 것이다. 혹은 구하기는 했으나 다른 은혜의 수단을 사용하지 않았을 것이다. 혹은 구하기는 했으나 당신이 기도와 일치되지 않게 살았을 것이다.

피니는 분명히 경고했다. "만일 당신이 성령이 없이 죽는다면, 지옥으로 떨어질 것입니다. 이것은 의심의 여지가 없습니다. 성령이 없다면 당신은 결코 천국에 들어갈 준비가 되어 있지 않은 것입니다."[534)]

7. 참으로 회심한 자의 특징

피니는 진정한 회심이란 "지독히 이기적인 마음의 상태에서 이타적인 사

---

533) Finney, *Lectures on Revivals of Religion*, 107.
534) Finney, *Lectures on Revivals of Religion*, 115.

랑(benevolence)의 마음으로 바뀌는 것"이라고 하였다.535) 그의 이 주장은 에드워즈가 『참된 미덕의 본질』에서 참으로 거듭난 자는 '보편 존재에 대한 호의적 사랑'을 가지게 된다고 가르친 것과 똑같다. 피니는 "참된 회개"라는 그의 설교에서 진정한 회개의 특징을 다음과 같이 말했다.

첫째, 죄에 대한 견해에 변화가 일어난다. 진정으로 회개한 자에게는 죄가 완전히 다르게 보인다. "진정으로 회개하면 죄가 사랑스럽고 매혹적으로 보이기는커녕 가증스럽고 밉살스럽게 보입니다. 그것을 어떻게 욕망할 수 있었는가 하고 놀라게 됩니다. 회개치 않은 죄인들도 하나님께서 죄로 말미암아 자신을 심판하실 것이기에 죄가 자신을 망하게 하리라는 것을 압니다. 그러나 죄는 여전히 매혹적으로 보입니다. 그들은 죄를 사랑하고 즐깁니다. 죄로 인한 결과가 행복으로 끝날 수만 있다면 그들은 결코 죄를 포기할 마음을 갖고 있지 않습니다. 그러나 참으로 회심한 자는 자기가 지난 날에 행한 일들을 지극히 가증스러운 것으로 봅니다."536)

둘째, 죄에 대한 감정과 마음의 변화가 일어난다. "참되게 회개한 사람은 죄를 가증스럽고 비열하고 혐오할 만한 것으로 볼 뿐만 아니라, 마음속에서부터 죄를 싫어하게 됩니다. 어떤 사람은 죄가 치명적이며 가증스러운 것임을 보고서도 여전히 죄를 사랑하며 죄를 욕망하며 죄에 집착할 수 있습니다. 그러나 그가 참으로 회개하면 그는 진심으로 죄를 혐오하며 죄를 물리치게 됩니다. 이것이 곧 그리스도인들이 때때로 죄의 참된 모습을 보게 될 때 슬픔의 눈물을 터뜨리는 원천이 됩니다. 신자가 하나님과의 관계 속에서 죄를 보게 되면 울고 싶어지는 마음이 생깁니다."537)

셋째, 진정한 회개를 했다면 이전에 지었던 죄를 되풀이하는 경향이 사

---

535) Finney, "True and False Conversion," in *Lectures to Professing Christians*, 213.
536) Finney, "True and False Repentance," in *Lectures to Professing Christians*, 156-157. 이 설교의 본문은 고린도후서 7장 10절 말씀이다. "하나님의 뜻대로 하는 근심은 후회할 것이 없는 구원에 이르게 하는 회개를 이루는 것이요, 세상 근심은 사망을 이루는 것이니라."
537) Finney, "True and False Repentance," in *Lectures to Professing Christians*, 158-159.

라진다. "당신이 진실로 회개했다면 당신은 이제 죄를 사랑하지 않을 것입니다. 당신이 이제 죄를 삼가는 것은 두려움이나 처벌을 피하고자 하는 마음으로 하는 것이 아니라 당신이 죄를 미워하기 때문입니다. 그대가 자행하던 범죄들을 한 번 보십시오. 그것이 그대에게 어떻게 보입니까? 그리고 할 수만 있다면 그것들을 다시 한 번 해 볼 마음이 생깁니까? 만일 당신에게 이러한 죄의 성향이 남아 있다면 당신은 단지 각성되었을 뿐입니다. 당신의 죄에 대한 견해가 바뀌었다 할지라도 죄에 대한 사랑이 남아 있다면, 당신은 여전히 회개치 않은 죄인입니다."[538]

넷째, 참되게 회개하게 되면 남에게 잘못한 일에 대해서는 자백을 하게 되고 배상을 하게 된다. "어떤 사람에게 해를 끼치고서도 자신이 행한 짓에 대해 보상하지 않는다면, 그것은 진정한 회개가 아닙니다."[539]

다섯째, 참다운 회개를 하게 되면 인격과 행동이 영원히 변화된다. "고린도후서 7장 10절 본문에 '후회할 것이 없는' 구원에 이르는 회개라고 기록된 바울 사도의 말은, 진정한 회개란 아주 깊고 근본적인 것이어서 그것을 체험한 사람은 결코 원상태로 되돌아갈 수 없다는 뜻입니다. 사람들은 종종 그것이 '후회할 필요가 없는' 회개라는 의미로서 말합니다. 그러나 본문은 '후회할 것이 없는' 회개라고 말합니다. 다시 말해서, **절대 후회하지 않는 회개입니다. 즉, 너무나 철저해서 다시 옛 마음의 상태로 가는 일은 없습니다**. 죄에 대한 사랑이 진정으로 사라진 상황입니다." 피니는 말한다. "진정으로 회개한 사람은 죄에 대한 견해와 감정들이 완전히 변화되었기 때문에 다시 돌이켜 죄에 대한 사랑에 빠지지 않습니다."[540]

---

538) Finney, "True and False Repentance," in *Lectures to Professing Christians*, 160.
539) Finney, "True and False Repentance," in *Lectures to Professing Christians*, 161.
540) Finney, "True and False Repentance," in *Lectures to Professing Christians*, 161-162.

8. 구원 얻는 길

피니는 인간 편에서의 자발적 회개와 믿음을 강조했다. "당신이 구원을 받으려 한다면 하나님께서 당신에게 하라고 명하신 일을 하나님께서 행하시기를 기다려서는 안 됩니다. …… 사실상 하나님께서 당신을 대신해서 하실 수는 없으며 반드시 당신이 해야만 하는 일들이 있습니다. 하나님께서 구원의 조건으로서 당신에게 계시하시고 요구하신 일들은 하나님께서 하실 수도 없으며, 친히 하시지도 않을 것입니다. 만일 하나님께서 그것들을 친히 하실 수 있었다면 당신에게 그것들을 하라고 요구하시지도 않았을 것입니다. 모든 죄인들은 바로 이 점을 잘 기억해야 합니다. 하나님께서는 당신에게 회개와 믿음을 요구하십니다. 왜냐하면 당신을 대신하여 다른 사람이 그것을 행한다는 것은 본성상 불가능하기 때문입니다."[541]

(1) 피니는 우리의 모든 죄를 기꺼이 버리며 우리가 가진 모든 것을 버려야 구원을 받는다고 했다. "당신이 가지고 있는 모든 것을 버려야 합니다. 그렇지 않고서는 그리스도의 제자가 될 수 없습니다. **완전하고 전적인 자기 부인이 있어야 합니다.** …… 당신의 영혼과 영혼의 모든 능력을 가지고 와서 당신의 구세주 하나님께 기꺼이 헌신하여 바치십시오. 모든 것을 가지고 나아오십시오. 모든 것, 몸, 영혼, 지성, 생각, 재능 등 하나도 남김없이 모두 가져오십시오."[542]

피니는 죄를 어느 정도 깨달았으나 아직 회심에 이르지 못한 죄인을 다룰 때는 다음과 같이 하라고 가르쳤다.

첫째, 어떤 사람이 죄를 깨달았으나 회심하지 않고 계속 고통의 상태에 있다면 대개는 어떤 특별한 이유가 있는 법이다. 예를 들어, 어떤 때는 그가 버리기를 원하지 않는 어떤 특별한 죄가 있을 수 있다. "그 죄인은 그것이

---

541) Finney, "Conditions of Being Saved," in *God's Love for a Sinning World*, 100-101.
542) Finney, "Conditions of Being Saved," in *God's Love for a Sinning World*, 120.

아주 미미한 죄에 지나지 않는다고 주장하든지, 아니면 전혀 죄가 아니라고 주장할 것입니다. 그러나 **그것이 아무리 작은 죄라 할지라도 그것을 버리기까지는, 그는 결단코 하나님의 나라에 들어가지 못할 것입니다.**"[543] 피니는 이것을 지적하여 가르쳐 주어야 한다고 했다. 그렇지 않으면 그 죄인은 계속 회심치 못한 상태 속에 있게 된다.

둘째, 피니는 죄를 깨달은 죄인들과 대화를 할 때에, 그들이 스스로 해결하지 못하고 머뭇거리고 있는 어려운 문제에 대해 절대로 타협해서는 안 된다고 했다. "만일 타협을 한다면 그들은 좋아하면서 그것을 붙잡습니다. 그러면서 실제로는 구원받지 못했으면서도 구원받았다고 생각하게 됩니다. 죄를 깨달은 죄인들이 흔히 봉착하는 어려운 점은, 양심과 성령님이 질책하는 것에 굴복하거나 자기가 애지중지하는 어떤 죄를 포기하는 데 있습니다. 그러므로 만일 그들이 바로 그 점에서 양보하는 사람을 만나면, 그들은 기분이 좋아져서, 자신은 회심했다고 생각합니다."[544]

그에 의하면, 여기에 교회가 거짓된 소망으로 가득 차 있는 큰 이유가 있다. 예를 들어, 어떤 사람들은 돈을 꽉 부여잡고 있으면서 그리스도인이 될 수 있다는 생각을 하고 있다. 이런 문제에 대하여 반드시 철저하게 다루지 않으면 안 된다. "교회에 위선자들이 차고 넘칩니다. 그들은 세상을 버려야 된다는 것을 한 번도 들어 보지 못한 자들입니다. 이는 **아무도 그들에게 그들의 모든 시간과, 모든 재능과, 모든 영향력과, 모든 소유물 등을 완전히 그리스도에게 바치지 않는다면, 결코 천국에 들어갈 수 없다는 사실을 보여 준 적이 없기 때문입니다.**"[545] 죄인이 여기 있다면 그에게 이렇게 말해야 한다. "핑계를 모두 버리라. 이 순간에 당신의 영원을 결정할 수 있다. 당신은 지금 하나님께 항복하지 않겠는가?" 피니는 "죄인에게 하나님에 대한 절대적인 굴복 이외에는 어떤 다른 것이나 방향을 제시해서는 결코 아니

---

543) Finney, *Lectures on Revivals of Religion*, 157.
544) Finney, *Lectures on Revivals of Religion*, 161.
545) Finney, *Lectures on Revivals of Religion*, 163.

된다."고 매우 강조했다.[546]

(2) 피니는 주님에 대한 온전한 신뢰, 믿음을 가져야 한다고 가르쳤다. "우리가 그분의 인격을 확고히 신뢰하고 성경에서 우리와 그리스도의 관계에 대해서 분명히 말씀하신 모든 것에 대해서 흔들림 없는 확신으로 믿는 가운데 그분께 우리의 혼을 의탁할 때, 이를 믿음이라고 하는 것입니다. 우리는 하나님께서 증거하신 대로 그분을 신뢰해야 합니다. …… 이러한 신뢰의 행동을 통하여 우리의 영과 그분의 영이 결합되어 우리는 그분으로부터 영원한 생명을 직접적으로 전달받을 수 있습니다. 믿음은 하나님의 생명이 우리의 영혼에 즉각적으로 들어올 수 있게 하는, 직렬연결의 전기선과 같습니다. 하나님의 생명과 빛, 사랑 그리고 평화와 기쁨이, 마치 건전지에서 전기가 흐르듯이 자연스럽고 자동적으로 우리에게 흘러 들어오는 것입니다. 그러면 우리는 비로소 처음으로 그리스도에서 마치 포도나무에 가지가 붙어 있듯이 믿음으로 우리가 그리스도와 연합해야 한다고 하신 말씀의 뜻을 이해할 수 있게 됩니다. 그리스도는 그때야 우리에게 하나님으로써 계시됩니다. 우리는 그분과의 직접적인 친교를 의식할 수 있으며, 그분이 우리 속에서 직접적으로 활동하심으로 말미암아 우리가 우리 자신에 관해 알듯이 주님을 알 수 있게 됩니다."[547]

이와 같이 피니는 우리가 온전한 믿음으로 주님을 신뢰할 때 성령이 주어짐을 말했다. "**믿음이 강하고 넓다면, 이를 통해 전달되는 사랑의 신적인 생명의 파도가 우리 영혼 속에 밀려드는 것이 너무나 강력해서 온 영과 몸에 충만해지는 것처럼 보일 것입니다.** 그러면 우리는 그리스도의 영이 우리 속에 계셔서, 그 능력이 우리를 죄로부터 구원하시고, 사랑으로 순종하는 길에서 우리 발을 지켜 주심을 의식할 수 있게 됩니다."[548] 이와 같이 피

---

546) Finney, *Lectures on Revivals of Religion*, 343.
547) Charles Finney, "The Psychology of Faith," in *Power from on High* (Fort Washington, PA: Christian Literature Crusade, 1994), 114.
548) Finney, "The Psychology of Faith," *Power from on High*, 115.

니는 '철저한' 회개와 '온전한' 의탁을 강조했다. 이때 그리스도의 영이 우리에게 흘러 들어오고 우리 속에 계셔서, 그 능력이 우리를 죄로부터 구원하신다고 했다.

제31장

복음주의 각성 운동 설교자들의 회심 체험과 구원론의 특징

기독교회의 위대한 신앙적 지도자들은 한결같이 먼저 자신의 구원의 문제를 깊이 고민하였고 모두 뜨거운 신앙 체험을 한 사람들이었다. 특히 대각성 운동 사역자들은 분명한 성령 체험을 했다. 자신이 먼저 성령을 제대로 확실하게 받아야 다른 사람에게 성령으로 도전을 줄 수가 있는 법이다.

1. 복음주의 각성 운동 설교자들의 회심 체험의 특징

대각성 운동의 역사에 쓰임 받았던 모든 하나님의 종들은 모두 비슷한 거듭남의 체험을 했음을 알 수가 있다. 그들의 거듭남의 개략적인 공통점을 살펴보면 다음과 같다. 특히, 윗필드, 에드워즈, 웨슬리를 중심으로 해서 살펴볼 것이다.

첫째, 그들은 나이가 젊었을 때부터 모두 하나님을 두려워하며 경외하는 자들이었다. 그들은 모두 자신의 죄와 구원의 문제를 놓고 심각하게 하나님 앞에 고민한 사람들이었다. '개신교 선교의 선구자'라 할 수 있는 모라비아 교도의 지도자 친첸도르프(Nicolaus Ludwig Zinzendorf, 1700-1760)는 10살도 되기 전에 "나는 단 한 가지 열망밖에는 없다. …… 그것은 그분, 오직 그분뿐이다."라고 하였다.

둘째, 그들은 모두 강력한 성령의 세례 혹은 내주를 체험했다. 이것이 그들을 다른 사람들과 구별되게 만든 중요한 원인이라고 할 수 있다. 에드워즈는 성령의 주입으로 영광의 주님의 계시를 강하게 받았으며, 윗필드는 강력한 양자의 영을 받았다. 웨슬리도 잊지 못할 성령에 의한 신생을 체험했다.

셋째, 이들의 성령 체험을 보면, 모두 성령께서 '홀연히' 체험적으로 오셨다. 즉 예기치 못하는 방식으로 '주권적으로' 오셨다. 그들 중 누구도 의식적으로 어느 순간에 성령이 주어질 것을 예상치 못한 상황에서 성령을 받았다. 그들은 하나님을 간절히 찾았고, 하나님께서는 하나님의 때에, 하나님의 방식으로 그들을 만나 주셨다.

넷째, 이들이 체험한 구원은 "거룩함과 동시에 주어지는" 구원이었다. 그들은 단순한 '칭의'의 믿음만이 아니라 '성령으로 말미암는 거룩함'이 동시에 주어지는 구원을 체험했다. 이들의 이와 같은 회심 체험은 그들이 전한 메시지에 그대로 반영되어 나온다. 그것은 아래에서 살펴보자.

2. 복음주의 각성 운동 설교자들이 설교한 공통된 구원론의 특징

많은 사람들은 칼빈주의자인 윗필드와 아르미니우스자인 웨슬리가 불화했다고 생각하는데 사실은 그렇지 않다. 그들 사이에는 불화보다 사랑이 훨씬 많았다. 그 명확한 증거가 있다. 1745년에 출간된 웨슬리의 가장 중요한 신학 책자에서 웨슬리는 자신과 윗필드가 서로에 대해서 파문하였다는 비난은 터무니없고, 그리고 뻔뻔스러운 거짓이라고 천명했다. "기독교의 모든 근본적인 교리에 있어서 우리는 같은 것을 주장한다. …… 나는 윗필드 씨를 하나님의 자녀로서, 그리고 예수 그리스도의 참된 사역자로서 존경한다."라고 웨슬리는 말했다.[549]

---

549) John Wesley, *A Farther Appeal to Men of Reason and Religion*, Part Ⅰ (London,

윗필드의 소원대로 윗필드의 장례식 때 설교한 웨슬리는 다음과 같이 말했다. "여러분은 이런 것이 윗필드가 어느 곳에 가든지 주장했던 근본적인 교리임을 알고 있습니다. 그리고 이것을 두 개의 문구로 요약할 수 있습니다. 바로 신생과 이신칭의입니다. 우리는 이 교리를 매우 담대하게 그리고 언제든지, 모든 장소에서, 대중 앞에서든 개인적으로든 선포해야 합니다. 우리는 이 교리가 아무리 반대를 당하고 모독을 당한다 해도 이 훌륭하면서도 오래된 교리를 가까이 해야 합니다."

윗필드와 웨슬리의 생애를 저술한 라일은 다음과 같이 말했다. "나는 웨슬리가 단지 알미니안이라는 이유로 이 위대한 사람을 비난하기 전에, 웨슬리의 견해가 무엇이었는가에 주의를 기울여야 한다고 생각한다. 무엇보다도 백 년 전 영국에서 웨슬리가 전파했던 것이 어떤 교리였는가를 철저하게 이해하고 있는지 살펴보아야 한다." 웨슬리를 단지 알미니안이라는 사실 때문에 그를 배척하기에는 너무 위대한 진리를 많이 갖고 살았다. 웨슬리의 중생의 개념은 에드워즈, 청교도들의 중생론과 매우 유사하다.[550] 윗필드, 웨슬리 두 사람은 모두 이신칭의를 강조했고, 중생 때 신자들로 하여금 거룩하고 의로운 삶을 살 수 있게 하시는 성령의 선물에 대한 성경적 약속을 강조했다.

일반적으로 피니도 에드워즈와 상극 관계에 있는 것처럼 소개되고 있으나 피니는 에드워즈를 칭할 때 "저 위대한 사람"으로 불렀다. 물론 두 사람 사이에 차이점도 있다. 그러나 큰 틀에서 보면 유사점이 더 많다. 조지 윗필드, 조나단 에드워즈, 존 웨슬리 등 복음주의 대각성 운동 사역자들에게는 아래와 같은 뚜렷한 공통점이 있다.[551]

1745), in Baker, ed., *The Works of John Wesley*, 11:173.
550) 이에 대해서는 필자의 박사 학위 논문 「조나단 에드워즈의 중생론 —칼빈, 웨슬리의 신학 사상과 관련하여—」를 참조하라.
551) 칼뱅, 오웬과 백스터도 위 세 사람과 대동소이하나 여기에서는 위 세 사람의 공통점을 중심으로 고찰해 보기로 하겠다. 피니는 구원의 내용에 대한 가르침은 윗필드, 웨슬리, 에드워즈와 거의 같으나 중생이라는 신학적 용어 사용이 약간 달랐다.

(1) 복음주의 대각성 운동 사역자들은 모두 거듭남 전에 **강력한 죄에 대한 각성과 회개가 필요함을 강조했다.** 실제로 이들의 설교 때에 자주 강력한 죄의 자각이 사람들 위에 머물렀다. 다음은 제임스 로슨(James Lawson)이 웨슬리에 대해 적은 글이다. "하나님의 영이 죄를 각성케 해 주실 때, 자신들의 죄가 너무나 크다는 것과 회개하지 않는 자들의 운명에 대해 갑작스레 깨닫는 것이 너무나 강력하여 사람들은 모든 정신적 기능이 빼앗기고 자제력을 잃어버려 기절하게 됩니다. 이런 종류의 실례는 웨슬리에 의해 종종 기록되었습니다. 1739년 4월 21일 브리스톨에 있는 위버스 홀(Weavers Hall)에서 '한 청년이 갑자기 전신에 강력한 떨림에 사로잡혔는데, 잠시 후 마음의 슬픔이 커지자 땅에 고꾸라졌습니다.' 그도 그런 후에 역시 평화를 찾았습니다. 같은 달 25일 웨슬리가 설교하고 있는 동안, 한 사람, 또 한 사람, 사람들이 연이어 '바닥에 쓰러졌습니다. 마치 벼락을 맞은 것처럼 온 사방에서 쓰러졌습니다.'"[552]

로슨은 웨슬리의 설교에 따르는 이와 같은 각성 현상에 대해서 다음과 같이 설명했다. "대부분의 사람들은 웨슬리의 설교처럼 날카롭고 강력한 설교를 이전에는 결코 들어 본 적이 없었습니다. 사람들이 죄와 자신이 죽어 있는 상태를 갑자기 보게 된 것은 그들 중 많은 사람들이 기절하거나 번민 속에서 울부짖었던 사실과 무관하지 않을 것입니다. **구원에 대하여 잘못된 희망을 가슴에 품었던 사람들은 웨슬리의 명백한 설교로 가면이 찢겨지고, 하나님과의 평화를 찾을 때까지 커다란 번민에 휩싸였습니다.**"[553] 웨슬리뿐만이 아니라 윗필드, 에드워즈 등 대각성 운동 사역자들은 모두 강력한 각성과 회개의 필요성을 강조했다.

(2) 그들은 **거룩함을 주시는 성령의 실제적, 체험적 부으심을 강조했다.**

---

552) James G. Lawson, *Deeper Experiences of Famous Christians* (New Kensington, PA: Whitaker House, 1998), 136-137.
553) Lawson, *Deeper Experiences of Famous Christians*, 137-138.

구원은 초자연적이고 신적인 성령의 거룩케 하시는 역사로 말미암아 이루어진다. 즉, 자연과 이성의 차원을 넘어선 역사이다. 하나님의 성령의 실제적 부으심이 없이는 어떠한 구원의 역사도 일어날 수가 없다. 이것은 복음주의 대각성 운동 사역자들과 청교도들이 매우 강조한 내용이지만, 현대 교회에서는 강조되지 않고 있다.

에드워즈는 "회심의 실재"라는 설교에서 거듭남은 초자연적으로 일어나는 매우 큰 변화라고 했다. 그 설교에서 에드워즈는 다음과 같이 말했다. 첫째, 인간의 행복은 창조주와의 연합에 달려 있다. 둘째, 이성은 인간이 거룩하지 않은 본성으로는 창조주와 연합할 수도 없고 기쁨을 결코 누릴 수 없음을 가르쳐 준다. 다시 말하면 본성이 하나님과 같이 거룩하지 않고는 하나님과 연합할 수 없다. 셋째, 경험은 인간이 보편적으로 거룩하지 않은 본성을 가지고 태어난다는 것을 보여 준다. 넷째, 이성은 인간의 타고난 본성이 창조주의 초자연적인 역사가 아니면 변화할 수 없음을 가르쳐 준다. 다섯째, 이런 변화는 틀림없이 아주 큰 변화일 것이다. 여섯째, 성경은 이런 큰 변화가 반드시 있어야 한다고 증언한다.[554)]

마즈던은 "오늘날처럼 이신론적인 시대에는 이것[초자연적 요소]의 강조가 부흥에 필수적이다."라고 했다. 오늘날은 이신론뿐만 아니라 합리주의, 인본주의, 무신론이 득세한 시대이다. 이러한 시대에 진정한 부흥이 일어나기 위해서는 초자연적 성령의 부으심이 간절히 요청된다. 스미스는 이들 위인들의 공통된 특징에 대해 다음과 같이 말했다. "거룩케 하시는 성령의 교리는 복음주의 각성 운동의 결정적인 교리였으며, 한 세기 전의 청교도 운동도 마찬가지"였다.[555)]

(3) 그들은 구원에 있어서 **칭의에 성화가 동반됨을 강조했다.** 복음주의 각성 운동 사역자들은 단순한 이신칭의가 아니라, 성령의 거룩함이 함께

---

554) Edwards, "The Reality of Conversion," in *The Sermons of Jonathan Edwards: A Reader*, 83-85.

555) Smith, *Whitefield & Wesley on the New Birth*, 16.

주어지는 구원을 강조했다. 그리하여 거듭남은 전인의 거룩한 변화를 초래한다. 윗필드는 다음과 같이 말했다. "여기서 거룩함이란 전인(全人)의 총체적 혁신을 의미합니다. 믿는 자들은 그리스도의 의로 말미암아 법적으로 하나님께 나올 수 있게 되었고, 성화를 통해서 그들은 이제 영적으로 살아나게 되었습니다. 그리스도의 의로는 영광을 누릴 법적인 자격을 얻게 되었고, 거룩함으로는 영광을 누리기에 합당하게 된 것입니다. 그러므로 그들은 영과 혼과 몸 전체가 거룩하게 된 것입니다."[556]

티머시 스미스는 윗필드와 웨슬리의 공통점을 다음과 같이 말했다. "그들 모두는 의가 그리스도의 이름 안에서 전가될(imputed) 뿐만 아니라, 그의 은혜로 말미암아 실제적으로 전달된다(imparted)고 선언했다. …… 그리고 성도의 마음속에 임재하심으로 사랑과 거룩함을 낳게 하시는 성령님의 사역을 강조했다."[557]

스미스는 이러한 확신은 윗필드와 웨슬리뿐만 아니라, 퀘이커와 침례교도들, 독일 경건주의자들, 메노파들, 모라비아 교도들, 그리고 영국이나 미국에 있는 청교도의 후예들(장로교, 영국 국교, 회중교 중 어디에 있는 청교도들이든 간에) 모두가 공유하고 있었으며, 이것이 '복음주의적 개신교'(evangelical Protestantism)의 특징이라고 말했다.[558] 이것은 본래 종교 개혁가 칼뱅의 강조점이었다. 칼뱅은 칭의와 중생(성화)의 동시성을 매우 강조했다.

(4) 그들은 하나님께서 우리를 구원하실 때 **죄책에서뿐만 아니라 죄의 세력에서도 구원하신다고 강조했다.** 이것은 칭의에 성화가 동반됨을 주장할 때 당연히 따르는 결과이다. 윗필드의 장례식 설교에서 웨슬리는 자신들의 사역을 회고하면서 "복음주의 운동을 불붙이는 데 쓰임 받은 두 나무토막들은 중생의 경험 때에 신자들을 죄책에서뿐만 아니라 죄의 세력에서 구원

---

556) Whitefield, "Christ the Believer's Wisdom, Righteousness, Sanctification and Redemption," in *Select Sermons of George Whitefield*, 101-102.
557) Smith, *Whitefield & Wesley on the New Birth*, 13.
558) Smith, *Whitefield & Wesley on the New Birth*, 13.

하셔서 그리스도께서 걸어가신 것처럼 신자들도 걸을 수 있게 하시는 성령의 선물을 주신다는 위대한 교리에 대해서는 결코 달랐던 적이 없었다."라고 선언했다.

웨슬리는 "믿음으로 말미암는 구원"이라는 설교에서 거듭난 사람은 죄책에서뿐만 아니라 죄의 세력에서 구원을 받으므로 하나님께로 난 자는 범죄하지 않는다(요일 3:9)고 했다. '신앙에 의한 구원이란 무엇을 의미하는가?' 라는 질문에 웨슬리는 다음과 같이 설명했다. "첫째로, 이는 과거의 모든 **죄의 죄책**에서의 구원입니다. …… 또한 이 신앙에 의하여 저희들은 죄악에서 구원받은 동시에, **죄의 세력**에서부터도 구원을 받은 것입니다. 그러므로 사도 요한은 말하기를 '하나님께로서 난 자마다 죄를 짓지 아니하나니 이는 하나님의 씨가 그의 속에 거함이요, 저도 범죄치 못하는 것은 하나님께로 났음이라.' (요일 3:9) 하였고, 또 요한1서 5장 18절에서는 '하나님께로 난 자마다 범죄하지 아니하는 줄을 우리가 아노니 하나님께로서 나신 자가 저를 지키시매 악한 자가 저를 만지지도 못하느니라.' 라고 거듭 말씀하고 있는 것입니다."[559]

윗필드도 예수님께서는 믿는 자들을 죄책에서 구원하실 뿐만 아니라, 죄의 세력에서 구원하신다는 것을 강조했다. 이것은 윗필드 설교의 핵심이었다. 이것은 웨슬리와 같다. "그리스도께서 오신 것은 우리를 죄책에서 구원하기 위함만이 아니라, 죄의 세력에서 우리를 구원하기 위함입니다."[560]

에드워즈는 참으로 성령님의 조명으로 말미암아 그리스도의 영광을 보고 믿게 되면, 저절로 모든 것을 드리게 된다고 했다. "그들이 그리스도께서 얼마나 위대하며 영광스러운지를 보면, 그렇게 영광스러운 분이 자신을 위해 죽으신 것이 자신의 모든 죄를 용서하는 데 충분하다는 사실을 확신하게 됩니다. 그리고 그리스도의 사랑, 자비, 긍휼은 자신처럼 불쌍하고 악

---

559) Wesley, "Salvation by Faith," in WJW, 1, 122-123.
560) Whitefield, "What think ye of Christ?," in WGW, 211.

하며 비참한 존재에게 충분하다는 것을 압니다. 참으로 그리스도를 믿는 사람은 그리스도께서 얼마나 사랑스러운지를 보며, 자기 마음을 다해 그리스도를 사랑합니다. 그리스도를 사랑하지 않는 사람은 결코 자기의 구원을 위해 자기 마음을 다해 그리스도께 오지 않습니다. 참으로 그리스도를 믿는 사람은 그의 백성이 되고자 자신을 그리스도께 드립니다. 자기의 마음을 그리스도께 드립니다. 영혼과 몸 전부를 영원토록 기꺼이 그리스도께 드립니다. 참으로 그리스도를 믿는 사람은 그리스도를 위해 마음속에서 모든 것을 버립니다. 즉 자신의 모든 죄를 버리고 세상을 버립니다. 참으로 그리스도를 믿는 사람은 그리스도를 버리기보다는 부모와 처자, 형제와 자매, 집과 전토 심지어 자신의 목숨까지 기꺼이 버립니다(마 19:29)." [561)]

이상으로 신앙 위인의 공통점을 살펴보았다. 티머시 스미스는 조나단 에드워즈, 조지 윗필드 등 "복음주의자들이 오랫동안 **신생이라고 말하는 도덕적 변화**(moral transformation)**의 강조**는 식민지 시대 때부터 미국 기독교의 중요한 요소 중 하나가 되었다."라고 말했다. [562)]

3. 구원의 순서에 대한 신앙 위인들의 견해

신앙 위인들 사이에도 구원의 순서를 설명하는 것이 조금씩 다르다. 우리는 신앙 위인들이 설명하는 구원의 순서가 약간씩 차이가 난다고 해서 당황해서는 안 된다. 윗필드는 "하나님께서 주권적인 인격체이듯이, 그의 거룩한 영이신 성령께서도 사람들에게 역사하시되 그 방식과 때에 있어서 주권적으로 역사하시는 분"이라고 했다.

윗필드는 성령께서 영혼을 구원하는 순서는 다양할 수 있으나, 그 내용에 있어서는 분명하다고 했다. "성령께서 제가 묘사하신 것과 같은 순서로

---

561) Edwards, "He That Believeth Shall Be Saved," in *The Sermons of Jonathan Edwards: A Reader*, 113-114.
562) Smith, *Whitefield & Wesley on the New Birth*, 28.

명확하게 일하지 않으실 수도 있고, 또 역사하신 시점을 정확하게 말할 수 없을 수도 있습니다. 그러나 그들은 하나님의 역사가 자기 속에서 일어났다는 것을 충분히 확신하며, 죄에 대하여, 의에 대하여, 심판에 대하여 어떤 방식으로든지, 그리고 어떤 시점에서든지 진실로 깨닫게 되었다는 것을 충분히 확신하고 있습니다."563)

(1) 장 칼뱅 : 칼뱅의 구원의 순서의 특징은 성령으로 말미암는 그리스도와의 연합을 구원의 순서의 앞에 둔 것이다. 맥그래스는 칼뱅의 '구원의 순서'를 다음과 같이 도식화했다.564) 그리스도와 연합을 중심에 놓고 칭의와 중생의 동시성을 잘 보여 주고 있다. 칼뱅에게 있어서 칭의와 중생의 이중의 은혜는 그리스도와의 연합의 결과이다.565)

[그림 6] 구원의 순서: 칼뱅

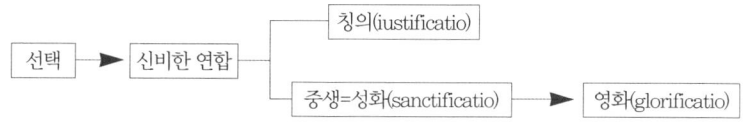

맥그래스는 위와 같이 칼뱅의 구원의 순서를 말했으나 보다 자세히 표현하면 다음 그림과 같다. 칼뱅에게 있어서 성령의 조명이 구원 적용에 있어서 가장 먼저 나온다. 이때 마음의 감각이 생겨서 영적인 안목을 가지게 되고 믿음을 가지게 된다. 이 믿음으로 신자는 그리스도와 연합하게 된다.

---

563) Whitefield, "The Holy Spirit Convincing the World of Sin, Righteousness, and Judgement," in WGW, 347–348.
564) Alister E. McGrath, *Iustitia Dei: A History of the Christian Doctrine of Justification* (Cambridge University Press, 1986), 37.
565) Calvin, *Institutes*, Ⅲ. xi. 1.

[그림 7] 구원의 순서: 칼뱅 2

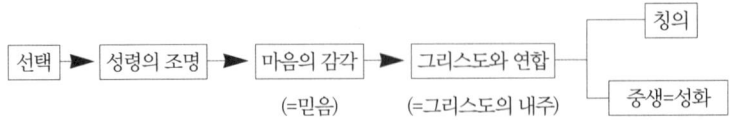

칼뱅은 주로 일평생 계속되는 성화의 과정을 중생이라 말했지만, 때로는 우리를 부르시고 믿음을 주시는 성령의 최초의 사역을 중생이라고 하기도 했다. 이와 같은 칼뱅의 가르침은 후에 청교도들과 개혁주의 신학자들에게 영향을 주어 개혁주의 신조를 보면 부르심과 중생을 같은 것으로 보았다.

(2) 조나단 에드워즈 : 에드워즈는 죄에 대한 철저한 각성이 있고 난 다음에 성령의 주입이 있다고 했다. 이때 회심의 역사가 일어난다. 그는 다음과 같이 말했다. "회심 이전에 사람이 어린아이처럼 된다는 것은 맞지 않는다. 사람이 어린아이처럼 겸손하게 되는 것은 마태복음 18장 3절의 말씀처럼 회심 때에 이루어지는 일이다. '너희가 돌이켜 어린아이처럼 되지 아니하면 천국에 들어가지 못하리라' (마 18:3)."[566] 에드워즈의 구원의 순서는 다음

[그림 8] 구원의 순서: 에드워즈

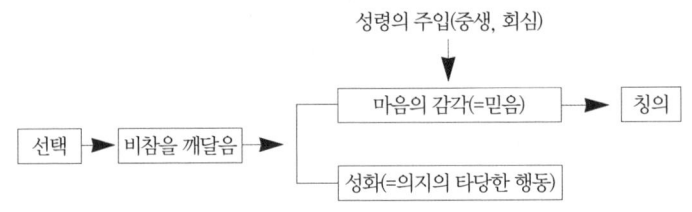

---

566) Edwards, "Miscellanies," no. 578, in WJE, 18, 116.

과 같다.

에드워즈는 중생이 믿음과 칭의보다 앞선다고 하였다. 그러나 성경에는 분명히 믿음이 먼저 있고 그 이후에 '성령의 선물, 내주'가 있다고 나와 있다(엡 1:13-14; 갈 3:2, 5, 13-14; 행 11:17 등). 그러나 에드워즈가 말하는 믿음은 성령을 받기 위한 믿음이 아니라 성령 받은 후의 믿음, 즉 확신적 믿음(신적인 믿음)이라고 보면 이해할 수 있다.

(3) 조지 윗필드: 윗필드가 구원에 있어서 하나님의 주권을 강조한 것, 칭의와 성화(중생)의 동시성을 강조한 것은 칼뱅과 똑같다.

[그림 9] 구원의 순서: 윗필드

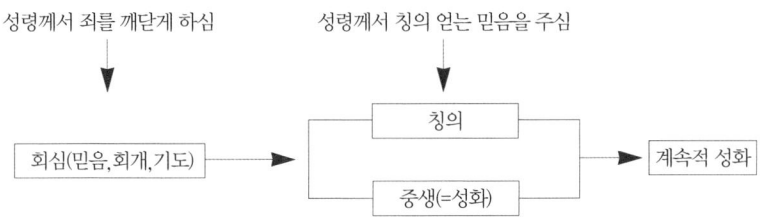

윗필드는 은혜의 주권성을 말하면서도 인간의 믿음과 결단을 강조했다. 그리고 칭의와 중생을 각각 강조했다. 이와 같이 성경의 중요한 교리를 어느 하나 약화시키지 않고 다 강조했다. 이것이 윗필드 신학의 장점이다.

(4) 존 웨슬리: 웨슬리가 말한 구원의 순서의 특징은 칼뱅, 청교도들과는 달리 인간의 자유 의지를 강조했다는 데에 있다. 그러나 웨슬리도 성령의 역사의 필수성을 강조했다. 그는 둘 다 강조했다고 함이 옳을 것이다. 웨슬리의 구원의 순서는 도표로 그리면 다음과 같다.

[그림 10] 구원의 순서: 웨슬리

웨슬리는 믿음 이후에 중생이 온다고 가르쳤다. 웨슬리안 조직신학자인 와일리와 컬벗슨은 믿음이 중생보다 먼저 와야 한다는 것을 다음과 같이 말했다. "사람이 중생하는 은총에 의해서 하나님의 자녀가 되기 전에 먼저 회개하고, 믿고, 하나님을 부름으로써 선행 은혜를 사용해야 한다는 것보다 더 분명한 것은 성경에 없다(요 1:12; 갈 3:26; 행 3:19 참조)."[567]

(5) 필자의 정리

1) 위 네 사람의 구원의 순서를 보면 약간의 차이가 있지만, 성령의 부으심의 필요성, 칭의와 성화의 실제적 경험을 강조한 것은 동일하다.

2) 위 신앙 위인들의 견해를 종합하는 필자의 신학적 해결책은 다음과 같다.

〈성경에서 찾아볼 수 있는 일반적 회심의 과정〉

「① 창세 전에 택함 받은 우리는 ② 하나님의 은혜로 부르심을 받아 ③ 예수님을 믿고 회개할 때 ④ 성령의 역사로 칭의, 죄 사함과 ⑤ 성령 내주의 은혜를 받는다」

---

[567] H. Orton Wiley and Paul T. Culbertson, *Introduction to Christian Theology* (Kansas City, Missouri: Beacon Hill Press, 1946), 286.

[그림 11] 구원의 순서: 종합

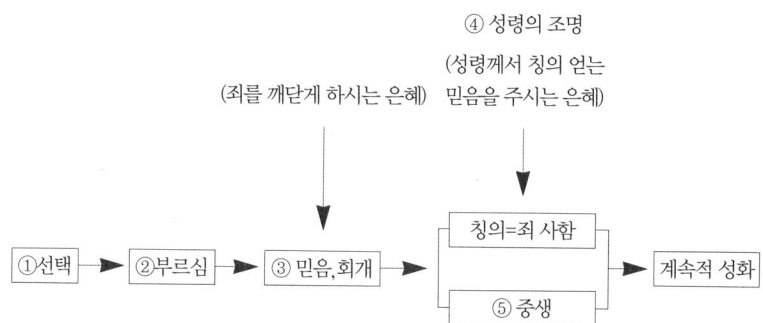

위 도표는 대표적 신앙 위인들(특히, 윗필드, 에드워즈, 웨슬리)의 구원의 순서를 포괄하는 도표가 되었다. 위와 같이 정리하면 성경의 어느 한 부분도 소홀히 하지 않고 균형 있게 강조한 것이라고 생각한다.

2-2
칼뱅과 청교도의 중생론

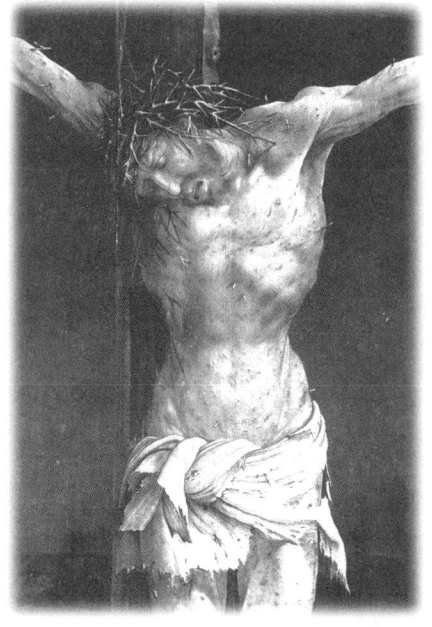

장 칼뱅
(1509~1564)

리처드 백스터
(1615~1691)

존 오웬
(1616~1683)

제32장

장 칼뱅의 거듭남 체험

　장 칼뱅(Jean Calvin, 1509–1564)은 1509년 7월 10일 프랑스의 작은 도시 노용에서 태어났다. 장 칼뱅은 프랑스식 이름이고, 영어로는 '존 칼빈'(John Calvin)이다. 당시의 학문 용어였던 라틴어 이름은 '요하네스 칼비누스'(Joannes Calvinus)였다. 칼뱅의 아버지는 집념과 야망으로 노동자에서 중산층(bourgeois)으로 상승한 사람이었다. 나중에는 노용 주교청에서 주교를 법률과 행정면에서 보좌하고 교구 교회의 재산 관리자로 일했다. 그는 아들을 가톨릭의 사제로 키우기 원했는데, 그의 노력으로 칼뱅은 12세 때 이미 성직록을 부여받았다. 아버지는 네 아들 중 어려서부터 공부를 잘하고 총명했던 칼뱅을 귀족의 자녀들이 누린 교육 혜택을 받게 했다. 그리하여 칼뱅은 당대 최고의 학문을 공부할 수 있게 되었는데, 이로써 칼뱅은 당대의 지도자가 될 수 있었다.

　칼뱅은 14살이 되던 1523년에 파리 대학교의 몽떼규 대학으로 진학하여 성경과 스콜라주의를 비롯한 엄격한 문학 교육을 받고 1528년에 졸업했다. 그는 원래 가톨릭 사제가 되기 위해 준비했으나 몽떼규 대학을 마쳤을 때는 아버지의 마음이 바뀌었다. 당시 부패한 로마 교회의 미래에 회의를 품은 아버지는 그에게 법학으로 전향하도록 종용했다. 그 결과 칼뱅은 1528년부터 1532년까지 파리의 남쪽에 있던 오를레앙 대학교에서 법학을 공부하게 되었다. 그는 1531년 초에 법률가 자격증을 딴 것으로 보인다.

칼뱅은 20대 초반에(칼뱅이 회심한 시점은 정확히 알 수 없으나 학자들은 1529년 말에서 1533년 초 사이로 추측한다) 하나님의 주권적인 은혜로 말미암아 그의 표현에 의하면 '갑작스러운 회심'(subito conversio)을 체험했는데, 그 경험 이후 그는 지금까지 해 오던 학문들을 멀리하고 종교적 연구에 몰두하게 되었다. 그는 회심할 때 영적인 비춰심을 받고 자신의 마음을 변화시키시는 주님의 손길을 느꼈다. 칼뱅이 하나님의 주권을 강조한 것은 그의 경험에서 비롯되었다.

칼뱅은 평소에 자신에 대해 많이 말하지 않았다. 그가 어떻게 '갑작스러운 회심'으로 그리스도를 만나게 되었는지 그의 『시편 주석』 서문과 다른 글에서 발췌하여 직접 그의 말로 소개하도록 하겠다.

내가 아직 매우 어린 소년이었을 때, 나의 아버지는 나를 신학을 시키시려고 마음을 정하셨습니다. 그러나 후에 법률에 종사하는 직업이 돈을 많이 벌게 해 준다고 생각하여 아버지는 갑자기 계획을 바꾸셨습니다. 그래서 나는 철학 공부에서 물러나 법률 공부를 하게 되었습니다. 이런 목적으로 나는 법률을 열심히 공부함으로 아버지의 뜻에 순종하려고 노력했습니다. 그러나 하나님께서는 **그의 비밀스런 섭리의 인도로** 드디어 내 가는 길을 다른 방향으로 인도하셨습니다.[568)]

오 주님, 저는 소년 때부터 교육받은 대로 항상 그리스도인의 믿음을 고백했습니다. 그러나 처음에는 당시 어디서나 볼 수 있는 것 이상의 어떤 신앙의 이유를 가지고 있지 않았습니다. 당신의 말씀은, 당신의 백성에게 등과 같이 비추어져야 하는 것이었지만, 사라져 없어졌거나, 아니면 적어도 억눌려 있었습니다. …… 내가 교육을 받았던 원리들은 나로 하여금 하나님을 진정으로 예배할 수 있도록 하기에 결코 적합하지 않았을 뿐만 아니

---

568) John Calvin, *Commentary on the Book of Psalms*, vol. 1, *Calvin's Commentaries*, vol. 20 (Grand Rapids, Mich.: Wm. B. Eerdmans Publishing Co., 1963), xl.

라, 나로 하여금 구원의 확실한 소망의 길로 인도해 주지도 못했으며, 그리스도인의 삶의 의무들을 행할 수 있도록 제대로 훈련시켜 주지도 못했습니다.

내가 가르침을 받은 대로 나는 영원한 사망을 받아 마땅했지만 당신의 아들의 죽으심으로 구속받았음을 믿었습니다. 그러나 내가 알았던 구속은 그 은혜가 내게는 결코 미칠 수 없는 것이었습니다. 나는 미래의 부활을 기대했지만, 그것에 대해 생각하는 것을 미워했으며, 그 부활은 가장 두려운 사건으로 생각했습니다. …… 그리스도인 교사들은 인간에 대한 당신의 자비를 설교했지만, 그 자비란 그것을 받기에 합당한 사람에게만 나타내 주시는 것으로 제한했습니다.

무엇보다도 그들은 자비를 받기에 합당하게 되려면 행위의 의를 가져야 한다고 했으며, 행위로 말미암아 당신과 화목할 수 있는 사람만이 당신의 은혜 속으로 받아들여진다고 했습니다. 그리고 그들은 우리가 비참한 죄인들이며, 우리는 종종 육체의 연약함 속에 빠진다는 것을 숨기지 않았습니다. 그러므로 우리들의 구원의 일반적 피난처로서 당신의 자비를 필요로 하는데, 그 자비를 얻는 수단이, 사제들이 지시하는 바로는, 그 범죄에 대해서 당신께 보속을 하는 것이었습니다.

그 보속이란 첫째, 우리들의 모든 죄를 사제에게 고백한 후에, 용서와 사면을 위해 겸손히 기도하는 것이었으며, 둘째, 선행을 하는 것이었는데, 이것을 함으로써 당신의 기억에서 우리들의 나쁜 행동을 지우게 되며, 마지막으로, 아직까지 부족한 것을 채우기 위해, 희생 제사를 드리고 배상을 함으로 우리들의 죄를 상쇄하는 것이었습니다. 그리고 그들은 주께서 엄한 심판관이요 죄에 대한 엄격한 복수자이시기에 얼마나 주의 임재가 무서운 가를 보여 주었습니다. 그래서 그들은 우리들에게 먼저 성자들에게로 도망가라고 지도했습니다. 성자들의 중보 기도로 하나님께서 우리가 간청할 수 있는 분으로, 우리들에게 우호를 베푸시는 분으로 다가올 수 있다고 했습니다.

그러나 내가 이 모든 일들을 수행하였을 때, 어느 정도 평온한 기간이 있었지만, 양심의 참된 평화와는 여전히 거리가 멀었습니다. 왜냐하면, 내가 내 자신 속으로 내려가 보거나 내 마음을 주께로 올렸을 때, 극도의 두려움이 나를 붙잡았습니다―그 두려움은 어떤 보상이나 보속도 치료할 수 없는 두려움이었습니다. 그리고 내 자신을 가까이서 점검하면 할수록, 내 양심을 찌르는 가시는 더욱 날카로웠습니다. 그래서 내가 찾을 수 있는 유일한 위안이란 거기에 대해 잊어버림으로써 내 자신을 현혹시키는 길밖에 없었습니다.

여전히, 아무런 더 나은 것이 제시된 것이 없었기에, 나는 내가 해 왔던 그 길을 계속 걸었습니다. 그러나 그때 아주 다른 형태의 교리가 갑자기 활동하기 시작했습니다[종교 개혁]. 그것은 우리를 그리스도인의 신앙으로부터 떠나게 하는 것이 아니었고, 그리스도인의 신앙의 원천으로 돌아가게 하는 것이었습니다. 말하자면, 찌꺼기를 깨끗이 걷어 내고 그리스도인의 신앙을 본래의 순수한 상태로 회복하는 것이었습니다. 하지만 그 새로움이 거부감을 주어서, 나는 잘 들으려고 하지 않았습니다. 내가 고백하건대, 처음에는 끈질기게 그리고 열정적으로 저항했습니다. 왜냐하면 (그러한 완고함이나 주제넘은 담대함은 보통 사람들이 자기들이 오랫동안 해 오던 과정을 고집할 때 자연스럽게 나타나는 것입니다) 내가 내 생애 전체를 무지와 잘못 속에 살았다는 것을 고백하는 것은 최대의 어려움이었기 때문이었습니다.

내가 특별히 이러한 새로운 교사들[종교 개혁가들]을 반대하게 된 것은 말하자면, 교회에 대한 나의 존경심 때문이었습니다. 그러나 내가 마침내 내 귀를 열어 가르침을 받기로 했을 때, 교회의 위엄이 감소되지 않을까 하는 두려움은 근거가 없는 것임을 알게 되었습니다. 왜냐하면 새로운 교사들은 교회로부터 분리되는 것과 교회 자체가 오염되어 있는 잘못을 교정하기 위해 연구하는 것 사이에 얼마나 큰 차이가 있는지를 깨닫게 해 주었기 때문입니다. 그들은 교회에 대해서 고귀하게 말했으며, 일치를 함양하기 위해 최대의 열망을 보여 주었습니다. '교회'라는 용어의 고유한 의미에서 생각할 때 그들은 아무런 문제가 없었습니다. 그들은 성경과 역사를 통해 교회 안에서 적그리스도가 목사들의 자리에 앉는 것은 아무런 새로운 일이 아님을 보여 주었습니다. 이것에 대해서 그들은 많은 예들을 제시했습니다. 이것을 통해서 그들이 목적한 것이 다름 아닌 교회를 세우는 것임을 알게 되었습니다. 그 점에 있어서는 이 새로운 교사들은 우리 자신들이 성자들의 목록에 포함시키는 그리스도의 많은 종들과 똑같았습니다.

이러한 새로운 교사들은 "그리스도의 대리자", "베드로의 계승자", 그리고 "교회의 머리"라고 존경받고 있는 로마 교황에 대해 자유롭게 항거했습니다. 교사들은 위와 같은 명칭은 혐오스러운 공허한 이름일 뿐이며, 경건한 자의 눈은 그러한 명칭을 보고 그 실제를 체질하여 걸러 내지 못할 정도로 맹인이 되어서는 안 된다고 지적했습니다. 교황이 그와 같은 권세를 얻도록 부상된 것은 세상이 마치 깊은 잠과도 같이 무지와 나태 속에 던져져 있었을 때였습니다. 분명 그는 결코 하나님의 말씀에 의해 교회의 머리로 임명되지 않았으며, 교회의 합법적인 행위에 의해 서임되지도 않았으며, 그 자신의 동의에 의해 그는 스스로 선출되었습니다. 게다가, 우리가 우리 가운데 있는 그리스도의 나라를 안전하게 지키기를 원한다면, 교황이 하나님의 백성들에 대해서 행사하는 독재는 용인되어서는 안 될 것입니다.

그리고 그 교사들은 그들의 입장을 확고하게 하기 위하여 많은 힘 있는 주장들을 했습니다. 첫째로, 그들은 교황의 수위성을 확립하기 위해서 그 당시 일반적으로 제시되었던 모든 것을 분명하게 무효화했습니다. 교사들은 이런 모든 버팀목들을 제거한 후에, 하나님의 말씀에 의해 교황을 높은 자리로부터 끌어내렸습니다. 전체적으로, 그들은 학식 있는 사람이든 학식 없는 사람이든 간에 교회의 참된 질서가 없어졌으며, 그리스도인의 자유가 땅에 떨어졌음을 – 간단히 말해서, 교황의 수위권이 확립되었을 때 그리스도의 나라가 전복되었다는 것을 분명하고 명백하게 했습니다. 무엇보다도 그들은 내 양심을 찌르기 위해 이런 것들이 내게는 아무 관계 없는 것처럼 내가 평안하게 무시할 수 있는 것이 아니라고 말해 주었습니다. – 오 주님,

당신은 어떤 자발적 잘못도 결코 그냥 묵과하시지 않으시는 분이시나이다; 그리고 단순히 무지로 인하여 잘못 인도함 받는 사람조차도 처벌이 없는 것이 아니옵나이다. 그 교사들은 이 사실을 당신의 아들(Son)의 증거로 입증하였나이다: "만일 소경이 소경을 인도하면 둘이 다 구덩이에 빠지리라" (마 15:14).

내 마음은 이제 심각한 집중을 할 준비가 되었습니다. 드디어 나는 빛이 내게 뚫고 들어오는 것처럼, 내가 어떤 식으로 잘못 속에 삼켜져 있었으며, 얼마나 많은 오염과 불순 속에 빠져 있었는가를 보게 되었습니다. 내가 빠져 있는 비참에 대해 크게 깜짝 놀라고 내가 맞이해야 할 영원한 죽음을 생각할 때 훨씬 더욱 깜짝 놀라서, 나는 당연한 의무로서 내가 해야 할 첫 번째 과업으로 나 자신을 당신의 길에 의탁했고, 나의 지난 삶을 정죄했습니다. 이것은 신음과 눈물 없이 한 것이 아니었습니다. 오 주님, 그리고 이제 나같이 비참한 사람을 위해 남아 있는 것은, 나를 변호하는 것이 아니라, 당신의 말씀을 버린 무서운 죄로 인하여 내가 마땅히 받아야 될 것에 따라 나를 심판하지 말아 주시기를 겸손히 간구하는 것이었습니다. 드디어 당신의 놀라운 선하심으로 당신은 나를 구원하셨나이다.[569]

처음에, 나는 이와 같은 수렁에서 쉽게 빠져나오기에는 너무나 완고하게 교황제도의 미신에 빠져 있었습니다. 그래서 **하나님께서는 갑작스러운 회심으로 나의 마음을 당신에게 복종케 하셨고 가르침을 잘 받을 수 있는 마음을 주셨습니다.** 왜냐하면 내 마음은 내 어린 나이에 걸맞지 않게 그러한 문제들에 대하여 너무 굳어져 있었기 때문입니다. 나는 참된 경건의 어떤 맛(taste)을 느꼈고 지식을 얻었으므로, 즉시 그 가운데서 자라고 싶은 강렬한 열망에 불탔습니다. 다른 과목들을 완전히 버리지는 않았으나 이런 과목들에 대한 열심이 나에게는 훨씬 적어졌습니다.

---

569) John C. Olin, ed., *A Reformation Debate: John Calvin & Jacopo Sadoleto* (1966; reprint, Grand Rapids, Mich.: Baker Book House, 1976), 87-90.

일 년이 지나지 못해, 보다 참된 교리를 찾고 있던 모든 사람들이 내가 초심자이고 초보자인데도 불구하고 끊임없이 나에게 배우러 오기 시작했습니다. 이것을 보고 나는 꽤 놀랐습니다.[570]

이상이 칼뱅의 회심 체험이다. 1534년에 그는 개신교 신앙을 변호하고 바른 복음의 진리를 제시하고자 프랑스 남부 앙굴렘에서 여러 책을 참고하여 『기독교 강요』를 저술했다. 다음 해에 바젤(Basel)에서 마무리한 후 마침내 1536년 3월 프랑소와 1세에게 신교도들을 변호하는 서문을 붙여 바젤에서 출판했다. 이때 그의 나이는 불과 26세밖에 되지 않았다. 이 책은 초기 프로테스탄트의 최고의 신학적 저술로 손꼽히는데, 칼뱅은 이 책으로 인해 일약 유럽 전역에서 명성을 얻었다. 그 책은 1559년 최종판이 나올 때까지 다섯 번이나 수정 증보되었다.

칼뱅은 조용히 연구하며 살고 싶었으나, 1536년 여름 우연한 길에 제네바(Geneva)에 들른 것이 그의 인생행로를 바꾸었다. 그는 당시 제네바에서 종교 개혁을 하던 프랑스 출신 개혁자 파렐(Guillaume Farel, 1489-1565)의 엄청난 강권으로 제네바에서 사역을 시작하면서 종교 개혁 운동의 전면에 나서게 되었다. 칼뱅은 프랑스 태생이었으나 스위스에 있는 불어를 사용하는 작은 공화국인 제네바의 목사와 개혁가가 되었다. 제네바는 일만 삼천 명이 거주하였으며, 세 집 중 한 집이 선술집일 정도였다. 그의 과감한 개혁은 반대자들의 벽에 부딪혔다. 약 2년이 채 안 된 1538년 4월, 그는 파렐과 함께 제네바에서 추방당하게 된다.

제네바에서 추방된 후 1541년까지 칼뱅은 지금 프랑스 땅이 된 독일 스트라스부르크에서 프랑스 피난민의 목사가 되어 약 3년간의 행복하고 평화스런 시기를 보냈다. 거기서 부써(Bucer), 멜란히톤(Melanchton) 등과 교분을 맺었다. 그러나 제네바 시민들이 칼뱅을 다시 불러서 제네바로 돌아오

---

570) Calvin, *Commentary on the Book of Psalms*, vol. 1, xl-xli.

게 된다. 1541년 9월부터 1564년 5월 27일 서거하기까지 칼뱅은 제네바에서 사역했다. 그의 영향 아래 제네바는 신학적 연구와 성경 번역, 개혁 운동의 중요한 중심지가 되었다. 그의 개혁 운동은 평탄한 길이 아니었다. 수많은 적대자들의 반대를 무릅쓰고 이룩한 결실이었다. '나는 삼천 번도 더 넘게 제네바의 목사직을 잃어버릴 정도의 방해에 부딪혔다."라고 그는 고백했다. 제네바는 여러 나라에서 온 박해받는 개신교도들의 피난처가 되었다. 영국에서 박해를 피해 건너온 존 녹스(John Knox, 1514-1572)를 비롯한 많은 인물들이 칼뱅의 저술과 사역을 통하여 교회 개혁의 구체적인 아이디어를 얻어서 고국으로 돌아가 종교 개혁을 활발히 추진했다. 1556년 제네바를 방문한 존 녹스는 "여기에 사도 시대 이후 가장 완전한 그리스도의 학교가 있다. 나는 여기보다 도덕과 신앙이 향상된 곳을 보지 못했다."라고 말했다.

칼뱅은 1559년에 지금의 제네바 대학의 전신인 '제네바 아카데미'를 창설했는데, 그것은 개혁파 신학 교육의 중심지가 되었다. 베자(Beza)가 그 아카데미의 초대 학장에 임명되었다. 이후로 베자는 칼뱅의 후계자로서 자신의 입지를 굳혀갔다. 1564년 5월 27일 평소 병약했던 칼뱅이 중한 병으로 죽었지만, 루터와 같이 칼뱅은 그의 저술을 통해 서부 유럽 거의 전역에 이르는 영향력을 미쳤다. 칼뱅의 사후 그의 사상과 비전은 『기독교 강요』, 그의 주석들, 제네바의 교회 정치 유형, 제네바 아카데미를 통해 프랑스, 네덜란드, 스코틀랜드, 잉글랜드 등 유럽 각지로 퍼져 나갔다. 칼뱅이 죽은 후 유언에 따라 묘비를 세우지 않았다.

칼뱅은 하루에 12시간 내지 18시간 동안 일하는 근면하고 단련된 일꾼이었다. 그는 놀라운 기억력을 가지고 있었다. 종종 원고 없이 설교했지만, 베자(Beza)는 그의 설교에 대해 "모든 단어가 일 파운드의 무게를 지녔다."라고 하였다. 그는 강단에 성경만 가지고 올라갔지만, 일 년에 286번의 설교를 했고, 186번의 신학 강의를 한 것으로 추정된다. 칼뱅의 중요성은 무엇인가? 프래트니는 다음과 같이 말했다. "이 개혁자가 오늘날 우리에게 주는 의미는 무엇인가? 그는 그 당시의 어떤 부흥 운동에도 관여하지 않았다. 그는 세계를 뒤흔든 설교자가 아니었다. 정확하게 말한다면, 그는 전도자가 아니었다. 그의 기도 생활은 특별하게 알려진 일도 없다. …… 그러나 그는 다음과 같은 면에서 중요성을 갖고 있다. 즉, 칼뱅은 하나님의 절대적 능력과 위엄을 이 세상에 설명해 주었다. 그리고 **그는 회심의 초월적**(transcendental) **성격을 강조한 최초의 개혁자였다**."[571]

---

571) Winkie Pratney, *Revival: Principles To Change The World* (Springdale, PA: whitaker House, 1983), 48-49.

제33장

장 칼뱅의 중생론

위필드(B. B. Warfield) 박사는 "그 어떤 이름보다도 성령의 신학자라는 위대한 이름이 칼뱅에게 합당하다."[572]라고 했다. 이 말은 옳다. 칼뱅은 구원을 적용하시는 분으로서 성령의 사역을 매우 강조했다. 위필드는 또 이렇게 말했다. "칼뱅은 성령에 관한 걸출한 신학자였다. …… 칼뱅은 구원의 순서 전체를 구체적으로 성령의 사역과 관련하여 세밀하게 서술한 최초의 인물이었다." 현대 많은 사람들이 칼뱅을 교리에 치중한 엄격하고 건조한 사람이라고 생각한다. 그것은 후대 사람들이 칼뱅을 잘못 소개하였기 때문에 생긴 것이다. 칼뱅의 글을 직접 읽어 보면, 그가 얼마나 성령님에 대해 깊이 알고, 교통하였는지 느낄 수 있다.

칼뱅 구원론의 핵심은 성령의 주권적이며 신비로운 역사에 의한 그리스도와의 연합이다. 그는 성령의 신비로운 역사-칼뱅은 이것을 불세례라고 했다[573]-가 있어야 그리스도를 믿을 수 있고 그리스도와 연합할 수 있다고 했다. 그리고 우리가 그리스도와 연합하여야 칭의와 성화 등 그의 모든 은혜를 우리가 누릴 수 있다고 하였다.

---

572) Benjamin B. Warfield, "John Calvin the Theologian," in *Calvin and Augustine* (Philadelphia: Presbyterian and Reformed Publishing Company, 1956), 487.

573) Calvin, *Institutes*, Ⅲ. i. 4.

1. 성령에 의한 그리스도와 연합

칼뱅은 성령의 기름 부음과 주입의 중요성을 말하면서 다음과 같이 말했다. "성령과 그 은사를 '기름 부음'이라고 부르는 것은(요일 2:20, 27) 새로운 일이 아니며 불합리하다고 생각할 것도 아닙니다. 우리가 힘을 얻는 길은 이것뿐이기 때문입니다. 특히 **하늘에 속한 생명에 관해서는, 성령님께서 주입해 주시지 않는다면 우리 안에는 생명력이 한 방울도 없습니다.**"[574]

성령님께서 우리에게 임하시면서 그리스도와의 연합이 일어난다. 칼뱅은 『기독교 강요』 3권 구원론 첫 부분에서 그리스도와의 연합을 말한다. 그리스도와의 연합 사상은 그의 구원론의 핵심 사상이다. 그는 다음과 같이 말했다. "그러므로 머리와 지체들과의 연합 즉 우리의 마음속에 그리스도가 내주하심, 간단히 말하면, 신비로운 연합이 우리에게는 최고로 중요합니다. 그리스도께서 우리의 것이 되시면, 그가 받으신 선물들을 그 연합을 통해서 우리도 함께 나누어 갖게 되는 것입니다."[575] 칼뱅이 말하는 구원 적용의 순서에 있어서 '그리스도와의 연합'이 가장 먼저 나온다. 그만큼 칼뱅에 있어서는 그리스도와의 연합 사상이 중요하다.

왜 칼뱅은 그리스도와의 연합을 강조하였는가? 그에 의하면, "우리가 그와 하나가 되지 않고서는 그가 가지신 모든 것이 우리와 아무런 상관도 없기 때문"이다.[576] 칼뱅은 구원을 적용시키시는 성령의 사역에 많은 강조를 두었다. 그래서 그를 '성령의 신학자'라고 한다. "그리스도께서 우리를 자신에게 효과적으로 연합시키시는 끈은 성령"이시다.[577] "성령의 교통하심이 없으면 하나님 아버지의 사랑이나 그리스도의 은혜를 절대로 맛볼 수 없습니다. 그래서 바울은 '우리에게 주신 성령으로 말미암아 하나님의 사

---

574) Calvin, *Institutes*, II. xv. 5.
575) Calvin, *Institutes*, III. xi. 10.
576) Calvin, *Institutes*, III. i. 1
577) Calvin, *Institutes*, III. i. 1.

랑이 우리 마음에 부은 바 됨이니' 라고 했습니다(롬 5:5)."[578]

칼뱅은 이와 같은 연합함이 있어야만, 우리가 그의 살 중의 살이 되며 그의 뼈 중의 뼈가 되어 그와 하나가 되는 저 "거룩한 결혼"과 같은 결과를 가져온다(엡 5:30)고 했다.[579]

2. 성령의 조명과 믿음을 통한 그리스도와의 연합

성령님께서 하시는 가장 중요한 일은 "믿음을 일으키는 것"이다. 사람은 성령이 없이는 믿음을 가질 수 없다. "성령은 믿음의 근원이며 원인이기 때문"[580]이다. 우리는 믿음을 통하여 그리스도와 연합한다. "믿음이 우리를 그리스도와 연합시켜 주지 않으면, 우리와 하나님과 화목될 길이 절대로 없습니다."[581] "믿음이 우리를 그리스도의 몸에 접붙여 주지 못한다면, 어떻게 구원하는 믿음이 될 수 있는가?"[582]라고 칼뱅은 말한다.

"성령께서 하시는 가장 주된 일은 믿음을 일으키는 것입니다. 그래서 보통 성령의 능력과 역사를 표현하는 말들은 대개의 경우 믿음과 관련이 있습니다. 성령님께서는 오직 믿음에 의해서 우리를 복음의 빛으로 인도하시기 때문입니다. 사도 요한도 그리스도를 믿는 사람들에게는 하나님의 자녀가 되는 권세를 주셨는데, 이 사람들은 혈통으로나 육정으로나 사람의 뜻으로 난 것이 아니라 오직 하나님께로부터 났다고(요 1:12-13) 가르쳤습니다. 요한은 하나님과 혈육을 대조시키면서, 그는 성령의 감동이 없었으면 그냥 불신앙으로 남아 있을 사람들이 믿음으로 그리스도를 영접한다는 것은 초자연적인 선물이라는 것을 선포했습니다. 그리스도께서 '이를 네게 알게

---

578) Calvin, *Institutes*, Ⅲ. i. 2.
579) Calvin, *Institutes*, Ⅲ. i. 3.
580) Calvin, *Institutes*, Ⅲ. ii. 33.
581) Calvin, *Institutes*, Ⅲ. ii. 30.
582) Calvin, *Institutes*, Ⅲ. ii. 30.

한 이는 혈육이 아니요 하늘에 계신 내 아버지시니라'고 하신 말씀도(마 16:17) 같은 뜻입니다. …… 또 바울은 같은 뜻으로, 데살로니가 신자들도 '성령의 거룩하게 하심과 진리를 믿음으로' 하나님으로부터 선택을 받았다고 말합니다(살후 2:13). 바울은 여기서 믿음 자체의 근원이 다름 아닌 성령이시라는 사실을 일깨워 주고 있습니다."583)

칼뱅은 이 내용을 요한복음 주석에서는 다음과 같이 말한다. "이 말씀들의 취지는 게으른 사색으로는 우리와 그리스도 사이에 있는, 그리고 그리스도와 성부 사이에 있는 거룩하고 신비한 연합이 무엇인지 알 수 없다는 것입니다. 그것을 알 수 있는 유일한 길은 그리스도께서 성령의 비밀스런 효력에 의하여 그의 생명을 우리에게 부어 넣어 주시는 것뿐입니다. 이것이 방금 내가 언급한 믿음의 경험입니다."584)

칼뱅은 성령의 조명이 구원에 필수적이라고 했다. 이 조명으로 말미암아 믿음이 생기는 것이다. "식별의 영이(욥 20:3) 마음의 눈을 밝혀 놓지 않은 상태에서는 눈먼 맹인에게 아무리 빛이 비쳐도 무익합니다. 그러므로 성령은 하늘나라의 보화를 우리에게 열어 주는 열쇠라고 불리며(계 3:17, 참조), 성령의 조명하심은 마음의 눈이 열리는 것이라고 하는 것은 옳은 말입니다. 바울은 성령의 직분을(고후 3:6) 높이 평가하는데, 이는 만일 내적 교사이신 그리스도께서 친히 그의 성령을 통하여 아버지께서 자기에게 주신 사람들을 자기에게로 이끌지 않으신다면(요 6:44, 12:32, 17:6, 참조) 인간적 교사들이 아무리 외쳐도 무익할 것이기 때문입니다."585)

그래서 칼뱅은 먼저 '성령과 불로 세례'를 받는 것이 구원에 필수적이라고 했다. "완전한 구원은 그리스도에게서 발견된다고 우리는 말했습니다. 따라서 우리도 그 구원에 참여할 수 있기 위해서, **그리스도께서는 우리들에게 '성령과 불로' 세례를 베푸심으로써**(눅 3:16), **우리를 그의 복음을 믿는**

---

583) Calvin, *Institutes*, Ⅲ. i. 4.
584) Calvin, *Commentary*, John 14:20.
585) Calvin, *Institutes*, Ⅲ. i. 4.

믿음 속으로 밝히 이끄시며, 우리를 거듭나게 하셔서 새 피조물이 되도록 하십니다(고후 5:17, 참조). 그리고 세상의 더러움에서 우리를 깨끗이 씻으시고, 우리를 하나님의 거룩한 성전으로 구별하여 세우십니다(고전 3:16-17; 6:19; 고후 6:16; 엡 2:21, 참조)." [586]

칼뱅은 "하나님의 선하심의 감미로움을 우리가 참으로 느끼며 직접 체험하지 않고서는 확신이 생길 수 없다." [587]라고 했다. "하나님의 선하심의 감미로움"을 느껴야 한다는 것은 에드워즈의 표현과 같다. "하나님의 영이 우리를 이끌어 주셔서 끌려가면 우리의 지성과 마음은 높이 들려 우리의 이해력은 초월한 경지에 이릅니다. 그때에 우리의 영혼은 성령의 조명을 받아 이를테면 날카로운 새 시력을 얻어, 이전에 눈을 멀게 했던 그 찬란한 하늘의 비밀을 보게 됩니다. 또 인간적인 이해력도 이같이 성령의 빛으로 조명을 받아 하나님의 나라에 속한 일들을 드디어 참으로 맛보기 시작하며, 이전에 심히 어리석고 미각이 둔하던 것과는 달라집니다." [588]

칼뱅은 요한복음 14장 19절 주석에서는, "사람이 성령에 의하여 살아나기 시작하면 그는 곧장 그리스도를 볼 수 있는 눈이 주어진다."라고 했다. [589] 요한1서 2장 3절 주석에서는, "그러면 당신이 하나님을 알면서 또 어떻게 감각하지 않을 수 있는가?"라고 질문하였다. [590] 그는 또 말하기를, "만일 우리가 하나님을 만나면, 우리는 곧 하나님을 사랑하게 되는데 이것은 참으로 그의 속성 때문이 아니겠습니까? 우리의 마음을 밝게 비추어 주시는 동일한 성령께서, 우리의 지식에 따라 애정 어린 마음을 갖도록 영감하여 주실 것입니다. 하나님께 대한 지식은 우리로 하여금 하나님을 경외하고 사랑하도록 인도합니다." [591]라고 했다. 에르트(Erdt)는 에드워즈가 마

---

586) Calvin, *Institutes*, Ⅲ. i. 4.
587) Calvin, *Institutes*, Ⅲ. ii. 15.
588) Calvin, *Institutes*, Ⅲ. ii. 34.
589) Calvin, *Commentary*, John. 14:19.
590) Calvin, *Commentary*, 1John. 2:3.
591) Calvin, *Commentary*, 1John. 2:3.

음, 취향, 맛, 달콤함 등의 용어를 사용하는 경향은 직접적으로 칼뱅에게로 소급될 수 있다고 말했다.[592)]

칼뱅의 구원의 순서를 정리하면 다음과 같은 도식이 나온다.

[그림 12] 칼뱅의 구원의 순서

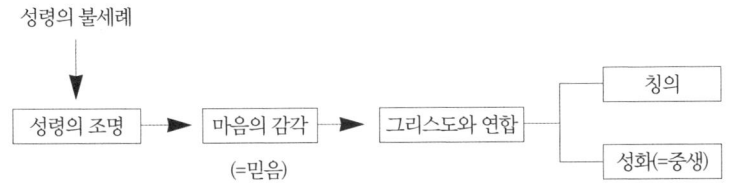

3. 그리스도의 실체(substance)에 참여

특별히 놀라운 것은 칼뱅이 신자와 그리스도와의 연합의 성질을 묘사할 때에 '실체(혹, 본질) (substantia)라는 용어를 습관적으로 사용한다는 것이다. 그는 믿는 자는 그리스도의 '실체' 에 참여한다고 주장했다. 에베소서 5장 30절에 대한 주석이 대표적인 예이다.

"바울은 말합니다. '우리는 그의 지체들입니다. 그의 살이요 뼈입니다.' 첫째, 이것은 과장이 아닙니다. 순전한 사실입니다. 둘째, 바울은 단순히 그리스도께서 우리의 본성을 취하셨다는 것을 나타내고자 하는 것이 아닙니다. 그는 보다 깊은 어떤 것을 나타내고자 하였습니다.

바울은 창세기 2장 24절에 나오는 모세의 말을 언급합니다. 그렇다면 그

---

592) Terrence Erdt, *Jonathan Edwards: Art and the Sense of the Heart* (Amherst: University of Massachusetts Press, 1980), 32.

것은 무엇을 의미합니까? 하와가 그녀의 남편인 아담의 실체에서 만들어져서 그의 일부분이 된 것처럼, 만일 우리가 그리스도의 참된 지체가 된다면, 그리스도의 실체(substance)를 공유함으로 말미암아 한 몸으로 자라가는 것입니다. 간단히 말해서, 바울은 그리스도와 우리의 연합을 묘사하는 것입니다. 그것은 성찬 중에 상징과 약속으로 우리에게 주어진 것입니다."[593]

칼뱅은 『기독교 강요』에서는 다음과 같이 말한다. "어떤 사람들은 그리스도의 살을 먹으며 피를 마신다는 것은 한마디로 그리스도를 믿는다는 뜻에 불과하다고 말합니다. 그러나 나는 그리스도께서 저 고귀한 강화(講話)에서 자기의 살을 먹으라고 우리들에게 권고하신 말씀은(요 6:26 이하) 더 명확하고 숭고한 무엇을 가르치는 것으로 생각합니다. 즉 진정한 의미에서 그에게 참여함으로써 우리가 생명을 얻는다는 뜻입니다."[594]

칼뱅은 그리스도와 연합과 그리스도의 내주하심을 같은 것으로 보았다. "그러므로 머리와 지체들과의 연합 즉 우리의 마음속에 그리스도가 내주하심, 간단히 말하면, 신비로운 연합이 우리에게는 최고로 중요합니다. 그리스도께서 우리의 것이 되시면, 그가 받으신 선물들을 그 연합을 통해서 우리도 함께 나누어 갖게 되는 것입니다."[595]

4. 칭의와 성화를 가져다주는 그리스도와의 연합

지금까지 논의한 것을 요약하면 다음과 같다. "한마디로 정리하자면, **그리스도께서는 그의 성령의 능력으로 우리를 조명하셔서 믿음을 갖게 하실 때에 동시에 우리를 자신의 몸에 접붙이시므로 모든 축복에 참여하게 된다.**"[596]라는 것이다. 이 구절은 칼뱅의 구원론의 구조를 명확히 보게 하는

---

593) Calvin, *Commentary*, Eph. 5:30.
594) Calvin, *Institutes*, Ⅳ. xvii. 5.
595) Calvin, *Institutes*, Ⅲ. xi. 10.
596) Calvin, *Institutes*, Ⅲ. ii. 35.

중요한 구절이다.

칼뱅은 우리가 믿음으로 그리스도와 연합하게 되면, 칭의뿐만 아니라 성화까지 필연적으로 따르게 된다고 했다. "믿음은 아버지께서 보내 주신 그리스도를 받아들이는 것이므로(요 6:29, 참조)-다시 말하면, 그리스도께서는 의와 죄 사함과 화평을 위해 우리에게 보내지셨을 뿐 아니라 거룩함을 위해서(고전 1:30, 참조), 그리고 생명수의 원천으로서(요 7:38; 4:14 참조) 보내지셨으므로-성령으로 말미암는 성화까지 동시에 이해하지 않으면 아무도 그리스도를 정확히 아는 것이 아닙니다."[597]

칼뱅은 우리가 그리스도와 연합함으로 이중의 은혜를 받는다고 했다. 칭의와 성화가 그것이다. "하나님께서는 우리가 믿음으로 그리스도를 붙잡고 소유하게 하십니다. 우리는 그리스도에 참여함으로써 이중의 은혜를 받습니다. 첫째는 **그리스도의 의**로 말미암아 하나님과 화목함으로써 우리가 하늘의 심판자 대신 은혜로운 아버지를 소유할 수 있습니다. 둘째는 **그리스도의 영에 의하여 거룩**하게 되어 흠이 없고 순결한 생활을 신장시킬 수 있습니다."[598]

5. 거듭남의 정의

(1) 칼뱅은 그리스도와의 연합의 결과로 우리가 받는 두 가지 은혜[599] 중에 둘째 은혜를 중생이라 불렀다.[600] 그는 이 중생이라는 용어를 회개, 회심, 성화라는 말과 같이 사용했다.[601] 칼뱅은 중생을 일평생 계속되어야 하는 성화의 과정으로 보았다.

---

597) Calvin, *Institutes*, Ⅲ. ii. 8.
598) Calvin, *Institutes*, Ⅲ. xi. 1.
599) 칭의와 중생을 가리킨다.
600) Calvin, *Institutes*, Ⅲ. iii. 9.
601) Calvin, *Institutes*, Ⅲ. iii. 8.

"그러므로 나는 회개를 한마디로 중생이라고 해석하는데, 회개의 유일한 목적은 아담의 범죄로 말미암아 일그러지고 거의 지워져버린 하나님의 형상을 우리 안에 회복시키는 것입니다. …… 따라서 우리는 그리스도의 은혜로 얻은 중생으로 말미암아 첫 사람 아담 때문에 잃었던 하나님의 의를 다시 회복하게 됩니다. 이와 같이 주께서는 생명의 기업을 받도록 양자로 삼으신 모든 사람을 이렇게 온전히 회복시키기를 기뻐하십니다."[602)]

칼뱅은 중생이라는 용어를 다소 불분명하게 사용했다. 즉 그는 일평생 계속되는 성화의 과정으로서 중생이라는 용어를 주로 사용하지만, 때로는 우리를 새롭게 하시고 믿음을 주시는 성령의 최초의 사역을 거듭남(중생)이라고 하기도 했다. 그는 "그 누구도 성령에 의해 거듭남을 입지 않는 한 돌이킴 받고 율법에 복종하도록 될 수 없다."[603)]라고 했다. 또한 '성령과 불로 세례'를 받고 거듭나야 구원받는다고도 하였다. "우리도 그 구원에 참여할 수 있기 위해서, 그리스도께서는 우리들에게 '**성령과 불로**' **세례를 베푸심으로써**(눅 3:16), 우리를 그의 복음을 믿는 믿음 속으로 우리를 밝히 이끄시며, 우리를 거듭나게 하셔서 새 피조물이 되도록 하십니다(고후 5:17, 참조)."[604)]

그러나, 칼뱅의 저술을 전체적으로 보면, 그는 우리에게 신앙을 주시는 성령의 역사를 가리켜 중생의 역사라고 말하기보다 주로 칭의 이후에 오는 일평생의 성화의 삶을 중생이라 한 것을 알 수 있다.

(2) 칼뱅의 중생론(성화론)의 의의가 무엇인가? 칼뱅은 칭의와 성화의 동시성을 말하면서도 구별성을 분명히 밝힘으로써, 오시안더(Andrew Osiander, 1498-1552)와 가톨릭의 트렌트 공의회가 성화를 칭의에 포함시키는 오류를 효과적으로 반박했다. 칼뱅은 칭의와 성화의 구별성과 동시성을 함께 주장함으로써 성화론(중생론)의 발전에 기여한 바가 크다.

그에 의하면, 칭의와 성화가 경험적으로는 동시적이라고 할지라도 서로

---

602) Calvin, *Institutes*, III. iii. 9.
603) Calvin, *Commentary*, Jer. 31:33.
604) Calvin, *Institutes*, III. i. 4.

혼합되어지거나, 혹은 상대방의 개념으로 전용되어 사용할 수는 없다.[605] 중세 가톨릭이나 트렌트 공의회에 대한 논쟁에서 그의 의도가 잘 나타난다. 칼뱅은 '칭의'와 '성화'는 분리될 수 없는 두 측면이라고 보았다. 그러나 그는 칭의와 중생은 동일한 것이 아니라 구별되는 것이라고 보았기 때문에 칭의와 중생을 동일시한 루터파 신학자 앤드루 오시안더를 비판했다. 칼뱅은 오시안더가 '본질적 의'라는 관념을 주장하여 '우리는 하나님 안에서 그의 본질과 그의 성질의 주입에 의해 본질적으로 의롭다'고 주장한다고 비판했다. 오시안더에 의하면 그리스도 신성의 본질이 우리 속으로 흘러 들어옴을 통해 죄인이 의롭게 만들어진다는 것이다.[606] 칼뱅은 오시안더가 이 중생의 선물과 값없이 용납하심을 혼합해서 이 둘을 하나로, 즉 같은 것이라고 주장한다고 비판했다. 그러나 성경은 이 두 가지를 연결시키면서도 따로따로 기록하여, 하나님의 여러 가지 은혜가 우리에게 더 잘 보이게 한다.[607] 칼뱅은 다음과 같이 말한다. "칭의의 은혜와 중생은 서로 구별되는 것이지만 동시에 서로 분리되지 않는다."[608]

칭의가 신자들을 의롭다고 하시는 하나님의 외적 행위라고 한다면 성화 혹은 중생은 성령에 의한 새로운 삶의 내적 과정이라 할 수 있을 것이다.[609] 칼뱅은 칭의와 중생을 날카롭게 구별하므로 종교 개혁 칭의 교리를 대표할 수 있다. 이에 비해 윗필드, 웨슬리는 한 단계 더 나아가 칭의와 중생과 성화를 정확히 구분하였다. 교리적으로 한 단계 더 발전한 것이다.

칼뱅은 칭의와 중생(성화)의 순서를 어떻게 보았는가? 그는 칭의와 중생이 동시에 일어나는 역사라고 말한다. 그러나 논리적으로 보면 칭의가 중생에 앞선다고 했다.[610]

---

605) Calvin, *Institutes*, Ⅲ. xi. 6.
606) Calvin, *Institutes*, Ⅲ. xi. 6.
607) Calvin, *Institutes*, Ⅲ. xi. 6.
608) Calvin, *Institutes*, Ⅲ. xi. 6.
609) Alister E. McGrath, *Justification by Faith* (Grand Rapid: Wm. B. Eerdmans, 1988), 61.
610) Calvin, *Institutes*, Ⅲ. xi. 1.

6. 참으로 구원받은 성도의 표지

칼뱅에 의하면, 누가 하나님의 백성인가를 아는 것은 하나님만이 가지신 특권이다(딤후 2:19). 그러나 다른 한편으로, 주께서는 누가 그의 자녀로 간주될 것인지를 우리가 아는 것이 다소 가치가 있다는 것을 미리 아셨기 때문에, 우리가 분별할 수 있는 표지를 제공해 주셨다.[611]

칼뱅은 아담의 타락에 의하여 초자연적인 천품-믿음, 하나님과 이웃에 대한 사랑, 거룩함 및 의에 대한 열성 등을 말한다-들이 소멸(제거)되었지만 중생의 은총을 통하여 회복된다고 말했다. 그러면 구체적으로 칼뱅이 말하는 거듭난 자의 표지를 하나하나 살펴보기로 하자.

(1) 거듭난 자는 하나님의 형상이 회복된다. 칼뱅에 의하면 본래 인간은 하나님의 형상대로 지음 받았다. "최초에 아담은 그가 거울처럼 하나님의 의를 반영할 수 있도록 하나님의 형상대로 창조되었습니다. 그러나 그 형상이 죄로 말미암아 지워졌기 때문에 그 하나님의 형상은 지금 그리스도 안에서 회복되어야 합니다."[612] 그는 『기독교 강요』제3권 제3장에서 중생의 목적이 하나님의 형상의 회복이라고 했다. "그러므로 나는 회개를 한마디로 중생이라고 해석하는데, 회개의 유일한 목적은 아담의 범죄로 말미암아 일그러지고 거의 지워져버린 하나님의 형상을 우리 안에 회복시키는 것입니다."[613] 골로새서 3장 10절 주석에서 칼뱅은 "하나님의 형상을 가지는 것이 우리들 최고의 축복"[614]이라고 했다.

그리스도에 의하여 하나님의 형상이 이렇게 회복되는 것이 단순한 회복인가, 그렇지 않은가? 그 회복이 완전히 이루어졌을 때 구원받은 사람은 태초의 아담보다 한결 더 나아지느냐는 질문에 대한 칼뱅의 답은 '그렇다' 이

---

611) Calvin, *Institutes*, Ⅳ. ⅰ. 8.
612) Calvin, *Commentary*, Eph. 4:24.
613) Calvin, *Institutes*, Ⅲ. ⅲ. 9.
614) Calvin, *Commentary*, Col. 3:10.

다. 왜냐하면 칼뱅은 중생한 사람의 상태를 아담의 상태보다 나은 것으로 생각했기 때문이다. "그리스도를 통하여 우리가 얻은 상태는 첫 사람이 지녔던 모습보다 훨씬 우월합니다. 왜냐하면 아담에게는 그 자신의 이름과 후손의 이름으로 생기(a living soul)가 주어졌지만, 그리스도께서는 우리를 위하여 생명이 되시는 성령을 보내 주셨기 때문입니다."[615]

(2) 거듭난 자에게는 성령의 내주와 성령의 증거가 있다. 칼뱅은 로마서 8장 9절 주석에서, "성령의 나라에서는 육신이 전폐(全廢)됩니다. 성령께서 내주하시어 왕 노릇 하지 않는 사람들은 그리스도께 속한 것이 아닙니다."라고 했다.[616] 그는 그리스도인은 성령의 내주를 기뻐한다는 사실을 매우 강조했다. '바울은 가르치기를, 우리는 성령님께서 그렇게 역사하시기 때문에 하나님을 '아버지'라고 부르며, 성령님만이 우리의 영으로 더불어 '우리가 하나님의 자녀인 것을 증거' 하신다고 합니다(롬 8:16). …… **바울은 우리가 성령님께서 우리 안에 거하시는 것을 느끼지 못한다면, 복된 부활의 소망이 우리에게 없다고 가르칩니다**(롬 8:11)."[617]

칼뱅은 성령의 내주와 증거를 부인하는 스콜라 철학자들을 맹공했다. "그들은 성령에 대한 느낌이 없어도 얻을 수 있는 소망을 만들어냅니다. …… 하나님께서는 자기의 영을 그의 모든 백성에게 부어 주시겠다고 확언하셨는데(사 44:3; 욜 2:28 참조), 우리가 이 영을 받지 않고서 하나님의 종으로 인정받기를 원한다는 것은 그리스도의 약속을 의심하는 것이 아니면 무엇이겠습니까?"[618] 그는 계속 말하기를, "이런 점은 경건의 초보이므로 성령님이 자기들과 함께 계심을 감히 자랑하는 그리스도인들을 교만하다고 비난한다면 그것이야말로 가장 처량한 무지와 오류의 상태에 있다는 표시입니다. 이런 자랑이 없으면 기독교 자체가 성립되지 못하는 것입니

---

615) Calvin, *Corpus Reformatorum*, 49: 558.
616) Calvin, *Commentary*, Rom. 8:9.
617) Calvin, *Institutes*, Ⅲ. ⅱ. 39.
618) Calvin, *Institutes*, Ⅲ. ⅱ. 39.

다!"^619)라고 했다.

칼뱅은 또 로마서 8장 16절 주석에서 말하기를, "바울이 뜻하는 바는, 우리의 영이 우리가 하나님의 양자된 것을 확신할 수 있을 정도로 대단한 증거를 하나님의 성령님이 우리에게 주실 수 있다는 것입니다."^620)라고 하였다. 칼뱅에 의하면, 성령님께서는 우리가 하나님의 자녀인 것을 우리에게 증거해 주실 뿐만 아니라, 또 한편으로는 이 확신을 우리 마음속에 넣어 주심으로써 우리는 감히 하나님을 우리의 아버지로 부르게 된다. 또한 그는 "자신이 하나님의 자녀인 것을 인식하지 못하는 사람은 아무도 하나님의 자녀로 불릴 수가 없습니다."라고 했다.^621)

칼뱅은 "택함 받은 사람들의 믿음이 아무리 부족하고 약하더라도, 하나님의 성령께서는 그들의 양자가 된 사실의 확실한 보증이요 인침이 되시기 때문에(엡 1:14; 고후 1:22 참조) 그가 새겨 두신 표지가 절대로 그들의 마음에서 지워지는 법이 없습니다."라고 말했다.^622)

(3) 거듭난 자는 반드시 거룩함의 열매를 맺는다. 칼뱅은 "성령님이 지배하실 때에는 반드시 시정과 개혁과 갱신(更新)이 나타난다."라고 했다.^623) "이 복음의 은혜를 받아들인 사람은 반드시 과거 생활의 잘못된 것을 버리고 올바른 길로 돌이키며 회개를 실행하는 데 전력을 다하게 됩니다."^624)

칼뱅은 로마서 8장 5절 주석에서 육신에 따라 사는 사람은 거듭나지 못한 사람이라고 말했다. "**육신에 있는 것, 즉 육신을 좇는 것은 거듭남의 은사가 결여되어 있는 것과 같습니다.** 일반적으로 말해서 본래의 인간 그대로 계속해서 사는 사람들은 모두가 거듭나지 못한 상태에 있는 것입니다."^625) 그는

---

619) Calvin, *Institutes*, Ⅲ. ⅱ. 39.
620) Calvin, *Commentary*, Rom. 8:9.
621) Calvin, *Commentary*, Rom. 8:9.
622) Calvin, *Institutes*, Ⅲ. ⅱ. 12.
623) Calvin, *Institutes*, Ⅱ. v. 15.
624) Calvin, *Institutes*, Ⅲ. ⅲ. 1.
625) Calvin, *Commentary*, Rom. 8:5.

"하나님의 아들들이 세상의 자녀들로부터 구별되는 가장 확실한 표지는 하나님의 영으로 말미암아 그들이 중생하여 정결함과 거룩함에 이르는 것입니다."[626)]라고 했다. 그는 성도들의 행위는 "자기들이 선택된 것을 알게 하는 부르심의 표징"[627)]이라고 했다.

그는 디도서 2장 14절 주석에서는 다음과 같이 말했다. "예수님의 은혜는 반드시 생활의 새로움을 가져옵니다. 왜냐하면, 죄를 섬기는 삶을 계속하는 사람은 구속의 은혜를 헛되게 하는 것이기 때문입니다. 그러나 이제 우리들은 죄의 굴레에서 벗어나 하나님의 의를 추구하는 사람들이 되었습니다."[628)] 그는 칭의와 더불어 주어지는 성화의 은혜로 신자들은 "참으로 거룩케 된다."라고 말했다. "성화의 은혜로 하나님께 바쳐진 자가 되어 **진정으로 순결한 생활을 하며**, 우리의 마음은 율법에 순종하게 됩니다. 결국 하나님의 뜻에 순종하며, 모든 수단을 다하여 그의 영광만을 증진시키는 것을 무엇보다도 먼저 원하게 됩니다."[629)]

비록 신자가 저 세상에 가서야 비로소 자신의 성화를 완성한다 할지라도 우리에게 주어진 영원한 새 생명은 이 땅에서도 분명히 행위로 나타난다. "비록 죄가 우리 안에 거한다 할지라도 성화의 힘이 그 죄보다 우세한 이상 그 죄가 우리를 주관하지는 못할 것입니다. 그러므로 우리의 삶은 우리가 그리스도의 참된 일원임을 증거할 수 있습니다."[630)]

---

626) Calvin, *Commentary*, Rom. 8:9.
627) Calvin, *Institutes*, III. xiv. 20.
628) Calvin, *Commentary*, Tit. 2:14.
629) Calvin, *Institutes*, III. xiv. 9.
630) Calvin, *Commentary*, Rom. 6:12.

제34장

개혁주의 신조에 나타난 중생론

대표적인 개혁주의 신조인 도르트 신조와 웨스트민스터 신앙 고백서에는 청교도들의 체험적 구원론이 잘 반영되어 나타난다.

1. 도르트 신조

도르트 총회는 아르미니우스주의자들 때문에 네덜란드에서 야기되었던 일련의 문제들을 수습하기 위해서 1618년 11월 13일 도르트(Dort)에서 소집되었다. 이 회의에 참석한 사람들은 네덜란드 교회의 35명의 목사와 21명의 장로, 5명의 신학 교수들이었고, 18명의 평신도들이 세속 정권의 대표로 감시를 위해 정부에서 파송되었다. 외국에서 온 대표들은 모두 28명이었는데, 잉글랜드, 독일의 헤세, 브레멘, 스위스의 자유 도시인 베른, 취리히, 바젤, 제네바 등지에서 파송된 교회의 대표들이 참석했다. 도르트 총회는 칼빈주의자들의 국제적인 첫 회합이라고 말할 수 있다.

1618년 11월 13일부터 1619년 5월 9일까지 154차례의 회합을 가졌다. 아르미니우스주의를 주장한 항의파들은 공식적인 교회의 대표가 아니었으므로, 동일한 권리로 참석하지 못했다. 총회는 아르미니우스파 목사들의 설교에 대해 심사했는데, 결국 총회는 항의파들을 모든 지역에서 완전히 면직시키기로 결정했다.

도르트 총회는 개혁 교회의 역사 중에서 유일하게, 준(準) 세계 교회 총회의 성격을 가진 회의였다. 도르트 신조가 칼빈주의에서 차지하는 위치는 '일치 신조'[631]가 루터 교회 안에서 차지하는 위치와 비슷하다.[632] 도르트 신조는 하이델베르크 요리문답과 함께 화란 개혁 교회의 교리 고백서이며, 미국에 있는 (화란계의) 개혁 교회의 고백서이다.

도르트 신조의 구원론 부분에 관련된 부분을 살펴보자.

제 3, 4교리 인간의 타락, 그리고 하나님께로의 회심과 그 방법 |

제1조와 2조는 인간의 타락을 논하고,

제3조에서는 구원에 있어서 인간의 전적인 무능력을 논했다. "그러므로 모든 사람은 죄 가운데서 잉태되었음으로, 본질상 진노의 자식이요, 구원할 만한 어떠한 선도 행할 수 없이, 악으로 기울어져서 죄 가운데서 죽는 죄의 노예이다. 따라서 **중생케 하시는 성령의 은혜가 없이는**, 하나님께로 돌아와 자기 본성의 부패함을 개혁할 수도 없고, 이것을 바랄 수도 없으며, 할 수 있는 능력도 가지지 못한다."

제11조에서는 하나님께서 어떻게 회심을 이루시는지를 말한다. "하나님께서 택한 사람들 안에서 자기의 기쁘신 뜻을 성취하실 때, 즉 그들 안에서 참 회개를 하게 하실 때에, 외적으로는 그들에게 복음을 전하시고 또 성령으로는 그들의 마음을 강력하게 조명해서서 하나님의 신령한 것들을 올바로 이해하고 분별하게 하실 뿐만 아니라, **중생케 하시는 동일한 성령의 효력으로** 사람의 가장 깊은 곳까지 어루만져 닫힌 것을 여시고, 굳어진 마음을 부드럽게 하시고, 할례 받지 못한 것을 할례 받게 하시고, 지금까지 죽어 있던 의지를 살려서 새로운 의지를 갖게 하여, 악함과 불순종과 완고함에서부터 돌아서서 선하고 순종하고 온순하게 하시고, 또 활기차고 강하게

---

631) 일치신조는 30년 동안 뜨겁게 교리 논쟁을 겪은 루터교회들이 교리적인 연합과 평화를 이루기 위한 목적으로 만들었다. 1577년에 작성되고 1580년에 처음 출판되었다.

632) Philip Schaff, *Creeds of Christendom with a History and Critical Notes*, 3 vols. (New York: Harper & Bros., 1931), 2: 180.

하여, 마치 좋은 나무처럼 좋은 행실의 열매를 맺게 하신다."

제12조는 중생의 초자연적 성격을 말한다. 도르트 신조는 '중생'을 '새 창조'라고 말하면서 하나님께서 놀라운 방법으로 역사하시는 사람들의 마음은 "모두 다 확실하게, 실패 없이, 효과적으로 중생하게 되고, 또 실제로 믿음에 이른다."라고 하였다. 이 내용은 중요하므로 그대로 소개하겠다.

"또 성경에서 크게 찬양하는 중생이란 이러하다. 그것은 새롭게 하시는 것이요, 새로운 창조요, 하나님께서 우리의 도움이 없이도 죽은 자 가운데서 부활시켜서 살아나도록 우리 안에서 일하는 것이다. 하지만 이것은 단지 외적인 복음 전파나 도덕적인 설득으로 우리에게 영향을 미치시는 것이 아니다. 또는 하나님께서 하나님의 하실 부분을 하시고 중생되거나 회심되는 것은 사람의 능력에 맡기시는 것이 결코 아니다. **그것은 분명히 초자연적인 역사요, 가장 강력함과 동시에 가장 기쁘고 놀랍고 신비롭고 말로 다 표현할 수 없는 사역이다.** 이 역사를 이루시는 이의 영감으로 기록된 성경에서 말씀하는 것처럼, 이것은 창조나 죽은 자의 부활의 효력에 뒤지지 않는 사역이다. 따라서 그 마음에 하나님께서 이처럼 놀라운 방법으로 역사하시는 사람들은 모두 다 확실하게, 실패 없이, 효과적으로 중생하게 되고, 또 실제로 믿게 된다. 이렇게 볼 때, 의지가 다시 새로워지는 것은 하나님의 역사와 영향으로 말미암는 일임과 동시에, 이러한 영향의 결과로 의지 자체가 활동하는 것이기도 하다. 그러므로 사람은 받은 은혜에 따라서 그 자신이 믿고 회개를 해야 한다고 말하는 것 역시 옳은 말이다."

제14조는 하나님께서 구원 얻는 믿음을 주시는 방식에 대해서 말하고 있다. "믿음이 하나님의 선물로 여겨지는 것은 하나님께서 사람에게 자기들 좋을 대로 받아들이든지 거절하든지 하도록 주신 것이 아니라, 사람에게 실체적으로 넣어 주시고, 불어넣으셨으며, 주입을 시키셨기 때문이다."

도르트 신조의 중생론은 윌리엄 에임즈(William Ames)[633]의 『신학의 정수』

---

633) 그는 케임브리지 출신의 영국 칼빈주의자로서 종교 박해를 피해 네델란드로 건너와 영국 난민

(1623년에 라틴어 초판이 암스테르담에서 출간됨)의 중생론과 같다. 에임즈는 도르트 총회의 정식 대표가 아니라 참관인으로 출석했으나, 고마루스(Gomarus, 1563-1641) 다음으로 깊은 영향을 끼쳤다. 에임즈는 부르심, 회심, 중생을 모두 같은 것으로 보았다.

"이러한 영접으로 인해 부르심은 회심이라고 불립니다(행 26:20). 하나님의 부르심에 순종하는 모든 자들은 완전히 죄에서 은혜로 방향 전환하고, 세상을 따르는 삶에서 방향 전환하여 그리스도 안에 있는 하나님을 따르게 됩니다. 이는 또한 중생 혹은 새 생명의 시작, 새 창조, 새로운 피조물이라고 불립니다. 성경에서도 자주 이와 같이 기록되어 있습니다(요 1:13; 3:6; 요일 3:9; 벧전 1:23; 2:2). 엄밀히 말하면, 복음이 제시되는 것 자체가 부르심이라고 할 수 있습니다. 왜냐하면 하나님께서 인간들을 효과적으로 초청하고 그리스도께로 이끄시기 때문입니다(요 6:44)."[634]

이상 살펴본 도르트 총회의 가르침은 개혁 신학 전통의 발전에 중요한 역할을 감당했다. 다음 2, 3세기 동안 개혁 교회 안에서 중생의 가르침이 나아가는 방향을 정했다.

2. 웨스트민스터 신앙 고백서

웨스트민스터 신앙 고백서(Westminster Confession of Faith)는 장로교가 채택하고 있는 공식적인 신앙 고백서이며, 한국 개혁주의 교회가 채택하는 신앙의 표준 문서이다. 그것은 웨스트민스터 총회(1643년 7월 1-1648년 2월 22일)가 29개월을 걸쳐 작성한 것이다.

이 회의는 장로교 세력이 강했던 영국 국회에 의해 1643년에 소집되었다. 국회는 1643년 6월 12일 웨스트민스터 신앙 고백서라는 새로운 문서를

교회의 목사로 있었다. 후에 그 지역에 세워진 프라네커 대학의 신학 교수가 되었다.

634) Ames, *The Marrow of the Theology*, 158-159.

만들어서 영국 국교회를 개혁하고자, 다시 말하면 칼빈주의 노선으로 복귀시키고자 신학자들과 목회자들을 초빙하기로 결정했다. 1643년 7월 1일부터 1648년 2월 22일까지 5년 6개월 동안 런던 웨스트민스터 교회당에서 1,163회의 모임을 가졌다. 회의에 참석한 사람의 구성을 보면, 평신도 회원으로는 상원 대표 10명과 하원 대표 20명이 참석했고, 그리고 성직자는 121명이 참석했다. 참석자 대부분이 장로교파였으며, 독립파 대표가 5명이었다.[635] 기타 소수의 온건한 감독파와 에라스티언주의자들[636]도 있었다. 신학적으로 볼 때, 웨스트민스터 회의에 참석한 대표들은 모두 칼빈주의자들이었다.

웨스트민스터 회의는 그 회의가 결정해 놓은 안건의 범위나 능력에서 보든지 또는 후대에 끼친 영향 면에서 보든지 프로테스탄트 교회의 회의들 중에서 가장 중요한 위치를 차지하고 있다.[637] 리처드 백스터는 그의 자서전에서 웨스트민스터 회의 구성원에 대하여 다음과 같이 말했다. "그곳에 모인 성직자들은 탁월한 학식과 경건함 그리고 목회적인 능력과 충성심을 소유한 자들이었다. 나는 그들 중 하나에 속할 만한 자격도 없는 사람이기에 적대와 질투에도 아랑곳하지 않고 내가 알고 있는 사실에 대하여 더욱 자유롭게 말할 수 있는데, 그 같은 부류에 관한 모든 역사적 사실과 우리에게 전수된 모든 다른 증거에 의해서 판단해 볼 때, 기독교계에 사도 시대로부터 시작하여 지금까지 이 총회보다 (여러 면을 비교해 볼 때) 더 나은 성직자들이 모인 종교 회의는 없었다."[638]

웨스트민스터 신앙 고백서는 영국에서 작성되기는 했으나 영국 국교회에서는 채택되지 않았고, 1648년에 웨스트민스터 신앙 고백서를 채택한 스

---

635) A. A. Hodge, *The Confession of Faith: A Handbook of Christian Doctrine* (Edinburgh: Banner of Truth Trust, 1996), 18.
636) 에라스티언주의는 교회는 국가의 권위 아래서 감독을 받고 기능을 감당해야 한다고 주장하였다.
637) Schaff, *Creeds of Christendom*, 2:230.
638) Richard Baxter, *The Autobiography of Richard Baxter* (London: Dent, 1985), 71–72.

코틀랜드 교회와 연결된 영어권 장로교회의 기본적 신앙 고백이 되었다.[639] 이 고백서는 미국에서 큰 영향력을 행사했다. 미국의 장로교회는 1729년에 웨스트민스터 신앙 고백서를 법적으로 채택하고 모든 목사들에게 서명을 요구했다. 1648년 매사추세츠 회중교회가 교회 정치 부분을 수정하고 웨스트민스터 신앙 고백을 채택하였고, 1707년 침례교회도 교회 정치와 성인 세례 외의 교리 표준을 받아들여 1742년 정식으로 채택했다.

미국 북장로교회는 1903년에 신앙 고백서의 마지막 제33장 이후에 제34장 '성령에 관하여', 제35장 '하나님의 사랑의 복음과 선교에 관하여'를 첨가하였다. 미국 남장로교회도 이 첨가된 부분들을 받아들였으며, 교회의 직원들 곧 교역자와 장로와 집사의 안수 시에 이 내용들에 서약할 것을 규정하였다.[640] 우리나라 장로교에서는 1917년 9월 제6회 총회에서 채택하였다. 웨스트민스터 신앙 고백서는 호방함과 균형과 정교함을 지녔다. 그리하여 이 문서를 비판하는 사람들조차 이 문서의 위엄과 치밀함을 인정한다.

웨스트민스터 신앙 고백서 중 구원에 관한 부분을 살펴보자.

제10장 효과적 부르심 | 웨스트민스터 신앙 고백서는 도르트 신조와 같이 중생과 회심을 같은 것으로 보았다.[641] 부르심, 중생, 회심을 동일한 사건으로 설명했다.

"1. 하나님께서는 생명을 얻기로 예정된 모든 사람을, 그들만을 그가 지정하신 적당한 때에 그의 말씀과 성령에 의하여 본성상 죄와 죽음에 처해 있는 상태로부터 예수 그리스도로 말미암은 은혜와 구원으로 부르신다(살후 2:13-14; 고후 3:3, 6; 롬 8:30; 11:7; 엡 1:10-11; 롬 8:2; 엡 2:1-5; 딤후 1:9-10). 그렇게 하실 때에 하나님께서는 그들이 하나님에게 속한 일들을 이해할 수 있도록 **이들의 마음에 영적으로 구원하시는 조명을 주시고**(행 26:18; 고전 2:10, 12; 엡

---

639) Peter Toon, *Justification and Sanctification* (Westchester, Illinois: Crossway Books, 1983), 85.

640) J. B. Green, 『웨스트민스터 표준문서 대조해설』 김남식 역 (서울: 성광문화사, 1985), 9.

641) Toon, *Born Again: A Biblical and Theological Study of Regeneration*, 124.

1:17-18), **돌과 같이 굳은 마음을 살과 같이 부드러운 마음으로 만드시고**(겔 36:27; 엡 1:19; 요 6:44-45), **저들의 의지**(意志)**를 새롭게 하사** 그의 전능하신 권능에 의하여 선한 것을 결심하게 하시고, 효과적으로 이들을 예수 그리스도께로 이끄신다(겔 11:19; 빌 2:13; 신 30:6; 겔 36:27; 엡 1:19; 요 6:44-45). 이때에 그들은 하나님의 은총에 의하여 자원하여 나오게 되어 있으므로 그들은 가장 자유롭게 나아오는 것이다(사 1:4; 시 110:3; 요 6:37; 롬 6:16-18).

2. 이와 같은 하나님의 효과적 부르심은 전혀 예지된 인간의 공로에서가 아니라 오직 하나님의 무조건적이고 특별한 은혜에서 온 것이다(딤후 1:9; 딛 3:4-5; 엡 2:4-5, 8-9; 롬 9:11). 인간은 전적으로 수동적이다. 인간은 성령에 의해서 살아나고 새롭게 되어야 하나님의 부르심에 응답할 수 있고, 이 부르심 안에서 제공되고 전달되는 은혜를 수용할 수 있는 것이다(요 6:37; 겔 36:27; 요 5:25)."

제11장 칭의 | 오늘날 개혁 신학자들 가운데는 의의 전가로서의 칭의 교리에 집착하여 모든 은혜의 주입 개념을 배척하는 사람이 있는데, 그것은 청교도들의 가르침과 정면 배치된다. 청교도들이 말하는 칭의 얻는 신앙은 성령의 선물이며, 성령의 새롭게 하심, 즉 은혜의 주입으로 말미암아 주어지는 사랑으로 역사하는 믿음인 것을 알아야 한다. 그러나 칭의는 그리스도의 순종이 '전가됨으로' 일어난다. 신앙만이 칭의의 유일한 수단이다.

"1. 하나님께서는 효과적으로 부르신 사람들을 또한 값없이 의롭다 하신다(롬 8:30; 3:24). ……

2. 이처럼 그리스도와 그의 의를 수용하고 의지하는 신앙만이 칭의의 유일한 수단이다(요 1:12; 롬 3:28; 5:1). 그러나 믿음은 의롭다 함을 받은 사람 안에서 단독으로 있는 것이 아니라, 언제나 모든 다른 구원의 은혜들과 함께한다. 이 믿음은 죽은 믿음이 아니라 사랑으로 역사하는 믿음이다(약 2:17, 22, 26; 갈 5:6)."

제12장 양자(養子) | 칭의 다음에 양자가 온다.

"1. 하나님께서는 칭의 얻은 모든 사람들을 그의 유일무이한 아들 예수 그리스도 안에서, 그리고 이 예수 그리스도를 위하여 양자의 은혜에 참여할 수 있도록 허락해 주신다(엡 1:5; 갈 4:4-5). 또한 칭의 얻은 사람들은 양자가 됨으로 말미암아 하나님의 자녀의 수에 들어가게 되고, 하나님의 자녀의 자유와 특권을 누린다(롬 8:17; 요 1:12). 이들은 또한 그들 위에 적힌 하나님의 이름을 갖게 되고(렘 14:9; 고후 6:18; 계 3:12), 양자의 영을 받는다(롬 8:15). 이들은 담대하게 은혜의 보좌 앞에 나갈 수 있고(엡 3:12; 롬 5:2), 아바 아버지라 부를 수 있으며(갈 4:6), 불쌍히 여김과(시 103:13) 보호를 받으며(잠 14:26), 하나님께서 필요한 것을 우리에게 베풀어 주시고(마 6:30, 32; 벧전 5:7), 육신의 아버지께 징계를 받는 것처럼 하나님 아버지의 징계를 받는다. 그러나 이들은 결코 버림받지 않고(애 3:31) 오히려 구속의 날까지 인(印)치심을 받고(엡 4:30), 영원한 구원의 상속자로서(벧전 1:3-4) 약속을 유업으로 받는다(히 6:12)."

제13장 성화(聖化) | 거듭난 사람은 내주하는 성령에 의하여 실제로 거룩하게 된다. 웨스트민스터 신앙 고백은 참으로 거룩한 삶을 살지 않는 자는 천국에 가지 못한다고 강조했다.

"효과적으로 부르심을 받고 거듭나서 그들 안에 창조된 새 마음과 새 영을 지닌 자들은, 더 나아가 그리스도의 죽으심과 부활의 공로를 통하여, 그의 말씀과 그들 속에 거하시는 성령에 의하여 개인이 실제로 거룩하게 된다(고전 6:11; 행 20:32; 빌 3:10; 롬 6:5-6; 요 17:17; 엡 5:26; 살후 2:13). 몸 전체를 지배하던 죄의 권세는 파괴되고(롬 6:6, 14), 몸의 각종 정욕이 더욱더 약해지며 죽고(갈 5:24; 롬 8:13), 이들은 온갖 구원하시는 은혜 안에서 더욱더 살아나고 강건해져서(골 1:11; 엡 3:16-19) 참으로 거룩한 생활을 실천한다. **이와 같은 참된 거룩한 삶을 영위하지 않는 한 아무도 주님을 볼 수 없을 것이다**(고후 7:1; 히 12:14)."

제14장 구원에 이르는 믿음 | 믿음과 회개는 구원의 순서상으로는 효과적 부르심 다음에 와야 하겠으나 칭의, 양자, 성화 다음에 둔 것은, 하나님의 행위인 칭의, 양자, 성화를 먼저 설명하고, 인간의 반응인 신앙과 회개를 설명하고자 한 것이다.

"1. 믿음의 은혜는 택함을 받은 자들의 마음속에 역사하시는 그리스도의 성령의 역사이다(고후 4:13; 엡 1:17-19; 2:8). 이 믿음의 은혜에 의하여 택함을 받은 자들이 그들의 영혼의 구원을 위하여 믿음을 가질 수 있다(히 10:39). 이 믿음은 보통 말씀 사역을 통해서 생긴다(롬 10:14, 17). 이렇게 생긴 믿음은 말씀과 성례의 시행 및 기도에 의하여 성장하고 강화된다(벧전 2:2; 행 20:32; 롬 4:11; 눅 17:5; 롬 1:16-17).

2. 그리스도인은 이러한 믿음에 의하여, 말씀 안에서 친히 말씀하고 계시는 하나님의 권위로 인하여(요 4:42; 살전 2:13; 요일 5:10; 행 24:14), 말씀 안에 계시된 것은 무엇이나 참된 진리로 믿는다. 그 말씀의 각 구절에 포함되어 있는 내용에 따라 행동하되, 명령의 말씀에는 순종하고(롬 16:26), 경고의 말씀에 대해서는 떨고(사 66:2), 금생과 내세에 대한 하나님의 약속들을 믿는다(히 11:13; 딤전 4:8). 그러나 구원에 이르는 믿음의 가장 중요한 행위는 은혜의 언약이 있기 때문에(요 1:12; 행 16:31; 갈 2:20; 행 15:11), **칭의와 성화와 영생을 위하여 그리스도만을 영접하고, 받아들이며, 의지하는 것**이다."

제15장 생명에 이르는 회개 | 회개는 하나님께로 전향하는 것이다. 회개할 때는 구체적으로 회개해야 한다.

"1. 생명에 이르게 하는 회개란 복음적 은혜이다(슥 12:10; 행 11:18). 모든 복음의 교역자들은 그리스도에 대한 믿음의 교리뿐만 아니라 회개의 교리도 설교해야 한다(눅 24:27; 막 1:15; 행 20:21).

2. 이 회개에 의하여 죄인은 자신의 죄가 얼마나 위험하고 더럽고 추잡한 것인가를 의식하고 인식할 뿐만 아니라, 하나님의 거룩한 본성과 의로운 법에 위배되는 것을 의식하고 인식한 후 회개하는 사람들에게 베풀어 주시는 그리스도 안에 있는 자비를 파악하고 자신의 죄에 대하여 슬퍼하고 증오한 나머지 **모든 죄에서 방향을 돌려 하나님께로 향하게 된다**. 그리고 하나님의 모든 계명들을 좇아서 하나님과 동행하기로 작정하고 노력하게 되는 것이다(겔 18:30-31; 36:31; 사 30:22; 시 51:4; 렘 31:18-19; 욜 2:12-13; 암 5:15; 시 119:128; 고후 7:11; 시 119:6, 59, 106; 눅 1:6; 왕하 23:25).

3. 회개는 죄에 대한 어떤 속상(贖償)이거나, 용서의 원인도 아니다(겔 36:31-32; 16:61-63). 죄 사함은 그리스도 안에서 하나님께서 값없이 베풀어 주시는 은혜의 행위이다(호 14:2, 4; 롬 3:24; 엡 1:7). 그러나 이 회개는 모든 죄인들에게 꼭 있어야 한다. 아무도 회개 없이는 죄 사함을 기대할 수 없다(눅 13:3, 5; 행 17:30-31).

5. 누구든지 죄에 대하여 전체적으로 회개했다고 해서 스스로 만족해서는 안 된다. 오히려 우리는 구체적인 죄 하나하나를 낱낱이 회개하도록 힘써야 한다(시 19:13; 눅 19:8; 딤전 1:13, 15)."

웨스트민스터 신앙 고백의 중생론은 존 오웬, 리처드 백스터 등과 같은 청교도들의 중생론과 일치한다. 웨스트민스터 신앙 고백의 중생론의 특징은, 무엇보다도 성령에 의한 중생을 강조한다는 것이다. 요약하면 다음과 같다.

"하나님께서는 예정된 사람들을 그가 지정하신 적당한 때에 **부르신다**. **성령으로 조명**하시고, 돌과 같이 굳은 마음을 **살과 같이 부드러운 마음으로 만드시고**, 저들의 **의지(意志)를 새롭게** 하신다. 그리함으로 이들을 예수 그리스도에게로 이끄신다. 이와 같이 인간은 먼저 **성령에 의해서 살아나고 새롭게 되어야** 하나님의 부르심에 응답할 수 있고 믿음과 회개로 하나님께 나아갈 수 있다.

하나님께서는 효과적으로 부르신 사람들을 **칭의하시고**, **양자의 성령을 주시고**, 구속의 날까지 인(印)치신다. 효과적으로 부름 받고 중생하여 그들 안에 새 마음과 새 영을 창조함 받은 자들은, 그의 말씀과 그들 속에 거하시는 성령에 의하여 **개인이 실제적으로 더욱더 거룩하게 된다**. 몸 전체를 지배하던 죄의 권세는 파괴되고, 참으로 거룩한 생활을 실천한다."

청교도들의 중생론에 있어서 중요한 강조점은, 오직 성령의 역사로 구원의 역사가 이루어진다는 것이다. 인간적 차원의 어떤 개발이 아니라, 오직 초자연적인 성령의 새롭게 하시는 역사로 구원을 얻게 된다는 것이다. 청교도 목사들은 바로 이러한 중생 혹은 회심을 위해 간절히 기도하라고 가르쳤다.

질문: 중생은 비체험적인 것인가? 현대 개혁주의 신학자들 중에 어떤 사람들은 중생을 비체험적이라고 말한다.

답변: 그러나 청교도들은 부르심, 중생, 회심을 동일한 사건으로 보았으며, 그것을 강력한 체험으로 보았다. 패커는 다음과 같이 말했다. "청교도들에게 있어서 '중생'은 '회심'과 같은 말인데, 그것은 '유효적 소명'(effectual calling)이라는 기술적 용어와 동의어로 사용되었다."[642] 리처드 백스터의 말을 들어 보자. "중생은 효과적 부르심과 같은 말이며, 회심, 성화와도 같은 말이다. 회심과 성화는 영혼 속에 영적 생명의 원리가 최초로 주입되는 것을 말한다."[643]

도르트 신조의 표현을 빌자면, 가장 강력하고 동시에 가장 기쁘고 놀랍고 신비롭고 형용할 수 없는 사역이 중생의 사역이다. 차녹, 백스터, 오웬, 에드워즈의 글을 보면 확연히 드러나는 사실이다.

오웬은 거듭남이란 영혼 전체의 보편적인 영적 변화라고 했다. "믿음으로 그리스도를 영접하면 영혼 전체 속에서 보편적인 영적 변화가 수반됩니다. '그런즉 누구든지 그리스도 안에 있으면 새로운 피조물이라. 이전 것은 지나갔으니 보라, 새것이 되었도다'(고후 5:17). 그러므로 만일 여러분이 여러분 자신의 영혼을 속이고 파멸시키기를 원하지 않는다면, **정말 자신이 그렇게 개별적으로 변화시키는 믿음의 역사 속에서 그리스도를 영접했는지 시험하여 보십시오**. 여러분에게 제시된 권고의 말씀과 부응하는 것이 없는데도 자기가 정말 그리스도를 영접한 체해서는 안 되는 것입니다."[644]

---

642) James I. Packer, *A Quest for Godliness: The Puritan Vision of the Christian Life* (Wheaton, IL: Crossway Books of Good News Publishers, 1990), 294.

643) Baxter, *Saints' Everlasting Rest*, 108.

644) Owen, *Meditation and Discourses on the Glory of Christ applied unto Unconverted*

백스터는 자신이 거듭난 사실을 자각할 수 있어야 한다고 했다. "여러분은 자신이 회심했다는 사실을 자각합니까? 또한 여러분은 **이러한 놀라운 변화를 여러분의 영혼에서 발견할 수 있습니까?** 여러분은 이와 같이 거듭났으며 새롭게 되었습니까?"[645]

차녹은 다음과 같이 말했다. "거듭남이란 마치 건강이 회복되면 신체의 기질과 체액(體液)에 변화가 생기는 것과 마찬가지로 영혼의 상태와 성질에 일어나는 실제적인 변화를 의미합니다."[646] 차녹에 의하면, "거듭나는 것은 실로 옛 사람을 벗어 버리는 것이며, 우리가 아담으로부터 물려받은 본성과 정욕, 부패한 생각과 감정들을 벗어 버리고 하나님께 전폭적으로 헌신하며, 그리스도를 위해서 살며 새 생명 가운데 살아가는 것"이다.[647] 그는 다음과 같이 간단히 말하기도 하였다. "거듭남이라는 이 역사는 그 이해력과 의지가 새롭게 태어나는 것입니다."[648]

이와 같이 청교도들은 거듭남과 회심을 위대한 변화라고 가르쳤으며, 분명한 거듭남과 회심의 체험이 주어지기까지 그것을 위해 은혜의 방편을 사용하여 끝까지 모든 힘을 다하여 노력하고 구하라고 가르쳤다. 조나단 에드워즈는 말년(1755년 5월 27일)에, 모호크(Mohawk)족 인디언 언어를 배우기 위해 멀리 떨어져 있는 열 살 된 자기 아들 조나단 2세(Jonathan Jr.)에게 스톡브리지에서 다음과 같은 편지를 보냈는데, 다음 글만 읽어도 얼마나 에드워즈가 체험적 중생에 관심이 많았는지 알 수 있다.

"사랑하는 아들아. …… 네가 거듭나지 아니하면 하나님의 나라를 결코 볼 수 없다고 하신 그리스도의 말씀을 기억하여라. **네가 회심하여 새로운 피조물이 되었다는 훌륭한 증거를 가지기 전에는** 조금도 네 마음을 놓지

Sinners, in WJO, 1, 428.
645) Baxter, *A Call to the Unconverted*, 18.
646) Charnock, *The New Birth*, 15.
647) Charnock, *The New Birth*, 14.
648) Charnock, *The New Birth*, 60.

않도록 하여라."[649]

조나단 에드워즈는 『신앙 감정론』에서 거듭남과 회심의 경험을 비체험적이라고 주장하는 자들에 대하여 다음과 같이 말했다. "그러나 국내의 거의 모든 사람들이 인정하는 것처럼, 만일 사람들의 마음속에 구원하는 은혜를 불어 넣기 위해 우리 자신의 힘 그리고 자연의 힘과 모든 수단과 방편들의 힘과 전적으로 다르며 그것을 능가하는 어떤 힘이 진정으로 존재한다면, **그 힘이 매우 분명하고, 가시적이며, 감각으로 느낄 수 있는 방식으로 작용해야 한다고 생각하는 것은 결코 불합리하지 않습니다.** 만일 은혜가 진정으로 외부의 작인에 의해서, 또는 우리 외부에 있는 하나님의 능력이 강력하고 효과적으로 드러냈기 때문에 생기는 것이라면, 그 은혜를 경험하는 주체들에게 분명하고, 가시적이며, 감각으로 느낄 수 있는 방식으로 작용해야 한다고 생각하는 것이 왜 불합리하단 말입니까?"[650]

그는 오히려 다음과 같이 강하게 반문했다. "그렇다면 전능하신 하나님께서 당신의 능력으로 위대한 일을 행하실 때 당신의 능력을 아주 조심스럽게 숨겨 두심으로 그 능력을 경험하는 사람들이 그 능력을 아무것도 인지할 수 없게 해야 한다는 것에 대한 근거는 도대체 무엇입니까? 그리고 어떤 이유와 계시에 근거해서 하나님께서 그렇게 하신다고 판단하는 것입니까?"

에드워즈는 가시적이고, 체험적으로 임하셔야 하는 이유를 다음과 같이 말했다. "오히려 하나님께서는 당신의 백성들을 위해 능력과 자비로 위대한 일을 행하실 때 당신의 일하시는 손을 볼 수 있도록 하시고, 당신의 능력이 눈에 뚜렷이 띄게 하시며, 사람들이 당신에게 의지해야 함을 아주 분명하게 하심으로서 아무 육체라도 하나님 존전에서 자랑하지 못하게 하시며, 하나님께서 홀로 높임을 받으시며, 능력의 심히 큰 것이 하나님께 있고 우

---

649) Iain H. Murray, *Jonathan Edwards: A New Biography* (Edinburgh: Banner of Truth Trust, 1987), 395.

650) Edwards, *Religious Affections*, in WJE, 2, 138-139.

리에게 있지 아니함을 알게 하시며, 우리의 약함 가운데서 그리스도의 능력이 나타나게 하시며, 아무도 나 자신의 손이 나를 구원했다고 말하지 못하게 하십니다."[651]

청교도들은 이와 같이 성령의 사역 중 특히 체험적으로 거듭나게 하시는 사역에 집중했다. 이것이 오늘날 현대 교회의 가르침에서 결여되어 있는 요소다. 분명한 거듭남의 은혜를 얻기까지 최선을 다하라고 가르친 청교도들의 음성이 지금도 귀에 들리는 듯하다.

---

651) Edwards, *Religious Affections*, in WJE, 2, 139-140.

제35장

리처드 백스터의 거듭남 체험

리처드 백스터(Richard Baxter, 1615-1691)에 대해서 『브리태니커 백과사전』(Encyclopaedia Britannica)[652]은 다음과 같이 소개한다. "리처드 백스터는 영국 성직자 중에 가장 뛰어난 사람 중 하나이며, 딘 스탠리는 그를 '영국 개신교 신학 교사 중 최고'라고 칭한 사람이다." 『명사록』(Who's Who)에서도 백스터는 청교도주의가 제시하는 가장 뛰어난 목사로 나온다. 토머스 맨튼(Thomas Manton)은 백스터를 "사도 시대 이후 기독교회가 배출한 가장 탁월한 인물 가운데 한 사람"이라고 평가했다. 백스터는 탁월한 목회자이자 가장 대중적인 책을 저술한 청교도 작가이자 학자였다.

백스터는 1615년 11월 12일 슈롭셔(Shropshire)의 로턴(Rowton)에서 외아들로 출생했다. 그의 아버지는 지주 계급의 상류층 자작농이었다. 아버지는 자기 소유로 살기에 필요한 만큼의 농지를 가지고 있었다. 그러나 도박으로 재산을 탕진하여 어린 시절 백스터는 할아버지 집에서 살아야 했다. 백스터와 가족들은 자격 있는 설교자로부터 설교라고 할 만한 설교를 거의 듣지 못하는 환경에서 살았다.

그러나 하나님께서는 백스터의 아버지를 직접 가르치시고 변화시키셨는

---

[652] *Encyclopaedia Britannica*, 9th Edition, Vol. Ⅲ (New York: Charles Scribner's Sons, 1878).

데, 그것은 어떤 설교나 경건한 동료가 있어서가 아니고 오직 성경을 개인적으로 읽는 중에 영적인 변화를 체험하게 하셨다. 백스터의 고향인 로턴에는 예배를 인도하는 4명의 낭독자(reader)가 있었는데, 그 중 어느 누구도 성경을 제대로 아는 사람이 없었고, 그 중 2명은 부도덕으로 인하여 성도들의 지탄의 대상이었다. 당시의 교회 상황을 보아서 백스터의 아버지가 스스로 하나님 앞에 회개하고 돌아온 것은 기적적인 일이었다. 아버지가 신앙적인 각성을 하고 생활이 변화되자 집안 형편도 차츰 나아져서, 백스터는 다시 부모와 함께 살 수 있게 되었다.

백스터는 이제 경건한 아버지의 영향을 받으면서 성장했다. 백스터가 매우 어렸을 때, 하나님과 내세에 대한 아버지의 심각한 설교는 그로 하여금 죄를 짓는 것을 두려워하게 만들었다. 또 아버지는 백스터에게 어릴 때부터 성경을 읽도록 가르쳤다. 그러나 그는 어릴 적부터 거짓말을 한다든지, 먹는 것을 탐낸다든지, 다른 사람의 과수원에 가서 과일을 훔친다든지 등등의 죄를 저질렀으며, 그럴 때마다 양심의 고통을 느꼈다.

백스터는 록서터(Wroxeter)의 도닝턴 자유 학교에서 공부했으며, 교장 선생님으로부터 큰 도움을 받았다. 지식에 대한 그의 갈망은 대단했다. 처음부터 그는 종교와 관련된 철학 공부에 강한 흥미를 갖고 있었다.

백스터의 거듭남 체험을 살펴보자. 백스터는 강렬한 한 번의 회심 체험을 한 것이 아니라, 몇 번에 걸치면서 겉보기에는 조용하지만 영혼 깊은 곳에서는 강력한 회심 체험을 한 것으로 보인다. 그가 15세쯤 되었을 때 학교를 다닐 무렵 백스터는 첫 번째 종교적 각성을 체험하게 된다.

"그 무렵 하나님께서는 내 눈을 열어 내 자신의 영혼의 문제를 분명히 볼 수 있는 통찰을 주셨다. 그리고 **내 마음을 감동하사 그 이전 어떤 때보다 영적인 것들에 대한 생생한 느낌을 갖도록 하셨다.** 그것은 다음과 같은 방편을 통해서, 그리고 다음과 같은 순서에 의해서 이루어졌다. 버릇없는 아이들과 과수원 서리를 한 후 그 어떤 때보다 내 양심이 아주 찔렸었다. 이것은 내 죄에 대한 보다 강한 깨달음을 가져다주었다. 그런데 마을에 사는 가난한 노동자가 『버니의 결심』(Bunny's Resolution)이라는 제목의 오래되고 해어진 책을 가지고 있었는데, 마침 아버지가 빌렸었다. …… 이 책을 읽는 중에 (그때 내 나이가 약 15세였다) 하나님께서 내 영혼을 깨어나게 하시기를 기뻐하셨다."653)

16세에 자유 학교를 졸업한 백스터는 옥스퍼드나 케임브리지로 진학하려다가 그의 스승의 권면으로 대학 진학을 포기하고, 인근 루들로(Ludlow) 성의 목사로 있던 웍스테드(Richard Wickstead) 목사와 함께 생활하면서 그에게 개인 수업을 받으며 독학했다. 일 년 반 후에 집으로 돌아오게 되었는데, 그때 자기가 다녔던 록서터에 있는 시골 학교의 교장 선생이 폐병으로 아프게 되자, 뉴포트 경의 부탁을 받고 그 학교에서 3개월 남짓 가르쳤다.

그 후 백스터는 개인수업을 받으며 학업을 계속하게 되었는데, 이 무렵에 그는 또 다시 강한 영적인 각성을 체험하게 된다.

"2년 동안 계속된 심한 기침과 각혈로 죽음이 가까웠다는 두려움을 느꼈다. 그 증상으로 보아 심각한 단계의 폐병이었다. 이것으로 인해 나는 더욱 각성되어 내 영혼의 영원한 운명에 대해서 매우 심각하게 염려하며 생각하게 되었다. …… 나는 이런 식으로 깨닫게 하시는 하나님의 방법이 매우 현명하다는 것을 발견했다. 다른 어떤 방식으로도 내 영혼에 그러한 유익을 주지 못했을 것이다. …… 이 일은 나로 하여금 무엇보다 먼저 그의 나라와 그의 의를 구하도록 만들었으며, 필요한 한 가지 일에 온 마음을 집중하도록 하였으며, 무엇보다 먼저 궁극적인 종말을 대비하도록 하였다. 그리하여 다른 모든 공부는 그 목적에 이바지하기 위한 수단으로 선택하였다. 그

---

653) Baxter, *The Autobiography of Richard Baxter*, 6-7.

리고 신학 공부가 항상 나의 최우선적 공부가 되도록 했다."[654]

그러면 백스터의 회심은 정확히 어느 때에 일어난 것인가? 백스터는 자서전에서 자기의 회심이 볼턴이나, 후커, 로저스 등이 말하는 것처럼 청교도의 정형처럼 일어나지 않은 것에 대해서 스스로 분석하다가 "하나님께서는 모든 사람의 마음을 동일하게 깨뜨리시는 것이 아님을 결국 이해하게 되었다."라고 했다.[655] 그가 정확한 회심의 정형대로 회심한 것은 아니나, 회심의 내용만큼은 분명하였음은 다음의 글을 보면 알 수 있다. "여러분은 자신이 회심했다는 사실을 자각합니까? 또한 여러분은 **이러한 놀라운 변화**를 여러분의 영혼에서 발견할 수 있습니까? **여러분은 이와 같이 거듭났으며 새롭게 되었습니까?** …… 여러분이 변화된 날짜나 주간, 또는 여러분을 회심케 했던 바로 그 설교를 말할 수 없다면 회심의 역사가 여러분에게 일어났으며, 참된 변화가 생겼으며, 새로워진 마음이 주어졌음을 자각할 수는 있습니까?"[656]

1638년 12월 강림절에 백스터는 영국 국교 워세스터의 감독에 의해 부제로 안수를 받았으며(23세), 1639년에 더들리(Dudley)에 있는 신설된 자유 문법학교에 부임하여 성경을 가르쳤다. 그는 영국 국교 성직자로 안수를 받을 때 그 당시에는 서명하는 것에 대해서 깊이 생각하지 못했다고 하였다. 조급하고 경솔하여서 자기가 서명해야 할 서품 책(the Book of Ordination)을 한 번도 읽지 않았으며, 영국 국교 39개 조항 중 논란이 되는 내용에 대해서도 충분한 이해와 확신을 가져본 적이 없었다고 했다. 백스터는 스스로 여기에 대해 공부하고, 더들리 근처에 있는 몇몇 비국교도들과 친해지면서 그의 국교도적 확신이 흔들리기 시작하였다. 다시는 하나님의 말씀에 반대

---

654) Baxter, *The Autobiography of Richard Baxter*, 8-9.
655) Baxter, *The Autobiography of Richard Baxter*, 11.
656) Baxter, *A Call to the Unconverted*, 18-19.

되는 법조항이나 예배 의식과 관련된 어떤 것에도 함부로 서명하지 않으리라 결심하였다.

이런 양심상의 확신 때문에 1639-40년까지는 슈롭셔의 브릿지노스(Bridgnorth)에 있는 윌리엄 매드스터드(William Madstard) 목사의 부목사가 되었다. 매드스터드 목사는 아주 정직하고 양심적이고 탁월한 설교자였다. 그곳은 대주교가 3년마다 방문하는 것을 제외하고는, 감독의 관할권에서 자유로운 곳이었다. 이곳에서 백스터는 양심에 꺼림칙했던 것이나 불법이라고 생각했던 모든 의무들에 대해서 설교했다.

1641년에 키더민스터(Kidderminster)에서 목회를 시작하였고, 1642-47년에는 의회군 군목을 지냈다. 1647-61년에는 키더민스터의 교구 목사로 있으면서 백스터는 그 읍의 주민 거의 전부를 회심시켰다. 그는 목회 상담을 설교만큼이나 중요시하여 교인들에게 교리 문답을 가르침으로 많은 사람을 회심시켰다. 이와 같이 백스터는 목회자로서 탁월한 능력을 보였다. 키더민스터 교구에는 약 8백 가정과 2천 명의 성인들이 있었다. 그는 나중에 키더민스터 교회의 부흥을 회상하면서 "내가 처음으로 그곳에 갔을 때, 하나님을 예배하는 자가 한 거리에 한 가정 정도 있을까 말까 했다. 그러나 떠날 때에는 하나님을 예배하지 않거나 진지하게 신앙을 고백하지 않는 가족은 하나도 없었다."라고 말했다. 이러한 일은 기독교 역사상 유례가 없는 일이었다. 1650년대 후기에 백스터는 영국 전체의 청교도 목회자들에게 널리 인정받는 귀감이 되었다. 약 한 세기 후인 1743년 12월 31일, 조지 윗필드가 키더민스터를 방문했을 때, 그는 그의 친구에게 다음과 같은 글을 써 보냈다. "나는 오늘날까지 남아 있는 백스터의 가르침과 사역 그리고 권징의 달콤한 향기들을 발견하고는 내 자신이 크게 원기를 회복하게 되었다."

백스터는 1660년에 찰스 2세(1660-1685 재위)가 왕정복고를 하는데 중요한 역할을 하였다.[657] 찰스 2세는 국교회 내에서 장로교인들을 포용하려고 계

---

657) 이것은 왕당파와 장로교파가 왕정복고를 하기 위하여 연합한 데 기인한다. 크롬웰은 독립파의

획하였다. 그래서 찰스 2세는 장로교측의 가장 유명한 사람 중의 하나인, 경건한 리처드 백스터에게 헤리퍼드(Hereford) 주교의 직분을 제의하였다. 그러나 백스터는 감독제를 싫어하였기 때문에 국왕에게 편지를 써서 정중하게 그 제안을 거절하였다. 이 일로 인해 그는 교회의 직분을 갖는 것과 키더민스터로 되돌아가는 것 모두 금지당했다. 몰리 주교는 심지어 그가 워세스터의 주교 관구에서 설교하는 것조차 금지했다.

1662년 통일령에 의한 추방에서 시작하여 1689년 관용령이 선포될 때까지 백스터의 삶은 끊임없는 박해의 연속이었다. 1662년 통일령으로 비국교도들이 축출될 때 그의 영국 국교회에서의 사역도 끝이 났다. 그 후부터 그는 찰스 2세의 치하 동안에 많은 박해를 받았다. 백스터는 양심에 따라 자신의 견해를 굽히지 않음으로 20년 이상 많은 핍박과 투옥을 견뎌야 했다. 교회에서 추방당한 그는 설교와 저술로 찰스 2세에 저항하였다. 그는 총 168권의 책과 논문을 써서 자신의 신학적 입장을 표명했다.

1685년 2월 찰스 2세가 죽고 제임스 2세(1685-1688)가 왕위에 올라 영국을 로마 가톨릭화하려고 했다. 이에 백스터는 강력하게 반대하는 운동을 전개하였다. 그는 『신약의 의역』(Paraphrase of New Testament)이라는 저서에서 국교회를 모욕하였다는 혐의로 투옥되어 그해 5월에 악명높은 제프리스(Jeffreys) 판사에게 치욕스런 재판을 받았다. 재판의 광경은 "영국 역사상 가장 야만적인 사법의 남용이라고 잘 알려져" 있다.[658] 백스터는 이제 70세의 노인으로서 1685-86년에 걸쳐서 약 2년간 사우스와크에서 투옥되었다. 1686년 11월 24일에 석방되어 그는 계속해서 삶의 마지막 순간까지 설교하고, 저술했다. 1689년 관용령이 제정되었을 때에야 비로소 백스터는 자신의 견해 때문에 받았던 제재로부터 벗어날 수 있었다. 그는 1691년 12월 8일 런던에서 76세를 일기로 그가 사모하던 주님의 품으로 갔다.

경향을 띠고 있었다.

658) *Encyclopaedia Britannica*, 9th Edition, Vol. Ⅲ.

백스터는 일평생 저술에 그의 모든 힘을 집중했는데, 그는 영국 신학자들 중에서 가장 많은 저서를 남겼다. 그의 생애 동안 인쇄된 131개의 저술과 5개의 사후에 출판된 저서들이 있으며, 출판되지 않은 많은 논문이 있다. 모두 합하면 168권에 달한다. 어떻게 그 많은 책을 저술했는가를 생각하면 놀라울 뿐이다. 그 책들은 많은 정성을 들여 정교하게 저술된 것일 뿐 아니라, 학문적으로도 박식하게 저술된 것들이다. 『성도의 영원한 안식』(The Saint's Everlasting Rest, 1650), 『개혁된 목자』(The Reformed Paster, 1656), 『회심하지 않은 자들에 대한 부르심』(A Call to the Unconverted, 1658) 등이 유명하다. 패커는 백스터의 저술에 대해 다음과 같이 말했다. "경건한 청교도 저술가 중에 리처드 백스터는 처음부터 내용과 양식 모두의 '장엄함'에 있어 뛰어난 것으로 인정받았다. 문체의 명쾌함과 힘, 질서와 열정, 지혜와 따뜻함, 넓이와 깊이, 목회적 신실성과 행정가의 권위는 그의 모든 '애정 깊고 실제적인' 저작에 함께 나타난다."[659]

백스터는 목회에 대한 관심이 뛰어났으며, 특히 기독교인의 하나 됨에 특별한 관심을 가졌다. 그는 충돌하는 프로테스탄트 교파들을 통일시키려고 노력한 중재자로 유명하다. 그는 다음과 같이 말했다. "우리들은 슬프게도 전 교회의 일치와 화평을 중시하지 않는 죄를 범하고 있습니다. 비록 내가 연합과 화평을 이야기하지 않는 사람을 거의 만나지 못했으며, 적어도 그것을 노골적으로 반대하는 자는 보지 못했어도, 그것을 촉진시키기 위해서 열심히 애쓰는 사람을 만나 보기는 흔치 않습니다."[660] 백스터는 그리스도의 죽음을 보편적 구속 행동으로 보았다.[661] 백스터는 그리스도의 이러

---

659) Packer, *Among God's Giants*, 79.
660) Baxter, *The Reformed Pastor*, 156-157.
661) 백스터의 이 견해는 그가 아미랄드주의(Amyraldism)를 지지한 것과 일치한다. 아미랄드주의란 프랑스 소뮈르의 개신교 아카데미에서 1618년에서 1621년까지 가르친 존 카메론에 의해 주창되었고, 가장 유력한 교수로 추정되는 아미로(Moise Amyraut, 1596-1664)에 의해 발전된 신학이다. 아미랄드파는 'TULIP'으로 표현되는 칼빈주의 구원론 5대 교리 중에서 세 번째인 '제한 속죄' 교리를 완전

한 행동의 덕분으로 하나님께서 회개하는 사람에게 용서와 사면을 주는 새 법을 만드셨다고 했다. 이것을 '백스터주의' (혹은 신율법주의)라고 부른다.

백스터는 죽기 전에 이런 기록을 남겼다. "하나님께서는 다른 세대로 하여금 우리를 계승하게 할 것입니다. 우리 시대를 주신 하나님께 감사합시다. …… 나는 죽지만 복음은 죽지 않습니다. 교회는 죽지 않습니다. 하나님께 대한 찬양은 죽지 않습니다. …… 그렇습니다. 나는 잠들어도 내가 뿌린 씨앗들 중의 일부는 자라서 어둡고 평화가 없는 세상에 그 어떤 유익이 될 것입니다."

조지 윗필드는 회심 후 리처드 백스터의 『회심하지 않은 자들에 대한 부르심』과 얼라인의 『회심하지 않은 자들에 대한 경종』(An Alarm to the Unconverted, 1671)이 많은 유익이 되었다고 그의 일기에서 기록했다(1735년).

히 받아들이지 않고, 속죄의 의도는 보편적이나 속죄의 적용은 특수적이라고 보았기 때문에 '4대 교리 칼빈주의자'라고 불린다.

　　* TULIP : Total Depravity(전적 타락), Unconditional Election(무조건적 선택), Limited Atonement(제한 속죄), Irresistible Grace(불가항력적 은혜), Perseverance of the Saints(성도의 견인)

제36장

리처드 백스터의 중생론

백스터는 철저한 회심을 강조한 목회자였다. 그는 그의 모든 회중들이 참된 회심을 얻을 때까지 쉬지 않고 가르치고 수고한 참된 목자였다.

1. 거듭남의 정의

백스터에게 있어서 회심이란 철저한 회개를 통한 죄 사함 후에 이어지는 성령의 주입에 의한 철저한 성화를 의미한다. 그는 거듭남과 회심을 같은 것으로 보았다. "거듭남이란 효과적 부르심과 같은 말이며, 회심, 성화와도 같은 말입니다. **회심과 성화는 영혼 속에 영적 생명의 원리가 최초로 주입되는 것을 말합니다.** 성경에서 가장 자주 사용되는 거룩함의 발전이나 대화에 있어서의 거룩함 등을 말하는 것이 아닙니다."[662] 거듭남이란 죄 사함 이후에 주어지는 성화를 이루시는 성령의 사역이다.

백스터는 회심을 이렇게 설명했다. "회심은 세속적인 마음을 하늘에 속한 마음으로 바꾸는 것이며, 하나님의 사랑스러운 탁월함을 보는 것이며, 그리하여 결코 꺼질 수 없는 사랑으로 하나님을 사랑하는 것입니다. 회심은 마음을 죄로부터 단절시키는 것이며, 그리스도를 피난처로 삼도록 하는

---

662) Baxter, *Saints' Everlasting Rest*, 108.

것이며, 그리스도를 자기 영혼의 생명으로 기쁘게 영접하는 것입니다. 또한 마음과 생활이 결정적으로 방향 변화를 하는 것입니다."[663]

백스터가 말하는 회심은 이와 같이 다음 세 가지 요소로 설명할 수 있다. '철저한 회개 후에 주어지는 성령의 조명', '그리스도를 영접함', '마음과 생활의 결정적 변화' –이 세 가지 요소가 두드러진다. 이렇게 회심한 자는 다음과 같이 살게 된다. "자기의 즐거움을 위해 취했던 것을 포기하고, 이전에는 한 번도 하지 않았던 것에 자기의 즐거움을 두며, 이전에 살았던 것과 동일한 목적으로 살지 않고, 이전에 세상에서 추구했던 것과 같은 방식으로 살지 않게 됩니다. 이것은 한마디로, '그런즉 누구든지 그리스도 안에 있으면 새로운 피조물이라. 이전 것은 지나갔으니 보라, 새것이 되었도다.' (고후 5:17)라는 말씀과 같이 된 것입니다."[664]

2. 회심의 내용: 죄 사함 이후에 주어지는 성화

백스터에 있어서 회심이란, '죄 사함' 이후에 '부패한 성품의 성화'를 얻는 것이다. "하나님께서는 여러분이 타락한 인간이기에 만일 **그리스도의 피로 용서**받지 아니하고 **그의 영으로 성화**되지 아니하면 영원한 저주를 피할 수 없다는 것을 알려 주실 것입니다."[665] 다시 말해, 그가 말하는 구원의 변화란 하나님과 화해하고 성령으로 성화되는 것이다. '나는 여러분에게 자기 자신의 영혼을 사랑하라고 간청하고 싶습니다. 우선 첫째, 여러분은 지금 현재의 상태에 안주해서는 안 됩니다. 여러분의 마음에 구원의 변화가 이루어지기 전에는 마음을 쉬지 마십시오. 아침에 자리에서 일어날 때 '만일 오늘이 나의 마지막 날이고 내가 거듭나지 못한 상태에서 오늘 죽게 되면 어찌될까?'라고 생각하십시오. 일을 할 때에는 '이 일보다 훨씬 더 중

---

663) Baxter, *A Call to the Unconverted*, 17.
664) Baxter, *A Call to the Unconverted*, 17.
665) Baxter, *The Reformed Pastor*, 250.

요한 일을 아직 남겨 두고 있구나. 내 영혼은 하나님과 화해하고 그의 영으로 성화되어야 한다.' 라고 생각하십시오."[666]

3. 성령의 역사 방식

(1) 백스터는 구원에 있어서 중생과 회심의 절대 필요성을 말하는 웨스트민스터 신앙 고백의 가르침과 맥을 같이 한다. 웨스트민스터 신앙 고백은 중생과 회심을 같은 것으로 보았다. 백스터의 가르침도 그와 같다. 구원은 중생하게 하시고 회심시키시는 하나님의 역사이다. "중생이 없이 하나님의 백성이 된다는 것은 태어남이 없이 사람의 자식이 되는 것처럼 불가능한 일입니다. 우리는 하나님의 원수로 태어났으므로 하나님의 아들로 새로 태어나야 하며 그렇지 않다면 우리는 계속 원수로 남습니다. …… 영혼에 이 새 생명의 탄생의 역사가 없어도 가장 위대한 삶의 변혁을 얻을 수 있다고 생각하는 것은 더 심한 속임수에 빠지는 것이지 구원을 얻는 길이 결코 아닙니다."[667]

(2) 회심의 역사는 구체적으로 죄에 대한 깨달음으로 시작된다. "이들은 죄의 악을 깨닫습니다. 죄인은 자신이 즐거워하고 재미로 삼았던 죄가 두꺼비나 뱀보다 더 역겨운 것이며 전염병이나 기근보다 더 큰 해악임을 알고 느끼게 됩니다. …… 하나님께서는 그의 눈을 열어 죄의 형언할 수 없는 야비함을 보게 하셨습니다. 하나님의 각성케 하시는 역사로 말미암아 영혼은 죄의 악을 깨달을 뿐 아니라 죄로 인한 자신의 비참을 깨닫습니다. …… 한마디로 그는 자신이 정죄받은 자라고 느낍니다. 즉 그는 자신이 죽어 있고, 율법의 관점에서 정죄받은 상태에 있으며, 자신을 절대적이고 회복할 수 없이 비참하게 만들 형 집행밖에 남은 것이 없다는 것을 발견합니다.

---

666) Baxter, *The Reformed Pastor*, 251.
667) Baxter, *Saints' Everlasting Rest*, 108.

…… 이와 같은 성령의 사역은 모든 거듭나는 사람에게 정도의 차이는 있겠지만 어느 정도씩 역사합니다. 어떤 사람은 그것을 불필요한 굴레라고 하지만, 먼저 자신이 죄책을 지고 정죄받은 것을 발견하지 못한 사람이 어떻게 용서를 얻기 위하여 그리스도께로 갈 수 있다는 말입니까? 혹은 영적으로 자신이 죽어 있다는 것을 발견하지 못한 사람이 어떻게 생명을 얻기 위하여 그리스도께로 갈 수 있다는 말입니까?"[668]

(3) 성령님께서 조명해 주심으로 "예수 그리스도께서 절대적으로 필요하신 것과 전적으로 충족하심과 완전하게 탁월하심"을 깨닫게 하신다. "죄인은 자신이 질 수 없는 짐을 느끼며 그리스도 외에 그것을 벗겨 줄 수 있는 자가 없음을 봅니다. 그는 자신이 하나님의 진노 아래 있음을 느끼며, 율법이 자신을 반역자와 무법자로 선포하며 그리스도 외에는 자신을 평안하게 만들 수 있는 자가 없음을 깨닫습니다. 그는 사자에게 쫓기는 사람과 같아서, 당장 성소를 발견하지 못하면 멸망할 것입니다. 그는 저주가 자기 위에 놓여 있으며 그리스도만이 그를 축복하실 수 있음을 느낍니다. 이제 그는 딜레마에 빠집니다. 즉 자신을 의롭다고 해 주시는 그리스도를 모시거나 영원히 정죄받아야 하는 것입니다. …… 그는 '모든 것을 잃어버리고 배설물로 여기게 됩니다'(빌 3:7-9). 무엇이든지 유익하던 것을 그리스도를 위하여 다 해로 여기게 됩니다. 이는 그가 그리스도를 얻기 위함입니다. 죄인이 자신의 철저한 비참을 보게 되고, 자신과 기타 모든 것들이 자신을 구원해 줄 수 없음을 볼 때에, 그리스도를 떠나서는 구원의 자비가 없음을 깨닫습니다. …… 과거에는 눈먼 사람이 햇빛을 상상하듯이 죄인이 그리스도의 탁월하심을 알았습니다. 그러나 **이제는 그 영광을 목격하는 사람으로서 그리스도의 탁월하심을 압니다**."[669]

백스터는 성령께서 죄에 대하여, 그리스도에 대하여 조명해 주심에 대해

---

668) Baxter, *Saints' Everlasting Rest*, 110-111.
669) Baxter, *Saints' Everlasting Rest*, 114-115.

서 『참된 목자』에서는 다음과 같이 말했다. "진정으로 회심한 사람은 하나님께로부터 그의 영혼을 비추는 빛을 가집니다. 이 빛은 그에게 자기의 죄와 그로 인한 불행이 얼마나 큰 것인지 보여 주며, 그가 지은 죄가 그의 영혼에 무거운 짐이 되도록 합니다. 그 빛은 그리스도께서 누구시며 그리스도께서 죄인들을 위하여 행하신 일이 무엇인지 알게 하여 자기 안에 하나님의 부요하신 은혜가 임하기를 소망하게 합니다."[670]

(4) 백스터는 성령의 조명으로 이런 깊은 깨달음이 있고 난 다음에 의지가 변화되어 그리스도를 구주와 주로 영접하게 된다고 했다. "이 깊은 깨달음이 있고 난 다음에 또한 의지는 변화된 모습을 드러냅니다. 예컨대 지성이 죄를 악한 것이라고 선포하듯이 **의지는 혐오감을 갖고 죄에서 돌이킬 것입니다.** …… 또한 죄가 일으켰던 비참함을 분별할 뿐만 아니라 슬퍼합니다. …… 동시에 의지는 성부 하나님과 그리스도께 매달립니다. 죄인은 다른 아무것도 자신의 행복이 될 수 없다는 것을 깨달았기 때문에 이제 그 행복이 하나님 안에 있음을 발견합니다. 또한 그리스도만이 자신을 위하여 화평을 이루실 수 있고 기꺼이 그렇게 하실 것이라는 것을 깨닫기 때문에, 그리고 복음 안에 자유롭게 제공된 그리스도의 긍휼에 대해서 들었기 때문에 **가장 열정적으로 그리스도를 자신의 구주와 주님으로 받아들입니다.**"[671]

이것이 구원에 이르는 회개와 구원에 이르는 믿음이다. 이때 성령에 의하여 내적 성품에 성화의 역사가 일어나는 것이다.

백스터가 말하는 구원의 방식을 요약하면 다음과 같다. 새 생명의 역사는 하나님의 성령께서 하시는 역사이다. 하나님의 성령께서는 먼저 죄인으로 하여금 자신의 죄와 비참을 깨닫게 하신다. 자신이 정죄받은 자임을 깨닫게 하신다. 그 이후에 그리스도만이 자신의 구원이심을 보게 하신다. 이

---

670) Baxter, *The Reformed Pastor*, 247.
671) Baxter, *Saints' Everlasting Rest*, 115, 118.

러한 조명이 주어질 때 죄인의 의지는 기꺼이 죄에서 돌이키고 그리스도를 열정적으로 자신의 구주와 주님으로 영접하게 된다.

[그림 13] 백스터의 구원의 순서

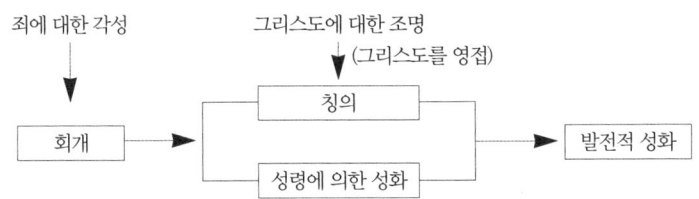

구원의 순서에 대해서 백스터의 견해는 어떠한가? 백스터는 구원의 순서보다는 구원의 내용이 실제로 이루어졌는지가 중요하다고 했다. "나는 성령의 이런 역사하심의 때나 순서를 기억하느냐고 그대에게 묻지 않을 것입니다. 그 점에는 불확실하고 실수하는 점이 상당히 있을 수 있습니다. 나는 단지 그대가 그대 자신의 영혼 속을 살펴 그러한 역사가 이루어졌는지 확인해 보기를 바랍니다. 만일 그 일이 그대 안에 이루어진 것을 그대가 확신한다면, 그때가 언제인지 혹은 어떻게 그것을 얻었는지를 아는 것은 그다지 큰 문제가 아닙니다."672)

4. 회심의 증거

백스터는 자신이 회심한 사실을 자각할 수 있어야 한다고 했다. 그는 진지하게 자신의 마음을 살펴서 다음과 같이 질문해 보라고 요청했다. "내 영혼은 어떤 상태에 있는가? 나는 회심한 상태인가? 아니면 아직 회심하지 않은 상태인가? 일찍이 회심의 변화와 역사가 내 영혼에 있었던가? **나는 죄의**

---

672) Baxter, *Saints' Everlasting Rest*, 121.

악독함, 구세주의 필요성, 그리스도의 사랑, 또한 하나님과 영광의 탁월함을 보기 위해서 말씀과 주의 성령에 의해 빛을 받은 적이 있었는가? …… 나는 내 영혼에 용서와 생명을 주시기 위해 자신을 주신 구세주인 주님을 기쁘게 영접한 적이 있는가? …… **나는 나를 죽이고자 하는 원수를 피하듯이 죄를 피하고 있는가?** 나는 하나님께 대한 거룩과 순종의 삶에 나 자신을 드리고 있는가? 나는 이러한 삶을 사랑하거나 기뻐하고 있는가? 나는 세상과 탐욕적인 자아에 대해서는 죽었으며 하나님과 하나님께서 약속하신 영광을 위해서 산다고 진심으로 말할 수 있는가? 이 세상보다 천국을 더 소망하며 가치 있는 것으로 여기고 있는가? …… 심각한 모든 죄와 싸우고 있으며, 기꺼이 내 모든 약점들을 제거하기를 바라고 있는가? 이것이 회심한 영혼의 상태이다."[673]

백스터는 회심한 사람은 내세의 소망에 주안점을 두게 된다고 강조했다. 이전에는 그렇게 사랑스럽게 보였던 세상은 이제 그에게 헛되고 고통스러운 것으로 보인다. 참된 회심자는 "이제 영광 속에 거하는 축복받은 성도들과 같은 시각을 갖게 되어 하늘나라와 비교할 때 이 세상을 단지 찌꺼기와 배설물로 여기고, 하늘나라에 그의 행복과 희망을 두고, 현세의 모든 일들은 하늘나라에 이르는 도상에서 단지 도움을 주는 것이든지, 아니면 피해야 할 것으로 여기게 됩니다. 그리하여 그는 내세에서의 행복에 모든 주안점을 두게 됩니다. 이것이 진정으로 회심한 사람의 마음 상태이고 그런 사람만이 구원받게 될 것입니다. 여러분도 이러한 마음을 품고 계십니까? 여러분은 여러분의 영혼에 이러한 변화를 체험하셨습니까?"[674]

또한, 참으로 회심한 사람은 범죄하지 않는다고 강조했다. 이전에 매력적이었던 죄는 이제 지겹고 혐오스러운 것이 되어, "회심한 자는 죽음을 피하려고 하는 것처럼 죄를 피하려고" 한다. 만일 어떤 사람이 회심의 변화를

---

673) Baxter, *A Call to the Unconverted*, 20.
674) Baxter, *The Reformed Pastor*, 247.

체험했다고 스스로 믿고 싶다고 말한다면 다음과 같은 좀 더 구체적인 질문을 해 보라고 백스터는 말했다. "여러분은 여러분의 마음을 죄로부터 멀리 돌려 한때는 여러분이 사랑했던 죄를 이제는 미워하고, 전에는 원치 않았던 경건 생활을 사랑하며, **이제는 알려진 어떠한 죄도 짓지 않고 살고 있노라고 진심으로 말할 수 있습니까?**" 675) 이와 같이 백스터는 참으로 회심한 사람은 '알려진 어떠한 죄도 짓지 않는다'고 했다.

5. 구체적 구원 초청 : 믿음과 회개 등 은혜의 방편을 사용하면서 변화가 임할 때까지 간구하라

백스터는 믿고 회개함으로 죄의 용서와 성령에 의한 성화를 받으라고 강조했다. "이제 죄인들이 하나님을 **믿고** 자기의 죄를 **회개**한다면 하나님께서는 값없이 지난 모든 **죄를 용서**해 주시고 그들의 **타락한 성품을 성화**하시어 마침내 그들을 하늘나라와 하늘의 영광으로 인도해 주실 것입니다. 그러나 만일 그들이 자기들의 죄와 하나님의 자비를 만홀히 여긴다면 하나님께서는 그들을 정죄하사 지옥의 영원한 고통을 주실 것입니다."676) 그는 구원의 방편으로서 믿음과 철저한 회개를 분명히 말했다. "당신이 구원을 받고자 한다면 당신은 앞으로 다가올 재앙의 유일한 구원자로서 예수를 믿어야 하며 당신의 죄를 회개해야 합니다. 한마디로 말해서, 당신은 완전히 새로운 모습이 되어야 합니다. 그렇지 않으면 당신은 구원받지 못할 것입니다."677)

백스터는 매우 무지한 사람들을 다룰 때에는 위와 같은 종교의 기본 원리를 할 수 있는 한 가장 쉬운 방법으로 짧게 설명하여야 한다고 했다. 그리고 그들이 말을 이해하지 못하면 그것을 다시 한 번 반복해서 이야기해 주

---

675) Baxter, *The Reformed Pastor*, 247.
676) Baxter, *The Reformed Pastor*, 245.
677) Baxter, *The Reformed Pastor*, 245.

고 그것을 이해했는지 다시 물어야 한다고 했다.
그는 '구원받는다는 것이 무엇인지' 다음과 같은 교리 문답서의 구절을 가지고 가르쳐 주라고 했다.

"성령님께서는 말씀을 통하여 **인간의 마음을 조명하시어** 그들의 마음을 부드럽게 하시고 여신다. 그리하여 그들을 그리스도 안에 있는 믿음으로 말미암아 사탄의 권세에서 하나님께로 돌아가게 하신다. 그리고 '**그들을 정화하셔서 특별한 백성으로 삼으신다.**' 이런 것들이 없으면 영생에 참여할 수가 없다."[678]

즉 백스터는 성령에 의한 '조명'과 '성화'를 강조한 것이다. 그는 그 실체를 교인들에게 분명히 가르쳐야 한다고 강조했다. 그리고 교인들에게 다음과 같이 질문하라고 했다.

"당신의 마음에는 이와 같은 큰 변화가 있었습니까? 당신은 하나님의 성령께서 말씀을 통해 당신의 지각에 변화를 주고, 새로운 천상의 삶을 가져다주었습니까? 그리하여 여러분이 새로운 피조물이 되었음을 느끼십니까? 당신의 마음을 보시는 주님께서는 그러한 변화가 당신 안에 있는지 그렇지 않은지를 알고 계십니다. 그러므로 나는 당신이 진실을 말해 주기를 간청합니다."[679] 백스터는 말한다. "우리가 해야 할 일은 모든 기술을 다 동원하여 그 사람이 자기의 상태에 대하여 자각하도록 일깨워 주는 것이다."

백스터는 구원의 길을 다음과 같이 제시하라고 했다. "이 모든 이야기를 다음의 두 가지 실제적인 권고로써 끝맺도록 하라. 첫째, **그리스도에 대한 믿음을 가져야 할 의무**를 가르치라. 둘째, 다가올 시간을 대비하여 은혜의 외적인 수단을 사용하고, **이전의 죄를 버려야 할 의무**를 가르치라."[680] 그

---

678) Baxter, *The Reformed Pastor*, 246.
679) Baxter, *The Reformed Pastor*, 246.
680) Baxter, *The Reformed Pastor*, 250.

는 구체적으로 다음과 같이 권고하라고 가르쳤다.

"여러분의 마음이 아직도 죄로 인하여 피 흘리고 있지만, 회복을 위해 그리스도께 믿는 마음으로 나올 수 있다면, 그리고 그리스도를 당신의 구주와 주님으로 모시며, 다가올 시간에 대비하여 새 사람이 되고자 한다면, 주님께서는 당신에게 자비를 베풀어 당신의 죄를 용서하시고, 당신 영혼에 영원한 구원을 베푸실 것입니다."[681]

마지막으로 백스터는 이러한 변화가 임할 때까지 은혜의 방법을 부지런히 사용할 것을 권했다. 그가 말하는 은혜의 방법은 무엇보다 기도다. "당신 스스로는 이러한 마음과 삶의 변화를 가져올 수 없으므로 날마다 하나님께 기도하고 생명을 위하여 열심히 간구하십시오. 하나님께서 당신의 모든 죄를 용서해 주시고, 당신의 마음을 변화시켜 주시고, 그리스도 안에 있는 은혜의 부요함과 그의 나라의 영광을 보여 달라고 간구하십시오. 밤낮으로 하나님께 간구하십시오."[682]

백스터는 『회심치 않은 자에 대한 부르심』에서 회심하려는 사람들을 위해서 다음과 같은 열 가지 지침을 주었다.

첫 번째, 회심의 필요성과 본질을 알기 위해 노력하라. 당신이 회개하고 구원받기를 원한다면 회심의 필요성과 참된 본질에 대해서, 또한 무엇 때문에, 무엇으로부터, 무엇으로, 어떻게 회개해야 하는지를 깨닫기 위해서 노력하라. 무엇이 회심인가? 백스터가 말하는 회심은 "새로운 마음과 성향을 갖는 것"이다.[683]

왜 회심해야 하는가? 그것은 회심하면 다음의 것들을 얻기 때문이다. "당신은 회심하는 즉시 그리스도의 살아 있는 지체가 되며, 그리스도 안에서 권리를 갖게 되고, 하나님의 형상을 따라 새로워지며, 하나님의 모든 은혜를 입게 되고, 새롭고 천상적인 삶을 살게 되며, 사탄의 폭정과 죄의 지배로

---

681) Baxter, *The Reformed Pastor*, 250.
682) Baxter, *The Reformed Pastor*, 252.
683) Baxter, *A Call to the Unconverted*, 55.

부터 구원받게 되고, 율법의 저주로부터 의롭다 함을 받게 됩니다. 그리고 **당신의 전 생애 동안 지었던 모든 죄를 용서받게 되고,** 하나님께 영접받으며 하나님의 자녀가 되고, 담대하게 하나님을 아버지라 부르는 자유를 누리게 되며, 당신의 모든 필요를 위하여 응답의 약속을 믿고 기도로써 하나님께 나아가게 됩니다. **또한 당신 안에 성령님께서 내주하시고, 성령님께서 당신을 성화시키고 인도하게 됩니다.**"[684]

두 번째, 진지한 내용들을 묵상하라. "만일 당신이 회심하여 구원받고 싶다면 은밀하게 진지한 생각들을 많이 하십시오. 경박함이 세상을 망칩니다."[685]

세 번째, 하나님의 말씀에 주목하라. 만일 당신이 회심하고 구원받기를 원한다면 평상적인 은혜의 수단인 하나님의 말씀에 주목하라. "성경을 읽거나 성경 읽는 것을 들으십시오. 성경을 적용하는 다른 신앙 서적들을 읽으십시오. 계속적으로 공적인 설교에 주목하십시오. 하나님께서 세상을 직접 비추시지 않고 태양을 통해 비추시듯이 마찬가지로 하나님께서 세상의 빛이신 사역자들을 통해서 사람들을 회심시키고 구원하실 것입니다."[686]

네 번째, 하나님께 간절히, 그리고 지속적으로 기도하라. "당신의 이전 생활을 고백하고 통회하십시오. **당신에게 조명해 주시고 회심시키시는 하나님의 은혜를 구하십시오.** 지난 과거를 용서해 주시며 당신에게 성령을 주시고, 당신의 마음과 생활을 변화시켜 주시며, 당신을 하나님의 길로 인도해 주시고, 당신을 유혹에서 건져 주시도록 하나님께 간청하십시오. 날마다 부단히 기도하고 지치지 말고 기도하십시오."[687]

다섯 번째, 지은 죄를 회개하고 다시 범하지 말라. "지금 당신이 알고 있는 고의적으로 지은 모든 죄를 버리십시오. 멈춰 서서 다시는 그런 죄를 짓

---

684) Baxter, *A Call to the Unconverted*, 55–56.
685) Baxter, *A Call to the Unconverted*, 56.
686) Baxter, *A Call to the Unconverted*, 56–57.
687) Baxter, *A Call to the Unconverted*, 57.

지 마십시오. 더는 술 취하지 말고 술 마실 장소와 기회를 피하십시오."[688]

여섯 번째, 불신 친구를 버리고 믿음의 친구를 사귀라. "하나님을 두려워하는 친구들과 사귀고 그들에게 천국으로 가는 길을 물으십시오."[689]

일곱 번째, 자신을 주 예수님께 맡기라. "당신 자신을 여러분 영혼의 의사이신 주 예수님께 맡기십시오. 그러면 예수님께서 자신의 피로 당신을 용서해 주시고, 그의 성령과 그의 피와 사역자들과 성령의 도구들로써 당신을 거룩하게 하실 것입니다."[690]

여덟 번째, 참으로 돌이키고 살려고 한다면 지체하지 말고 속히 하라. "당신과 죽음 사이의 거리는 한 걸음밖에 안 됩니다. 그러므로 당신이 머리 위에서 모든 것이 불타고 있는 불난 집에서 빠져 나오려고 하듯이 지금 즉시 당신의 생명을 위해 달아나십시오."[691]

아홉 번째, 당신이 돌이키고 살려고 한다면 제한 없이, 절대적으로, 총체적으로 회개하라. "그리스도께 항복하지 않고, 마음을 그리스도와 세상 사이에 양다리 걸치며, 몇 가지 죄는 버리고 나머지 죄는 계속 지으며, 당신의 육신이 아끼는 것들을 여전히 좋아하는 것은 자기기만입니다. **당신은 마음과 결심 속에서 반드시 당신이 가진 모든 것을 버려야 합니다. 그렇지 않으면 당신은 그리스도의 제자가 될 수 없습니다**(눅 14:26-33)."[692]

열 번째, 결심을 분명히 하라. "당신이 돌이키고 살려고 한다면 결단력 있게 하고, 마치 그것이 의심스러운 것인 양 계속해서 망설이지 마십시오. 아직도 당신이 하나님과 육신 중에서 어느 쪽이 더 나은 주인이며, 천국과 지옥 중에서 더 나은 결말인지, 죄와 거룩함 중에서 어느 쪽이 더 나은 길인지를 확신하지 못하는 자처럼 흔들거리지 마십시오."[693]

---

688) Baxter, *A Call to the Unconverted*, 57.
689) Baxter, *A Call to the Unconverted*, 57.
690) Baxter, *A Call to the Unconverted*, 57.
691) Baxter, *A Call to the Unconverted*, 57.
692) Baxter, *A Call to the Unconverted*, 57.
693) Baxter, *A Call to the Unconverted*, 57.

이와 같이 백스터는 인간이 최선을 다하여 믿고 회개할 때 하나님께서 죄를 용서하시고 성령에 의한 성화의 은혜를 주신다고 가르쳤다.

6. 거듭나지 못한 설교자에 대한 경고

백스터는 "은혜 받지 못한, **하나님을 체험하지 못한 설교자**야말로 이 세상에서 가장 불행한 피조물"이라고 했다. 그는 회심치 못한 설교자도 종종 자신의 불행을 깨닫지 못한다고 했다. "왜냐하면 그러한 설교자도 구원의 은혜의 황금처럼 보이는 많은 모조품과 그리스도인의 보석을 닮은 번쩍이는 돌을 많이 가지고 있기 때문에 좀처럼 자신이 가난하다는 생각으로 괴로워하지 않기 때문"이다. 그는 말한다. "교회에 거듭남을 체험하지 못한 목사들이 있다는 것과, 그리스도인이 되기도 전에 설교자가 된 자가 많다는 사실은 교회에 일반적으로 퍼져 있는 위험이며 큰 재난이 아닐 수 없습니다."[694]

백스터는 "거듭나지 못한 설교자들은 탁 트인 광장에서 할 수 있었던 것보다 더 그리스도의 교회 내에서 보호색으로 그리스도에게 대적하는 일을 많이 한다."라고 했다. "그들은 개괄적으로는 그리스도와 경건에 대하여 좋게 이야기하지만 교묘히 그리스도와 경건을 모욕해 사람들로 하여금 온 마음을 다하여 열심히 하나님을 찾는 이들을 광신자나 위선자의 무리라고 믿게 만듭니다. 또한 그들은 설교단에서는 부끄러움을 느껴 그같이 이야기하지 못해도 가까운 사람들 사이에서는 은밀히 그렇게 이야기할 것입니다. 슬프다! 얼마나 많은 그와 같은 늑대들이 양떼들 위에 앉아 있었는가!"[695]

---

694) Baxter, *The Reformed Pastor*, 54, 56.
695) Baxter, *The Reformed Pastor*, 83.

제37장

존 오웬의 거듭남 체험

'청교도의 왕자'라 불리는 존 오웬(John Owen, 1616-1683)은 1616년 영국 옥스퍼드 주 스태드햄(Stadham)에서 청교도 교구 목사인 헨리 오웬(Henry Owen)의 아들로 태어났다. 존 오웬은 웨일스의 높은 신분과 명망 있는 가문 출신이었다. 그의 아버지는 글로모건의 왕 그위건 압 이델의 후손이었다. 아버지의 외할아버지 루이스 오웬(Lewis Owen)은 북웨일스에서 부시종장 및 재무부 남작이자 메리오네스 지방의 최고 사법 장관이었다. 오웬의 아버지인 헨리 오웬은 옥스퍼드에서 언어와 철학, 신학 교육을 받았다. 그는 근면하고 타협하지 않는 청교도 교구 목사였으며 능력 있는 신학자였다. 그는 당대의 지배적인 교회 권력에 굴종하지 않음으로 '청교도'라는 이름으로 낙인찍혔다. 후에 존 오웬은 다음과 같이 썼다.

"나는 어릴 때부터 평생 동안 비국교도(Nonconformist)였으며, 주의 포도원에서 수고하는 일꾼이셨던 아버지의 돌봄 속에서 자랐습니다. 그리하여 내가 하나님의 예배와 관련된 어떤 것에 대해 확고한 지식을 갖게 되면 동시에 나는 사람들에게 비난받는 처지에 놓이게 되었습니다."[696]

1660년 이전까지 비국교도란 공동 기도서의 법규 중 어떤 것을 무시하고 교황제 안에 있는 미신이라고 생각되는 것들을 피하고자 했던 영국 국교회

---

696) Owen, *A Review of the True Nature of Schism*, in WJO, 13, 224.

안의 성직자들을 일컫는 말이었다.[697]

어린 시절부터 오웬은 청교도였던 부친을 통해 칼빈주의 사상을 배웠을 뿐만 아니라 성경의 절대 권위에 강한 확신을 갖게 되었다. 그는 조숙한 천재로 불릴 만큼 어릴 적부터 탁월한 지적인 능력을 인정받아 1628년 열두 살 때 옥스퍼드 퀸즈 대학(Queen's College)에 입학했다. 그의 형 윌리엄도 그때 학생으로 있었다. 두 형제는 1632년에 옥스퍼드의 퀸즈 대학에서 문학 학사 학위를 취득하였고, 1635년에는 문학 석사 학위를 취득하였다. 오웬은 지독할 정도로 열심히 공부했다. 겨우 4시간 정도의 수면 시간 외에는 독서에 전념했다. 이러한 습관을 평생 계속하여 노년에는 건강을 잃고 후회했다고 한다.

그의 옥스퍼드에서의 생활은 돌연하고 예기치 않게 끝이 났다. 청교도를 강하게 박해하는 윌리엄 로드(William Laud, 1573-1645)가 1629년 옥스퍼드 총장이 되었는데, 오웬은 1637년 양심상의 이유로 학교를 그만두었고 세상에서의 출세의 소망도 포기하게 되었다. 그 배경을 살펴보자. 로드는 아르미니우스주의자로서 청교도주의를 강하게 반대했다. 로드의 안내로 찰스 1세(1625-1649)는 아르미니우스주의자들을 교회 고위직에 기용했다. 로드는 일찍이 1604년에 '주교 없이는 진정한 교회가 있을 수 없다'는 주장을 폈다. 1633년에는 윌리엄 로드가 켄터베리의 대주교가 되었다. 이렇게 되자 로드는 더욱 강하게 영국의 종교 개혁가들이 가장 강력하게 거부한 많은 로마 가톨릭 의식과 의례들을 대학에 채용하도록 요구했다. 오웬은 신앙양심상 로드의 요구에 따를 수 없었다. 오웬은 로드의 폭정을 교회의 머리되신 그리스도의 권위를 부정하는 죄로 여겼다. 그리하여 그는 21세의 나이에 양심에 따라 자진해서 학위를 포기하고 옥스퍼드 대학교의 문을 나와 추방자의 신세가 되었다(1637년).

---

697) Robert W. Oliver, "John Owen - his life and times," in *John Owen: The Man and His Theology*, ed. Robert W. Oliver (Phillipsburg, New Jersey: P&R Publishing Company, 2002), 12.

오웬이 옥스퍼드를 떠난 것은 그의 유망한 장래가 한꺼번에 무산되는 것이었다. 또한 왕정주의자 삼촌으로부터의 지원도 잃게 되는 것이었다. 삼촌은 오웬이 옥스퍼드에서 공부할 수 있도록 주된 재정적인 지원을 해 주었고, 오웬의 행실이 마음에 드는 경우에 그의 영토를 물려줄 상속자로 삼겠다는 의도를 가지고 있었다. 그러나 누가복음 18장 29-30절 말씀 "하나님의 나라를 위하여 집이나 아내나 형제나 부모나 자녀를 버린 자는 금세에 있어 여러 배를 받고 내세에 영생을 받지 못할 자가 없느니라."라는 말씀처럼, 옥스퍼드를 떠난 지 약 14년이 지난 1651년에 오웬은 옥스퍼드 그리스도 교회의 수석 목사로 되돌아오게 되고, 1652년에는 부총장이 된다.

오웬은 1637년 옥스퍼드를 떠나기 얼마 전에 벤크로프트(Bancroft) 주교로부터 영국 국교회의 사제로 안수를 받았다(21세). 옥스퍼드를 떠난 후 그는 로버트 도머 경의 가족 목사이자 맏아들의 가정교사가 되었으며, 얼마 후에는 러블라스 영주 가족의 목사직을 받아들였다. 그러나 그가 로드를 반대하고 학교를 떠난 지 얼마 안 되어 영국의 정치 상황은 급변하였다. 1640년 11월에 활동을 시작한 '장기 의회'(1640-1660)에는 청교도들(주로 장로교계)이 다수를 차지했다. 이제는 거꾸로 로드가 감옥에 갇히는 신세가 되었다. 1642년 1월에는 왕당파와 의회파(장로교계 청교도) 사이에 내전이 발생했다. 시민전쟁이 일어나자 의회 편인 오웬은 왕당파인 러블라스 가족과 결별할 수밖에 없었고, 그의 재정적 후원자였던 왕당파 삼촌과도 완전히 결별할 수밖에 없었다.

그러나 1642년에 런던으로 건너온 오웬은 축복된 영적인 경험을 하게 되었다. 거듭남의 역사를 체험하게 된 것이다(26세). 그때까지 오웬은 비록 청교도의 가르침과 정책을 받아들였지만, 영적으로는 고통 속에 있었다. 그는 스스로에 대해 확신이 없었다. 강한 교리적인 확신을 갖는 것과 하나님 앞에 진정한 자신을 발견하는 것은 전혀 다른 것이다. 오웬은 나이 20대 초에도 영적인 각성을 한 적이 있었다. 하나님께서 그의 죄악을 깨닫게 하셔서, 그는 죄 문제로 심히 고민하다가 3개월 동안 다른 사람들과의 교제를 기피하였고 말을 붙여도 거의 조리 없는 말밖에 할 수 없을 정도의 언어 장애를 겪었다. 초기 전기를 보면, 오웬이 약 5년 동안 영적인 암흑기를 겪었다고 나온다.

오웬은 런던에서 토머스 굳윈의 설교를 통하여 영적인 도전을 받았고, 또 리처드 십스와 존 코튼의 글을 읽음으로 자신이 구원받아야 한다는 것을 깨달았지만, 스스로의 힘으로는 도저히 죄악으로부터 벗어날 수 없었다.

1642년에 드디어 오웬의 어깨에서 무거운 영적인 짐이 떨어져 나간 때가 왔다. 에드먼드 칼라미(Edmund Calamy) 박사는 당시 알더만베리 교회에서 사역했으며, 남자다운 웅변으로 군중들을 매료시켰다.

"어느 주일 아침 오웬은 당시 명성이 대단했던 장로교 설교자 칼라미 박사의 설교를 들으려고 알더만베리 교회로 갔었다. 그러나 칼라미 박사 대신에 시골에서 올라온 듯한 한 무명의 낯선 설교자가 강단에 올라가는 것을 보고 몹시 실망했다. 같이 갔던 친구가 교회당을 속히 나가 또 다른 유명한 설교가가 있는 곳에 가서 예배를 드리자고 했다. 그러나 오웬은 이미 너무 지쳐 있어서 남아 있기로 하였다. 강단에 선 사람은 간단하지만 진지한 기도를 한 후에 성경 본문을 소개했다. '어찌하여 무서워하느냐 믿음이 적은 자들아'(마 8:26). 그 말씀을 듣고 즉시 오웬은 그 말씀이 자신의 현재의 마음 상태에 적합하다는 생각이 들었다. 그래서 그는 속으로 기도했다. 하나님께서 그 설교자를 통하여 자신의 상태에 필요한 말씀을 주시도록 기도하였다. 그 기도는 곧 응답이 되었다. 설교자는 오랫동안 오웬의 마음을 어지럽히던 바로 그 의문을 해결해 주는 말씀을 전했던 것이다. 설교가 끝났을 때 그 설교자는 오웬을 결코 떠나지 않는 평안의 광선이 비춰는 곳으로 인도하는 데 성공했다."[698]

---

698) Andrew Thomson, *Life of Dr Owen*, in WJO, 1, xxx-xxxi.

영적인 침체에서 완전히 벗어난 오웬은 1642년 3월에 『아르미니우스주의의 실상』(Display of Arminianism)을 첫 출판했다. 그는 1643년 에식스의 포드햄(Fordham)에서 사역했고, 그해 웨스트민스터 회의가 소집되었다. 1645년에는 의회에서 로드를 대역죄로 처형했다. 인간의 운명은 하나님의 손에 달린 것이다. 오웬은 처음에는 장로교적인 생각을 가졌으나, 1646년 존 코튼의 저서인 『천국의 열쇠』(The Keyes of the Kingdom of Heaven, 1644)를 읽고 감명을 받아 장로교인에서 독립 회중교회 지지자로 선회했다.

1646년 오웬은 코게샬(Coggeshall)의 교구 목사가 되어 교구 제도 안에서 회중 교회 원리를 그곳에서 적용했다. 그는 영국 국교회를 하나님의 말씀에 따라 정화하고, 감독주의적 국교회 정치는 지역 교회의 자율과 교역자 사이의 평등을 기초로 한 회중 중심의 교회로 개혁되어야 한다고 강력히 주장했다. 오웬은 코게샬의 회중 가운데서 신앙을 고백하는 사람들로 구성된 보다 작은 교회를 형성하여 그들에게 성찬을 집행했다.

1649년에는 찰스 1세가 처형되었고, 오웬은 교회 정치관이 독립파의 경향을 띠고 있었던 올리버 크롬웰(Oliver Cromwell, 1599-1658)의 국목(國牧)이 되었다. 1650년에 오웬은 크롬웰의 국목의 자격으로 아일랜드와 스코틀랜드 원정대에 동행하여 청교도 혁명에 앞장섰다. 1651년에 그는 옥스퍼드에 있는 그리스도 교회의 수석 목사가 되었다. 1652년에는 크롬웰이 옥스퍼드 대학교의 총장으로 임명되자, 크롬웰은 오웬을 부총장으로 임명했다. 1650년대는 오웬의 전성기였다. 그는 옥스퍼드를 청교도의 요람으로 만들려고 노력했다. 1653년 옥스퍼드에서 신학 박사 학위를 받았으며, 1654년에는 영국 의회 의원으로 피선되었다.

오웬은 당대의 모든 사역자들 중에서 공적인 국가 행사에 가장 빈번하게 초청받은 설교자였지만, 1657년에는 크롬웰에게 왕권을 수여하는 것을 반대한 것이 문제가 되어 부총장직에서 물러났다. 1658년 9월 올리버 크롬웰이 사망했고, 회중주의자들의 선언인 사보이 선언(Savoy Declaration)이 발표되었다. 크롬웰이 죽고 그의 아들이 뒤를 이었으나, 무능하여 무정부 상

태가 되었다. 이제는 왕당파와 장로교파가 왕정을 복고하기 위해 연합했다.[699]

1660년에는 왕정복고로 돌아온 찰스 2세(1660-1685)는 장로교를 국교로 삼겠다던 당초의 약속과 달리 국교회 정책을 폈다. 이에 오웬을 비롯한 청교도들은 극심한 박해를 감수해야만 했다. 1660년 이후 오웬은 남은 생애 동안 계속된 쓰라린 박해를 견디며 회중교회파의 지도적 역할을 담당했다. 1662년에는 통일령으로 약 1,800명의 청교도 목사들이 영국 국교회에서 축출되었다.

그 후 오웬은 비국교도로서 '제1 비밀집회 금지법'(First Conventicle Act, 1664)[700], '5마일법'(1665) 등의 박해를 견디며 런던의 한 작은 독립파 회중 교회 목사로 섬겼다. 1673년에는 '제1 심사법'(First Test Act)이 의회를 통과하여 비국교도들에 대한 처벌이 강화되었다. 1673년에는 조지프 카릴이 죽자 그의 교회가 오웬을 청빙했다. 오웬이 사역하던 교회가 작았기 때문에 두 교회를 합쳐서 오웬이 죽을 때까지 십 년 동안 사역했다.

오웬은 목회 활동 외에도 집필 활동에 많은 노력을 기울였다. 이때 저술한 대표적 작품이 『성령론』(A Discourse Concerning the Holy Spirit, 1674)이다. 그 외에도 수많은 비중 있는 신학 저서들을 저술하였다. 그가 평생 출판한 책은 80여 권에 달한다.

오웬은 1683년 8월 24일, 67세를 일기로 생을 마칠 때까지 오로지 하나님 나라의 비밀을 가르치는 일에 그의 온 힘을 다 바쳤다. 그는 죽기 이틀 전 마지막 편지를 구술하면서 다음과 같은 말을 남겼다. '나는 이제 내 영혼이 사랑한 그분, 아니 내 모든 위로의 온전한 근원이시며 영원한 사랑으로 나

---

699) 독립파의 경향을 띠고 있었던 크롬웰에 의해 창안된 "신형" 군대에는 독립파들이 압도적인 세력으로 나타났다. 1648년 12월 6일 '교만의 숙청(Pride's Purge)'은 의회에서 장로교파 회원을 내쫓고 '잔여 의회(Rump Parliament)'를 남겨 놓았다. 이것이 왕당파와 장로교파가 연합한 배경이 되었다.

700) 기도서와 일치하지 않는 예배에 같은 가족 식구가 아닌 다섯 이상의 사람들이 참석하는 경우에 벌금, 감금, 추방 등의 형벌이 가해졌다.

를 사랑해 주신 그분께로 갑니다. 여러 가지 종류의 강한 통증으로 인하여 여행길이 매우 지루하고 피곤합니다. …… 나는 교회라는 배를 폭풍 속에 두고 떠납니다."[701]

패커 박사는 오웬을 "청교도 신학자들 중에 가장 위대한 인물"이라고 말했다. "하나님께서 죄인들을 다루시는 방법을 성경으로부터 설명함에 있어서 그 견실함, 심오함, 방대함, 위엄 등에 있어서 오웬을 능가할 사람이 없다."[702] 패커는 개혁주의 3대 신학자로 장 칼뱅, 존 오웬, 조나단 에드워즈를 꼽았다. 오웬의 다양한 저술들을 읽으면 그가 얼마나 영적인 깊이를 가진 사람인가를 알 수 있다. 이것은 그의 철저한 경건에서 나온 것이다.

오웬은 그의 마지막 작품인 『그리스도의 영광에 관한 묵상과 강론』 (Meditations and Discourses on the Glory of Christ, 1684) 본문 첫 장에서 이렇게 말했다. "어느 정도 여기 이 세상에서 '믿음'으로 말미암아 그리스도의 영광을 보지 못하고서는 장래 직접 '눈으로' 그리스도의 영광을 볼 사람은 한 사람도 없습니다. …… 어느 누구도 이 세상의 삶 속에서 어떤 모양으로든지 체험하지 못하는 것을 하늘에서 기대하지 말아야 합니다."

---

701) Part of John Owen's last surviving letter, dictated to Charles Fleetwood on 22 August 1683.
702) Packer, *Among God's Giants*, 107.

제38장

존 오웬의 중생론

존 오웬도 다른 청교도들과 마찬가지로 성령에 의한 철저한 거듭남의 필요성을 매우 강조했다. 그는 중생의 교리가 가장 중요한 것임에도 불구하고 많은 사람들에 의해서 경멸받고 있다고 했다. "복음의 모든 교리들 가운데서 **은혜의 성령의 즉각적이고, 강력하고, 효과적인 역사에 의한 중생의 교리**만큼 강하고 교활한 반대에 부딪치는 것이 없는 것처럼, 어떤 사람이 그러한 중생의 경험이나 그것이 이루어진 경로와 방식을 고백하는 일만큼 세상에서 경멸을 받는 일은 없습니다."[703]

사랑하는 독자여, 오늘날은 어떠한가? 오웬 당시에는 거듭남의 교리를 강단에서 가르치고, 책으로 출판하는 청교도들의 수가 적지 않았다. 그때에 비하면 현대 교회의 영적인 현실을 어떻게 보아야 하겠는가?

패커는 "영적인 지식을 얻기 위해서는 성령의 조명이 절대적으로 필요하다는 것에 대해 오웬보다 더 예민한 의식을 갖고 있는 청교도는 없었다."라고 하였다. 이것은 사실이다. 오웬은 거듭남을 이해력, 의지, 정서 등을 포괄하는 본성의 총체적 변화를 가져다주는 성령님의 사역이라고 하였는데, 그 중 특히 이해력에 조명을 주시는 성령님의 사역에 많은 관심을 가졌다. 이 점에서 에드워즈와 오웬은 많이 닮았다.

---

703) Owen, *A Discourse Concerning the Holy Spirit*, in WJO, 3, 337.

1. 그리스도의 영광을 보는 것

오웬은 성령의 조명으로 말미암아 "그리스도의 영광을 보는 것은 신자들이 이 세상에서뿐 아니라 오는 세상에서 누릴 수 있는 최대의 특권"이라고 했다.[704] 왜냐하면 아버지와 그가 보내신 그리스도를 아는 것이 영생이기 때문이다(요 17:3). 신자는 "그리스도의 얼굴을 통해서만 하나님의 영광을 아는 빛"을 얻는다. 오웬은 이것이 "복음의 가장 주요하고 본질적인 비밀이며 진리"라고 하였다.[705]

오웬은 "신자들이 이 세상의 삶 속에서 그리스도의 영광을 봄으로써 그 영광에 합당하게 변화해 간다."라고 했다. 그 근거로 그는 고린도후서 3장 18절 말씀 "우리가 다 수건을 벗은 얼굴로 거울을 보는 것 같이 주의 영광을 보매 저와 같은 형상으로 화하여 영광으로 영광에 이르니 곧 주의 영으로 말미암음이니라."를 인용했다. 그는 말했다. "그리스도 안에 있는 하나님의 영광을 봄이 없이는 결코 거룩한 도덕적 의무를 감당할 수 없습니다."[706] 그러므로 그리스도의 영광을 보는 것은 신자의 영적 경험 중 가장 중요한 핵심이다.

성령의 조명이 있어야 참 믿음을 가지게 된다. 오웬은 다음과 같이 말했다. "모든 사람들이 믿음을 가지고 있는 것이 아닙니다. 하나님께서 마음에 빛을 비추어 주셔서 믿음을 가질 수 있도록 해 주는 곳에서만, 우리는 거울을 보는 것 같이 그의 얼굴에 나타난 하나님의 영광을 볼 수 있으며, 그에 대한 지식을 가질 수 있습니다. 아무리 비천한 신자라고 할지라도 그리스도에 대한 실질적인 믿음을 가지게 된다면, 세상에서 가장 박식하고 현명한 사람이 이성을 활용해서 얻을 수 있는 것보다도 하나님과 그의 지혜와 선하심과 은혜와 그의 모든 영광스러운 탁월함에 대해 더 영광스러운 이해

---

704) Owen, *Meditation and Discourses on the Glory of Christ*, in WJO, 1, 287.
705) Owen, *Meditation and Discourses on the Glory of Christ*, in WJO, 1, 305.
706) Owen, *Meditation and Discourses on the Glory of Christ*, in WJO, 1, 305.

를 가질 수 있습니다."⁷⁰⁷⁾

2. 거듭남의 정의

오웬은 거듭남을 이렇게 정의했다. "거듭남이란 하나님의 은혜의 능력에 의해서 우리 마음속에 비추어진 **구원하는 영적인 빛에 의하여 우리 마음속의 타고난 무지와 어둠과 소경 됨이 제거**되고, **영적인 생명과 의의 새로운 원리**가 우리에게 주어져서 **우리 의지의 부패함과 완고함이 제거되는 것**입니다. 그리고 하나님의 사랑이 우리 영혼 속에 부어져서 **우리 정서의 무질서함과 반역이 치유되는 것**입니다."⁷⁰⁸⁾ 이와 같이 성령님에 의해 이해력과 의지와 정서 등 총체적인 영혼의 변화가 일어나는 것이 거듭남이다.

그는 중생이란 "전 영혼"이 변화되는 것이라고 했다. "사람은 그의 전 영혼과 마음과 의지와 정서가 의롭고 바르게 되어야만 하나님의 요구에 순종하게 됩니다. 그러므로 먼저 우리가 거듭나야만 삶이 복음적으로 개혁되고 하나님의 뜻에 맞게 살게 됩니다. 중생은 영혼 속에 영적인 생명과 빛과 능력을 주는 새로운 구원하는 원리를 낳는 것이요, 주입하는 것이요, 창조하는 것입니다. 이것이 있어야 삶의 복음적 개혁이 뒤따릅니다."⁷⁰⁹⁾

3. 거듭남은 새로운 원리의 주입

오웬은 거듭남을 초자연적인 원리의 주입으로 보았다. "거듭남에 요구되는 것이 있다면, 그것은 영적인 생명과 빛과 거룩과 의로움을 갖기 위하여 영혼과 영혼의 기능 속에 **새롭고, 실제적이고, 영적인 원리가 주입**되어야 한다는 것입니다. 그리하여야 그것과 정반대되는 원리, 즉 하나님을 거

---

707) Owen, *A Declaration of the Glorious Mystery of the Person of Christ*, in WJO, 1, 77
708) Owen, *A Discourse Concerning the Holy Spirit*, in WJO, 3, 224.
709) Owen, *A Discourse Concerning the Holy Spirit*, in WJO, 3, 222.

역하여 죄를 짓게 하고, 하나님을 대하여 적의를 갖게 하는 타고난, 습관적 원리를 축출할 수 있게 되는 것입니다."710)

이 초자연적 원리는 마음과 의지와 정서 속에 주입된다. "거듭남은 새롭고, 영적이고, 초자연적이고, 생명력 있는 원리 혹은 은혜의 경향성(habit)이 성령의 능력에 의하여 영혼과 마음(mind)과 의지와 정서 속에 주입되는 것입니다. 그리하여 믿음과 순종의 영적이고, 초자연적이고, 생명력 있는 행동을 할 수 있는 성향과 능력을 주는 것입니다."711)

거듭남은 도덕적 설득 이상의 일이다. "우리는 또한 우리의 회심에 있어서 성령의 전체 사역이 도덕적인 설득에만 있지 않다는 것을 말하지 않을 수 없습니다. 효과적으로 회심하고 참으로 거듭난 모든 자들의 영혼 속에 은혜로운 영적 생명의 원리를 주입하여 주는 **성령의 실제적인 물리적 작업**이 있다는 말입니다. …… 도덕적인 설득은 그것이 아무리 진보되고 발전된 것일지라도, 아무리 효과가 있다고 하더라도, 인간의 영혼에 대해 새롭고 실제적인 초자연적인 힘을 제공해 주지는 못합니다."712)

4. 거듭남의 성질

오웬은 중생은 총체적인 변화일 뿐만 아니라 즉각적으로 이루어지는 변화라고 했다. "중생의 기초는 '우리의 영이 새롭게 되는 것'이며 혹은 '우리의 마음이 새롭게 변화를 받는 것'입니다(롬 12:2). …… 거듭남의 원리가 우리들 가운데 주입될 때 우리는 그를 '새 사람'이라고 부릅니다(엡 4:24). 왜냐하면 **거듭남의 원리는 우리들의 심령을 전면적으로 변화시키기 때문입니다**. 거듭남의 원리는 모든 영적이고 도덕적인 행동의 원리가 됩니다. (1) 그 원리는 '옛 사람'을 반대합니다. '옛 사람을 벗어 버리고, 새 사람을

---

710) Owen, *A Discourse Concerning the Holy Spirit*, in WJO, 3, 218-219.
711) Owen, *A Discourse Concerning the Holy Spirit*, in WJO, 3, 329.
712) Owen, *A Discourse Concerning the Holy Spirit*, in WJO, 3, 307, 309.

입으라'(22, 24절). …… (2) 그래서 이 사람을 '새 사람'이라고 부릅니다. 왜냐하면 이것은 새롭게 창조하시는 하나님의 능력에 의해서 되기 때문입니다(엡 1:19; 골 2:12-13; 살후 1:11). 그래서 이 사람을 '하나님을 따라 지으심을 받았다'고 하는 것입니다(엡 4:24). **창조의 역사는 즉각적으로 이루어집니다.** 거듭남을 위한 어떤 준비 과정이 있든지 간에, 창조에 의하여 새로운 사람이 생기는 일은 즉각적으로 일어납니다."713)

오웬은 온 영과 혼과 몸이 성화되는 거듭남을 반대하는 자들을 예수 그리스도의 은혜를 파기시키는 자들이라고 했다. "더 나아가서 이 사역은 온 영과 혼과 몸의 성화라고 언급됩니다(살전 5:23). 만일 어떤 사람의 삶에 변화가 있는데 '도덕적인 덕'에서만 변화가 있다면 온전한 성화가 이루어진 것이 아니며, 영적인 교훈이 분명하게 성취되지 않은 것입니다. 왜냐하면 그는 도덕적인 범위에서만 영향을 받은 것이지 **성령에 의해서 믿는 자의 온 영과 혼과 몸이 거룩하게 된 것**은 아니기 때문입니다. 그러나 성경에서 거듭남의 본질에 대해서, 방편에 대해서, 효과에 대해서 언급한 것이 없다고 주장하고, 거듭남이란 명칭도 없고, 약속도 없고, 거듭남을 일으키는 수단이나 능력에 대한 언급도 없다고 주장하는 무례한 펠라기우스주의자들714)(Pelagian)이 있습니다. 이들은 예수 그리스도의 은혜를 파괴시키는 자들입니다."715)

오웬은 총체적 거듭남을 반대하는 자들은 죄와 허물로 죽은 상태에 있다고 했다. "저들은 거듭남을 위한 사역을 하는 사람들을 비난하기를, '길고 지루한 일련의 회심 과정을 거치게 하고, 거듭남의 파악하기 힘든 과정을 통과케 함으로써 사람들의 머리를 수많은 미신적 두려움으로 가득 채우고, 경건한 슬픔을 얼마나 합당하게 느꼈는지 그리고 철저한 겸비의 확실한 징

---

713) Owen, *A Discourse Concerning the Holy Spirit*, in WJO, 3, 221-222.
714) 펠라기우스(Pelagius, 360?-420?)는 인간의 자유 의지를 강조하고, 원죄를 부정하였다. 어거스틴은 인간의 의지는 노예 상태에 있어서 자기를 구원하고 해방시킬 수 있는 능력이 전혀 없다고 주장하였는데, 펠라기우스는 이것에 반대하면서 인간은 자유스럽기 때문에 선과 악 사이를 선택할 수 있다고 하였다.
715) Owen, *A Discourse Concerning the Holy Spirit*, in WJO, 3, 223.

조를 가졌는지 등과 같은 것으로 고민에 휩싸이게 한다.'라고 중상 모략합니다. 만일 이러한 거듭남을 가르침에 있어서 어떤 특별한 사람들이 성경적 근거도 없는 방식으로 회심의 규칙을 만드는 실수를 했다면, 그러한 것들은 숙고하여 반박하는 것은 나쁘지 않을 것입니다. 그러나 위에서 그들이 말하는 비방들은 명백히 하나님의 사역 자체를 비난하는 의도를 가지고 있습니다. 그래서 나는 거듭남의 진리로부터 멀어져 간 자들과, 그리스도교 신앙의 능력에서 떨어져 나간 자들과, 복음의 가장 중요한 교리에 대하여 무지한 자들과, 그리스도의 은혜를 내버리고자 하는 자들은, 스스로 목사라고 하더라도, 아니 고위 성직자라 하더라도 우리들의 개혁 교회 (reformed church)의 온전한 상태에 슬프게도 불길한 조짐을 주는 자들이라고 믿습니다. 조만간 그들을 바로잡고 억제하지 않는 한 소망이 없는 것입니다. 내가 단언하건대 **거듭남의 사역의 본질에 아주 정통해야 한다는 것은 모든 복음 전파자들의 필수적인 의무입니다.** …… 그렇지 못하면 그들의 직무 중 어떤 한 가지도 바르게 해낼 수 없을 것입니다. 만일 복음 전파자들의 말을 듣는 모든 사람들이 죄와 허물로 죽은 상태에서 태어난다면, 그리고 그들의 거듭남을 위한 도구로 하나님께서 복음의 사역자들을 임명하셨다면, 이러한 위대한 거듭남의 본질에 대해서 그리고 거듭남의 방편에 대해서 부지런히 연구하기를 게을리 하는 것은 미친 짓으로 간주되어야 합니다. 사역자가 거듭남의 교리에 대해 무지하거나 소홀히 여기고, 그 자신의 영혼 속에 거듭남의 능력을 체험해 보지 못한 것은 우리들 가운데 생명이 없고 무익한 사역을 하게 되는 가장 큰 원인이 됩니다."[716]

5. 성령의 일반 은혜와 특별 은혜의 구별

조나단 에드워즈는 『신앙 감정론』 각주에서 성령의 일반 역사와 구원 역

---

[716] Owen, *A Discourse Concerning the Holy Spirit*, in WJO, 3, 227–228.

사에 대한 존 오웬의 글을 인용하고 있다. 에드워즈가 성령의 일반 은혜와 특별 은혜를 구별한 것은 오웬이 구별한 것과 같다. 다음은 『신앙 감정론』의 각주에서 에드워즈가 오웬의 『성령론』을 인용한 글이다. "성령의 일반적인 역사로 처음 감동을 받은 사람의 마음속에 미치는 효과는 그 마음에 계시된 것들의 사랑스럽고 영적인 본질과 탁월성에 대한 기쁨과 만족과 충족감을 줄 정도는 아닙니다. 구원을 주시는 성령의 조명의 참된 본질은 다음과 같은 것을 내용으로 하고 있습니다. 즉 영적인 것들에 대한 직관적인 통찰력과 전망을 줍니다."[717]

6. 거듭남과 회심은 하나님께서 주시는 것이다

오웬은 구원에 있어서 하나님의 은혜를 다음과 같이 말했다. "성령에 의해 그들이 살아납니다. **그들의 믿음은 그들에게 수여된 성령의 열매일 뿐입니다.** …… 하나님께서는 성도들에게 성령을 주셔서 '하나님의 기쁘신 뜻을 위하여 소원을 두고 행하도록 그들 안에서' 행하십니다. 이것은 인간이 하나님을 기쁘시게 하는 어떤 선한 일보다 앞서는 것입니다. …… 성령이 부여되는 것은 우리 안에 주어지는 모든 다른 은혜보다 본질의 순서상 앞에 옵니다."[718]

그러므로 오웬은 신자들이 성령님께서 자기에게 역사하셔서 믿음을 주시기를 기도해야 한다고 했다. 그는 '믿음과 회개와 회심 자체가 하나님의 역사'라고 말했다. "회심의 일 자체, 특히 믿음의 행위나 믿음 자체는 분명히 하나님께로부터 오는 것, 즉 하나님에 의해서 우리 속에 일어나는 것, 하나님께로부터 우리에게 주어지는 것이라고 말씀하고 있습니다. …… 또한

---

717) Edwards, *Religious Affections*, in WJE, 2, 250.
718) Owen, *The Doctrine of the Saints' Perseverance Explained and Confirmed*, in WJO, 11, 300–301.

같은 방법으로 하나님께서는 '우리에게 회개함을 주신다' 고 합니다(딤후 2:25; 행 11:18). 이 모든 것이 우리가 하나님께 간구해야 할 것들입니다. 우리의 회심에 있어서 하나님께서는 그리스도를 죽은 자 가운데서 일으키실 때 역사하신 그 능력의 지극히 크심으로 **우리 안에서 실제적으로 믿음과 회개를 이루어 내시는 것**입니다. 하나님께서 그러한 믿음과 회개를 우리에게 부여해 주시기 때문에, 그것들은 오직 우리 안에 주어진 그분의 은혜의 결과인 것입니다."[719)]

7. 거듭남과 회심을 위한 기도의 필요성 : 은혜의 방편

오웬은 하나님께서 우리를 거듭나게 하시고 회심시켜 주시도록 기도해야 할 것을 다음과 같이 말했다. "하나님의 교회가 항상 기도해 온 것은 하나님께서 우리를 설득해 주시는 것이 아니라 그분께서 직접 우리 안에서 그 일을 이루어 주시는 것이었습니다. 이 문제에 대해 참된 관심을 가진 사람들은 하나님께서 그들의 마음속에서 그 일을 효과적으로 이루어 주실 것을 위해 부단히 기도합니다. 즉, 하나님께서 그들을 회심시켜 주시고, 깨끗한 마음을 창조하시고 그들 속에 정직한 영을 새롭게 해 주실 것과, 그리스도를 위하여 그들에게 믿음을 주시고 그 믿음이 자라가게 하여 주실 것은 물론, 하나님께서 자기의 기쁘신 뜻을 따라 이 모든 일을 수행함에 있어서 우리가 뜻을 가지고 행할 수 있도록 위대한 권능으로 역사해 주실 것을 위해 기도한다는 말입니다. 실로, 자신에게는 위와 같은 능력이 없음을 인정하고 하나님의 은혜와 도움을 진지하게 간구하였던 펠라기우스주의자는 세상에 한 사람도 없었습니다. 그렇게 기도했다면 그들의 기도는 그들의 신앙 고백과 일치하지 않는 것입니다."[720)]

---

719) Owen, *A Discourse Concerning the Holy Spirit*, in WJO, 3, 320, 323-324.
720) Owen, *A Discourse Concerning the Holy Spirit*, in WJO, 3, 312.

오웬은 신자는 모세처럼 하나님의 영광을 보여 달라고 기도해야 한다고 했다. "**하나님께서 지정하신 방편 가운데 가장 중요한 것은 열심히 기도하는 것입니다. 모세처럼 하나님의 영광을 보여 달라고 기도해야 합니다.** 사도 바울처럼 '마음눈을 밝히사 그것을 보게' 하여 주시기를 기도해야 합니다. '우리 주 예수 그리스도의 하나님, 영광의 아버지께서 지혜와 계시의 영을 주사 하나님을 알게'(엡 1:17) 해 달라고 기도해야 합니다."[721] 청교도들은 이와 같이 하나님께서 조명과 믿음을 주시도록 간절히 기도하라고 가르쳤다.

오웬은 우리가 성령의 유효한 사역으로 구원에 이른다고 할지라도, 우리 자신의 의무를 행하는 데 나태하거나 소홀해서는 안 된다고 했다. 그는 인간의 노력의 중요성을 다음과 같이 말했다. "외적인 은혜의 수단을 부지런히 적용한다고 거듭나는 것은 아닙니다. 특별하고, 유효하고, 내적인 성령의 사역이 없이는 사람의 심령이 거듭나지 못합니다. 그러나 일반적으로 하나님께서는 사람들이 외적으로 자신이 할 수 있는 방법에 부지런히 참여할 경우 유효한 은혜 속에서 그들을 만나 주십니다."[722]

오웬이 말하는 또 다른 대표적인 은혜의 방편은 하나님의 말씀이다. "하나님의 말씀은 은혜의 외적 방편으로 주어진 것입니다. '믿음은 들음에서 나며 들음은 그리스도의 말씀으로 말미암았느니라'(롬 10:17). 사람의 영혼에 믿음을 낳게 하는 평상적인 수단은 하나님의 말씀을 듣는 것입니다."[723]

그는 최대한 근면하게 마음을 쏟고 이성을 사용해서 구원의 진리를 탐구해야 한다고 했다. "은혜의 수단에 접하면서 근면하게 마음의 노력을 하는 사람은 하나님의 마음과 뜻이 계시되고 선포될 때 그것을 깨닫고 받아들일 수 있게 됩니다. 왜냐하면 하나님께서 사람들에게 이성과 이해력을 주신 것은 그것들을 사용하여 하나님을 향한 그들의 의무를 알도록 하기 위함이

---

721) Owen, *Meditation and Discourses on the Glory of Christ*, in WJO, 1, 306.
722) Owen, *A Discourse Concerning the Holy Spirit*, in WJO, 3, 231.
723) Owen, *A Discourse Concerning the Holy Spirit*, in WJO, 3, 230.

기 때문입니다. …… 하나님의 말씀 안에서 그리고 설교를 통하여 외적으로 계시되는 영적인 문제들에 이성적인 능력을 부지런히 사용하는 사람들은 일반적으로 그 외적인 수단을 통해서 커다란 유익을 얻습니다."[724]

8. 거듭남을 준비시키는 성령의 사역

오웬은 일반적으로 중생에 앞서는 예비적인 사역들이 분명히 있다고 했다. 그는 중생의 길로 인도하는 사역으로 조명(illumination), 각성(conviction), 개혁(reformation)을 말했다.

첫째로, 오웬이 말하는 조명이란 이성적인 기능에 의하여 계시의 교리를 알고 이해하며 깨닫는 것을 말한다. 이것은 이성의 부단한 기능에 의해 얻어진다. "조명이라고 하는 것은 우리 마음에 임하는 성령의 특별한 영향입니다. 성령님께서는 말씀에 의하여 역사하십니다." 그는 그렇다고 조명이 거듭나게 하는 데는 충분하지 못하다고 했다. "조명 뒤에 중생을 위한 일들이 계속해서 일어나야 중생을 하게 되는 것입니다." 조명되었지만 결코 회심에 이르지 못한 사람도 많다. 그러나 "본질의 순서상 먼저 조명이 있어야 참되고, 실제적인 회심(conversion)이 일어나는 것이다."[725]

둘째로, 오웬은 회심에 앞서서 죄의 각성이 있어야 한다고 했다. "죄의 각성은 말씀에 의한 또 다른 결과입니다. 이러한 죄에 대한 깨달음은 참된 회심에 앞서 일어나는 것입니다."[726] 그는 각성에 대해서 다음과 같이 말했다. "자연인은 죄와 그 비참함 때문에 슬퍼하거나 비탄에 빠지는 일이 없으나 조명을 받은 뒤에 사람은 자신의 죄로 인하여 슬퍼하고 비통해 합니다. 세상적인 근심은 사망을 가져오지만(고후 7:10), 하나님의 뜻대로 하는 근심은 구원에 이르게 하는 회개를 가져옵니다(고후 7:10)."

---

724) Owen, *A Discourse Concerning the Holy Spirit*, in WJO, 3, 230.
725) Owen, *A Discourse Concerning the Holy Spirit*, in WJO, 3, 231-233.
726) Owen, *A Discourse Concerning the Holy Spirit*, in WJO, 3, 233.

셋째로, 오웬은 "가끔 커다란 삶의 개혁과 정서의 변화가 일어난다."라고 했다. "하나님의 말씀으로 사람의 마음에 개혁이 일어나고 정서에 변화가 일어나는 수가 있습니다. 그렇다고 거듭남의 사역이 이 사람 속에 완전하게 이루어진 것은 아닙니다."[727] 이런 사람 중에도 결과적으로 더 큰 죄악에 빠져 병들게 되는 일이 허다하다고 그는 말했다.

9. 믿음을 주시고 거룩함을 낳는 성령의 역사

예비적 사역 후에 참된 회심의 은혜가 주어진다. 오웬은 진정한 성도에게 주어지는 하나님의 구원하시는 은혜의 역사를 다음과 같이 요약했다.

"1. 한때 '허물과 죄로 죽어서' '다른 이들과 같이 본질상 진노의 자녀' 이었던 그들에게 **때가 되었을 때 하나님께서 믿음과 거룩을 부여하십니다.** 그리하여 그들은 신자와 성도가 되어 다른 모든 사람들과 구별됩니다. 이것은 그들의 구원을 위한 하나님의 영원한 목적의 결과이자 열매입니다.

2. 이러한 보배로운 믿음이 생기게 되는 것은 하나님께서 그들에게 성령을 주심으로 되는 것입니다. 예수님을 죽은 자 가운데서 살리신 바로 그 성령께서 죄 가운데서 죽어 있는 그들을 일으키신 것입니다. 그들을 살리셔서 새로운 생명을 주시고, 영적이고 은혜로운 초자연적인 경향성(habit)을 주시고, 그들을 철저하게 새로운 피조물로 만드시고, 늘 함께 하는 원리를 주십니다.

3. 그들 속에 이러한 변화를 효과적으로 능력 있게 산출하시는 거룩하고 복되신 성령은 예수 그리스도께서 사신 것(the purchase)이며 중보의 결과입니다. 이 성령님은 영원히 그들 속에 내주하시고, 그리고 영원히 그들과 함께 하십니다. 그들 속에 그리스도의 영이 거하심으로 그들은 그리스도와

---

727) Owen, *A Discourse Concerning the Holy Spirit*, in WJO, 3, 234.

연합합니다. 즉 한 성령이 머리 되신 그리스도 안에 내주하시고, 지체인 그들 속에 내주하십니다.

4. 그들 속에 거하시는 성령으로 말미암아 그들의 실제적인 상태가 참으로 변화되어 사망에서 생명으로 바뀝니다. 어둠에서 빛으로, 총체적이고 습관적인 불결함이 거룩함으로, 적의와 완고함과 반역의 상태에서 사랑과 순종과 기쁨의 상태로 바뀝니다. 그들의 관계적인 상태도 바뀝니다. 한때는 진노의 자녀이었으나 이제는 하나님의 가족으로 받아들여지고, 의롭다 하심을 받고, 양자가 됩니다."[728]

위의 것을 요약하면, 하나님께서 영혼을 살리실 때 성령의 역사로 말미암아 신적인 믿음이 생기며(1, 2번), 내주하시는 성령님의 역사로 실제로 거룩하게 된다(3, 4번)는 것이다.

오웬은 우리의 영적 영광에는 두 부분이 있다고 했다. "그 하나는 우리의 외적인 부분입니다. 그리스도 예수 안에서 우리를 값없이 받아 주시는 하나님의 사랑과 호의입니다. …… 또 한 부분은 거룩한 영으로 말미암아 우리 속에서 이루어지는 성화입니다."[729]

이와 같이 오웬은 칭의와 성화의 동시성을 강조했다. "성화와 거룩함은 믿고 의롭다 하심을 받은 사람에게 고유하게 주어지는 것입니다. 다시 말하면, 믿음과 거룩함은 성향적으로나 실제적으로 분리할 수 없는 것입니다. 그리하여 믿음으로 의롭다 함을 받은 사람은 모두 반드시 성화되고 거룩하게 되는 것입니다."[730]

---

728) Owen, *The Doctrine of the Saints' Perseverance Explained and Confirmed*, in WJO, 11, 94-95.
729) Owen, *The Doctrine of the Saints' Perseverance Explained and Confirmed*, in WJO, 11, 117.
730) Owen, *A Discourse Concerning the Holy Spirit*, in WJO, 3, 417.

10. 거룩하게 하시는 영과 '내주하시는' 보혜사로서의 성령

오웬은 믿음을 주시는 성령-오웬은 이것을 '거룩하게 하시는 영' 이라 했다-의 역사와 '위로의 영', 즉 보혜사로서의 성령을 구별했다. 청교도의 중생론은 보편적으로 성령의 주입이 먼저 나오고 믿음, 회개, 삶의 성화 등이 뒤따른다. 이럴 때 성경적으로 문제가 발생한다. 성경에는 분명히 믿음 다음에 성령을 받는다고 되어 있기 때문이다(갈 3:2; 요 7:39). 오웬도 청교도 신학의 이 난점을 알았던 것이 분명하다. 그는 이 문제를 다음과 같이 해결했다. 즉 믿음을 주시는 성령의 사역과 보혜사로 '내주하시는' 성령을 구별한 것이다. 이것은 1부에서 필자가 설명한 것과 매우 비슷하다.

"마치 빈 잔이 물을 받는 것처럼 우리가 **거룩하게 하시는 영**(Spirit of sanctification)인 성령을 받는 것은 아주 수동적인 행위입니다. 그는 마치 에스겔이 본 골짜기의 마른 뼈들에 바람이 불어 살리듯이 임하십니다. 그는 죽은 심령에 임하여 전능한 권능의 행동으로 그들에게 생명을 주십니다. 그러나 **위로하시는 보혜사로서의 성령**(Spirit of consolation)은 받아들여지고 환영받는 자로 오십니다. 이런 의미에서 우리 주님께서는 '세상은 능히 저를 받지 못한다' (요 14:17)고 하신 것입니다. '세상은 능히 저를 받지 못하나니 이는 저를 보지도 못하고 알지도 못함이라. 그러나 너희는 저를 아나니 저는 너희와 함께 거하심이요, 또 너희 속에 계시겠음이라.' 여기서 약속된 것은 바로 위로의 성령입니다. 이 성령님은 예수님께서 약속하신 때가 되면 그들 속에 있게 될 것이라고 주님께서 말씀하셨습니다. …… 세상이 성령을 받지 못하는 것은 저를 알지 못하기 때문입니다. 보혜사로서의 성령은 신자들만이 받아들일 수 있습니다. 신자들은 그를 알기 때문에 그를 받아들일 수 있습니다. 그러므로 이것은 능동적으로 성령을 받아들이는 것이라 할 수 있습니다. 우리는 믿음의 능력으로 그를 받아들입니다(갈 3:2). 복음을 전파하면 사람들 속에 믿음이 생겨 그들로 하여금 성령을 받아들일 수 있게 합니다. 그러므로 '믿는 것' 은 성령을 받기 위한 조건입니다. '이는 그를 믿는 자의 받을 성령을 가리켜 말씀하신 것이라'(요 7:39). 그러므로 오직 신자들만이 성령을 받습니다. 그들은 믿음으로 받습니다."[731]

오웬에 의하면, 거룩하게 하시는 영인 성령의 역사로 믿음을 갖게 되고, 그 믿음으로 보혜사를 받을 수 있게 된다는 것이다. "기도로 성령을 받습니다. 그는 간구의 영으로 우리에게 주어졌는데, 그 목적은 우리가 보혜사로서의 성령을 간구하게 하기 위한 것입니다(눅 11:13). 그리스도의 이름으로 보혜사로서의 성령을 위해 기도하는 것은 믿음이 이 세상에서 하는 가장 중요한 일입니다."[732] 오웬은 거룩하게 하시는 성령과 보혜사로서의 성령을 다음과 같이 구분했다. "거룩하게 하시는 자로서의 성령은 믿지 않는 마음을 정복할 수 있는 능력을 가지고 임하십니다. 보혜사로서 성령은 이미 믿는 마음에 달콤하게 도움과 격려를 가지고 오십니다."[733]

오웬은 『성도의 견인』이라는 책에서도 다음과 같이 말했다. "그리스도 안에 있는 은혜 언약에 있어서, 복되신 성령님이 우리 안에 내주하신다는 것이 가장 중요한 약속입니다. 이 약속은 우리의 위로를 위하여 구약과 신약에서 거듭 새롭게 말씀되어집니다. 거룩하게 하시는 영(Spirit of sanctification)으로서 성령님은 사람들에게 주어져서 그들로 믿게 합니다. 믿는 그들에게는 **양자의 영**(Spirit of adoption)으로서 주어집니다."[734]

그는 보혜사가 오셔서 하시는 일을 다음과 같이 말했다. 첫 번째는 그리스도의 말씀과 약속을 생각나게 하는 것이다(요 14:26). 두 번째는 그리스도를 영화롭게 하는 것이다(요 16:14). 세 번째는 하나님의 사랑을 우리 마음에 붓는 일이다(롬 5:5). 네 번째는 우리가 하나님의 자녀임을 우리 영과 함께 증거하는 것이다(롬 8:16). 다섯 번째는 우리를 인치시는 사역이다(엡 1:13; 4:30).

---

731) Owen, *On Communion with God the Father, Son, and Holy Ghost*, in WJO, 2, 231.
732) Owen, *On Communion with God the Father, Son, and Holy Ghost*, in WJO, 2, 232.
733) Owen, *On Communion with God the Father, Son, and Holy Ghost*, in WJO, 2, 233.
734) Owen, *The Doctrine of the Saints' Perseverance Explained and Confirmed*, in WJO, 11, 315.

여섯 번째는 보증물이 되는 것이다(고전 1:22; 5:5; 엡 1:13-14). 일곱 번째는 신자들에게 기름 붓는 일이다(고후 1:21). 신자들에게 기름 부음은 가르침과 관계가 있다(요일 2:20, 27). 그리고 오웬은 특히 보혜사로서의 성령의 사역 중 위로의 사역을 강조했다. 보혜사는 믿는 영혼들을 떠나지 않고 늘 위로하고, 강하게 하신다(행 9:31).[735]

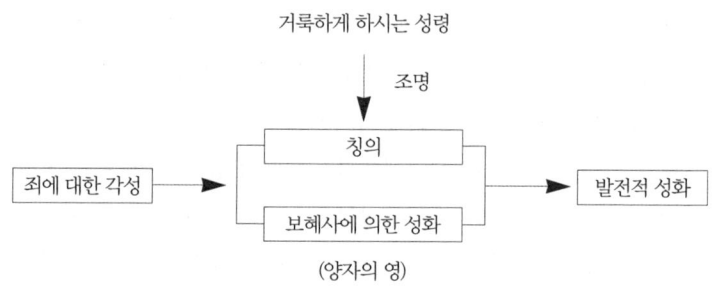

[그림 14] 오웬의 구원의 순서

11. 거듭남을 체험한 자의 모습

오웬은 거듭난 자는 죄책뿐만 아니라 죄의 세력으로부터 자유로워진다고 했다. "우리는 그리스도께서 모든 정죄에서 우리를 자유롭게 하시기 위해 죽으신 것과 성령의 은혜를 주신 것을 함께 생각하지 않으면 안 됩니다. 성령의 은혜를 받음으로 하나님께로부터 태어난 우리는 죄를 짓지 않을 수 있는 것입니다. …… 그리스도는 우리를 죄책에서 자유하게 하실 뿐 아니라 **죄의 세력으로부터도 자유롭게 하십니다.** 거듭난 우리는 죄에 대하여

---

735) Owen, *On Communion with God the Father, Son, and Holy Ghost*, in WJO, 2, 236-253.

죽었으므로 더는 죄 가운데 살지 않습니다. 죄가 다시는 우리를 지배하지 못합니다."[736]

당신은 어떤가? 성령의 조명에 의하여 그리스도의 영광을 보고 칭의를 체험하였는가? 그리고 보혜사 성령님이 마음에 내주하셔서 성화의 역사, 즉 죄의 세력으로부터 자유를 주셨는가? 이것이 오웬이 말하는 구원이다.

12. 역사적 계승

오웬은 교회사를 통하여 참된 중생의 교리는 항상 반대를 받아왔다고 지적했다. "그러므로 이제 우리의 유일한 질문은 그 중생의 방식과 본질에 대해 던져져야 합니다. 왜냐하면 중생의 본질은 곧 그것을 위해 일하시는 성령의 역사의 방식에 달려 있기 때문입니다. 이것은 예로부터 여러 가지 다양한 방식으로 논쟁되어 왔던 문제이며, 그에 관한 진리는 교회사의 어느 시대를 막론하고 거의 공개적인 반대를 피한 적이 없습니다. …… 그러나 그 진리가 지금만큼 우리들 가운데 몇몇 사람들의 뻔뻔스러움과 무지에 의해 욕설과 비난을 받았던 적은 결코 없었습니다. …… 이 문제를 가지고 가장 부지런히 그리고 성공적으로 살펴보았던 고대의 교회 저술가들, 즉 어거스틴, 힐러리(Hilary), 프로스페르(Prosper), 풀젠티우스(Fulgentius) 등은 인간의 영혼 속에 역사하시는 하나님의 성령의 전체 역사를 묘사하였습니다. …… 이들은 비록 그 표현 방식에 있어서는 약간 다양했지만 – 그것은 그들이 가르침을 받는 사람들의 유익을 생각해서 그렇게 한 것일 것입니다 – 그 교리의 실체에 있어서는 종교 개혁 이후 우리에게 설교되었던 것과 똑같은 교리를 가르쳤습니다. 그런데도 어떤 사람들은 그 교리를 새로 나타난 것이라고 비난했던 것입니다. 그 교리 전체가 어거스틴에 의

---

736) Owen, *The Doctrine of the Saints' Perseverance Explained and Confirmed*, in WJO, 11, 297-298.

해 그의 『고백록』(Confessions)에 고상하고도 우아하게 표현되었는데, 그곳에서 그는 그가 가르쳤던 진리에 대한 그 자신의 영혼의 체험을 이야기하고 있습니다."[737]

13. 어거스틴의 예를 통하여 본 회심의 방법, 순서

(1) 오웬은 그의 책 『성령론』에서 어거스틴의 예를 들어 회심의 방식을 설명했다. 그는 어거스틴의 회심을 보면, 먼저 **각성과 갈등의 단계**가 있었다고 했다. "사람들을 하나님의 구원에 이르는 지식 가운데로 부르실 때에 그들로 하여금 죄를 깨닫게 하십니다."[738] "죄에 대한 확신은 스스로의 힘으로 인생에 대한 수정이나 개혁을 이루도록 노력하게 합니다."[739] "개혁을 향한 이러한 노력은 흔히 굉장한 혼란과 고통을 야기합니다. 왜냐하면 잠시 후에 영혼은 갈기갈기 찢어져서 타락된 본성의 힘과 죄에 대한 깨달음의 공포 사이에서 갈등을 겪게 되기 때문입니다."[740]

오웬은 각성의 단계 이후에 **은혜의 원리의 주입 단계**가 있었다고 했다. "은혜의 원리 혹은 영적인 생명을 의지 속에 은밀히 전달해 주는" 역사가 뒤따른다. 이때 "영혼 속에서 영혼을 다스리도록 계획된 이 은혜의 원리가 곧 죄를 왕좌로부터 효과적으로 몰아내기 위한 싸움을 시작"하게 된다. "우리가 은혜의 능력 아래에 들어오게 되면 죄는 더 이상 우리를 지배할 수 없는(롬 6:14) 반면에, 성령은 완전한 정복을 목표로 육체에 대항하여 싸우기 시작합니다(갈 5:17)."[741]

새로운 의지와 이전의 의지 사이의 이러한 갈등이 있고 난 뒤에 은혜의

---

737) Owen, *A Discourse Concerning the Holy Spirit*, in WJO, 3, 300-301.
738) Owen, *A Discourse Concerning the Holy Spirit*, in WJO, 3, 349.
739) Owen, *A Discourse Concerning the Holy Spirit*, in WJO, 3, 354.
740) Owen, *A Discourse Concerning the Holy Spirit*, in WJO, 3, 355.
741) Owen, *A Discourse Concerning the Holy Spirit*, in WJO, 3, 356.

원리의 완전한 승리가 주어진다. "이러한 소동의 한가운데서 그분은 오셔서 말씀하십니다. '잠잠하라, 고요하라.' 그분의 말씀과 함께 그분은 자신의 **은혜의 능력을 통해 반역하려는 힘을 물리치시고 죄의 힘을 정복하시며** 인간의 마음으로 하여금 영원히 죄를 포기하도록 결심하게 하십니다."[742]

오웬은 어거스틴도 새로운 의지와 옛 의지 사이의 갈등을 겪다가 극적인 은혜의 능력의 승리를 체험했다고 소개한다. "어거스틴도 이러한 상황을 경험했습니다. 주님께서 주시는 공포를 겪을 그 당시 그는 마치 정신 나간 사람과도 같이 때로는 기도하고, 때로는 울부짖으며, 때로는 홀로, 때로는 친구와 함께, 때로는 걷기도 하고, 때로는 땅바닥에 드러눕기도 했다고 합니다. 그러다가 그는 어떤 우연한 사건에 의해 성경을 펴서 읽도록 경고를 받았습니다. 그때 마침 그의 옆에 있었던 책이 바울 서신이었는데 그 책을 펴자마자 그의 눈에 들어온 구절이 로마서 13장 13-14절이었습니다. '그러므로 우리가 낮에와 같이 단정히 행하고 방탕과 술 취하지 말며 음란과 호색하지 말며 쟁투와 시기하지 말고 오직 주 예수 그리스도로 옷 입고 정욕을 위하여 육신의 일을 도모하지 말자.' 이 말씀을 읽은 즉시 그의 모든 혼란된 갈등은 끝이 났습니다. 그는 **자신의 전 영혼이 전능하신 은혜의 능력으로 말미암아 하나님의 뜻에 복종된 것을 발견**했고, 이제는 **죄를 버리고 하나님께 의지하기로 결심**하였으며, 그와 동시에 예수 그리스도를 통한 승리에 커다란 확신을 갖게 되었습니다. …… 이 이야기의 결말을 그 자신의 말로 직접 들어 보기로 합시다. '이 구절들을 읽고 난 후 나는 더 이상 읽지 않았습니다. 아니, 그럴 필요가 없었습니다. 왜냐하면 그 구절의 마지막 부분을 읽었을 때, 마치 평화와 안전의 빛이 나의 마음에 주입되기라도 한 듯 모든 어두운 의심의 그림자가 사라져 버렸기 때문입니다.'"[743]

(2) 오웬은 위와 같이 어거스틴의 실례를 통하여 회심의 방법을 제시한

---

742) Owen, *A Discourse Concerning the Holy Spirit*, in WJO, 3, 357.
743) Owen, *A Discourse Concerning the Holy Spirit*, in WJO, 3, 357-358.

후에, 다시 한 번 회심의 순서를 설명했다.

1) 먼저 죄에 대한 분명한 깨달음이 있다. "영혼이 **율법에 의해 죄를 깨닫게 되면** 자신의 죄책으로 인해 영혼이 처하게 될 영원한 위험에 대한 깊은 인식과 염려가 보통 뒤따르게 됩니다."[744] 이러한 염려는 항상 사람의 마음을 동요시키고 혼란시켜 부끄러움과 슬픔과 두려움을 느끼게 한다. "이러한 두려움은 영혼으로 하여금 여러 가지 의무를 확실히 실행하게 합니다. 즉 그것은 구원을 위해 기도하게 하고, 죄를 절제하게 하며, 삶의 전체적인 변화를 추구하게 합니다."[745]

오웬은 죄의 각성의 기간과 모습이 사람마다 다르다고 했다. "어떤 사람은 어둠 가운데서 오랫동안 방황하지만, 어떤 사람은 단 한 번의 은혜로운 방문에 의해서도 그의 영혼 속에 그리스도의 형상이 이루어집니다."[746] "이렇게 하여 죄를 확신하게 된 사람의 임무는 예수 그리스도와 그 안에 나타난 하나님의 의(요 1:18)에 대하여 묻고 탐구하고 알아내는 일입니다."

2) 그 다음에 그리스도에 의한 **회심의 작업**이 따른다. "회심의 작업은 예수 그리스도에 의해 완성되는데, 그것은 하나님께 대한 **믿음을 발생시키고 작동시킴으로서 이루어집니다**."[747] 이것은 복음의 고유하고도 독특한 사역으로 이루어진다. 회심의 작업이 완수되기 위해서는 복음, 즉 '예수 그리스도에 의한 구속과 의와 구원에 관련된 복음의 원리'가 죄인들에게 선포되고 알려져야 할 필요가 있다. 복음은 생명과 구원을 얻기 위해 그리스도를 믿으라는 명령을 우리에게 가르친다. 복음은 예수 그리스도의 속죄를 통해서 우리가 하나님의 의가 되며(롬 3:25; 고후 5:21; 갈 3:13) '죄를 깨달은 사람이 그리스도를 믿으면 용서함을 받고 의롭다 하심을 얻게 된다는 약속'이 담겨져 있다.

---

744) Owen, *A Discourse Concerning the Holy Spirit*, in WJO, 3, 359.
745) Owen, *A Discourse Concerning the Holy Spirit*, in WJO, 3, 360.
746) Owen, *A Discourse Concerning the Holy Spirit*, in WJO, 3, 361.
747) Owen, *A Discourse Concerning the Holy Spirit*, in WJO, 3, 362.

하나님께서는 종종 몇몇 특별한 말씀이나 약속, 혹은 구절을 통해 죄인의 마음에 깊은 영향을 주신다. 이런 과정을 통해 죄인의 영혼은 부여받은 믿음을 행사하도록 자극되어, 하나님께서 나누어 주시는 안식과 화평과 위로 속으로 들어가게 된다.

오웬은 칭의를 받은 사람은 내적인 거룩함을 반드시 갖게 된다고 했다. "복음의 약속을 통해 이렇게 용서와 의와 구원을 위해 그리스도에 대한 믿음을 행사하게 되면 그와 불가분하게 모든 거룩한 순종에 온 마음을 쏟는 것이 뒤따르게 됩니다. **모든 알려진 죄를 버리게 되고, 삶의 완전한 변화와 개혁을 이루게 되고, 순종의 열매를 맺게 됩니다.** 왜냐하면 그리스도 안에 있는 하나님의 사랑을 발견하게 되면 불쌍한 죄인의 영혼은 곧 이전에 범했던 여러 가지 죄로 인해 경건한 슬픔과 부끄러움으로 가득 차고 깊이 겸손하게 되어, 그 결과 이제 영혼의 기능들이 새로워지고 내적으로 변화되기 때문에 더 이상 거룩함을 사랑하는 것과 하나님께 대한 총체적인 순종을 하는 것을 피할 수 없게 되기 때문입니다. 이것은 마치 새로 태어난 아기가 움직이거나 먹을 것을 달라고 하는 등 자연스런 생활의 여러 가지 행동들을 피할 수 없는 것과 마찬가지입니다."[748]

오웬은 성령님께서 인간을 새롭게 창조하시는 일을, 이와 같이 죄에 대한 각성과 은혜의 주입 이 두 가지의 명확한 과정으로 설명했다.

---

748) Owen, *A Discourse Concerning the Holy Spirit*, in WJO, 3, 364.

2-3
한국 초대 교회 지도자들의 거듭남에 대한 가르침

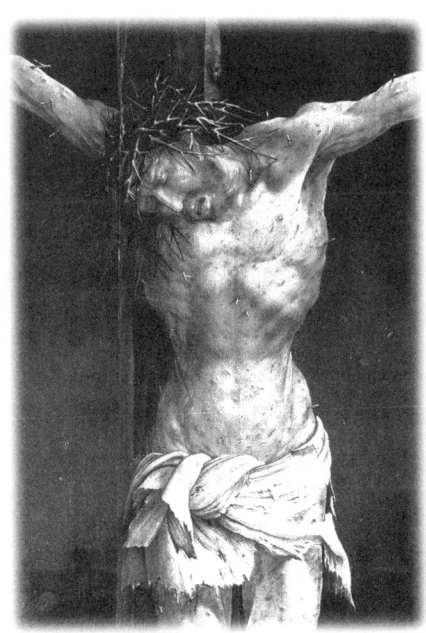

길선주
(1869~1935)

김익두
(1874~1950)

주기철
(1897~1944)

부록

한국 초대 교회 지도자들의
거듭남에 대한 가르침

　우리나라 초대 교회 지도자들은 지금까지 앞에서 소개한 복음주의 대각성 운동 사역자들과 청교도들의 신앙의 노선 위에 서 있었다. 우리나라에 온 선교사들은 주로 미국의 청교도적인 배경을 가진 복음주의자들이었다.[749] 미북장로교 선교부 총무였던 아더 브라운(Arthur Judson Brown, 1856-1945)은 1919년에 다음과 같이 말했다.

　"이 나라에 복음의 문이 열린 후 첫 25년간 활동했던 전형적인 선교사들은 청교도 유형의 사람이었다. 그들은 한 세기 전 우리의 뉴잉글랜드 선조들이 했던 것처럼 안식일을 지켰다. 춤추는 것이나 담배 피우는 것, 카드놀이를 하는 것을 죄로 여겼다. 그런 것들은 그리스도를 참되게 따르는 자들이 해서는 안 될 일로 보았다. …… 한국 교회의 회심자들은 자연스럽게 이러한 지배적인 유형을 재생산하였다. 그 결과 존 번연의 '천로역정'에 나오는 것과 같은 그리스도인의 경험을 낳았다."[750]

　초기 장로교 선교사들의 청교도적 경향은 김홍만 박사가 『초기 한국 장

---

　749) 閔庚培, 『韓國基督敎會史』 (서울: 연세대학교 출판부, 1996), 144-145.
　750) Arthur Judson Brown, *The Mastery of the Far East* (New York: Charles Scribner's Sons, 1919), 540.

로교회의 청교도 신학』[751]이란 책에서 잘 밝히고 있다. 실제로 청교도들의 책은 19세기의 북장로교 선교사들의 전도 교범으로 널리 사용되었다. 그 대표적 책들은 리처드 백스터(Richard Baxter)의 『회심하지 않은 자들에 대한 부르심』(Call to the Unconverted), 존 플래블(John Flavel)의 『은혜의 수단』(Method of Grace), 매슈 미드(Matthew Mead)의 『유사 그리스도인』(Almost Christian), 조지프 얼라인(Joseph Alleine)의 『회심하지 않은 자들에 대한 경종』(Alarm to the Unconverted), 필립 도드리지(Philip Doddridge)의 『인간의 영혼 속에 종교성이 일어남과 회심 과정』(Rise and Progress of Religion in the Human Soul) 등이 있었다.[752]

이 책들뿐만 아니라 19세기의 프린스턴 신학교 출신의 선교사들의 가방 안에는 청교도 신학자들인 존 오웬(John Owen), 스티븐 차녹(Stephen Charnock), 존 번연(John Bunyan), 새뮤얼 러더퍼드(Samuel Rutherford), 토머스 보스턴(Thomas Boston), 조나단 에드워즈, 존 플래블 등의 책들로 가득 차 있었다.[753] 한국 장로교에 지대한 영향을 미친 존 네비우스(John Nevius) 역시 마찬가지였다. 프린스턴 신학교 출신 선교사들 가운데 한 명인 네비우스는 말하기를 "나는 성경 다음으로 실천적 종교를 다루고 있는 책들을 중요시한다. 예를 들어 백스터의 『성도의 영원한 안식』, 도드리지의 『인간의 영혼 속에 종교성이 일어남과 회심 과정』, 플래블의 저서들, 기타 회고록 같은 것을 중요시한다."라고 하였다.[754]

장로교 선교사들뿐만이 아니다. 당시 한국에 파송된 대부분의 감리교 선

---

751) 김홍만, 『초기 한국 장로교회의 청교도 신학』 (서울: 도서출판 옛적길, 2003).

752) Maurice Armstrong, Lefferts Loetscher, and Charles Anderson, *The Presbyterian Enterprise: Sources of American Presbyterian History* (Philadelphia: The Westminster Press, 1956), 184

753) David B. Calhoun, *Princeton Seminary*: vol 1. *Faith and Learning 1812-1868* (Edinburgh: The Banner of Truth Trust, 1994), 160.

754) Helen S. Coan Nevius, *The Life of John Livingston Nevius* (New York: Fleming H. Revell Company, 1895), 89.

교사들은 전형적인 웨슬리안 복음주의 부흥 운동의 후예들이었다. 이와 같이 초기 장로교 선교사나 감리교 선교사 모두 복음주의 부흥 운동에 열린 마음을 가지고 있었다. 따라서 두 교단의 선교사들이 협의체를 만들면서 그 이름을 '복음주의(장감) 연합공회'라고 이름 붙인 것도 그런 연유였다. 백낙준 박사의 말대로 한국에 파견된 장로교와 감리교 선교사들은 "청교도적 열의와 웨슬리의 열정을 지닌 선교사들"이었다.[755] 박용규 교수는 『평양대부흥운동』이란 그의 저서에서 이러한 일치된 초기 한국 선교사들의 부흥운동에 대한 긍정적인 열망이 1907년 평양 대부흥운동을 낳게 되는 근본 바탕이 된 것이라고 말했다.

1. 길선주 목사(1869-1935)

한국 교회의 아버지로 불리는 영계(靈溪) 길선주(吉善宙) 목사는 성균관 박사 길 재(吉 再)의 19대 손으로 1869년 3월 25일 평남 안주읍에서 무관인 길봉순(吉鳳順) 씨와 어머니 노씨(盧氏) 사이에서 차남으로 태어났다. 길선주의 부친은 무과에 급제하여 노강첨사(老江僉使)의 벼슬을 했다. 그의 모친은 한학(漢學)에 조예가 깊었고, 정숙하며 온화했으나 자녀 교육에는 엄격했다. 길선주는 어려서부터 총명했고 사고력과 정서도 깊었다. 그는 어려서 구름이 흩어지는 것을 보고 '사람이 이 세상에서 네 것 내 것 하고 욕심내어 얻으려는 부귀가 저 뜬 구름과 다름이 있느냐? 그런즉 이 세상의 무상함이 어찌 슬프지 아니하냐?' 하면서 울었다고 한다.

길선주는 17세 때 불량배들에게 심하게 두들겨 맞아 보고 장사도 해 보면서 인간 세상의 불의를 보고 세상의 허무함을 느꼈다. 그는 세상에 대한 환멸을 느끼면서 보다 나은 정신세계를 동경하게 되었다. 19세 때 산속에

---

755) Lak-Geoon Paik, *The History of Protestant Missions in Korea* (Seoul: Yonsei University Press, 1990), 367.

들어가서 열심히 신차력(神借力) 주문(呪文)을 외웠는데, 불량배에 맞아 허약해진 몸과 마음이 상쾌해지고, 기력이 강건해졌다. 그래서 그는 19세부터 29세까지 10년 동안 아주 입산하여 선도(仙道)의 수련에 힘을 쏟았다. 열심히 정진한 결과 길선주는 선술(仙術)의 신통력을 얻어 장래 일을 능히 예언하는 일과 기이한 일이 적지 않았다. 그는 통나무 목침을 주먹으로 부수고, 다듬이 방망이를 손으로 부러뜨렸으며, 웬만한 개천은 단숨에 건너뛰곤 하여 사람들이 그를 호랑이라고 불렀다. 이로써 그의 이름이 알려졌으며 평양 시내에 그가 나타나면 그를 가리켜 '길 도사'라고 부르며 수군거렸다.

길선주는 종교적 탐구심이 강한 사람이었다. 그의 심령은 선술의 통달로는 도저히 만족할 수 없어서 진정한 무엇을 갈구하였다. 그가 평양 널다리골에 살고 있을 때 괴상하게 생긴 서양 사람이 나타나서 새 교를 전한다는 소문을 듣고 호기심이 동하여 마펫(Samuel Moffett, 마포삼열) 선교사[756]를 찾아가서 이야기를 나누었지만, 처음에는 도무지 알쏭달쏭하여 기독교 진리를 잘 알 수가 없었다.

그래서 그는 진리를 더 알아보기 위해서 친구 김종섭을 마펫 선교사에게 보냈다. 김종섭은 길선주에게서 선도를 배운 그의 도우(道友)였다. 그런데 얼마 후에 만난 김종섭이 길선주에게 예수님을 믿으라고 전도를 하는 것이었다. 길선주는 그의 갑작스런 개종에 큰 충격을 받았다. 김종섭은 그 후부터 매일같이 길선주에게 와서 전도 책자를 주면서 예수님을 믿으라고 권했다. 길선주는 『이선생 자서전』을 받아서 읽어 보았으나 별로 감동을 느끼지 못했으나 그 다음 받은 『장원양우상론(張元兩友相論)』이라는 책을 읽고 상당히 감동을 받았다.

---

756) 언더우드와 아펜젤러 선교사가 서울을 중심으로 활동했지만, 마펫 선교사는 평양을 중심으로 한 이북 지역에서 사역하였다. 1864년 인디애나 주 매디슨에서 태어나 1889년 미국 북장로교회로부터 선교사 임명을 받았다. 그는 자신의 생일날인 1890년 1월 25일 인천항에 발을 디뎠다(24세). 그는 1893년 평양에서 복음을 전파하여 첫 해에 학습교인 22명을 얻었다. 이것이 '장대현 교회'의 시작이다.

김종섭은 길선주가 선도에서 말하는 삼령신군(三靈神君)과 기독교의 하나님과 다른 것이 없다면서 예수님을 믿기를 계속 거부하자 "자네가 믿는 삼령신군께 예수교의 가르침이 참인지 거짓인지 알게 해 달라고 기도해 보라."라고 권면하고 『천로역정』을 주고 돌아갔다. 길선주는 김종섭의 말에 따라 날마다 삼령신군에게 기도했다. 며칠을 기도하니 선도가 과연 영생을 얻을 수 있는 진정한 도인지 차츰 의심이 들기 시작했다. 그때부터 그는 자기가 10년 가까이 썩은 새끼줄을 튼튼한 생명 줄로 잘못 붙잡고 있지 않았나 하는 생각이 뇌리에서 떠나지 않았다. 이러한 갈등이 생기기 시작하면서 마음의 번민은 더해 갔고 주야로 잠을 자지 못하고 입맛을 잃으니 쇠약해진 몸에 마침내 중병이 생겼다. 그의 생애를 저술한 김인서(1894-1964)는 다음과 같이 말했다. "여기에서 선생의 구도심이 얼마나 강열하였던 것과 입신(入信)의 분투가 얼마나 지극하였던 것을 알 수 있다. 신앙이란 한인(閑人)의 감정 유희가 아니라 엄정한 사실이요, 천하의 대보(大寶)인 때문에 얻으려는 노력도 큰 것이다. 위대한 신앙자일수록 크고 무서운 의구(疑懼)의 암흑을 통과하는 것이었다."[757]

그때 얼마 전에 김종섭이 갖다 준 『천로역정』이 생각나 찾아서 읽게 되었는데, 이 책을 읽어 내려가면서 길선주는 큰 감동을 받아 솟구치는 눈물을 주체할 수 없었다. 다시 찾아온 김종섭은 길선주에게 이번에는 하나님 아버지께 기도해 보라고 권했다. 길선주는 "인간이 어찌 하나님을 아버지로 부를 수 있느냐?"라고 말하자, 김종섭은 그저 상제님이라고 부르면서 기도해 보라고 권했다. 길선주는 결국 마음에 번민을 가지고 기도하기 시작했다. 그는 고민하며 이렇게 부르짖어 기도했다. '상제님이시여, 저는 지금 심한 고민에 빠져 있습니다. 여러 해 동안 신봉하던 선도는 정말 섬길 만한 도인지 의심스럽고, 예수교는 과연 영생의 참 도인지 알 수 없어 마음이 몹시 괴로워 죽을 지경입니다. 저를 살려 주시옵소서.' 이런 기도를 수삼 일

---

757) 김인서, "영계 선생 소전," 『김인서 저작 전집, 5』, 傳記 (서울: 신망애사, 1976), 47.

간 계속했다.

길선주는 1896년 가을 어느 날 밤 회개와 중생을 체험하게 된다. 밤이 깊어 새벽 한 시쯤 되었을 때였다. 오고 가는 인적은 끊어졌고 온 누리는 어둠 속에 잠들어 고요했다. 길선주는 방바닥에 무릎을 꿇고 땀을 흘리며 간곡하게 기도하고 있었다. 길선주 목사의 둘째 아들 길진경은 그의 저서 『영계 길선주』에서 길선주의 회심 체험을 다음과 같이 묘사했다.

"자기의 소원에 대한 응답을 확인하기 위해서 자기의 하나님과 생사를 걸고 씨름하던 야곱과 마찬가지로, 하나님을 알기 위한 선생의 기도 역시 생사를 걸어 놓은 씨름이었다. 땀을 흘리며 간곡하게 '예수가 인류의 참 구주인지를 알려 주옵소서' 하는 말이 채 끝나기도 전에, 방 안에서 청아한 옥피리 소리가 방을 진동하더니 요란한 총소리가 뒤흔드는 듯하였다. 선생이 깜짝 놀라는 순간, **공중에서 '길 선주야, 길 선주야, 길 선주야' 하고 세 번 부르는 소리를 듣고**, 너무도 무섭고 떨려서 감히 머리를 들지 못하고 엎드린 그 자세로 '나를 사랑하시는 아버지시여, 제 죄를 사하여 주시고 저를 살려 주옵소서!' 하고 기도하였다. 그때 비로소 마음이 터지고 입이 열려 하나님을 아버지라고 불렀다. **스스로 죄인임을 깨달아 방성대곡하였다. 몸은 불덩어리가 된 듯이 펄펄 끓었다.** 선생은 소리 높여 더 힘써 기도하였다."[758]

성령의 불세례가 길선주에게 임한 것이다. 길선주는 은혜를 받은 후 찾아오는 손님을 피해 가면서 100일 기도와 성경 연구에 열중했다. 그는 손에 한번 성경을 쥐면 놓을 줄 모를 정도로 열심히 읽었다. 길선주는 1897년 8월 15일에 그레이엄 리(Graham Lee, 이길함) 선교사로부터 세례를 받았다. 그는 믿은 직후부터 권위 있는 전도자였다. 선문(仙門) 제자요 상점 조역인 이

---

758) 길진경, 『영계 길선주』 (서울: 종로서적, 1980), 72.

정식에게 전도하니 즉시 회개하고 진실한 신자가 되었다. 이렇게 전도를 시작한 그는 불붙는 듯한 열심으로 사람을 만나는 대로 울면서 전도했다. 그는 가족의 구원을 위해 본가에 귀성하여 아버지께 전도하니 아버지는 처음에는 아들의 개종에 크게 노하였으나, 길선주의 전도에 감화되어 『장원양우상론』을 하룻밤에 다 읽고 감동한 바 있어 길선주에게 배운 구령삼정주문(九靈三精呪文)을 버리고 입신했다. 길선주의 부인도 삼령주송(三靈呪誦)을 버리고 복음을 믿었으며, 어머니도 내 어찌 사랑하는 아들의 믿음과 함께 하지 아니할까 하고 주송(呪誦)을 버리고 입신했다. 이렇듯 위대한 전도자는 전도를 가정에서부터 시작한다.

예수님을 믿기 전부터 명성이 높았던 길선주는 기독교에 입문하면서도 지도력이 인정되어 믿은 지 약 1년이 된 1898년 30세 나이에 평양 널다리 교회의 영수로 뽑혔다. 성령 충만한 길선주가 시무하는 널다리 교회는 크게 부흥되어, 1900년 장대현 언덕에 2천여 명을 수용할 수 있는 예배당을 한식 기와집으로 건축했다. 길선주는 1901년 장대현 교회의 장로가 되었으며, 1902년에는 조사(전도사)가 되어 목회에 전념했다. 또한 황해도의 도조사에 취임하여 활동 무대가 더욱 넓어졌다.

1903년 장로회 평양신학교가 문을 열자 그는 선교사들의 추천으로 입학했는데, 그는 매일 한 시간의 보통 기도와 매주 사흘씩의 금식 기도와 매년 1주간의 금식 기도를 세상 떠날 때까지 계속했다. 길선주 장로는 1904년에 일어난 영국 웨일스 지방의 부흥에 대한 소식을 듣고 큰 충격을 받아 **우리나라에서도 동일한 부흥이 일어나도록 기도하기 시작했다**. 1905년 길 장로는 친구 박치록 장로와 함께 새벽에 일어나 새벽 기도회를 시작했다. 새벽 기도회는 점점 부흥회의 성격을 띠게 되면서 발전해 갔다. 이것이 한국 교회 새벽 기도회의 시작이었다. 1906년 말에 재령에서 열린 황해도 도사경회 때 주강사로 단에 올라 능력의 메시지를 전했을 때 성령의 역사가 나타났다. 그 현장에 참석했던 김익두 조사가 큰 은혜를 경험하였다.

1907년 1월 2일 수요일부터 15일 화요일까지 평안남도 각처에서 1,000여

명의 신자들이 장대현 교회에 모여 2주간 평안남도 겨울 남자 사경회를 가졌다. **평양 사경회는 선교사들과 길 장로를 위시한 성도들의 '성령님의 임재'를 간절히 사모하는 기도와 간구 속에서 시작되었다.** 길선주 수석 장로와 담임 목사 그레이엄 리 선교사, 기타 소수의 선교사가 강사였으며, 참석한 사람들은 모두 지방에서 올라온 개교회의 지도자급에 속하는 믿음의 사람들이었다. 이들은 이 사경회에 참석하기 위해 멀리서 혹한과 싸우며 거친 시골길을 달려온 사람들이었다. 사경회가 시작되면서 성령님께서 강하게 임재하시기 시작했다.

1월 14일은 평양의 오순절이 일어난 날이다. 1월 14일 월요일 저녁이 되자 전날과는 달리 사경회에 참석한 모든 사람들은 교회 안에 들어올 때 "하나님의 임재로 가득한 것을 느꼈다."[759] 그날 헌트가 말씀을 전한 후 그레이엄 리 선교사가 나와 통성 기도를 요청하자 2,000여 명의 회중들이 하나로 연합하여 뜨겁게 기도를 드렸다. 이때 놀라운 성령님의 임재가 나타났다. 그 현장에 있었던 매큔(McCune)은 다음과 같이 미국 북장로교 선교부 아더 브라운에게 편지를 보냈다. "우리는 매우 놀라운 은혜를 경험하고 있습니다. 성령께서 권능 가운데 임하셨습니다. **장대현 교회에서 모인 지난 밤 집회는 최초의 실제적인 성령의 권능과 임재의 현시였습니다.** 우리 중 아무도 지금까지 이전에 그 같은 것을 경험하지 못했으며, 우리가 웨일스, 인도 등에서 일어난 부흥 운동에 대해 읽었지만, 이번 장대현 교회의 성령의 역사는 우리가 지금까지 읽었던 그 어떤 것도 능가할 것입니다."[760]

다음날 15일 화요일 저녁, 사경회 마지막 날 저녁 집회 때는 전날보다 성령님의 임재가 더욱 강하게 나타났다. 길선주 장로는 설교를 마친 후 집으로 돌아가기를 원하는 사람을 돌려보내자 약 600여 명의 사람들이 예배실에 남았다. 마음이 연합된 청중 앞에서 길선주 장로의 거침없는 설교는 모

---

759) William Blair, *Gold in Korea* (Topeka, Kansa: H. M. Ives and Sons, 1957), 101.
760) George McCune, Letter to Dr. Brown, Jan. 15, 1907.

인 무리들을 크게 감동시켰다.

게일의 책에는 이것을 목격한 정익로 장로의 간증이 나온다. "처음부터 그것은 길 장로의 얼굴이 아니었습니다. 길 장로는 한때는 아주 눈이 멀었습니다. 그리고 지금도 여전히 부분적으로 소경입니다. 그러나 지극히 숭엄하고도 권세 있는 얼굴이었습니다. 그 얼굴은 순결함과 거룩함으로 불이 붙어 있었습니다. 그것은 길선주가 아니라, 예수님이었습니다." 계속해서 정익로 장로는 그날 밤의 상황을 다음과 같이 묘사했다. "하나님의 부르심을 피할 길이 없었습니다. 이전에 결코 경험해 보지 못한 무시무시한 죄의 식이 우리를 사로잡았습니다. 어떻게 해야 뿌리치고 도망할 수 있는지가 문제였습니다. 어떤 이는 도망했으나 전보다 더욱 강렬한 고민을 안고 되돌아올 뿐이었습니다. 영혼에 사망 선고를 받고, 얼굴에 큰 수심을 가진 채로 말입니다."[761]

게일은 그 상황을 다음과 같이 묘사했다. "이처럼 수백 명의 사람들이 무시무시한 죄의 각성 아래 함께 모여 있었습니다. 심판의 날이 임했고, 그들이 괴로워 뒹굴고 피하려 해도 도무지 도망칠 길이 없었습니다. 길은 죽는 길밖에 없었습니다. 그들은 죽어야만 했습니다. 설교자의 외치는 소리 앞에, 그리고 크시고 두려우신 하나님의 분명한 임재 앞에 그들이 무엇을 할 수 있었겠습니까?"[762]

예수님께서 바로 그곳에 계신 것 같았다. 누구도 도망갈 수 없었다. 한국인들은 물론 선교사들도 모두 신비스럽고 무서운 권능에 사로잡혀 어찌할 수 없었다. 박용규 교수는 다음과 같이 말했다. "방위량 선교사가 훗날 증언한 대로 철저한 회개와 그 후에 찾아오는 죄 용서의 기쁨은 평양대부흥운동의 특징이었다."[763] 이런 점에서 평양 대부흥운동은 윗필드, 에드워즈

---

761) Gale, *Korea in Transition*, 205.
762) Gale, *Korea in Transition*, 205-206.
763) 박용규, 『평양대부흥운동』(서울: 생명의 말씀사, 2004), 222.

가 주도한 미국 제1차 대각성 운동이나, 윗필드, 웨슬리가 주도한 영국 복음주의 부흥 운동과 그 영성이 같다. 모든 참된 하나님의 부흥에는 철저한 회개와 중생의 요소가 포함되는 것이다.

어떤 이는 살인 강도한 죄를 토하여 투옥되었다가 선교사의 간청으로 방면되어 좋은 신자가 되었고, 순검(巡檢) 방은덕은 죄를 자백하는 남녀 중 형사에 저촉되는 자를 검거할 목적으로 예배당에 들어섰다가 길선주 장로가 "네가 선 땅이 어디냐? 지옥 불이 붙어 오르는 데이다."라고 외치자 소리를 질러 통회하면서 차고 있던 칼을 떼어 던지고 교인이 되어 고향 맹산(孟山)에 돌아가 맹산 교회를 설립하였다.

이것이 그 유명한 1907년 평양 대부흥운동이다. 1907년 1월에 일어난 이 성령의 역사를 사람들은 '평양의 오순절'이라고 말한다. 장대현 교회는 장로교회였으나 이 부흥의 불길은 곧 교파를 초월하여 평양 남산현 감리교회를 비롯한 평양 전역으로, 그리고 한반도 전역으로 번져 나갔다.

1907년 2월 24일 평양 남산현 감리교회에서 열렸던 감리교 사역자들을 위한 신학회에서 놀라운 영적 각성 운동이 일어났다. 이것을 직접 목도한 감리교 선교사 노블(W. A. Noble)은 다음과 같은 보고서를 보내 왔다. "나 자신이 지금까지 목격하지 못했고, 듣지도 못했던 가장 놀라운 성령의 부어주심의 현시가 한국 교회에 있었는데, **아마도 사도시대 이후 이보다 더 놀라운 하나님의 권능의 현시는 없었을 것이다.** 매 집회에서 주님의 권능이 교회 전체와 때로는 밖에까지 임했다. 남녀가 회개의 역사로 고꾸라지고 의식을 잃었다. 전 도시는 마치 사람들이 죽은 자를 위해 통곡하고 있는 듯했다. 많은 사람들이 자신들의 죄 사함이나 아직 회심 받지 못한 다른 사람들을 위해 기도 가운데 탄식하며 집에서 온밤을 지새웠다. 이와 같은 움직임은 대부분 우리가 그리스도인으로 간주하는 사람들에게 제한된 것처럼 보인다. 첫 기도회 참석 권유를 받은 후 요즘에는 어떤 기도모임에서도 어느 누구도 기도를 주도한다고 생각하지 않는다. 그만큼 사람들은 자발적으로 기도하였다. 수백 명이 드리는 기도 소리는 아주 많은 악기에서 나는 화음보다 더 잘 조화를 이루며 교회를 가득 채웠다."[764]

　1907년 1월과 6월 사이에 한반도 전역에서 성령의 불길이 급한 바람처럼 강타하여 훨훨 타올랐다. 길선주는 1907년 6월 10일, 평양 신학교를 제1회로 졸업하고, 6월 17일 한국 장로교 최초의 7인 목사 중 한 명이 되었다. 1907년 부흥 운동은 1909년 '백만인 구령 운동'으로 발전되었으며, 이 운동의 결과 교인수가 급격히 늘어나 1907년 3만 7천여 명에서 1911년에는 14만 4천여 명으로 3배 이상 증가되었다.

　길 목사는 애국심도 강했다. 길 목사는 3·1운동 때에는 민족 대표 33인의 한 사람으로서, 그리스도교를 대표하여 독립 선언서에 서명했다. 이 일로 그는 감옥에서 2년을 지냈다. 감옥에 2년간 있는 동안 그는 요한계시록을 암송하여 거의 다 외웠고, '말세학 강의'를 체계화했다. 석방된 뒤 1923년부터 길 목사는 북간도를 비롯하여 전국을 순회하면서 부흥 집회를 인도했다.

　길 목사의 고난은 내부에서 비롯되었다. 1926년 그가 장대현 교회에서 20여 년간 목회를 했을 때였다. 박윤근을 비롯한 사회주의적 진보 이념을 가진 청년 계층 교인들이 동사 목사 변린서를 꾀어 자기들 편에 가담시키고 조작된 '죄목들'을 열거한 등사물을 마구 뿌리며 길선주 목사 배척운동을 벌였다. 길 목사는 결국 1933년에 은혜를 사모하는 성실한 신도 5백여 명과 함께 따로 이향리(履鄕里) 교회를 세우게 되었다. 그는 그곳에서 목회하면서 계속 전국적인 부흥 목사로 신앙 집회를 인도했다.

　1927년 길 목사가 원산 석우동 교회에서 부흥 집회를 인도할 때 공산주의자 30여 명이 교회에 쳐들어왔는데 간신히 피하여 위기를 넘긴 적도 있었다. 길 목사는 1935년 11월 평남 강서군 고창 교회에서 평서노회 사경회 마지막 날 뇌일혈로 쓰러져 다음날인 11월 26일 오전 9시 30분에 하나님의 부르심을 받았다.

---

764) 박용규, 『평양대부흥운동』, 268-269.

길선주 목사는 40년 가까이 사역을 하면서 2만 번 이상의 설교를 하고, 380여만 명에게 복음을 전했으며, 60여 교회를 세우고, 3천여 명에게 세례를 베풀었고, 8백여 명을 목사와 전도사와 장로로 세웠으며, 새롭게 하나님 앞으로 인도한 신도가 6만여 명이나 되었다.

이제 길선주 목사의 중생론을 살펴보자. 1907년 평양 대부흥운동에서 부흥을 촉발한 길선주 목사의 설교 제목은 "마음의 문을 열고 성신을 영접하라", "이상한 귀빈과 괴이한 주인" 등이었다. 후자의 설교의 요점은 성령이 오셔서 마음에 들어가기를 기다리고 있지만 주인이 문을 열어주지 않는다는 내용의 설교였다.[765] 길 장로는 "문을 열라. 문을 열라. 문을 열고 환영하라."라고 준엄하게 외쳤다. 이와 같이 그의 설교에는 항상 성령에 대한 강조가 많았다.

길선주 목사는 그의 저서 『말세학』[766]에서 그리스도의 강림이 다섯 번인데 다음과 같다고 했다.

"1) 인자로 강림, 눅 2:5-7 율법 시대 끝
2) 성신으로 강림, 행 2:1-4 교회 시대 처음
3) 신랑으로 강림, 살전 4:16-17 교회 시대 끝
4) 만왕의 왕으로 강림, 마 24:29-31; 25:31-34 칠년 대환난 끝
5) 심판주로 강림, 계 20:11-15 칠년 끝에 마귀 잠깐 놓아준 뒤"

길선주 목사는 예수님께서 인자로 오셨을 때는 무한히 겸손하게 오셨지만, 성신으로 강림하는 것은 다르다면서 다음과 같이 설명했다.

"성신으로 오심은 인자로 강림하신 것과는 다르다. 성신은 능히 속일 수

---

765) 길진경, 『영계 길선주』, 185.
766) 길진경, 『영계 길선주 목사 遺稿 選集』(서울: 대한기독교서회, 1950), 23-172.

도 없고 감히 훼방할 수도 없다. 아나니아 부처를 보면 그들이 성신을 속인 죄가 사도의 발 앞에서 그 죄가 나타나는 그대로 곧 혼이 떠나고 생명이 끊어져 죽은 것이다(행 5:1-10). 이 뿐만 아니라 주께서도 성신으로 오심은 인자로 오신 것보다는 위엄이 있다는 것을 가르쳤다. 인자를 훼방하면 그 죄를 사하려니와 성신을 훼방한 죄는 이 세상에서나 내세에서도 사함을 받지 못하리라(마 12:31-32)고 하시었다. 이를 보면 **성신으로 오신 것은 인자로 강림하실 때보다 위엄이 있음을 알 수가 있다.** 성경에 나타난 대로 다 예증을 들 수 없으나 성신으로 강림하심에는

1. 성신이 바람같이 강림하시었다(행 2:2)고 했다. 물론 성신이 바람이라는 것이 아니라 그 능력의 표현이다. 크고 급한 바람같이 제자들이 모여 앉은 방 안에 충만하셨는데 그 위세를 누가 능히 맡으며 누가 능히 대적할 수가 없을 것이다. 주께서 니고데모에게 신령한 도리를 가르치실 때에 바람이 임의로 불매 소리를 들어도 어디서 오며 어디로 가는지 알지 못하나니 성신으로 난 사람은 다 이러하니라(요 3:8)고 하셨다. 이 말씀은 장차 제자들에게 임하실 성신을 가르치신 예언이다.

2. 성신이 불과 같이 강림하셨다(행 2:3)고 하셨다. 불과 같은 혀가 갈라진 것이 저희에게 보여 각 사람 위에 임하여 있었다고 함은 ① 성결케 하며 ② 뜨겁게 하며 ③ 방언을 말하며 ④ 영광스러울 것을 가르치심이다. 이처럼 성신의 임하시는 것은 제자들의 죄를 태워서 깨끗하게 하시며 그들의 마음에 뜨거운 열정이 일어나게 하시며 각 나라 방언을 말하게 하시며 무궁한 영광을 나타내게 하심이다.

3. 성신의 강림하신 길 네 계제(階梯)가 있다. ① 인도하심, 사 63:10, 행 8:26; 10:19; 16:6-7 ② 감동하심, 살전 5:19 ③ 중생하게 하심, 요 3:5-6 ④ 충만하심, 행 2:4. 먼저 성신의 인도하심을 거스르지 아니하여야 성신의 감동함을 받고 성신의 감동함을 소멸치 아니하여야 성신의 중생함을 받고 성신이 거듭남을 막지 아니하여야 성신의 충만함을 받을 것이다. 그런데 인도함을 받음도 여러 번이요 감동함도 여러 번 받고 충만함도 여러 번 받을 수

있으나 거듭나는 것은 한 번뿐이요, 두 번 받지 아니하는 것이다."[767]

2. 김익두 목사(1874-1950)

김익두(金益斗) 목사는 1920년대를 전후로 전국에 큰 부흥 운동을 일으킨 초대 한국 교회의 대표적 부흥사였다. 1874년 1월 3일 황해도 안악 고을에서 가난한 선비 김응선(金應善)의 독자로 출생한 김익두는 부모님의 사랑을 받으며 무럭무럭 자라났다. 그는 어려서부터 공부도 잘하고 효심도 지극하여 마을에서 칭찬받는 아이였다. 불행하게도 그의 나이 13세 때 아버지가 임종하게 되어 어린 아들의 손을 잡고 눈물을 흘리면서 "너는 사람 구실하여라."라는 마지막 유언을 남기고 세상을 떠났다. 김익두는 어렸을 때부터 효심이 지극했을 뿐만 아니라, 의기(義氣)와 용기(勇氣)가 뛰어났다. 그는 어렸을 때에 아이들이 예사로 하는 남의 과실을 훔치는 등의 **불미한 버릇이 전혀 없었고** 노상에서 남의 물건을 취득하면 반드시 그 임자를 찾아 주었다. 이렇듯 그 양심이 청백하고 정직했다. 한번은 연장(年長)인 종질(從姪)이 제 부친 앞에서 무례하게 주정하는 것을 보고는 참을 수가 없어서 연장인 조카의 상투를 걸머쥐고 엄히 경계하였다. 이처럼 그는 어려서부터 의기의 남자였다.

아버지가 돌아가신 후 어머니가 장티푸스에 걸려 위독한 상황에 처하자, 어린 익두는 발 벗고 30리가 넘는 길을 걸어서 의원을 찾아가 약을 구하여 달여 드렸다. 저는 부모에게만 아니라 머슴 이(李)서방이 흑사병에 걸려 인가가 먼 전답 옆에 독처하고 있는데 그를 측은히 여기어 전염병의 무서움과 밤의 무서움을 무릅쓰고 밤마다 나가서 동무하여 주었다. 이처럼 그는 어릴 때부터 측은지심(惻隱之心)이 깊고 용기가 뛰어났다. 그의 전기를 지은 김인서는 다음과 같이 말했다. "그의 신앙생활에 나타나는 정직, 의기, 효

---

767) 김진경, 「영계 길선주 목사 遺稿 選集」, 34.

성, 동정 등 미덕은 천생(天生)의 품질(稟質)이었나니 옥토에 떨어진 씨가 30배, 백배의 열매를 맺는 것이다."[768]

남달리 총명했던 김익두는 1890년 약관 16세에 과거에 응시했으나 낙방했다. 매관매직이 성행하여 과거란 하나의 요식 절차에 불과했던 당시에는 배경과 돈의 연줄이 없이는 뽑힐 수가 없었다. 집에 돌아와서 결혼하고 가계를 위하여 17세에 상업에 종사하였다.

상업에 종사했으나 손해 득실에 무심했던 김익두는 심중에 풀 수 없는 인생 문제로 심한 고민을 하였다. 사람은 왜 죽는가? 인생은 너무 짧다고 탄식했다. 불사(不死)의 도를 얻기 위하여 벽곡[769]도 해 보고 동학에도 따라다녀 보았으나 해결하지 못했다. 이렇게 생사문제에 방황하다가 어느덧 20세 청년이 되었다. 이때 유혹의 마귀가 그를 찾아왔다. 악한 벗이 그를 술집으로, 기생집으로 꾀어 죄의 길에 들어서게 되었다. 김인서의 말을 들어 보자. "이 때문에 세상에서 구도 전 김익두는 대불량자였던 것처럼 이야기되나 그렇지는 아니하였고 구도하기 전 수년간 청년 번민기에 일시 오입(誤入)되었던 것이다."[770] 그런데 인생문제를 붙잡고 번민하는 그에게 남다른 기행(奇行)이 있었는데, 그것은 억울한 일을 당하면 산에 올라가 하나님께 호소하는 것이었다.

김익두는 방탕한 생활을 했지만, 그 마음 한구석에는 언제나 자책과 회한이 있었다. 그는 본래 인정이 많고 의협심이 강한 사람이었다. 한번은 다 죽어가는 나병 환자가 길에 쓰러져 있는 것을 보고는 업고 와서 죽는 날까지 자기 집에서 간호해 주었다. 그 나병 환자가 죽자 그는 자기 정성이 부족하여 죽었다고 대성통곡했다.

---

[768] 김인서, "김익두 목사 소전," 『김인서 저작 전집, 5』, 97.
[769] 신선이 되기 위한 도교의 수행법 중 하나다. 벽곡은 곧 단식법으로 일상의 식사 행위를 중지하고 선약을 복용하거나 호흡 수련만으로 생명을 유지시켜 나가는 것을 말한다.
[770] 김인서, "김익두 목사 소전," 『김인서 저작 전집, 5』, 98. 김익두의 중생까지의 관한 내용은 김인서의 글을 가장 많이 참고하였다.

김익두는 27세 되던 해인 1900년 봄에 마침내 하나님의 부르심을 받았다. 어느 날 스왈른(W. L. Swallen) 선교사가 인도하는 집회에 참석했다가 '영생'에 대한 설교를 듣고 마음에 크게 찔림이 있어서 기독교 신자가 되기로 결심했다. 예수님께서 우리 죄를 위해 죽으셨으며, 믿고 회개하는 자는 죄에서 벗어나 영원히 살 수 있다는 말을 듣고 그동안 큰 죄의식에 짓눌려 왔던 그는 너무나 기뻤다. 혹자는 신문화(新文化)에 대한 동경으로, 혹은 서양 세력에 대한 의존으로 입교하는 자 적지 않았지만 그는 영생의 도리를 듣고 입교하기로 하였으니 입교의 동기부터 깨끗하고 높았다. 이렇게 입교하고 집에 돌아간즉 어머니가 "나는 천자대감을 섬기는데 지난밤 꿈에 귀신이 소리 지르되 익두가 방망이로 귀신을 때려죽이는구나 하기에 놀라 깨니 이상한 꿈이구나." 하고 몽사를 이야기하고 예수 믿기로 작정하니 김익두의 부인 김익진(金益眞)도 시어머니와 함께 믿기로 작정하였다. 이와 같이 대전도자의 전도는 가정으로부터 시작한다.

김익두는 이렇게 영생의 도리에 감동하여 입교했으니 구도의 동기가 비록 높다고 하겠으나 회개의 정문(正門)을 아직 통과하지 못했다. 입교한 지 3개월 만에 장련(長連)에 가서 예전의 술친구들을 만나 그들이 이끄는 대로 술집에 들어가 같이 앉게 되고 억지로 부어 넣는 술이나마 한잔 두잔 하다가 취하게 마시게 되고 기녀를 희롱하기까지 하였다.

김인서는 "김익두 목사 소전"에서 다음과 같이 썼다.

"오호! '김익두는 예수를 다시 믿어야 되겠구나' 하는 섬연일사(閃然一思)에 정신이 버쩍 돌아와서 자리를 차고 일어나서 내달았다. 어쩌나 통분한지 견딜 수 없어서 산림 중에 들어가서 엎드리니 칼로 가슴을 찢는 것처럼 가슴이 아프게 애통하였다. 산을 두드리다가 가슴을 치고 가슴을 치다가 산을 두드리며 울었다. 회개하고 또 울며, 울며 또 회개하였다. 이렇게 애통하는 중에 밤이 얼마나 갔던지 울며 사십 리 길을 걸으니 새벽에 집에 돌아갔다. 방바닥에 쓰러져 눕고 있은 지 **얼마 만에 비몽사몽간에 큰 불덩이가**

떨어져 가슴에 꽉 안기우는지라. 대경(大驚) 대호(大號)왈 '아이구 벼락이야.' 소리질렀다. 안방에서 이 소리에 놀란 모부인(母夫人)[771]이 달려나와서 '이게 무슨 일이냐?' 하고 깨워주심을 받아 일어나니 벼락이 아니라 불 세례였다. 이때부터 선생은 죄를 심히 무서워하고 죄를 심히 미워하고 예수의 피로 사죄함을 믿었나니 이게 선생이 중생(重生)하던 날이다. 선생은 당시의 경험을 말하되 가슴을 칼로 찢는다는 말밖에는 형언할 말이 없더라하니 여기서부터 회개의 좁은 문, 기독교의 정문(正門)에 들어선 것이다. 어떤 종교적 천재라도 이 경험이 없이는 기독교를 모르고 바울을 알 수 없고 김익두를 알 수 없는 것이다."[772]

그는 자기 회심의 경험을 '성령의 세례' 란 제목의 설교에서 다음과 같이 설교했다. "나는 예수를 믿은 지 3개월 만에 확실히 성령을 받았습니다. 나는 눈물 속에서 얼마 동안 통회의 생활을 했습니다. 드디어 나는 완전히 세상과 작별하게 되었고 전에 좋아하던 것과 시원히 결별하게 되었습니다. 그 다음부터는 남을 사랑하는 뜨거운 사랑이 생기게 되었습니다."

그 후 김익두는 세례를 준비하는 20개월 동안 신약 성경을 100독하고 1901년 7월 스왈른 선교사로부터 세례를 받았다. 그는 재령읍 교회 전도사로 초빙 받아 하나님의 일을 시작했다(1901년 10월). 김익두는 당시 신약방을 경영해서 일 년에 1,000원 가까운 수입을 올렸지만, 하나님의 사역을 위해 월봉 4원의 전도사직을 택한 것이다. 그는 얼마 후에는 스왈른 목사의 부탁으로 신천(信川)에 가서 교회를 개척했다(1903년). 처음에는 그의 방탕했던 과거 때문에 전도에 큰 어려움을 겪었으나, 열심히 전도한 결과 2년 후에는 300명의 교인이 되었다. 1906년 평양신학교에 입학하여 1910년 3회로 졸업하고 신천 교회 목사가 되었다.

---

771) 어머니를 말한다 -필자 주.
772) 김인서, "김익두 목사 소전," 『김인서 저작 전집, 5』, 100.

김익두 목사는 인근 교회의 청탁으로 부흥 집회를 시작하게 되었는데, 날이 갈수록 집회 초청이 늘어나 한 교회의 담임 목사가 아니라 전국 방방곡곡을 누비면서 복음을 전하는 부흥사가 되지 않을 수 없었다. 그의 부흥 집회 때는 못 걷는 사람, 소아마비, 귀신 들린 사람, 불치병자 등 수많은 사람들이 치유되는 기적이 일어났다.

김익두 목사는 1920년 예수교장로회 총회장으로 선출되었으며(46세), 1922년에는 서울 남대문 교회에 명예 목사라는 이름만 걸고 전국의 양떼를 돌보기로 했다. 김 목사는 명예 목사로 부임하여 운신의 폭이 넓어지자 전국 13도뿐만 아니라 만주, 일본에서 여러 차례 부흥회를 인도했다. 그가 단에 서는 곳마다 성령의 놀라운 역사가 일어나 수많은 사람들이 눈물로 통회하고, 난치 병자들이 깨끗이 나았다.

"주후 2,000년이 지나 한국에서 다시 이 진리(예수의 이적)를 거듭 증거하게 되었고, 아울러 세계의 큰 화제가 되었다. 이는 다른 것이 아니라 황해도 신천읍 교회의 목사로 있는 김익두 씨가 수년 이래 경상도, 평안도 등지로 두루 다니면서 구원의 복음을 전하는 중에 때때로 기이한 이적을 나타낸 것이니, 그 때마다 본보에도 여러 번 보도하였거니와 벙어리가 말한 것과 앉은뱅이가 일어난 것과 소경이 눈을 뜨고, 17년 동안 시달려 온 혈우병자가 깨끗이 낫는 등 허다한 실적이 모두 거짓 없는 진실이다."

위의 내용은 경성 기독신보 제259호에 실린 기사의 일부이다. 그의 사역에서 신유와 이적이 계속해서 일어나자 황해도 노회원들은 '김익두 목사 이적 증명회'라는 단체를 노회 안에 만들었다. 이적 증명회원들은 그 후부터 김 목사가 인도하는 집회마다 참석하여 이적이 일어난 현장을 촬영하여 증거 자료를 수집하고 사실을 상세히 기록하여 누구나 분명히 알 수 있도록 했다. 이 증명회에서 김익두 목사의 이적 사실들을 모아 1921년 7월 『이적 증명서』라는 작은 책을 발간했다. 1923년 임택권 등 황해노회의 지도급 인사들은 장로교 정치 헌장 3장 1조의 문구 "금일에는 이적 행하는 권능이 정지되었느니라" 수정안을 총회에 제출했다. 김인서는 『한국 교회 순교자와 그 설교집』에서 김익두에 대해 이렇게 말했다. "선생에게 임하였던 권능은 과연 사도 이후의 큰 권능이다. …… 선생으로 하여금 무디의 자리에 서게 하였다면 무디만 못지 아니한 업적을 이루었을 것이다."[773]

김익두 목사가 부흥회를 인도한 횟수가 776회, 총 설교 횟수는 2만 8천여 회, 연 집회 인원수 250여만 명, 결신자 28만 8천 명, 그의 설교에 감명을 받아 목사가 된 사람이 200여 명(주기철, 이성봉도 포함된다), 병이 치유된 자 만명이 넘었으며, 150여 교회를 신축했다. 김익두 목사의 소문은 일제 시대였던 당시에 미국 신문에까지 실릴 정도였다.

그러나 모든 하나님의 사람이 그랬던 것처럼 김익두 목사도 많은 반대와 핍박을 당했다. 첫 번째 곤경은 그가 담임한 남대문 교회 지식층 청년들에게서 비롯되었다. 그 청년들은 김익두 목사가 기독교 신앙을 미신으로 끌어내리며 병을 고친다고 하면서 우매한 자들을 미혹한다고 비난했다.

또, 김익두 목사는 1939년 신사 참배를 반대하면서 수차례 경찰서에 감금되어 고문을 받았다. 1942년에는 서울 종로경찰서에서 약 1개월간 혹독한 고문을 받기도 하였다. 혼수상태로 집으로 되돌아 온 김익두 목사는 닷새나 지나서야 겨우 의식을 회복하고, 13일이 지나서야 간신히 말할 수 있게 되었다. 그러나 다시 단에 설 수는 없었다. 이미 왜경에 의해 함구령이 내려지고 목사의 직책을 박탈당했기 때문이었다. 1942년 김 목사는 황해도의 두메산골에 은거하기로 했다.

김익두 목사는 그의 명예에 손상을 가하려는 자들의 표적이 되어 몇 가지 구설수에 시달렸다. 첫째는, 신사 참배와 관련된 것이다. 김익두 목사가 1943년 신의주 제일 교회 부흥회를 마치고 밖으로 나오자 대기하고 있던 왜경이 김 목사와 교인들을 강제로 경찰서가 아닌 신의주 신사 앞마당까지 끌고 갔다. 왜경은 이것을 구실로 김익두 목사가 신사에 참배했다는 소문을 퍼뜨렸다. 둘째는, 공산당과의 관계 문제다. 1946년 11월 28일 공산당은

---

[773] 김인서, 『한국교회 순교사와 그 설교집』 (부산: 國際新報出版社, 1962), 106.

기독교인들을 통제하고 감시하기 위해 '기독교도 연맹'을 조직했다. 이 연맹에 가입하지 않으면 자동적으로 교회 문은 닫히게 되고, 목사는 단상에서 쫓겨나야 하였다. 김 목사는 양떼를 버리고 북한 땅을 떠나는 것보다 형식적으로나마 이 연맹에 이름을 올리고 교회를 지키기로 하였다. 그런데 공산당은 1949년 김익두 목사의 의사도 묻지 않고 김 목사를 기독교도 연맹의 총회장 자리에 앉혔다.

6·25전쟁이 일어나자 김 목사는 하루 속히 국군과 유엔군이 신천을 탈환해 주시기를 하나님께 간절히 기도했다. 1950년 10월 14일 토요일 새벽 설교를 다음과 같이 했다. "사랑하는 교우여, 이렇게 기쁘고 즐거우며 하나님께 감사할 때가 언제이겠습니까? 이제 우리는 하나님의 은혜로 제2의 해방을 맞게 되었습니다. 우리들이 오랫동안 고생하며 힘써 기도하던 소리를 하나님이 들으시고 축복하시니 우리 국군과 유엔군들은 얼마 안 되어 해주를 지나 신천까지 북진할 것입니다. 이제는 우리도 평화로운 땅에서 자유롭게 마음껏 찬양 부르며 예수님을 믿게 되었으니 하나님께 전심으로 감사드립시다." 하고 축도 후 "대한민국 만세"를 선창했다. 새벽 기도회가 끝나자 교우들은 흩어져 집으로 돌아갔다. 김 목사와 몇몇 교인들이 교회에 남아 기도를 드리고 있었는데, 이때 교회 뒷산에서 잠복해 있으면서 교회의 동태를 주시하던 인민군 1개 분대가 교회 안으로 들어왔다. 김익두 목사는 인민군의 총탄 7발을 맞고 사랑하는 주님의 품에 안겼다.

이제 김익두 목사의 중생론을 살펴보자. 능력과 기적의 종 김익두 목사의 "성령을 받으라"(행 1:1-11), "성령의 세례"(행 1:1-5) 이 두 설교에서 그의 성령 세례론을 알 수 있다. 내용이 거의 중복됨으로 함께 소개하도록 하겠다. 먼저 김익두 목사는 "성령 세례를 받아야 완전한 교인이 됩니다. 성령 받지 못한 교인은 교인이 아닙니다."[774]라고 하였다. 이와 같이 **김익두 목사는**

---

774) 김익두, "성령을 받으라," 『성령을 받으라』, 84.

체험적 성령 세례 없이는 구원받지 못한 것이라고 설교했다.

김익두 목사는 물세례와 성령 세례는 다른 것이라고 하였다. "그러면 성령의 세례란 무엇입니까? 세례는 씻는다는 것입니다. 육신세례는 물로 성부와 성자와 성령의 이름으로 깨끗이 씻는다는 표시만 됩니다. 교회에 입교하였다는 표시입니다. 성령의 세례는 그와 같지 않습니다. 성령 세례는 불에다 비유하고 비둘기에다 비유했습니다."[775] 김익두 목사는 성령 세례는 불과 같이, 비둘기같이, 물과 같이, 바람같이, 인같이 체험적으로 임한다고 가르쳤다.

먼저 불 같은 성령에 대해서 김익두 목사는 다음과 같이 설교했다. 불 같은 성령이 오시면 영적 조명을 주신다.

"첫째로, 불은 광명한 빛을 가지고 있습니다. 그러므로 성령의 불세례를 받은 자는 빛 가운데 있게 되어, 하나님을 알고, 예수를 알며, 자기 죄를 알고 영생을 알며, 부활을 알게 되는 것입니다.

불이 없는 곳에는 흑암뿐입니다. 그러므로 세인들은 천문(天文)과 지리는 통달(通達)하면서도, 하나님은 모릅니다. 천국도 모르고 지옥도 모르는 것입니다. 이와는 달리 성령의 불세례를 받은 자는, 자연과학은 모를지라도 하나님은 분명하게, 의심 없이 알게 됩니다. 그래서 항상 하나님을 경외하는 동시에, 죄를 미워하는 생애를 살게 되는 것입니다. 마음에 악한 생각을 품었다가도, 부끄러워서 울며, 회개하게 됩니다. 털끝만한 죄라도 이런 사람에게는 용납되지 못하는 것입니다.

둘째로, 불세례를 받으면 열이 생기는 것입니다. 나는 예수를 믿은 지 3개월 만에 확실히 성령을 받았습니다. 나는 눈물 속에서 몇 날 동안 주야로 통회의 생활을 했습니다. 드디어 나는 완전히 세상과 작별하게 되고, 전에 좋아하던 것과 시원히 절연하게 되었습니다. 그다음부터는 남을 사랑하는

---

775) 김익두, "성령을 받으라", 『성령을 받으라』, 85.

뜨거운 눈물이 있게 되고, 남을 사랑하는 뜨거운 사랑이 생기게 되었습니다. …… 또 나는 아내가 잘못했을 때에, 전 같으면 완력(腕力)으로 제재를 하였을 것이나, 아내를 향하여 울게 되었습니다.

이렇듯 나의 마음엔 불이 일어나게 되었습니다. 교인이 잘못하는 것을 보면, 눈에서 눈물이 흘러서 견디지 못하게 되었습니다. 예레미야가 왜 울었습니까? 죄 중에 사는 그 민중을 볼 때, 속에서 불이 일어났던 까닭이 아니겠습니까? 그러므로 성령의 세례를 받게 되면, 이런 뜨거운 불이 마음속에 붙게 되는 것입니다."776)

김익두 목사는 다음과 같이 외쳤다. "몸에 열기가 없는 이는 죽은 것입니다. 불이 없는 교회는 죽은 교회입니다! 개인도 그렇습니다. 불이 없으면, 교회라고 할 수 없습니다. 불세례를 받아야 하겠습니다!"777)

비둘기 같은 성령에 대해 김익두 목사는 다음과 같이 설교했다.

"비둘기와 같은 성령을 받았다는 것은 비둘기 성품과 같이 온순해졌다는 말입니다. 성경 가운데 위험한 인물이 많지 않습니까? 사울이 얼마나 위험했습니까? 유대교 종교가로 모태로부터 하나님을 섬겼으나, 잔인 무쌍하지 않았습니까! 스데반을 때려죽일 때 배가 터지고, 머리가 깨어져도 더 때리라고 하며, 스데반이 죽는 것을 보고도 기뻐했습니다. 그것을 즐거워한 인물입니다. 그러던 사람이 다메섹에서 성령의 세례를 받은 후에는, 여러 곳에서 매를 맞고, 이리 저리 끌려 다녔을 뿐만 아니라, 죽기까지 매를 맞으면서도 그 사람을 원수시 하지 않고 원수를 갚으려도 하지 않았습니다. 이는 비둘기 같은 성령의 세례를 받은 때문입니다.

성도에 제일 위험한 것은 혈기입니다. 혈기는 싸우고, 살인까지 하는 것입니다. 교회가 싸우는 것은 이 혈기 때문입니다. 가정이 불화하고, 싸우는 것도 이 혈기 때문입니다. 혈기는 마귀의 기계입니다. 이 혈기라는 것을 씻

---

776) 김익두, "성령의 세례," 『성령을 받으라』, 104-105.
777) 김익두, "성령을 받으라," 『성령을 받으라』, 94.

음 받기 전에는 교인이 못됩니다."⁷⁷⁸⁾ 독자여, 당신에게는 비둘기 같은 성령이 임하셨는가?

물 같은 성령에 대해서 김익두 목사는 다음과 같이 설교했다. "물은 정결케 하는 것입니다. 성경에 성령을 물이라고 하였습니다. 세상에 제일 괴악한 죄는 음란죄입니다. 성령의 물세례 받은 자는, 범죄할 경우에도 요셉과 같이, 범죄 하지 않게 됩니다. 이는 성령이 그의 마음을 주관하게 되는 까닭입니다."⁷⁷⁹⁾ "지금은 음란이 대단한 때입니다. 성령 세례를 받아야겠습니다. 내가 40년 동안 예수 믿고, 38년 동안 교회 일을 하는 동안에 보고 온 일은, 오래 믿다가 떨어지는 사람은 모두 그 죄를 지은 사람이라는 것입니다. …… 그 마음속의 죄를 씻는 것이 성령의 세례입니다."⁷⁸⁰⁾

바람 같은 성령에 대해 김익두 목사는 다음과 같이 설교했다.

"바람에는 사람이 눈으로 볼 수 없는 능력이 있는 것입니다. 그러므로 바람은, 성령의 능력을 의미합니다. 성령의 세례를 받은 자에게 신기한 능력 두 가지가 있습니다.

이는 자기 죄를 이기는 능력입니다. 일곱 가지의 죄를 승리하는 능력입니다. 가나안의 7족을 멸하는 능력입니다. **외부의 죄뿐 아니라, 내부의 죄까지 승리하는 능력입니다.**

이는 마음을 변화시키는 능력입니다. 사람의 마음은 도덕이나 수양으로 개혁하지 못합니다. 그러나 성령이 임하시면, 개혁이 생기는 것입니다. 바람이 한번 지나가면 동서남북을 진동시키는 것과 같이, 성령의 바람이 한번 불어오면, 전 가정과 전 교회 및 전 사회가 크게 변동되는 것입니다."⁷⁸¹⁾

인 같은 성령에 대해 김익두 목사는 다음과 같이 설교했다. "인치는 것으로 비유하셨습니다. 이는 성령 받은 사람을 하나님께서 자기 백성이라 인

---

778) 김익두, "성령을 받으라,"『성령을 받으라』, 85-86.
779) 김익두, "성령의 세례,"『성령을 받으라』, 108.
780) 김익두, "성령을 받으라,"『성령을 받으라』, 88, 90.
781) 김익두, "성령의 세례,"『성령을 받으라』, 108-109.

치심이요, 또 하늘나라에 들어갈 표가 되는 것을 가리킴입니다. …… 이와 같이 성령의 인침 받은 사람은 하나님의 사람이 되었은즉, 마귀가 제 사람이라고 도저히 할 수 없는 것입니다."782)

김익두 목사는 위와 같이 설교하고, 결론으로 다음과 같이 말했다. "이제 성령의 세례를 받기 위해 기도합시다! 예루살렘을 떠나지 말고 아버지의 허락함을 기다립시다! 주의 제자들은 10일간을 떠나지 않고, 기도하였습니다. **우리도 이 자리에서 성령을 확실히 받은 증거가 있기까지 기도합시다!**"783) "어떻게 하면 교회가 깨끗해지겠습니까? 성령이 오시지 않으면 안 됩니다. 성령 받기 전에는 살았다고도, 믿는다고도 하지 맙시다. 성경에 분명히 말했습니다. '너희가 믿음에 있는가 스스로 생각해 보라' 고 했습니다. 예수가 내 안에 있는지 없는지, 성령이 내 마음에 있는지 없는지 모르겠습니까? 성령께서 내 마음속에 들어오시기까지 힘써 기도해야 하겠습니다. 기도하는 그 자리에서 성령 받을 때까지 그냥 자꾸 기도해야 합니다."784) 이와 같이 김익두 목사는 체험적 성령 세례를 받기 전까지는 자기 영혼이 살았다고도 또 믿었다고도 말하지 말라고 했다. 그리고 성령 받기까지 기도하라고 했다.

김익두 목사는 성령을 구하는 마음 자세에 대하여 다음과 같이 설교했다. "성령 받은 동기는 추호만한 죄라도 범하지 않고, 성결한 생애에서 활약하는 그것입니다. …… 자기 영광을 받으려고 성령을 구하지 말 것입니다. 세례 요한은 성령 받았기 때문에 목이 떨어지게 되었습니다. 사도 바울도 성령 받으므로 모든 고생, 모든 핍박, 모든 환란, 끝으로 죽음까지 당하게 된 것입니다. 야고보도 성령 받으므로 목이 떨어지게 되고, 베드로도 성령 받은 고로 시험을 당하고, 죽음의 쓴잔을 마시게 된 것입니다. 그러므로 우리도 성령 받으면 환난을 당하게 됩니다. 고통이 옵니다. 죽음이 옵니다.

---

782) 김익두, "성령을 받으라," 『성령을 받으라』, 97.
783) 김익두, "성령의 세례," 『성령을 받으라』, 109-110.
784) 김익두, "성령을 받으라," 『성령을 받으라』, 98-99.

그렇지만 성령 받은 사람은 이 고난과 박해를 두려워하지 않고, 복음을 전하기에 기쁨으로 나아가게 됩니다. 우리도 성령의 세례 받아, 사명을 감당하여 봅시다!"[785]

주기철은 1921년 김익두 목사가 인도하는 교회 부흥회에 참석하여 "성령을 받으라"라는 설교를 듣고 회개하고 거듭났다.

3. 주기철 목사(1897-1944)

백절불굴의 신앙의 투사로 한국 교회의 신앙 지조의 모본으로 지금까지 많은 이의 존경을 받고 있는 주기철(朱基徹) 목사는 1897년 11월 25일 경상남도 창원군 웅천면 복부리(현재 진해시 웅천 1동)에서 주현성 장로의 4남 3녀 중 넷째 아들로 태어났다. 그는 어려서부터 믿는 가정에서 엄한 아버지와 자애 깊은 어머니 슬하에서 가정교육을 받고 자랐다. 그는 어릴 때부터 교회를 열심히 다니고, 유년반에서 설교도 곧잘 해서 '꼬마 목사'라는 칭호를 듣기도 했다.

그는 어느 날 웅천에 온 이광수의 연설을 듣는 중에 정주 오산학교의 이야기를 듣고 1,500리나 멀리 떨어진 평안북도 오산중학교에 입학했다. 오산학교에서 이광수, 유영모, 조만식, 이승훈 등에게서 배웠다.

1916년 기철은 남강 이승훈 장로의 추천으로 선교사들이 세운 연희전문학교 상과에 입학했다. 그때 서울 인구가 24만이었다. 하나님의 섭리는 묘하게 작용했다. 입학한 지 몇 달도 채 안 되어 어렸을 때 앓았던 안질 때문에 더 이상 책을 읽거나 공부를 계속할 수 없었다. 그는 일단 학업을 중단하고 고향으로 내려와 웅천 교회 집사로 봉사하면서 교남학교에서 아이들을 가르치기도 하고, 신간회 간부인 오상근을 따라다니면서 청년 운동에 힘쓰기도 했다. 주기철은 3·1운동 때 앞장서 만세 운동을 주도하다가 1개월 동

---

[785] 김익두, "성령의 세례," 『성령을 받으라』, 110-111.

안 옥고를 치렀다.

김인서는 주기철의 중생에 대해서 이렇게 적었다.

"延大에서 중퇴한 朱목사는 熊川邑 교회에서 소년집사로 뽑히었다. 한 번은 못된 동무에게 끌리어 술에 취하였는데 촌교회에서 설교하라고 청하니 술취한 소년집사가 강단에서 설교하였다. 그 후 金益斗 목사의 부흥회에 참석하여 새벽기도회 때 **'성신 받으라'는 설교를 듣는 중에 갑자기 죄를 깨닫고 특히 술취하였던 죄를 뉘우쳐 통회 자복하였다.** 이때부터 朱목사는 중생하여 새 사람이 되어 참 신앙에 들어섰다. 그래서 朱목사는 金益斗 목사를 평생 恩師로 모시었고 李自益 목사는 慶南의 선배였다.

양심의 사람 朱목사는 회개하기에 심각하였고 믿음에 철저하였다. 성경을 부지런히 읽고 열심히 기도하는 중에 하나님의 소명을 받아 성역에 헌신하였다."[786]

이와 같이 주기철은 1921년 대부흥사 김익두 목사가 "성신을 받으라!"라고 외치는 말씀에 성령의 감화를 받고 목사가 되기로 결심했다. 1921년 평양 장로회신학교에 입학하여 삼십 세인 1926년 3월 15일 졸업(제19회)한 후 부산 초량 교회에서 시무했다(1926-1931).

주기철 목사는 신사 참배의 위협을 미리 감지하고 1928년에 경남노회 부회장으로 있으면서 경남노회에 '신사 참배 반대 결의안'을 제출하여 가결되도록 하였다. 이때부터 주기철 목사는 일본 경찰의 요시찰 인물로 부상했다.

주 목사는 그 후 교회 분규 때문에 내홍을 겪고 있는 마산 문창 교회에서 부임하여 기도하면서 교회를 안정시켰다(1931년 9월-1936). 그는 예배당의 신성함을 보전하기 위해 주일학교 강당을 신축하고 정식 예배 외의 모든 행

---

786) 김인서, "일사각오 주기철 목사," 『김인서 저작 전집, 5』, 133-134.

사는 강당에서 행하도록 하였다. 그 후 평양 산정현 교회 수석 장로였던 조만식 장로의 간청으로 산정현 교회 담임 목사로 부임했다(1936년 7월-1944년 4월). "신사 참배는 십계명의 제1계명과 같이 여호와의 이름에 대한 범죄요, 하나님께 대한 배신이다." 이것이 산정현 교회의 담임 목사가 된 첫날 주 목사가 강단에 서서 외친 첫 설교였다.

주 목사의 목회는 설교에 주력했다. "주목사는 누구에게나 잘못된 일이 있으면 강단에서 기탄없이 공격했다. 교인이건 노회원이건 선교사건 집권 자건 가리지 않고 공격했다. 또 그 공격 아래에는 반항할 수 없었다. 산정현 교회에 있을 때 한번은 일제 당국에서 대동아 전쟁을 위하여 예배드리라고 공문이 왔다. 주목사는 예배 시작하기 전에 그 공문을 광고와 같이 낭독하고 기도하되 '불의한 자는 패망하고 의로운 자는 흥하게 하시옵소서' 란 뜻으로 기도하고 청년면려회 헌신예배를 시작하게 하였다."[787]

주 목사가 평양에 부임할 때는 신사 참배 문제가 격화된 때였다. 로마 교황 사절이 그 무렵 평양에 와서 평남도지사 안무(安武)와 회담한 결과 천주교에서는 신사 참배를 승인하였기 때문에 이에 기세를 얻은 일제는 한층 더 핍박하였다.

1938년 9월 조선예수교 장로회 총회는 수치스럽게도 제27회 총회에서 신사 참배를 하기로 교단적으로 가결했다. 미리 짜여진 성명서를 낭독하고 전국 27개 노회장이었던 목사 27명은 장로회 총회를 대표해서 직접 평양 신사에 가서 신사 참배를 했다. 주 목사는 총회 두 달 전인 7월에 검속을 당하였다. (두 번째 검속이었다. 주 목사는 1938년 2월 1차 검속된 것을 비롯하여 5차례의 옥살이를 하였다.)

주기철 목사는 1938년 8월 의성 농우회 사건에 연루되어 의성경찰서로 연행되어 7개월간 구금되어 심한 옥고를 치르게 된다(3차 검속). 농우회는 1930년대 평양신학교 학생들을 중심으로 조직된 일종의 농촌 계몽 운동이

---

787) 김인서, "일사각오 주기철 목사," 『김인서 저작 전집, 5』, 141.

었다. 주 목사는 이 일의 배후라는 올가미를 뒤집어쓰고, 신사 참배 문제까지 결부되어 의성경찰서에서 가장 혹독한 고문을 받았다. 온갖 고문으로 몸이 찢기고 손발톱이 다 빠지고 하루에도 기절하기를 여러 번 하였다. 주 목사는 후에 이때의 고통을 다음과 같이 술회했다.

"7개월 동안 의성에서 받았던 육체적인 고통은 그래도 견딜 수가 있었는데 정신적인 고독감은 정말 견디기가 어려웠다. 70여 명의 동지가 하루 아침에 다 잡혀 왔지만 하룻밤 자고 나면 한 동지가 두 손을 번쩍 들고 일본에 항복하곤 했다. 또 하룻밤 자고 나면 두 사람의 동지가 나가 버리고, 또 하룻밤 자고 나면 또 나가 버리고 12월이 다 돼 가니까 그 수많은 동지들이 다 나가 버리고 마지막 네 명만 남아 끝까지 항거했는데 그 때 받았던 정신적인 고독감, 외로움은 정말, 정말 견디기 어려웠다."[788]

7개월 만에 석방된 주 목사는 1939년 2월 첫 번째 주일 아침에 평양역에 내려 곧장 주일 설교를 위해 강단 위로 올라갔다. 그때 한 설교가 그 유명한 '5종목의 나의 기원'이다.

"첫째, 나의 기도는 '죽음의 권세로부터 이기게 하여 주시옵소서' 입니다. 나는 지금 바야흐로 죽음에 직면하고 있습니다. 무릇 생명이 있는 만물이 다 죽음 앞에서 탄식하며 무릇 숨쉬는 인생이 다 죽음 앞에서 떨고 슬퍼만 합니다. 그러나 이 죽음이 무서워 내가 의를 버리고 이 죽음을 면하려고 내 믿음을 버리지 않게 주님 저를 붙들어 주시옵소서.

둘째, 나의 기도는 '장기간의 고난을 이기게 하여 주시옵소서' 입니다. 한두 번 받는 고난은 혹 이길 수 있으나 오래 가는 장기간의 고난은 견디기가 참 어렵습니다. 칼로 베고 불로 지지는 형벌도 한두 번이라면 당할 수 있겠지만 1년, 10년 계속되는 고난은 참으로 견디기가 어렵습니다.

셋째, 나의 기도는 '내 어머니와 내 처자를 내 주님께 부탁합니다' 입니

---

[788] 주광조, 『나의 아버지 순교자 주기철 목사』 (서울: 대성닷컴, 2004), 44.

다. 나에게는 70이 넘는 어머니와 병든 아내와 아들 넷이 있습니다.

넷째, 나의 기도는 '의에 살고 의에 죽게 하시옵소서' 입니다. …… 오직 그리스도의 신부로서 다른 신에게 내 정절을 깨지 않게 하옵소서. 이 몸이 어려서 주 안에서 자랐고 주 앞에 헌신하기로 약속하였습니다.

다섯째, 나의 마지막 기도는 '내 영혼을 내 주님께 부탁합니다' 입니다. 옥중에서든 사형장에서든 내 목숨 끊어질 때 내 영혼을 받아 주시옵소서."[789]

일본 경찰은 산정현 교회 당회원 장로들에게 주 목사를 해임 처분할 것을 강요했으나 불응하자, 제일 약해 보이는 평양노회로 하여금 주 목사를 파면하기로 계책을 세웠다. 이를 위해 9월에 주 목사를 먼저 평양 경찰서에 잡아 가두었다(네 번째 검속). 평양노회는 1939년 12월 19일 평양 남문밖 교회에서 임시 노회를 열고 평양경찰서에 갇혀 있는 주기철 목사의 목사직 파면을 결의했다. 주기철 목사를 파면 결정할 때 우성옥 목사는 "아니오."라고 소리치다가 검속 당했고, 편하설 선교사는 "불법 노회요." 소리쳤다. 산정현 교회 박정익 장로는 "이것은 노회 아니오." 하고 퇴장하였다.

그것으로 끝난 것이 아니었다. 1940년 3월 주 목사가 담임하였던 평양 산정현 교회는 큰 못을 박아 폐쇄되었고, 4월에 주 목사의 가족들은 목사관에서 쫓겨났다. 목사관에서 쫓겨난 후 주 목사 가족은 해방이 될 때까지 5년 동안 열세 번이나 이사를 하며 핍박과 유랑의 생활을 보내야 했다. 5월에 석방된 주 목사는 셋집으로 돌아왔다. 서야 할 강단은 없었지만, 조그만 방에서, 조그만 마당에서 몰려온 양떼들에게 말씀을 외쳤다.

1940년 여름에 제5차 검속을 당하면서, 구속되기 직전 주 목사는 몸져누워 있는 어머니에게 큰절을 하고, 그날 마침 찾아온 20여 명의 산정현 교회 제직들에게 마지막 설교를 하였다.

---

789) 주광조, 『나의 아버지 순교자 주기철 목사』, 48-54.

"주님을 위하여 이제 당하는 이 수욕을 내가 피하여 이 다음 주님이 '너는 내 이름과 내 평안과 내 즐거움을 다 받아 누리고 내가 준 그 고난의 잔을 어찌하고 왔느냐? 고 물으시면 내가 무슨 말을 하겠습니까? 주님을 위하여 져야 할 이 십자가, 주님이 주신 이 십자가를 내가 피하였다가 주님이 이 다음에 '너는 내가 준 십자가를 어찌하고 왔느냐? 고 물으시면 내가 어떻게 주님의 얼굴을 뵈올 수 있겠습니까? 오직 나에게는 일사각오(一死覺悟)가 있을 뿐입니다."[790]

그 후 다시 수감된 주 목사는 발톱이 전부 뭉개지는 고문 등 인간이 감내할 수 없는 온갖 고문을 받으면서도 끝까지 믿음의 절개를 지켰다. 1944년 4월 21일 금요일 부인과 마지막 면회 후 밤 9시에 마흔 여섯의 나이에 순교했다.

순교한 주 목사의 가족은 어떻게 되었는가? 해방 이후 마땅히 회개하고 유가족들에게 사과하고 그들을 돌보았어야 할 노회는 오히려 주기철 목사의 유가족을 외면하고 박대하여 그들의 가슴에 깊은 상처를 남기고 그들이 신앙의 갈등을 안고 방황하게 만들었다.

주기철 목사가 목사직을 파면당한 지 67년이 지난 2006년 4월 17일 대한예수교장로회 통합 총회 평양노회는 경기도 남양주시 동화고교에서 '평양노회의 참회 예배'를 갖고 신사 참배를 거부하다 옥중 순교한 주기철 목사의 회원 자격을 67년만에 복권시켰다. 이날 유족 대표로 예배에 참석했던 주 목사의 4남 주광조(당시, 75세) 씨는 "고맙다. 감사한 일이다. 그러나 한 가지 짚고 넘어갈 게 있다."라고 말했다. 주 씨는 서울 용산구 이촌동 자택으로 찾아간 기자에게 "복적은 의미가 없는 일이다. 목사직은 하나님으로부터 받은 것인데 어찌 사람이 파면하고 복적시키고 할 수 있느냐 말이다. 부친도 생전에 그렇게 말씀하셨다."라고 말했다.

---

790) 주광조, 『나의 아버지 순교자 주기철 목사』, 70-71.

그러면 이제 주기철 목사의 중생론을 알아보자. 주기철은 김익두 목사가 인도하는 부흥회에 참석하여 "성신을 받으라!"라고 외치는 그의 고함에 자기의 깊은 죄를 깨닫고 통회, 자복하고는 거듭나게 되었다. 따라서 주기철 목사의 성령 세례론은 김익두 목사와 유사하다. 주기철 목사는 "성신을 받으라"는 설교에서 신자가 성령을 받아야만 예수님의 교훈을 실행할 수 있고, 사람의 영혼을 구원할 수 있고, 환란을 이길 수 있다고 했다.

" '저희들을 향하여 기운을 부시며 가라사대 성신을 받으라' (요 20:22).
하나님 아버지께서 성신 주시기를 이미 허락하셨고 예수님께서도 또한 제자들에게 보혜사 성신 주시기를 언약하시고 부활하신 후 오순절에 과연 성신이 강림하시어 제자들이 권능을 얻어 전도하므로 예루살렘을 위시하시어 온 천하에 예수의 교회가 설립되었고, 성신은 지금도 신자에게 충만하시고 교회 안에서 역사하신다. 성신을 받으면 각양 은혜를 받는 중에 특히 예수의 교훈을 실천하여 전도하여 사람의 영혼을 구원하며 모든 환난에서 이기는 것이다.

첫째, 주님 명하신 대로 행하려면 성신을 받아야 한다. 우리는 이 세상에서 하나님의 뜻대로 행하려면 성신의 지시를 받아야 하나님의 뜻을 알 수 있고, **예수의 교훈대로 행하려면 성신의 힘을 받아야 한다.** 공자 같은 성인은 삼강오륜을 가르칠 뿐이요 행할 힘을 줄 수는 없다. 예수는 하늘 법을 반포하실 뿐 아니라 행할 능력까지 주시는 것이다. 십자가의 보혈로 과거의 죄는 청산해 주고 성신은 선을 행할 능력까지 주시는 것이다. 십자가의 보혈로 과거의 죄는 청산해 주고, 성신은 선을 행할 새 힘을 주시는 것이 예수의 종교요 복음인 것이다. 성신 받지 못한 사람은 예배당까지 나올 수는 있으나 예수의 교훈을 실행할 수는 없는 것이다.

둘째, 사람의 영혼을 구원하려면 성신을 받아야 한다. **전도란** 사람에게 하나님을 알게 하고 부활하신 예수를 증거하는 일이니 **인력으로 못하고 성신으로 하는 일이다.** 전도란 한갓 사람에게 윤리 도덕을 가르치는 데 그치는 것이 아니요 악신 마귀를 따라가는 사람으로 하여금 하나님께 돌아오게 하고 죽은 사람을 살리는 일이니 사람의 재주로 못하고 성신의 권능으로 하는 것이다.

셋째, 악한 날에 승리하려면 성신을 받아야 한다. 에베소서 6:10에 악한 날에 성신으로 무장하라고 경고하였다. '악한 날' 이란 주 재림 때뿐 아니라 최종 말일이 오기 전에도 가끔 닥쳐오는 것이다. 이런 악한 날에 성신으로 무장하여야 승리할 수 있는 것이다. 성신을 받아야 까부는 환란을 이길 수 있는 것이다. **10년, 20년 예수를 믿노라 하여도 성신을 받지 못하고 사람 앞에서 예수를 부인하면 지옥에 갈 것이니 그 얼마나 비참한 일인가? 깨어 기도하여 성신을 받으라.** 악한 시험을 이기라. 성신이여 강림하사 나를 감화하시고 애통하며 회개할 맘 충만하게 합소서."[791]

이제 2부도 끝맺을 때가 왔다. 지금까지 우리는 세계 교회사에서 지금까지 가장 보편적으로 많은 사람의 존경을 받는 조지 윗필드, 조나단 에드워즈, 존 웨슬리, 찰스 피니, 장 칼뱅, 존 오웬, 리처드 백스터와 한국 교회사에서 가장 보편적으로 존경받는 초대 교회 목사 길선주, 김익두, 주기철 이상 열 명의 생애와 구원론을 살펴보았다. 그들은 모두 성령에 의한 분명한 회심 체험을 했으며, 주님에 대한 뜨거운 사랑을 가지고 살았으며, 거룩하고 순결한 복음을 전파하였으며, 믿음의 정절을 지키기 위해 수많은 고난을 기꺼이 감수하였다.

오늘날 다시 한 번 신사 참배와 같은 죽음의 위협이 온다면, 주기철 목사님처럼 기꺼이 죽음을 선택할 그리스도인이 얼마나 될 것인가? 자기의 조그마한 세속적 이익도 놓치기 싫어하는 현대 교인들은 죽음의 위협 앞에 어찌 될 것인가! 1938년 신사 참배를 결의한 배도한 총회 회원들의 영은 지금은 사라졌다고 볼 수 있는가!

---

791) 김인서, 『주기철 목사의 순교사와 설교집』 (서울:신앙생활사, 1958), 187-194.

진짜 성령님께서 마음에 오시면 죽음도 능히 이기게 하신다. 성령님께서는 사랑의 영이자, 또한 충성의 영이시기 때문이다(갈 5:22-23). 바로 우리를 위해 기꺼이 죽으신 예수님의 영이시기 때문이다. 사도 바울은 다음과 같이 고백했다. 사랑하는 형제여, 당신의 고백도 이와 같은가?

"내게 사는 것이 그리스도니 죽는 것도 유익함이니라"(빌 1:21).

맺는 말

다시 오시는 주님을 맞이하자

초기 기독교인과 오늘의 기독교인의 비교

파스칼(Blaise Pascal, 1623-1662)은 그 당시 교회의 상태에 대해 한탄하면서 초기 기독교인과 그 시대의 기독교인을 다음과 같이 비교했다. 파스칼이 오늘날의 교회의 모습을 보았다면 어떻게 말했을까?

> 교회가 세워진 초기에는 구원에 필요한 모든 문제에 있어서 완벽한 지식을 갖춘 사람들만이 있었다. 반면에 오늘날에는 너무나 엄청난 무지를 볼 수 있어, 교회에 대해 애정의 감정으로 차 있는 모든 사람들로 하여금 한탄을 금치 못하게 한다.
> 초기에는 많은 노력과 오랜 열망을 거친 후에야 교회에 들어갈 수 있었다. 오늘날에는 조금도 힘들이지 않고 정성도 노력도 없이 들어간다.
> 그 당시는 아주 엄격한 시험을 거친 후에야 교회에 받아들여졌다. 지금은 시험을 받을 상태가 되기도 전에 받아들여진다.
> **그 당시는 과거의 삶을 청산하고 세상과 육체와 악을 버린 후에야 교회에 받아들여졌다. 지금은 그런 일은 어떤 것도 할 상태가 되기 전에 받아들여진다.**
> 마지막으로, 초기에는 교회에 받아들여지기 위해서는 세상에서 떠나야 했는데 반해, 오늘날에는 교회와 세상에 동시에 발을 붙이고 있다. 이와 같이 하여 당시는 세상과 교회의 본질적인 차이를 알고 있었다.

[중략]

이렇게 해서, 초기에는 세례에 의해 다시 태어나 세상의 악덕을 버리고 교회의 신앙으로 들어온 사람들은 거기서 다시 세상으로 떨어지는 경우가 극히 드물었던 데 반해, 오늘날에는 세상의 악덕이 기독교인들의 마음속에 들어와 있는 것보다 더 흔한 일은 없다.[792]

1600년대 살았던 파스칼이 그 당시 교회를 이렇게 진단했다면, 세속주의와 기복주의, 상업주의가 지배하는 오늘의 교회를 보고 무엇을 말했을까? 놀라운 것은 오늘날은 파스칼처럼 말하는 사람도 잘 찾아볼 수 없다는 것이다. 당신은 세상과 육체와 악을 버리고, 세상을 부인하는 사람만 정식 교인으로 받아들이는 교회를 보았는가? 앞에서 살펴보았듯이 조나단 에드워즈는 교회 회원 자격을 유지하기 위해서 자기 목사직까지도 버렸다. 오늘날 이런 이야기를 어디서 들을 수 있는가?

종말은 극심한 환난의 때가 될 것이다

예수님께서는 종말이야말로 택한 백성들에게 가장 어려운 때가 될 것임을 미리 말씀하셨다. "너희가 내 이름을 위하여 모든 민족에게 미움을 받으리라"(마 24:9). "거짓 선지자가 많이 일어나 많은 사람을 미혹하게 할 것이다"(마 24:11). "불법이 성하므로 많은 사람의 사랑이 식어지리라"(마 24:12). "끝까지 견디는 자가 구원을 얻을 것이다"(마 24:13). "거짓 그리스도들과 거짓 선지자들이 일어나 큰 표적과 기사를 보이어 할 수만 있으면 택하신 자들도 미혹하게 하리라"(마 24:24).

혹자는 이 책에서 소개된 신앙 위인들의 활약상을 보고, 지금도 구원받

---

792) Blaise Pascal, 『파스칼의 편지』, 이환 역 (서울: 지훈출판사, 2005), 270-271, 275-276.

을 자가 많을 것이라고 막연히 생각할 수 있을 것이다. 그러나 청교도들과 복음주의 대각성 운동 사역자들이 활동한 시기는 지금부터 무려 3, 4백 년 전이었다. 그때는 요한계시록에 나오는 빌라델비아 교회 시대(계 3:7-13)였다. "볼지어다. 내가 네 앞에 열린 문을 두었으되 능히 닫을 사람이 없으리라. 내가 네 행위를 아노니 네가 적은 능력을 가지고도 내 말을 지키며 내 이름을 배반치 아니하였도다"(계 3:8). 그때는 하나님께서 전도의 문을 활짝 열어 두신 시대였다.

그러나 종말은 라오디게아 교회 시대(계 3:14-22)가 될 것임을 주님께서는 미리 예언하셨다. 하나님께서 라오디게아 교회를 향하여 주신 말씀은 다음과 같다. "네가 차지도 아니하고 뜨겁지도 아니하도다. 네가 차든지 뜨겁든지 하기를 원하노라"(계 3:15). 말세 교회는 세상과 짝하며, 거룩한 것과 세속적인 것이 전혀 구별되지 않는 교회가 될 것을 예언하신 것이다. 하나님의 말씀을 계속 들어 보라. "네가 이같이 미지근하여 뜨겁지도 아니하고 차지도 아니하니 내 입에서 너를 토하여 버리리라"(계 3:16). 이것은 라오디게아 교회가 받을 심판을 경고하신 것이다. 지금은 어느 시대인가? 나는 지금은 세계 교회가 이미 라오디게아 교회 시대에 들어섰다고 생각한다. 종말의 교회는 라오디게아 교회처럼 배도할 것이 성경 여러 곳에 분명히 예언되었으니(살후 2:1-12; 마 24:24 등) 그때는 반드시 오고야 말 것이다. 여러 가지 현실을 종합해 보면, 지금이 그때다. "너희가 천기는 분별할 줄 알면서 시대의 표적은 분별할 수 없느냐?"(마 16:3) "이와 같이 너희도 이 모든 일을 보거든 인자가 가까이 곧 문 앞에 이른 줄 알라"(마 24:33).

어떤 이는 요즈음같이 곳곳에 교회가 많고 교인들이 많은 때가 없었는데 왜 지금이 종말이냐고 반문할 것이다. 정신을 바짝 차려야 한다. 라오디게아 교회의 특징은 거듭나지 못한 자들이 외적으로 교인 숫자와 교회 건물을 자랑한다는 데 있다. "네가 말하기를 나는 부자라. 부요하여 부족한 것이 없다 하나"(계 3:17). 라오디게아 말세 교인들의 가장 큰 문제는 외적인 부요에 눈이 멀어 그들 자신이 영적으로 얼마나 가난한 것을 모른다는 것이다. 자신들이 죽어 있음을 알지 못하는 것이다. 자신들이 멸망의 구덩이로 가고 있는 맹인인 것을 전혀 알지 못하는 것이다. "네 곤고한 것과 가련한 것과 가난한 것과 눈 먼 것과 벌거벗은 것을 알지 못하도다"(계 3:17). 그들은 외적이고 세상적인 것에 눈이 멀고 마음이 팔려 그들 속에 예수님께서 계시지 않음을 알아차리지 못한다(계 3:20). 당신에게 다시 한 번 묻겠다. 당신 속에 주님께서 계시는가?(고후 13:5) 당신은 몸에 예수님의 흔적을 가졌는가?(갈 6:17) 내주하시는 성령도 없고(롬 8:9), 그리스도와 동행한 십자가의 흔적이 없다면 스스로 아무리 그리스도인이라 하더라도 주님과 상관이 없는 자이다. 그날에 주님께서 "나는 너를 도무지 알지 못하니 불법을 행하는 자들아, 나를 떠나가라." 하실 것이다.

마지막 때 종말에는 온통 배도하는 세계에 살면서 노아 같이, 롯 같이 인내로서 믿음의 정절을 지키고 의롭게 산 극소수만이 하나님의 구원을 받을 것이다. 이것은 예언된 말씀이다(눅 17:26-30).

라오디게아 교회 시대에 더욱 요청되는 신앙

참된 신앙은 사람을 가장 고상한 자리로 이끌어간다. 즉 세상의 탐욕에서 자유롭게 하고, 천상의 상급을 바라보고 살게 한다.

거짓 신앙은 인간의 본능적인 탐욕을 조장하고 거기에 머무르게 한다.

빌라델비아 교회 시대, 즉 청교도들이 활동하던 시대와 복음주의 대각성 운동 시대 때는 많은 주의 종들이 **거룩하게 거듭나게 하시는 체험적 성령의 역사**에 대해서 강조하고, 많은 성도들이 그와 같은 은혜를 체험했다. 지금까지 남아 있는 수많은 청교도들과 대각성 운동 사역자들의 저술이 그것을 말해 준다.

사도행전에 나오는 초대 교회도 마찬가지였다. 우리나라 초대 교회 때에도 이러한 가르침이 풍부했으며, 수많은 성도들이 그러한 은혜를 사모하고 체험하였다.

그러나 라오디게아 교회 시대에 살아가는 현대 교인들은 더 이상 철저한 회개와 체험적 성령의 부으심을 기대하지 않는다. 대신 얄팍한 기복주의와 세속주의가 그 자리를 대신하고 있다. 현대 교인들은 더 이상 가슴 찢는 회개와 거듭남의 필요성을 부르짖는 외침을 잘 못 듣게 되었다. 설교자들이 그런 것이 없어도 천국 갈 수 있는 것처럼 가르치고 있기 때문이다. 철저한 성령의 거듭남의 필요성을 부르짖는 외침도 현대는 사라졌다.

요약하면, 현대의 대부분의 교인들은 **초자연적인 하나님의 성령의 역사하심의 절대적 필요성**을 잘 알지 못하며 더 이상 기대하지 않는다. 그러나 이것이 에드워즈가 그토록 가르치고 싶어 했던 그의 신학의 핵심이었다. 이것이 윗필드가 자기 몸이 부서지기까지 외쳤던 메시지의 핵심이었다. 오늘날같이 인본주의적이고 세속화된 시대일수록 이러한 초자연적인 하나님의 성령의 역사에 대한 강조가 더욱 절실히 필요하다. 왜 이것이 중요한가? **성령님만이 우리를 거듭나게 하시고**(요 3:5), **우리를 거룩한 삶으로 인도하시기 때문이다**(롬 8:13). 이것은 초대 교회 사도들이 가졌던 신앙이었다(행 2:37-39; 8:4-17; 19:1-7). 이러한 초대 교회적인 신앙이 오늘날에도 다시 나타나야 한다. 이것이 라오디게아 교회 시대의 유일한 희망이다.

청교도의 정신이 다시 회복되어야 한다

청교도들(Puritans)은 누구인가? 패커는 청교도 운동을 정의하기를 "16세기와 17세기의 영국에서 일어난 운동으로서 영국 국교회 내에서 엘리자베스 시대가 허용했던 것보다 더 발전된 교회 개혁과 갱신을 추구한 운동" 이라고 정의했다.[793] 청교도 운동은 영국 국교회 안에 남아 있는 가톨릭적 잔

---

793) Packer, *Among God's Giants*, 41.

재를 제거하고 말씀에 근거한 보다 철저한 개혁을 시도하기 위해 16세기 중반에 시작된 영적 운동이었다.

청교도들의 한 가지 큰 특징은 어떤 희생을 감수하고서라도 하나님의 말씀에 비추어 끝까지 양심에 충실하려고 노력했다는 것이다. 무엇보다 이것이 우리가 청교도에게서 배워야 할 점이다. 청교도들이 삶의 가치를 평가할 때 "양심이 비췸을 받고, 지도를 받고, 정화를 받아 깨끗한 상태를 유지하는 것보다 인간에게 있어 더 중요한 것은 없었다."[794] 존 오웬의 『그리스도의 영광』을 편집한 윌버 스미스(Wilber M. Smith)는 책 서문에서 다음과 같이 말하였다. "미국에 있는 거의 모든 그리스도인들은 청교도라는 말을 들으면 용기 있고 거룩했던 그 고상한 사람들을 떠올리며 그들에 대한 고마운 마음을 가지게 됩니다. 정말이지 그들 청교도들 중에서 많은 이들이 자기들의 양심을 위하여 커다란 고통을 견디어 냈던 것입니다."

청교도들에게는 공통된 두 가지 신학적 특징이 있었다. 첫째, 그들은 모두 '거듭남에 있어서 철저한 성령의 사역의 필요성'을 강조하였다. 워필드(B. B. Warfield)는 다음과 같이 말했다. "성령의 역사에 대한 발전된 교리는 오로지 종교 개혁 교리이며, 보다 더 특별하게 개혁신학의 교리이며, 보다 더 특별하게는 청교도의 교리이다. …… 청교도 사상이 성령의 역사에 대한 애정 깊은 연구에 거의 사로잡혀 있었고 그에 대한 여러 국면들에 대한 교리와 실행의 해석들에서 최고의 표현을 찾았다는 것은 진실이다."[795] 청교도들의 성령의 사역에 대한 강조는 지금까지 이 책에서 충분히 다루었다.

둘째, 가시적 성도의 모임으로서의 교회관이다. 로이드 존스에 의하면, 청교도는 일차적으로 '순전한 교회', '진실로 개혁된 교회'에 관심이 있었

---

794) Packer, *Among God's Giants*, 140.
795) B. B. Warfield, "introductory note," prefixed to A. Kuyper, *The Work of Holy Spirit* (New York: Funk and Wagnalls, 1900), xxxiii, xxviii.

다. 어떤 사람이 청교도주의의 국면들을 아무리 존경한다 할지라도 "그의 첫 번째 관심이 순전한 교회, 성도들의 모임으로서의 교회에 관심이 없다면 자신을 청교도라고 부를 자격이 없다."[796] 라고 로이드 존스는 지적했다.

오늘 현대 교회에서는 거룩한 성도의 모임으로서의 교회관을 찾아보기 어렵다. 개들과 거짓 그리스도인들이 버젓이 교인 행세를 하며, 거짓 목자, 거짓 선지자는 거짓 평안을 외치며 백성들을 유혹한다. 이것이 종말에 예언된 배도다. 하나님께서 버가모 교회를 향하여 "네가 어디 사는 것을 내가 아노니 거기는 사탄의 위가 있는 데라."(계 2:13)라고 말씀하셨다. 지금도 교회의 이름은 가지고 있으나 사탄이 지배하는 곳이 많다.

주를 경외하는 자들은 깨어 근신해야 한다. 성령에 의한 철저한 거듭남과 거룩한 성도의 모임으로서의 교회에 대한 가르침은 비단 청교도의 가르침일 뿐 아니라, 성경에 나오는 하나님의 명령이다(요 3:5; 고후 13:5; 고전 5:1-13 등). 당신은 지금 얼마나 하나님의 명령을 지키고 있는가?

예수님께서는 곧 다시 세상에 오신다

택함 받은 성도여, 기뻐하고, 또 기뻐하라! 우리를 자신의 목숨보다 더 사랑하신 예수님께서는 정녕 속히 다시 오실 것이다(계 22:7, 12, 20). 성경의 가장 마지막 구절은 다음과 같다. "이것들을 증거하신 이가 가라사대 내가 진실로 속히 오리라 하시거늘 아멘 주 예수여 오시옵소서. 주 예수의 은혜가 모든 자에게 있을지어다. 아멘"(계 22:20-21). 예수님께서는 십자가를 지시기 전날 밤 제자들에게 다음과 같이 말씀하셨다. "너희는 마음에 근심하지 말라. 하나님을 믿으니 또 나를 믿으라. 내 아버지 집에 거할 곳이 많도다. 그렇지 않으면 너희에게 일렀으리라. 내가 너희를 위하여 처소를 예비하러

---

796) Lloyd-Jones, *The Puritans: Their Origins and Successors*, 258.

가노니 가서 너희를 위하여 처소를 예비하면 내가 다시 와서 너희를 내게로 영접하여 **나 있는 곳에 너희도 있게 하리라**"(요 14:1-3).

우리를 사랑하시는 예수님께서는 이 세상에 곧 다시 오실 것이다. 초림 때는 세상 죄를 지고 가는 어린양의 겸손한 모습으로 오셨지만, 다시 오실 때는 큰 영광과 위엄 중에 호령과 천사장의 소리와 함께 만왕의 왕이요, 만주의 주로 오실 것이다(살전 4:16-18). 그토록 사모하던 영광의 주님을 직접 만나게 된다는 것은 얼마나 기대되는 일인가!

우리에게 영광의 미래가 기다리고 있다

다시 오시는 주님께서는 모든 인간들이 '행한 대로' 갚으실 것이다(마 16:27; 계 22:12). "하나님께서 각 사람에게 그 행한 대로 보응하시되 참고 선을 행하여 영광과 존귀와 썩지 아니함을 구하는 자에게는 영생으로 하시고, 오직 당을 지어 진리를 좇지 아니하고 불의를 좇는 자에게는 노와 분으로 하시리라"(롬 2:7-8).

악인은 영원한 심판을 받을 것이며(유 1:13), 의인들은 영생에 들어갈 것이다(마 25:46). "선한 일을 행한 자는 생명의 부활로, 악한 일을 행한 자는 심판의 부활로 나오리라"(요 5:29). 천국 가는 성도들 중에도 주를 위해서 많은 수고와 희생을 한 성도들일수록 더 큰 상급을 받을 것이다(눅 19:11-27). 이것이 하나님의 공의다(살후 1:7).

사랑하는 주님의 택함 받은 성도들이여, 우리를 사랑하신 주님의 사랑의 고귀함을 잊지 말라. 온 세상이 모두 주를 배반하여 떠난다 하더라도 당신만은 주님을 떠나지 말라! 천국에서 받을 상급 때문이 아니라, 나를 위해 피 흘려 죽으신 예수님의 사랑을 인하여 당신의 목숨도 초개같이 버리라. 보이는 것은 잠깐이요, 보이지 않는 것은 영원하다(고후 4:18). 말씀을 지키는 대가가 목숨이라고 하더라도(계 1:9; 2:10) 결코 당신의 정절과 바꾸지 말라! 곧 주님께서 다시 오실 것이다. 우리는 주님과 같이 이 세상을 심판하게 될 것이다(고전 6:2; 마 19:27-28). 영원히 하늘나라에서 주와 같이 왕 노릇 할 것이다(계 20:6; 22:5). 사랑을 입은 택함 받은 성도들이여, 어린양의 혼인 잔치가 바로 눈앞에 다가왔다.

아멘, 주 예수여, 오시옵소서!

* * *

우리를 택하시고 부르신 주님의 사랑은 주님의 재림으로 완성될 것이다.
택함 받은 성도는 영원히 주님을 찬양하라! 모든 영광을 하나님께 돌려라!

참고 문헌

I. 일차 문헌

1. George Whitefield

Whitefield, George. *The Works of the Reverend George Whitefield*. published by E. and C. Dilly. London, 1771-1772. CD-ROM. Institute for the Christian Information & Data, 2001.

──. *George Whitefield's Journals*. Edinburgh: The Banner of Truth Trust, 1978.

──. *George Whitefield's Letters, 1734-1742*. Edinburgh: The Banner of Truth Trust, 1976.

──. *Select Sermons of George Whitefield*. 1st. ed. 1958. Edinburgh: The Banner of Truth Trust, 1997.

──. 『피난처이신 그리스도』 서문강 역. 서울: 지평서원, 2004.

──. 『하나님의 사랑을 입은 사람들』 최승락 역. 서울: 지평서원, 2004.

2. Jonathan Edwards

Edwards, Jonathan. *The Works of Jonathan Edwards*. vol. 1. *Freedom of the Will*. Edited by Paul Ramsey. New Haven: Yale University Press, 1957.

──. *The Works of Jonathan Edwards*. vol. 2. *Religious Affections*. Edited by John E. Smith. New Haven: Yale University Press, 1959.

──. *The Works of Jonathan Edwards*. vol. 3. *Original Sin*. Edited by Clyde A. Holbrook. New Haven: Yale University Press, 1959.

──. *The Works of Jonathan Edwards*. vol. 4. *The Great Awakening*. Edited by C. C. Goen. New Haven: Yale University Press, 1972.

──. *The Works of Jonathan Edwards*. vol. 8. *Ethical Writings*. Edited by P. Ramsey. New Haven: Yale University Press, 1989.

────. *The Works of Jonathan Edwards*. vol. 9. *History of the Work of Redemption*. Edited by John F. Wilson. New Haven: Yale University Press, 1989.

────. *The Works of Jonathan Edwards*. vol. 10. *Sermons and Discourses. 1720-1723*. Edited by Wilson H. Kimnach. New Haven: Yale University Press, 1992.

────. *The Works of Jonathan Edwards*. vol. 12. *Ecclesiastical Writings*. Edited by David D. Hall. New Haven: Yale University Press, 1994.

────. *The Works of Jonathan Edwards*. vol. 13. *The "Miscellanies" a-500*. Edited by Thomas A. Schafer. New Haven: Yale University Press, 1994.

────. *The Works of Jonathan Edwards*. vol. 14. *Sermons and Discourses. 1723-1729*. Edited by Kenneth P. Minkema. New Haven: Yale University Press, 1997.

────. *The Works of Jonathan Edwards*. vol. 16. *Letters and Personal Writings*. Edited by George S. Claghorn. New Haven: Yale University Press, 1998.

────. *The Works of Jonathan Edwards*. vol. 17. *Sermons and Discourses 1730-1733*. Edited by Mark Valeri. New Haven: Yale University Press, 1999.

────. *The Works of Jonathan Edwards*. vol. 18. *The "Miscellanies" Entry Nos. 501-832*. Edited by Ava Chamberlain. New Haven: Yale University Press, 2000.

────. *The Works of Jonathan Edwards*. vol. 19. *Sermons and Discourses, 1734-1738*. Edited by M. X. Lesser. New Haven: Yale University Press, 2001.

────. *The Works of Jonathan Edwards*. vol. 20. *The "Miscellanies" 833-1152*. Edited by Amy Plantinga Pauw. New Haven: Yale University Press, 2002.

────. *The Works of Jonathan Edwards*. vol. 21. *Writings on the Trinity, Grace, and Faith*. Edited by Lee, Sang Hyun. New Haven: Yale University Press, 2003.

────. *The Works of Jonathan Edwards*. vol. 22. *Sermons and discourses, 1739-1742*. Edited by Harry S. Stout; Nathan O. Hatch; and Kyle P. Farley. New Haven: Yale University Press, 2003.

────. *The Works of Jonathan Edwards*. 2 vols. London, 1834 and currently reprinted by the Banner of Truth Trust, Edinburgh, 1974.

────. *Works of Jonathan Edwards*. 4 vols. Reprint of the Worcester Edition(1808-1809). New York: Jonathan Levitt & John F. Trow, 1843.

────. *A Jonathan Edwards Reader*. Edited by John E. Smith, Harry S. Stout, and Kenneth P. Minkema. New Haven and London: Yale University Press, 1995.

────. *The Sermons of Jonathan Edwards: A Reader*. Edited by Wilson H. Kimnach,

Kenneth P. Minkema and Douglas A. Sweeney. New Haven: Yale University Press, 1999.

──. The Jonathan Edwards Collection, CD-ROM. NavPress Software, 1987-2000.

3. John Wesley

Wesley, John. *The Works of John Wesley*. vol. 1. *Sermons I 1-33*. Edited by Albert C. Outler. Nashville: Abingdon Press, 1984.

──. *The Works of John Wesley*. vol. 2. *Sermons II 34-70*. Edited by Albert C. Outler. Nashville: Abingdon Press, 1985.

──. *The Works of John Wesley*. vol. 3. *Sermons III 71-114*. Edited by Albert C. Outler. Nashville: Abingdon Press, 1986.

──. *The Works of John Wesley*. vol. 9. *The Methodist Societies : History, Nature, and Design*. Edited by Rupert E. Davies. Nashville: Abingdon Press, 1989.

──. *The Works of John Wesley*. vol. 18. *Journal and Diaries I (1735-38)*. Edited by W. Reginald Ward. Nashville: Abingdon Press, 1988.

──. *Compend of Wesley's Theology*. Edited by Robert W. Burtner and Robert E. Chiles. Nashville: Abingdon Press, 1954.

──. 『존 웨슬리 총서』 제1집-제10집. 서울: 웨슬리사업회, 1983.

4. Charles Finney

Finney, Charles Grandison. *God's Love for a Sinning World*. Grand Rapids, Michigan: Kregel Publications, 1982.

──. *Finney's Systematic Theology*. Edited by J. H. Fairchild. Minneapolis, Minnesota: Bethany House Publishers, 1976.

──. *Lectures on Revivals of Religion*. New York: Fleming H. Revell Company, 1868.

──. *Lectures to Professing Christians*. New York, Chicago, Toronto, London and Edinburgh: Fleming H. Revell Company, 1878.

──. *Power from on High*. Fort Washington, PA: Christian Literature Crusade, 1994.

──. *Principles of Victory*. Edited by Louis Gifford Parkhurst, Jr. Minneapolis, Minnesota: Bethany House Publishers, 1981.

──. *Sanctification*. Edited by William Ernest Allen. Fort Washington, Pennsylvania: Christian Literature Crusade, 1994.

―――. *The Memoirs of Charles G. Finney*. Grand Rapids, Michigan: Zondervan Publishing House, 1989.

―――. *Victory Over The World*. Grand Rapid, Michigan: Kregel Publications, 1966.

5. John Calvin

Calvin, John. *Calvin: Commentaries and Letters*. Trans. and ed. Joseph Haroutunian and Louise P. Smith, *The Library of Christian Classics*, vol. 23. Philadelphia: The Westminster Press, 1958.

―――. *Calvin's Commentaries*. Various translaters. 45 vols. Grand Rapid: Wm. B. Eerdmans Publishing Co., 1948.

―――. *Commentary on the Book of Psalms*. vol. 1, *Calvin's Commentaries*. vol. 20. Grand Rapids, Mich.: Wm. B. Eerdmans Publishing Co., 1963.

―――. *Institutes of the Christian Religion* (1559). 2 vols. Edited by John T. McNeil, Trans. Ford Lewis Battles. *The Library of Christian Classics*, vol. 20-21. Philadelphia: The Westminster Press, 1960.

―――. *Joannis Calvini Opera quae supersunt omnia*. Edited by G. Baum, E. Cunitz, and E. Reuss. 59 vols (Corpus Reformation). Brunswick and Berlin, 1863-1900.

―――. *Joannis Calvini Opera Selecta*. Edited by P. Barth and W. Niesel, 5 vols.; Monachii in Aedibus: Chr. Kaiser, 1967(III), 1968(IV), 1974(V).

6. Richard Baxter

Baxter, Richard. *A Call to the Unconverted*. Lafayette, Ind.: Sovereign Grace Publishers, 2000.

―――. *Saints' Everlasting Rest*. Fearn, Ross-shire: Christian Focus Publications, 1998.

―――. *The Autobiography of Richard Baxter*. London: Dent, 1985.

―――. *The Reformed Paster*. Edinburgh: The Banner of Truth Trust, 2001.

7. John Owen

Owen, John. *Christologia: A Declaration of the Glorious Mystery of the Person of Christ*. In *The Works of John Owen*, vol. 1. Edited by William H. Goold. Edinburgh: The Banner of Truth Trust, 1993.

──. *Of Communion with God the Father, Son, and Holy Ghost, Each Person Distinctly, In Love, Grace, and Consolation; or The Saint' Fellowship with the Father, Son, and Holy Ghost Unfolded*. In *The Works of John Owen*, vol. 2. Edited by William H. Goold. Edinburgh: The Banner of Truth Trust, 1997.

──. *Pneumatologia:or, A Discourse Concerning the Holy Spirit : Wherein an Account is Given of His Name, Nature, Personality, Dispensation, Operations, and Effects; his whole work in the old and new creation is explained; the doctrine concerning it vindicated from opposition and reproaches. The nature also and necessity of gospel holiness; the difference between grace and morality, or a spiritual life unto God in evangelical obedience and a course of moral virtues, are stated and declared*. In *The Works of John Owen*, vol. 3. Edited by William H. Goold. Edinburgh: The Banner of Truth Trust, 1994.

──. *The Doctrine of the Saints Perseverance Explained and Confirmed. or, The certain Permanency of their Acceptation with God & Sanctification from God*. In *The Works of John Owen*, vol. 11. Edited by William H. Goold. Edinburgh: The Banner of Truth Trust, 1997.

8. Others

Alleine, Joseph. *An Alarm to the Unconverted*. Lafayette, Ind.: Sovereign Grace Publishers, 2002.

Ames, William. *The Marrow of Theology*. Edited by and Trans. John Dykstra Eusden. Grand Rapid, Michigan: Baker Book House, 1997.

Arndt, Johann. *True Christianity*. Trans. Peter Erb. Mahwah, New Jersey: Paulist Press, 1979.

Bunyan, John. *The Pilgrim's Progress*. New Kensington, PA: Whitaker House, 1981.

Charnock, Stephen. *The Works of Stephen Charnock*, vol 3, *The New Birth*. Edinburgh: The Banner of Truth Trust, 1987.

Scougal, Henry. *The Life of God in the Soul of Man*. Harrisonburg, Virginia: Sprinkle Publications, 1986.

Sibbes, Richard. *Works*. James Nichol: Edinburgh, 1862

The Theologia Germanica of Martin Luther. Trans. Bengt Hoffman. New York: Paulist Press, 1980.

II. 이차 문헌, 기타 문헌

길진경. 『영계 길선주』 서울: 종로서적, 1980.
──. 『영계 길선주 목사 遺稿 選集』 서울: 대한기독교서회, 1950.
김세윤. 『구원이란 무엇인가?』 서울: 두란노, 2006.
김익두. 『성령을 받으라』 서울: 도서출판 기쁜날, 2006.
김인서. 『김인서 저작 전집, 5』, 傳記. 서울: 신망애사, 1976.
──. 『주기철 목사의 순교사와 설교집』 서울: 신앙생활사, 1958.
──. 『한국교회 순교사와 그 설교집』 부산: 國際新報出版社, 1962.
김홍만. 『초기 한국 장로교회의 청교도 신학』 서울: 도서출판 옛적길, 2003.
민경배. 『韓國基督敎會史』 서울: 연세대학교 출판부, 1996.
박용규. 『평양대부흥운동』 서울: 생명의 말씀사, 2004.
주광조. 『나의 아버지 순교자 주기철 목사』 서울: 대성닷컴, 2004.
그린, J. B. 『웨스트민스터 표준문서 대조해설』 김남식 역. 서울: 성광문화사, 1985.
파스칼, B. 『파스칼의 편지』 이환 역. 서울: 지훈출판사, 2005.

Armstrong, Maurice; Loetscher, Lefferts; and Anderson, Charles. *The Presbyterian Enterprise: Sources of American Presbyterian History*. Philladelphia: The Westminster Press, 1956.

Bennet, R. *The Early Life of Howell Harris*. London: Banner of Truth Trust, 1962.

Blair, William. *Gold in Korea*. Topeka, Kansas: H. M. Ives and Sons, 1957.

Bready, John W. *England : Before and After Wesley*. London: Harper and brothers, 1938.

Brown, Arthur Judson. *The Mastery of the Far East*. New York: Charles Scribner's Sons, 1919.

Buchanan, James. *The Office and Work of the Holy Spirit*. London: The Banner of Truth Trust, 1966.

Cabel, E. M. "Communications." *Korea Mission Field* IV : 3 (Mar., 1908).

Cailliet, Emile. *The Clue to Pascal*. London: Scm Press, 1944.

Calhoun, David B. *Princeton Seminary*. vol. 1. *Faith and Learning 1812-1868*. Edinburgh: The Banner of Truth Trust, 1994.

Dallimore, Arnold A. *George Whitefield: The Life and Times of the Great Evangelist of* the Eighteenth-Century Revival, 2 vols. Edinburgh: The Banner of Truth Trust, 1989.

Dargan, E. C. A History of Preaching, Vol 2. 2nd ed, Grand Rapid, Michigan: Baker Book House, 1954.

De Schweinitz, Edmund A., ed. The Moravian Manual. Philadelphia: Lindsay & Blakiston, 1859.

Duewel, Wesley L. God's Great Salvation. Greenwood, IN: OMS International, Inc., 1991.

―――. Revival Fire. Grand Rapids, Michigan: Zondervan Publishing House, 1995.

Erdt, Terrence. Jonathan Edwards: Art and the Sense of the Heart. Amherst: University of Massachusetts Press, 1980.

Encyclopaedia Britannica. 9th ed. Vol. III. New York: Charles Scribner's Sons, 1878.

Evans Eifion. The Welsh Revival of 1904. Mid Glam, Wales: The Evangelical Press of Wales, 1969[에번스, 에이비온. 『1904년 웨일즈 대부흥』 윤석인 역. 서울: 부흥과 개혁사, 2005].

Gale, James S. Korea in Transition. New York: Young People's Missionary Movement, 1909.

Hatch, Nathan O. and Stout, Harry S., ed. Jonathan Edwards and the American Experience. Oxford: Oxford University Press, 1988.

Helm, Paul. The Beginnings: Word & Spirit in Conversion. Edinburgh: The Banner of Truth Trust, 2000.

Hodge, A. A. The Confession of Faith: A Handbook of Christian Doctrine. Edinburgh: Banner of Truth Trust, 1996.

Hounshell, C. G. "He is Faithful that Promised." Korea Mission Field (April, 1906).

Kuyper, Abraham. The Work of Holy Spirit. New York: Funk and Wagnalls, 1900.

Lawson, James G. Deeper Experiences of Famous Christians. New Kensington, PA: Whitaker House, 1998.

Lloyd-Jones, D. Martyn. Revival. Westchester, IL: Crossway Books, Good News Publishers, 1987.

―――. Studies in the Sermon on the Mount. Grand Rapids, Mich.: Wm. B. Eerdmans Publishing Co., 1976.

―――. The Puritans: Their Origins and Successors. Addresses Delivered at the Puritan and Westminster Conferences 1959-1978. Edinburgh: The Banner of Truth Trust, 1987.

McGrath, Alister E. *Iustitia Dei: A History of the Christian Doctrine of Justification*. Cambridge University Press, 1986.

──. *Justification by Faith*. Grand Rapid: Wm. B. Eerdmans, 1988.

Marsden, George M. *Jonathan Edwards: A Life*. New Haven: Yale University Press, 2003.

Miller, Basil. *John Wesley*. Grand Rapids, Mi.: Zondervan Publishing House, 1943.

Miller, Perry. *Jonathan Edwards*. New York: W. Sloane Associates, 1949.

Murray, Iain Hamish. *Jonathan Edwards: A New Biography*. Edinburgh: Banner of Truth Trust, 1987.

Murray, John. *Redemption Accomplished and Applied*. Grand Rapids: William B. Eerdmans, 1955.

Nevius, Helen S. Coan. *The Life of John Livingston Nevius*. New York: Fleming H. Revell Company, 1895.

Olin, John C., ed. *A Reformation Debate: John Calvin & Jacopo Sadoleto*. 1966, Reprint. Grand Rapids, Mich.: Baker Book House, 1976.

Oliver, Robert W., ed. *John Owen: The Man and His Theology*. Phillipsburg, New Jersey: P&R Publishing Company, 2002.

Packer, James I. *Among God's Giants*. Eastbourne, U.K.: Kingsway Publications, 1997.

──. *A Quest for Godliness: The Puritan Vision of the Christian Life*. Wheaton, IL: Crossway Books of Good News Publishers, 1990.

Paik, Lak-Geoon. *The History of Protestant Missions in Korea*. Seoul: Yonsei University Press, 1990.

Penn-Lewis, Jessi and Roberts, Evan, *War on the Saints*. West Sussex, UK: Diggory Press, 2005.

Pollock, John. *George Whitefield and the Great Awakening*. London: Hoder & Stoughton, 1972.

Pratney, Winkie. *Revival: Principles & Personalities*. Lafayette, Louisiana: Huntington House Publishers, 1994.

──. *Revival: Principles To Change The World*. Springdale, PA: Whitaker House, 1983.

Ravenhill, Leonard. *Why Revival Tarries*. Minneapolis, Minnesota: Bethany House Publishers, 1986.

Ryle, J. C. *The Christian Leaders of the Last Century*. Moscow, Idaho: Charles Nolan Publishers, 2002.

Schaff, Philip. *Creeds of Christendom with a History and Critical Notes*, 3 vols. New York: Harper & Bros., 1931.

Smith, Timothy L. *Whitefield & Wesley on the New Birth*. Grand Rapids, Michigan: Francis Asbury Press of Zondervan Publishing House, 1986.

Spurgeon, Charles H. *Spurgeon on the Five Points*. Mac Dill Afb, Florida: Tyndale Bible Society, n.d.

Telford, John, ed. *The Letters of John Wesley*. Standard Edition. London: Epworth Press, 1931.

Thomson, Andrew. *Life of Dr Owen*, in *The Works of John Owen*, vol. 1. Edited by William H. Goold. Edinburgh: The Banner of Truth Trust, 1993.

Toon, Peter. *Born Again: a Biblical and Theological Study of Regeneration*. Grand Rapids, Mich.: Baker Book House, 1987.

──. *Justification and Sanctification*. Westchester, Illinois: Crossway Books, 1983.

Tozer, Aiden Wilson. *That Incredible Christian*. Harrisburg, Pennsylvania: Christian Publications, 1964.

──. *The Counselor*. Camp Hill, Pennsylvania: Christian Publications, 1993.

──. *Tozer on the Holy Spirit: A 366-day Devotional*. Camp Hill, PA: Christian Publications, Inc., 2000.

──. *Whatever Happened to Worship*. Edited by Gerald B. Smith. Camp Hill, PA: Christian Publications, 1985.

Warfield, Benjamin B. *Calvin and Augustine*. Philadelphia: Presbyterian and Reformed Publishing Company, 1956.

Webster, Richard. *A History of the Presbyterian Church in America: from its origin until the year 1760*. Philadelphia: J. M. Wilson, 1857.

Wiley, H. Orton and Culbertson, Paul T. *Introduction to Christian Theology*. Kansas City, Missouri: Beacon Hill Press, 1946.

찾아보기

■ 인명 및 지명 찾아보기

가

거버너(Governeur) 416
게일, 조지(Gale, George Washington) 417, 423
게일, 제임스(Gale, James S.) 553
고마루스(Gomarus) 483
굳윈, 토머스(Goodwin, Thomas) 210, 518
글로스터(Gloucester) 318, 325
김세윤 274
김인서 549, 558, 559n, 560, 561n, 562, 563, 570, 571n, 576n
김종섭 548, 549
길진경 550, 556n, 558n

나

녹스, 존(Knox, John) 464
네비우스, 존(Nevius, John Livingstone) 546
네비우스, 헬렌(Nevius, Helen S. Coan) 546n
노블(Noble, W. A.) 554
노샘프턴(Northampton) 326n, 346, 352, 353, 354, 355, 357, 416, 545
노용(Noyon) 457
뉴베리포트(Newburyport) 328

뉴욕(New York) 352, 354, 416, 417, 423, 424
뉴잉글랜드(New England) 105, 207, 326n, 327, 345, 352, 354, 357, 416, 545
뉴저지(New Jersey) 354, 357, 417,
뉴헤이븐(New Haven) 352, 355, 426
니취만, 데이비드(Nitschmann, David) 386

다

다간(Dargan, E. C.) 315
더들리(Dudley) 497
데비제스(Davizes) 399
델리모어, 아놀드(Dallimore, Arnold A.) 315n
도드리지, 필립(Doddridge, Philip) 546
듀웰, 웨슬리(Duewel, Wesley L.) 47, 148
드와이트, 티머시(Dwight, Timothy) 354, 426

라

라이트, 벤저민(Wright, Benjamin) 417, 420
라일, 존(Ryle, John C.) 316
러더퍼드, 새뮤얼(Rutherford, Samuel) 546
런던(London) 325, 385, 395, 399, 401, 484, 491, 517, 518, 520
레이븐힐, 레너드(Ravenhill, Leonard) 95
렉키(Lecky) 328

로

로, 윌리엄(Law, William) 319, 384
로드, 윌리엄(Laud, William) 516
로버츠, 에번(Roberts, Evan) 104, 165, 166, 167, 234, 235, 236
로손, 제임스(Lawson, James G.) 416, 444
로이드 존스(Lloyd-Jones, D. Martyn) 45, 53, 165, 285, 315, 328, 345, 382, 584, 585
로턴(Rowton) 494, 495
록서터(Wroxeter) 495, 496
루들로(Ludlow) 496
루터, 마르틴(Luther, Martin) 56, 110, 111n, 345, 397, 398, 464, 475, 481
리, 그레이엄(이길함, Lee, Graham) 550, 552

마

마산 570
마즈던, 조지(Marsden, George M.) 344, 445
마펫, 새뮤얼(마포삼열, Moffet, Samuel) 548
매드스타드, 윌리엄(Madstard, William) 498
매사추세츠(Massachusetts) 346, 352, 355, 356, 485
매큔, 조지(McCune, George S.) 552
맥그래스, 앨리스터(McGrath, Alister E.) 449
맨튼, 토머스(Manton, Thomas) 494
머리, 이안(Murray, Iain Hamish) 492n
머리, 존(Murray, John) 68
멜란히톤(Melanchton) 463
모건(Morgan) 385
몰리(Morley) 384
무어필즈(Moorfields) 326, 327
밀러, 조지(Muller, George) 124
미드, 매슈(Mead, Matthew) 546
밀러, 배질(Miller, Basil) 315
밀러, 페리(Miller, Perry) 345, 358

바

바젤(Basel) 463, 480
박정익 573
백낙준 547
버제스(Burgess) 234
번연, 존(Bunyan, John) 139, 141, 276, 316, 357, 545, 546
베드퍼드(Bedford) 357
베른(Bern) 480
베자(Beza) 464
벨덴(Belden) 328
보스턴(Boston) 326n, 327, 328, 352, 353, 424, 425, 546
보스턴, 토머스(Boston, Thomas) 546
볼링브룩(Bolingbrooke) 317
볼턴(Bolton) 352, 497
뵐러, 페터(Bohler, Peter) 388, 389, 395, 396
부써(Bucer) 557
뷰캐넌, 제임스(Buchanan, James) 79, 241
브라운, 아더(Brown, Arther Judson) 545, 552
브래디, 존(Bready, John W.) 382
브로튼(Broughton) 385
브리스톨(Bristol) 325, 326, 399, 444
브릿지노스(Bridgnorth) 498
블레어, 윌리엄(방위량, Blair, William N.) 552n
비처, 라이먼(Beecher, Lyman) 424

사

사우스 와크(Southwark) 499
샤프, 필립(Schaff, Philip) 481n, 484n
세커(Secker) 382
쇼어햄(Shoreham) 399
수잔나(Susannah) 384
슈롭셔(Shropshire) 494, 498

슈팡겐베르크(Spangenberg) 386
스미스, 월버(Smith, Wilber M.) 584
스미스, 존(Smith, John) 364n
스미스, 티머시(Smith, Timothy) 330, 446, 448
스왈른(소안론, Swallen, W. L.) 560, 561
스코틀랜드(Scotland) 109, 320, 328, 425, 464, 484, 519
스쿠걸, 헨리(Scougal, Henry) 36, 122, 125, 162, 215, 320, 321
스태드햄(Stadham) 515
스태넙(Stanhope) 391
스토다드, 솔로몬(Stoddard, Solomon) 346
스톡브리지(Stockbridge) 356, 491
스펄전, 찰스(Spurgeon, Charles H.) 194
십스, 리처드(Sibbes, Richard) 112, 210, 518

아

아른트, 요한(Arndt, Johann) 19, 67, 120, 263
아일랜드(Ireland) 328, 519
아펜젤러(Appenzeller, H. G.) 322, 391
안무(安武) 571
애니슬리, 새뮤얼(Annesley, Samuel) 384
애덤스(Adams) 417, 423
어거스틴(Augustine) 18, 111n, 405, 526n, 537, 538, 539
언더우드(Underwood, H. G.) 548n
얼라인, 조지프(Alleine, Joseph) 51, 61, 69, 113, 501, 546
에드워즈, 조나단, 2세(Edwards, Jonathan, Jr.) 491
에드워즈, 티머시(Edwards, Timothy) 345, 346n, 348
에르트, 테렌스(Erdt, Terrence) 470
에번스, 에이비온(Evans, Eifion) 105n, 166n, 167n
에임즈, 윌리엄(Ames, William) 177, 295, 482, 483
엑서터(Exeter) 327
엔필드(Enfield) 355
엘탐, 에드워드(Eltham, Edward) 208
엡워스(Epworth) 383
오르(Orr, J. Edwin) 425
오마하(Omaha) 425
오벌린(Oberlin) 424, 425
오시안더, 앤드루(Osiander, Andrew) 474, 475
오웬, 루이스(Owen, Lewis) 515
오웬, 윌리엄(Owen, William) 516
오웬, 헨리(Owen, Henry) 515
올더스게이트(Aldersgate) 297, 390, 397, 398
워런(Warren) 416
워필드, 벤저민(Warfield, Benjamin B.) 466, 584
월솔(Walsol) 399
웨슬리, 찰스(Wesley, Charles) 95, 151, 185, 319, 320, 322, 384, 385, 387, 389, 390
웨슬리, 새뮤얼(Wesley, Samuel) 383, 384, 385
웨일스(Wales) 97, 104, 165, 167, 171, 234, 328, 425, 515, 552
웬즈베리(Wendnesbury) 399
웹스터, 리처드(Webster, Richard) 345
윅스테드, 리처드(Wickstead, Richard) 496
윌리, 오르톤(Wiley, H. Orton) 452n
이광수 569
이성봉 563
이스트 윈저(East Windsor) 345
이승훈 569
임택권 562
잉글랜드(England) 105, 207, 326n, 327, 328, 425, 464, 480
잉엄(Ingham) 185, 385

자

정익로 553
제네바(Geneva) 463, 464, 480
제임스 2세 499
제프리스(Jeffreys) 499
조만식 569, 571
조지아(Georgia) 325, 326n, 385, 387, 394
존스(Jones, D. C.) 167
주광조 572n, 573n, 574
주현성 569

차

차녹, 스티븐(Charnock, Stephen) 32, 39, 125, 177, 179, 231, 490, 491, 546
찰스 2세 498, 499, 520
취리히(Zurich) 480
친첸도로프(Zinzendorf, Nicolaus Ludwig) 388, 441

카

칼라미, 에드먼드(Calamy, Edmund) 518
캠버슬랭(Cambuslang) 328
커크맨(Kirkman) 385
케이블(Cable, Elmer M.) 107
코게샬(Coggeshall) 519
코네티컷(Connecticut) 345, 346, 352, 355, 416
코튼, 존(Cotton, John) 518, 519
크랜머, 토머스(Cranmer, Thomas) 64, 65
크롬웰, 올리버(Cromwell, Oliver) 498n, 519, 520
클레이턴(Clayton) 385
키더민스터(Kidderminster) 498, 499
킹스우드(Kingswood) 326

타

테일러, 너대니얼(Taylor, Nathaniel) 426
토머스, 아 켐피스(Thomas, a Kempis) 391
토저, 에이든(Tozer, Aiden Wilson) 21, 31, 32, 50, 63 167, 187, 258, 259, 283
톨스토이(Tolstoy) 279
톰슨, 앤드루(Thomson, Andrew) 518n
툰, 피터(Toon, Peter) 399

파

파렐, 기욤(Farel, Guillaume) 463
파스칼(Pascal, Blaise) 95, 579, 580n
패커, 제임스(Packer, James I.) 282, 490, 500, 521, 583
펜 루이스, 제시(Penn-Lewis, Jessi) 166n, 235n, 236n
평양 7, 107, 165, 189, 547, 551, 561, ,570, 574
포드햄(Fordham) 519
포터, 존(Potter, John) 384
풀젠티우스(Fulgentius) 537
프래트니, 윙키(Pratney, Winkie) 344, 464
프랭클린, 벤저민(Franklin, Benjamin) 327
프로스페르(Prosper) 537
플래블, 존(Flavel, John) 546
피어폰트, 사라(Pierrepont, Sarah) 352
피어폰트, 제임스(Pierrepont, James) 352
필라델피아(Philadelphia) 326n, 327, 424

하

하비, 제임스(Hervey, James) 385
하지, 아치볼드(Hodge, Archibald Alexander) 484n
하트퍼드(Hartford) 345
해리스, 하월(Harris, Howell) 97, 171

헬름, 폴(Helm, Paul) 67
홉킨스, 새뮤얼(Hopkins, Samuel) 369
후스, 존(Huss, John) 276
후커, 토머스(Hooker, Thomas) 352, 497
허턴(Hutton) 398
힐러리(Hilary) 537

■ 주제별 찾아보기

가
각성
  ~에 대한 교리, 104-114;
  죄에 대한 ~, 57, 65, 108-113, 115, 348, 368, 413, 423, 496, 504, 507, 531, 536, 538, 540;
  의에 대한 ~, 136;
  일반 은혜에 의한 ~, 113-114;
  구원 은혜에 의한 ~, 115;
  ~의 수단과 방편, 111-113
감각
  마음의 ~, 132, 202n, 243, 359, 362, 364, 377, 449, 450, 471;
  영적 ~, 207, 279;
  새로운 ~, 158, 347, 364, 375, 376
『개인적 이야기』(에드워즈) 346, 352
『개혁된 목자』(백스터) 500
개혁주의 344, 353n, 450, 480, 483, 490, 521
거듭남(중생, 신생)
  ~에 대한 교리, 31-49;
  ~의 정의, 33-36;
  ~의 필요성, 36-46;
  ~의 방법, 46-48;
  ~의 표징, 186-202, 340;
  거룩한 ~, 22, 312;
  체험적 ~, 334;

칭의와 ~, 335
거짓 선지자 45, 48, 53, 184, 199, 269, 277, 278, 282, 287, 342, 580, 585
겨울 남자 사경회 552
견인의 은혜, ~에 대한 교리, 300-308
겸비 70, 348, 374, 526
『겸허한 질의』(에드워즈) 356
『경건한 삶을 위한 진지한 부르심』(로) 319, 384
경륜적 삼위일체 78-79
경향성 37, 361, 362, 525, 532
계시 78, 83, 91, 94, 102, 130, 139, 151, 173, 202, 228, 234, 241, 264
『고백록』(어거스틴) 537
고범죄 222, 223
교회
  가톨릭 ~, 275, 327, 457, 474, 475, 499, 516, 583;
  개혁 ~, 353n, 481, 483, 527;
  감리 ~, 23, 554;
  루터 ~, 481n;
  모라비아 ~, 167;
  회중 ~, 417, 485, 519, 520;
  그리스도께서 ~의 머리, 263, 265, 268;
  ~의 하나 됨의 중요성, 267-268;
  ~의 권세, 287;
  사역자들의 임무, 290
구원
  ~에 이르는 믿음, 68, 131, 134, 136, 294, 388, 487, 488, 506;
  ~의 순서, 107, 291-299;
  인스턴트식 ~, 21, 31
국회 제정법(영국)
  통일령(1662) 383, 499, 520
  제1 비밀집회금지법(1664) 520
  5마일법(1665) 383, 520
  제1 심사법(1673) 520

관용령(1689) 316, 499
권징, ~에 대한 교리, 287-289
그리스도
　　~의 왕직, 제사장직, 선지자직, 99;
　　성령을 약속하심, 73-74;
　　만물을 충만케 하심, 267;
　　~의 중보기도, 303
『그리스도를 본받아』(아 켐피스) 391
『그리스도의 영광에 관한 묵상과 강론』(오웬) 521
『그리스도인의 완전』(로) 319, 392, 403, 412, 413, 452
기도회 109, 127, 424, 425, 551, 554, 564, 570
『기독교 강요』(칼뱅) 178, 463, 464, 467, 472, 476
기름 부음 98, 99, 172, 196, 197, 248, 252, 467, 536
기초 소양 253, 254, 255, 256

나
남대문 교회 562, 563
남산현 감리교회 554
『놀라운 회심의 이야기』(에드워즈) 353, 354
농우회 사건 571
『뉴잉글랜드 현재 종교 부흥에 대한 소고』(에드워즈) 207, 355
뉴저지 대학 357

다
독립교회(독립파) 484, 498n, 517, 520, 520n
『독일 신학』 110, 164, 175, 195
도르트 총회 480, 481, 483
도르트 신조 480, 481, 482, 485, 490

라
링컨 대학 384, 385

마
『말세학』(길선주) 555, 556
매일 기도회 424
메서디스트 207, 321, 385, 413
모라비아 교도 386, 389, 441, 446
몽떼규 대학 457
미국 북장로교 485, 552
믿음
　　~과 회개, 64, 68, 138, 294, 295, 297, 487, 489, 528, 529;
　　~과 사랑, 198, 215;
　　~과 그리스도를 영접, 365-366;
　　~과 칭의, 366, 452;
　　성령에 의한 ~, 451;
　　구원하는 ~, 60, 136, 482, 487

바
바티칸 공의회 275
배교 114, 271
백만인 구령 운동 555
백스터주의 501
변화
　　위대한 ~, 22 23, 155, 359, 407, 491;
　　철저한 ~, 23, 36, 331
보속 459, 460
복음주의 대각성 운동 22, 313, 315, 328, 443, 444, 445, 545, 581, 582
복음주의적 개신교 446
본성
　　~의 타락, 38-40;
　　~의 변화, 155, 213, 378
부르심

~에 대한 교리, 100-103;
내적 ~, 101;
외적 ~, 101;
택자를 ~, 102;
복음과 ~, 102
부흥
노샘프턴 부흥 353-354
제1차 대각성 운동 201, 326, 344, 354, 370
영국 복음주의 부흥 운동 316, 554
평양 대부흥운동 107, 165, 189, 547, 553, 554, 556
『부흥 강의』(피니) 424, 425
불가항력적 은혜 353n, 501n
『브리태니커 백과사전』 494
비국교도 316, 353, 383, 384, 497, 499, 515, 520
비참
자신의 ~, 110, 348, 504;
죄와 ~, 108, 114, 293, 506

사

사랑
만족적 ~, 201;
호의적 ~, 201, 357, 428, 435
사보이 선언 519
산상수훈 40, 44, 45, 192, 285
산정현 교회 571, 573
상상 109, 110, 233, 234, 321, 372, 375, 505
생명의 원리 37, 80, 162, 163, 360, 361, 490, 502, 525
선택
~에 대한 교리, 246-258;
무조건적 ~, 247-248, 254, 258, 293, 353n, 501n;
~하신 목적, 248-249;

택함을 아는 법, 252-253;
~과 자유 의지의 조화, 256-258
선행 은혜 402, 403, 404, 406, 452
『설교의 역사』(다간) 315
『성도들의 영적 전쟁』(펜 루이스, 로버츠) 165, 234
성도의 교제 270
『성도의 영원한 안식』(백스터) 500, 546
성령
~에 대한 교리, 72-99;
최대의 선물인 ~, 73-74;
구약에서부터 약속된 ~, 75;
구약 시대의 ~의 사역, 76-77;
~과 오순절, 78;
구약과 신약의 ~의 사역 차이, 79-82;
인격을 가지신 ~, 83-85;
예수님께서 영으로 오심, 86;
~을 받아야 할 이유, 87-90;
~의 명칭, 91-93;
~의 비유, 94-99;
~세례와 충만의 구별, 180-185
『성령론』(오웬) 520, 528, 538
『성령의 역사 분별 방법』(에드워즈) 105, 199, 355
성령의 증거
~에 대한 교리, 203-211;
양자의 영, 204;
성령의 내적 증거, 205;
우리 자신의 영의 증거, 206;
성령의 인, 208-210;
보증으로서 성령, 211
성품 23, 33, 49, 74, 80, 91, 120, 172, 190, 202, 332, 340, 341, 360, 379
성향 36, 51, 122, 132, 174, 178, 195, 213, 233, 299, 340, 358, 361
성화
~에 대한 교리, 169-179;

중생과 ~, 169, 475;
　　칭의와 ~, 179, 451, 452, 466, 472-475, 488, 533;
　　근본적 ~, 176, 299, 453;
　　발전적 ~, 179, 298, 299, 507, 536
세례
　　물 ~, 47, 182, 565, 567;
　　불 ~, 27, 73, 95, 134, 135, 180, 181, 333, 469, 474, 565;
　　성령 ~, 47, 95, 105, 165, 166, 167, 180, 182, 333, 421, 564, 566;
　　유아 ~, 181, 355, 356, 390
세속주의 273, 580, 583
속물 20, 21, 39, 90, 279, 281, 284;
　　~근성, 39, 279, 282
스토다드주의 355, 356
신도회 389, 400
신비한 연합
　　~에 대한 교리, 259-268;
　　성령의 내주와 ~, 259;
　　~의 비유, 262-265;
　　실제적 연합, 471
『신앙 감정론』(에드워즈) 172, 201, 233, 305, 344, 355, 364, 492, 527, 528
신앙 고백자 34
『신앙 고백자들에게 주는 강의』(피니) 425
신인협동설 405, 406
신적인 원리 361
『신학의 정수』(에임즈) 483
싸구려 믿음주 272

아

아르미니우스주의 353, 480, 516
『아르미니우스주의의 실상』(오웬) 519
아름다움
　　거룩의 ~, 135, 202;
　　그리스도의 ~, 141;
　　구원의 방식의 ~, 350;
　　영적인 것들의 ~, 353
아메리카 회의 389
아미랄드주의 500n
양심 65, 92, 94, 111, 112, 113, 114, 115, 116, 134, 135, 209, 220, 225, 236, 245, 253, 274, 281, 288, 331, 404, 409, 410, 438, 460, 461, 495, 498, 499, 516, 558, 570, 584
언약
　　새 ~, 79, 81, 88, 226, 239, 240-242, 244, 245;
　　옛 ~, 239, 240, 242
연합공회 547
영 분별
　　~에 대한 교리, 269-286;
　　유형별 ~, 273-286
예일 대학교 346
예정 '선택'을 보라
옛 사람 117, 120, 160, 163, 173, 275, 282, 378, 491, 525
오를레앙 대학교 457
오벌린 대학 424
오산중학교 569
오순절 45, 78, 87, 91, 154, 157, 240, 269, 552, 554, 575
옥스퍼드 대학교 318, 384, 516, 519
완전 44, 135, 202n, 223, 226, 299, 377, 402, 412, 452, 469
『왜 부흥이 지체되나』(레이븐힐) 272
우상 숭배 38, 39, 281, 287
원죄 108, 357, 526n
『원죄론』(에드워즈) 357
웨스트민스터 신앙 고백서 136, 480, 483, 484, 485, 487, 489, 504
웨스트민스터 총회 483

위선자 21, 26, 124, 198, 227, 228, 274, 374, 438, 514
유사 그리스도인 342, 546
은사주의자 233, 276
은혜
    일반 ~, 113, 115, 527, 528;
    구원 ~, 113-115, 277;
    선행 ~, 402-404, 406, 452;
    ~의 낙관주의, 402, 406;
    ~의 주입, 358, 361, 486, 541
은혜의 방편 118, 124, 125, 491, 509, 529, 530
『의지의 자유』(에드워즈) 344, 357
이신론 317, 325, 382, 445
『인간의 영혼 안에 있는 하나님의 생명』(스쿠걸) 36
일치신조 481n

자

자기 부인
    ~에 대한 교리, 118-128;
    자아를 부인, 121;
    교만한 지성을 부인, 121;
    자기 의지를 부인, 121-122;
    감정의 부인, 122
자범죄 109, 212, 222, 304, 307
자유 의지 248, 256, 338, 402, 404, 405, 417, 423, 426, 451, 526
자유주의 278, 285
작정 136, 250, 252, 253, 301, 560
장기 의회 517
장대현 교회 548n, 551, 552, 554, 555
장로교 446, 483-485, 493, 498n, 499, 517, 520, 545-548, 562;
    ~도들, 395
적그리스도 151, 152, 461

전가 176, 177, 263, 331, 335, 364, 407, 446, 486
정신적 기도 393
제2차 바티칸 공의회 275
조명
    ~에 대한 교리, 129-141;
    ~과 영적 믿음, 129-132;
    의를 깨닫게 하시는 ~, 133;
    ~과 복음적 회개, 134;
    ~과 불세례, 135
『조직신학 강의』(피니) 424, 425
『존 웨슬리의 일기』(웨슬리) 185
종교 개혁 171, 460, 463, 464, 475, 537, 584;
    ~가, 446, 460, 516
죄
    ~의 기원, 36;
    원죄, 36-37
죄를 짓지 않는 삶 212-226
중도 언약 355, 356
지식
    사변적 ~, 132, 243, 244;
    영적 ~, 132, 243, 244, 377, 522
진정한 그리스도인 20, 66, 183

차

『참된 기독교』(아른트) 19
『참된 목자』(백스터) 288, 506
『참된 미덕의 본질』(에드워즈) 201, 344, 357, 435
『참회록』(톨스토이) 279
『천로역정』(번연) 139, 545, 549
청교도 51, 107, 112, 139, 141, 176, 208, 286, 316, 332, 344, 355, 364, 383, 416, 450, 480, 491, 515, 545, 582, 584
초자연적 88, 99, 172, 193, 209, 234, 243, 317, 361, 367, 375, 445, 468, 482, 524,

532, 583;
~ 빛, 114, 353
침노하는 믿음 118-119
칭의
    믿는 자에게 주시는 ~, 365, 366, 407, 443;
    구약에서의 ~, 57;
    성령의 거룩하게 하심과 ~, 339;
    ~와 죄 사함, 129, 134, 138, 295;
    ~와 중생(성화)의 관계, 148, 170, 175, 176, 297, 335, 431, 451, 474

카
칼빈주의 328, 352, 404, 516;
    ~자, 337, 417, 480;
    5대 교리(TULIP), 501n
칼빈주의 감리교 협회 328
코네티컷 골짜기 부흥 353
퀸즈 대학 516
크라이스트처치 대학 384

타
타락
    인간의 ~, 38, 305, 307, 481;
    전적인 ~, 25, 246;
    ~한 본성, 51, 181, 331, 408, 538;
    ~한 신학, 23
탐심 20, 39, 278, 283
통회 54, 107, 134, 189, 512, 554, 561, 565, 570, 575
투시력 236
투청력 236
트렌트 공의회 275, 474, 475

파
펠라기우스주의자 526, 529
펨브로크 칼리지 319, 388
평양노회 573, 574
평양신학교 551, 555, 561, 571
표지
    참된 거듭남(중생)의 ~, 186-202, 476;
    거짓 ~, 227-237, 370
프린스턴 대학교 357, 417, 423

하
하나님의 나라 38, 53, 62, 123
하나님의 완전 163, 377;
    본성적 ~, 376;
    도덕적 ~, 376-377
하나님의 주권 246, 248, 251, 256, 293, 328, 343, 352, 357, 360, 451, 458
『하나님의 천지창조 목적』(에드워즈) 357
하나님의 형상 37, 143, 145, 174, 178, 190, 331, 393, 407, 474, 476
하버드 대학교 346
하이델베르크 요리문답 481
합리주의 317, 382, 445
항의파 480
홀리 클럽 319, 320, 321, 385
확신 '성령의 증거'를 보라
환상 159, 232, 233, 236
황해노회 562
회개
    뉘우치는 것과 참된 ~의 차이, 65;
    ~와 모든 죄를 버림, 64-67;
    믿음과 ~의 관계, 67;
    복음적 ~, 68, 115, 134, 215, 295
『회고록』(피니) 416, 425
회심자
    거짓 ~, 229;

참된~, 193, 222, 508
『회심하지 않은 자들에 대한 부르심』(백스터) 500, 501, 546
『회심하지 않은 자들에 대한 경종』(얼라인) 501, 546